南极海洋生物资源养护：
法律与政治

唐建业◎著

NANJIHAIYANGSHENGWUZIYUANYANGHU
FALÜYUZHENGZHI

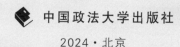
中国政法大学出版社

2024·北京

图书在版编目（ＣＩＰ）数据

南极海洋生物资源养护：法律与政治 / 唐建业著.

北京 ： 中国政法大学出版社，2024. 5. -- ISBN 978-7-5764-1549-0

Ⅰ．D993.5

中国国家版本馆 CIP 数据核字第 202419YB78 号

出 版 者	中国政法大学出版社
地 址	北京市海淀区西土城路 25 号
邮寄地址	北京 100088 信箱 8034 分箱　邮编 100088
网 址	http://www.cuplpress.com (网络实名：中国政法大学出版社)
电 话	010-58908586(编辑部) 58908334(邮购部)
编辑邮箱	zhengfadch@126.com
承 印	北京鑫海金澳胶印有限公司
开 本	720mm×960mm　1/16
印 张	31.5
字 数	550 千字
版 次	2024 年 5 月第 1 版
印 次	2024 年 5 月第 1 次印刷
定 价	129.00 元

序 ■

南极海洋生物资源养护发端于 20 世纪 70 年代，是全球与区域政治法律相互作用的产物。《南极海洋生物资源养护公约》及南极海洋生物资源养护委员会经 40 多年的发展，在海洋生物资源养护领域开创性地引入了生态系统方法和预防性做法，其杰出和务实的养护海洋生物资源实践与成绩曾被联合国粮农组织推荐为区域渔业管理组织的典范。[1]

随着世界格局从单极化向多极化发展，气候变化与生物多样性议题成为全球海洋治理热点，南极海洋生物资源养护同步进入了新阶段。南极海洋生物资源养护委员会逐渐偏离其原先解决南极生物资源养护具体问题的做法，引入更为复杂的气候变化与生态环境因素；试图以南极海洋保护区为载体，管理南大洋生态系统，引发了《南极海洋生物资源养护公约》宗旨以及南极海洋生物资源养护委员会组织性质之争。[2]南极海洋保护区建设进入面积目标和有效性的论战，犬牙鱼资源养护陷入科学、法律与政治的纷争，南极磷虾资源养护演变成一个包含资源利用、气候变化、物种保护和海洋保护区等诸多因素的矛盾综合体；南极海洋生物资源养护委员会成员间集团分化日益明显，南极磷虾养护和南极海洋保护区被看作南极条约体系面临的安全与环

〔1〕 FAO, *The State of World Fisheries and Aquaculture*, FAO, 2018, p. 121; Michael W. Lodge, David Anderson, Terje Løbach, et al. , *Recommended Best Practices for Regional Fisheries Management Organizations*: *Report of an independent panel to develop a model for improved governance by Regional Fisheries Management Organizations*, Chatham House, 2007, pp. 134~135.

〔2〕 See Phil N. Trathan, Susie M. Grant, *The South Orkney Islands Southern Shelf Marine Protected Area*: *towards the establishment of marine spatial protection within international waters in the Southern Ocean*, in John Humphreys and Robert W. E. Clark (eds.), *Marine Protected Areas*: *Science, Policy and Management*, Elsevier, 2020, pp. 92~93; Lynda Goldsworthy, Eaven Brennan, Climate change in the Southern Ocean, "Is the Commission for the Convention for the Conservation of Antarctic Marine Living Resources doing enough?" 130 *Marine Policy* 104549 (2021).

境政策挑战，俄罗斯和我国则被美国等视为其南极治理中的战略竞争者。[1] 2022 年 12 月，《生物多样性公约》第 15 次缔约方大会通过的"昆明—蒙特利尔目标"和 2023 年 6 月通过的《国家管辖范围以外区域海洋生物多样性养护与可持续利用协定》（以下简称《BBNJ 协定》）为南极海洋生物资源养护政治法律争议注入了新催化剂。

当前南极海洋生物资源养护再次面临全球与区域政治法律的相互碰撞，治理体系进入了变革关键期。2023 年 9 月，《携手构建人类命运共同体：中国的倡议与行动》提出，推动完善极地（包括南极）等新疆域的治理规则："确保各国权利共享、责任共担。在制定新疆域治理新规则时，充分反映新兴市场国家和发展中国家的利益和诉求。"[2] 为推动这种治理体系朝着更加公正合理的方向改革，为未来全球海洋治理改革提供范例，除掌握全球海洋生物资源治理发展大势外，需正本清源地准确认知南极海洋生物资源养护制度发展的政治历史背景、法律制度设计内在逻辑及其发展变化动力以及当前存在的主要矛盾及其深层次政治与法律逻辑。

2010 年至 2022 年间，在相关主管部门和学校的支持下，我非常有幸作为我国代表团的成员，参加了南极海洋生物资源养护委员会会议。2019 年，我还偶然地参与了一次南极条约协商会议，亲身体会到南极条约体系下议题间相互作用和融合。参与南极海洋治理实践过程十多年来，我不断查阅历史会议报告、学术专著和期刊论文，请教国内外专家，学习相关国家提交文件，努力从理论上更好地解释实践中遇到的问题。理论学习和实践相互验证、不断总结积累，形成本书。

本书的目的是在国内外相关研究成果的基础上，围绕《南极海洋生物资源养护公约》的起源以及南极海洋生物资源养护委员会实践，以南极磷虾渔业、南极犬牙鱼渔业、IUU 捕捞、南极海洋保护区等具体内容为载体，回溯分析南极海洋生物资源养护制度发展与变化的内在逻辑，以及相关国家在这些制度设计与演变过程中的政治与法律博弈。作者在研究过程中主要采取了实证主义的研究方法，以南极海洋生物资源养护委员会及其科学委员会以及

---

〔1〕 Evan T. Bloom, *Meeting Antarctica's diplomatic challenges: Joint approaches for Australia and the United States*, ASPI, 2022, pp. 15~17.

〔2〕 中华人民共和国国务院新闻办公室：《携手构建人类命运共同体：中国的倡议与行动》，载《人民日报》2023 年 9 月 27 日。

南极条约协商会议的报告为基础；关于《南极海洋生物资源养护公约》部分的研究，除上述会议报告外，以 2000 年前国外专家编著的学术专著为主，相关期刊早期发表的论文为辅。[1]

全书共分十章，第一章和第二章是从南极条约体系的视角认知与理解《南极条约》与《南极海洋生物资源养护公约》以及南极条约体系下相关文书之间的关系。第三章至第八章详细分析南极海洋生物资源具体管理制度，包括生态系统方法与预防性做法实施方式、南极磷虾渔业及其管理、南极犬牙鱼渔业及其管理、打击 IUU 捕捞管理制度、海上登临执法检查制度、遵约评估制度等。每个章节都涵盖了管理制度发展起源、制度设计以及实施中出现的政治与法律问题。第九章专门研究了南极海洋保护区，包括该议题发展不同阶段、具体海洋保护区提案以及该议题引发的政治、法律和科学争议。第十章是本书的结论与展望。该章回顾总结了《南极海洋生物资源养护公约》和南极海洋生物资源养护委员会四十多年发展历程，以及它和全球政治之间的偶然相似性；在此基础上分析气候变化与生物多样性两个全球最大多边主义议题以及《BBNJ 协定》对南极海洋生物资源养护的影响；最后从四个方面提出一些对策建议。

本书在写作过程中，曾分别得到国家社科基金（15BGJ059）、科技部重点研发计划（2019YFC1408205）、自然资源部和国家海洋局极地考察办公室相关专项等项目资助。本书相关观点，为个人理论研究和实践认知的产物，不代表任何部门或机构的观点。由于本人学识和能力所限，书中难免存在疏漏和不当之处，敬请各位师长及同仁不吝赐教。

唐建业

2023 年 9 月

---

[1] 参考早期国外学术研究成果，能更好地回避 2000 年后一些思潮影响《南极海洋生物资源养护公约》的解释及其适用。

缩写对照表

缩写	中文名称
AOA	南极海洋联盟
ARK	负责任的南极磷虾捕捞企业协会
ASOC	南极和南大洋联盟
ASPA	南极特别保护区
ASMA	南极特别管理区
ATCM	南极条约协商会议
ATCP	南极条约协商国
ACAP	《信天翁和海燕养护协定》
ACMRR	海洋资源研究咨询委员会
AAT	南极领地
ALC	自动船位发报器
AFMA	澳大利亚渔业管理局
AFCD	渔农自然护理署
BBNJ	国家管辖范围以外区域海洋生物多样性养护与可持续利用
BIOMASS	南极海洋系统和种群生物学调查
BAS	英国南极调查局
CCAMLR	南极海洋生物资源养护委员会
CDS	渔获登记制度
COLTO	合法犬牙鱼运营者联盟

缩写	中文名称
COMNAP	国家南极局局长理事会
CAML	南极海洋生物大普查
CRAMRA	《南极矿产资源活动管制公约》
CLCS	大陆架界限委员会
CEP	环境保护委员会
CMS	《野生动物迁徙物种养护公约》
COFI	渔业委员会
CPI	消费者价格指数
CCSBT	南方蓝鳍金枪鱼保护委员会
CPUE	单位努力量渔获量
GEF	全球环境基金
DOALOS	联合国海洋事务与海洋法司
DCD	渔获证书
DED	出口证书
DRED	再出口证书
ENSO	南方涛动
EAF	渔业生态系统方法
EIES	电子信息交换系统
EBSAs	具有生态和生物重要性的海洋区域
FAO	联合国粮农组织
FMC	渔业监测中心
FONC	不履约旗帜
GSSOELR	南大洋生态及其生物资源专家组
GYM	通用产量模型
GPZ	普遍性保护区
HIMI	赫德群岛与麦克唐纳群岛

缩写	中文名称
HSI	国际人道协会
ICCAT	养护大西洋金枪鱼委员会
IHO	国际海道测量组织
IMO	国际海事组织
IPCC	联合国政府间气候变化专门委员会
IUU	非法、不报告和不管制
IWC	国际捕鲸委员会
IUCN	世界自然保护联盟
IGY	国际地球物理年
ICRW	《国际捕鲸管制公约》
IAATO	国际南极旅游组织行业协会
IOC	政府间海洋学委员会
IWC	国际捕鲸委员会
IOTC	印度洋金枪鱼委员会
ITLOS	国际海洋法法庭
ICG-SF	可持续财政会间协调小组
ISR	综合研究区
IRCS	国际无线电呼号
IMMA	特别生态重要区域和重要海洋哺乳动物区域
IPBES	生物多样性和生态系统服务政府间科学政策平台
JARPA	特许南极鲸类研究项目
KYM	南极磷虾产量模型
KRZ	磷虾研究区
KI	凯尔盖朗群岛
KBA	生物多样性关键区域
NAFO	西北大西洋渔业组织

缩写	中文名称
NEAFC	东北大西洋渔业委员会
NIEO	国际经济新秩序
MSE	模拟和管理策略评估
MEPC	国际海事组织海洋环境保护委员会
MSC	海洋管理理事会
MARPOL	《国际防止船舶造成污染公约》
POC	南极颗粒有机碳
RFMO	区域渔业管理组织
RMP	科研与监测计划
RSrMPA	罗斯海区域海洋保护区
RAATD	南极追踪数据回溯分析小组
SCAF	行政与财务常设委员会
SCAR	南极研究科学委员会
SC-CAMLR	南极海洋生物资源养护科学委员会
SCIC	执行与遵约常设委员会
SCOI	观察与检查常设委员会
SISO	国际科学观察制度
SoI	检查制度
SSMU	小尺度管理单元
SSRU	小尺度研究单元
SOISS MPA	南奥克尼岛屿南部陆架海洋保护区
SCALOP	南极后勤和作业常设委员会
SCOR	海洋研究科学委员会
SOISS MPA	南奥克尼群岛南部陆架海洋保护区
SCAR-MarBIN	海洋生物多样性信息网络
SG-ASAM	声学调查和分析方法分工作组

缩写	中文名称
SROCC	《海洋与冰冻圈特别报告》
SRZ	特别研究区
SEAFO	东南大西洋渔业组织
SIOFA	《南印度洋渔业协定》
SATCM	南极条约协商特别会议
SCAF	行政与财务常设委员会
SDP	蓝鳍金枪鱼统计文件计划
SPS	特别保护物种
SCP	系统养护规划方法
SOES	南奥克尼生态系统航次
SO-AntEco	南奥克尼南极生态系统状况航次
SPZ	产卵保护区
SOOS	南大洋观察系统
TAC	总可捕量
TIS	贸易信息制度
UNEP	联合国环境规划署
USAS	美国南极考察队
USAP	南极考察项目
UNCLOS	《联合国海洋法公约》
VME	脆弱海洋生态系统
VMS	船位监测系统
WG-EMM	生态系统监测与管理工作组
WG-FSA	鱼类种群评估工作组
WG-SAM	统计、评估与建模工作组
WMO	世界气象组织
WSMPA	威德尔海海洋保护区

缩写	中文名称
WSSD	可持续发展问题世界首脑会议
WTO	世界贸易组织
WG-DAC	南极海洋生物资源养护方法制定工作组
WG-IMAF	捕捞伴随死亡率工作组
WG-ASAM	声学调查与分析方法工作组
WCPFC	养护和管理中西太平洋高度洄游鱼类种群委员会
WG-CEMP	生态系统监测计划工作组
WG-Krill	南极磷虾工作组
WS-SM	空间管理研讨会
WSMPA	威德尔海海洋保护区
WPC	世界公园大会

目 录

序 ……………………………………………………………………………… 001

第一篇 南极条约体系

第一章 南极和南极条约体系 ……………………………………………… 003

第一节 南极洲 …………………………………………………………… 003

第二节 南极领土主张冲突与华盛顿会议 …………………………… 016

第三节 《南极条约》 …………………………………………………… 022

第四节 南极条约体系 …………………………………………………… 036

第五节 南极海域的法律性质 ………………………………………… 062

第六节 中国与南极条约体系 ………………………………………… 066

第二章 南极海洋生物资源养护公约及其委员会 …………………… 068

第一节 南极海洋生物 …………………………………………………… 068

第二节 南极海洋生物资源开发历史 ………………………………… 074

第三节 南极海洋生物资源养护公约 ………………………………… 085

第四节 南极海洋生物资源养护委员会 ……………………………… 111

第五节 欧盟与CCAMLR ……………………………………………… 134

第六节 中国与CCAMLR ……………………………………………… 139

第二篇　南极海洋生物资源管理制度

第三章　生态系统方法和预防性做法 ················· 145

第一节　CCAMLR 与生态系统方法 ················· 146

第二节　CCAMLR 与预防性做法 ················· 160

第三节　小结 ················· 177

第四章　南极磷虾渔业及其管理 ················· 180

第一节　南极磷虾资源 ················· 181

第二节　南极磷虾渔业 ················· 190

第三节　南极磷虾渔业管理 ················· 199

第五章　南极犬牙鱼渔业及其管理 ················· 229

第一节　渔业基本状况 ················· 229

第二节　CCAMLR 犬牙鱼探捕渔业管理制度 ················· 236

第三节　CCAMLR 犬牙鱼渔业管理争议 ················· 251

第四节　非政府组织 ················· 269

第六章　CCAMLR 打击 IUU 捕捞管理制度 ················· 272

第一节　南大洋 IUU 捕捞活动及其发展 ················· 273

第二节　CCAMLR 养护措施 ················· 279

第三节　CDS 及其实施 ················· 282

第四节　IUU 渔船名单 ················· 288

第五节　典型案例 ················· 302

第六节　小结 ················· 321

第七章　南极视察与 CCAMLR 海上检查制度 ················· 323

第一节　《南极条约》视察制度的起源 ················· 323

第二节　南极视察制度 ················· 324

第三节　南极视察实践 ················· 331

第四节　CCAMLR 检查制度的发展 ………………………………… 334

第五节　CCAMLR 执法检查制度 …………………………………… 336

第六节　武器携带及武力使用问题 ………………………………… 340

第七节　南纬 60 度以北适用问题 …………………………………… 341

第八节　小结 ………………………………………………………… 346

第八章　CCAMLR 遵约评估程序 …………………………………… 352

第一节　发展历程 …………………………………………………… 352

第二节　评估程序 …………………………………………………… 355

第三节　关键问题 …………………………………………………… 358

第四节　小结 ………………………………………………………… 377

第三篇　南极海洋保护区

第九章　南极海洋保护区建设 ……………………………………… 381

第一节　南极海洋保护区建设实践 ………………………………… 383

第二节　南奥克尼群岛南部陆架海洋保护区 ……………………… 399

第三节　养护措施 CM 91-04 下南极海洋保护区建设案例 ……… 416

第四节　政治、法律和科学争论 …………………………………… 437

第五节　小结 ………………………………………………………… 460

第四篇　总结与展望

第十章　总结与展望 ………………………………………………… 465

第一节　历史回顾与总结 …………………………………………… 466

第二节　两个未来发展影响因素 …………………………………… 471

第三节　对策建议 …………………………………………………… 479

附　录　中国提交有关海洋保护区文件的部分清单 ……………… 487

第一篇

南极条约体系

第一章

南极和南极条约体系

根据"陆地统治海洋"的基本原则，南极海洋生物资源养护离不开南极洲的法律与政治。南极洲的地理位置及其陆地主权归属等特殊情形，造就了独特的南极条约体系。南极海洋生物资源养护，虽受 20 世纪 70 年代全球政治法律环境的影响，但根植于南极条约体系及其特殊的海洋生态系统。南极海洋生物资源养护，离不开南极条约体系以及该体系中相关条约相互作用。

第一节　南极洲

一、基本概况

南极洲，四周被海洋所包围，是世界上最孤立的一个大洲，面积约为 1400 万平方公里，约占全球陆地面积的 10%；98% 的表面为冰雪覆盖，保存着世界上 70% 的淡水资源。[1] 它距离南美洲最近海岸约 1000 公里，距离澳大利亚 2500 公里，距离非洲 4000 公里。环绕南极洲的海洋，连接世界上最大的三大洋，即太平洋、大西洋和印度洋，构成了世界海洋中心。世界上大多数国家（除阿根廷外）将此围绕南极洲的海洋称为南大洋（the Southern Ocean），作为第四大洋，排在印度洋之后、北冰洋（1400 万平方公里）之

---

〔1〕　Martin W. Holdgate, "Environmental Factors in the Development of Antarctica", in Francisco Orrego Vicuña（ed.）, *Antarctic Resources Policy：Scientific, Legal and Politics Issue*, Cambridge University Press, 1983, p. 81.

前。[1]尽管南大洋的南部边界在地理上非常清楚，即南极洲的沿岸，但其北部边界却一直没有统一的认识。有观点认为，北部边界一直延伸到澳大利亚的沿岸；也有观点认为，其北部边界止于南纬60度和南纬35度之间某处。[2]

1959年《南极条约》将其适用范围限定于南纬60度以南的区域。[3]鉴于《南极条约》冻结南极陆地领土的主张，南纬60度实际上排除了第4条对一些岛屿的适用，包括南乔治亚岛（South Georgia）、南桑得威奇群岛（South Sandwich Islands）、爱德华王子岛（Prince Edward Island）、凯尔盖朗群岛（Kerguelen）、布韦岛（Bouvet Island）、赫德群岛与麦克唐纳群岛（Heard and McDonald Islands）、克罗泽岛（Crozet Island）、坎贝尔岛（Pampbell Island）等。[4]因此，可以认为，南纬60度界限的确定或多或少带有政治和经济利益因素。

相对而言，生物学家和海洋学家倾向于将南极辐合带（The Antarctic Convergence）作为南大洋的自然生态边界，这曾被认为是南极海洋生物不可逾越的边界。[5]《南极海洋生物资源养护公约》将南极辐合带作为其管辖区域最北

---

[1] 2000年，国际海道测量组织（IHO）曾试图在其出版的《海洋边界》（The Limits of Oceans and Seas）（第3版）中将环绕南极洲的海洋命名为"南大洋"，因阿根廷反对而没有使用此命名。2021年6月8日，美国国家地理学会（the National Geographic Society）在"世界海洋日"宣布将此海域命名为"南大洋"。2021年10月，阿根廷在第40届南极海洋生物资源养护委员会（CCAMLR）大会期间专门发表声明，指出国际海道测量组织2000年出版的《海洋边界》并没有包含此命名，强调各国就此名称还没有达成共识，要求CCAMLR会议文件避免使用"南大洋"名称。同样，在阿根廷的坚持下，2021年10月29日，CCAMLR通过的《南极海洋生物资源养护委员会40周年宣言》没有使用"南大洋"，而是依照《南极海洋生物资源养护公约》使用了"环绕南极洲的海"（seas surrounding Antarctica）。See Matt Rosenberg, "The New Fifth Ocean: The Southern Ocean", *ThoughtCo.*, 10 April 2020, at www.thoughtco.com/the-new-fifth-ocean-1435095, accessed 30 October 2021; Bysarah Gibbens, "There's a New Ocean Now—Can You Name All 5?", *National Geographic*, 8 June 2021, at www.nationalgeographic.com/environment/article/theres-a-new-ocean-now-can-you-name-all-five-southern-ocean, accessed 30 October 2021; CCAMLR, "Report of the Fortieth Meeting of the Commission", Virtual, 18–29 October 2021, paragraph 11.4; Declaration on the Occasion of the Fortieth Meeting of the Commission for the Conservation of Antarctic Marine Living Resources, 29 October 2021.

[2] Martin W. Holdgate, "Environmental Factors in the Development of Antarctica", in Francisco Orrego Vicuña（ed.）, *Antarctic Resources Policy: Scientific, Legal and Politics Issue*, Cambridge University Press, 1983, p. 81.

[3] 《南极条约》第6条。

[4] Donald R. Rothwell, *The Polar Regions and the Development of International Law*, Cambridge University Press, 1996, p. 80.

[5] George A. Knox, "The Living Resources of the Southern Ocean: A Scientific Overview", in Francisco Orrego Vicuña（ed.）, *Antarctic Resources Policy: Scientific, Legal and Political Issues*, Cambridge University Press, 1983, p. 21.

界限；[1]南极海洋生物大普查（the Census of Antarctic Marine Life, CAML）也大致采用此界限。[2]按此范围计算，南大洋面积约为 3480 万平方公里，约占全球海洋面积（3.61 亿平方公里）的 10%。[3]值得注意的是，除罗斯海（the Ross Sea）和威德尔海（the Weddell Sea）外，南大洋的陆架非常窄，约 460 万平方公里，且 1/3 被冰架覆盖；相比全球大陆架深度为 100 米至 200 米，南大洋大陆架深度超过 450 米，最深的地方超过 1000 米。[4]

冬季海冰最大覆盖面积约为 2100 万平方公里，夏季约为 700 万平方公里。这种海冰覆盖率从冬季的 60% 到夏季的 20% 来回变化，是海洋生态系统及地球海洋环流的主要驱动力。南大洋的特殊海洋、地质与气候条件造成了这里的海洋生态系统在过去的约 3000 万年的相对隔绝。[5]

表 1-1 南大洋基本参数[6]

海岸线	3.92 万公里
其中：海冰海岸	39.9%
大陆架（小于 1000 米深）	459 万平方公里
其中：冰架下大陆架面积	163 万平方公里
深海（大于 3000 米深）	279 万平方公里

---

〔1〕 Convention on the Conservation of Antarctic Marine Living Resources, Article Ⅰ.

〔2〕 Claude De Broyern, Bruno Danis, "How Many species in the Southern Ocean? Towards a Dynamic Inventory of the Antarctic Marine Species", 58 *Deep-Sea Research* Ⅱ 5, 7 (2011). See Census of Marine Life at https://www. coml. org.

〔3〕 有观点认为，如果按南极极锋（Antarctic Polar Front）至南极洲大陆之间计算，南大洋面积为 3290 万平方公里。另有观点认为，南大洋的面积占全球海洋总面积的 15%，南极大陆架占南大洋的面积的 3% 至 5%。See Stephen Nicol and Jacqueline Foster, "The Fishery for Antarctic Krill: Its Current Status and Management Regime", in Volker Siege (ed.), *Biology and Ecology of Antarctic Krill*, Springer, 2016, p. 401; Karl-Hermann Kock, *Understanding CCAMLR's Approach to Management*, CCAMLR, May 2000, p. 1.

〔4〕 Andrew Clarke, Nadine M. Johnston, "Antarctic Marine Benthic Diversity", in R. N. Gibson and R. J. A. Atkinson (eds), *Oceanography and Marine Biology: an Annual Review*, Taylor & Francis, 2003, p. 53.

〔5〕 Julian Gutt, Graham Hosie, Michael Stoddart, "Marine Life in the Antarctic", in Alasdair D. McIntyre (ed.), *Life in the World's Ocean: Diversity, Distribution and Abundance*, Wiley-Blackwell, 2010, p. 203.

〔6〕 Andrew Clarke, Nadine M. Johnston, "Antarctic Marine Benthic Diversity", in R. N. Gibson and R. J. A. Atkinson (eds), *Oceanography and Marine Biology: an Annual Review*, Taylor & Francis, 2003, p. 55.

续表

海洋面积	3480 万平方公里
其中：永久无冰区	1400 万平方公里

二、陆地领土主张

南极洲由大陆、陆缘冰架和岛屿组成，总面积 1424.5 万平方千米，约占全球陆地面积的 10%。19 世纪初，南极洲仍是一片有待证实的大地；1772 年至 1775 年，库克船长带领的海豹捕猎船第一次进入南极圈；1820 年左右，人类首次眺望到了南极大陆；1895 年，人类首次登上南极大陆；1911 年，挪威人阿蒙森首次到达南极点。[1] 南极大陆曾被认为是一个冰封的、远离人类的大陆，因此该大陆及其周边海域的法律性质对国际社会没有意义。[2] 随着南极陆地及其周边海域价值的显现，无论是经济与科学的价值，抑或政治与战略价值，都引发了一些国家对南极陆地领土的主张。首先是英国于 1908 年正式提出"福克兰群岛属地"（the Falkland Islands Dependencies）的主张，其后澳大利亚、新西兰、法国、智利、阿根廷、挪威根据"扇形理论"或先占等理由对南极大陆提出领土主权要求。七个国家主张面积占南极大陆的 83%，剩下西经 90 度至西经 150 度间的陆地没有任何国家主张。值得注意的是，美国和俄罗斯声称保留其对南极大陆主张陆地领地的权利。正是由于这种声称对南极陆地的特殊权利，这些国家（7+2）在南极治理规则的制定与发展过程中努力保护其特殊权利；这些国家也正是南极事务中最活跃的国家。[3]

英国：1908 年，英国正式提出"福克兰群岛属地"（the Falkland Islands Dependencies）的主张，[4] 包括了南乔治亚岛、南奥克尼岛、南设得兰岛、南桑德威奇岛和"格雷厄姆地"（the Graham's lands）。1917 年 3 月 28 日，英国进一步明确其主张区域范围，包括两部分：第一部分是南纬 50 度以南、西经

---

〔1〕 潘敏：《国际政治中的南极：大国南极政策研究》，上海交通大学出版社 2015 年版，第 24~25 页。

〔2〕 Christopher C. Joyner, *Antarctic and the Law of the Sea*, Martinus Nijhoff Publishers, 1992, p. 41.

〔3〕 See Rodolfo A. Sánchez, "A Brief Analysis of Countries' Patterns of Participation in the Antarctic Treaty Consultative Meetings（1998－2011）：Towards Leveling the Playing Field?", 52 *Polar Record* 686 (2016).

〔4〕 福克兰群岛，阿根廷称其为"马尔维纳斯群岛"，是英阿争议岛屿之一。南乔治亚岛、南奥克尼岛、南设得兰岛和南桑德威奇岛等，因英国和阿根廷两国南极领土主张重叠而存在主权归属的争议。

20 度与西经 50 度之间的所有岛屿和陆地；第二部分是南纬 58 度以南、西经
50 度与西经 80 度之间的所有岛屿和陆地。英国主张的南极领地陆地面积约为
182 万平方千米，其中主张的南极半岛区域被称为"格雷厄姆地"[1]。英国
的主张依据于其探险家的发现，据称最早的探险家为 1675 年的南乔治亚船长
（South Georgia）、1775 年的库克船长（Captain James Cook）、1819 年的史密斯船
长（William Smith）、1821 年的鲍威尔船长（George Powell）、1841 年至 1843
年间的罗斯船长（Sir James Clark Ross）等。[2]

　　阿根廷：1927 年，阿根廷在给万国邮政联盟的一份声明中提出其领主管
辖范围包括火地岛（Tierra del Fuego）、南乔治亚岛以及南极大地，但没有明
确界限。1939 年，阿根廷建立了临时南极委员会；并于 1940 年 4 月 30 日成
立"国家南极委员会"（National Commission on the Antarctic）。1942 年，"五
一"（Primero de Mayo）探险活动曾主张西经 25 度至 68 度 34 分之间的扇区，
但没有得到政府的认可。[3]1946 年，阿根廷胡安·贝隆（Juan Domingo Perón）
政府正式提出其对南极领土的主张，其主张范围为：南纬 60 度以南、西经 25
度至西经 74 度之间一直延伸至南极点的所有岛屿和陆地，[4]包括了南乔治亚
岛、南奥克尼岛、南设得兰岛和南桑德威奇岛，所主张的陆地面积约 143 万
平方千米。1947 年，《美洲国家间互助条约》[5]建立了所谓的"美洲安全区"

---

〔1〕　以纪念英国第一任海军大臣詹姆斯·格雷厄姆（James Graham）。

〔2〕　Antarctic Case（United Kingdom v. Argentina；United Kingdom v. Chile），Pleadings, Oral Argu-
ments, Documents, I. C. J. Order of March 16, 1956, paragraphs 6–12.

〔3〕　Robert D. Hayton, "The 'American' Antarctic", 50 *American Journal of International Law* 583,
587–590（1956）.

〔4〕　阿根廷官方解释，选择西经 74 度是因为这是其南美大陆领土最西的经度。See Robert
D. Hayton, "The 'American' Antarctic", 50 *American Journal of International Law* 583, 590（1956）.

〔5〕　《美洲国家间互助条约》（The Inter-American Treaty of Reciprocal Assistance），也称《里约条
约》，1947 年 9 月 2 日在巴西里约热内卢签订，翌年 12 月 3 日生效。第二次世界大战后，美国为加强
对拉美国家的控制，力图将 1945 年在墨西哥签订的战时临时性《查普德佩克议定书》改为永久性条
约。1947 年 8 月 15 日至 9 月 2 日，美洲国家在里约热内卢召开维持大陆和平与安全会议时，美国将其
提出的《美洲国家间互助条约》草案提交会议，经过讨论通过。该条约签订后，美曾援引其条款对危
地马拉、古巴、多米尼加等拉美国家进行干涉和侵略。20 世纪 70 年代以来，美国对该地区的控制开
始减弱。1975 年 7 月，美洲国家组织在哥斯达黎加首都圣何塞召开修改《美洲国家间互助条约》的特
别大会，通过在该条约中增加"政治多样化""集体经济安全"、反对"经济侵略"等原则，并对条
约的适用范围和表决制度条款进行了修改。1982 年，一些缔约国谴责美国在马尔维纳斯群岛战争中背
弃盟约，支持英国对阿根廷采取武装行动。

（the American Security Zone），其范围包括了西经 24 度至西经 90 度之间一直延伸至南极点的南极区域，覆盖阿根廷和智利的主张范围以及部分英国的主张范围（西经 20 度至西经 24 度）。[1]阿根廷政府对此提出明确的保留。阿根廷南极主张依据包括：南奥克尼劳里岛（Laurie Island）气象站自 1904 年起的不间断运行、1494 年《托尔德西里亚斯条约》（Treaty of Tordesillas）[2]、地理邻近和相近原则（geographical proximity and affinity）。[3]除陆地领土主张外，阿根廷还在签署《南极条约》前就宣布在其主张南极领土外建立 200 海里海域。[4]

澳大利亚：澳大利亚南极陆地领土主张承袭于英国。1933 年 2 月 7 日，英国枢密院发布了一项命令，将约占南极 2/5 的两部分领土主权权利转让给了澳大利亚。同年 6 月 13 日，澳大利亚政府通过了《澳大利亚南极国土接收法》（The Australian Antarctic Territorial Acceptance Act），正式确认了这些权利。1936 年 8 月 24 日，澳大利亚政府发表声明，宣布对南极"领土"的管理正式生效。[5]澳大利亚南极主张范围包括两个部分：一是南纬 60 度以南、东经 45 度至东经 136 度之间一直延伸至南极点；二是南纬 60 度以南、东经 142 度至东经 160 度之间一直延伸至南极点；主张的陆地总面积达 624 万平方千米，是主张陆地面积最大的国家，占南极大陆面积的 42%。[6]澳大利亚南极主张依据包括：1770 年至 1775 年间库克船长的探险活动，1910 年至 1911 年间莫森领导的探险活动，持续的占有、管理和有效控制。

智利：1940 年，智利佩德罗·阿吉雷·塞尔达（Pedro Aguirre Cerda）政

---

〔1〕 John Hanessian, "The Antarctic Treaty 1959", 9 *International & Comparative Law Quarterly* 436, 441 (1960).

〔2〕 据此条约，亚历山大六世（Alexander Ⅵ）教皇将西经 46 度 37 分以西的世界划分给西班牙；1816 年，阿根廷独立，并声称据此从西班牙继承了关于南极领土的权利。

〔3〕 Christopher C. Joyner, *Antarctic and the Law of the Sea*, Martinus Nijhoff Publishers, 1992, pp. 44~45.

〔4〕 Barbara Mitchell, The Southern Ocean in the 1980s, 3 *Ocean Yearbook* 349, 365 (1982).

〔5〕 Proclamation by the Governor-General Fixing the Date upon which the Order in Council Placing the Australian Antarctic Territorial under the Authority of the Commonwealth Shall Come into Operation, Commonwealth of Australia Gazette, No. 70, 24 August 1936.

〔6〕 Julia Jabour, Marcu Haward, Tony Press, "Introduction", in Julia Jabour, Marcu Haward and Tony Press (eds.), *Australia's Antarctica Proceedings of the Symposium to Mark 75 Years of the Australian Antarctic Territory*, Institute for Marine and Antarctic Studies, 2012, p. 1.

府正式提出其南极陆地领土（Territorio Chileno Antartico）主张，[1]范围包括西经 53 度至西经 90 度之间一直延伸至南极点。值得注意的是，智利并没有明确其南极主张的北部界限；其他国家或组织一般将南纬 60 度视作其主张的北部界限。按此范围计划，智利主张陆地面积约 130 万平方千米。1947 年，智利在南设得兰岛屿的格林威治岛（Greenwich Island）建立了永久基地，实施了所谓的"有效占领"（effective occupation）。智利南极主张依据，与阿根廷相似，包括：1494 年《托尔德西里亚斯条约》、[2]地理延续与邻近（geographical continuity and proximity）以及 1947 年以后的有效占领。有意思的是，智利南极陆地领土主张和阿根廷、英国两国主张重叠；智利和阿根廷同是《美洲国家间互助条约》缔约国，也是 1955 年国际法院南极案（Antarctica Case）的两个被诉方。除陆地领土主张外，智利和阿根廷一样，在签署《南极条约》前就宣布在其主张南极领土外建立 200 海里海域。[3]

法国：1924 年 11 月 21 日，法国正式提供其南极陆地领土主张，并宣布将其主张的南极领土置于马达加斯加的总督管辖下。[4]1938 年 4 月 1 日，法国才正式公布其主张南极领土的范围，即南纬 60 度以南、东经 136 度至东经 142 度之间一直延伸至南极点的区域，[5]此区域被称为"阿德利地"（Adelie Land），面积为 39 万平方千米，是七个国家中主张陆地面积最小的。法国南极陆地领土主张依据为发现，即 1840 年迪蒙·迪尔维尔（Domunt d'Urville）的探险活动，以及 1903 至 1905 年与 1908 至 1910 年查科特（Jean-Baptiste Charcot）的探险活动。除阿德利地外，法国还在南大洋及其附近海域拥有以下岛屿：凯尔盖朗岛（Kerguelen）、克罗泽岛（Crozet）、阿姆斯特丹岛（Amsterdam）和圣保罗岛（Saint Paul），这些岛屿位于南纬 60 度以北海域。自 1955 年以后，阿德利地和上述岛屿由法国海外部（Ministry of Overseas France）

---

〔1〕　Decree No. 1747 Declaring the Limits of the Chilean Antarctic Territory, 6 November 1940.

〔2〕　智利在 1810 年独立后，声称依《托尔德西里亚斯条约》从西班牙继承关于南极领土的权利。

〔3〕　Barbara Mitchell, "The Southern Ocean in the 1980s", 3 *Ocean Yearbook* 349, 365 (1982).

〔4〕　Decree Attaching French Antarctic Territories to the Government General of Madagascar, 21 November 1924, available at https://sparc. utas. edu. au/index. php/antarctic-documents-database, accessed 7 August 2023.

〔5〕　Decree Defining the Limits of Adelie Land, 1 April 1938, available at https://sparc. utas. edu. au/index. php/antarctic-documents-database, accessed 7 August 2023.

管辖。[1]

新西兰：澳大利亚南极陆地领土主张承袭于英国。1923 年，一场关于捕鲸的竞争促使英国对罗斯海两边直至南极点的南极陆地领土提出主张，即南纬 60 度以南、东经 160 度至西经 150 度之间一直延伸至南极点的区域，被称为 "罗斯属地"（the Ross Dependency），陆地总面积约 45.5 万平方千米，冰架面积约为 33 万平方千米。1933 年，英国将此罗斯属地正式转让给新西兰。因此，新西兰对罗斯属地主张的依据来源于早期英国的探险活动，包括：1841 年罗斯（James Clark Ross）的探险活动、1901 年斯科特（Robert Falcon Scott）的探险活动和 1909 年沙克尔顿（Ernest Shackleton）的探险活动等。[2]

挪威：1939 年 1 月 14 日，挪威政府正式提出其对南极陆地领土的主张，范围包括西经 20 度至东经 45 度之间的区域，但没有明确其南端和北部的界限。[3]该主张区域，被称为 "毛德皇后地"（Queen Maud or Dronning Maud Land），[4]西邻英国主张的南极领地，东接澳大利亚主张的南极领地，陆地面积约 312 万平方千米。[5]挪威主张恰巧和英国与澳大利亚主张衔接，是源于 1929 年挪威对英国作出的承诺。[6]挪威的南极主张依据，与其他国家不同，不是依据于发现或探险活动，而是依据：阿蒙森（Roald Amundsen）在南极开展的地理工作、有效占有和挪威捕鲸船的历史利用。挪威不明确其南极陆地领土主张的南端及北部界限，意味着其不依赖或不支持 "扇形理论"（the sector theory），其目的是反对俄罗斯在北极依据 "扇形" 理论而提出的大陆

---

〔1〕 Law No. 55-1052 Establishing the Territory of French southern and Antarctic Lands and Endowing it with Administrative and Financial Autonomy, 6 August 1955, available at https://sparc. utas. edu. au/index. php/antarctic-documents-database, accessed 7 August 2023.

〔2〕 Christopher C. Joyner, *Antarctic and the Law of the Sea*, Martinus Nijhoff Publishers, 1992, p. 47; Anne-Marie Brady, "New Zealand's strategic interests in Antarctica", *Polar Record*, 2011, Vol. 47, pp. 126~134.

〔3〕 National Sovereignty in the Antarctic (Proclamation of King Haakon of Norway, January 14, 1939), *American Journal of International Law*, 1940, vol. 34, No. 2 Supplement：Official Documents, pp. 83~85. 挪威宣布对南极陆地领土主张，据称是为了排除德国对此区域提出领土主张的可能性。See Christopher C. Joyner, *Antarctic and the Law of the Sea*, Martinus Nijhoff Publishers, 1992, p. 69, note 34.

〔4〕 挪威探险家阿蒙森以挪威王后毛德为该地命名。

〔5〕 Christopher C. Joyner, *Antarctic and the Law of the Sea*, Martinus Nijhoff Publishers, 1992, p. 47.

〔6〕 J. S. Reeves, "Antarctic Sectors", 33 *American Journal of International Law* 519, 520 (1939).

架主张。[1]除毛德皇后地外，挪威还曾于 1928 年主张了布韦岛（Bouvet Island），于 1931 年主张了彼得一世岛（Peter I Island），该两个主张的依据是此两岛曾作为挪威捕鲸船队的南大洋补给基地以及防止其他国家对该岛屿的侵占。[2]

表 1-2　南极大陆领土主张

序号	年份	国家	主张范围	陆地面积（万平方千米）	主张依据
1	1908	英国	西经 20 度至西经 80 度之间的"格雷厄姆地"	182	探险发现
2	1923	新西兰	东经 160 度至西经 150 度的"罗斯属地"	45.5	探险发现+继承
3	1924	法国	东经 136 度至东经 142 度之间的"阿德利地"	39	探险发现
4	1933	澳大利亚	东经 45 度至东经 136 度之间；东经 142 度至东经 160 度之间	624	探险发现+继承+持续的占有、管理和有效控制
5	1939	挪威	西经 20 度至东经 45 度之间的"毛德皇后地"	312	地理工作+有效占领+历史利用
6	1940	智利	西经 53 度至西经 90 度之间	130	《托尔德西里亚斯条约》+地理延续与邻近+有效占领
7	1946	阿根廷	西经 25 度至西经 74 度之间	143	《托尔德西里亚斯条约》+地理邻近和相近原则+有效管理

---

〔1〕　Donat Pharand, *Canada's Arctic Waters in International Law*, Cambridge Unviersity Press, 1988, pp. 72~78.

〔2〕　J. S. Reeves, "Antarctic Sectors", 33 *American Journal of International Law* 519, 519-520 (1939).

除上述对南极大陆主张领土的 7 个国家外，美国与俄罗斯保留了对南极大陆主张领土的权利，德国曾主张过南极大陆领土，日本也曾声明对南极大陆拥有权利，南非曾试图根据扇形理论主张；瑞典和比利时也参与了相关南极探险活动。[1]

美国：1820 年，美国人开始参与南极探险活动；1821 年 2 月 2 日，美国海豹捕猎船船长帕尔默（Nathaniel Palmer）登上南极大陆。[2]1830 年，地理学家吉姆斯·艾茨（James Eights）是第一个在南极大地工作的科学家。19 世纪 30 年代，美国国会被游说资助南极探险活动；1836 年 5 月 18 日，国会修订了《海军拨款法案》（the Naval Appropriation Bill），授权美国总统向南大洋派遣探险队，这促成了 1838 年至 1842 年间查里斯·威尔克斯（Charles Wilkes）领导的大规模考察探险活动，这次活动成为美国科学的一个里程碑，激发了美国对南极的兴趣。20 世纪 20 年代至 30 年代，美国对南极大陆兴趣高涨，但以民间为主。如自 1928 年开始，伯德（Richard E. Byrd）连续 5 次南极探险，并为美国提出了西经 150 度以西大片陆地的领土要求，也就是那片剩下未被正式主张的陆地区域；与伯德在南极大陆东部以及内部探险不同，林肯·埃尔斯沃思（Lincoln Ellsworth）探险区域则主要集中在南极大陆的西部，1935 年 11 月，埃尔斯沃思非正式代表美国主张了英国和新西兰主张扇区之间的所有区域，1936 年 11 月完成了首次跨南极大陆飞行。1939 年，受其他国家提出南极陆地领土主张、德国探险队登陆南极大陆以及伯德准备其第三次南极探险等因素的影响，罗斯福政府采取了更加积极的南极政策，授权实施官方南极探险活动，这也就是"美国南极考察队"（USAS）。USAS 隶属美国内政部，但其执行委员会则由国务院、内政部、财政部、战争部和海军等代表组成。1941 年，因第二次世界大战，美国放弃了 USAS。[3]1948 年 6 月 9 日，美国国务院发布了一份南极政策文件，包括以下几个核心要点：不

---

〔1〕 Robert D. Hayton, "The Antarctic Settlement of 1959", 54 *American Journal of International Law* 349, 349-354 (1960).

〔2〕 1821 年左右，俄罗斯人法比安·戈特利布·冯·别林斯高晋（Fabian Gottlieb von Bellingshausen）、英国人布兰斯菲尔德（Edward Bransfield）和美国人帕尔默（Palmer）都宣称发现了南极大陆。

〔3〕 在 1957 年至 1958 年间国际地球物理年后，美国于 1959 年成立了南极考察项目（United States Antarctic Program, USAP），组织美国南极科学研究与后勤补给等，由国家科学基金会（the National Science Foundation）资助。参见 https://www.nsf.gov/news/news_summ.jsp?cntn_id=102869，最后访问日期：2017 年 7 月 18 日。

主张南极陆地领土，也不承认其他国家的南极领土主张，但保留未来主张的权利；[1]南极大陆资源不具开发前景；不能让南极大陆及其周边岛屿落入竞争对手，特别是苏联手中。这些要素后来被包含进了《南极条约》。[2]

俄罗斯：苏联或俄罗斯对南极大陆及周边岛屿的可能主张完全依赖于法比安·戈特利布·冯·别林斯高晋（Fabian Gottlieb von Bellingshausen）南极探险活动以及国家继承。[3]别林斯高晋，被认为是最早发现南极大陆的三个探险家之一。据研究，海军大尉别林斯高晋和海军中尉拉扎列夫（Mikhail Lazarev）率领的两艘考察船"东方号"（Vostok）和"和平号"（Mirnyy）[4]于1820年1月27日在南纬69度21分、西经2度14分的位置第一次看到南极大陆。[5]尽管对于谁是第一个发现南极大陆的人有争议，但别林斯高晋作为第一个进行环南极大陆航行的人是没有争议的；他在此过程中发现了诸如彼得一世岛、亚力山大一世岛（Alexander Ⅰ Island）和南桑德威奇岛。但在此后125年之久的时间，俄罗斯再也没有派船到南极，[6]直至1946年苏联的"光荣号"（Slava）捕鲸船出现在南极海域。[7]1932年，苏联曾计划于第二

---

〔1〕　美国不主张也不认可南极领土主张，主要是因为根据传统国际法，仅发现新的陆地，如果没有后续的有效占有和管理，不能产生合法权利。

〔2〕　Christopher Joyner, Ethel R. Theis, *Eagle Over the Ice*: *The U. S. in the Antarctic*, University Press of New England, 1997, pp. 21~26；陈力：《美国的南极政策与法律》，载《美国研究》2013年第1期，第65~86页；郭培清：《美国政府的南极洲政策与〈南极条约〉的形成》，载《世界历史》2006年第1期，第84~91页。

〔3〕　Peter A. Toma, "Soviet Attitude towards the Acquisition of Territorial Sovereignty in the Antarctic", 50 *American Journal of International Law* 611, 613 (1956). 值得注意的是，1956年和1957年，苏联在澳大利亚主张的南极领土上建立了两个全年考察站"和平站"与"东方站"；1958年6月2日，苏联就第一次正式提出"科学家的南极考察"也是其未来南极领土主张的依据；原文为"all rights based on discoveries and explorations of Russian navigators and scientists, including the right to present corresponding territorial claims in the Antarctic", See Boleslaw A. Boczek, "The Soviet Union and the Antarctic Regime", 78 *American Journal of International Law* 834, 841 (1984).

〔4〕　后来，苏联将其在南极四个科学考察站分别命名为别林斯高晋站、拉扎列夫站、东方站及和平站，就是为了纪念此次南极探险的功绩。参见宋德康：《苏联南极考察概况》，载《东海海洋》1986年第3期，第96~100页。

〔5〕　Terence Armstrong, "Bellingshausen and the discovery of Antarctica", 15 *Polar Record* 887 (1971).

〔6〕　Boleslaw A. Boczek, "The Soviet Union and the Antarctic Regime", 78 *American Journal of International Law* 834, 835-836 (1984).

〔7〕　苏联参与《国际捕鲸管制公约》谈判，并于1946年12月2日签署该公约，促使其重新关注南极及其周边海域，因为当时全球90%的捕鲸活动发生在南大洋海域。See Peter A. Toma, "Soviet Attitude towards the Acquisition of Territorial Sovereignty in the Antarctic", 50 *American Journal of International Law* 611, 624-625 (1956).

次国际极地年间开展南极考察，但由于南非禁止苏联考察船队停靠南非港口补给而没有成行。[1]值得注意的是，挪威于1931年宣布拥有彼得一世岛的主权；苏联在8年之后的1939年1月27日才对挪威提出抗议。真正引发苏联与西方之间关于南极大陆的争议是在1948年，当时美国试图在不邀请苏联参加的情况下讨论南极大陆的法律地位问题。[2]

日本：20世纪30年代初，捕鲸业兴盛使日本对南极产生了日益增强的兴趣。1939年，有日本议员建议政府根据白濑矗（Nobu Shirase）1910年至1912年间的探险经历对南极提出主权要求，建立捕鲸基地。1940年11月，当智利政府提出南极领土要求时，日本政府正式通知智利，认为其在智利宣称的区域内有重要利益和权利，日本特别保留声明要求的权利。[3]1951年，《旧金山对日和约》特别规定了日本与南极之间的关系，"日本放弃因日本国家或国民在南极任何地区活动衍生之所有权利、权力根据或利益之请求权"[4]。第二次世界大战后，为了解决国民"营养"问题，麦克阿瑟同意日本赴南大洋捕鲸。后来，日本参加了1957年至1958年国际地球物理年（IGY）活动，由此日本得以成为《南极条约》原始缔约国之一。[5]

德国：1902年1月，由冯·德里加尔斯基带领的德国探险队在凯尔盖朗岛上建立了德国第一个南极站。1938年至1939年间，德国组织了大规模南极探险活动，旨在为德国建立南极捕鲸站选址，以大幅度提高德国的鲸油产量，摆脱对挪威进口鲸油的依赖；[6]建立德国南极海军基地。在挪威于1939年1月宣布主张"毛德皇后地"之后，德国立即派出了由阿尔弗雷德·里彻（Alfred Ritscher）船长带领的南极探险队乘坐"斯瓦比亚"号船（MS Schwabenland）抵达了挪威主张区域，对西经4度50度至东经16度30分、南纬72度以南区域进行了航空测量。[7]随后，德国将东经20度至西经10度之间的区域命名

---

[1] 潘敏：《国际政治中的南极：大国南极政策研究》，上海交通大学出版社2015年版，第31页。

[2] 1948年6月24日，苏联封锁柏林，进一步引发双方之间关系的恶化。See John Hanessian, "The Antarctic Treaty 1959", 9 *International & Comparative Law Quarterly* 436, 436-439 (1960).

[3] Kimie Hara, "Antarctica in the San Francisco Peace Treaty", 26 *Japanese Studies* 81, 82 (2006).

[4] 《旧金山对日和约》第2条（e）。

[5] 郭培清、石伟华编著：《南极政治问题的多角度探讨》，海洋出版社2012年版，第157~158页。

[6] 20世纪30年代，鲸油是当时生产黄油和肥皂的重要原料；德国每年从挪威进口约20万吨的鲸油，对德国的外汇构成了巨大的压力。

[7] J. S. Reeves, "Antarctic Sectors", 33 *American Journal of International Law* 519, 520 (1939).

为"新斯瓦比亚"（Neuschwabenland）。1940 年 6 月，法国战败投降，希特勒命令德国海军总司令在南极半岛附近建立军事基地，希望通过南极基地控制南大西洋、印度洋和德雷克海峡。因第二次世界大战的失败，德国失去了"主权要求国"资格，尽管智利和阿根廷两国宣布主权的时间比它要晚。值得注意的是，德国在战后的建站选址与之前探险活动出现事实上的关联，其最著名的诺伊迈尔（Neumayer）科考站就位于该区域。[1]

　南非：20 世纪初，南非与澳大利亚、新西兰等一样，都是英国的自治领土（Dominions）。1908 年英国主张福克兰群岛属地时，就包括了后来转让给南非的爱德华王子岛和马里恩岛（Prince Edward and Marion Islands）。1920 年1 月，英国确定了利用三个自治领土地理上邻近南极的优势逐步兼并南极（gradual annexation）的政策。在此政策下，1923 年和 1933 年，英国主张了罗斯属地和澳大利亚南极领地，由新西兰和澳大利亚分别管辖。1935 年 1 月 30日，南非政府向外界发出备忘录，主张东经 45 度至西经 20 度之间的南极扇区，称之为"南非扇区"（the South Africa sector）。但是，南非的主张没有得到英国的支持，而且政府无力支持大规模的南极探险以及管制在其主张扇区内的捕鲸活动（特别是日本捕鲸活动）。1939 年，在挪威正式主张毛德皇后地（与南非扇区完全重合）后，南非的主张就不复存在。[2] 1945 年，为加强英国及其自治领土对南极主张领土的控制，有建议将爱德华王子岛和马里恩岛从福克兰群岛属地管辖下转让给南非；南非军舰分别于 1947 年 12 月 29 日和 1948 年 1 月 4 日秘密完成对两岛的控制。[3] 20 世纪 50 年代，南非强调，其保留未来提出主张的权利。[4]

　综上可以看出，围绕南极陆地主张，国际社会大致形成了两大国家阵营：

---

〔1〕 郭培清、石伟华编著：《南极政治问题的多角度探讨》，海洋出版社 2012 年版，第 127~129页；潘敏：《国际政治中的南极：大国南极政策研究》，上海交通大学出版社 2015 年版，第 28~29 页。

〔2〕 1928 年，当挪威主张位于南非扇区的布韦岛时，南非政府没有提出抗议，影响了其后的南极领土主张，而英国为了促使挪威放弃对加拿大阿克塞尔海伯格岛（Axel Heiberg Island）的主张而没有抗议。1939 年，当挪威提出对毛德皇后地的主张时，英国接受其主张，但作为交换条件，挪威也认可澳大利亚南极领土的主张。

〔3〕 此两岛距离南非 1200 海里，而距离福克兰群岛 4000 海里；英国认为这两个位于南印度洋岛屿的战略价值非常重要，包括发射远程武器、战时天气预报以及连接英国至澳大利亚之间航线等。在南非接管此两岛屿的同时，澳大利亚控制了同在南印度洋的赫德岛（Heard Island）。这样，西方国家就控制了南极大陆外围的所有岛屿，可以用于南大洋的无线通信以及其他战略用途。

〔4〕 See Klaus J. Dodds, "South Africa and the Antarctic, 1920~1960", 32 *Polar Record* 25 (1996).

一方为主张国，另一方为非主张国。在七个主张国中，澳大利亚、法国、新西兰和挪威四国主张范围互不冲突，使得四个国家相互承认对方的领土主张；同时，澳大利亚和新西兰的领土主张得到英国的认可。英国、阿根廷和智利三国主张范围发生重叠，使得三国互不认可对方领土主张，但英国的主张得到澳大利亚和新西兰的认可。对于非主张国而言，此七个国家的南极领土主张未得到任何非主张国的认可；其中，美国、苏联（俄罗斯）、南非、比利时和日本等国家曾对这些领土主张提出明确反对。[1]这种南极陆地领土主张及其争议构成了"南极问题"（the Antarctic Problem）。[2]

第二节　南极领土主张冲突与华盛顿会议

一、领土主张冲突

上述 7 个国家对南极大陆领土的主张，特别是英国、智利与阿根廷 3 国之间重叠的领土主张，在第二次世界大战后立即成为国际矛盾。1947 年，阿根廷军队访问了其南极主张领土，1948 年，智利总统魏地拉（Gabriel González Videla）访问并正式启动奥希金斯基地（the General Bernardo O'Higgins base）。这两起事件，引起了英国的抗议以及相应的反制措施，并建议将争端交由国际法院解决。1949 年，在美国的斡旋下，三国就南极军事活动达成一个三方协定，同意除正常科学探险活动外没有必要向南纬 60 度以南区域派遣军队。1952 年 2 月英国与阿根廷之间的霍普湾事件（the Hope Bay incident）以及 1953 年英国与智利、阿根廷之间的迪塞普逊岛事件（the Deception Island incident）使英国和智利、阿根廷之间的矛盾升级，阿根廷将此视为美洲大陆域外列强对其领土的侵犯，智利和阿根廷援引 1947 年《美洲国家间互助条约》，以保护"美洲的南极"（the "American" Antarctic）。[3]

---

〔1〕　Christopher C. Joyner, *Antarctic and the Law of the Sea*, Martinus Nijhoff Publishers, 1992, pp. 92~93.

〔2〕　Eric W. H. Christie, *The Antarctic Problem: An Historical and Political Study*, Allen & Unwin, 1951.

〔3〕　See Robert D. Hayton, "The 'American' Antarctic", 50 *American Journal of International Law* 583, 590-593 (1956); Adrian John Howkins, *Frozen Empires: A History of the Antarctic Sovereignty Dispute between Brain, Argentina, and Chile, 1939-1959* (Ph. D. Dissertation), The University of Texas, 2008, pp. 197~230.

1955 年 5 月 4 日，英国就其与智利、阿根廷之间关于南极领土主张的争端提交国际法院，要求国际法院认定智利与阿根廷的南极领土主张侵犯了英国位于南纬 50 度以南的领土，并裁定英国南极领土主张的合法性，并宣判智利与阿根廷两国主张不符合国际法。1955 年 7 月和 8 月，智利和阿根廷分别通知国际法院，拒绝接受国际法院对此案的管辖权。1956 年 3 月 16 日，国际法院决定其对此案无管辖权。[1]

总体上，英国与智利、阿根廷三国之间关于南极领土主张的争端，根植于英国和南美各国的民族主义冲突，是拉美各国反殖民运动的组成部分；同时，三国之间的争端，受第二次世界大战后冷战的影响，苏联重返南极大陆及其周边海域，使他们不得不减少相互间的竞争。[2]不能忽略的是国家政府首脑对此争端的影响，如智利的魏地拉总统、阿根廷的贝隆总统和英国丘吉尔首相等。

各国在南极活动迅速增多，各种利益冲突日益强烈，尤其是南极领土主张的冲突与对抗最为尖锐。"除非找到一个南极问题的解决方案，否则很容易爆发世界性冲突。各国认识到，订立一个南极国际协定的需要，已迫在眉睫。"[3]

针对英国与智利、阿根廷之间的南极领土争端，为避免在英国为一方和智利、阿根廷为另一方之间作选择，防止"南极争夺"（a scramble for Antarctica）升级，否认"扇形理论"等，美国国务院于 1947 年开始考虑各项可能用于解决南极问题的方案，包括："托管"（trusteeship）、"共管"（condominium）和"国际化"（internationalization），[4]并征求英国的意见。英国开始不同意美国提议的地理范围，即南纬 60 度以南所有陆地；对此两种方案，共管被认为是可能选择，但英国认为应限于四个国家，即英国、美国、智利和阿

---

〔1〕 Antarctic Case（United Kingdom v. Argentina；United Kingdom v. Chile），Pleadings, Oral Arguments, Documents, I. C. J. Order of March 16, 1956.

〔2〕 潘敏：《国际政治中的南极：大国南极政策研究》，上海交通大学出版社 2015 年版，第 33~45 页。

〔3〕 龚敏：《南极洲的领土问题与〈南极条约〉的有关体制》，中国社会科学院 1987 年硕士学位论文，第 43 页。

〔4〕 托管，是根据《联合国宪章》第 75 条至第 79 条为南极大陆设计一个安排；但有不同意见，包括南极大陆没有土著居民，以及联合国托管是出于安全的目的等。共管，是由少数几个利益相关国家对南极大陆进行管理。国际化，是在共管的基础上扩大参与国家的数量，与联合国体系分离。

根廷。尽管美国与英国在参与共管国家方面存在一定分歧，但排除苏联的参与是两国共识。[1]

1948 年上半年，英国同意八国共管方案（即 7+1），但美国向智利与阿根廷建议联合国托管方案；1948 年 8 月 3 日，作为对美国建议的回应，智利提出了《埃斯库德罗宣言》（the Escudero Declaration）。[2]1948 年 8 月 28 日，美国国务院宣布曾与 7 个国家进行过接触，并公布了其解决南极问题的方案。[3]1949 年 2 月，美国收齐各国的反馈，[4]但各国无法达成一致，其建议失败。

1949 年 8 月，美国决定以智利的埃斯库德罗提案为基础再次进行磋商。1950 年 6 月 9 日，苏联正式向八国同时发出备忘录，要求参加磋商；1950 年 6 月 25 日朝鲜战争爆发以及 1952 年霍普湾事件等，致使由美国主导的解决南极问题进程缓慢下来。1953 年 7 月 27 日朝鲜战争结束，以及 1953 年开始讨论第三届国际地球物理年（IGY）加速了此进程。1957 年 7 月至 1958 年 12 月国际地球物理年期间，各国暂时搁置了领土主张争议，促进了相互科学合作，特别是美国与苏联之间形成了一定的共识，为 1958 年 5 月 3 日美国邀请其他 11 个国家到华盛顿进行磋商（即华盛顿会议）奠定了基础。

在迈向最终缔结《南极条约》的进程中，苏联的作用值得关注。如前所述，苏联仅是在 1946 年因捕鲸而重返南大洋。但第二次世界大战后，东西方陷入冷战状态，特别是 1948 年 6 月 24 日苏联封锁柏林，加深了危机，阻碍了其参与解决南极问题的进程中。在此孤立的背景下，1949 年 2 月 10 日，苏联地理学会（the All-Soviet Geographical Society）通过一项决议，声明苏联拥有

---

[1] John Hanessian, "The Antarctic Treaty 1959", 9 *International & Comparative Law Quarterly* 436, 436-444 (1960).

[2] 该宣言建议，建立一种暂时妥协（a modus vivendi）安排，为期五年；在此期间，冻结所有领土主张和权利，鼓励科学合作。该宣言是以 Julio Escudero 教授的名字命名的，埃斯库德罗教授曾是智利外交部的法律顾问。See H. Robert Hall, *International Regime Formation and Leadership: The Origins of the Antarctic Treaty*, University of Tasmania, 1994, p. 7.

[3] 七国是指正式提出南极陆地领土主张的七个国家；方案要点有两个，即促进科学研究和某种形式的国际化（some form of internationalization）。See *Department of State Bulletin*, vol. XIX, No. 479, September 5, 1948, p. 301.

[4] 智利坚持《埃斯库德罗宣言》，反对国际化；英国提出建立"有限形式的国际机制"（a limited form of international regime）；阿根廷反对意见；法国和澳大利亚同意科学合作，但反对涉及主权问题；新西兰不反对；挪威能接受。

无可争辩的历史权利参与解决南极问题，强调任何没有苏联参与的解决南极问题的决定没有法律效力，也得不到苏联的认可。[1]

尽管此决议为非官方性质，但引起了苏联对南极问题的关注。1950 年 6 月 9 日，对于美国再次启动关于南极问题的磋商，苏联同时向八国发出备忘录，正式表明其官方立场；该官方立场重申之前地理学会的决议，强调南极及其周围海域的经济（如捕鲸）与科学价值，建议应邀请所有相关国家参与。[2]八个国家中，仅阿根廷和智利回复了苏联的备忘录，他们拒绝承认苏联拥有任何关于南极领土主张的权利以及参加关于南极问题磋商。即便如此，有一个事实是不能忽视的，即拒绝苏联参与关于南极问题的磋商将意味着将冷战带到南极，而且不可能永久将其排除在后来关于南极安排的机制之外。

第三届国际地球物理年（IGY）为苏联介入南极事务提供了机遇。自 1955 年开始，苏联就积极参与 IGY 的区域会议，1956 年 2 月，建成了第一个科学考察站——"和平站"，1957 年 12 月，建成了第二个科学考察站——"东方站"。苏联这些科学活动，使得其他国家无法再将其排除在任何关于南极问题的磋商进程之外，为其争取到了平等地参与决策的身份。[3]不得不提的是，同样作为非南极领土主张国，苏联与美国在管理南极事务方面有很多相似的观点，这也促进其顺利参与华盛顿会议并完成条约的磋商。

综上可以发现，英国与智利、阿根廷之间南极领土主张冲突，促使了美国从其战略角度去解决此问题。冷战相互的冲突，包括柏林封锁事件和朝鲜战争等，曾延缓了此进程。第三届国际地球物理年期间各国达成了一个"君子协定"（the gentlemen's agreement），[4]促进了科学合作，更加速了南极问题

---

〔1〕 Peter A. Toma, "Soviet Attitude Towards the Acquisition of Territorial Sovereignty in the Antarctic", 50 *American Journal of International Law* 611, 625–626 (1956).

〔2〕 *U. S. S. R. Information Bulletin*, vol. 10, No. 12, 23 June 1950, p. 380. 苏联学者 B. V. Kostritsin 曾建议，南极领土问题可参照 1948 年 8 月 18 日的《多瑙河航行制度公约》。See Peter A. Toma, "Soviet Attitude Towards the Acquisition of Territorial Sovereignty in the Antarctic", 50 *American Journal of International Law* 611, 613 (1956).

〔3〕 Boleslaw A. Boczek, "The Soviet Union and the Antarctic Regime", 78 *American Journal of International Law* 834, 835–840 (1984).

〔4〕 即在 1957 年 6 月至 1958 年 12 月期间停止各种关于南极陆地领土主张的政治活动。这也是后来美国必须在 1958 年初准备华盛顿会议的原因。See, John Hanessian, "The Antarctic Treaty 1959", 9 *International & Comparative Law Quarterly* 436, 455–456 (1960).

的解决进程，分别为美国和苏联提供了有利的机遇。苏联在此期间突出的科学成就，为其争取了平等地参与华盛顿会议的机会。有学者认为，当时的两个超级大国都是非领土主张国，这个共同点使得他们之间可达成很多共识，且有能力去推动条约的磋商，因此《南极条约》可能是两个超级大国有意在南极创造一个冷战的"反例"。[1]但是，值得注意的是，美国愿意接纳苏联参与《南极条约》是以苏联拥有强大的科学与政治实力为前提的。[2]1958年，美国曾详细研判过接纳和拒绝苏联两种选择的利弊，最终认为接纳苏联利大于弊。[3]

参加华盛顿会议的12个国家中，南非是一个特殊的国家。有人批判地认为，南非的参加是华盛顿会议和《南极条约》的最大缺陷。[4]它的参会，既有其地理位置以及爱德华王子岛和马里恩岛（Prince Edward and Marion Islands）的原因，也与其20世纪50年代积极参与第三届国际地理物理年活动、加入南极研究科学委员会（SCAR）、接管挪威在毛德皇后地的科学考察站等因素有关；当然也离不开英国和美国对其参会的支持。有意思的是，南非是唯一的位于南半球的非主张国；如果被排除，它则成为唯一不能参会的邻近南极的南半球国家。不过，20世纪60年代，南非实施种族隔离政策（a-

---

〔1〕 陈玉刚、周超、秦倩：《批判地缘政治学与南极地缘政治的发展》，载《世界经济与政治》2012年第10期，第123页。

〔2〕 值得注意的是，1957年10月4日，苏联发射了人类第一颗人造地球卫星。鉴于苏联的"和平站"建在澳大利亚主张的南极领土上，澳大利亚曾担心该站在第三届国际地球物理年后可能会转变成一个潜艇基地；美国和英国也担心苏联潜艇在南大洋的巡弋以及可能会利用南极洲发射洲际弹道导弹。See L. F. E. Goldie, "International Relations in Antarctica", 30 *The Australian Quarterly* 7 (1958). 另一个有意思的对照是北极。同样是在冷战时期，美国与苏联没有在北极达成和平合作，直至1987年10月戈尔巴乔夫发表摩尔曼斯克讲话。参见郭培清、田栋：《摩尔曼斯克讲话与北极合作——北极进入合作时代》，载《海洋世界》2008年第5期，第67~68页。

〔3〕 Statement of U. S. Policy on Antarctica (NSC 5804/1), 8 March 1958, in *Foreign Relations of the United States* (1958-1960), Volume Ⅱ "United Nations and General International Matters", U. S. Department of State, 2018, pp. 480~494. 当时美国分析认为，拒绝苏联可能会促使苏联通过联合国更直接有力地否定美国等主导建立的南极体系，加速联合国接管南极；还会加剧两大阵营间的冲突。相反，接纳苏联并不当然把苏联带进南极，因为苏联一直在南极；接纳苏联后，更可近距离观察苏联和利用《南极条约》控制苏联在南极的活动。除此之外，当时美国还认为，鉴于和美国保持友好国家的数据远超苏联，在没有否决机制的前提下，接纳苏联不会使苏联在决策过程中拥有任何数量优势。

〔4〕 Gilliand D. Triggs, *The Antarctic Treaty Regime: Law, Environment and Resources*, Cambridge University Press, 1987, p. 53.

partheid)，引发了将其逐出《南极条约》的争论。[1]

二、华盛顿会议

1958 年 5 月 3 日，美国时任总统艾森豪威尔发表声明称，美国致力于和平原则处理南极问题、保障科学考察自由，美国对南极拥有直接的与实质的权利与利益、保留所有对南极区域的所有权利，包括领土主张的权利等；与此同时，该声明向其他 11 个曾参加了第三届国际地理物理年的国家（包括苏联）发出磋商的邀请。6 月 2 日，苏联作出回复，同意美国提出的原则，重申三点意见，即南极大陆应为所有国家专为和平目的利用、所有区域应非军事化与禁止所有武器试验、完全科学考察自由。6 月 4 日，11 个国家都接受美国的邀请，同意参会。[2]

1958 年 6 月 13 日至 1959 年 10 月 13 日，非正式磋商会议立即在华盛顿召开，就具体条约文本进行磋商；前后共召开了 60 次闭门会议，为各方坦诚交流以及妥协达成条约提供了很好的环境，被认为是最终成功缔结《南极条约》的一个重要因素。[3]但各方仍面临一些重要难题，包括：智利与阿根廷的强烈民族意识，反对任何可能影响其领土主张的方案；智利、阿根廷和澳大利亚不愿接受任何形式的国际管理机构；一些国家反对非军事化原则及相应的检查制度；条约适用范围；经济开发活动的管理；外交大会的成员资格等。[4]

1959 年 10 月 15 日，关于南极的外交大会于华盛顿召开。在开幕致辞中，阿根廷强调会议不应构建治理南极的体制架构；智利明确将不会接受任何可能将其南极领土主张国际化的方案；新西兰提出愿意放弃其主张，认为建立一个完全国际化的制度需要主张国放弃其主张，只有这样，才能建立一个完

---

〔1〕　Klaus J. Dodds, "South Africa and the Antarctic", 1920–1960, 32 *Polar Record* 25（1996）.

〔2〕　John Hanessian, "The Antarctic Treaty 1959", 9 *International & Comparative Law Quarterly* 436, 457–461（1960）.

〔3〕　Llewellyn Chanter, "No Cold War over the Frozen South", *Daily Telegraph*, 14 October, 1959.

〔4〕　John Hanessian, "The Antarctic Treaty 1959", 9 *International & Comparative Law Quarterly* 436, 462（1960）. 苏联和日本主张更多国家的参与；澳大利亚强调小范围，英国希望能限制实际参与南极治理国家的数量；美国认为 12 个国家是比较合适的，更多的国家参与会影响条约谈判。是否应邀请印度参加，是一个争议最大的问题，因为印度已经在联合国提出希望参加华盛顿会议，但有国家担心一旦印度参会，苏联会趁机要求邀请更多的国家。此外，波兰也于 1959 年 4 月提出参会愿望。

全有效的管理机制；苏联认为，一个国际化机制将有助于促进南极和平，强调其非军事化的愿望；英国强烈要求维持法律现状，认为这是达成国际协定的前提条件；日本指出会议可能遇到的法律困难，包括一般国际法在南极的适用，如领海、内水与公海制度等，以及民事与刑事管辖。[1]

此后，外交大会分成两个工作委员会，即科学问题委员会和政治与法律问题委员会，以及起草委员会。与之前的非正式磋商会议一样，外交大会采用闭门形式；会议进展很快。1959 年 10 月 23 日，各方就已经在基本原则上达成了普遍共识。在起草会议中，关于三个问题的争议较多，即非军事化的地理范围，管辖权与争端解决，条约的加入。11 月中旬，美国与苏联就检查制度达成一致意见，以防止非授权原军事活动。经过 6 周的艰苦谈判，1959 年 12 月 1 日，外交大会完成了《南极条约》谈判，并在华盛顿开放签字；于 1961 年 6 月 23 日生效。

第三节　《南极条约》

《南极条约》，除序言外，共 14 条，是一个非常简短的条约。第 1 条、第 5 条和第 10 条规定了和平目的利用南极、非军事化、禁止任何形式的核爆炸等；第 2 条与第 3 条规定了科学研究自由与科学合作；第 4 条冻结现状，包括主张国与非主张国，禁止新主张；第 6 条规定了条约适用范围，南纬 60 度以南，包括冰架，但不影响公海自由；第 7 条和第 8 条规定了检查制度以及检查人员的管辖，既涉及非军事化的检查，也涉及科学研究的检查；第 9 条规定了南极事务管理机制，即南极条约协商会议；第 11 条规定了争端解决机制，遵循《联合国宪章》第 33 条第 1 款的精神，实行和平解决，没有强制争端解决机制；第 12 条规定了条约的修订与评估；第 13 条规定了条约的生效及加入，以及按《联合国宪章》第 102 条在联合国注册；第 14 条规定了条约作准文本以及保存机关，四种作准文本（英语、法国、西班牙语和俄语），美国是其保存机关。

总体上，《南极条约》确定了三个最为基本的原则，即领土主张冻结、和

---

〔1〕　John Hanessian, "The Antarctic Treaty 1959", 9 *International & Comparative Law Quarterly* 436, 463-466 (1960).

平利用（或非军事化）、科学研究自由。[1]这三个原则为各国合作打下坚实的基础。整体上，《南极条约》所有条款都是密切支撑着这三个原则，并且相互之间有紧密交叉。[2]

一、和平目的与非军事化

以和平目的利用南极与南极非军事化，[3]是密切相关的两个内容，就像硬币的正反两个面。序言强调，"南极洲永远继续专用于和平目的"以及"不成为国际纠纷（international discord）的场所或对象"，这是符合全人类的利益，也将促进《联合国宪章》的宗旨与原则。第 1 条细化了避免国际纷争的措施，包括禁止任何形式的军事性质的措施，如"建立军事基地和设防工事，举行军事演习，以及试验任何类型的武器"。第 5 条将"核爆炸和处理放射性废料"列入非和平目的利用范围。

非军事化原则（non-militarization），最早于 1948 年 2 月就已经是美国解决南极问题的方案要素之一。此可以理解为是针对那段时期英国与智利、阿根廷之间在南极地区的军事冲突以及 1947 年《美洲国家间互助条约》。此原则一直保留，并于 1958 年初增加了一个新的要素，即视察制度。非军事化原则（包括视察制度）与冻结领土主张，是为了说服智利与阿根廷参与到解决南极问题的磋商进程中。[4]

---

〔1〕　《南极条约》序言重复强调了和平的目的和科学自由与国际合作。

〔2〕　Lorraine M. Elliott, *International Environmental Politics: Protecting the Antarctic*, The Macmillan Press Ltd. , 1994, pp. 35~36.

〔3〕　值得注意的是，《南极条约》全文交替使用了"Antarctic"和"Antarctica"，且没有下定义进行区分；中文翻译时，通常将这两个词都翻译成"南极"。事实上，在外交会议期间，各方对此曾讨论过，但没有达成一致共识。有意思的是，《南极条约》第 6 条没有使用"Antarctica"，由此可得到一种推论，"Antarctic"是指南纬 60 度以南地区，包括陆地、冰架和海洋；而"Antarctica"是指南纬 60 度以南的陆地和冰架。这也是美国对"Antarctica"的理解。See John Hanessian, "The Antarctic Treaty 1959", 9 *International & Comparative Law Quarterly* 436, 472 (1960). 1991 年，《南极条约》生效 30 周年时，ATCM 将"Antarctica"与"a continent"对等使用，似乎支持上述推论。See ATCM, "Final Report of Sixteenth Antarctic Treaty Consultative Meeting" (Part Ⅲ), Bonn, 1~18 October 1991, pp. 136~138. 但有澳大利亚学者认为，"the Antarctic"是指南极大陆，而"Antarctica"是指南极辐合带以南的海洋和陆地。See Alan D. Hemmings, "Southern Horizons: South Asia in the Southern Indian Ocean", 24 *Research Journal Social Sciences* 129, 130 (2016). 本书在此不作区分，但上述两者之间的区别还是需要注意。

〔4〕　John Hanessian, "The Antarctic Treaty 1959", 9 *International & Comparative Law Quarterly* 436, 456 (1960).

1958 年 5 月 3 日，美国时任总统艾森豪威尔宣布"美国致力于南极专为和平目的的原则"，同时认为"南极应为全人类的利益"。在此声明中，美国认为"和平目的"应包括三个内容：一是所有国家的国民、组织和政府在南极所有区域开展科学研究的自由；二是确保南极专为和平目的的国际协定；三是从事任何和《联合国宪章》精神不违背的其他活动。[1]

有意思的是，苏联自参与磋商就一直坚持"非军事化"；对于视察制度，也于 1959 年 11 月中旬与美国达成共识。"禁止任何核爆炸"，在 1959 年 10 月 15 日召开外交大会时都没有提及，仅是在起草阶段，南美国家强调并要求在第 1 条之外对此进行明确规定。美国和苏联都不希望增加此规定，由此引起了广泛的争论，仅会议的最后时刻因苏联的同意而得到解决。[2]因此，非军事化原则，包括禁止军事性质的措施与核爆炸以及视察制度，一定程度上使《南极条约》被认为是最早多边军控协定之一。[3]

值得注意的是，非军事化原则不是简单等于绝对排除军事人员或军事设备出现在南极地区。《南极条约》第 1 条（2）规定，"不阻止为科学研究或任何其他和平目的而使用军事人员或军事设备"。该规定来自美国，旨在允许使用军事船舶、飞机及人员帮助南极科学考察的后勤补给。[4]

此外，对照《南极条约》第 6 条"本条约中的任何规定不得妨碍或以任何方式影响任何国家根据国际法对该地区内公海的权利或权利的行使"，是否意味着"军事活动"（如军事演习）可以在南纬 60 度以南公海海域进行？根据《联合国海洋法公约》的规定，尽管军事活动没有明确列入公海自由，但根据船旗国专属管辖，在公海进行军事活动是一个国家依法享有的权利。[5]根据《南极条约》致力于和平目的的宗旨，需要考察两个内容：其一，这种军

〔1〕 John Hanessian, "The Antarctic Treaty 1959", 9 *International & Comparative Law Quarterly* 436, 457-458 (1960).

〔2〕 John Hanessian, "The Antarctic Treaty 1959", 9 *International & Comparative Law Quarterly* 436, 467 (1960).

〔3〕 Evan T. Bloom, "Introductory Note to Antarctic Treaty Environmental Protocol Liability Annex", 45 *American Journal of International Law* 1 (2006).

〔4〕 John Hanessian, "The Antarctic Treaty 1959", 9 *International & Comparative Law Quarterly* 436, 468 (1960).

〔5〕 A. V. Lowe, "Some legal problems arising from the use of the seas for military purposes", 10 *Marine Policy* 171 (1986).

事活动是否满足"和平目的"的标准；其二，如何界定其活动所发生活动位于公海海域。

二、科学研究自由与合作[1]

南极的科学价值，为参加华盛顿会议的各方所认可。第三届国际地理物理年更促进了各国之间的科学研究合作，为最终达成《南极条约》奠定了良好的基础。因此，南极科学合作，被广泛认为是"科学外交"（science diplomacy）的典范。[2]

《南极条约》序言强调，国际合作下对南极的科学调查，为科学知识作出了重大贡献，以及按照国际地球物理年期间的实践，在南极科学调查自由的基础上继续和发展国际合作，符合科学和全人类进步的利益。《南极条约》第2条则重申了这种科学调查自由以及合作义务；第3条则对合作义务进行了具体化。

根据《南极条约》第3条（1）的规定，科学调查的国际合作，其他外，应包括三个方面的义务：南极科学项目规划方面的信息交换，科学人员的交换以及科学考察报告与成果的交换。但《南极条约》并没有进一步明确，不履行这种合作义务的可能法律责任，国家或科学家应承担的法律责任。第3条（2）规定，鼓励同南极具有科学和技术兴趣的联合国专门机构以及其他国际组织建立合作的工作关系；这些机构或组织应，在当时应包括科学南极研究委员会（SCAR）、国际捕鲸委员会（IWC）和世界气象组织（WMO）。[3]

---

〔1〕《南极条约》使用了"科学调查"（scientific investigation）（序言、第2条、第3条）、"科学研究"（scientific research）（第9条）和"科学探险"（scientific expedition）（第9条），《环保议定书》使用了"科学研究"（scientific research）。本书在此笼统使用"科学研究"，不对两者进行深入区分。

〔2〕The Royal Society, *New Frontiers in Science Diplomacy: Navigating the Changing Balance of Power*, AAAS, 2010; Paul Arthur Berkman, Michael A. Lang, David W. H. Walton, Oran R. Young, *Science Diplomacy: Antarctica, Science, and the Governance of International Spaces*, Smithsonian Institution Scholarly Press, 2011. 需要注意的是，极地科学研究是多重性质的，包括：解决实际问题性质（practical-instrumental）、象征性质（symbolic-instrumental）和知识性质（knowledge-instrumental）。科学研究的实用性越低，越容易成为各国合作的对象。不管如何，所有三种性质的科学研究都通过国家利益和政治密切联系在一起。See Willy Østreng, "Polar science and politics: close twins or opposite poles in international cooperation?", in Steinar Andresen and Willy Østreng (eds), *International Resources Management: the role of science and politics*, Belhaven Press, 1989, pp. 88~90.

〔3〕John Hanessian, "The Antarctic Treaty 1959", 9 *International & Comparative Law Quarterly* 436, 469 (1960).

随着南极条约体系的发展，还应包括国际海事组织（IMO）、联合国环境规划署（UNEP）[1]、国际海道测量组织（IHO）、联合国政府间气候变化专门委员会（IPCC）等。

这种"南极科学调查自由"，一方面满足了科学研究的需要，另一方面更隐含了支持非主张国对那些领土主张的否认，如美国和俄罗斯等国家南极科学考察站选址一定程度上体现了这种战略意图。作为平衡，《南极条约》第4条和第7条则规定，"在本条约有效期间所发生的一切行为或活动，不得构成主张、支持或否定对南极的领土主权的要求的基础，"而且"南极的一切地区，包括一切驻所、装置和设备，以及在南极装卸货物或人员的地点的一切船只和飞机，应随时对根据本条第一款所指派的任何观察员开放，任其视察"。从这个意义上讲，南极领土主张国积极开展相关视察是可以理解的。同样的，任何南极条约协商国，特别是那些非主张国，可以对船舶和飞机的停泊地点进行视察，实际上是间接否定任何对南极陆地领土的主张。

科学研究的作用，在《南极条约》中还被用作获得南极条约协商国（ATCP）资格的门槛，[2]也在南极条约体系的其他文书中得到了体现。《关于环境保护的南极条约议定书》（以下简称《环保议定书》）第3条将"科学研究价值"作为其环境保护原则的重要内容之一；[3]值得注意的是，关于矿产资源的科学研究是禁止矿产资源活动的例外。[4]在此，科学研究的分类，或如何确定科学研究的性质或用途，就成为一个非常有意思的问题，特别是那些关于资源（无论是生物资源或非生物资源）的研究。1958年《日内瓦大陆架公约》将"纯科学研究"或"基础科学研究"与其他类型的科学研究进行了区分。[5]苏联曾在南极开展广泛的科学研究活动，既有纯科学研究，也

---

[1] 现称 UN Environment，是在 1972 年 6 月斯德哥尔摩联合国人类环境会议后设立的，1973 年 1 月正式成立，其总部设在肯尼亚首都内罗毕。1994 年 4 月，UNEP 第一次受邀作为观察员参加了于日本东京召开的第 18 届南极条约协商会议。See Donald R. Rothwell, "UNEP and the Antarctic Treaty System", 29 *Environmental Policy and Law* 17 (1999).

[2] 《南极条约》第 9 条（2）。考虑到南极大陆被广阔的南大洋隔离，到南极大陆开展科学研究活动需要很高的综合国力，特别是 20 世纪 50 年代至 60 年代。因此，这个在 21 世纪看似微不足道的条件在当时应该是很高的。2020 年 5 月 11 日，王婉潞博士在《联合国与南极条约》线上报告中特别强调了此观点。

[3] Protocol on Environmental Protection to the Antarctic Treaty, Article 3.

[4] Protocol on Environmental Protection to the Antarctic Treaty, Article 7.

[5] Convention on the Continental Shelf, Article 5 (1) and (8).

有关于资源利用方面的研究，特别是罗斯海和威德海区域的石油与矿产资源利用方面的研究。[1]日本在南大洋进行所谓的科学捕鲸活动，更凸显出了关于资源的科学研究与资源开发利用之间的微妙关系。[2]

南极条约协商会议（ATCM）关于南极生物采探（biological prospecting）的讨论，[3]再次触及《南极条约》中"科学研究自由"的解释与适用的问题，以及资源管辖权等问题。1999年第22届ATCM首次提出南极生物采探的概念；2005年第28届ATCM的第7号决议，第一次正式讨论了南极生物采探这个议题；2010年第33届ATCM首次将"南极条约地区生物采探"列入正式议程。[4]明确生物采探的性质，有助于解决对国际公约中"海洋科学研究自由原则"以及南极条约体系中"科学考察和研究自由原则"的适用问题，从而进一步确定采探所得的生物遗传资源如何进一步开发与利用。[5]

三、领土主张冻结

《南极条约》第4条是《南极条约》及南极条约体系的基石，体现了妥协的政治巧妙与艺术。如前所述，该条源于智利提出的《埃斯库德罗宣言》，它旨在冻结法律现状，而不是解决南极陆地领土争端。该条分两个部分：第一

---

〔1〕　Boleslaw A. Boczek, "The Soviet Union and the Antarctic Regime", 78 *American Journal of International Law* 834, 845-846 (1984).

〔2〕　Whaling in the Antarctic (Australia v. Japan: New Zealand Intervening), Judgment of 31 March 2014, I. C. J. paragraphs 70-97.

〔3〕　考虑到遗传资源采集和商业化过程在不同的条约或语境中，其中文表述略有差异。根据《联合国海洋法公约》（UNCLOS）附件3，"prospecting"对应中文为"探矿"，区别于"勘探"（exploration）和"开发"（exploitation），构成国际海底区域矿产资源利用的三个阶段。国际海底管理局（ISA）完成的三种矿产资源的探矿和勘探规章以及目前正在制定的《区域内矿产资源的开发规章》，体现了这三个阶段的划分；1988年《南极矿产资源活动管制公约》（CRAMRA）也是如此。为清晰区分"探矿"和"勘探"两个不同阶段，本书采用"生物采探"（biological prospecting）的中文表述，而不是"生物勘探"。参见任秋娟、马凤成：《国际海底区域基因资源生物采探中的生态安全问题》，载《太平洋学报》2014年第9期，第90~97页。

〔4〕　See Netherlands, *Biological Prospecting in the Antarctic Treaty Area: An Update on Status and Trends, Including an Overview of activities of ATS bodies on biological prospecting and Recent Policy Developments at the International Level*, ATCM XLI/IP 029, 10 April 2018.

〔5〕　刘惠荣、刘秀：《南极生物遗传资源利用与保护的国际法研究》，中国政法大学出版社2013年版，第62~68页。

部分为保留现有法律现状，既包括已有的领土主张和可能的主张依据，也包括对已有领土主张的承认与否认；第二部分为冻结现有法律现状，即条约有效期间所发生的一切行为或活动，不得构成主张、支持或否定对南极的领土主权的要求的基础，也不得创立在南极的任何主权权利，以及不得提出新的要求或扩大现有的要求。因此，通常认为第 4 条冻结了南极洲领土主张。[1]鉴于《南极条约》没有规定有效期限，仅规定了生效 30 年后进行条约评估，[2]因此，根据 1969 年《维也纳条约法公约》第 54 条，《南极条约》应是无期限或永久有效的。

任何规定不得解释为缔约任何一方放弃在南极原来所主张的领土主权权利或领土的要求，是针对领主主张缔约国而言的；任何规定不得解释为缔约任何一方全部或部分放弃由于它在南极的活动或由于它的国民在南极的活动或其他原因而构成的对南极领土主权的要求的任何根据，则主要是针对美国和苏联（俄罗斯）而言的。任何规定不得解释为损害缔约任何一方关于它承认或否认任何其他国家在南极的领土主权的要求或要求的根据的立场，则允许主张国和非主张国对《南极条约》作出截然不同的解释，如主张国认为其是南大洋的沿海国，根据《联合国海洋法公约》享有领海和大陆架等管辖权；而非主张国认为，因否认其领土主张，所以他们不是南大洋的沿海国；也就是所谓的"本位原则"（the principle of position），[3]或者"双焦点方法"（a bifo-

---

〔1〕 澳大利亚南极局原局长 Tony Press 认为，冻结主张的解释不准确。他援引澳大利亚总理 Robert Menzies 在第 1 届 ATCM 开幕式致辞认为，澳大利亚的解释是《南极条约》第 4 条冻结了"关于主张的争论"（the argument about territorial claims），而不是"主张"本身。See Tony Press, "Strategic Bifocalism: National Views in an International Context", in Julia Jabour, Marcus Haward and Tony Press (eds.), *Australia's Antarctica: Proceedings of the Symposium to Mark 75 Years of the Australian Antarctic Territory held in Hobart on 24 August* 2011, Institute for Marine and Antarctic Studies Occasional Paper 2, 2021, pp. 115~116.

〔2〕《南极条约》第 12 条（2）。1991 年，第 16 届 ATCM 对《南极条约》进行评估，并发布了《缔约国在南极条约生效 30 周年的宣言》（Declaration by Contracting Parties on the 30th Anniversary of the Entry Into Force of the Antarctic Treaty），重申致力于永久专为和平目的而使用，以及确信《南极条约》对促进南极合作的持续有效性。See ATCM, Final Report of Sixteenth Antarctic Treaty Consultative Meeting (Part Ⅲ), Bonn, 1–18 October 1991, pp. 135~138.

〔3〕 Francisco Orrego Vicuña, "The Law of the Sea and the Antarctic Treaty System: New Approaches to Offshore Jurisdiction", in Christopher C. Joyner and Sudhir K. Chopra (eds.), *The Antarctic Legal Regime*, Martinus Nijhoff Publishers, 1988, p. 97.

cal approach）、[1]"建设性模糊"（constructive ambiguity）。[2]

在此情况下，根据《联合国海洋法公约》的解释不得提出新的要求或扩大现有的要求就会有不同且相互冲突的结论。美国认为，因为南极大陆不存在国际社会共同认可的沿海国，因此南极海域公海的最南部界限应是南极大陆的沿海。因此，根据《南极条约》第6条，南纬60度以南海域中资源利用等问题，适用公海自由原则，不受《南极条约》的限制。[3]南极领土主张国显然不能接受这种解释。相反，澳大利亚不仅于1979年9月26日建立了专属渔区，1994年8月1日宣布建立了200海里专属经济区；[4]而且还于2004年第一个向大陆架界限委员会（CLCS）提出了包括其南极主张领土的200海里外大陆架申请。[5]所以，《南极条约》第4条仅是表面上冻结了各种可能主张，不是真正解决此问题，将南极洲变成科学之洲。事实上，南极领土主张国和非主张国通过各种途径和方式阐释、强化各自立场或主张，如地图、公众教育、科学活动、捕捞活动及其管理、公开仪式等。[6]更有观点认为，《南极条约》第4条并没有禁止南极领土主张国保持警惕，关注其他国家活动可能对其主张的影响，即所谓的"疆域警惕"（frontier vigilantism）。[7]

---

〔1〕 "双焦点方法"（a bifocal approach），是指主张国和非主张国都可基于他们立场对同一条款进行有利于他们的解释。

〔2〕 Erik J. Molenaar, "CCAMLR and Southern Ocean Fisheries", 16 *International Journal of Marine and Coastal Law* 465, 479（2001）.

〔3〕 Christopher C. Joyner, "Antarctica and the Law of the Sea: Rethinking the Current Legal Dilemmas", 18 *San Diego Law Review* 415, 436-437（1981）.

〔4〕 Maritime Legislation Amendment Act 1994. See Julia Green, "Antarctic EEZ Baselines: An Alternative Formula", 11 *International Journal of Marine and Coastal Law* 333, 336-337（1996）.

〔5〕 Signe Veierud Busch, *Establishing Continental Shelf Limits Beyond* 200 *Nautical Miles by the Coastal State: A Right of Involvement for Other States ?*, Brill Nijhoff, 2016, pp. 228~245.

〔6〕 Klaus J. Dodds, "Sovereignty watch: claimant states, resources, and territory in contemporary Antarctica", 47 *Polar Record* 231, 234（2011）.

〔7〕 Klaus J. Dodds, Alan D. Hemmings, "Frontier vigilantism? Australia and contemporary representations of Australian Antarctic Territory", 55 *Australian Journal of Politics and History* 513（2009）. 2017年1月18日，国家主席习近平在联合国日内瓦总部发表的题为《共同构建人类命运共同体》的主旨演讲，将极地和深海、外空、互联网等界定为新疆域（new frontiers），呼吁将这些领域打造成各国合作的新疆域，而不是相互博弈的竞技场。"疆域警惕"和"合作的新疆域"似乎正好能反映不同国家对于极地的不同立场和主张。同样地，环北极被视为前沿或新疆域，北极土著人民则认为那是他们的物质与精神家园。See Mark Nuttall, *Protecting the Arctic: Indigenous Peoples and Cultural Survival*, Routledge, 1998, p. 12.

除此之外，在资源方面，尽管《南极条约》第 4 条冻结了领土主张，但理论上它并没有冻结被主张领土及其可能附带海域内的资源利用。这些区域的资源利用不可避免地会隐含相关领土主张国权利保障的问题，此时第 4 条就会被提及。[1]海洋生物资源，已经由《南极海洋生物资源养护公约》进行了管制，《南极条约》第 4 条被援引和重申，并要求所有《南极海洋生物资源养护公约》缔约国都必须遵守，无论其是不是《南极条约》的缔约国。[2]1985 年，有澳大利亚学者认为，如果未来发生大规模海洋生物资源开发，沿海国管辖问题将被激化，"双焦点方法"（a bifocal approach）将面临考验。[3]矿产资源，被视为对那些国家南极领土主张的威胁，导致已经谈判好的《南极矿产资源活动管制公约》（CRAMRA）被遗弃，[4]由《环保议定书》取代，并基本永久禁止南极采矿活动。[5]生物遗传资源，已经在 ATCM 讨论多年仍没有解决。

综上所述，在《南极条约》存续期内，理论上任何资源性活动都不能构成对南极大陆主权主张的支持、否认，因此资源性活动不能创设任何与主权相关的权利。从这个意义上，在南极条约体系下的资源养护与利用活动不应被认为是损害原有对南极领土主权的主张。但是，从领土主张国的角度看，《南极条约》有意避开对资源管辖及其相关商业利益的规定，就是保护了 7 个国家的领土主张。[6]换言之，任何资源性活动，对于领土主张国来说，都是对其领土主张的侵害。所以，南极及南大洋资源利用会在一定程度上影响《南极条约》第 4 条的解释与适用，进而影响南极条约体系的稳定。

---

〔1〕 据资料记载，华盛顿会议故意避开讨论资源开发的问题，特别是矿产资源开发。See Lorraine M. Elliott, *International Environmental Politics*：*Protecting the Antarctic*, The Macmillan Press Ltd., 1994, p. 41.

〔2〕 Convention on the Conservation of Antarctic Marine Living Resources, Article Ⅳ.

〔3〕 Judith G. Gardam, "Management Regimes for Antarctic Marine Living Resources-An Australian Perspective", 15 *Melbourne University Law Review* 279, 301 (1985). 2011 年以后的南极海洋保护区建设情况，似乎验证了该学者关于沿海国管辖问题的判断。

〔4〕 James Crawford, Donald R. Rothwell, "Legal Issues Confronting Australia's Antarctica", 13 *Australian Yearbook of International Law* 3 (1991).

〔5〕 1991 年《环保议定书》第 7 条规定了 50 年的禁止采矿期限；仔细对照第 25 条，可以发现，实际上《议定书》是给禁止采矿设定了有条件的无限期。See S. K. N. Blay, "New Trends in the Protection of the Antarctic Environment: The 1991 Madrid Protocol", 86 *American Journal of International Law* 377, 395-397 (1992).

〔6〕 Christopher C. Joyner, "Antarctica and the Law of the Sea: Rethinking the Current Legal Dilemmas", 18 *San Diego Law Review* 415, 436 (1981).

四、南极条约协商会议的组织架构

如前所述，智利和阿根廷反对建立任何正式化的体制架构，只是一个协商或顾问性质的机构，[1]防止将南极领土主张国际化，因此《南极条约》在组织架构上采取了相对松散和封闭的形式。松散体现在南极条约协商会议权限和秘书处的设置等方面；封闭则体现在协商国会议决策机制和参与资格等方面。

在南极条约协商会议权限方面，《南极条约》第9条（1）规定，会议是各国代表交换情报、协商有关南极的共同利益问题；"阐述、考虑旨在促进本条约的原则和宗旨的措施"，但不能通过对各国有法律拘束力的措施，而仅能向"本国政府建议"。依据第9条（4），这些措施仅在派遣代表参加考虑这些措施的会议的缔约各方同意时才能生效。在此意义上，南极条约协商会议，仅是协商和建议；决定那些建议能否生效的权力依然掌握在各国政府手里。尽管第9条并没有规定南极条约协商会议通过建议[2]的机制，但根据2008年《南极条约协商会议议事规则》第24条，这些建议都必须获得所有参会协商国代表的同意；这实际上隐含了"一致同意"的原则，与《南极条约》第12条规定的关于条约修订生效的规则一致。

关于是否需要为南极条约协商会议设置秘书处，在1961年7月召开的第1届南极条约协商会议上，英国代表在致辞中表达了"建立某种形式的常设行政机构促进会后政府间的合作"的建议。[3]智利代表则提出，"南极条约协商会议仅是讨论并向政府建议有关正确适用条约"，因此应避免讨论那些容易造成协商国割裂的事宜，如避免讨论机构建立等，"以避免形成建立一个管理南极的超国家机构的印象"。[4]但为了促进会议承办以及履行《南极条约》

---

〔1〕　Shirley V. Scott, *The Political Interpretation of Multilateral Treaties*, Martinus Nijhoff Pulbishers, 2004, p. 90.

〔2〕　根据第19届ATCM通过的第1号决定，建议分成三种，分别是：措施（measures）、决定（decisions）和决议（resolutions）。其中，措施是需要按《南极条约》第9条（4）的规定得到协商成员国的批准后具有法律约束力的那些建议；决定是指关于组织内部事务的那些建议，它们或通过时开始施行，或在具体规定时间开始施行；决议是指倡议性质的建议。

〔3〕　Speech by Mr. R. H. G. Edmonds, "Alternate Representative of the United Kingdom Delegation", 10 July 1961. See ATCM, Report of the First Consultative Meeting, Canberra, July 10~24, 1961, p. 34.

〔4〕　Speech by His Excellency Senor Marcial Mora, "Leader of the Chilean Delegation", 10 July 1961. See, ATCM, Report of the First Consultative Meeting, Canberra, July 10~24, 1961, pp. 24~25.

第 9 条规定的内容，第 1 届会议通过了第 I −XIV 建议，就承办国的职责、建议批准通知散发、保存机关职责等内容进行了规定。[1]第 2 届 ATCM 继续就秘书处事宜进行了讨论，但自第 3 届 ATCM 起就不再讨论了，一直到 20 世纪 80 年代。[2]1983 年，第 12 届 ATCM 正式重提秘书处议题，且没有遭到反对。1987 年，第 14 届 ATCM，各国开始提交工作文件，正式讨论秘书处建设事宜。[3]1992 年 7 月，阿根廷提议在其首都布宜诺斯艾利斯设立秘书处；各协商国达成一致意见，并于 2001 年 7 月第 24 届 ATCM 通过第 1 号决定，南极条约秘书处设立在布宜诺斯艾利斯。[4]2003 年 6 月，第 26 届 ATCM 通过第 1 号措施，详细规定了秘书处的职责、执行秘书长、预算、法律能力等内容，该措施于 2009 年 10 月 6 日生效。[5]同时，根据第 26 届 ATCM 通过的第 2 号决定，在 2003 年第 1 号措施生效前，临时组建秘书处。[6]2004 年 9 月 1 日，秘书处正式运行。[7]

在南极条约协商会议的决策机制方面，《南极条约》明确提出了"一致同意"原则（the principle of unanimity），该原则保障每个缔约国都拥有一票否决权，确保 7 个领土主张国不会因投票决策而处于劣势。[8]这种机制贯穿了条约始终，体现在《南极条约》第 9 条关于建议生效、第 12 条关于条约修订生效、第 13 条关于条约生效以及新缔约国的加入等方面。该原则，在其后来适应新的治理需求时遇到困难，如增加新的南极条约协商国（ATCP）、养护

---

〔1〕 ATCM, Report of the First Consultative Meeting, Canberra, July 10−24, 1961, p. 11.

〔2〕 Lorraine M. Elliott, *International Environmental Politics: Protecting the Antarctic*, The Macmillan Press Ltd., 1994, p. 46.

〔3〕 王婉潞：《联合国与南极条约体系的演进》，载《中国海洋大学学报（社会科学版）》2018 年第 3 期，第 18 页。

〔4〕 See Decision 1 (2001) Establishment of Secretariat in Buenos Aires, adopted 20 July 2001. 事后看，智利和阿根廷从最开始反对南极问题国际化，包括设立秘书处，到最后同意且将秘书处设于阿根廷，可以看智利和阿根廷两国对南极政策的核心应该是其领土主张和对南极事务的影响力。将南极领土主张冻结后，对南极事务影响力的考量增加。这种政策立场，似乎与南美国家地理位置远离欧亚和北美等世界政治中心有关。在《联合国鱼类种群协定》关于区域渔业管理组织地位与作用的问题上，阿根廷也采取了类似的立场。

〔5〕 See Measure 1 (2003) Secretariat of the Antarctic Treaty.

〔6〕 See Decision 2 (2003) Provisional application of the Secretariat Measure, adopted 20 June 2003.

〔7〕 See http://www. ats. aq/e/about. htm, accessed 26 September 2017.

〔8〕 Christopher C. Joyner, *Governing the Frozen Commons: The Antarctic Regime and Environmental Protection*, University of South Carolina Press, 1998, p. 63.

生物资源与非生物资源等；这是后来《南极海豹养护公约》《南极海洋生物资源养护公约》以及《南极矿产资源活动管制公约》独立于《南极条约》的原因之一。[1]值得注意的是，《南极海洋生物资源养护公约》的决策机制是遵循"协商一致"原则（consensus），[2]而不是"一致同意"原则；[3]即使如此，"协商一致"原则仍被认为阻碍了南极海洋保护区建设的发展而备受争议。[4]

在南极条约协商会议参与资格方面，《南极条约》不仅设置了双重成员国资格制度，还限制了国际组织参与协商会议。双重的成员国资格制度（a two-tier system of membership），是一种政治妥协安排，以苏联为主的一方要求开放型的成员国资格制度，以美国为主的另一方则要求相关限制的成员国资格制度。[5]这种妥协的结果，就反映在加入《南极条约》和获得南极条约协商国资格两者的区别上；只有原始缔约国和那些在南极开展了实质性科学研究的国家方可参与到决策体制中，[6]即南极条约协商会议（ATCM）。在实践

----

[1]　Gillian D. Triggs, *The Antarctic Treaty Regime：Law，Environment and Resources*, Cambridge University Press, 1987, p. 185.

[2]　Convention on the Conservation of Antarctic Marine Living Resources, Article XII (1).

[3]　根据《南极条约》相关条款，"一致同意"要求所有缔约国明示同意，如第9条、第13条等；"协商一致"原则源于第三次联合国海洋法大会，它要求不明确反对即可，使"一致"更容易达成，这也是很多区域渔业组织公约所采取的规定，如《养护与管理南太平洋公海渔业资源公约》第16条、《养护与管理中西太平洋高度洄游鱼类种群公约》第20条等。两者都隐含"一票否决"的可能性。Fernand Zegers 认为，"协商一致"更强调缔约国尽可能达成共识的义务，要求"诚意"行事（act in good faith），以产生积极的结果；而不是行使"否决权"的权利，产生消极的结果。除此之外，根据"协商一致"原则，明确反对的缔约国有义务阐明其反对的理由。根据《南极条约》的实践，Fernand Zegers 认为，"一致同意"原则也应逐渐解释为"协商一致"原则。See Fernand Zegers, "The Canberra Convention：Objectives and Political Aspects of its Negotiation", in Francisco Orrego Vicuña（ed.）, *Antarctic Resources Policy：Scientific，Legal and Political Issues*, Cambridge University Press, 1983, pp. 155~156.

[4]　Jennifer Jacquet, "Eli Blood-Patterson, Cassandra Brooks and David Ainley, 'Rational use' in Antarctic waters", 63 *Marine Policy* 28（2016）.

[5]　Lorraine M. Elliott, *International Environmental Politics：Protecting the Antarctic*, The Macmillan Press Ltd., 1994, p. 39. 有意思的是，2019年，俄罗斯认为，除其他外，29个南极条约协商国数量太多，增加了决策的难度，因此需要提高准入门槛。See Russian Federation, The Antarctic Treaty in the Changing World, WP057, ATCM XLII, 17 May 2019.

[6]　对该条件的解释，应将其置于20世纪50年代。在当时，到南极开展科学考察，不仅需要克服长距离海上航运和陆上运输等困难，还需要充足的人力、物力与财力。这些条件，对于中小国家来说往往是达不到的。参见王婉潞：《联合国与南极条约体系的演进》，载《中国海洋大学学报（社会科学版）》2018年第3期，第17页。

中，一个国家在南极开展了实质性科学研究，并不能保障该国能自动成为南极条约协商国。波兰于 1961 年 6 月加入了《南极条约》；1974－1975 年度独立开展了南极科学考察，1977 年 2 月 26 日在乔治王岛上建立的科学考察站（Henryk Arctowski）正式运行。在此情况下，波兰认为它已经满足了"开展实质性科学研究"的条件，于是在 1977 年初提出申请南极条约协商国资格。[1] 原始缔约国认为，鉴于《南极条约》对此并没有作出明确规定，所以南极条约协商国资格并不是自动获得的，需要由现有的南极条约协商国给予（award）。为此，原始缔约国于 1977 年 7 月 25 至 29 日在伦敦召开特别会议，讨论了波兰的南极条约协商国资格问题，一致认定波兰满足了《南极条约》第 9 条（2）的要求；同时立即确认波兰有权参加在 9 月份召开的第 9 届南极条约协商会议，而不是根据《南极条约》第 9 条（4）的规定等待所有南极条约协商国批准同意。[2]

自 1980 年后，有大量的国家加入《南极条约》并获得南极条约协商国资格。这种"给予"南极条约协商国资格，被认为是为了应对国际社会对南极条约体系的挑战，增加南极条约体系的外部合法性；特别是吸纳发展中国家参加 ATCM，更是回应那种认为南极条约体系是"西方俱乐部"的批评。所以，印度和中国[3]就是在此背景下被"给予"了南极条约协商国资格。印度和中国，作为两个人口最大的发展中国家以及非传统南极国家，其参加在一定程度上改变了南极条约体系内部的利益平衡。对于加入了《南极条约》但仍没有获得南极条约协商国资格的那些国家而言，长期被排除在决策机制之外，也引起了这些国家的不满。自 1983 年起，部分国家被邀请作为观察员参加南极条约协商会议，但这种观察员资格需要每次批准，而不是永久的。[4] 1997 年 5 月 30 日，第 11 届 ATCM 通过第 2 号决定，修改之前通过召开特别会议的方式"给予"协商国资格，变为由《南极条约》加入国自己申请，再由

---

〔1〕 ATCM, Report of the Ninth Consultative Meeting, 19 September－7 October, 1977, pp. 36~37.

〔2〕 ATCM, Report of the First Special Consultative Meeting, 25, 27 and 29 July 1977, pp. 3~7.

〔3〕 根据《南极条约》第 13 条的规定，只有联合国会员国或经南极条约协商国同意而邀请加入的国家，才有可能加入《南极条约》。也就是在 1971 年 10 月 25 日第 26 届联合国大会恢复中华人民共和国席位之前，中华人民共和国是不大可能加入《南极条约》的。

〔4〕 Lorraine M. Elliott, *International Environmental Politics*：*Protecting the Antarctic*, The Macmillan Press Ltd., 1994, pp. 48~49.

协商国进行同意，然后以"决定"形式确认申请国成协商国。[1]第 11 届 ATCM 期间，保加利亚提出希望获得协商国资格的申请；[2]1998 年 5 月，第 12 届 ATCM 同意了保加利亚的申请；[3]根据第 1997 年第 2 号决定，ATCM 通过了 1998 年第 1 号决定，确认了保加利亚的协商国资格。[4]截至 2023 年 6 月，共有 29 个南极条约协商国；依照 1997 年第 2 号决定获得南极条约协商国资格的只有 3 个国家，分别是保加利亚（1998 年）、乌克兰（2004 年）和捷克（2014 年）；而厄瓜多尔和荷兰则成为最后一批以特别会议方式获得协商国资格的国家，即 1990 年 11 月于智利召开的第 10 届南极特别协商会议。

对于国际组织参加南极条约协商会议，南极条约协商国最初一直持怀疑的态度，一直到 1987 年才有所改变。即使是南极研究科学委员会（SCAR）也不例外。SCAR 前身是在国际地球物理年期间成立的南极研究特别委员会，作为非政府协调机构。尽管 SCAR 早于《南极条约》、科学研究自由是《南极条约》的重要支柱以及后来南极条约协商会议依赖 SCAR 向其提供科学和后勤等方面的建议，包括 SCAR 为 1964 年《南极动植物养护议定措施》、1972 年《南极海豹养护公约》和 1980 年《南极海洋生物资源养护公约》等提供了科学基础，[5]《南极条约》并没有提及 SCAR，南极条约协商会议直至 1987 年才第一次邀请 SCAR 和其他国际组织（IUCN、WMO）一起作为观察员参加在里约热内卢召开的第 10 届 ATCM。[6]值得注意的是，在南极条约协商国磋商《南极矿产资源活动管制公约》的过程中，始终没有邀请 SCAR 为其提供科学建议。[7]联合国环境规划署（UNEP）的参与，更因其联合国常设机构

---

〔1〕 See Decision 2 (1997) Revised procedures for the recognition of new Consultative Parties, adopted 27 May 2004.

〔2〕 ATCM, Final Report of the Twenty-first Antarctic Treaty Consultative Meeting, Christchurch, 29-30 May 1997, paragraph 161.

〔3〕 ATCM, Final Report of the Twenty-second Antarctic Treaty Consultative Meeting, Tromsø, 25 May-5 Jun 1998, paragraph 146.

〔4〕 See Decision 1 (1998) Recognition of Bulgaria as a Consultative Party, adopted 5 June 1998.

〔5〕 J. A. Gulland, "The Antarctic Treaty System as a Resource Management Mechanism", in Gillian D. Triggs (ed.), *The Antarctic Treaty Regime: Law, Environment and Resources*, Cambridge University Press, 1987, pp. 126~127.

〔6〕 ATCM, Final Report of the Fourteenth Antarctic Treaty Consultative Meeting, Rio De Janeiro, 5-16 October 1987, pp. 238~241.

〔7〕 Lorraine M. Elliott, *International Environmental Politics: Protecting the Antarctic*, The Macmillan Press Ltd., 1994, p. 126.

的身份而曾备受争议；直到《环保议定书》通过后，才于 1994 年第一次受邀作为观察员参加了于日本东京召开的第 18 届 ATCM。[1]

南极条约协商会议的封闭性，引发了国际社会以及非政府组织对其的异议，使其被认为是封闭的"俱乐部"。但随着联合国关于"南极问题"的讨论、越来越多的国家（特别是发展中国家）成为南极条约协商国以及其秘书处设立等，关于其"俱乐部"的异议越来越少。[2]

第四节　南极条约体系

南极条约体系有两个层面：一是规则体系；[3]二是机制体系。规则体系包括：1959 年《南极条约》及其措施、1964 年《南极动植物养护议定措施》[4]、1972 年《南极海豹养护公约》、1980 年《南极海洋生物资源养护公约》及其养护措施和 1991 年《环保议定书》[5]。除其他外，1946 年《国际捕鲸管制公约》（ICRW）与 2001 年《信天翁和海燕养护协定》（ACAP）[6]与南极条约规制体系密切相关。

体制体系包括：南极条约协商会议（ATCM）、环境保护委员会（CEP）、南极条约秘书处、南极研究科学委员会（SCAR）、国家南极局局长理事会

---

〔1〕　Donald R. Rothwell, "UNEP and the Antarctic Treaty System", 29 *Environmental Policy and Law* 17 (1999).

〔2〕　参见王婉潞：《联合国与南极条约体系的演进》，载《中国海洋大学学报（社会科学版）》2018 年第 3 期，第 16~22 页。

〔3〕　1991 年《环保议定书》第 1 条（e）将"南极条约体系"定义为，《南极条约》及其通过的措施（measures）、相关独立有效的国际文书及其措施。

〔4〕　该措施目前已经并入《环保议定书》的附录Ⅱ"动植物保护"和附录Ⅴ"保护区"。为体现南极条约体系发展过程的目的，本书在此列出该措施。

〔5〕　在《环保议定书》之前，1988 年 ATCM 通过了《南极矿产资源活动管制公约》（CRAMRA），后因澳大利亚和法国拒绝签字而无法生效。See Arnfinn Jørgensen-Dahl and Willy Østreng, *The Antarctic Treaty System in World Politics*, Palgrave Macmillan, 1991, pp. 79~146; R. Tucker Scully, Lee A. Kimball, "Antarctica: is there life after minerals?: The minerals treaty and beyond", 13*Marine Policy* 87 (1989).

〔6〕　该协定于 2004 年 2 月 1 日生效，是《野生动物迁徙物种养护公约》（CMS）框架下的子协定。截至 2023 年 7 月，共有 13 个缔约国，设有缔约国大会、咨询委员会、工作组和秘书处；秘书处设在澳大利亚的霍巴特，和 CCAMLR 秘书处同处一条街道上。详细参见 https://acap.aq/。

（COMNAP）及其下属的南极后勤和作业常设委员会（SCALOP）[1]以及南极海洋生物资源养护委员会（CCAMLR）。国际南极旅游组织行业协会（IAATO）[2]与南极条约机制体系关系密切，特别是关系旅游所带来的环境保护问题。[3]本书在此仅讨论规则体系。

如前所述，《南极条约》本质上是设计了一个确保南极地区稳定和合作的安全机制（a security arrangement），[4]所以其仅规定了领土主张冻结、和平利用和科学研究自由三个原则，但有意回避了另两个重要的内容，即南极资源开发与管理以及南极环境保护。资源开发问题，因涉及资源归属问题，即谁拥有这些资源。同时鉴于资源开发，特别是矿产资源开发，在当时不可能发生，而且此问题也会在根本上影响《南极条约》的通过，所以有意回避了此问题。即使是《南极条约》第9条（1）（f）的"南极洲生物资源的保护与保存"，[5]也是在智利的再三坚持下增加进去的，其目的是防止不管制开发可能带来的经济上的不利影响，而不是为了保护生物，毕竟智利和阿根廷是离南极大陆最近的两个国家。对于环境保护问题，则是因为在 20 世纪 50 年代国际社会对此还没有足够的认识。这两个被遗漏的内容正是后来南极条约体

---

〔1〕 国家南极局局长理事会成立于1988年，旨在对南极作业事务进行评估、交换信息、就共同作业问题寻求解决方案等，并与SCAR就一些科学、作业和后勤问题进行磋商。南极后勤和作业常设委员会，是其下属机构，为SCAR提供一些关于南极后勤与作业方面的建议，调查并安排关于作业问题的研究，建立临时专家组以讨论和促进技术进步等。See Harlan K. Cohen, *Handbook of the Antarctic Treaty System* (9th edition), U. S. Department of State, 2002, p. 4., at hppts://www. state. gov/documents/organization/15271. pdf.

〔2〕 参见 https://iaato. org/home。

〔3〕 See Nicole A. Bender, Kim Crosbie and Heather J. Lynch, "Patterns of tourism in the Antarctic Peninsula region: a 20-year analysis", 28 *Antarctic Science* 194 (2016); Monika Schillat, Marie Jensen, Marisol Vereda, et al., *Tourism in Antarctic: A Multidisciplinary View of New Activities Carried Out on the White Continent*, Springer, 2016.

〔4〕 Francesco Francioni, "Establishment of an Antarctic Treaty Secretariat: Pending Legal Issues", in Davor Vidas (ed.), *Implementing the Environmental Protection Regime for the Antarctic*, Springer, 2000, p. 125.

〔5〕 结合《南极条约》第6条，第9条（1）规定的"南极生物资源"应是指南纬60度以南范围内的陆地、冰架和海洋上的生物资源，但不能影响缔约国根据国际法所享有的在公海上的权利。当然，第9条（1）所列清单应该不是穷尽的，而只是列出了当时成员国重点关注的议题。See Josyane Couratier, "The Regime for the Conservation of Antarctica's Living Resources", in Francisco Orrego Vicuna (ed.), *Antarctic Resources Policy: Scientific, Legal and Politics Issue*, Cambridge University Press, 1983, p. 141.

系发展的重要内容，也是争议的焦点。[1]

一、1964 年《南极动植物养护议定措施》

《南极动植物养护议定措施》是 ATCM 根据《南极条约》第 9 条（1）
（f）通过的第一个环境保护类措施。[2]从 1961 年第 1 届 ATCM 开始，南极生
物资源就成为会议议题之一；第 1 届 ATCM 通过的第 I-8 号建议就提出，除
其他外，"确认有必要采取措施保护生物资源""呼吁以合适形式实施此类措
施""作为一种临时措施，通过一般行为规则""鼓励开展生物资源研究合
作，以为养护提供科学依据"。[3]一般行为规则规定：原则上不能对南极本地
动植物进行不必要的干扰，不能破坏和伤害；在严格控制下，可允许一些例
外，但这些例外情形不能危及种群数量且必须符合四类用途；原则上禁止引
入动植物，除非这种动植物受到严格控制。[4]1962 年第 2 届 ATCM 通过的第
II-2 号建议重申了上述意见，要求第 I-8 号建议所附的一般行为规则应得到
完全落实；建议为尽早制定一个有效的和国际议定措施开展磋商。[5]在此情
况下，关于《南极动植物养护议定措施》的谈判稳步推进，并在 1964 年第 3
届 ATCM 上以第 III-8 号建议的形式通过了《南极动植物养护议定措施》。[6]

尽管《南极动植物养护议定措施》是以第 III-8 号建议的形式通过，但从
文本上它更像是一个相对独立的条约：它包含了序言、保存机关、修正等内
容。出现这种情况是因为有些国家希望这个议定措施以条约的形式出现，以

---

〔1〕 Lorraine M. Elliott, *International Environmental Politics: Protecting the Antarctic*, The Macmillan Press Ltd., 1994, p. 41; Speech by Señor J. C. M. Beltramino, Leader of the Argentine Delegation, at the opening session of the Conference, 3 February 1972. See UK Foreign and Commonwealth Office, Report of the Conference on the Conservation of Antarctic Seals, London, 3–11 February 1972, pp. 14~15.

〔2〕 Lorraine M. Elliott, *International Environmental Politics: Protecting the Antarctic*, The Macmillan Press Ltd., 1994, p. 64.

〔3〕 ATCM, Report of the First Consultative Meeting of the Antarctic Treaty, Canberra, 10-24 July 1961, pp. 8~9.

〔4〕 General Rules of Conduct for Preservation and Conservation of Living Resources in Antarctic. See ATCM, Report of the First Consultative Meeting of the Antarctic Treaty, Canberra, 10-24 July 1961, p. 9.

〔5〕 ATCM, Report of the Second Consultative Meeting of the Antarctic Treaty, Buenos Aires, 28 July 1962, p. 4.

〔6〕 ATCM, Report of the Third Consultative Meeting of the Antarctic Treaty, Brussels, 13 June 1964, pp. 7~20.

超越《南极条约》第9条并确保公海动物的有效保护，但有国家坚持以建议的形式出现。所以，该议定措施开始时就以条约的形式准备，最后以建议的形式通过。[1]

《南极动植物养护议定措施》序言指出了这些动植物的独特性，期望通过《南极条约》框架下国际合作以促进这些动植物的"保护、科学研究和合理利用"（protection, scientific study and rational use），将南极条约区域当作"特别养护区"（Special Conservation Area）。第1条规定了措施适用范围与《南极条约》相同，且不影响各国依国际法在南极条约区域内公海享有的公海权利及这些权利的行使；[2]第2条通过定义的方式明确了其适用对象，即保护本地哺乳动物、鸟类和植物，不包括鲸类。通过这两条规定可以看出，《南极动植物养护议定措施》不适用于公海的哺乳动物（如海豹）和鱼类资源。《南极动植物养护议定措施》曾被认为是《南极条约》关于南极陆上野生生物养护最全面和最成功的措施之一。[3]

在具体措施上，《南极动植物养护议定措施》首先是禁止捕杀、伤害或捕获任何本地哺乳动物或鸟类；[4]其次，建立特别保护区和特别保护种类；[5]最后，规定一般许可证和进入特别保护区许可颁发的情形。[6]一般许可证只能在三种情形下颁发：为人或狗提供数量非常有限的必不可能的食品；为科学研究提供样本；为博物馆、动物园等提供样本。

总体上，《南极动植物养护议定措施》尽管在标题上使用了"养护"（conservation），但实际上它是以"保护"（protection）为主要目的，所以在具

---

〔1〕　Alfred van der Essen, "The Application of the Law of the Sea to the Antarctic Continent", in Francisco Orrego Vicuna (ed.), *Antarctic Resources Policy: Scientific, Legal and Politics Issue*, Cambridge University Press, 1983, p. 236.

〔2〕　《南极动植物养护议定措施》第1条（1）和（2）基本照搬了《南极条约》第2条。对照第3届ATCM同时通过的第Ⅲ-11号建议，更可以进一步确认，1964年《南极动植物养护议定措施》适用范围不包括公海，仅限于南极大陆及南纬60度以南的冰架。See S. K. N. Blay, "New Trends in the Protection of the Antarctic Environment: the 1991 Madrid Protocol", 86 *American Journal of International Law* 377, 380 (1992).

〔3〕　Brian Roberts, "International Cooperation for Antarctic Development: The Test for the Antarctic Treaty", *Polar Record*, 1978, vol. 19, p. 109.

〔4〕　Agreed Measures for the Conservation of Antarctic Fauna and Flora, Article Ⅵ (1).

〔5〕　Agreed Measures for the Conservation of Antarctic Fauna and Flora, Article Ⅵ (3) and (5).

〔6〕　Agreed Measures for the Conservation of Antarctic Fauna and Flora, Article Ⅵ (2) and Article Ⅷ.

体措施上也是以禁止利用为一般原则，合理利用是例外。这与《南极动植物养护议定措施》所适用对象有密切关联。

《南极动植物养护议定措施》于 2003 年 10 月 10 日生效，荷兰作为最后一个南极条约协商国批准该建议。但是，根据 2011 年 7 月 1 日第 34 届 ATCM 通过的第 1 号决定，即 Decision 1（2011），《南极动植物养护议定措施》失效。《南极动植物养护议定措施》已经为 1991 年《环保议定书》附件 II "养护南极动植物" 和附件 V "保护区" 所取代。[1]

二、1972 年《南极海豹养护公约》

在《南极动植物养护议定措施》之后，南极条约协商国将其注意力转移到公海中的海豹资源。该类资源在 19 世纪至 20 世纪初因遭到严重捕捞而崩溃，但第二次世界大战使其能够休养生息，资源得到恢复。为弥补《南极动植物养护议定措施》不能适用于公海的缺陷，[2]1964 年第 3 届 ATCM 通过第 III-11 号建议，期望各国政府能自愿采取适用措施，管制其国民在南纬 60 度以南海域的捕猎海豹行为；建议将此问题列入第四届 ATCM 的议题。[3]

1966 年第 4 届 ATCM，通过第 IV-16 号和第 IV-17 号建议，将毛皮海豹（fur seals）和罗斯海豹（Ross seals）列为《南极动植物养护议定措施》的特别保护种类。与第 I-8 号建议类似，第 IV-21 号建议也附了一个关于海豹捕猎活动的一般行为规则。但在对待 "合理利用" 方面，第 IV-21 号建议与第 I-8 号建议有明显区别。如前所述，尽管第 I-8 号建议标题是 "养护"，但其实质是 "保护"。对于海豹资源而言，第 IV-21 号建议明确考虑了其经济利益；其序言首先确认海豹是一种生物资源，但不应过度利用以防衰竭；需要

---

〔1〕 Harlan K. Cohen, *Handbook of the Antarctic Treaty System*（ninth edition）, U. S. Department of State, 2002, p. 519；Christopher C. Joyner, *Governing the Frozen Commons：The Antarctic Regime and Environmental Protection*, University of South Carolina Press, 1998, pp. 157~158.

〔2〕 Speech of Welcome on the Occasion of the Opening of the Conference on the Conservation of Antarctic Seals by the Parliamentary Under-Secretary of State for Foreign and Commonwealth Affairs, Mr. Anthony Kershaw, MC, MP, 3 February 1972；Speech by M. Alfred van der Essen, Leader of the Belgian Delegation, at the opening session of the Conference, 3 February 1972. See Report of the Conference on the Conservation of Antarctic Seals, London, 3-11 February 1972, pp. 5 and 16. 根据比利时团长的发言，当时约有 80% 的海豹生活在浮冰上；而罗斯海豹，作为最为濒危的一种海豹，则完全生活在浮冰上。

〔3〕 Recommendation III-XI "Pelagic Sealing and the Taking of Fauna on Pack Ice". See ATCM, Report of the Third Consultative Meeting of the Antarctic Treaty, Brussels, 13 June 1964, p. 21.

加强科学研究以实现该资源的合理利用。同时，将资源维持在最适利用水平作为其管理原则。[1]

1968 年第 5 届 ATCM 通过了一个关于海豹管制公约的草案，[2]序言确认南纬 60 度以南的海豹是一个具有潜在价值的资源、对其捕猎的管制应保持资源在最适持续产量水平上、期望促进南极海豹资源的"保护、科学研究和合理利用"（protection, scientific study and rational use）的目的。除此之外，第 V -7 号建议显示，南极条约协商国已经明确意识到在南极条约体系下加强对公海活动进行管理的问题，认识到有必要制定一个国际条约来管制南极公海的海豹捕猎活动。第 V -8 号建议确认需要这样一个公约，要求各国政府在下一届会议前对此草案进行认真研究。[3]在此会议期间，阿根廷代表针对海豹管制公约草案特别强调，其同意实施第 4 届 ATCM 通过的关于管制海豹的第 IV -21 号和第 IV -22 号建议，但是不认为这两个建议构成对《南极条约》第 6 条关于公海自由规定的限制。[4]1970 年第 6 届 ATCM 认为，关于海豹公约的内容超出了《南极条约》的范围，涉及对公海自由的管制，因此不宜在 ATCM 范围内通过；应邀请更多国家参加，以增加公约的有效性。[5]如果以 ATCM 的建议形式来管制南极海豹，那只能适用于那些捕猎浮冰（pack ice）上海豹的活动，不能适用于公海海域内的捕猎活动；而后者占了南极海豹的 60%。[6]值得注意的是，1968 年第 5 届 ATCM 通过的公约草案标题是《南极远洋海豹捕猎管

〔1〕　Josyane Couratier, "The Regime for the Conservation of Antarctica's Living Resources", in Francisco Orrego Vicuna (ed.), *Antarctic Resources Policy*: *Scientific*, *Legal and Politics Issue*, Cambridge University Press, 1983, pp. 143~144.

〔2〕　ATCM, Report of the Fifth Consultative Meeting of the Antarctic Treaty, Paris, 29 November 1968, Annex 2, pp. 17~23.

〔3〕　Recommendation V-8 "Examination of a Draft Convention for the Regulation of Antarctic Pelagic Sealing". See ATCM, Report of the Fifth Consultative Meeting of the Antarctic Treaty, Paris, 29 November 1968, p. 11.

〔4〕　ATCM, Report of the Fifth Consultative Meeting of the Antarctic Treaty, Paris, 29 November 1968, p. 12.

〔5〕　Speech by M. Alfred van der Essen, Leader of the Belgian Delegation at the Opening Session of the Conference, 3 February 1972. See Report of the Conference on the Conservation of Antarctic Seals, London, 3-11 February 1972, pp. 16~17.

〔6〕　Alfred van der Essen, "The Application of the Law of the Sea to the Antarctic Continent", in Francisco Orrego Vicuna (ed.), *Antarctic Resources Policy*: *Scientific*, *Legal and Politics Issue*, Cambridge University Press, 1983, p. 237.

制公约草案》（Draft Convention for the Regulation of Antarctic Pelagic Sealing），该草案标题及其第 1 条都明确了其管制对象是"远洋海豹捕猎活动"。1970 年第六届 ATCM 期间，日本提议将"管制"改成"养护"（Conservation）。[1]

1972 年 2 月 3 日至 11 日，《南极海豹养护公约》外交大会在伦敦召开。尽管南极条约协商国曾期望其他国家能够参加，但没有任何其他国家参会，只有联合国粮农组织（FAO）以观察员的身份参加了此次外交大会。[2]《南极海豹养护公约》于 1978 年 3 月 11 日生效。在最终通过的公约序言中，删除了关于海豹是一种资源的段落，替换成了"南极海豹种群是海洋环境中重要的生物资源，为有效养护需要一个国际协定"；保留了"最适持续产量""保护、科学研究和合理利用"等内容；关于公约的目的，增加了"维持生态系统适当平衡"等内容。[3]

当时选择以独立公约来管理海豹而不是在 ATCM 框架下制定相关措施的原因在于以下两个方面：一是 1964 年《南极动植物养护议定措施》作为 ATCM 通过的建议，如果没有得到所有南极条约协商国的批准，则可能无法生效；[4] 二是建议只能适用于《南极条约》成员国，适用范围有限，为增加其有效性需要吸引其他国家参加。[5]

在一定程度上，1972 年《南极海豹养护公约》与 1946 年《国际捕鲸管制公约》相似，都是针对某个区域内的单一物种的养护；且在目标上，两个公约都是为了资源的有效养护和开发活动的持续。[6]但有一点，1972 年《南极海豹养护公约》和 1946 年《国际捕鲸管制公约》显著不同。这就是，《南

---

〔1〕 Japan, Japanese Comments on the Question of Conservation of Seals in the Antarctic Area, ATCM Ⅵ/ SP001, 20 October 1970.

〔2〕 Alfred van der Essen, "The Application of the Law of the Sea to the Antarctic Continent", in Francisco Orrego Vicuna（ed.）, *Antarctic Resources Policy：Scientific, Legal and Politics Issue*, Cambridge University Press, 1983, p. 237.

〔3〕 Convention for the Conservation of the Antarctic Seals, paragraphs 3 and 7 of the preamble.

〔4〕《南极动植物养护议定措施》于 2003 年 10 月 10 日生效，荷兰作为最后一个南极条约协商国批准该建议。但是，根据 2011 年 7 月 1 日第 34 届 ATCM 通过的第 1 号决定，即 Decision 1（2011），《南极动植物养护议定措施》不再有效。

〔5〕 Josyane Couratier, "The Regime for the Conservation of Antarctica's Living Resources", in Francisco Orrego Vicuna（ed.）, *Antarctic Resources Policy：Scientific, Legal and Politics Issue*, Cambridge University Press, 1983, p. 144.

〔6〕 Matthew Howard, "The Convention on the Conservation of Antarctic Marine Living Resources：A Five-Year Review", 38 *International and Comparative Law Quarterly* 104, 113（1989）.

极海豹养护公约》是在南极海豹捕猎活动恢复前通过的；也就是该公约是基于商业海豹捕猎活动可能在未来恢复的假设。[1]这更体现了预防性方法。在这一点上，可以认为《南极海洋生物资源养护公约》在养护南极磷虾方面借鉴了《南极海豹养护公约》。

尽管商业海豹捕猎活动在《南极海豹养护公约》通过前没有恢复，且此后也没有恢复，该公约规定的内容没有能够得到实践检验，但它为《南极海洋生物资源养护公约》以及《南极矿产资源管制公约》提供了一个先例。这种先例包括三个方面：一是在《南极条约》框架下谈判一个独立的公约；[2]二是建立委员会和科学委员会的组织运行机制；[3]三是突破《南极条约》第6条的限制，对公海权利进行限制，[4]或者说是对南极公共海洋资源进行养护。[5]但是，这种对公海权利的限制并不改变这些海域的公海法律属性。《南极海豹养护公约》第2条规定，该公约的实施管辖原则是"属人"原则和"船旗国管辖"原则，反映了国际海洋法中公海"船旗国专属管辖"原则。

《南极海豹养护公约》第10条至第12条明确规定，只有参加外交大会的

---

〔1〕 Josyane Couratier, "The Regime for the Conservation of Antarctica's Living Resources", in Francisco Orrego Vicuna (ed.), *Antarctic Resources Policy: Scientific, Legal and Politics Issue*, Cambridge University Press, 1983, p. 144; Speech of Welcome on the Occasion of the Opening of the Conference on the Conservation of Antarctic Seals by the Parliamentary Under-Secretary of State for Foreign and Commonwealth Affairs, Mr. Anthony Kershaw, MC, MP, 3 February 1972. See Report of the Conference on the Conservation of Antarctic Seals, London, 3-11 February 1972, pp. 5~6.

〔2〕 值得注意的是，尽管《南极海豹养护公约》及后面的《南极海洋生物资源养护公约》与《南极矿产资源管制公约》是在南极条约协商会议下进行谈判，但这些公约是在独立的外交大会上通过的，而不是在南极条约协商会议上通过的。这与北极理事会框架下谈判并通过的 2011 年《北极搜救协定》、2013 年《北极油污响应与反应协定》以及 2017 年《促进国际北极科学合作协定》不一样。北极理事会框架下通过的这三个协定，完全排除非北极理事会成员国的参与；相比南极条约协商会下通过的公约更加封闭。

〔3〕 与《南极条约》相比，《南极海豹养护公约》在组织机制方面有了明显的进步。《南极海洋生物资源养护公约》则更进一步，第8条规定了南极海洋生物资源养护委员会具有国际法人资格。参见前面关于《南极条约》的分析。

〔4〕 John A. Heap, "Has CCAMLR Worked? Management Politics and Ecological Needs", in Arnfinn Jørgensen-Dahl and Willy Østreng (eds.), *The Antarctic Treaty System in World Politics*, Palgrave Macmillan, 1991, pp. 45~46. 同时参见 1972 年南极海豹养护公约外交大会的主席 Anthony Kershaw 和比利时代表团团长 M. Alfred van der Essen 在开幕式上的发言。See Report of the Conference on the Conservation of Antarctic Seals, London, 3-11 February 1972, pp. 5 and 16.

〔5〕 Christopher C. Joyner, *Governing the Frozen Commons: The Antarctic Regime and Environmental Protection*, University of South Carolina Press, 1998, pp. 120~122.

国家方可签署公约，然后批准生效；其他国家只有应邀请且获得所有缔约国同意的情况下才能加入公约，实际上限制了该公约的开放性。就这点而言，《南极海洋生物资源养护公约》在公约加入上要开放些；《南极海洋生物资源养护公约》第 29 规定，只要对南极海洋生物资源的科学研究或捕捞活动感兴趣即可申请加入。尽管新西兰作为《南极条约》原始缔约国参加了 1972 年的外交大会，但其并没有批准《南极海豹养护公约》。[1] 截至 2023 年 7 月，《南极海豹养护公约》只有 17 个缔约国；除新西兰外的 11 个《南极条约》原始缔约国，还有巴西、加拿大、德国、意大利、波兰和巴基斯坦；巴基斯坦是于 2013 年 3 月 25 日交存的加入书，是最后一个加入的缔约国。[2]

有意思的是，在 2017 年 3 月至 2018 年 2 月间，没有国家捕杀（kill）南极海豹，但有 4 个国家申请了捕捉（capture）南极海豹，分别是阿根廷、法国、南非和美国；数量分别是：126 只、71 只、8 只和 1709 只。美国捕捉了 4 种海豹，分别是皮海豹、豹海豹、象海豹和威德尔海豹，其中威德尔海豹数量最多，达 1140 只。没有国家通报返回之前捕捉的南极海豹数量。[3]

三、1980 年《南极海洋生物资源养护公约》

如前所述，《南极条约》谈判过程中极力避免讨论南极资源开发问题，无论是矿产资源，还是生物资源，因为这隐含陆地主权问题。唯一例外是《南极条约》第 9 条（1）（f），它规定南极条约协商国可就"南极生物资源的保护与养护"向本国政府建议。据记载，此规定是由智利代表在华盛顿会议最后期间坚持增加的，其关切是针对野生生物不管制开发的经济影响，而不是为了保护。[4]

---

〔1〕 Final Act of Conference on the Conservation of Antarctic Seals, London, 3–11 February 1972. 具体原因不详。但是，新西兰代表团在 1972 年外交大会开幕时曾指出，对此外交大会仅有 12 个《南极条约》原始缔约国参加表示失望。See Report of the Conference on the Conservation of Antarctic Seals, London, 3–11 February 1972, p. 18. 根据《南极海豹养护公约》第 13 条，只要有 7 个国家批准加入该公约即可于 30 天后生效，因此新西兰的缺席不影响该公约生效。

〔2〕《南极海豹养护公约》保存机关为英国，其缔约国数量，可参见 https://www.gov.uk/government/publications/convention-for-the-conservation-of-antarctic-seals-london-161972-31121972.

〔3〕 United Kingdom, Report by the United Kingdom as Depositary Government for the Convention for the Conservation of Antarctic Seals（CCAS）in Accordance with Recommendation ⅩⅢ–2, Paragraph 2（D）, ATCM ⅩLⅡ/IP001 Rev. 1, 30 May 2019, Annex B.

〔4〕 Lorraine M. Elliott, *International Environmental Politics：Protecting the Antarctic*, The Macmillan Press Ltd. , 1994, p. 41.

即使如此，将《南极条约》第9条（1）（f）与第6条联系起来，可以看出第9条所指"南极生物资源"的范围也是非常有限的，[1]应是指那些位于南纬60度以南陆地、冰架和沿海的生物资源，不包括公海生物资源。[2]1964年《南极动植物养护议定措施》作为ATCM根据《南极条约》第9条（1）（f）通过的措施，其适用范围进一步验证了此解释；[3]1972年《南极海豹养护公约》则从另一个方面进行了证明。[4]因此，考虑到1946年《国际捕鱼管制公约》覆盖了南大洋，在1964年《南极动植物养护议定措施》和1972年《南极海豹养护公约》之后，南大洋其他生物资源成为南极条约协商关注目标。在此背景下，苏联等国家在南大洋过度开发有鳍鱼类和大量利用磷虾、联合国粮农组织（FAO）的介入[5]及其他因素，促使了《南极海洋生物资源养护公约》的快速出台及生效。

20世纪60年代末开始的联合国海洋法谈判，[6]以及当时的国际政治经济环境，促使沿海国（特别是那些刚独立的沿海国）扩大其海洋管辖权，开始建立200海里的专属渔区或专属经济区。受此影响，苏联、东欧国家

---

〔1〕　值得注意的是，英文版的《南极条约》明确将"生物资源"限定于"南极洲"（Antarctica）。美国认为"Antarctica"是指南纬60度以南的陆地和冰架。See ATCM, Final Report of Sixteenth Antarctic Treaty Consultative Meeting（Part Ⅲ）, Bonn, 1–18 October 1991, pp. 136~138; John Hanessian, "The Antarctic Treaty 1959", 9 *International & Comparative Law Quarterly* 436, 472（1960）.

〔2〕　Josyane Couratier, "The Regime for the Conservation of Antarctica's Living Resources", in Francisco Orrego Vicuna（ed.）, *Antarctic Resources Policy：Scientific, Legal and Politics Issue*, Cambridge University Press, 1983, p. 141; M. W. Holdgate, "Regulated development and conservation of Antarctic resources", in Gillian D. Triggs（ed.）, *The Antarctic Treaty Regime：Law, Environment and Resources*, Cambridge University Press, 1987, p. 122.

〔3〕　《南极动植物养护议定措施》第1条（1）规定，其适用的地理范围为南纬60度以南，包括冰架；第1条（2）补充指出，不影响各国依国际法享有的公海权利或其行使。这种对公海的排除，和《南极条约》第6条保持一致。

〔4〕　《南极海豹养护公约》第1条规定，其适用地理范围为南纬60度以南的海洋，但对这些海洋的法律性质应依照《南极条约》第4条进行解释。

〔5〕　Fernando Zegers, "The Canberra Convention: objectives and political aspects of its negotiation", in Francisco Orrego Vicuña（ed.）, *Antarctic Resources Policy：Scientific, Legal and Political Issues*, Cambridge University Press, 1983, p. 152.

〔6〕　1973年12月3日至14日，联合国第三次海洋法大会于纽约召开第一期会议；但1967年12月18日，联合国大会通过第2340（XXII）号决议，设立了研究各国现有管辖范围以外海床洋底专供和平用途特设委员会；1968年12月21日，联合国大会通过第2467A（XXIII）号决议，设立了和平利用国家管辖范围以外海床洋底委员会。See Final Act of the Third United Nations Conference on the Law of the Sea, paragraphs 1–6.

以及日本等国家的远洋渔业船队为寻找替代渔场，进入了南极海域。南大洋的有鳍鱼类资源利用始于 1969 年、1970 年，磷虾资源利用始于 1972 年、1973 年；苏联是最重要的捕捞国家，其捕捞量约占南大洋总产量的 80% 至 90%。[1]当时，有建议认为，开发南极海洋生物资源将会使全球捕捞业产量翻番。[2]

20 世纪 70 年代，苏联和日本在南乔治亚和南桑威奇群岛大规模捕捞南极鱼类，导致资源迅速衰退。[3]当捕捞对象扩展到磷虾后，南极条约协商国担心没有有效的管理制度将会使"迅速开发和崩溃"的资源发展模式再次发生在磷虾资源上。联合国粮农组织着手管理南极渔业资源，加速了南极条约协商国的行动。[4]

在此背景下，南极条约协商国感到必须行动起来，采取措施管理南极海洋生物资源，否则，他们对南极事务的主导地位就会受到威胁，而且《南极条约》及相关陆地领土主张相应地也会受到挑战。1975 年 6 月，第 8 届 ATCM 通过第Ⅷ-10 号建议，确认南极条约区域有大量的海洋生物资源，认识到必须在《南极条约》框架下实现这些海洋生物资源的保护（protection）、科学研究和合理利用，意识到缺乏关于这些生物资源的信息，因此建议：南极条约协商国政府启动或拓展关于南极海洋生物资源的生物学、分布、生物量、种群动力学和生态学等方面的研究，鼓励国家间的合作；敦促南极研究科学委员会（SCAR）尽早就此开展相关科学研究项目，并向 ATCM 提交关于南极海洋生物资源研究和养护的报告；将"南极海洋生物资源"议题列入第 9 届 ATCM 议程。[5]1976 年，SCAR 下南大洋生态及其生物资源专家组（GSSOELR）建议启动南极海洋系统和种群生物学调查（BIOMASS）项

---

〔1〕 Karl-Hermann Kock, Fishing and Conservation in Southern Waters, 30 *Polar Record* 3, 3-5 (1994).

〔2〕 John A. Heap, "Has CCAMLR Worked? Management Politics and Ecological Needs", in Arnfinn Jørgensen-Dahl and Willy Østreng (eds.), *The Antarctic Treaty System in World Politics*, Palgrave Macmillan, 1991, p.48.

〔3〕 K-H. Kock, *Antarctic Fish and Fisheries*, Cambridge University Press, 1992, pp. 183~189.

〔4〕 Stuart B. Kaye, *International Fisheries Management: A Comparative Analysis of Legal Approaches to Management in the Context of Polar Fisheries Regime*, Ph. D Dissertation of Dalhousie University, 1999, pp. 386~388.

〔5〕 ATCM, Report of the Eighth Consultative Meeting, Oslo, 9-20 June 1975, p. 40.

目，[1]以评估南极海洋生物资源状况以及资源管理策略。

1977 年第 9 届 ATCM 通过的第Ⅸ-2 号建议，强调了《南极条约》第 9 条 (1) (f) 所赋予南极条约协商国的特殊责任，要求：合作开展科学调查、交换相关信息；遵守养护南极生物资源的临时指南；在 1978 年底前建立一个明确养护南极生物资源的制度 (a definitive regime)。[2]该建议明确，"养护"包含"合理利用"，即不应禁止捕捞活动，但应排除配额分配和对捕捞活动的其他经济性管理措施。[3]1978 年 2 月 27 日至 3 月 16 日，13 个南极条约协商国在堪培拉召开了关于《南极海洋生物资源养护公约》的第 1 次正式磋商会议，讨论会议主席澳大利亚代表 J. R. Rowland 先生准备公约的非正式文本。[4]1978 年 7 月，第 2 次正式磋商会议在阿根廷布宜诺斯艾利斯继续进行。1979年和 1980 年，分别在瑞士伯尔尼和美国华盛顿召开了两次非正式磋商，讨论两个悬而未决的问题。[5]1979 年 9 月 17 日至 10 月 5 日，第 10 届 ATCM 在华盛顿召开，会议通过了 X-2 号建议，建议各协商国政府尽早缔约和通过一个

---

〔1〕　该项目由国际科学理事会（ICSU）下的 SCAR 和海洋研究科学委员会（SCOR）以及联合国粮农组织（FAO）下的海洋资源研究咨询委员会（ACMRR）联合资助。See Takesi Nagata, "The Implementation of the Convention on the Conservation of Antarctic Marine Living Resources: Needs and Problems", in Francisco Orrego Vicuña (ed.), *Antarctic Resources Policy: Scientific, Legal and Political Issues*, Cambridge University Press, 1983, pp. 119~137. ACMRR 于 1961 年由第 11 届 FAO 大会成立；1993 年，ACMRR 规章被 FAO 理事会修改，名称相应改为"渔业研究咨询委员会（Advisory Committee on Fishery Research, ACFR）"。参见 http://www.fao.org/fishery/rfb/acfr/en。

〔2〕　See ATCM, Report of the Ninth Consultative Meeting, London, 19 September-7 October 1977, pp. 13~16.

〔3〕　ATCM, Report of the Ninth Consultative Meeting, London, 19 September-7 October 1977, paragraph 10, at p. 7. 原文为："the word 'conservation' as used in the draft Recommendation includes rational use, in the sense that harvesting would not be prohibited, but the regime would exclude catch allocation and other economic regulation of harvesting." 如此安排，是为了避免领土主张的争议；因为根据第三次联合国海洋法会议进程，特别是专属经济区制度，领土主张国认为如果实施国别配额分配的话，则在其主张领土外 200 海里海域内他们应享有优先分配的权利。另外，非主张国拒绝同意给予主张国优先分配权利，因为同意给予主张国优先权就间接地同意或接受了这些主张国的领土主张。See Barbara Mitchell, "The Southern Ocean in the 1980s", 3 *Ocean Yearbook* 349, 375 (1982).

〔4〕　See ATCM, Interim Report of the Second Special Consultative Meeting, Canberra, 27 February-16 March, 1978.

〔5〕　在华盛顿的非正式磋商期间，各国达成一项"君子协定"，即已经达成共识的条款不再重启讨论。但此次磋商仍保留两个关键问题：一是法国坚持其专属经济区主权权利不受任何影响；二是欧共体（EC）参加公约问题。See Judith G. Gardam, "Management Regimes for Antarctic Marine Living Resources-An Australian Perspective", 15 *Melbourne University Law Review* 279, 293 (1985).

关于养护南极海洋生物资源的公约；合作开展科学研究活动以促进这样的公约有效运行；支持开展必需的科学研究活动，包括相互交流关于南极海洋生物资源渔获量的统计数据等。[1]

1980 年 5 月 7 日至 20 日，关于南极海洋生物资源养护的外交大会于澳大利亚堪培拉召开，13 个南极条约协商国和联邦德国、民主德国共 15 个国家的代表参会，[2]欧共体（EC）、联合国粮农组织（FAO）、政府间海洋学委员会（IOC）、世界自然保护联盟（IUCN）、国际捕鲸委员会（IWC）、南极研究科学委员会（SCAR）和海洋研究科学委员会（SCOR）等国际组织作为观察员参会。[3]此次大会最后通过了《南极海洋生物资源养护公约》文本，以及一份附在会议最后文件中的主席声明（以下简称"1980 年主席声明"）。据记载，会议中争论比较大的问题有：公约的目标；实现这些目标的机制、程序与体制等；决策程序；决定的遵守问题，特别是第三方的遵守问题；成员国资格；与其他国际协定或组织的关系。[4]

《南极海洋生物资源养护公约》有以下几个特点。

第一，它是南极条约体系的组成部分；其目标是"养护南极海洋生物资源"，[5]不像诸如《养护与管理南太平洋公海渔业资源公约》《养护与管理中

---

〔1〕 ATCM, Report of the Tenth Consultative Meeting, Washington D. C. , 7 September – 5 October 1979, pp. 13~14.

〔2〕 联邦德国于 1981 年 3 月 3 日成为南极条约协商国，参加了 1981 年 6 月 23 日至 7 月 7 日在布宜诺斯艾利斯召开的第 11 届 ATCM。民主德国于 1987 年 10 月 5 日经第 7 次 ATCM 特别会议确认成为南极条约协商国，参加了 1987 年 10 月 5 日至 16 日在巴西里约热内卢召开的第 14 届 ATCM。1978 年，联邦德国和民主德国作为非南极条约协商国都没有参加两次 ATCM 特别会议。所以，1980 年 5 月邀请联邦德国和民主德国参加南极海洋生物资源养护外交大会，旨在向外界表明此外交会议并不是完全封闭性的。See Judith G. Gardam, "Management Regimes for Antarctic Marine Living Resources – An Australian Perspective", 15 *Melbourne University Law Review* 279, 306 (1985); ATCM, Final Report of the Fourteenth Antarctic Consultative Meeting, Rio de Janeiro, 5–16 October 1987, paragraph 60.

〔3〕 David M. Edwards, John A. Heap, "Convention on the Conservation of Antarctic Marine Living Resources: A Commentary", 20 *Polar Record* 353, 353 (1981). 据记载，荷兰作为非南极条约协商国和韩国作为南极捕鱼国曾要求参加外交大会，因波兰和苏联反对而没能参会。See Lorraine M. Elliott, *International Environmental Politics: Protecting the Antarctic*, The Macmillan Press Ltd. , 1994, pp. 90~91.

〔4〕 David M. Edwards, John A. Heap, "Convention on the Conservation of Antarctic Marine Living Resources: A Commentary", 20 *Polar Record* 353, 354 (1981).

〔5〕 针对《南极海洋生物资源养护公约》第 2 条目标的解释，充满争议。See Jennifer Jacquet, Eli Blood-Patterson, Cassandra Brooks, David Ainley, "' Rational use' in Antarctic waters", 63 *Marine Policy* 28 (2016).

西太平洋高度洄游鱼类种群公约》等明确提及"管理"的职能，所以依据
《南极海洋生物资源养护公约》所建立的"南极海洋生物资源养护委员会"
常被一些国家或组织认为不是一般意义上的区域渔业管理组织（RFMO）。[1]

第二，《南极海洋生物资源养护公约》开创性地在渔业领域引入了"生态
系统方法"原则和"预防性方法"原则，[2]其中"生态系统方法"是使 FAO
承认此公约的重要原因之一。[3]在生态系统方法原则方面，《南极海洋生物资
源养护公约》一方面将其适用范围突破了《南极条约》的南纬 60 度的界限，
拓展至南极辐合带，最北界限达南纬 45 度；[4]另一方面，该公约第 2 条（3）
（b）规定，"维护南极海洋生物资源中被捕捞种群数量、从属种群数量和相关
种群数量之间的生态关系"。对于预防性方法原则，则体现在该公约第 2 条
（3）（c）的规定上。[5]

---

〔1〕　CCAMLR, Report of Performance Review Panel, 1 September 2018, p. 7. 1977 年第 9 届 ATCM 期
间"生物资源工作组"建议"公约应排除配额分配和对捕捞活动的其他经济性管理措施"；阿根廷由
此认为，CCAMLR 不具有分配资源的权力，即不具备"管理"（management）的职权，所以 CCAMLR
不是一个区域渔业管理组织（RFMO）。See ATCM, Report of the Ninth Consultative Meeting, London, 19
September-7 October 1977, paragraph 10; CCAMLR, Report of the Thirty-First Meeting of the Commission,
Hobart, 23 October -1 November 2012, paragraph 7.

〔2〕　Adriana Fabra and Virginia Gascón, "The Convention on the Conservation of Antarctic Marine Living
Resources（CCAMLR）and the Ecosystem Approach", 23 International Journal of Marine and Coastal Law 567
（2008）; Karl-Hermann Kock, Understanding CCAMLR's Approach to Management, CCAMLR, May 2000.

〔3〕　Fernando Zegers, "The Canberra Convention: Objectives and Political Aspects of its Negotiation",
in Francisco Orrego Vicuña（ed.）, Antarctic Resources Policy: Scientific, Legal and Political Issues, Cambridge
University Press, 1983, pp. 150~151. 也有学者提请注意，南极条约协商国也是联合国粮农组织预算的
主要贡献国，正是在这种强化大政治压力下，联合国粮农组织于 1979 年放弃了一个为期十年约 4500
万美元的南大洋调查计划，以及第 18 届粮农理事会承认南极条约协商国在南大洋海洋生物资源养护方
面的主导作用。See Olav Schram Stokke, "The Effectiveness of CCAMLR", in Olav Schram Stokke and Davor
Vidas（eds.）, Governing the Antarctic: The Effectiveness and Legitimacy of the Antarctic Treaty System, Cam-
bridge University Press, 1996, p. 131.

〔4〕　1977 年 4 月，第 11 届 FAO 渔业委员会（COFI）会议通过了对南纬 45 度以南的南极海域规
划研究项目，引发了一些南极条约协商国的担忧。这个时间早于 1978 年召开的 2 次关于南极海洋生物
资源养护的正式磋商会议。因此，有理由推测《南极海洋生物资源养护公约》将适用范围拓展至南极
辐合带，最北界限达到南纬 45 度，应该是受到 FAO 方面的压力。See FAO, Report of the Eleventh
Session of the Committee on Fisheries, Rome: FAO, 19-26 April 1977, paragraphs 43-46.

〔5〕　《南极海洋生物资源养护公约》第 3 条（3）（c）规定："考虑到目前捕捞对海洋生态系统
的直接和间接影响、引进外来物种的影响、有关活动的影响以及环境变化的影响方面的现有知识，要
防止在近二三十年内南极海洋生态系统发生不可逆转的变化或减少这种变化的风险，以可持续养护南
极海洋生物资源。"鉴于第 2 条（3）（b）和（c）对"南极海洋生态系统"的强调，以及该公约第 1

第三，《南极海洋生物资源养护公约》建立了与《南极条约》法律上的关联。除在序言部分对《南极条约》的援引外，《南极海洋生物资源养护公约》第3条和第4条分别规定，该公约的缔约方，不论其是否为《南极条约》缔约国，都受《南极条约》第1条和第5条、第4条和第6条的约束；《南极海洋生物资源养护公约》第5条（1）规定，"承认《南极条约》协商国对保护和养护《南极条约》地区的环境负有的特别义务和责任"。

第四，《南极海洋生物资源养护公约》相对保持开放，建立与国际社会的合作与联系，特别是联合国系统。该公约第6条规定，"本公约的任何条款，都无损于《国际捕鲸公约》……赋予缔约方的权利和义务"[1]。第20条规定，"在遵守《联合国宪章》的前提下，各缔约方应尽力杜绝任何违背公约目的的活动"。第23条（2）要求"委员会和科学委员会应酌情与联合国粮农组织及其他专门机构合作"。[2]

四、1991 年《环保议定书》

如前所述，《南极条约》除没有提及资源问题外，也没有提及环境保护。但与忽略资源问题的原因不同，环境保护在20世纪50年代并不是很突出；[3]1972年6月，联合国才在瑞典斯德哥尔摩召开第一次人类环境大会，引起了国际社会对环境问题的关注。

20世纪70年代，美国地质调查局（US Geological Survey）估计，西南极可能蕴藏约450亿桶石油和3.26万亿立方米的天然气，相当于当时美国已探明的储量。鉴于陆地上的石油、天然气被厚厚的冰川覆盖，所以南极大陆沿岸

（接上页）条（3）对"南极海洋生态系统"进行了定义，因此也有人认为该公约是为了养护"南极海洋生态系统"，而不仅是"南极海洋生物资源"。这也导致了《南极海洋生物资源养护公约》是环境保护条约还是渔业资源养护条约的争论。See Josyane Couratier, "The Regime for the Conservation of Antarctica's Living Resources", in Francisco Orrego Vicuna（ed.）, *Antarctic Resources Policy: Scientific, Legal and Politics Issue*, Cambridge University Press, 1983, p. 148.

〔1〕 Judith G. Gardam, "Management Regimes for Antarctic Marine Living Resources-An Australian Perspective", 15 *Melbourne University Law Review* 279, 285-287 (1985).

〔2〕《南极海洋生物资源养护公约》及其委员会对联合国系统的相对开放立场，近年来因个别国家而受到影响。See CCAMLR, Report of the Thirty-Sixth Meeting of the Commission, Hobart, 16-27 October 2017, paragraphs 12. 1-12. 13.

〔3〕 Lorraine M. Elliott, *International Environmental Politics: Protecting the Antarctic*, The Macmillan Press Ltd. , 1994, p. 41.

的油气资源受到更多的关注，特别是威德尔海、罗斯海、别林斯高晋海、阿蒙森海等边缘海。[1]与南极海洋生物资源不同，南极矿产资源与南极陆地主张存在着千丝万缕的关联；同时国际社会也对南极矿业资源问题给予了高度关注，即谁享有这些矿产资源开发及收益的权利。1973年10月，第四次中东战争引发了第一次世界石油危机，触发了1973年至1975年间的世界经济危机；1973年开始的第三次联合国海洋法大会以及同时期发展中国家要求建立新国际经济秩序的呼声等外部因素，促进了ATCM对南极矿产资源问题的重点关注，包括矿产资源开发可能造成的环境问题；在此过程中，环境保护非政府组织发挥了很大的作用。

1970年，新西兰第一次提出矿产资源开发的问题，第6届ATCM对此进行了非正式讨论。鉴于在罗斯海发现了油气资源，1972年第7届ATCM第一次正式讨论此问题。[2]从1972年第7届ATCM至1981年第11届ATCM，矿产资源正式进入会议议程，会议或通过建议，[3]或讨论工作组报告；其中1972年通过的第Ⅶ-6号建议，承认矿产资源开发可能引发环境问题，因此强调南极条约协商国应承担保护环境和理性利用资源（the wise use of resources）的责任。1982年6月14日至25日，在惠灵顿正式召开第4次ATCM特别会议，开启关于矿产资源问题的谈判；前后共召开了12次正式磋商会议和3次会间非正式磋商会议；[4]1988年6月2日，在惠灵顿通过《南极矿产资源活

---

〔1〕 Ibid, p. 104. 1970年，美国一家石油公司（Texaco）曾询问美国政府如何获得南极大西洋扇区陆架上石油开发的许可权。1973年，美国地质调查局内部一份报告估计，仅威德尔海、罗斯海和别林斯高晋海等海域的石油储量就达150亿桶。1976年，美国官方报告认为，南极大陆架上可开采的石油储量为数百亿当量。1979年，美国石油企业代表John Garrett认为威德尔海和罗斯海是石油开发前景最好的区域，储量在500亿桶或更多。除关于石油储量的讨论外，在20世纪70年代也讨论了南极石油开采可能性。普遍认为，南极石油开采较北极石油开采容易，开采技术不是不可解决的困难。1977年，俄亥俄州立大学极地研究所发布了一份报告称，最好情形下南极石油的开发成本至少和阿拉斯加北部陆架或北海石油开发成本相当。该报告预测，尽管1989年前不存在可开发的经济前景，但到20世纪末或21世纪初将是可行性。在此背景下，美国、挪威、德意志联邦共和国（FRG）、日本、新西兰等国家分别在威德尔海、罗斯海和别林斯高晋海等海域开展了相关的地质调查。See Barbara Mitchell, "The Southern Ocean in the 1980s", 3 *Ocean Yearbook* 349, 354-360 (1982).

〔2〕 Shirley V. Scott, *The Political Interpretation of Multilateral Treaties*, Murtinus Nijhoff Publishers, 2004, pp. 99~100.

〔3〕 如第Ⅶ-6号建议、第Ⅷ-14号建议、第Ⅸ-1号建议、第Ⅹ-1号建议、第Ⅺ-1号建议。

〔4〕 Lorraine M. Elliott, *International Environmental Politics: Protecting the Antarctic*, London: The Macmillan Press Ltd., 1994, p. 121.

动管制公约》（CRAMRA）。此公约给予了环境保护足够的关注，序言强调保护南极环境及其依附和相关生态系统关于南极矿产资源活动决定的基本考量，第2条规定，评估南极矿产资源活动对环境的影响是首要基本原则以及确认南极条约协商国对南极环境保护负有特殊的责任。

当时参加磋商的各国代表都认为南极矿产资源开发活动不可能在近期发生，谈判《南极矿产资源活动管制公约》主要目的是：确保南极条约协商国的集团利益、维护南极条约协商会议的权威和维护《南极条约》及其体系的稳定。但《南极矿产资源活动管制公约》第62条关于公约生效的规定给予了7个陆地主张国和2个超级大国一票否决的权利。[1]1989年4月20日，法国政府认为，鉴于3月份发生的埃克森·瓦尔迪兹油污事件，《南极矿产资源活动管制公约》中的环境保护条款不足以保护南极环境，需要重启谈判。1989年5月22日，澳大利亚认为它将致力于全面禁止南极矿产资源，不签署《南极矿产资源活动管制公约》。[2]因此，《南极矿产资源活动管制公约》"胎死腹中"，不是因为它没有包含足够的环境保护规定，而是因为复杂的政治经济考量。[3]有意义的是，后来《环保议定书》取代《南极矿产资源活动管制公约》，反而使澳大利亚获得了保护南极环境的赞誉。[4]

澳大利亚和法国退出原来他们参加磋商并协商一致达成的《南极矿产资源活动管制公约》，使这两个国家处于很大的政治压力之下，也使南极条约体系受到极大的挑战。[5]英国就曾指出："《南极条约》之所以成功，是因为没

---

〔1〕《南极矿产资源活动管制公约》第62条规定，该公约生效必须同时满足以下条件：16份批准书，其中包括7个陆地主张国和2个超级大国（苏联和美国），以及5个发展中国家和11个发达国家。1982年，只有14个南极条约协商国参加磋商；到1988年通过公约时，有20个南极条约协商国参加了磋商，包括中国。

〔2〕澳大利亚放弃《南极矿产资源活动管制公约》原因有两个方面：一是国内压力，特别是选举压力；二是南极陆地主权政治和经济利益的考量。See Lorraine M. Elliott, *International Environmental Politics: Protecting the Antarctic*, The Macmillan Press Ltd., 1994, p. 166.

〔3〕Davor Vidas, "Entry into Force of the Environmental Protocol and Implementation Issues: An Overview", in Davor Vidas (ed.), *Implementing the Environmental Protection Regime for the Antarctic*, Kluwer Academic Publishers, 2000, p. 3.

〔4〕James Crawford, Donald R. Rothwell, "Legal Issues Confronting Australia's Antarctica", *Australian Yearbook of International Law*, 1991, vol. 13, pp. 3~88.

〔5〕《南极条约》第12条（2）规定，在《南极条约》生效30年后（即1991年），任何南极条约协商国可提出请求召开ATCM，审议条约的实施情况，经ATCM同意可对条约进行变更或修改；如条约经变更或修改，且两年内未生效，任何条约缔约国可提出退出。1989年，澳大利亚和法国宣布不

有一个国家将其利益置于其他国家不能接受程度。南极条约体系依赖于一个默契，即一旦通过协商一致达到协定，所有参加磋商的国家都应遵守和执行此协定。澳大利亚的行为违背了这两个原则。"[1]美国也极力反对澳大利亚，坚持反对任何禁止未来南极采矿的意见；1991年初，美国提出一个设有期限的临时禁止期，期限届满后需要协商一致才能展期。[2]有意思的是，苏联支持在南极全面禁止采矿活动；1990年1月19日，苏联总统戈尔巴乔夫曾就此作明确表态。苏联持这种立场，一部分是因为美国在南极矿产资源采用的技术与资源上领先苏联，一部分是因为苏联想在冷战后的国际新秩序中树立环保的形象；[3]还不排除苏联不急于开发利用南极石油资源，因为它本身就拥有充足的石油供应。[4]

1989年10月，第15届ATCM在巴黎召开。此时，已经有15个南极条约协商国签署了《南极矿产资源活动管制公约》，但还没有任何国家批准。环境保护问题主导了此届会议的议程；法国和澳大利亚联合建议：在南极建立一个全面的环境保护制度，并于1990年召开一次ATCM特别会议，启动谈判。最后会议通过第XV-1号决议，建议制定、维持和有效实施一个全面保护南极环境的制度，避免人类活动对南极环境或其依附或相关生态系统造成负面影响；在1990年召开一次ATCM特别会议探讨所有涉及南极环境全面保护的提案，考虑建立新体制安排的必要性以及采用措施的形式（法律或非法律）等。[5]

（接上页）签署《南极矿产资源活动管制公约》，导致一个结果，即30年后南极条约协商国关于《南极条约》第12条（2）的解释可能出现很大不确定性。See Olav Orheim, Anthony Press, Neil Bilbert, "Managing the Antarctic Environment: The Evolving Role of the Committee for Environmental Protection", in Paul Arthur Berkman, Michael A. Lang, David W. H. Walton and Oran R. Young (eds.), *Science Diplomacy: Science, Antarctica, and the Governance of International Space*, Smithsonian Institution Scholarly Press, 2010, p. 211.

〔1〕　Parliament of the UK, Antarctic Minerals Bill (Second Reading), *Official Record*, 4 July 1989, pp. 217~218.

〔2〕　Lorraine M. Elliott, *International Environmental Politics: Protecting the Antarctic*, The Macmillan Press Ltd., 1994, p. 191.

〔3〕　Lorraine M. Elliott, *International Environmental Politics: Protecting the Antarctic*, The Macmillan Press Ltd., 1994, p. 184.

〔4〕　Barbara Mitchell, "The Southern Ocean in the 1980s", 3 *Ocean Yearbook* 349, 379-380 (1982).

〔5〕　ATCM, Final Report of the Fifteenth Antarctic Treaty Consultative Meeting, Paris, 9-20 October 1989, pp. 43~46. 值得注意的是，该建议的措辞既没有支持法国和澳大利亚的建议，也没有直接否定其建议。除此建议外，会议还通过第XV-2号建议，特别要求1990年召开的特别会议讨论《南极矿产资源活动管制公约》第8条（7）关于责任的规定。

最终使各国放弃《南极矿产资源活动管制公约》，并紧急磋商通过《环保议定书》，三个因素很重要。其一，环境保护非政府组织在各国进行有针对性的游说，特别是南极和南大洋联盟（ASOC）以及绿色和平组织（Greenpeace International），澳大利亚和法国充分借助这些环境保护非政府组织，将自己装扮成环境保护主义者，高举环境保护大旗。其二，1989 年发生了两起重要的油污事件，一是 1989 年 1 月 28 日，阿根廷补给轮"Bahia Paraiso"在南极大陆搁浅，在美国帕尔默站附近沉没，泄漏了约 15 万加仑油，首次造成了对南极环境的威胁；二是 1989 年 3 月 24 日，埃克森·瓦尔迪兹（Exxon Valdez）油轮在美国阿拉斯加威廉王子海峡的布莱暗礁（Bligh Reef），泄漏了约 1080 万加仑油，是美国历史上最大的一次油污事件。全球媒体广泛报道这两次油污事件的生态破坏性后果，改变了公众的认识，提升了环境保护非政府组织的影响力。其三，1989 和 1990 年联合国大会通过决议，敦促禁止探矿和采矿，呼吁将南极洲（Antarctica）作为"自然保护区"（a nature reserve）或世界公园（World Park）进行保护，[1]支持起草养护和保护南极及其依附的相关生态系统的全面环境保护公约的行为，强调此行为应在联合国框架下开展，包括联合国环境与发展大会。[2]

1990 年 11 月 19 日召开的第 11 届 ATCM 特别会议，是 ATCM 第 1 次召开的专门关于环境问题的特别会议，也标志着《南极矿产资源活动管制公约》正式被放弃。经四轮磋商，最终于 1991 年 10 月 4 日通过了《环保议定书》及其附件 I 至附件Ⅳ，[3]以及最后文件。[4]当天，参加磋商的 26 年南极条约

---

〔1〕 澳大利亚和法国开始提议将南极建成一个"野生保护区"（a wildness reserve）。ASOC 则主张将南极建成"世界公园"，就需要进行强制影响评估，建立南极环境保护机构、具有法律约束力的执法机构以及公众参与。ASOC 的意见，被南极条约协定国认为是要将南极国际化，侵蚀其对南极事务的决策权。后来，澳大利亚和法国提议，将南极建成一个"科学的自然保护区"（a nature reserve-land of science），意在强调科学研究活动不被禁止，同时保持与环境保护非政府组织的政治距离。See Lorraine M. Elliott, *International Environmental Politics: Protecting the Antarctic*, The Macmillan Press Ltd., 1994, pp. 176~177.

〔2〕 UN General Assembly, Resolution on Question of Antarctica, A/RES/44/124B, 15 December 1989, paragraphs 5-6; Resolution on Question of Antarctica, A/RES/45/78A, 12 December 1990, paragraphs 3-4.

〔3〕《环保议定书》及其附件 I 至附件Ⅳ，是作为一揽子计划通过的。

〔4〕 据记载，各国代表曾计划于 1991 年 6 月 17 日通过《环保议定书》及最后文件，这样可以在《南极条约》生效 30 周年的那天（6 月 23 日）开放签署。特别会议在 6 月 17 日重新召开，但因澳大利亚领导的 15 国集团无法与美国就禁矿期修订以及议定书的生效达成一致，美国以需要更多时间考虑为由拒绝参加协商一致，导致 6 月 23 日的签署仪式不得不取消。事后，澳大利亚、新西兰、日本、

协商国中的 23 个签署了《环保议定书》，以及 12 个参加磋商的非南极条约协商国中的 8 个也当场签署《环保议定书》。[1]《环保议定书》及其附件 I 至附件 IV 于 1998 年 1 月 1 日生效。[2]附件 V "保护区"于 1991 年 10 月由第 16 届 ATCM 以第 XVI-10 号建议的形式通过，2002 年 5 月 24 日生效。[3]附件 VI "责任"于 2005 年 6 月由第 28 届 ATCM 以第 1 号措施的形式通过，以建立一个《环保议定书》第 16 条下的责任制度；根据 2005 年第 1 号措施，附件 VI 将在所有参加第 28 届 ATCM 的协商国批准后生效。[4]为促进附件 VI 的生效，第 28 届 ATCM 还通过了第 1 号决定，要求 ATCM 每年评估附件 VI 的生效情况；如果没有生效，则不迟于该附件通过后 5 年决定重启谈判的时间表。[5] 2010 年 5 月 14 日，第 33 届 ATCM 通过第 4 号决定，要求继续进行每年评估；如仍未生效，则不迟于该附件通过后 10 年决定重启谈判的时间表。[6]2015 年

（接上页）欧共体等给美国布什总统施加了很大压力。7 月 3 日，美国布什总统宣布同意签署 6 月份会议达成的妥协文本。See Lorraine M. Elliott, *International Environmental Politics*: *Protecting the Antarctic*, The Macmillan Press Ltd. , 1994, pp. 192~194.

〔1〕 3 个没有当场签署《环保议定书》的南极条约协商国是：日本、韩国和印度。8 个非南极条约协商国是：奥地利、加拿大、哥伦比亚、瑞士、朝鲜、希腊、匈牙利和罗马尼亚。没有当场签署的有保加利亚、捷克斯洛伐克和丹麦。

〔2〕 2001 年 7 月，第 24 届 ATCM 同意环境保护委员会（CEP）的建议，支持 CEP 对《环保议定书》的附件进行逐个评估（rolling review），成立会间工作组，从附件 II 开始评估。2004 年 5 月，第 7 届 CEP 会议第一次审议会间工作组的报告，引发了关于附件 II 适用范围的政治争议。2009 年 4 月，第 32 届 ATCM 通过第 6 号措施，完成对附件 II 的修订。修订后的附件 II 于 2016 年 12 月 8 日生效。See ATCM, Final Report of the Twenty-Fourth Antarctic Consultative Meeting, Saint Petersburg, 9-20 July 2001, p. 13；Final Report of the Twenty-Seventh Antarctic Consultative Meeting（Part IV），Cape Town, 24 May-4 June 2004, pp. 364~366；Final Report of the Thirty-Second Antarctic Consultative Meeting, Baltimore, 6-17 April 2009, p. 28. 鉴于评估附件 II 出现的政治争议，三位 CEP 的主席一致认为，选择附件 II 作为第一个评估的对象是不明智的，因为附件 II 与南极条约体系下其他部分或其他文书之间存在密切关联。See Olav Orheim, Anthony Press and Neil Bilbert, "Managing the Antarctic Environment: The Evolving Role of the Committee for Environmental Protection", in Paul Arthur Berkman, Michael A. Lang, David W. H. Walton and Oran R. Young（eds. ）, *Science Diplomacy*: *Science*, *Antarctica*, *and the Governance of International Space*, Smithsonian Institution Scholarly Press, 2010, p. 217.

〔3〕 根据第 XVI-10 号建议，该附件生效必须满足两个条件：一是《环保议定书》生效；二是所有参加第 16 届 ATCM 的协商国都批准第 XVI-10 号建议。印度于 2002 年 5 月 24 日批准第 XVI-10 号建议，从而使该附件生效。

〔4〕 Measure 1 (2005), ATCM XXVIII, Stockholm.

〔5〕 Decision 1 (2005), ATCM XXVIII, Stockholm.

〔6〕 Decision 4 (2010), ATCM XXVIII, Punta del Este.

6月10日，第38届ATCM通过第5号决议，要求继续进行每年评估；如仍未生效，则在2020年决定重启谈判的时间表。[1]截至2023年7月，《环保议定书》缔约国共有42个；其中29个为南极条约协商国，13个为非协商国。[2]

值得注意的是，作为观察员参加此次特别会议的国际组织包括了ASOC和世界自然保护联盟（IUCN），其中，ASOC广泛参与了磋商。此外，很多国家代表团包含环境保护非政府组织的人员，如澳大利亚、美国、丹麦、新西兰、智利和法国等。相对而言，南极研究科学委员会（SCAR）参与非常有限，事实上，SCAR并不支持《环保议定书》及其磋商进程。在第16届ATCM期间，SCAR主席Richard Laws[3]直截了当地批评ASOC在南极条约体系内的活动，认为ASOC的活动造成了环境保护与科学活动之间的冲突；反对严格的环境评估规则，认为会影响科学调查自由。[4]Richard Laws承认环境保护非政府组织正成为南极条约体系的一个新要素，但他并不欢迎它们；他甚至批评ASOC是推翻《南极矿产资源活动管制公约》的幕后推手。[5]无论如何，1990年10月召开的第16届ATCM上，ASOC第1次被正式邀请参会，并协调讨论第11届ATCM特别会议、环境监测、人类对南极环境影响、旅游与非政府探险等议题。[6]

总体上，《环保议定书》采取了两种不同的方法来保护南极环境：一是全

---

〔1〕 Decision 5 (2015), ATCM XXXVIII, Sofia. 截至2022年第44届ATCM，已经有19个参加第28届ATCM的协商国批准了附件Ⅵ，另有2个没有参加第28届ATCM的协商国批准了附件Ⅵ。瑞典是第一个批准的国家，时间是2006年6月8日。See Australia, Finland, France, et al., Proposal for an Informal Intersessional Process to Share Information on Domestic Implementation of Annex Ⅵ to the Protocol on Environmental Protection to the Antarctic Treaty, ATCM XLV/WP 30 Rev. 2, 21 Apr 2023.

〔2〕 关于《环保议定书》缔约国的数量，详细参见https://www. ats. aq/devAS/Parties? lang＝e。

〔3〕 Richard Laws在其担任SCAR主席前曾担任英国南极调查局（the British Antarctic Survey, BAS）的主任。

〔4〕 ATCM, Final Report of the Sixteenth Antarctic Treaty Consultative Meeting, Bonn, 7－18 October 1991, pp. 231~245.

〔5〕 Richard Laws, "Antarctic Politics and Science Are Coming into Conflict", 3 *Antarctic Science* 231 (1991); Richard Laws, "Talking Point: Unacceptable Threat to Antarctic Science", *New Scientist*, 30 March 1991.

〔6〕 ATCM, Final Report of the Sixteenth Antarctic Treaty Consultative Meeting, Bonn, 7－18 October 1991, pp. 4~8.

面禁止任何与矿产资源相关的活动，除科学研究外；[1]二是针对其他所有活动制定详细管理规则，除那些已经受《南极海洋生物资源养护公约》和《南极海豹养护公约》管制的活动外。[2]从内容上看，《环保议定书》有三个特点：一是为南极环境保护制定了一个全面的制度，如第 2 条；二是将现有一些关于环境保护的建议编纂进一个法律文书中，如附件 I 至附件Ⅳ；三是建立了一个咨询机构，即环境保护委员会（CEP），[3]如第 11 条和第 12 条。

五、南极条约体系相互之间的关系

考虑到《南极动植物养护议定措施》《南极海豹养护公约》《南极海洋生物资源养护公约》和《环保议定书》等都是在《南极条约》框架基础上且由南极条约协商国发起而建立起来的，这些措施和条约的形式和内容直接反映了南极条约协商国的国家利益和国际利益。[4]也就是说，既要考虑南极条约体系的对外合法性，也要考虑对内的有效性。[5]

---

〔1〕 Protocol on Environmental Protection to the Antarctic Treaty, Article 7. 对于禁矿的范围，是否包括南纬 60 度以南的所有海底，有不同的国家实践。1994 年《英国南极法》对"南极"（Antarctica）的定义不包括海底，也就是说英国禁矿范围不包括海底。1994 年《新西兰南极环境保护法》（Antarctica Environmental Protection Act）明确禁止海底采矿活动。南非、挪威、荷兰等只是笼统规定了"南极条约区域"（Antarctic Treaty Area）。See Kees Bastmeijer, "Implementing the Environmental Protocol Domestically: An Overview", in Davor Vidas（ed.）, *Implementing the Environmental Protection Regime for the Antarctic*, Kluwer Academic Publishers, 2000, p. 299.

〔2〕 Final Act of Protocol on Environmental Protection to the Antarctic Treaty, paragraphs 7–8; Protocol on Environmental Protection to the Antarctic Treaty, Article 4（2）.

〔3〕 CEP 建立曾对南极研究科学委员会（SCAR）的职能带来很大的冲击。SCAR 一直是 ATCM 的科学咨询机构；为 ATCM 提供环境保护方面的建议，SCAR 曾专门建立了一个"环境事务和养护专家组"（the Group of Specialists on Environmental Affairs and Conservation, GOSEAC）。随着 CEP 对南极环境业务能力的提升，SCAR 就退出环境保护方面的咨询工作，专心提供科学建议。但后来南极环境业务越来越复杂，CEP 缺少来自南极条约秘书处的人员及其他方面的支撑，无法获得和处理大量的数据，使得 CEP 寻求与 SCAR 等科研机构的合作。See Olav Orheim, Anthony Press and Neil Bilbert, "Managing the Antarctic Environment: The Evolving Role of the Committee for Environmental Protection", in Paul Arthur Berkman, Michael A. Lang, David W. H. Walton and Oran R. Young（eds.）, *Science Diplomacy: Science, Antarctica, and the Governance of International Space*, Smithsonian Institution Scholarly Press, 2010, pp. 212~213, 218~219.

〔4〕 Judith G. Gardam, "Management Regimes for Antarctic Marine Living Resources—An Australian Perspective", 15 *Melbourne University Law Review* 279, 280（1985）.

〔5〕 See Olav Schram Stokke and Davor Vidas（eds.）, *Governing the Antarctic: The Effectiveness and Legitimacy of the Antarctic Treaty System*, Cambridge University Press, 1996.

（一）《环保议定书》和《南极条约》

《环保议定书》作为补充《南极条约》的法律文书，不修改《南极条约》，[1]其适用范围不无争议。一方面认为，《环保议定书》的适用范围应与《南极条约》一致，即南纬 60 度以南区域。《环保议定书》第 3 条的 4 个条款都将适用对象限定为"南极条约区域内的活动"。即使对于《环保议定书》第 7 条规定的禁矿范围，如前所述，南极条约协商国的实践也不尽一致。另一方面认为，《环保议定书》第 2 条规定保护对象为"南极环境及其依附和相关生态系统"。为实现此目标，其适用范围不应限定于南极 60 度以南区域，应拓展至南极辐合带，与《南极海洋生物资源养护公约》适用范围相同。[2]2004 年，当第 7 届 CEP 会议讨论修订《环保议定书》附件 Ⅱ 时，关于《环保议定书》及其附件适用范围的问题成为讨论的焦点，成为复杂的政治问题。[3]

在组织机制方面，《环保议定书》第 11 条建立了 CEP，但是 CEP 的成员资格不是限定于南极条约协商国，而是所有《环保议定书》缔约国。[4]这样形成了一个局面：CEP 的一些成员不是 ATCM 的成员，仅可作为 ATCM 的观察员。例如，截至 2023 年 7 月，《环保议定书》缔约国已经达 42 个，其中仅有 29 个是 ATCM 成员，剩下 13 个作为观察员参加 ATCM。另外，并不是所有《南极条约》缔约国都加入《环保议定书》。同样截至 2023 年 5 月，《南极条约》缔约国数量为 56 个，也就是仍有 14 个《南极条约》缔约国没有加入《环保议定书》。

这种组织机制上的差异，可能产生 CEP 和 ATCM 两者在决策上的不一致

---

〔1〕 Protocol on Environmental Protection to the Antarctic Treaty, Preamble and Article 4 (1). "不修改《南极条约》" 至少意味着《南极条约》第 6 条或公海权利保持不变。

〔2〕 Donald R. Rothwell, *The Polar Regions and the Development of International Law*, Cambridge University Press, 1996, p. 142.

〔3〕 阿根廷籍召集人代表会间工作组提交第 17 号工作文件（ATCM XXVII/WP017），提出对附件 Ⅱ 的修改意见，除其他外，建议将附件 Ⅱ 的名称从"养护南极动植物"（Conservation of Antarctic Fauna And Flora）改为"养护南极生物有机体"（Antarctic Living Organism）。美国、英国等提出反对，认为修改附件名称就改变了附件适用范围；这超越了 CEP 的权限。CEP 还就此附件名称的改变可能对《南极海洋生物资源养护公约》适用范围的影响，认为修改名称必然会造成与《南极海洋生物资源养护公约》的重叠。See ATCM, Final Report of the Twenty-Seventh Antarctic Consultative Meeting (Part IV), Cape Town, 24 May-4 June 2004, pp. 364~366.

〔4〕 Protocol on Environmental Protection to the Antarctic Treaty, Article 11 (2).

性。《环保议定书》第 12 条规定，CEP 的职责是向其缔约国（the Parties），而不是南极条约协商国，提供关于实施议定书及其附件相关的建议，然后再提交给 ATCM 讨论。按正常程序，所有经 CEP 同意的关于实施议定书及其附件的建议都应得到 ATCM 的认可，那样也可认为一些非 ATCM 成员通过 CEP 可以实现对 ATCM 的影响，或者说把其决策能力延伸至 ATCM，如加拿大、摩纳哥、荷兰、瑞士等。这似乎和《南极海洋生物资源养护公约》第 5 条（1）所说的"南极条约协商国对保护和养护南极条约区域的环境负有的特别义务和责任"不完全一致。

这种决策上的不一致性，还形成了另一种悖论。一方面，ATCM 希望增加《环保议定书》缔约国，如 2016 年 5 月第 39 届 ATCM 通过的《关于环境保护的南极条约议定书签署 25 周年的圣地亚哥宣言》；[1]另一方面，有些 ATCM 成员希望借助《南极条约》第 9 条（2）限制南极条约协商国数量的增加，避免 ATCM 决策的复杂化、降低环境活动的政治化、减少现有南极管理模式的外部压力、提升 ATCM 管理的延续性和有效性。[2]

（二）《环保议定书》和《南极海洋生物资源养护公约》

南极的环境和资源是南极条约体系下两个相互交织的问题。几乎任何涉及南极的问题，都会或多或少地和环境相关；资源问题也都和环境问题密切相关。[3]因此，在南极条约体系下，《环保议定书》和《南极海洋生物资源养护公约》相互关系尤为值得关注。一方面，《环保议定书》第 4 条（1）也明确，它不调整或修改《南极条约》，仅是补充《南极条约》。也就是说，《南极条约》第 6 条规定的"任何一个国家在该地区内根据国际法所享有的对公海的权利或行使这些权利"不受影响。尽管一些南极陆地领土主张国在《南极条约》前宣布拓展其领海主张，[4]事实上这些国家并不将其国内法适用于

〔1〕 Santiago Declaration on the Twenty Fifth Anniversary of the signing of the Protocol on Environmental Protection to the Antarctic Treaty, 30 May 2016, paragraph 5.

〔2〕 Russian Federation, The Antarctic Treaty in the Changing World, ATCM XLII/WP57, 17 May 2019.

〔3〕 Donald R. Rothwell, "Karen N. Scott and Alan D. Hemmings, The Search for 'Antarctic security' ", in Alan D. Hemmings, Donald R. Rothwell and Karen N. Scott（eds）, *Antarctic Security in the Twenty-First Century: Legal and Policy Perspective*, Routledge, 2012, pp. 13~16.

〔4〕 Stuart B. Kaye, Donald R. Rothwell, "Southern Ocean Boundaries and Maritime Claims: Another Antarctic Challenge for the Law of the Sea?", 33 *Ocean Development & International Law* 359（2002）.

南极附近海域，而且非南极陆地领土主张国也不认可这些海洋主张。所以一般将南极大陆沿海及其冰架外的海域视为公海。正是因为此，《环保议定书》下保护区仅涉及沿海的一带海域。[1]

另外，《环保议定书》第4条（2）及其最后文件第7段和第8段明确，《环保议定书》不减损《南极海洋生物资源养护公约》缔约国的权利和义务；《环保议定书》第8条所规定的环境影响评估（EIA）不适用于《南极海洋生物资源养护公约》所管理的活动。结合《南极海洋生物资源养护公约》第2条（3），在"南纬60度以南区域"开展的捕捞及相关活动不适用于环境影响评估。[2]

所以，《环保议定书》不能限制或影响任何一个国家在"南纬60度以南区域"的捕捞海洋生物资源及其相关活动。还有学者认为，《环保议定书》第3条（2）规定的环境原则，如"规划和从事在南极条约地区的活动应旨在限制对南极环境及依附于它的和与其相关的生态系统的不利影响"，以及在南极条约地区的活动应避免"对动植物物种或种群的分布、丰度或繁殖的有害改变"，可能对《南极海洋生物资源养护公约》带来影响。[3]在具体实践中，两个条约也存在一定的合作和协调，特别是在海洋保护区的实施过程中。[4]

（三）《环保议定书》和《南极矿产资源活动管制公约》

对于《环保议定书》和《南极矿产资源活动管制公约》两者之间在环境保护方面的关系，实际上，两者存在着很多相同之处。最典型的是，《环保议定书》第3条很多内容来源于《南极矿产资源活动管制公约》第4条。也就是说，《南极矿产资源活动管制公约》已经为保护南极环境制定了非常全面的制度，但仅适用于南极矿产资源活动；《环保议定书》将前者的制度照搬过

---

[1] Brendan Gogarty, Jeff McGee, David K. A. Barnes, *et al.*, "Protecting Antarctic Blue Carbon: as Marine Ice Retreats can the Law Fill the Gap?", 20 *Climate Policy* 149, 155 (2020). 2005年ATCM第9号决定要求，凡是管理计划可能影响捕捞海洋生物资源或未来阻止或限制CCAMLR相关活动的，应事先征得CCAMLR的同意。也就是说，ATCM下的保护区不能影响或损害CCAMLR下的"捕捞及其相关活动"。CCAMLR养护措施CM91-02（保护南极特别管理和保护区域的价值）附件A也仅列了那些经CCAMLR同意的包含海域的10个ASPA和3个ASMA。

[2] 需要注意的是，《南极海洋生物资源养护公约》适用范围超过了"南纬60度以南区域"。

[3] Donald R. Rothwell, *The Polar Regions and the Development of International Law*, Cambridge University Press, 1996, pp. 151~152.

[4] 具体参见2005年ATCM通过的第9号决定；2012年CCAMLR通过的养护措施CM 91-02。

来，适用于所有人类在南极的活动。适用对象的不同，才是两者之间最根本的差异。[1]

对于《环保议定书》第 7 条关于禁止矿产资源活动的规定，应结合第 25 条一起来解释；第 25 条规定了议定书修正的程序及其生效条件。总体上，第 25 条规定了两种修正程序：一是根据《南极条约》第 12 条进行，即任何时候由南极条约协商国一致同意（unanimous agreement）通过修正案，且所有缔约国都批准后方可生效；二是根据《环保议定书》第 25 条的规定，生效 50 年后召开审查大会（review conference），[2]3/4 多数通过修正案，但修正案生效需要达到 3/4 批准且包括原所有批准议定书的南极条约协商国。除此之外，对于具体涉及禁止矿产资源活动的修正，《环保议定书》第 25 条（5）（a）还作出特别规定，即使通过了修正案，第 7 条禁矿规定仍会一直有效，直到一个关于南极矿产资源活动具有法律约束力的制度生效；因此，如果在议定书生效 50 年后的审查大会要修订《环保议定书》第 7 条的禁矿规定，需要同时提交一份关于南极矿产资源活动的法律制度。考虑到当初美国反对无限期禁矿的明文规定，甚至威胁拒绝批准议定书，因此第 25 条（5）（b）作了妥协性安排，即如果关于第 7 条禁矿规定的修正案通过后 3 年仍未能生效，任何缔约国可退出议定书。考虑到任何修正案都需要经过"通过"（adoption）和"生效"两个阶段，第 25 条（5）（b）仅适用于生效阶段；要经过"通过"，最好的情形是，达成缔约国 3/4 多数同意，这远非易事。因此，《环保议定书》第 25 条（5）（b）的妥协也仅是象征性的，实际作用有限。[3]

（四）《环保议定书》和《南极海豹养护公约》

《南极海豹养护公约》关于海豹保护区和保护海豹物种等管理部分，部分被纳入了《环保议定书》附件 II "特别保护物种"和附件 V "南极特别保护区"（ASPA）。[4]这就产生一个问题：如果一个国家已经是《环保议定书》缔约国，那么它是否还有必要加入《南极海豹养护公约》？

---

〔1〕 S. K. N. Blay, "New Trends in the Protection of the Antarctic Environment: the 1991 Madrid Protocol", 86 *American Journal of International Law* 377, 385–389 (1992).

〔2〕 鉴于《环保议定书》于 1998 年生效，因此审查大会最早在 2048 年后召开。

〔3〕 S. K. N. Blay, "New Trends in the Protection of the Antarctic Environment: the 1991 Madrid Protocol", 86 *American Journal of International Law* 377, 395–397 (1992).

〔4〕 ASPA No. 111 "Southern Powell Island and adjacent islands, South Orkney Islands"; Measure 3 (2017).

1972 年《南极海豹养护公约》第 12 条规定，一个国家仅可能在该公约所有缔约国都同意的前提下应邀请申请加入。理论上，只要《南极海豹养护公约》所有缔约国同意邀请一个国家加入，则这个受邀请国家就可以加入《南极海豹养护公约》。因此，这种加入是有条件的。2019 年，乌克兰试图以南极条约协商国身份加入《南极海豹养护公约》，为此通过第 42 届 ATCM 请求英国作为此公约的保存国启动相关程序，让《南极海豹养护公约》缔约国一致同意邀请乌克兰加入。[1]

英国一方面以保存国的身份要求《南极海豹养护公约》缔约国尽快对此作出回应，另一方面强调《南极海豹养护公约》部分地被《环保议定书》所取代，因此 ATCM 不应采取像鼓励相关国家加入《环保议定书》那样的方式，鼓励加入《南极海豹养护公约》。[2]

第五节　南极海域的法律性质

一、南极海域类型

根据不同条约适用的地理范围和管理对象，对南极海域有不同的定义或理解。就地理范围而言，《南极条约》适用的南极海域，是指南纬 60 度以南的海域；《南极海洋生物资源养护公约》适用的南极海域，是指南极辐合带以南的海域，它包括南纬 60 度以南的海域和南极辐合带至南纬 60 度之间的亚南极海域。就管理对象方面，南极海域既包含水体空间，也包括海床与底土；海床与底土不仅涉及海床与底土的资源与生态系统养护与利用，更涉及一些国家外大陆架主张及其所附带产生的主权权利。例如，2008 年，澳大利亚赫德群岛与麦克唐纳群岛的外大陆架以及麦夸里岛的外大陆架进入南纬 60 度以南区域；2019 年 10 月 30 日，挪威通知 CCAMLR，其依据《联合国海洋法公

〔1〕 See Ukraine, Intention of Ukraine to accede to the Convention for the Conservation of Antarctic Seals, ATCM XLII/WP069, 17 May 2019.

〔2〕 ATCM, Final Report of the Forty-Second Antarctic Treaty Consultative Meeting, Prague, 1-11 July 2019, paragraphs 25 and 120. 在该届会议最后一天（7 月 11 日）通过大会报告第 120 段时，俄罗斯提出对该段进行修改，以强调对乌克兰申请加入《南极海豹养护公约》行动的支持，英国代表团团长 Jane Rumble 发表了第二点意见。所以，第 120 段最后一句变成"大会感谢乌克兰提交文件"，删除了支持乌克兰申请加入行动的语言。

约》对布韦岛外大陆架行使主权权利，包括矿产资源开发利用与海洋科学研究。

总体上，南极辐合带以南的海域可以分成三类。第一类是亚南极岛屿附近海域。澳大利亚、法国、南非、英国、挪威、阿根廷等国家根据《联合国海洋法公约》在这些岛屿附近主张管辖海域，包括水体和海床与底土。这部分海域一般被视为"无争议海域"。[1]第二类是南极大陆附近的海域。7 个南极陆地领域主张国根据其所谓的"南极洲领土主权"主张管辖海域，如专属经济区或大陆架。这种在南极洲大陆附近主张管辖的海域，是不能被国际社会所承认或接受的，成了"有争议南极海域"。第三类是除前两类之外的那些南极，即"无争议南极公海海域"。这三类南极海域的水体和海底存在不同的人类活动及保护需求。在水体部分，存在船舶航行、捕鱼、海洋科学研究、南极旅游等活动；水体因受人类活动影响和气候变化导致的酸化而需要进行保护。在海底部分，存在脆弱海洋生态系统及其附近海洋遗传资源、海洋科学研究等。

南极特殊的政治法律安排，促成了不同国家类型；不同类型国家对南极海域的法律地位则有不同解释。澳大利亚等南极洲领土主张国认为，它们可以在南极洲大陆附近主张海域；而美国等非领土主张国家因不承认南极洲领土主张而认为南极洲不存在沿海国，因此南纬 60 度以南海域全部是公海，不存在国家管辖海域。在此逻辑下，罗斯海区域海洋保护区被认为是世界上第一个大型海洋保护区；IUCN 和美国等学者认为罗斯海区域海洋保护区也是世界上面积最大的海洋保护区。[2]

---

〔1〕 值得注意的是，2002 年 12 月国际海洋法法庭在颁布关于 Volga 号渔船迅速释放案的判决时，克罗地亚籍法官 Budislav Vukas 在其声明中就曾质疑澳大利亚等国家在亚南极无人居住岛屿周围主张专属经济区的合法性，认为这严重损害了国际社会统一管辖国家管辖外海域的效力。See "Volga" (Russian Federation v. Australia), Prompt Release, Judgment, ITLOS Reports 2002, p. 10, Declaration of Vice - President Vukas.

〔2〕 关于罗斯海区域海洋保护区面积，2016 年左右相关文件都是认为该海洋保护区面积是 155 万平方公里。2016 年 10 月 27 日，美国国务卿克里在 CCAMLR 正式通过罗斯海 MPA 时发表讲话，明确指出其面积为 155 万平方公里。2017 年，美国、新西兰、智利等联合向 ATCM 提交的第 32 号工作文件，明确罗斯海 MPA 面积为 155 万平方公里。但是，2019 年以来 IUCN 及相关论文认为其面积达 209 万平方公里，包含了罗斯冰架，是截至 2023 年为止世界上最大的海洋保护区。See Cassandra M. Brooks, Evan Bloom, Andrea Kavanagh, et al., "The Ross Sea, Antarctica: A highly protected MPA in international waters", 134 *Marine Policy* 104795 (2021).

二、南极海域可适用法律

可适用于南极海域的国际法，既有全球性条约，也有区域性条约；全球性条约和区域性条约之间存在互动，影响未来南极及全球海洋治理规则塑造与条约解释。

可适用的全球性条约包括：《联合国海洋法公约》《国际捕鲸规制公约》《生物多样性公约》《联合国气候变化框架公约》以及国际海事组织下各类船舶污染与船舶安全类的条约。《国家管辖范围以外区域海洋生物多样性养护与可持续利用协定》（以下简称《BBNJ 协定》）是否适用于南极海域，将是未来一个争议点。可适用的区域条约，以南极条约体系为主，包括《南极条约》及其《环保议定书》《南极海洋生物资源养护公约》《南极海豹养护公约》等。除此之外，还有《信天翁和海燕养护协定》。

《南极条约》第 6 条是协调这些适用全球性与区域性条约核心条款。《南极条约》第 6 条规定："本条约的规定不应损害或在任何方面影响任何一个国家在该地区内根据国际法所享有的对公海的权利或行使这些权利。"关于《南极条约》第 6 条的解释，存在不同的意见。一种意见认为，《南极条约》不能适用于南纬 60 度以南的公海；另一种意见认为，《南极条约》可以适用于南纬 60 度以南的公海，但是这种适用不影响任何一个国家依国家享有的公海自由。1970 年第 6 届 ATCM 就《南极海豹养护公约》和《南极条约》之间的关系达成了共识，认为公海的捕猎海豹活动不属于《南极条约》范围。主持召开关于海豹养护非正式会议的主席比利时 Alfred van der Essen 教授认为，关于海豹公约的内容超出了《南极条约》的范围，涉及对公海自由的管制，因此不宜在 ATCM 范围内通过；应邀请更多国家参加，增加公约的有效性。如果以 ATCM 的建议形式来管制南极海豹，那只能适用于那些捕猎浮冰（pack ice）上海豹的活动，不能适用于公海海域内的捕猎活动；而后者占了南极海豹的 60%。考察《南极海豹养护公约》和《南极海洋生物资源养护公约》等实践，以及南极海域航行规则，无论是污染排放规则，还是极地航行规则与搜救规则等，都是适用国际海事组织（IMO）框架下制定的规则，因此，可以认为《日内瓦公海公约》确立的公海自由（包括航行自由、捕鱼自由等）不应受《南极条约》的限制。

在肯定了公海自由不应受《南极条约》限制的前提下，需要进一步回答

《南极条约》及其《环保议定书》能否适用于南纬 60 度以南的海域，包括"公海"。据研究，《南极条约》第 6 条最初有限制其适用于海域的意图，即将《南极条约》适用限定在南纬 60 度以南的陆地和冰架。但是，考察 ATCM 的实践，如 1968 年第 5 届 ATCM 通过的第 Ⅴ-3 号建议"南大洋"、1991 年《环保议定书》第 2 条及其附件 4 等，可以认为目前《南极条约》及其《环保议定书》适用于南极海域。因此，可以认为《南极条约》适用于南纬 60 度以南海域，但是以不影响公海自由为限。

三、南极海洋治理和全球海洋治理的互动——以渔业为例

渔业活动，传统上被认为是一种资源开发利用商业活动；但因其造成对海洋生态环境影响而成为生物多样性保护主义者攻击的目标。在资源养护方面，尽管《南极海洋生物资源养护公约》在一定程度上维持了国际海洋法中的公海捕鱼自由，但是实质性地调整了公海捕鱼自由所附的义务。如 1980 年《南极海洋生物资源养护公约》在延续了当时渔业养护的"最大可持续产量"原则外，开创性地引入了生态系统方法和预防性方法，作为南极捕鱼及其相关活动的养护原则。就此两个原则而言，《南极海洋生物资源养护公约》比《联合国鱼类种群协定》早了 15 年。除此之外，1988 年 CCAMLR 根据《南极海洋生物资源养护公约》第 24 条制定了《观察与检查制度》，后来将"观察"与"检查"分离，并于 1990 年执行 CCAMLR《检查制度》。这种海上非船旗国执法检查制度，也比《联合国鱼类种群协定》早了 5 年以上。

在海洋生物多样性养护和海洋保护区建设方面，CCAMLR 走得更远。2009 年，CCAMLR 建立了第一个海洋保护区——南奥克尼群岛南部陆架海洋保护区（SOISS MPA），2011 年制定了 CCAMLR 海洋保护区的一般框架规则——养护措施 CM 91-04，2016 年建立了面积最大的海洋保护区——罗斯海区域海洋保护区（RSrMPA）。尽管 BBNJ 进程大致和 CCAMLR 海洋保护区建设在时间上相当，但是 CCAMLR 不断取得实质进展，从海洋保护区个案建设到一般框架规则制定等，都取得了进展，且成为《BBNJ 协定》案文编制参考目标。2016-2017 年度，CCAMLR 因其在海洋生物资源养护与管理方面的杰出、务实和促进性的贡献，被联合国粮农组织授予了玛格丽塔·利扎拉加奖章。可以认为，南极渔业的区域规则，无论是养护原则和海上执法制度，还是海洋生物多样性养护与海洋保护区建设等，都引领着全球规则，且获得了国际社

会的认可。考虑到 CCAMLR 和 ATCM 之间关于南极海洋环境保护的互动，可以预测 CCAMLR 的实践不仅将引领全球渔业的国际规则，还将引领全球海洋生物多样性养护与可持续利用的国际规则，即出现跨领域的引领作用。2023年6月，《国家管辖范围以外区域海洋生物多样性养护与可持续利用协定》正式通过，特别是第三部分包括海洋保护区在内的划区管理工具等措施，将进一步促进南极海洋治理和全球海洋治理之间的相互作用与影响，CCAMLR 则是此相互作用进程中的焦点。

第六节　中国与南极条约体系

我国于 1983 年 6 月 8 日加入《南极条约》，1985 年 10 月 7 日获得南极条约协商国资格。1991 年 10 月 4 日签署《环保议定书》，1998 年 1 月 14 日《环保议定书》及附件 I–IV 生效；1995 年 1 月 26 日接受附件 V，2002 年 5 月 24 日附件 V 生效；附件 IV（责任）还没有生效，我国也没有批准该附件。2006 年 10 月 19 日，我国加入了《南极海洋生物资源养护公约》（依据国函〔2006〕90 号），同时声明"在中华人民共和国政府另行通知前，《南极海洋生物资源养护公约》暂不适用于中华人民共和国香港特别行政区"。2007 年 10 月 2 日，我国成为 CCAMLR 成员。2020 年 5 月 7 日，我国通知澳大利亚，根据《中华人民共和国香港特别行政区基本法》，中央政府决定《南极海洋生物资源养护公约》自 2020 年 7 月 1 日开始适用于香港特别行政区；香港特别行政区政府已经完成了相关立法工作，包括《养护南极海洋生物资源法令》及其实施条例，且于 2020 年 7 月 1 日施行。[1]

1972 年《南极海豹养护公约》第 12 条规定，一个国家在该公约所有缔约国都同意的前提下应邀请方可申请加入。[2]截至 2023 年 7 月，我国没有加入《南极海豹养护公约》。但是，根据《环保议定书》附件 II 以及 CCAMLR

---

〔1〕　CCAMLR, Report of the Thirty-Ninth Meeting of the Commission (virtual meeting) , 26-30 October 2020, paragraphs 2. 3-2. 4.

〔2〕　2019 年，乌克兰作为南极条约协商国想加入《南极海豹养护公约》，通过第 42 届 ATCM 请求英国作为此公约的保存国启动相关程序，让《南极海豹养护公约》缔约国一致同意邀请乌克兰申请加入。See Ukraine, Intention of Ukraine to accede to the Convention for the Conservation of Antarctic Seals, ATCM XLII/WP069, 17 May 2019.

通过的养护措施（如 CM 25-03、CM 26-01 等），我国负责一定的养护海豹义务。

2015 年 7 月 1 日，全国人民代表大会常务委员会第十五次会议通过《中华人民共和国国家安全法》，其中第 32 条将极地列入关系国家安全的领域之一，要求"增加安全进出、科学考察、开发利用的能力，加强国际合作，维护我国在……极地的活动、资产和其他利益的安全"。国家"十三五"规划纲要要求，"积极参与……极地……领域国际规则制定"。2017 年 5 月，我国在承办第 40 届南极条约协商会议时提出了"坚持南极条约原则精神、更好认识保护利用南极"的政策立场，以及五点倡议，分别是："一是坚持以和平方式利用南极，增强政治互信，强化责任共担，努力构建人类命运共同体。二是坚持遵守南极条约体系，充分发挥南极条约协商会议的决策和统筹协调作用，完善以规则为基础的南极治理模式。三是坚持平等协商互利共赢，拓展南极合作领域和范围，促进国际合作的长期化、稳定化和机制化，把南极打造成国际合作的新疆域。四是坚持南极科学考察自由，加强对南极变化和发展规律的认识，进一步夯实保护与利用南极的科学基础。五是坚持保护南极自然环境，把握好南极保护与利用的合理平衡，维护南极生态平衡，实现南极永续发展"[1]。

---

〔1〕 强薇、杜一菲：《坚持南极条约原则精神　更好认识保护利用南极》，载《人民日报》2017年 5 月 24 日。

第二章

南极海洋生物资源养护公约及其委员会

如前所述，南大洋面积约占全球总面积的 10%，南极辐合带（the Antarctic Convergence）构成了南大洋的北部生态边界。麦夸里岛（Macquarie Island）、凯尔盖朗岛（Kerguelen Island）、克罗泽岛（Crozet Island）、爱德华王子岛（Prince Edward Island）、赫德群岛（Heard Islands）和麦克唐纳群岛（McDonald Islands）等通常都被认为是位于南大洋范围之内的岛屿。

第一节　南极海洋生物

南大洋的海底被三个洋中脊分割，分别是麦夸里海岭（Macquarie Ridge）、凯尔盖朗海台（the Kerguelen-Gaussberg Ridge）和斯科舍岛弧（Scotia Arc）。就水文特征而言，南大洋北部有西风带（West Wind Drift），南部靠近大陆的区域有东风带（East Wind Drift），后者形成一些顺时针的涡流，如威德尔海涡流（the Weddell Sea Gyre）。就生态系统而言，南大洋有三个主要的生态区，分别是无冰区（Ice-free Zone）、季节浮冰区（Seasonal Pack-ice Zone）和高纬南极区（High-latitude Antarctic Zone），其中第三个生态区，邻近南极大陆，也被称为永久冰封区（Permanent Ice Zone）。季节浮冰区是其中生产力最高的区域，磷虾是最主要的浮游生物，是鲸鱼、海豹、海鸟和鱼类的捕食对象。[1] 就海水温度而言，南大洋最北部区域的海水温度可达 10 摄氏度或更高，最南部邻近南极大陆区域的海水温度则在零下 2 摄氏度或更低。相比之下，南大

---

〔1〕　Karl-Hermann Kock, *Understanding CCAMLR's Approach to Management*, CCAMLR, May 2000, p. 1.

洋的海水盐度变化很小，保持在 33.8‰至 35‰之间。[1]

相对于北冰洋接受大量的陆表径流的淡水，南大洋基本没有来自南极洲的淡水径流。[2]南极绕极流（the Antarctic Circumpolar Current，ACC），也称"西风带"（the West Wind Drift），传统上被认为是将南大洋与世界其他海洋分隔开的自然物理屏障，但实际上南极绕极流和其他海洋环流一样是可以被穿越的。据估计，南极海洋生物仍相对是被隔绝开的，有估计约40%至60%生物是本地物种，[3]但最近也有估计50%至97%的生物属于本地物种。[4]为此，迫切需要将生物学与生态学数据结合起来，以更好地理解南大洋陆架生物多样性的脆弱性。

南极海洋生物资源，明显不同于南极陆地生物资源；南大洋的海洋生物资源非常丰富，陆地生物资源因南极大陆恶劣的自然条件而非常贫乏，且易受人类活动（如科研、旅游等）的干扰。南大洋海洋生物资源丰富，可归因于两个有利的条件：一是夏季的南大洋具有很高的初级生产力，仅次于秘鲁和加利福尼亚的上升流区域；二是生物链非常短，从浮游植物到鲸鱼等顶端捕食者只有两极，即通过磷虾传递能量。[5]这也导致了在南极磷虾管理过程中，不仅需要考虑磷虾的可捕量，更需要考虑这些可捕量的区域分配以及它们与顶端捕食者的关系。

鉴于两极区域对于人类理解生物多样性的重要性，越来越多的研究投入两极。南极及南大洋海域被认为是开发新的生物地理学新模型的最理想的研究区域，以探究环境变化对生物的影响以及生物如何应对这些环境变化。[6]气候

---

〔1〕 Michael J. M. Williams, "The Southern Ocean", in Daniela Liggett, Bryan Storey, Yvonne Cook and Veronika Meduna (eds.), *Exploring the Last Continent: An Introduction to Antarctica*, Springer, 2015, pp. 115~128.

〔2〕 David N. Thomas, G. E. Fogg, Peter Convey, Christian H. Fritsen, et al., *The Biology of Polar Regions*, Oxford University Press, 2008, pp. 11~15.

〔3〕 David K. A. Barnes, Lloyd S. Peck, "Vulnerability of Antarctic Shelf Biodiversity to Predicted Regional Warming", 37 *Climate Research* 149, 159-161 (2008).

〔4〕 Claude De Broyer, Philippe Koubbi, Huw Griffiths, et al., "Biogeographic Atlas of the Southern Ocean", Scientific Committee on Antarctic Research, 2014.

〔5〕 John A. Gulland, "The Antarctic Treaty system as a resource management mechanism", in Gillian D. Triggs (ed.), *The Antarctic Treaty regime: Law, Environment and Resources*, Cambridge University Press, 1987, pp. 116~117.

〔6〕 Peter Convey, Stevevn L. Chown, Andrew Clarke, et al., "The Spatial Structure of Antarctic Biodiversity", 84 *Ecological Monographs* 203 (2014).

变化、科学研究以及一些经济活动，如捕鱼活动、旅游等，都会对南大洋的生物多样性带来或多或少的影响：前者将会影响海水温度和海水酸化等，威胁底层和中上层食物链；后者可能造成过度捕捞、污染以及引入外来物种等。南极条约体系能解决来自本地区的影响，如后者，但不能解决来自区域外的影响，如前者。无法有效解决域外影响，将可能导致南极海洋生态系统的退化，反过来影响全球海洋生态系统。[1]

因光合作用有限，南大洋是一个典型的高营养盐、低叶绿素的生态系统，[2]最高的初级生产力，因铁元素的输入而发生于浅水区域。[3]南大洋的生物生境因海洋与地形的特征因形成不同的类型；从南往北，南极大陆架、季节性海冰变化和大洋锋面等因素使南大洋不同区域具备各自不同的物理、化学和生物学生物，划分了南极海洋生态地理区域。高度季节性变化的物理特征，是南大洋海洋生态系统的主要驱动力，如冬季的低照射、海水温度以及海冰覆盖增加等。[4]此外，南方涛动（ENSO）影响着南大洋的气候变化，进一步影响了南大洋的食物链。[5]

南大洋的初级生产力受到诸如微营养盐（特别是铁元素）、海水温度、碳酸盐和光照等因素的调节。因铁元素的限制，南大洋开阔海域的浮游植物存储量少；大型浮游植物是主要的初级生产力者，特别是在沿岸海域；小型浮游植物，尽管数量少，但代表着一种能量通道。海洋微生物通过光合作用将空气中的二氧化碳进行碳固化以帮助调节全球气候。[6]海冰消退与增加也会影响初级生产力。海冰的表面、底部以及中间都发现有藻类的存在；这些藻类的每年生长周期受适宜的生境以及季节性光合有效辐射的影响。在春季和

---

〔1〕 Richard B. Aronson, Sven Thatje, James B. McClintock, Kevin A. Hughes, "Anthropogenic Impacts on Marine Ecosystems in Antarctica", 1223 *Annals of the New York Academy of Science* 82 (2011).

〔2〕 P. W. Boyd, K. R. Arrigo, R. Strzepek, G. L. Van Dijken, "Mapping phytoplankton iron utilization: insights into Southern Ocean supply mechanisms", 117 *Journal of Geophysical Research* C06009 (2012).

〔3〕 Victor Smetacek, Stephen Nicol, "Polar ocean ecosystems in a changing world", 437 *Nature* 362 (2005).

〔4〕 Susie Grant, Andrew Constable, Ben Raymond, Susan Doust, Bioregionalisation of the Southern Ocean: Report of Experts Workshop, WWF-Australia and ACE CRC, September 2006.

〔5〕 R. Kwok, J. C. Comiso, "Southern Ocean climate and sea ice anomalies associated with the Southern Oscillation", 15 *Journal of Climate* 487 (2002).

〔6〕 Jessica. Melbourne-Thomas, Simon. Wotherspoon, Stuart. Corney, et al., "Optimal control and system limitation in a Southern Ocean ecosystem model", 114 *Deep-Sea Research II* 64 (2015).

夏季海冰消退时，海冰边缘的中上层初级生产力会增加。[1]空气、海面与海冰三者之间相互作用的变化会影响初级生产力；影响结果取决于局部光照、海面分层及其混合。[2]气候变暖，可增加海水表面的温度以及沿岸海冰融化注入，两者都将可能提升南大洋的初级生产力。[3]海洋酸化会显著影响钙化原生生物壳的厚度；它会增加钙化的能量消耗、改变营养盐的可获得性以及细胞的生理机能。但由于多种环境因素的相比作用，海洋微生物对海洋酸化的反应还是很难预测的。[4]

南大洋的浮游动物包括了很多无脊椎多细胞生物，它们的身体结构及生命周期各异。常见的浮游动物体长跨越4个数量级，从小于100微米的桡足类幼虫到1米左右的水母和海樽（salp）；它们的生命周期从几天到几年不等。胶状或水母类有机体依靠过滤食物生活，它们拥有比甲壳类动物更加有效的生活方式，因此它们的生长速度会更快些。[5]和其他海洋一样，桡足类是南大洋主要的中型浮游动物，不论是其生物量与资源丰度，还是其次级生产力；仅在特定年份的个别次区域（subregions），它们才会被南极磷虾或海樽超过。[6]由此可见该生物对南极海洋食物网的作用。大量研究正逐渐改变以前人类对南大洋桡足类的认识。研究发现，小型的桡足类（O. similis、Ctenocalanus citer和Microcalanus pygmaeus）不仅资源量丰富，而且对于能源传递也很关键。它们的生命周期及资源分布也有一定的差异，如剑水蚤的摄食、生长与繁殖被发

〔1〕 Andrew J. Constable, Stephen Nicol, Peter G. Strutton, "Southern Ocean productivity in relation to spatial and temporal variation in the physical environment", 108 *Journal of Geophysical Research* 1 (2003).

〔2〕 Kevin R. Arrigo, Gert L. Van Dijken, Seth Bushinsky, "Primary production in the Southern Ocean, 1997–2006", 113 *Journal of Geophysical Research* C08004 (2008).

〔3〕 Anne-Carlijn Alderkampa, Matthew M. Millsa, Gert L. van Dijken, et al., Iron from melting glaciers fuels the phytoplankton blooms in Amundsen Sea (Southern Ocean): iron biogeochemistry, 71–76 *Deep Sea Research Part* Ⅱ 16 (2012).

〔4〕 Maria Byrne, "Impact of ocean warming and ocean acidification on marine invertebrate life history stages: vulnerabilities and potential for persistence in a changing ocean", 49 *Oceanography and Marine Biology* 1 (2011).

〔5〕 Andrew Clarke, Lloyd S. Peck, "The physiology of polar marine zooplankton", 10 *Polar Research* 355 (1991).

〔6〕 Rachael S. Shreeve, Geraint A. Tarling, Angus Atkinson, et al., "Relative production of *Calanoides acutus* (Copepoda: Calanoida) and *Euphausia superba* (Antarctic krill) at South Georgia, and its implications at wider scales", 298 *Marine Ecology Progress Series* 229 (2005).

现并不是季节性的。[1]

磷虾在南极海洋生态系统中占据至关重要的位置。在体长上，磷虾后期幼体比成年桡足类还要大，所以磷虾更能在初级生产力与脊椎动物之间传递能量。在南大洋海域，共有 6 种磷虾资源，广泛分布于南极辐合带以南；它们都呈环极分布，并相互间有所重叠。最大的一种磷虾，被称为南极磷虾（E. superba），生物量最大，是南极海洋生态系统中的关键种，支撑着南极商业渔业以及捕食者的食物来源，如鲸鱼、海豹、企鹅、海鸟以及有鳍鱼类等。大多数磷虾资源集中出现在温度断层面附近；而南极磷虾则不同，主要集中于南大洋的大西洋扇区，约占其资源量的 75%。大多数磷虾生命周期较长，南极磷虾一般为 5 年至 7 年。大量研究表明，南极磷虾在春季和夏季的日生长速度大致在每天 0.1 毫米，相当于其体长的 1%。[2]

海樽，是南大洋中一种大型生物有机体，因其身体呈透明状而被称为"胶状体"。在南大洋广泛分布有两种海樽（Salpa thompsoni 和 Ihlea racovitzai），前者纽鳃樽数量更大些。该物种的生命周期比较复杂；它可在某些年份出现爆发性生长，形成局部密集。出现这种情形，海樽将会消耗大量浮游植物，并削弱其他摄食竞争者。[3]海樽在局部海域的食物链中有着重要的作用，吸引了越来越多研究者。这些研究发现，海樽并非处于生态系统的死角（ecological dead end），而是有很多捕食者的，如片脚类动物（amphipod）、中上层鱼类和海鸟等。[4]

上述浮游动植物，除其他外，成为南大洋生态系统的基础；而南大洋最为人们所熟知的动物却是鲸鱼、海豹、信天翁等。在 2005 年开始的南极海洋生物大普查（CAML）[5]发现，南大洋的底栖生物更为丰富。根据此项目调

---

[1] Angus Atkinson, "Subantarctic copepods in an oceanic, low chlorophyll environment: ciliate predation, food selectivity and impact on prey populations", 130 *Marine Ecology Progress Series* 85 (1996).

[2] Angus Atkinson, Peter Ward, B. P. V. Hunt, et al. , "An Overview of Southern Ocean Zooplankton Data: Abundance, Biomass, Feeding and Functional Relationships", 19 *CCAMLR Science* 171, 174 (2012).

[3] Corinna D. Dubischar, Ulrich V. Bathmann, "Grazing impact of copepods and salps on phytoplankton in the Atlantic sector of the Southern Ocean", 44 *Deep-Sea Research* Ⅱ 415 (1997).

[4] Evgeny A. Pakhomov, P. W. Froneman, R. Perissinotto, Salp/krill interactions in the Southern Ocean: spatial segregation and implications for the carbon flux, 49 *Deep-Sea Research* Ⅱ 1881 (2002).

[5] CAMLR 是一个 5 年期（2005 年~2010 年）的项目，旨在为南大洋海洋生物进行一次全面普查，提供一个科学充分的生物学本底数据，为未来生物多样性或种群结构变化提供基础。它是对南极海洋生物的一次最大规模的调查，也是 2007-2008 年度国际极地年中最大的项目之一，它协调了来自

查结果（截至 2010 年 10 月），确认已知海洋生物有 8193 种，其中约 87% 属于底栖物种，11% 属于中上层物种，约 2% 为共生物种。[1] 如在威德尔海深海发现的 674 种等足类生物中，80% 是新发现物种。这些新物种的发现，证明了南大洋并非如人们所认为的那样生物匮乏，同时也有助于证明南大洋生物进化史。[2] 目前，南极研究科学委员会的海洋生物多样性信息网络（SCAR-MarBIN）提供约 1.5 万条生物分类信息，但这些数据受限于调查航次，在南大洋各海域的分布并不均匀，导致了南极半岛周边海域、南乔治亚岛、威德尔海东部、罗斯海以及普里兹湾等海域数据较多，而一些有海冰常年覆盖的海域数据就相对很少，如威德尔海西部和阿蒙森海等。鉴于南大洋大部分海底属于深海区域，因此这些深海区域仍有待进一步调查。有理由相信，随着科技发展以及新调查的开展，人们将会对南大洋生物多样性有更深入的认识。[3]

　　总体上，生物多样性随着纬度向极地呈梯度减少的规律，更适合北半球，而不是南半球或南大洋。相关研究表示，南大洋的生物多样性与许多温带海域等相近。海燕、信天翁等生物多样性峰值不是出现在热带或最南的高纬度地带，而是出现在南纬 35 度至 50 度区域。南大洋海洋动物的独特性也远非人们所想象的那样，海底动物更是非常不同。[4]

（接上页）30 多个国家 300 多位生物学家和 19 个航次。该项目的所有数据保存在南极研究科学委员会的海洋生物多样性信息网络（SCAR-MarBIN）中。See Claude De Broyern, Bruno Danis, "How many species in the Southern Ocean? Towards a dynamic inventory of the Antarctic marine species", 58 *Deep-Sea Research* II 5 (2011); Claude De Broyer, Philippe Koubbi, Huw Griffiths, et al., *Biogeographic Atlas of the Southern Ocean*, Scientific Committee on Antarctic Research, 2014; Huw J. Griffiths, Bruno Danis, Andrew Clarke, "Quantifying Antarctic marine biodiversity: The SCAR-MarBIN data portal", 58 *Deep-Sea Research* II 18 (2011).

　　[1]　Claude De Broyern, Bruno Danis, "How many species in the Southern Ocean? Towards a dynamic inventory of the Antarctic marine species", 58 *Deep-Sea Research* II 5, 7 (2011).

　　[2]　Angelika Brandt, Andrew J. Gooday, Simone N. Brandão, et al., "First insights into the biodiversity and biogeography of the Southern Ocean deep sea", 447 *Nature* 307 (2007).

　　[3]　Huw J. Griffiths, Bruno Danis, Andrew Clarke, "Quantifying Antarctic marine biodiversity: The SCAR-MarBIN data portal", 58 *Deep-Sea Research* II 18 (2011).

　　[4]　Steven L. Chown, Andrew Clarke, Ceridwen I. Fraser, et al., "The Changing Form of Antarctic Biodiversity", 522 *Nature* 431, 432 (2015).

第二节 南极海洋生物资源开发历史

南极海洋生物资源开发，最早可追溯到 18 世纪后期。首先是捕猎海豹，包括毛皮海狮（fur seals）、象海豹（elephant seals）；其次是鲸鱼，包括须鲸（baleen whales）、抹香鲸（sperm whales）等；最后是有鳍鱼类（冰鱼、南极鱼等）和磷虾。

一、海豹

19 世纪 20 年代和 70 年代，南极海豹经历了两次因人类捕猎而濒临灭绝的境况。[1]19 世纪的海豹捕猎者主要来自英国和美国；这些捕猎海豹的公司集中于一些少数地区，在美国这些公司和捕鲸公司一样主要位于新英格兰地区，在英国这些公司主要位于伦敦，和商业中心紧密结合在一起。[2]捕猎对象有两类：毛皮海狮，为获得其海豹皮；象海豹，为获得其油。产品主要销往当时三个重要市场，英国伦敦、美国纽约和中国广东；但海豹油市场仅限于伦敦和纽约。海豹油需求早在 18 世纪 80 年代就已出现，但在南大洋发现捕猎场是这种产生得以持续发展的重要原因。另外，中国对于海豹皮加工技术的发展，也是促进这种产生进一步发展的原因之一。[3]英国，通过其东印度公司，将海豹皮输入中国广东。18 世纪 90 年代，美国海豹商开始进入广东，并逐渐主导了海豹皮贸易。

---

〔1〕 Speech by Dr. Brian Roberts, Deputy Leader of the United Kingdom Delegation, at the opening session of the Conference, 3 February 1972. See Report of the Conference on the Conservation of Antarctic Seals, London, 3-11 February 1972, pp. 21~22.

〔2〕 注意此处对"英国"的理解，应指 19 世纪的"英国"，而非现在的"英国"。海豹捕猎，在同时期也出现在北太平洋，并在 19 世纪末引发了英国与美国之间的"白令海海豹仲裁案"。那时的"英国"，代表着现在的"加拿大"。See Nikolas Sellheim, "Early sealing regimes: the Bering Sea fur seal regime vis-à-vis Finnish-Soviet fishing and sealing agreements", 52 *Polar Record* 109 (2016); The Bering Sea Fur Seals Arbitration (Great Britain v United States of American), Arbitral Tribunal, Paris, 15 August 1893; Cairo A. R. Robb, *International Environmental Law Reports* (Vol. I), Cambridge University Press, 1999, pp. 43~88.

〔3〕 18 世纪 60 年代，英国率先进入工业革命，19 世纪 40 年代，英国的大机器生产基本上取代了传统的工厂手工业，工业革命基本完成。工业革命，既为英国海豹捕猎提供技术，也为其提供需求市场。

据估计，截至 1833 年，伦敦和广东两地市场需求就导致约 700 万只毛皮海豹被捕杀。象海豹数量，相对难统计，因为海豹油往往和鲸鱼油混在一起。即使如此，据估计，截至 19 世纪，至少 80 万只象海豹被捕杀，主要在南乔治亚岛、凯尔盖朗岛、赫德岛和麦夸里岛附近。到 1825 年，南极毛皮海豹资源就基本灭绝了。19 世纪 30 年代初，美国出口中国广东的海豹皮的贸易已经停止；当 19 世纪 40 年代至 80 年代，美国主导南极毛皮海豹捕猎业时，它主要满足其国内需求，少部分出国到欧洲。[1]1940 年左右，南乔治亚岛附近的毛皮海豹资源开始迅速恢复，约 200 万只，超过了开发前的资源数量。象海豹的捕猎活动，在 20 世纪 20 年代后就基本停止了，据估计总共约 100 万只被捕杀。[2]

二、鲸鱼

尽管在 18 世纪 90 年代，英国和刚独立的美国的捕鲸船就在好望角附近海域捕猎抹香鲸和南方露脊鲸，但南极商业捕鲸是在蒸汽船以及大炮发射鱼叉（harpoon）等技术发展推动下才出现的。最早记载的南极捕鲸是 19 世纪 90 年代苏格兰和挪威捕鲸船在威德尔海和罗斯海附近海域捕杀南方露脊鲸。大规模成功的南极商业捕鲸始于 1904 年 12 月；挪威籍探险家 Carl Anton Larsen 从英国那里获得许可，在南乔治亚岛建立了第一个捕鲸站（Grytviken）。[3]这导致了，1908 年，英国正式宣布对南乔治亚、南奥克尼、南桑威奇群岛和南设得兰岛等岛屿的主权。[4]在此后 10 年间，捕鲸作业海域从南乔治亚岛扩展到斯科舍岛弧，再到凯尔盖朗岛。

20 世纪 20 年代前，南极捕鲸活动是在岛屿附近，即陆基捕鲸（land-based whaling），相关的加工活动是在岸边捕鲸站上或停泊在海湾的加工船上

〔1〕 Bjorn L. Basberg, Robert K. Headland, "The economic significance of the 19th century Antarctic sealing industry", 49 Polar Record 381, 382 (2013).

〔2〕 Karl-Hermann Kock, Understanding CCAMLR's Approach to Management, CCAMLR, May 2000, pp. 1~2.

〔3〕 Carl Anton Larsen 是著名的南极探险家，在英国皇家地理学会（the Royal Geographical Society）的支持下，他第一个发现了南极化石；1893 年 12 月，他成为第一个在南极半岛冰架上滑雪的人，所以后来南极半岛冰架被称为"拉尔森冰架"（Larsen Ice Shelf）。他也是南极捕鲸业开创者。

〔4〕 Robert J. Hofman, Sealing, "Whaling and Krill Fishing in the Southern Ocean: Past and Possible Future Effects on Catch Regulations", 53 Polar Record 88, 89-90 (2017).

进行。1925 年，第一艘带有尾滑道的捕鲸加工船（factory ship）出现在南极，标志着南极远洋捕鲸业的开始，母船与捕猎船（catcher boats）搭配成为捕鲸业的常见组合。1931 年，41 艘捕鲸加工船和 205 艘捕猎船在南大洋从事捕鲸活动。最早捕猎对象是生活在岛屿附近海域的座头鲸（Megaptera novaeangliae），然后是蓝鲸（Balaenoptera musculus）。1930 年、1931 年和 1937 年、1938 年，鲸鱼捕杀量达到高峰，分别为 4 万头和 4.5 万头。[1]此后，长须鲸（B. physalus）取代蓝鲸成为主捕对象；20 世纪 50 年代后，鳁鲸（B. borealis）和抹香鲸（Physeter catodon）成为主捕对象；20 世纪 70 年代后，是小须鲸（B. acutorostrata）。[2]

为养护鲸鱼资源，20 世纪 30 年代，国际联盟（the League of Nations）禁止捕猎露脊鲸（right whales）；[3]1946 年 12 月 2 日，《国际捕鲸管制公约》（ICRW）在华盛顿开放签字，1948 年 11 月 10 日生效；根据此公约成立了国际捕鲸委员会（IWC），负责监督评估世界各国捕鲸的数量及种类等，截至 2018 年 3 月，该委员会有 87 个成员国，不包括加拿大。鉴于 IWC 不能有效防止对鲸鱼的过度利用，1972 年，联合国人类环境会议通过一个决议，呼吁建立一个为期 10 年的全面停止商业捕鲸的禁令。1979 年，IWC 将整个印度洋（南纬 55 度以北）设定为"印度洋保护区"（Indian Ocean Sanctuary），禁止商业捕鲸活动。1982 年，IWC 通过了全面禁止商业捕杀所有鲸鱼的决定，自 1985 年、1986 年生效。[4]1994 年，IWC 设定"南大洋保护区"（Southern

---

〔1〕 石油的开采，影响着世界对鲸鱼油的需求。1859 年，世界上第一口油井在宾夕法尼亚州打通。1930 年、1931 年鲸鱼油产量达到高峰，导致了市场上鲸鱼油价格下跌。鲸鱼油价格下跌，促使相关国家联合起来控制鲸鱼捕杀量，以稳定鲸鱼油的市场价格。这是 1931 年《日内瓦捕鲸管制公约》出台的背景之一。二战前后，对鲸鱼油进行氢化处理，使其可以制成人造黄油、肥皂等产品，这增加了对鲸鱼油的需求以及造成了鲸鱼油价格的上涨。See Robert J. Hofman, Sealing, "Whaling and Krill Fishing in the Southern Ocean: Past and Possible Future Effects on Catch Regulations", 53 *Polar Record* 88, 90–91 (2017).

〔2〕 Karl-Hermann Kock, *Understanding CCAMLR's Approach to Management*, CCAMLR, May 2000, pp. 3~4.

〔3〕 Geneva Convention for the Regulation of Whaling, 1931, Article 4. 露脊鲸是一种大长须鲸（large baleen whale），有三种，分别是：北太平洋露脊鲸（E. glacialis）、北太平洋露脊鲸（E. japonica）和南方露脊鲸（E. australis）。1712 年前，露脊鲸是唯一可被捕猎的鲸鱼，这归因于以下三个特点：它们经常游到岸边、游泳速度较慢以及被鱼叉刺死后会浮上来。参见 https://en. wikipedia. org/wiki/Right_whale.

〔4〕 International Convention for the Regulation of Whaling, Schedule, paragraph 10 (d) and (e).

Ocean Sanctuary），面积约 5000 万平方公里。[1]即使如此，日本、挪威、冰岛等国家以"科学研究"名义继续捕杀鲸鱼，其中以日本捕杀规模最大。

　　针对 1985 年、1986 年开始生效的停止商业捕鲸的禁令，日本在南极启动了"特许南极鲸类研究项目"（JARPA）；2005 年开始第二期，即 JARPA Ⅱ。国际人道协会（HSI）估计，日本 JARPA 所捕的鲸鱼约有 1/4 来自澳大利亚在南极主张的"专属经济区"内，因此在澳大利亚国内引发了很大的政治争议，[2]因为澳大利亚于 2000 年根据《环境保护和生物多样性养护法》（the EPBC Act）第 225 条将其所有专属经济区都设定为"鲸鱼保护区"（Australian Whale Sanctuary），[3]其中就包括澳大利亚南极领地外的"专属经济区"。最终，2010 年，澳大利亚将日本诉至国际法院，指控日本违反其在《国际捕鲸

---

　　[1]　International Convention for the Regulation of Whaling, Schedule, paragraphs 7（a）and（b）. 南大洋鲸鱼保护区，除印度洋扇区北部为南纬 55 度、南美至南太平洋扇区的北部为南纬 60 度外，其他区域的北部为南纬 40 度。1994 年，IWC 以 23 个成员国支持、日本反对的结果通过设定"南大洋保护区"的决定。该保护区每 10 年评估 1 次。2004 年，日本建议取消该保护区，但因没能获得 3/4 多数支持而失败。此外，日本还认为 IWC 设立"南大洋保护区"违反了《国际捕鲸管制公约》；日本的观点得到华盛顿大学著名学者 William T. Burke 的支持，Burke 教授认为，IWC 设立"南大洋保护区"不符合《国际捕鲸管制公约》第 5 条（2）的规定，即"根据科学结果"和"考虑鲸鱼产品消费者和捕鲸业的利益"。See William T. Burke, "Memorandum of opinion on the legality of the designation of the southern ocean sanctuary by the IWC", 27 *Ocean Development & International Law* 315（1996）.

　　[2]　2004 年 10 月 19 日，国际人道协会（HSI）向澳大利亚联邦法院起诉日本"共同船舶株式会社"（Kyodo Senpaku Kaisha Ltd），认为其违反了 1999 年《澳大利亚环境保护和生物多样性养护法》。后经一系列周折，2015 年 11 月 18 日，澳大利亚联邦法院裁定日本"共同船舶株式会社"因藐视法院、违反 1999 年《澳大利亚环境保护和生物多样性养护法》等四项情节，判处合计 100 万元澳元罚款。See Humane Society International Inc v Kyodo Senpaku Kaisha Ltd［2004］212 ALR 551；Humane Society International Inc v Kyodo Senpaku Kaisha Ltd［2005］FCA 664；Humane Society International Inc v Kyodo Senpaku Kaisha Ltd［2006］FCAFC 116；［2006］154 FCR 425；Humane Society International Inc v Kyodo Senpaku Kaisha Ltd［2007］FCA 124；Humane Society International Inc v Kyodo Senpaku Kaisha Ltd［2008］FCA 36；Humane Society International Inc v Kyodo Senpaku Kaisha Ltd［2015］FCA 1275. See https://www.austlii. edu. au/cgi-bin/viewdoc/au/cases/cth/FCA/2015/1275. html, accessed 27 March 2018.

　　[3]　对于鲸鱼的保护，澳大利亚制定了 1960 年《捕鲸法》（the Whaling Act），后被 1980 年《鲸鱼保护法》（the Whale Protection Act）所取代；1999 年《环境保护和生物多样性养护法》则取代了 1980 年《鲸鱼保护法》。有意思的是，在 1980 年《鲸鱼保护法》制定过程中，澳大利亚充分考虑了当时正谈判的 1980 年《南极海洋生物资源养护公约》，因此澳大利亚特别排除了其主张的南极"专属经济区"。See Lorne K. Kriwoken, Julia Jabour, Alan D. Hemmings, *Looking South：Australia's Antarctic Agenda*, The Federation Press, 2007, pp. 17～18，137～139；Judith G. Gardam, "Management Regimes for Antarctic Marine Living Resources－An Australian Perspective", 15 *Melbourne University Law Review* 279，285－287 （1985）.

管制公约》等条约下的义务。[1]

据估计，1904 年至 1987 年，从商业捕鲸正式开始到全面禁止商业捕鲸的禁令生效，南极捕鲸的数量达 100 万头至 150 万头。[2]仅 1945 年至 1964 年间，捕杀了 638 984 头鲸鱼，制造了约 3900 万桶鲸鱼油（如图 2-1）；其中，长须鲸为 558 830 头，其次是抹香鲸（81 514 头）、蓝鲸（65 602 头）、鳁鲸（42 950 头）、座头鲸（15 262 头）。[3]在所有捕鲸的国家中，除日本外，苏联值得关注。

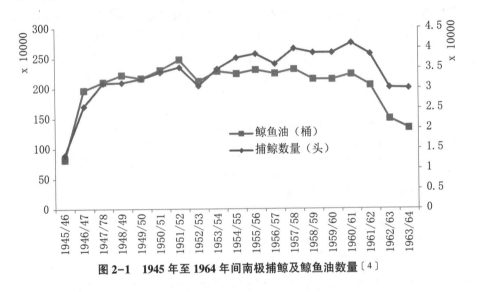

图 2-1　1945 年至 1964 年间南极捕鲸及鲸鱼油数量[4]

如前所述，尽管别林斯高晋被认为是最早发现南极大陆的人之一，此后 120 多年间，俄罗斯再也没有返回南极，直到 1946 苏联的"光荣号"（Slava）捕鲸船出现在南极海域。"光荣号"（Slava）原是德国"Wikinger"号捕鲸加工船，1945 年 12 月 7 日，根据美英苏三国之间波茨坦协定（the Potsdam A-

〔1〕 Whaling in the Antarctic（Australia v. Japan：New Zealand Intervening），Judgment, I. C. J. , 31 March 2014；Malgosia Fitzmaurice, Dai Tamada, *Whaling in the Antarctic：Significance and Implications of the ICJ Judgment*, Brill Nijhoff, 2016；刘丹、夏霁：《从国际法院 2010 年"南极捕鲸案"看规制捕鲸的国际法》，载《武大国际法评论》2012 年第 1 期，第 293～313 页。

〔2〕 Karl-Hermann Kock, *Understanding CCAMLR's Approach to Management*, CCAMLR, May 2000, pp. 3～4.

〔3〕 International whaling statistics, 13 *Polar Record* 75（1966）.

〔4〕 International whaling statistics, 13 *Polar Record* 75（1966）.

greement），该船转归苏联所有；[1]该船于 1969 年结束其南大洋捕鲸生产活动。1959 年，苏联南极捕鲸业开始迅速发展；到 1961 年、1962 年，苏联在南大洋就有 4 艘捕鲸船（当时南大洋捕鲸船总数为 21 艘），官方报告产量为总配额的 18.5%，但实际产量为总配额的 28%。[2]进入 20 世纪 70 年代，苏联成为世界上最大的鲸鱼捕猎国；1970 年，苏联捕杀大型鲸类[3]数量为 18 517头，日本为 16 251 头，全球总数量为 42 481 头；但这两国捕杀小型鲸类[4]数量较少，苏联为 37 头，日本为 636 头，全球总数量为 9810 头。到 1976 年，苏联捕杀大型鲸类数量为 11 560 头，日本则下降到 3657 头，全球总数量为16 698 头。也就是说，即使相对于 1970 年，苏联 1976 年捕杀大型鲸类数量下降了约 38%，但其相对于日本和全球总数量的比重增长明显，约是日本捕杀量的 3 倍，约占全球总数量的 70%。1976 年，苏联捕杀小型鲸类数量增长到约3000 头，日本约为 3400 头，全球总数量约为 15 000 头。[5]苏联捕杀鲸鱼主要获取鲸鱼油、鱼肝、鱼鳔、肉、维生素 A 等，其中鲸鱼油数量最大；鱼油和肉，主要用于出口。1975 年、1976 年时，苏联共有 2 艘母船（都是 217.8 米长，3.2万吨和 3.3 万吨，每艘载员 510 人）和 33 艘捕猎船在南大洋从事捕鲸活动，捕杀鲸鱼 3276 头。[6]据估计，1946 年至 1986 年间，苏联在南极捕杀鲸鱼的数量为 338 336 头，但官方仅报告捕杀了 185 778 头。[7]对于苏联大量捕杀南极鲸鱼，有报道认为，是为了满足政府的不断增长的计划目标；渔民为获得政府奖

　　[1]　该船于 1929 年在英国纽卡斯尔建造，为当地一家捕鲸公司（the Viking Whaling Company）所有，建造时的名称为"Vikingen"，此系列船共有 8 艘，Vikingern, Vikingern Ⅰ...Vikingern Ⅶ。此船可作为捕鲸船，也可作为油轮。1938 年，8 艘船全部卖给德国企业，除 Vikingern Ⅵ 和 Vikingern Ⅶ外，其他 6 艘改名为"Wikinger"系列。1939 年，这些船被德国海军征用，改为补给油轮。1945 年 6 月，Wikinger 系列被英国查扣，后经整修，8 月左右编入英国海军，重新命名为"Empire Venture"。See Rip Bulkeley, "Cold war whaling: Bellingshausen and the Slava flotilla", 47 *Polar Record* 135, 135–136 (2011).
　　[2]　Yulia V. Ivashchenko, Phillip J. Clapham, "Too Much Is Never Enough: The Cautionary Tale of Soviet Illegal Whaling", 76 *Marine Fisheries Review* 1, 4–5 (2014).
　　[3]　主要是指长须鲸（fin whales）、鳁鲸（sei whales）、布氏鲸（Bryde's whales）、抹香鲸（sperm whales）等。
　　[4]　主要是指小须鲸（minke whales）、瓶鼻鲸（bottlenose whales）和虎鲸（killer whales）等。
　　[5]　这里关于苏联捕杀鲸鱼的数量包括了其在南大洋、北太平洋、南大西洋、印度洋和南太平洋的捕杀量。
　　[6]　The Soviet Whaling Industry 1970–1977, 11 *Marine Fisheries Review* 33 (1987).
　　[7]　Yulia V. Ivashchenko, Phillip J. Clapham, "Too Much Is Never Enough: The Cautionary Tale of Soviet Illegal Whaling", 76 *Marine Fisheries Review* 1, 4–5 (2014).

励，捕杀更多的鲸鱼。在当时政治环境下，"生产是一切，与科学无关"。[1]

对于鲸鱼及捕鲸活动对南大洋海洋生态系统的影响，特别是对南极磷虾的影响，曾有不同的假说。南大洋有 5 种须鲸，[2]专门捕食南极磷虾。因此，这些鲸类对南极生态系统形成一种自上而下的生态控制（top-down control）。20 世纪 70 年代，有学者基于企鹅、海豹等生物量增长的观察，提出了"磷虾剩余假说"（the krill surplus hypothesis），认为因捕鲸导致的南大洋鲸类灭绝或衰退，减少了磷虾的死亡率，增加了约 1.5 亿吨的磷虾资源量（按每平方公里 4 吨计算）。这些剩余的磷虾资源量，促进了企鹅和海豹等捕食物种资源的增加，改变了南大洋的生态结构。[3]进入 21 世纪，又有学者认为，鲸类大量捕食磷虾，促进了磷虾体内的铁在水体中的循环，提高了初级生产力，导致水体中藻类生长；这样，使磷虾资源量得到增加。[4]但由于南大洋的复杂的生态系统，以及气候变化等外部因素的影响，这种顶端捕食者对海洋生态系统影响的机制，是一个"自上而下"和"自下而上"同时作用的复杂过程。[5]

三、鱼类和磷虾

尽管人类开发南极海豹和鲸鱼历史较长，但开发利用南极有鳍鱼类和磷虾等生物资源仅始于 20 世纪 60 年代末。20 世纪 70 年代的"磷虾盈余假说"[6]极大地引发了人类对南极磷虾资源的兴趣。在此背景下，甚至有人认为，开发南极海洋生物资源将会使全球捕捞业产量翻番。[7]但真正促使人类开发南

---

〔1〕 Alfred A. Berzin, "The Truth About Soviet Whaling: A Memoir", 70 *Marine Fisheries Review* 1 (2008).

〔2〕 它们是蓝鲸（blue whale, Balaenoptera musculus）、长须鲸（fin whale, B. Physalus）、鳁鲸（sei whale, B. borealis）、小须鲸（minke whale, B. bonaerensis）和座头鲸（humpback whale, Megaptera novaeanglia）。

〔3〕 Richard Laws, "Seals and Whales of the Southern Ocean", 279 *Philosophical Transactions of the Royal Society of London* 81 (1977).

〔4〕 Stephen Nicol, Andrew Bowie, Simon Jarman, et al., "Southern Ocean iron fertilization by baleen whales and Antarctic krill", 11 *Fish and Fisheries* 203 (2010); Victor Smetacek, "Are Declining Antarctic Krill Stocks a Result of Global Warming or of the Decimation of the Whales?", in Carlos M. Duarte (ed.), *Impacts of Global Warming on Polar Ecosystems*, Fundación BBVA, 2008, pp. 45~83.

〔5〕 Szymon Surma, Evgeny A. Pakhomov, Tony J. Pitcher, "Effects of Whaling on the Structure of the Southern Ocean Food Web: Insights on the 'Krill Surplus' from Ecosystem Modelling", 9 *PLoS ONE* e114978 (2014).

〔6〕 Richard Laws, "Seals and Whales of the Southern Ocean", 279 *Philosophical Transactions of the Royal Society of London* 81 (1977).

〔7〕 John A. Heap, "Has CCAMLR Worked? Management Politics and Ecological Needs", in Arnfinn Jørgensen-Dahl and Willy Østreng (eds.), *The Antarctic Treaty System in World Politics*, Palgrave Macmillan, 1991, p. 48.

极鱼类和磷虾等生物资源的主要原因是 20 世纪 60 年代末开始的联合国关于海洋法的谈判,[1]以及当时的国际政治经济环境。[2]受沿海国(特别是那些刚独立的沿海国)为实现经济独立而纷纷建立 200 海里的专属渔区或专属经济区进而控制沿海海洋生物资源开发的影响,苏联、东欧国家以及日本等国家的远洋渔业船队被排除出其传统渔场;为寻找替代渔场,这些远洋渔业船队进入了南极海域。

受当时的捕捞和加工技术限制,这些远洋渔业船队先捕捞花纹南极鱼(Notothenia rossii)、鳄头冰鱼(Champsocephalus gunnari)、贡氏南极鱼(Patagonotothen guntheri)以及灯笼鱼(Electrona carlsbergi)等有鳍鱼类资源,然后捕捞磷虾资源。经济考量导致灯笼鱼渔业在 1991-1992 年度后就终止了。[3] 20 世纪 70 年代后,日本、波兰、联邦德国等国家也加入了捕捞的行列;在此开发过程中,苏联是最重要的捕捞国家。

大规模开发南极鱼类资源,1969-1970 年度,作业渔场在南乔治亚岛附近海域,当年产量接近 40 万吨,为历史上仅有的一次最高产量;[4]然后作业渔场向凯尔盖朗岛附近海域扩展。受资源下降的影响,1977-1978 年度,作业渔场进一步向南转移;20 世纪 80 年代,作业渔场靠近南极大陆沿岸海域。其中,灯笼鱼因其体长小,只能用作鱼粉;基于经济考量,该渔业在 1991年、1992 年后就停止了。[5]截至 1990-1991 年度,[6]南大洋的有鳍鱼类总产量达 294 万吨,约 2/3 来自大西洋扇区(主要捕自南治亚岛附近海域),1/3来自印度洋扇区(主要捕自凯尔盖朗岛附近海域);其中,苏联总产量为

---

〔1〕 1973 年 12 月 3 日至 14 日,联合国第三次海洋法大会于纽约召开第一期会议;但 1967 年 12月 18 日,联合国大会通过第 2340(XXII)号决议,设立了研究各国现有管辖范围以外海床洋底专供和平用途特设委员会;1968 年 12 月 21 日,联合国大会通过第 2467A(XXIII)号决议,设立了和平利用国家管辖范围以外海床洋底委员会。See Final Act of the Third United Nations Conference on the Law of the Sea, paragraphs 1-6.

〔2〕 这应该包括美国和苏联之间的冷战和发展中国家追求的国际经济新秩序(NIEO)的努力。

〔3〕 Karl-Hermann Kock, "Fishing and Conservation in Southern Waters", 30 Polar Record 3, 3-5 (1994).

〔4〕 该岛屿附近海域是海豹、鲸鱼、有鳍鱼类和磷虾等生物资源开发利用的重要渔场。

〔5〕 Karl-Hermann Kock, "Fishing and Conservation in Southern Waters", 30 Polar Record 3, 4-5 (1994).

〔6〕 1990-1991 年度,应该是南极海洋生物资源开发及管理历史上具有分水岭意义的年份。1991年 12 月,苏联解体;同年 10 月,南极海洋生物资源养护委员会通过了第一个关于磷虾资源的养护措施,即养护措施 CM 32/X,回应了外界对 CCAMLR 的批评。参见唐建业、石桂华:《南极磷虾渔业管理及其对中国的影响》,载《资源科学》2010 年第 1 期,第 13 页。

269.8 万吨，约占总产量的 91.7%。如图 2-2。除 1977-1978 年度至 1979-1980 年度，波兰产量增加，使苏联产量占总产量的比例降至 70% 左右，其他年度苏联产量保持在 80% 以上。

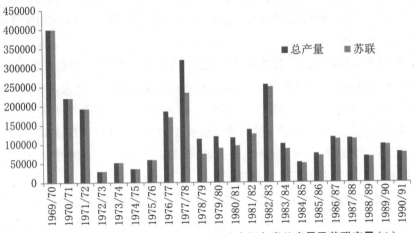

图 2-2 1969-1970 年度至 1990-1991 年度南极鱼类总产量及苏联产量[1]

对磷虾渔业而言，尽管资源量大，但对磷虾加工技术要求高。根据 CCAMLR 统计公报（Statistical Bulletin），1972-1973 年度，日本捕捞了 59 吨磷虾；1973-1974 年度，苏联磷虾产量为 1.9 万吨，远超当年日本的 649 吨；[2] 1975-1976 年度，智利和波兰加入磷虾渔业。1981-1982 年度，磷虾渔业达到历史最高产量，为 52.8 万吨；其中，苏联产量为 49.2 万吨。截至 1990-1991 年度，共有 8 个国家参加的磷虾渔业开发，总产量达 502.5 万吨；其中，苏联总产量为 419.1 万吨，占 83.4%；日本为 74.2 万吨，波兰约为 4 万吨，智利为 3.5 万吨，韩国为 1.7 万吨。如图 2-3。值得注意的是，1990-1991 年度磷虾总产量为 33.3 万吨；其中，苏联产量为 24.9 万吨，占 74.8%。但到 1992-1993 年度，磷虾总产量就下降到 6.7 万吨；日本成为最大的磷虾捕捞国，产量为 5.7 万吨，

---

〔1〕 数据来源于 CCAMLR Statistical Bulletin Volume 29，下同。

〔2〕 有记载认为，苏联在 1961-1962 年度就开始捕捞磷虾；在此后 10 年内是唯一捕捞磷虾的国家，到 1971 年、1972 年其磷虾年产量已经达到 2100 吨。当日本于 1971-1972 年度开始捕捞磷虾时，苏联的年产量已经达到 7400 吨。See Inigo Everson，"Antarctic Fisheries"，12 *Polar Record* 233，245（1978）；Matthew Howard，"The Convention on the Conservation of Antarctic Marine Living Resources：A Five-Year Review"，38 *International and Comparative Law Quarterly* 104，108-109（1989）.

占总产量的 85%。

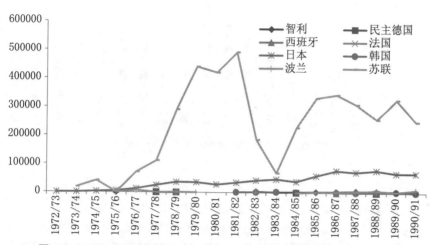

图 2-3　1969-1970 年度至 1990-1991 年度南极磷虾相关国家产量分布

　　就苏联开发利用南极有鳍鱼类和磷虾资源而言，如前所述，它们平均分别占两类渔业总产量的 91.7% 和 83.4%。从产量的区域分布看，苏联的两种渔业的主要作业渔场集中在 48 区（大西洋扇区）和 58 区（印度洋扇区），特别是 48 区。如图 2-4 与图 2-5。在 1970-1971 年至 1977-1978 年度，58 区有鳍鱼类产量占较大的比重；特别是 1973-1974 年度，比例达 98.6%。88 区（太平洋扇区）的有鳍鱼类产量很少，只有 5 个年度有产量记录，即 1978-1979 年度、1980-1981 年度、1981-1982 年度、1983-1984 年度和 1987-1988 年度；其中 1980-1981 年度产量最高，也仅为 2100 吨，占当年苏联有鳍鱼类总产量的 2.2%。

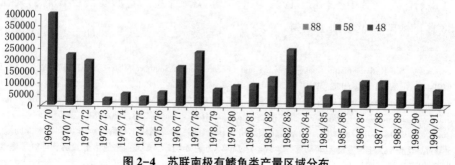

图 2-4　苏联南极有鳍鱼类产量区域分布

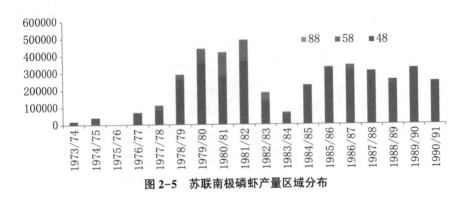

图 2-5　苏联南极磷虾产量区域分布

　　苏联磷虾渔业产量，尽管不像有鳍鱼类渔业那样在总产量中占有很高的比重，但其渔业产量的变化也会影响南极磷虾渔业总产量的变化。最明显的是1982 年至 1985 年间，苏联磷虾产量下降导致了南极磷虾总产量的下降，尽管同期日本磷虾产量还呈现增长的趋势。1982–1983 年度苏联磷虾产量下降至 18.6万吨，仅为 1981–1982 年度其磷虾产量的 37.8%；同期，日本产量比上一年度增长了 22.5%。1983–1984 年度，苏联磷虾产量继续下降至 6.9 万吨，为 1981–1982 年度其磷虾产量的 14%。1984–1985 年度，苏联磷虾产量开始恢复，升至 22.8 万吨，为 1981–1982 年度其磷虾产量的 46.4%。对于 1982 年至 1985年间苏联磷虾产量下降，有观点认为是由于当时发现磷虾含大量的氟化物且缺少有效的磷虾加工技术问题以及苏联渔船转向捕捞有鳍鱼类等综合因素造成。[1]对照那段时期苏联的政治环境，两者之间或许也存在一定的关联。[2]

　　在区域分布上，48 区一直是苏联最重要的作业区域，48 区历年磷虾总产量占苏联历年磷虾总产量的 87.6%，58 区占 11.9%，88 区占 0.5%。尽管 88区磷虾产量少，在苏联开发磷虾资源的 18 个年度中，有 10 个年度坚持在 88区进行生产；其中，1982–1983 年度当苏联磷虾总产量减少约 2/3 时，其在88 区的磷虾产量达到了最高，为 5919 吨。

　　〔1〕　See Karl-Hermann Kock, "Fishing and Conservation in Southern Waters", 30 *Polar Record* 3, 5 (1994); Andrew J. Constable, William K. de la Mare, David J. Agnew, et al. , "Managing fisheries to conserve the Antarctic marine ecosystem: practical implementation of the Convention on the Conservation of Antarctic Marine Living Resources (CCAMLR) ", 57 *ICES Journal of Marine Science* 778, 780–781 (2000).

　　〔2〕　2018 年 11 月 14 日，CCAMLR 执行秘书 David Agnew 应邀到上海海洋大学访问。对此问题，他认为是和 1982 年爆发的英阿马岛战争（4 月 2 日至 6 月 14 日）有关；在战争爆发后，苏联军舰要求其渔船离开 48 区。

20 世纪 70 年代，苏联和日本在南乔治亚和南桑威奇群岛大规模捕捞南极有鳍鱼类，导致资源迅速衰退。[1]当捕捞对象扩展到磷虾后，南极条约协商国担心如果没有有效管理制度将会使"高强度开发利用→资源迅速崩溃→非常缓慢的恢复"的生物资源发展模式再次发生在磷虾资源上，那样会影响整个南极海洋生态系统。此外，同期 FAO 开始着手管理南极渔业资源，为避免南极事务全球化或联合国的参与，南极条约协商国加速了《南极海洋生物资源养护公约》磋商进程，也促使该公约快速生效。[2]

第三节 南极海洋生物资源养护公约

《南极海洋生物资源养护公约》的磋商，保持了南极条约的传统，所有会议不对外公开，所有磋商文本也不对外公布。[3]该公约于 1980 年 5 月 20 日在澳大利亚首都堪培拉开放签字，1982 年 4 月 7 日生效，仅用 20 个月的时间，生效速度非常快。其中的原因至少有两个方面，既包括越来越多非 ATCM 成员或地区开始在南大洋从事渔业活动，也包括其他一些国际组织越来越关注南大洋海洋生物资源。

《南极海洋生物资源养护公约》磋商过程中，南极条约协商国有三个重要关切：[4]一是磷虾资源的养护，防止无限制利用可能造成的南极海域系统破坏；二是避免陆地领土主张国与非主张国之间的冲突；三是保持南极条约协商国对南极事务的专属管辖权，特别是面对发展中国家对资源利用的主张、远洋渔业国家对南极渔业资源的主张以及相关国际组织对资源养护与环境保护的要求，包括联合国粮农组织、联合国环境规划署[5]等。除此之外，在谈判过程中，法国坚持《南极海洋生物资源养护公约》不应影响其对凯尔盖朗岛与克罗泽岛周边专属经济区的权利，以及欧共体参与，曾是延迟谈判进程

---

〔1〕 K-H. Kock, *Antarctic Fish and Fisheries*, Cambridge University Press, 1992, pp. 183~189.

〔2〕 Stuart B. Kaye, *International Fisheries Management: A Comparative Analysis of Legal Approaches to Management in the Context of Polar Fisheries Regime*, Ph. D Dissertation of Dalhousie University, 1999, pp. 386~388.

〔3〕 Barbara Mitchell, "The Southern Ocean in the 1980s", 3 *Ocean Yearbook* 349, 371 (1982).

〔4〕 参见 1977 年第 9 届 ATCM 通过的第Ⅸ-2 号建议列出了 6 点要素。See ATCM, Report of the Ninth Consultative Meeting, London, 19 September-7 October 1977, pp. 15~16.

〔5〕 UNEP 曾想鼓励联合国为南大洋海洋资源开发行为制定行为指南。See Peter J. Beck, *The International Politics of Antarctic*, Croom Helm, 1986, p. 276.

的两个关键问题。[1]

《南极海洋生物资源养护公约》共 33 条，一个附件，以及一份附在会议最后文件中的主席声明。从文本内容看，上述第一个关切明确地反映在公约目标中；其他两个关切则暗含在公约文本中，如第 4 条是为了解决主权争端问题、第 5 条强调南极条约协商国对南极环境负有特别义务与责任、第 23 条要求加强与联合国专门机构及其他科研机构的合作等。总体上，《南极海洋生物资源养护公约》在其宗旨、养护原则、陆地领土主张与管辖权争议、组织结构、决策机制、与南极条约体系及其他机构之间关系等方面，值得给予密切关注。

一、公约宗旨

《南极海洋生物资源养护公约》第 2 条明确规定，公约宗旨是"养护南极海洋生物资源"；其中，"养护一词包括合理利用"。[2]"南极海洋生物资源意指南极辐合带以南水域的鱼类、软体动物、甲壳动物和包括鸟类在内的所有其他生物种类。"[3]公约宗旨在序言中也有体现，如序言第 2 段和第 3 段，"注意到在南极水域中发现的海洋生物资源的集中度，以及对利用这些资源作为蛋白源的可能性的兴趣日益增加；意识到保证养护南极海洋生物资源的迫切性"。

相较于区域渔业公约，不论是同时期的区域渔业公约，如 1980 年《关于东北大西洋渔业未来多边合作公约》，[4]还是《联合国鱼类种群协定》生效后的区域渔业公约，如 2009 年《养护和管理南太平洋公约渔业资源公约》，《南极海洋生物资源养护公约》有两个显著的区别：一是海洋生物资源的定义；二是关于养护的定义。

关于海洋生物资源的定义，一般情况下，区域渔业公约的适用对象为

---

〔1〕 Judith G. Gardam, "Management Regimes for Antarctic Marine Living Resources-An Australian Perspective", 15 *Melbourne University Law Review* 279, 293 (1985).

〔2〕《南极海洋生物资源养护公约》第 2 条 (2)。

〔3〕《南极海洋生物资源养护公约》第 1 条 (2)。

〔4〕 2006 年，第 11 届东北大西洋渔业委员会通过冰岛关于该公约第 1 条的修正案，增加了"海洋生物资源"和"海洋生物多样性"的定义，与"渔业资源"并列。这是 21 世纪国际社会对海洋生物多样性养护和可持续利用的呼声。

"渔业资源"（fishery resources），基本包括：鱼类、软体动物、甲壳动物，不包括定居种、海洋哺乳动物、溯河与降海洄游鱼类等。金枪鱼类区域渔业公约适用于高度洄游鱼类种群，即《联合国海洋法公约》附录Ⅰ所列物种。2009年《养护和管理南太平洋公约渔业资源公约》明确排除了海洋爬行类和海鸟。《关于东北大西洋渔业未来多边合作公约》的2006年修正案增加了"海洋生物资源"的定义，[1]而且还保留了"渔业资源"的定义以及增加了"海洋生物多样性"的定义。由此可看出，《南极海洋生物资源养护公约》的"海洋生物资源"定义，接近于区域渔业公约的"渔业资源"，不同于一些最近区域渔业条约中的"海洋生物资源"或"海洋生物多样性"。[2]与区域渔业公约的"渔业资源"概念相比，《南极海洋生物资源养护公约》的"海洋生物资源"定义多了"鸟类"内容，这是因为南大洋有大量的企鹅、信天翁、海燕等，而且这些鸟类都与磷虾存在着食物链关系。为实现这种特殊的养护目标，《南极海洋生物资源养护公约》，除其他外，作出了三个方面的规定：其一，要求缔约国遵守《南极动植物养护议定措施》；[3]其二，要求南极海洋生物资源养护委员会采取相应的养护措施，既有具体关于海鸟养护和减少其死亡率的养护措施，如养护措施 CM 24-02、CM 25-02、CM 25-03 等，也有将鸟类养护纳入南大洋海洋保护区建设的，如养护措施 CM 91-05；其三，加强和适当组织达成协议，[4]如 CCAMLR 与《信天翁和海燕养护协定》（ACAP）秘书处签订了谅解备忘录。[5]

　　关于"养护"的定义，更有不同于《联合国海洋法公约》《联合国鱼类

---

　　〔1〕"海洋生物资源"（living marine resources）系指海洋生态系统中的所有生物组成部分（living components）。有类似定义的，还有2001年《东南大西洋渔业资源养护和管理公约》和2007年《关于西北大西洋渔业未来多边合作公约》修正案。

　　〔2〕See Amendment to the Convention on Future Multilateral Cooperation in the Northwest Atlantic Fisheries, Article Ⅰ.

　　〔3〕《南极海洋生物资源养护公约》第5条（2）。

　　〔4〕《南极海洋生物资源养护公约》第23条（4）。

　　〔5〕《信天翁和海燕养护协定》，是《迁徙物种公约》（CMS）框架下谈判通过的具有法律约束力的多边条约。它于2001年6月19日在澳大利亚堪培拉开放签字，2004年2月1日生效。秘书处设在霍巴特。该协定的秘书处与南极海洋生物资源养护委员会签订谅解备忘录，2015年是双方最近一次更新此谅解备忘录；同时，该协定秘书处以观察员身份参加南极海洋生物资源养护委员会会议。See CCAMLR, Report of the Thirty-Sixth Meeting of the Commission, Hobart, 16-27 October 2017, paragraph 10. 5.

种群协定》以及一般区域渔业公约之处。《联合国海洋法公约》关于海洋生物资源的条款，无论是第五部分"专属经济区"，还是第七部分"公海"，都强调海洋生物资源的"养护与管理"，[1]即"二元目标"。《联合国鱼类种群协定》第2条规定了该协定目标是"长期养护和可持续利用"。一般区域渔业公约，基本遵循这种"二元目标"的实践，如2000年《养护和管理中西太平洋高度洄游鱼类种群公约》[2]和2001年《养护和管理东南大西洋渔业资源公约》。值得注意的是，2009年《养护和管理南太平洋公约渔业资源公约》和2012年《养护和管理北太平洋公海渔业资源公约》的宗旨，除"养护"和"可持续利用"外，还增加了"保护渔业资源所在的海洋生态系统"。[3]对此，不能简单地解读成，"保护海洋生态系统"是区域渔业公约的宗旨，而应解读为："养护"和"可持续利用"是宗旨，"保护海洋生态系统"是实现宗旨的结果。实际上，这种变化不仅是区域渔业公约对《联合国鱼类种群协定》第5条、联合国大会决议关于保护脆弱海洋生态系统的决议等的响应，[4]更是区域渔业公约实施生态系统方法的体现。

《南极海洋生物资源养护公约》将其宗旨仅限定为"养护"，与南极条约

---

〔1〕《联合国海洋法公约》第56条和第118条将"养护""管理"并列使用，但第61条和第119条则单独规定了专属经济区和公海生物资源的"养护"，包含了制定总可捕量（TAC）、科学数据收集、防止过度利用以及恢复已经过度利用鱼类资源种群等内容；而第62条则是规定"利用"。对于不同的生物资源，《联合国海洋法公约》作了不同的规定，如第63条（1）对于两个沿海国共享的鱼类资源，要求两国合作以确保"养护和发展"这些资源；第63条（2）对于跨界鱼类资源，要求相关国家合作以"养护"这些资源；第64条对于高度洄游鱼类则要求相关国家合作以"养护和促进最适度利用"这些资源。有研究认为，"养护"是指管理可再生自然资源，以实现最适度可持续利用；"发展"（development）是指人类利用自然资源并伴随对环境影响的实践；"发展管理"（the management of development）是指对发展活动进行适用限制的进程，以避免造成不可接受的环境破坏或资源衰退，以实现资源养护。See Martin W. Holdgate, "Environmental Factors in the Development of Antarctica", in Francisco Orrego Vicuña（ed.）, *Antarctic Resources Policy: Scientific, Legal and Political Issues*, Cambridge University Press, 1983, p. 77.

〔2〕有意思的是，《养护和管理中西太平洋高度洄游鱼类种群公约》第2条规定，"通过有效管理"来确保"长期养护和可持续利用"。这使"管理"与"养护"之间的关系更加复杂。

〔3〕Convention on the Conservation and Management of High Seas Fisheries Resources in the North Pacific Ocean, Article 2; Convention on the Conservation and Management of High Seas Fishery Resources in the South Pacific Ocean, Article 2.

〔4〕如2006年联合国大会第61/105号关于可持续渔业的决议的第80-90段，第64/72号决议第113-127段，第66/68号决议第121-136段，第71/123号决议第156、171-188和219段，第72/72号决议第178-196段。

体系密切不可分；增加"养护一词包括合理利用"，既是为了避免歧义，也体现了一种妥协。

首先，关于"养护"的措辞，需要放到南极条约体系中进行考量。在南极条约体下，"生物资源"（living resources）是《南极条约》第 9 条规定的 ATCM 成员国需要关注的六个议题之一；此规定应受《南极条约》第 6 条关于"不影响公海自由"的限制。在此框架下，出现了三个与生物资源相关的文件，分别是 1964 年《南极动植物养护议定措施》、1972 年《南极海豹养护公约》和 1980 年《南极海洋生物资源养护公约》。不论形式如何，这 3 个文件标题都采用了"养护"（conservation），且目标都涉及了"合理利用"（rational use）。就《南极海洋生物资源养护公约》而言，最重要的是 1977 年第 9 届 ATCM 上，生物资源工作组建议公约应排除配额分配和对捕捞活动的其他经济性管理措施；[1]阿根廷由此认为，CCAMLR 不具有分配资源的权力，即不具备"管理"（management）的职能。[2]

其次，关于"养护一词包括合理利用"的解释，《南极动植物养护议定措施》和《南极海豹养护公约》的宗旨都涉及合理利用。当然，这两种文件和《南极海洋生物资源养护公约》因适用对象、适用地理范围的不同，其养护机制赋予"合理利用"的实际意义也不一样。相对而言，《南极动植物养护议定措施》以"保护"为原则，"合理利用"为例外；《南极海豹养护公约》将"保护"与"利用"并重，并根据资源变化适时调整，利用遵循"最适持续"原则；《南极海洋生物资源养护公约》没有提及"保护"，但突出了"合理利用"，利用应是"合理"的，也就是要遵循其第 3 条（3）规定的养护原则。

从谈判过程看，1977 年第 9 届 ATCM 上，生物资源工作组建议"养护"应包括"合理利用"，也就是"捕捞活动不应被禁止"。[3]1978 年 7 月，在阿根廷布宜诺斯艾利斯召开的第 2 次 ATCM 特别会议上，一些南极条约协商国

---

〔1〕 ATCM, Report of the Ninth Consultative Meeting, London, 19 September-7 October 1977, paragraph 10.

〔2〕 CCAMLR, Report of the Thirty-First Meeting of the Commission, Hobart, 23 October -1 November 2012, paragraph 7. 58.

〔3〕 原文为："harvesting would not be prohibited"。See ATCM, Report of the Ninth Consultative Meeting, London, 19 September-7 October 1977, paragraph 10.

提出，根据他们的国内法，"养护"等同于"保存"（preservation）；也就是说，如果不对"养护"进行定义或说明，《南极海洋生物资源养护公约》第 2条（1）的"养护南极海洋生物资源"在这些南极条约协商国中就会被解释为公约区域范围内是禁止商业渔业的，而事实并不是如此。同时，这些南极条约协商国也担心，如果宽泛解读"养护"会对第 2 条（3）所列的养护原则造成不利影响。为澄清商业渔业允许的但需要遵循特定的原则，增加了第 2条（2）。曾参加谈判的美国代表 Robert Hofman 认为，谈判各国对《南极海洋生物资源养护公约》第 2 条（2）的解释是没有异议的，不存在后来出现的所谓"海洋生态养护"和"渔业活动""区域管理"之间平衡的说法；公约区域内任何渔业活动，只要不遵循《南极海洋生物资源养护公约》第 2 条（3）规定的养护原则，就是"不合理利用"。[1]因此，公约区域内允许渔业活动是原则，只有在这些活动违背或与第 2 条（3）规定的养护原则不一致时，才应被禁止。

从上下文解释的角度看，《南极海洋生物资源养护公约》也是南极条约体系第一次真正面临资源利用与分配问题，承担着为后续的矿产资源利用提供先例的期望，因此可以看到该公约在序言和正文中很多地方都强调"合理利用"，采用了传统渔业管理的养护机制。如序言强调南极生物资源是蛋白质来源、养护需要所有从事捕捞活动的国家积极参与等；第 2 条（2）规定使得《南极海洋生物资源养护公约》不再如《南极动植物养护议定措施》那样仅是一个纯科学研究的问题；第 9 条、第 12 条、第 14 条、第 15 条、第 24 条等都是典型区域渔业条约所采用的内容。在 CCAMLR 决策机制方面，采取协商一致的形式，表面上看是受南极条约体系的影响，但不得不看到这也是当时从事捕鱼活动的缔约国非常谨慎的选择。[2]他们非常清楚当时大多数国家不从事捕鱼活动，主要是实施简单的保护，即禁止商业利用。

另外，在《南极海洋生物资源养护公约》中，与"合理利用"相对应的

---

〔1〕 Robert Hofman, The Intent of Article Ⅱ of the CAMLR Convention. 这是一篇由 ASOC 提供的 2015 年 5 月在智利首都圣地亚哥召开的纪念《南极海洋生物资源养护公约》签署 35 周年研讨会的材料。外交部时任参赞曲文胜、国家海洋局极地考察办公室杨雷和笔者作为中国代表参加了此次研讨会；曲文胜应邀就《南极海洋生物资源养护公约》第 2 条作了专题报告。See Delegations of Australia, Chile and the USA, CCAMLR Symposium 2015, CCAMLR-ⅩⅩⅩⅣ/28 Rev. 2, 29 September 2015.

〔2〕 值得注意的是，同样是南极条约体系下的条约，1972 年《南极海豹养护公约》采取了 2/3 多数的决策机制。

"捕捞"（harvest）一词重复出现了 26 次；而"保护"（protection）仅出现了 4 次，全部与"南极环境"并用，即强调"南极环境保护"。在此语境下，南极海洋生物资源养护委员会制定的养护措施也主要是与"合理利用"或"捕捞活动"相关，而针对"环境保护"的相对较少。以 2021-2022 年度有效的养护措施为例，69 个养护措施中仅有 1 个是关于环境保护的，即养护措施 CM 26-01，强调捕捞活动中对环境的保护，且管制对象为捕捞活动。

从嗣后实践看，1987 年，南极海洋生物资源养护方法制定工作组（WG-DAC）指出，CCAMLR 成员间应就"合理利用"达成一个工作层面的共识。[1] 1988 年，CCAMLR 一致认为，一个工作层面的"合理利用"定义应包括以下三个要素：①应在可持续基础上利用资源；②捕捞活动应确保在遵守养护措施的前提下，保持获得尽可能高的长期产出的潜力；③应给予捕捞活动及其管理的成本效益（cost-effectiveness）适当的权重或重要性（due weight）。CCAMLR 还认为，这个关于"合理利用"的工作定义是《南极海洋生物资源养护公约》第 2 条所规定养护原则的有效拓展。[2] 因此，不论是从南极条约体系框架下"养护"与"合理利用"的使用情况看，还是从公约上下文以及后续实践看，《南极海洋生物资源养护公约》第 2 条（3）强调"合理利用"；第 2 条（3）是"捕捞及相关活动"应遵循的养护原则；"保护"仅涉及因捕捞及其相关活动对环境影响的问题，在《南极海洋生物资源养护公约》及后续实践中占的比例很少。

从地缘政治角度看，有学者认为《南极海洋生物资源养护公约》第 2 条（2）反映了当时谈判国家之间的竞争，即远洋渔业捕鱼国（如日本和苏联）和非捕鱼国之间的竞争。鉴于当时南大洋捕鱼国都不是南极陆地领土主权主张国，这种捕鱼国与非捕鱼国之间的竞争一定程度上也反映了南极陆地领土主权主张国与非主张国之间的关系。[3] 同时，将《南极海洋生物资源养护公约》制定成一个养护型制度（a conservation regime），包括不允许配额分配等，

---

〔1〕　CCAMLR, Report of the Sixth Meeting of the Commission, Hobart, 26 October -6 November 1987, paragraph 113.

〔2〕　CCAMLR, Report of the Seventh Meeting of the Commission, Hobart, 24October -4 November 1987, paragraph 139.

〔3〕　Olav Schram Stokke, "The Effectiveness of CCAMLR", in Olav Schram Stokke and Davor Vidas (eds.), *Governing the Antarctic: The Effectiveness and Legitimacy of the Antarctic Treaty System*, Cambridge University Press, 1996, pp. 122 and 127.

而不是一个完全的渔业制度，有利于回应第三世界的关切，即一小部分国家垄断南极海洋生物资源的利用。[1]

考察 CCAMLR 实践可以发现，在流刺网、磷虾渔业和犬牙鱼渔业等养护措施讨论过程中，"合理利用"都曾被提及，作为对限制性养护措施的平衡。[2]进入 21 世纪，随着海洋保护区建设得到一些组织的认可和推动，南大洋海洋保护区建设再次引发了"养护"与"合理利用"之间的争论。[3]

需要注意的是，有一种观点认为，《南极海洋生物资源养护公约》的宗旨不是养护南极海洋生物资源，而是维护南极海洋生态系统的完整性（结构与功能），理由是《南极海洋生物资源养护公约》第 1 条定义了"南极海洋生态系统"以及序言第一段承认了"保护南极周围海域环境和生态系统完整性的重要意义"。2009 年，第 28 届 CCAMLR 会议通过的关于气候变化的第 R30/XX-VIII 号决议，似乎也为此提供了依据。第 R30/XXVIII 号决议的序言意识到"面临气候变化的影响，有必要保障环境和保护南极洲周围海域海洋生态系统的完整性"；注意到"管理行动能帮助建立抵御力（resilience）和保护独特的南大洋环境……确保南极海洋生物资源的持续养护与合理利用"。该观点进一步认为，将合理利用南极海洋生物资源和南极生态系统养护并列作为《南极海洋生物资源养护公约》的宗旨，是 20 世纪 90 年代以后更多的国家加入《南极海洋生物资源养护公约》所导致的。[4]这就构成了南极海洋生物资源养护和南极海洋生态系统养护的宗旨之争。这种关于公约宗旨的分歧会严重

[1] Judith G. Gardam, "Management Regimes for Antarctic Marine Living Resources—An Australian Perspective", 15 *Melbourne University Law Review* 279, 295 (1985).

[2] Jennifer Jacquet, "Eli Blood-Patterson, Cassandra Brooks and David Ainley, 'Rational use' in Antarctic waters", 63 *Marine Policy* 28 (2016).

[3] See Contributors from the Ad hoc Correspondence Group on Rational Use, Compilation of materials for considering rational use in the context of designing CCAMLR's representative system of marine protected areas, SC-CAMLR-XXIX/BG/9, 28 September 2010; Jianye Tang, "China's engagement in the establishment of marine protected areas in the Southern Ocean: From reactive to active", 75 *Marine Policy* 68 (2017); CCAMLR, Report of the Thirty-Fourth Meeting of the Commission, Hobart, 19-30 October 2015, paragraphs 8.50, 8.97, 8.108 and 9.3; Report of the Thirty-Fifth Meeting of the Commission, Hobart, 17-28 October 2016, paragraphs 9.12-9.21.

[4] Robert J. Hofman, "Stopping overexploitation of living resources on the high seas", 103 *Marine Policy* 91, 95 (2019); Josyane Couratier, "The Regime for the Conservation of Antarctica's Living Resources", in Francisco Orrego Vicuña (ed.), *Antarctic Resources Policy: Scientific, Legal and Political Issues*, Cambridge University Press, 1983, pp. 147~148.

影响公约其他条款的解释及其适用。

　　这种观点显然不符合《南极海洋生物资源养护公约》第2条（1），忽视了第1条同样定义了"南极海洋生物资源"，混淆了"生物资源"和"生态系统"之间的关系。首先，从谈判历史背景看，《南极海洋生物资源养护公约》最初关注的是磷虾资源养护，以及磷虾资源崩溃可能对南极海洋生态系统造成的不利后果。从定义上看，依据《南极海洋生物资源养护公约》第1条（3），南极海洋生态系统是指"南极海洋生物资源相互间以及其与自然物理环境之间的复合关系"。也就是说，南极海洋生态系统不仅包括南极海洋生物资源，还包括自然物理环境。事实上，《南极海洋生物资源养护公约》不可能养护南极海洋的自然物理环境。其次，从文本内容看，《南极海洋生物资源养护公约》第2条明确其宗旨为"养护南极海洋生物资源"，管理对象为"捕捞及有关活动"；防止南极海洋生态系统发生不可逆转变化不是最终目的，而是为了可持续养护南极海洋生物资源。《南极海洋生物资源养护公约》序言第4段"必须加强对南极海洋生态系统及其组成部分的了解，以便能够根据可靠的科学信息作出捕捞决定"则清晰地界定了南极海洋生态系统和南极海洋生物资源利用之间的关系。从南极海洋生物资源养护委员会的功能看，《南极海洋生物资源养护公约》第9条（1）则围绕着南极生物资源及其相互之间关系，不涉及南极海洋自然物理环境。最后，即使在海洋保护区的语境下，2005年，CCAMLR海洋保护区研讨会也认为，保持海洋生物多样性和海洋生态系统，是帮助实现而非取代《南极海洋生物资源养护公约》第2条规定的目标。[1]英国认为，将养护生物多样性和保持海洋生态系统作为南极海洋保护区的目标，也是服务于《南极海洋生物资源养护公约》第2条规定的最终目标——"养护南极海洋生物资源"。[2]因此，将养护南极海洋生态系统作为《南极海洋生物资源养护公约》宗旨是错误的。

　　除此之外，认为《南极海洋生物资源养护公约》宗旨是养护南极海洋生态系统，将会导致《南极海洋生物资源养护公约》和《环保议定书》之间在南纬60度以南出现适用范围上的冲突。《环保议定书》第2条规定其目标是

　　〔1〕　SC-CAMLR, Report of the CCAMLR Workshop on Marine Protected Areas, Silver Spring, 29 August-1 September 2005, paragraph 61.

　　〔2〕　Delegation of the United Kingdom, Preliminary Proposal for Marine Spatial Protection Around the South Orkney Islands, SC-CAMLR-XXVIII/14, 12 September 2009.

"全面保护南极环境及依附于它的和与其相关的生态系统"。

缔约方对一个条约宗旨的认识，非常重要，它将影响缔约国根据该条约制定的具体养护与管理措施的发展方向。如 1946 年《国际捕鲸管制公约》，尽管该公约并没有被修订，其宗旨仍为保护所有鲸类免受过度捕捞和促进鲸类种群最适利用，[1]但是当一部分缔约国将《国际捕鲸管制公约》视作保护鲸类的条约，他们就努力推动逐步禁止捕鲸活动。[2]

二、养护原则

《南极海洋生物资源养护公约》第 2 条 (3) 规定，公约适用区内的任何"捕捞及有关活动"，除公约相关规定外，应遵循三个原则：[3]其一，"防止任何被捕捞种群的数量低于能保证其稳定补充的水平，为此，其数量不应低于接近能保证年最大净增量的水平"；其二，"维护南极海洋生物资源中被捕捞种群数量、从属种群数量和相关种群数量之间的生态关系；使枯竭种群恢复到本款第 (一) 项规定的水平"；其三，"考虑到目前捕捞对海洋生态系统的直接和间接影响、引进外来物种的影响、有关活动的影响以及环境变化的影响方面的现有知识，要防止在近二三十年内南极海洋生态系统发生不可逆转的变化或减少这种变化的风险，以可持续养护南极海洋生物资源"。

第一个原则，即《南极海洋生物资源养护公约》第 2 条 (3) (a)，是一个传统渔业条约通常所采用的规定，体现了可持续利用原则。从概念上看，能够保持最大年补充量的种群水平，也就是能够提供种群最大生长或捕捞量的水平。[4]将此原则列为南大洋生物资源的第一个养护原则的做法，曾受到批评。有学者认为，该原则与公约的生态系统原则不吻合；该原则仅能适用于捕食物种（predator species），而不能适用于被捕食物种（prey species）。如

---

〔1〕《国际捕鲸管制公约》序言第 2 段和第 4 段。

〔2〕 Josyane Couratie, "The regime for the conservation of Antarctica's living resources", in Francisco Orrego Vicuña (ed.), *Antarctic Resources Policy: Scientific, Legal and Political Issues*, Cambridge University Press, 1983, pp. 147~148.

〔3〕 西方有学者倾向于将《南极海洋生物资源养护公约》第 2 条 (3) 笼统地归为"生态系统方法原则"。但此解读和公约原文不一致；第 2 条 (3) 规定了 3 个养护原则，而不是 1 个。英文版本中，"原则" 使用的是复数 (principles)，而非单数。

〔4〕 William Y. Brown, "The Conservation of Antarctic Marine Living Resources", 10 *Environmental Conservation* 187, 189 (1983).

果将此原则适用于磷虾，将会导致捕食磷虾的生物种群严重下降。[1]正是因为如此，《南极海洋生物资源养护公约》没有提及"最大可持续产量"（MSY）这个曾在20世纪70年代被广泛认可的概念；[2]这主要是因为"最大可持续产量"概念不适用于南极磷虾这样处于食物链核心地位的物种；也有学者认为，这个概念与生态系统方法不一致。[3]1987年，第6届CCAMLR会议将$F_{0.1}$确定为南极海洋生物资源养护委员会的管理策略。[4]

第二个原则，即《南极海洋生物资源养护公约》第2条（3）（b），体现了生态系统方法（ecosystem approach）理念。[5]当然，生态系统方法，在《南极海洋生物资源养护公约》中并不限于此，也体现在公约适用地理范围上，即"南纬60度以南和该纬度与构成南极海洋生态系统一部分的南极辐合带之间区域"。[6]此外，《南极海洋生物资源养护公约》还定义了"南极海洋生态系统"，即"南极海洋生物资源相互间以及其与自然环境之间的复合关系"。[7]

这种生态系统方法，为《南极海洋生物资源养护公约》赢得了很多赞誉以及国际社会，如联合国粮农组织的支持。[8]考虑到南极磷虾在南大洋海洋生态系统中的特殊位置，以及《南极海洋生物资源养护公约》主要目的是解决20世纪70年代南极磷虾渔业活动，特别是那个年代对南极磷虾渔业过度

---

〔1〕　Matthew Howard, "The Convention on the Conservation of Antarctic Marine Living Resources: A Five-Year Review", 38 *International and Comparative Law Quarterly* 104, 114 (1989).

〔2〕　《联合国海洋法公约》第61条（3）将此作为生物资源养护的目标，"使捕捞鱼种的数量维持在或恢复到能够生产最高持续产量的水平"。

〔3〕　Stuart B. Kaye, *International Fisheries Management: A Comparative Analysis of Legal Approaches to Management in the Context of Polar Fisheries Regime*, Ph. D Dissertation of Dalhousie University, 1999, p. 397.

〔4〕　CCAMLR, Report of the Sixth Meeting of the Commission, Hobart, 26 October-6 November 1987, paragraph 61.

〔5〕　Adriana Fabra, Virginia Gascón, "The Convention on the Conservation of Antarctic Marine Living Resources (CCAMLR) and the Ecosystem Approach", 23 *International Journal of Marine and Coastal Law* 567 (2008); Karl-Hermann Kock, Understanding CCAMLR's Approach to Management, May 2000.

〔6〕　《南极海洋生物资源养护公约》第1条（1）。当然，选择南极辐合带作为该公约的地理适用范围，也和谈判各国对南极陆地领土主张的争议有着密切关联。

〔7〕　《南极海洋生物资源养护公约》第1条（3）。

〔8〕　Fernando Zegers, "The Canberra Convention: Objectives and Political Aspects of its Negotiation", in Francisco Orrego Vicuña (ed.), *Antarctic Resources Policy: Scientific, Legal and Political Issues*, Cambridge University Press, 1983, pp. 150~151.

乐观的推测，[1]采取生态系统方法是可以理解的。1977 年，第 9 届 ATCM 通过的第 IX-2 号建议，要求南极条约协商国政府"给予南大洋海洋生物资源捕捞活动尽可能最大的关注，防止造成南大洋海洋生物资源的衰退或损害南大洋海洋生态系统"[2]。《南极海洋生物资源养护公约》序言第 1 段就指出了"保护南极周围海域环境和生态系统完整性的重要意义"。在谈判过程中，这种生态系统方法，作为一种更高要求的养护原则，不可避免地受到捕鱼国（如苏联和日本）的反对；捕鱼国希望采取传统的单鱼种管理方法，设定总可捕量（TAC），如《联合国海洋法公约》第 119 条。最终，捕鱼国接受生态系统方法，是因为 CCAMLR 决策机制采取了协商一致方式，以及包含了反对条款。[3]

在实践中，该原则也带来了两个困扰：一是关于公约性质，它是一个环境保护条约，还是渔业养护条约；二是关于生态系统方法的实施，如何收集或获得实施此生态系统方法所需要的信息，以及如何监督实施效果。

对于《南极海洋生物资源养护公约》的性质，有观点认为，尽管该公约的主要条款是关于渔业活动的管制但其最终目的是养护南大洋的海洋生态系统，因此该公约是一个养护南大洋海洋生态系统的环境保护条约。[4]在此方面，1977 年的第 IX-2 号建议以及《南极海洋生物资源养护公约》序言和正文，包括序言和第 5 条重申了南极条约协商国对南极环境保护的首要责任等，似乎都为此观点提供了佐证。1978 年第 2 次 ATCM 特别会议上，澳大利亚代表团团长指出，《南极海洋生物资源养护公约》与《南极动植物养护议定措施》《南极海豹保护公约》是不同的，因为 1964 年《南极动植物养护议定措施》主要关注南极大陆的动植物保护，1972 年《南极海豹保护公约》主要关

---

[1] 当时有观点认为，开发磷虾渔业可使当时全球海洋渔业产量翻一番。See John A. Heap, "Has CCAMLR Worked? Management Politics and Ecological Needs", in Arnfinn Jørgensen-Dahl and Willy Østreng (eds.), *The Antarctic Treaty System in World Politics*, Palgrave Macmillan, 1991, p. 48.

[2] Interim Guidelines for the Conservation of Antarctic Marine Living Resources, IX-2 "Antarctic Marine Living Resources". See ATCM, Report of the Ninth Consultative Meeting, London, 19 September – 7 October 1977, pp. 14~15.

[3] 《南极海洋生物资源养护公约》第 9 条（6）和第 12 条。See also, Lorraine M. Elliott, *International Environmental Politics: Protecting the Antarctic*, The Macmillan Press Ltd., 1994, p. 95.

[4] Alfred van der Essen, "The Application of the Law of the Sea to the Antarctic Continent", in Francisco Orrego Vicuna (ed.), *Antarctic Resources Policy: Scientific, Legal and Politics Issue*, Cambridge University Press, 1983, pp. 239 and 242.

注特定物种的保护，而 1980 年《南极海洋生物资源养护公约》涉及南大洋广阔海域大量海洋生物的养护问题，需要从生态系统角度出发。[1]

　　如果《南极海洋生物资源养护公约》是一个环境保护条约，那么欧共体或者后来的欧盟成为缔约方就是一个很难解释的问题。在《南极海洋生物资源养护公约》谈判过程中，当时欧共体（EEC）参加问题就已经成为苏联与其他国家之间的争议焦点之一。根据欧盟《共同渔业政策》，其成员国关于国际渔业协定的谈判与签署职权已经让渡给欧盟；而对于国际环境保护的相关职权则没有转移。[2]《南极海洋生物资源养护公约》第 28 条和第 29 条为欧盟加入该公约提供了可能性；事实上，欧盟于《南极海洋生物资源养护公约》生效 14 天后就提交了加入申请书，即 1982 年 4 月 21 日，并于 1982 年 5 月 21 日生效。鉴于英国、法国、比利时等欧盟成员国为《南极海洋生物资源养护公约》缔约方，这就形成一个假象，即欧盟和其成员国同为一个条约的缔约方，那这个条约肯定不是渔业条约。事实上，除荷兰和韩国被排除在公约谈判之外，欧盟参加谈判受到了苏联的极力阻止。为解决此问题，比利时、法国和英国曾提议，让欧盟作为单独的一方参加谈判并最后签署公约，但该提议没有获得苏联和波兰的同意，最终欧盟仅作为观察员参加了谈判。[3]正是因为如此，《南极海洋生物资源养护公约》才专门为欧盟作出规定。除此之外，还需要注意，英国和法国作为南极陆地领土主张国，也需要作为单独一方参加《南极海洋生物资源养护公约》，正如英国、法国和欧盟都是印度洋金枪鱼委员会（IOTC）的成员一样。

　　《南极海洋生物资源养护公约》是一个环境条约还是渔业条约的问题，看上去似乎是一个理论问题，实质上这是一个能够影响南极海洋生物资源养护委员会发展方向的问题。如 1946 年《国际捕鲸管制公约》，一些国家认为《国际捕鲸管制公约》是一个保护（protection）鲸类的条约，因此支持逐步禁

---

　　〔1〕 Opening Statement by the Leader of the Australian Delegation, Mr. K. G. Brennan. See ATCM, Interim Report of the Second Special Consultative Meeting, Canberra, 27 February~16 March, 1978, pp. 10~11.

　　〔2〕 Josyane Couratier, "The Regime for the Conservation of Antarctica's Living Resources", in Francisco Orrego Vicuna (ed.), *Antarctic Resources Policy: Scientific, Legal and Politics Issue*, Cambridge University Press, 1983, p. 148.

　　〔3〕 Boleslaw A. Boczek, "The Soviet Union and the Antarctic Regime", 78 *American Journal of International Law* 834, 849 (1984); Lorraine M. Elliott, *International Environmental Politics: Protecting the Antarctic*, The Macmillan Press Ltd., 1994, p. 94.

止捕鲸活动；而另一些国家认为 1946 年《国际捕鲸管制公约》是一个管制捕鲸的公约，是允许持续利用的。因此，这种对条约性质定位的不同认识，将导致这两类国家不可避免地在 IWC 决策过程中发生冲突。

考虑到《南极海洋生物资源养护公约》谈判时，南大洋非捕鱼国的数量比捕鱼国多一倍，而且所有南极陆地领土主张国都是非捕鱼国家。对于这些非捕鱼国而言，无论采取多么严格的资源养护措施都不会对他们经济活动造成任何影响；而且，这些国家的代表团中有很多来自环境保护非政府组织的成员，如澳大利亚、美国和英国等。[1]这就可以看出这种条约性质争论背后的国家利益的交锋。

生态系统方法的实施，需要有大量的科学数据支撑。对于远离人类活动的南大洋的海洋生态系统，不要说 20 世纪 70 至 80 年代，即使现在，人类对其认知仍是非常有限的。1977 年的第IX-2 号建议意识到，需要收集更多的科学信息，为养护措施和合理的管理政策提供好的科学基础；为此，该建议要求南极条约协商国政府应尽最大可能合作开展科学考察，积极参与 BIOMASS 项目。[2]

即使是长期参加南极生物学研究和参加《南极条约》磋商的英国科学家 Brain Roberts 在 1978 年看到《南极海洋生物资源养护公约》案文时，也认为这种生态系统方法是无法实施的，建议采用《南极海豹养护公约》的"交通信号灯"（traffic lights）管理制度。[3]实践中，为实施生态系统方法，需要确定捕捞种群年最大净增量水平以及食物链相互关系，还包括物理环境（如气候变化等），需要综合很多因素，存在很大的不确定性。这种不确定性越大，政治争议也就越大。而且，在南大洋确定某个种群年最大净增量水平并不完全属于南极海洋生物资源养护委员会的职责范围，还涉及鲸鱼、海豹、企鹅、

---

〔1〕 Olav Schram Stokke, "The Effectiveness of CCAMLR", in Olav Schram Stokke and Davor Vidas (eds.), *Governing the Antarctic: The Effectiveness and Legitimacy of the Antarctic Treaty System*, Cambridge University Press, 1996, p. 127.

〔2〕 ATCM, Report of the Ninth Consultative Meeting, London, 19 September-7 October 1977, pp. 13~14.

〔3〕《南极海豹养护公约》附件列出可以捕杀海豹的种类和数量，即绿灯；第 5 条（5）规定，当附件所规定的数量达到后，应禁止继续捕杀，即红灯；第 6 条提供了一个绿灯与红灯之间切换的机制，即委员会或缔约国磋商机制，同时第 3 款规定当捕杀活动对某个海豹种群或本地生态系统产生严重危害时，则亮黄灯。See John A. Heap, "Has CCAMLR Worked? Management Policies and Ecological Needs", in Arnfinn Jørgensen-Dahl and Willy Østreng (eds.), *The Antarctic Treaty System in World Politics*, Palgrave Macmillan, 1991, pp. 46~47.

海鸟等。[1]

　　更需要注意的是，南大洋生态系统的食物链相对较短，大致可分三个层次，即顶端物种（如鲸鱼、海豹和鸟类等）、中层物种（如有鳍鱼类和鱿鱼等）和低层物种（如南极磷虾等）。确定磷虾的"最大净增量"取决于中层和顶端物种的数量，特别是顶端物种，如鲸鱼。反过来说，如果确定了顶端物种的数量，理论上可以预测这些物种对南极磷虾的需求，然后再根据南极磷虾的年度补充量，可以推算出南极磷虾的捕捞水平。如果需要保持顶端物种位于一个非常高的生物量水平，则必然会导致南极磷虾捕捞水平很低或禁止南极磷虾捕捞。如果所有顶端物种都能被利用，且保持相对合理的水平，则南极磷虾资源可允许捕捞的数量就会要高些。当然，一种顶端物种数量的下降，如鲸鱼，不仅影响南极磷虾的资源量，还影响其他顶端物种的数量，如"磷虾剩余假说"。除此之外，不同食物链层次的物种相互之间作用的强度，也不完全相同。就南极磷虾而言，当人类捕捞磷虾时，磷虾与其捕食物种之间的关系必然会受到影响，但影响程度不是一样的。从科学角度很难判定这种生态关系的维持情况。[2]

　　还应注意的是，南极磷虾与其捕食物种之间的生态关系是南大洋生态系统中最突出的，其他生态关系则没有如此突出，如有鳍鱼类。从此角度看，有鳍鱼类的养护，可以适用传统的单鱼种管理方法。目前有鳍鱼类养护问题的存在，与其说是南极海洋生物资源养护委员会的责任，不如说是历史的原因，因为这些鱼类大多数在南极海洋生物资源养护委员会运作前就已经被过度捕捞了。[3]

　　第三个原则，即《南极海洋生物资源养护公约》第2条（3）（b），"防止在近二三十年内南极海洋生态系统发生不可逆转的变化或减少这种变化的

---

[1] Olav Schram Stokke, "The Effectiveness of CCAMLR", in Olav Schram Stokke and Davor Vidas (eds.), *Governing the Antarctic: The Effectiveness and Legitimacy of the Antarctic Treaty System*, Cambridge University Press, 1996, pp. 127~128.

[2] Marinelle Basson, John R. Beddington, "CCAMLR: The Practical Implications of an Eco-System Approach", in Arnfinn Jørgensen-Dahl and Willy Østreng (eds.), *The Antarctic Treaty System in World Politics*, Palgrave Macmillan, 1991, pp. 54~59.

[3] Marinelle Basson, John R. Beddington, "CCAMLR: The Practical Implications of an Eco-System Approach", in Arnfinn Jørgensen-Dahl and Willy Østreng (eds.), *The Antarctic Treaty System in World Politics*, Palgrave Macmillan, 1991, p. 63.

风险"，体现了预防性做法（precautionary approach）理念。非常明显，这是考虑了南极磷虾及其捕食物种之间的生态系统关系，突出了南极磷虾在维持南大洋海洋生态系统中的作用。正如第二个原则，即生态系统方法，构建磷虾捕捞与对南极磷虾捕食物种的影响之间关系实施此原则的现实困难，这种困难，除其他外，包括：南极磷虾捕捞对其捕食物种产生的"不可逆转的变化"往往很难观察到、南极磷虾捕捞对不同捕食物种影响的空间分布差异性很大、自然系统变化（如气候变化）对海洋生态系统的影响很大等。表2-1列出了南极磷虾主要捕食物种的空间分布及平均生活年数。研究表明，南极磷虾捕捞导致南极磷虾数量下降而对鲸鱼的影响要比鱼类影响变化得缓慢。[1]

表2-1　南极磷虾主要捕食物种的空间分布及平均生活年数[2]

物　种	空间分布	平均生活年数（单位：年）
须鲸	大洋，环极分布	40-70
海豹	陆基繁殖	15-25
企鹅	陆基繁殖	2-8
其他海鸟	陆基繁殖	15-35
有鳍鱼类	沿岸陆架	3-10
鱿鱼	大洋或沿岸陆架	1-3

这些养护原则，特别是第二个和第三个原则，逐渐将南极海洋生物资源养护委员会的成员划分成两个集团，除陆地领土主张国与非主张国外，即捕鱼国和非捕鱼国。捕鱼国认为，非捕鱼国以养护原则的名义制定了非常严格的养护措施，限制捕鱼国的经济利益；非捕鱼国认为，捕鱼国过度掠夺南大洋的生物资源。若根据"可获得最佳科学证据"进行决策，似乎可以弥合两

---

〔1〕 Marinelle Basson, John R. Beddington, "CCAMLR: The Practical Implications of an Eco-System Approach", in Arnfinn Jørgensen-Dahl and Willy Østreng（eds.）, *The Antarctic Treaty System in World Politics*, Palgrave Macmillan, 1991, pp. 62~65.

〔2〕 Marinelle Basson, John R. Beddington, "CCAMLR: The Practical Implications of an Eco-System Approach", in Arnfinn Jørgensen-Dahl and Willy Østreng（eds.）, *The Antarctic Treaty System in World Politics*, Palgrave Macmillan, 1991, p. 63.

个集团对立的观点。但这使科学沦为了双方政治争执所在。[1]这种争执，延续到了南大洋的海洋保护区建设中。

总体上，《南极海洋生物资源养护公约》第 2 条，无论是"养护"与"合理利用"，还是三个养护原则，都存在解释和实施方面的问题。作为条约文本措辞，表述笼统是可以理解的。在实施过程中，需要将这些笼统概念或原则转化为具有可操作性的具体的目标和方法，应能可辨认和可度量（identifiable and measurable）。[2]事实上，1986 年，在澳大利亚的提议下，第 5 届 CCAMLR 会议针对落实《南极海洋生物资源养护公约》第 2 条专门成立了一个工作组，即"南极海洋生物资源养护方法制定工作组"（WG-DAC）；该工作组于 1991 年结束其使命。[3]

显然，南大洋海洋生物资源的养护，特别是南极磷虾资源，需要生态系统方法和预防性做法。但实施这些养护原则需要大量的生态学科学信息，如物种间的相关作用、气候变化对海洋生态系统影响等。《南极海洋生物资源养护公约》序言指出"必须加强对南极海洋生态系统及其组成部分的了解，以便能够根据可靠的科学信息作出捕捞决定""推荐、促进、决定和协调为养护南极海洋生物所必要的措施及科学研究"。所需的大量信息，不可能完全依赖于南极条约协商国的科学考察，也不可能完全依赖渔船的渔业数据，这就促使南极海洋生物资源养护委员会制定了"新渔业""探捕渔业"（exploratory fisheries）以及"渔业科学研究"等养护措施，一方面实施预防性做法，一方面充分利用渔船平台开展相应的科学研究，收集生态学数据。

〔1〕　John A. Heap, "Has CCAMLR Worked? Management Policies and Ecological Needs", in Arnfinn Jørgensen-Dahl and Willy Østreng（eds.）, *The Antarctic Treaty System in World Politics*, Palgrave Macmillan, 1991, p. 51.

〔2〕　Marinelle Basson, John R. Beddington, "CCAMLR: The Practical Implications of an Eco-System Approach", in Arnfinn Jørgensen-Dahl and Willy Østreng（eds.）, *The Antarctic Treaty System in World Politics*, Palgrave Macmillan, 1991, pp. 67~68.

〔3〕　CCAMLR, Report of the Fifth Meeting of the Commission, Hobart, 8-19 September 1986, paragraphs 61~65; Report of the Tenth Meeting of the Commission, Hobart, 21 October-1 November 1991, paragraphs 6. 20~6. 22; Denzil G. M. Miller, "Antarctic Krill and Ecosystem Management-from Seattle to Siena", 9 *CCAMLR Science* 175, 194（2002）.

三、陆地领土主张与管辖权争议

冻结南极陆地领土主张，即《南极条约》第 4 条，是南极条约体系的基石。[1]随着南极资源开发利用，不可避免会产生陆地领土主张与管辖权的争议。就南大洋的海洋生物资源而言，必然会引发这种陆地领土主张与管辖权的问题，因为根据国际海洋法"陆地决定海洋"的原则，[2]海洋资源管辖权的行使必然和陆地领土主张之间存在着法律上的关联。因此，南极海洋生物资源养护制度安排，是构成南极陆地领土非主张国对主张国的削弱，还是巩固主张国的权利主张或扩大主张国的权利主张，是否构成对《南极条约》第 4 条的威胁，成为当时南极条约协商国关注的焦点问题之一。因此，1977 年 ATCM 第Ⅸ-2 号建议要求，"《南极条约》第 4 条规定不能受影响。应确保第 4 条所体现的原则适用于南纬 60 度以南的海域"[3]。同时，《南极海洋生物资源养护公约》谈判，还将为后来的《南极矿产资源活动管制公约》（CRAMRA）谈判提供先例，[4]因此南极条约协商国极力避免《南极海洋生物资源养护公约》谈判对其法律立场造成损害。

为解决此难题，借鉴了《南极动植物养护议定措施》中的"双焦点方法"（a bifocal approach）。《南极动植物养护议定措施》第 2 条（d）将"有关当局"（appropriate authority）定义为"经由参加政府授权以颁发议定措施下许可证的人"；第 6 条规定了许可证可以颁发和禁止颁发的情形。对此"有关当局"颁发许可证的法律基础，在南极陆地领土主张国和非主张国之间存在着明显不同的解释。对于主张国而言，他们认为法律基础是"属地管辖"，即他们对南极陆地领土的主张；对于非主张国而言，他们认为法律基础是"属人管辖"。这种"双焦点方法"既能满足双方国家利益的需求，又能促使双方进行合作，促进南极条约体系的发展。

---

〔1〕　陈力：《论南极海域的法律地位》，载《复旦学报（社会科学版）》2014 年第 5 期，第 150~160 页。

〔2〕　North Sea Continental Shelf Cases（Federal Republic of Germany/Denmark；Federal Republic of Germany/Netherlands），Judgment of 20 February 1996, I. C. J. Reports 1969, p. 3, paragraph 96.

〔3〕　ATCM, Report of the Ninth Consultative Meeting, London, 19 September-7 October 1977, p. 15.

〔4〕　Fernando Zegers, "The Canberra Convention: Objectives and Political Aspects of its Negotiation", in Francisco Orrego Vicuña（ed.）, *Antarctic Resources Policy: Scientific, Legal and Political Issues*, Cambridge University Press, 1983, p. 150.

但是，《南极动植物养护议定措施》并不涉及资源分配问题，也没有独立的决策机构，上述"双焦点方法"并没有得到真正的考验。《南极海洋生物资源养护公约》不一样，不仅最初各国对管制必要存在分歧，而且该公约必然造成资源分配的后果；更为重要的，该公约还要求制定执法检查制度，涉及管辖权的行使，它比《南极动植物养护议定措施》的简单禁止捕猎原则对主权挑战更严峻。因此，主权及管辖权问题在《南极海洋生物资源养护公约》谈判过程中是一个非常敏感的问题。[1]最终《南极海洋生物资源养护公约》通过第1条、第4条、第21条（1）和主席声明等来处理此问题。

首先，《南极海洋生物资源养护公约》第1条将南纬60度以南和以北区域进行区分，且用固定的地理坐标把公约适用范围确定下来。在适用区域内，存在着两个不同的海域，一是南纬60度以南的海域，二是南纬60度以北的海域。南纬60度以南的海域，因《南极条约》第4条，相关国家的陆地领土主张被"冻结"，但这些被"冻结"的陆地是否拥有领海甚至专属经济区，存在着不同的意见。南纬60度以北的海域，有一些岛屿，如澳大利亚的赫德群岛与麦克唐纳群岛、法国凯尔盖朗岛与克罗泽岛、挪威的布维岛、南非的爱德华王子岛，以及英国与阿根廷均存在主权争议的南乔治亚群岛与南桑德威奇群岛等；这些岛屿因不受《南极条约》第4条限制，可拥有领海，如果符合《联合国海洋法公约》第121条的规定，还可有专属经济区或大陆架。[2]

这两种不同海域的存在，为"双焦点方法"提供了适用的空间。如《南极海洋生物资源养护公约》第4条（2）（b）提及"根据国际法行使沿海国管辖权"，南极陆地领土主张国认为，此处"沿海国"的措辞肯定了这些国家对南极大陆的领土主张，南纬60度以南是"沿海国"，他们可以依国际海洋法拥有领海、专属经济区和大陆架；相对应，非主张国认为，此处"沿海国"的措辞仅限于南纬60度以北的岛屿，而不是所有适用海域。

---

〔1〕　Olav Schram Stokke, "The Effectiveness of CCAMLR", in Olav Schram Stokke and Davor Vidas（eds.）, *Governing the Antarctic：The Effectiveness and Legitimacy of the Antarctic Treaty System*, Cambridge University Press, 1996, p. 125.

〔2〕　国际海洋法法庭（ITLOS）克罗地亚籍法官 Budislav Vukas 分别在"Monte Confurco"案和"Volga"案审理过程中质疑法国和澳大利亚在其亚南极岛屿周围主张专属经济区的合法性。See "Monte Confurco"（Seychelles v. France）, Prompt Release, Judgment, ITLOS Reports 2000, Declaration of Judge Vukas, p. 122；"Volga"（Russian Federation v. Australia）, Prompt Release, Judgment, ITLOS Reports 2002, Declaration of Vice-President Vukas, p. 42.

其次，《南极海洋生物资源养护公约》第4条，除援引《南极条约》第4条和第6条外，还以《南极条约》第4条为蓝本，强调任何行为或活动都不得："①构成主张、支持或否认《南极条约》地区内领土主权要求的基础，或在《南极条约》地区创设任何主权权利；②解释为任何缔约方在本公约适用区内放弃、削弱或损害根据国际法行使沿海国管辖权的任何权利、主张或这种主张的依据；③解释为损害任何缔约方承认或不承认这种权利、主张或主张的依据的立场；④影响《南极条约》第4条（2）关于在《南极条约》有效期内不得对南极提出任何新的领土主权要求或扩大现有要求的规定。"

再次，《南极海洋生物资源养护公约》第21条（1）要求，各缔约方应"尽其所能"（within its competence），"确保遵守本公约规定和委员会通过的根据本公约第九条对各成员有约束力的各项养护措施"。在此，"尽其所能"类似于《南极动植物养护议定措施》的"有关当局"，允许缔约国根据其国家利益作出不同的解释；既可能是以"沿海国"的身份采取措施，也可能是以"CCAMLR成员"的身份采取措施，确保养护措施的遵守。从这个角度，就可以看出澳大利亚、法国、智利、新西兰、英国等国家在其主张管辖权的海域派执法船时以南极海洋生物资源养护委员会的名义对其他国家渔船进行登临执法检查背后可能隐含的用意。[1]

最后，南极海洋生物资源养护外交大会的主席，为满足法国对其凯尔盖朗岛与克罗泽岛周围专属经济区主权权利的保护，[2]于1980年5月19日发表了一个主席声明，就《南极海洋生物资源养护公约》在这些无争议国家管辖海域的适用进行说明，附在大会最后文件（Final Act）中。声明包括五点内容，其中前四点是针对法国在凯尔盖朗岛与克罗泽岛周围管辖海域：①《南极海洋生物资源养护公约》生效前，法国针对这些海域制定的养护措施在《南极海洋生物资源养护公约》生效后继续有效，除非法国在南极海洋生物资源养护委员会框架下对这些养护措施进行调整；②《南极海洋生物资源养护公

---

〔1〕 See CCAMLR, Report of the Thirty-Fourth Meeting of the Commission, Hobart, 19-30 October 2015, paragraph 6 of Annex 6; Report of the Thirty-Fifth Meeting of the Commission, Hobart, 17-28 October 2016, paragraph 2 of Annex 6.

〔2〕 Decree No. 78-144 of 3 February 1978 Concerning the Establishment, Pursuant to the Act of 16 July 1976, of an Economic Zone off the Coasts of the French Southern Territories, at https://www.un.org/Depts/los/LEGISLATIONANDTREATIES/PDFFILES/FRA_ 1978_ Decree144.pdf, accessed 29 April 2018.

约》生效后，当南极海洋生物资源养护委员会发现法国在凯尔盖朗岛与克罗泽岛周围管辖海域需要养护时，由法国自主决定是否由委员会针对这些海域制定具体养护措施，如果法国反对，则委员会不能制定养护措施，法国可根据其国内法单独制定养护措施；③如果在南极海洋生物资源养护委员会框架下以及法国参加和同意的情形下，通过针对上述法国管辖海域的养护措施，则法国应受这些养护措施的约束，但不影响法国针对这些海域制定更为严格的养护措施；④无论是南极海洋生物资源养护委员会通过的养护措施，还是法国单独制定的养护措施，在这些海域都由法国来执法，《南极海洋生物资源养护公约》第24条规定的"观察和检查制度"不能适用于上述法国管辖海域，除非得到法国同意。此外，声明规定，上述四点同样适用于《南极海洋生物资源养护公约》范围内缔约方承认存在国家主权的岛屿附近海域。参加大会的国家对此声明没有提出任何反对意见。[1]正因如此，南极海洋生物资源养护委员会通过的养护措施，如 CM 10-01、CM10-02、CM 10-03、CM 10-04、CM 21-01、CM 20-01、CM 22-03、CM 22-06、CM 22-07、CM 23-04、CM 23-05、CM 24-01、CM 25-02、CM 25-03、CM 26-01、CM 31-02、CM 32-02、CM 33-03、CM 41-01 这 19 个养护措施，[2]都不能适用于法国在凯尔盖朗岛与克罗泽岛周围管辖海域。

对于1980年主席声明，澳大利亚、挪威、英国和阿根廷则根据各自情况采取了不同的立场与做法。挪威在当时没有在布维岛附近主张专属经济区或渔区，因而没有主张在布维岛附近海域行使主权权利和管辖权；挪威国内措施适用于所有 CCAMLR 管辖区域，不单独突出布维岛附近海域，以确保挪威渔船遵守 CCAMLR 养护措施。[3]2019 年 2 月，挪威递交布维岛 200 海里外大陆架申请获得大陆架界限委员会（CLCS）的建议；2019 年 10 月，挪威通过 CCAMLR 秘书处告知 CCAMLR 成员，挪威依据《联合国海洋法公约》对布韦

---

〔1〕　Final Act of Conference on the Conservation of Antarctic Marine Living Resources, Canberra, 7-20 May 1980.

〔2〕　南非也排除了养护措施 CM 21-01、CM 21-02、CM 22-06、CM 22-07、CM 22-04、CM 23-05、CM 24-01、CM 25-02、CM 26-01、CM 31-02、CM 32-02、CM 33-03、CM 41-01 在其爱德华王子岛周围管辖海域的适用。

〔3〕　Erik J. Molenaar, "CCAMLR and Southern Ocean Fisheries", 16 *International Journal of Marine and Coastal Law* 465, 480-481 (2001); CCAMLR, Report of the Fifteenth Meeting of the Commission, Hobart, 21 October-1 November 1996, paragraph 12.13.

岛外大陆架行使主权权利，包括矿产资源开发利用与海洋科学研究。但是，挪威没有援引 1980 年主席声明以主张布维岛附近海域行使海洋生物资源的主权权利。澳大利亚则于 1981 年通过《南极海洋生物资源养护法》，认为澳大利亚是《南极海洋生物资源养护公约》签署国，也是保存国；澳大利亚接受《南极海洋生物资源养护公约》第 9 条规定养护措施的拘束。特别地，1981 年澳大利亚《南极海洋生物资源养护法》第 24 条规定，在不违背澳大利亚《南极海洋生物资源养护法》的前提下，总督可为实施《南极海洋生物资源养护公约》及 CCAMLR 养护措施制定具体实施条例。特别地，澳大利亚《南极海洋生物资源养护法》第 3 条界定了"澳大利亚"和"澳大利亚渔区"：明确"澳大利亚"包含其外部领地（external territories），如澳大利亚主张的南极领地（AAT）、赫德群岛与麦克唐纳群岛（HIMI）；"澳大利亚渔区"指邻近澳大利亚本土且位于其专属经济区外部界限以内的区域，以及邻近其外部领地且位于其主张专属经济区外部界限以内的区域。可以认为，澳大利亚不援引 1980 年主席声明是为了保持《南极海洋生物资源养护公约》中的"双焦点主义"。

南乔治亚岛和南桑德威奇岛周围海域是否适用 1980 年主席声明，则是另一种情形。南乔治亚岛和南桑德威奇岛位于南纬 60 度以北，不在《南极条约》第 4 条适用范围之内；英国和阿根廷两国关于这两个群岛存在主权争议。英国实际控制着这两个群岛，而阿根廷则依据联合国大会等主张拥有法理上的主权。[1]在 1985 年前，英国这两个群岛作为福克兰群岛（阿根廷称之为马尔维纳斯群岛）的附属群岛进行管理。自 1985 年 10 月开始，英国这两个群岛成为独立的管理实体。[2]在这两个岛屿附近海域的主张方面，1982 年，曾有英国议员建议在这两个群岛附近建立 200 海里的渔区，但没有被英国政府

---

[1] 1775 年，库克船长曾发现南乔治亚岛，以乔治三世（King George Ⅲ）名义主张南乔治亚岛主权。但是英国政府在此后 100 多年中没有采取任何行动以支持库克船长的主张。1819 年，威廉·史密斯（William Smith）再次为英国主张此岛屿主权。同样，英国仍没有对此岛屿行使管辖权。有研究认为，英国之所以如此是因为当时英国还没有殖民福克兰群岛（马尔维纳斯群岛）。1833 年，英国入侵福克兰群岛（马尔维纳斯群岛）并建立殖民统治，为其控制亚南极岛屿提供了支撑。南乔治亚群岛附近海域南极海豹捕猎者无视英国主张，相反鲸鱼捕猎者则寻求或默认英国控制或管辖，就是不同时期英国对亚南极岛屿控制能力的体现。See Dag Avango, Working Geopolitics, "Sealing, Whaling, and Industrialized Antarctica", in Klaus Dodds, Alan D. Hemmings and Peder Roberts (eds.), *Handbook on the Politics of Antarctica*, Edward Elgar, 2017, pp. 486~487, 492~493.

[2] South Georgia and the South Sandwich Islands Order 1985, S. I. 1985 No. 449.

的采纳；即使是英国于 1986 年 10 月 29 日在福克兰群岛（马尔维纳斯群岛）附近建立 150 海里的"临时养护与管理区"（FICZ）时，[1]英国政府也没有在上述两个群岛附近建立渔区或专属经济区，其理由是这两个群岛附近的渔业管理属于 CCAMLR 管辖范围。1991 年，阿根廷颁布领海基线法，明确随后将公布其南极部分基线。[2]作为对阿根廷此行为的回应，英国于 1993 年 5 月 7 日宣布在南乔治亚岛和南桑德威奇岛附近建立 200 海里的管辖区，主张对管辖区内自然资源的开发利用与养护管理以及海洋环境保护享有管辖权。[3]英国认为，尽管 CCAMLR 提出了及时必要的保护，但鱼类种群仍被过度捕捞；而且违反 CCAMLR 养护措施的状况日益严重。如 1992–1993 年度，约有 174 万吨有鳍鱼类捕自南乔治亚岛附近海域，约占南极海洋生物资源养护委员会总产量的 60%，而且此海域也是南极磷虾渔业重要渔场之一。[4]所以，英国建立 200 海里管辖区旨在加大这两个群岛附近海域渔业资源的养护力度，补充而不是替代 CCAMLR 管理。[5]当然，英国宣布在这两个群岛附近建立管辖区的举

---

〔1〕　Declaration on the Conservation of Fish Stocks and on Maritime Jurisdiction around the Falkland Islands, 29 October 1986; entry into force on 1 February 1987. See Robin R. Churchill, "The Falklands fishing zone: Legal aspects", 12 *Marine Policy* 343（1988）. 在此之前，福克兰群岛（马尔维纳斯群岛）周边的渔业管辖范围，只为 3 海里的领海。这也促使一些公海捕鱼国或地区在 1982 年英阿马岛战争后迅速在此岛屿周边开展捕捞活动，包括东欧国家、日本、韩国、西班牙。英国之所以选择建立 150 海里的渔业养护和管理区，是为了避免与当时阿根廷主张的"200 海里领海"发生重叠。See Robin R. Churchill, "Falkland Islands –Maritime jurisdiction and co-operative arrangements with Argentina", 46 *International and Comparative Law Quarterly* 463, 463（1997）.

〔2〕　Act No. 23. 968 of 14 August 1991, Article 1, at https://www. un. org/Depts/los/LEGISLATION-ANDTREATIES/STATEFILES/ARG. htm, accessed 11 November 2021.

〔3〕　CCAMLR, Report of the Fifteenth Meeting of the Commission, Hobart, 21 October–1 November 1996, paragraph 13. 22; The South Georgia and the South Sandwich Islands Gazette, No. 1 of May 1993. See also, UN DOALOS, Law of the Sea Bulletin No. 24, United Nations, December 1993, pp. 47~48. 值得注意的是，英国在这两群岛附近建立的不是专属经济区，也不是专属渔区，因为它仅包含了对海洋资源与海洋环境保护的管辖权；而且，英国在南乔治亚岛附近宣布建立的 200 海里管辖区尽管包含了离南乔治亚岛 150 海里的沙格岩礁（Shag Rock），但没有以沙格岩礁为基点主张 200 海里管辖区。在此之前，1989 年，英国政府颁布了"南乔治亚岛和南桑德威奇岛（领海）法令"〔the South Georgia and the South Sandwich Islands（Territorial Sea）Order 1989〕，除明确这两个群岛的领海基线外，还将领海宽度从 3 海里拓展至 12 海里。

〔4〕　Karl–Hermann Kock, "Fishing and Conservation in Southern Waters", 30 *Polar Record* 3, 5 and 15（1994）.

〔5〕　See Robin R. Churchill, "Falkland Islands –Maritime jurisdiction and co-operative arrangements with Argentina", 46 *International and Comparative Law Quarterly* 463, 471–472（1997）.

动，招致了阿根廷的抗议。但这种抗议没有影响两国在 CCAMLR 框架下的合作，相反在英国宣布建立 200 海里管辖区的当天，两国向 CCAMLR 成员发表了一个联合声明（COMM CIRC 93/25），只适用 CCAMLR 多边养护措施足以应对 48.3 区和 48.4 区海洋生物资源养护面临的挑战。[1]

对于 CCAMLR 和英国在这两个群岛附近管辖区内养护生物资源的关系，是一个需要谨慎对待的问题。《南极海洋生物资源养护公约》对此没有明确的规定，仅规定适用地理范围，也就是 CCAMLR 养护措施的适用范围。《南极海洋生物资源养护公约》第 21 条（1）规定，"各缔约方应尽其所能，采取适当措施，确保遵守本公约规定和委员会通过的根据本公约第九条对各成员有约束力的各项养护措施"。如前所述，不同学者或国家对"应尽其所能"（within its competence）有不同的解释。有观点认为，此措辞包括了"国家管辖区域"，即一些国家在南大洋主张的"专属经济区"或"管辖区"；抑或南极大陆附近的"国家管辖区域"，抑或南极岛屿附近的"国家管辖区域"。所以，该问题也和《南极海洋生物资源养护公约》第 4 条（2）提及的"沿海国"密切关联。不论如何，至少有一点是清楚的，即附在会议最后文件之后的 1980 年主席声明针对法国在凯尔盖朗岛与克罗泽岛附近的 200 海里"国家管辖海域"，且适用于那些主权没有争议的岛屿。[2]

尽管英国和阿根廷关于南乔治亚岛和南桑德威奇岛的主权存在争议，有观点认为其他 CCAMLR 成员国对英阿之间的争议是没有异议的，所以 1980 年主席声明可同样适用于南乔治亚岛和南桑德威奇岛附近的"管辖区域"，无论是英国主张的，还是阿根廷主张的。同样的，如果英国或阿根廷不反对，则 CCAMLR 应适用于这两个群岛附近的 200 海里"管辖区"；英国或阿根廷可在此 200 海里"管辖区"内实施其国家法律或 CCAMLR 养护措施。1996 年 3

---

〔1〕 CCAMLR, Report of the Twelfth Meeting of the Commission, Hobart, 25 October – 5 November 1993, paragraphs 15.2 – 15.3; Evelyne Meltzer, "Global Overview of Straddling and Highly Migratory Fish Stocks: the Nonsustainable Nature of High Seas Fisheries", 25 *Ocean Development & International Law* 255, 278 (1994). 两国联合声明的标题中使用了"南大洋"（the Southern Ocean）。相反，2021 年第 40 届 CCAMLR 会议期间，阿根廷反对使用"南大洋"。

〔2〕 Final Act of Conference on the Conservation of Antarctic Marine Living Resources, Canberra, 7–20 May 1980. 在 1980 年会议期间，只有法国在凯尔盖朗岛与克罗泽岛附近宣布建立 200 海里专属经济区。根据主席声明，在未经法国同意前提下，CCMALR 不能将其养护措施适用于凯尔盖朗岛与克罗泽岛附近的专属经济区，如养护措施 CM 10-01（2014）、CM 10-02（2016）等。

月，英国以一艘载有阿根廷科学观察员的智利籍 Antonio Lorenzo 号渔船没有获得其捕捞许可而在南乔治亚岛附近 200 海里海域从事捕捞为由，扣押了此船，并将此船押到福克兰群岛（马尔维纳斯群岛），给智利渔船处以 35 万英镑罚款。英国此单边执法行为引发了阿根廷抗议。1996 年第 15 届 CCAMLR 会议，应阿根廷要求，会议议程增加了"在 48.3 区与 48.4 区解释与适用《南极海洋生物资源养护公约》与 1980 年主席声明"事项。在会议期间，阿根廷指出，英国单边执法行为以及派海军船舶出现在这些区域，破坏了双方之前的友好合作，而正是这种友好合作保障了 CCAMLR 正常运作；1980 年主席声明不适用于 48.3 区和 48.4 区，因为区域内岛屿主权存在争议，不符合 1980 年主席声明第 5 段所列"为所有缔约方所承认"（recognized by all Contracting Parties）的标准。英国一方面对会议在议程中列入其事项表示不满，另一方面强调 1980 年主席声明适用于那些存在主权的岛屿，英国认为它事实上和法理上都拥有这些岛屿的主权，所以 1980 年主席声明适用于 48.3 区和 48.4 区。英国还认为，其对南乔治亚群岛的管理是对 CCAMLR 的补充，而不是取代。英国特别指出许可或授权制度是自 20 世纪初一直在南乔治亚群岛施行的制度，包括鲸鱼与海豹捕猎活动的管理方面。另外，CCAMLR 认为其不是解决双方主权争议的合适平台，鼓励双方秉持合作精神继续磋商，在达成共识前不影响双方在 CCAMLR 框架下的合作。[1]类似地，1997-1998 年度，英国强制要求在 48.3 区作业渔船接受英国派遣科学观察员和 2004-2005 年，英国处罚西班牙渔船（Ibsa Quinto）和几内亚渔船（Elqui）时，都遭到阿根廷的抗议，认为英国这些行为违反了 CCAMLR 的多边制度以及不符合 1980 年主席声明。[2]

需要注意的是，英国在南桑德威奇岛附近主张的 200 海里管辖海域中约有 17.4 万平方公里面积是位于南纬 60 度以南的；也就是进入了《南极条约》的适用范围。2012 年 2 月 23 日，英国宣布将那些位于南纬 60 度以北的海域

〔1〕 CCAMLR, Report of the Fifteenth Meeting of the Commission, Hobart, 21 October-1 November 1996, paragraphs 13.1-13.41; Robin R. Churchill, "Falkland Islands-Maritime jurisdiction and co-operative arrangements with Argentina", 46 *International and Comparative Law Quarterly* 463, 475 (1997).

〔2〕 CCAMLR, Report of the Seventeenth Meeting of the Commission, Hobart, 26 October -6 November 1998, paragraphs 4.12-4.18 of Annex 5; Report of the Twenty-Fourth Meeting of the Commission, Hobart, 24 October-4 November 2005, paragraphs 3.2-3.5 of Annex 5.

设为 IUCN 第Ⅳ类海洋保护区，[1]约 107 万平方公里，其中 2 万多平方公里为"禁捕区"（no-take zone），主要是群岛 12 海里以内的区域。那些位于南纬 60 度以南的 17.4 万平方公里，尽管不在其名义上设立的海洋保护区范围之内，但因当地政府不允许捕捞而成为事实上的禁捕区（a de facto No-take zone）。[2]这些事实上的禁捕区，位于 CCAMLR 的 48.2 区和 48.4 区内。根据 CM 51-07 和 CM 21-03，此海域可以进行商业性磷虾作业，且凡申请在 48 区进行南极磷虾作业的渔船都须缴纳通报费；2015 年，CCAMLR 通过决定，48 区的通报费是作为一个整体，不以 4 个亚区单独计算和缴纳，也就是已经包含了 48.2 区、48.3 区和 48.4 区的费用。[3]这样，英国不仅将其主张管辖海域拓展到南纬 60 度以南的海域，而且通过设立海洋保护区，特别是"禁捕区"，限制或排除了 CCAMLR 通过的养护措施在其"禁捕区"的适用。2019 年 3 月，阿根廷外交部通过 CCAMLR 就英国于 2012 年在南乔治亚岛和南桑德威奇岛附近海域建立"海洋保护区"提出抗议，认为上述岛屿属于有争议岛屿，不能适用 1980 年主席声明第 5 段，这些岛屿附近海域内海洋生物资源的养护仅适用多边机制，即 CCAMLR 养护措施；英国建立"海洋保护区"的行为是非法的。[4]

20 世纪 90 年代初，苏联将延绳钓作业方式引入南极，捕捞犬牙鱼，大幅提升了作业效率，并引发了非法捕捞或不管制捕捞的问题。对此，一些国家采取单边执法或管制措施。但是，犬牙鱼资源跨界洄游特征以及 CCAMLR 管辖范围内存在岛屿主权争议，触发了南美三国（智利、阿根廷和巴西）在 1995 年第 14 届 CCAMLR 会议期间提出 1980 年主席声明适用以及 CCAMLR 管辖范围内渔业统一管理的问题；澳大利亚、法国、南非、英国、挪威等国家反应强烈。随后，CCAMLR 认为此问题应置于《南极海洋生物资源养护公约》目标框架下进行讨论，决定将《南极海洋生物资源养护公约》目标的实施作

---

[1] Marine Protected Areas Order 2012 (No. 1 of 2012), South Georgia and South Sandwich Islands Gazette, 29 February 2012, No. 1, pp. 4~11.

[2] South Georgia and the South Sandwich Islands Marine Protected Area Management Plan, Government of South Georgia and the South Sandwich Islands, August 2013, p. 6.

[3] See CCAMLR, Report of the Thirty-Fourth Meeting of the Commission, Hobart, 19-30 October 2015, paragraphs 12.5-12.6 and paragraph 22 of Annex 7. 此计算方法是英国提出的，目的是借多边机制掩盖其对 48.3 区和 48.4 区管控的事实。

[4] CCAMLR, Correspondence received from Argentina, COMM CIRC 19/33, 20 March 2019.

为 1996 年第 15 届 CCAMLR 议程中一个事项。1996 年，第 15 届 CCAMLR 会议专题讨论了亚南极岛屿附近海域和 CCAMLR 管辖内其他海域之间渔业管理协调统一的问题。[1]

第四节　南极海洋生物资源养护委员会

《南极海洋生物资源养护公约》建立了南极海洋生物资源养护委员会（CCAMLR）（第 7 条）、南极海洋生物资源养护科学委员会（SC-CAMLR）（第 14 条）和秘书处（第 17 条）；南极海洋生物资源养护委员会具有国际法人资格（第 8 条），可根据履行其职责的需要建立必要的附属机构（第 13 条）。这和区域渔业公约的组织结构基本一致。[2]但相较于《南极条约》和《南极海豹养护公约》，《南极海洋生物资源养护公约》在组织机构方面更具开创性，为《南极矿产资源活动管理公约》提供了先例。

一、CCAMLR 及其与 SC-CAMLR 的关系

关于 CCAMLR 的职责，根据《南极海洋生物资源养护公约》第 9 条的规定，委员会为"实现本公约第 2 条规定的宗旨和原则"可采取一系列养护措施；第 9 条（2）所列的养护措施，从内容上看，和传统区域渔业管理组织的职责相似；但《南极海洋生物资源养护公约》第 9 条（2）（i）是一个例外。该条款要求"采取委员会认为实现本公约目的所必要的其他养护措施，包括关于捕捞和相关活动对海洋生态系统中被捕捞种群以外的其他成分的影响的措施"。这对应的是《南极海洋生物资源养护公约》第 2 条（3）（b）规定的"生态系统方法"。1995 年《联合国鱼类种群协定》及其后建立的区域渔业管

---

〔1〕　CCAMLR, Report of the Fourteenth Meeting of the Commission, Hobart, 24 October-3 November 1995, paragraphs 15. 1-15. 13; Report of the Fifteenth Meeting of the Commission, Hobart, 21 October-1 November 1996, paragraphs 12. 1-12. 21.

〔2〕　如 1978 年 10 月 24 日签署、1979 年 1 月 1 日生效的《关于西北大西洋渔业未来多边合作公约》成立了总理事会（the General Council）、科学理事会（Scientific Council）、渔业委员会（Fisheries Commission）和秘书处。1966 年 5 月 14 日开放签字的《养护大西洋金枪鱼国际公约》成立了委员会、理事会、分鱼种专家组、秘书处等；目前该公约的组织结构包括：委员会、财务与行政常设委员会、研究与统计常设委员会、养护与管理措施遵守委员会、分鱼种专家组、秘书处等。参见 http://iccat. int/en/organization. htm，访问日期：2018 年 5 月 1 日。

理组织都增加了此原则。

对于配额分配的职能，尽管 1977 年第 9 届 ATCM 期间南极海洋生物资源工作组建议排除配额分配和其他对捕捞活动的经济性措施，[1]但该问题在公约谈判期间仍曾被多次提及。南极洲领土主张国希望获得配额的补偿，以弥补他们不主张海洋区域并实施相应管辖的损失；相应的，捕鱼国则认为，同意养护已经是让步，作为回报，捕鱼国有权将南纬 60 度以南的所有海域都当作公海。配额分配，必须会引发主权问题，因为非陆地领土主张国和捕鱼国肯定不同意将配额分配给那些不捕鱼的陆地领土主张国。另外，如果允许配额分配，有国家担心则该公约性质就从一个养护公约变成一个彻底的渔业公约；这种性质的变化，可能招致第三世界的反对。[2]阿根廷认为，这样不仅损害了 CCAMLR 的地位，更会危及南极条约体系之于国际社会的地位。[3]

正是 CCAMLR 没有配额分配的管理职能，以及它属于南极条约体系的组成部分，使其变得非常特别。西方国家开始倾向于认为，CCAMLR 不是区域渔业管理组织（RFMO），而是一个区域性养护组织，[4]或超越了区域渔业管理组织，为南极海洋保护区做政治上的铺垫。但随着 CCAMLR 成员中捕鱼国数量的增加、更多与南极条约体系没有关联的国家加入《南极海洋生物资源养护公约》、更多 CCAMLR 成员中渔业部门官员（甚至由渔业部门官员而非外交部门官员担任团长或副团长）、区域渔业管理组织也都采取预防性做法和生态系统方法等，CCAMLR 与区域渔业管理组织之间的差别正在缩小。[5]

---

[1] ATCM, Report of the Ninth Consultative Meeting, London, 19 September-7 October 1977, paragraph 10.

[2] Judith G. Gardam, "Management Regimes for Antarctic Marine Living Resources-An Australian Perspective", 15 *Melbourne University Law Review* 279, 295 (1985).

[3] CCAMLR, Report of the Third-First Meeting of the Commission, Hobart, 23 October-1 November 2012, paragraph 7.58.

[4] Nengye Liu, "The European Union and the establishment of marine protected areas in Antarctica", 18 *International Environmental Agreements: Politics, Law and Economics* 861, 865 (2018). See Anthony J. Press, Indi Hodgson-Johnston, Andrew J. Constable, "The principles of the convention on the conservation of Antarctic Marine living resources: Why its commission is not a regional fisheries management organization", In Nengye Liu, Cassandra M. Brooks and Tianbao Qin (eds.), *Governing marine living resources in the polar regions*, Edward Elgar, 2019, pp.9~29. 值得注意的是，UNEP 认为 CCAMLR 属于其区域海洋计划（RSP）下南极的区域海洋环境组织。

[5] CCAMLR, Performance Review Panel Report, Hobart, 1 September 2008, paragraphs 20~23.

鉴于科学对实现《南极海洋生物资源养护公约》第 2 条的重要性，第 14 条规定缔约方分别设立 SC-CAMLR，作为 CCAMLR 的咨询机构；CCAMLR 的每个成员均是 SC-CAMLR 的成员，可指定具有适当科学资格的一名代表或数名专家、顾问。第 15 条进一步规定了 SC-CAMLR 的功能及其可开展的科学活动。在功能方面，SC-CAMLR 是一个收集、研究和交换公约所适用的海洋生物资源信息的协商与合作论坛，宗旨在于扩大对南极海洋生态系统中海洋生物资源的了解。在可开展的活动方面，包括：制定养护措施的标准与方法；定期评估南极海洋生物资源种群的现状和趋势；分析捕捞对南极海洋生物资源种群的直接与间接影响的数据；对改变捕获方法或捕获水平的建议以及养护措施的建议的影响进行评估；按要求或主动向委员会提交对实施本公约目的的措施和研究进行的评估、分析、报告和建议等。[1] 经 CCAMLR 批准，SC-CAMLR 可根据需要建立必要的附属机构。截至 2023 年，SC-CAMLR 的附属机构有：鱼类种群评估工作组（WG-FSA），生态系统监测与管理工作组（WG-EMM），统计、评估与建模工作组（WG-SAM），捕捞伴随死亡率工作组（WG-IMAF）和声学调查与分析方法工作组（WG-ASAM），以及 CCAMLR 生态系统监测项目组。[2]

SC-CAMLR 和 CCAMLR 都是根据《南极海洋生物资源养护公约》成立，且有各自明确的职责，没有规定相互存在隶属关系。这与一般区域渔业条约不同。例如，2000 年《养护和管理中西太平洋高度洄游鱼类种群公约》第 11 条规定，养护和管理中西太平洋高度洄游鱼类种群委员会（WCPFC）下设附属机构（subsidiary bodies），包括"科学委员会"和"技术与遵约委员会"，明确了科学委员会是附属机构，为 WCPFC 提供咨询意见和建议。因此，CCAMLR 和 SC-CAMLR 在从属关系、机构性质以及决策过程的关系等方面曾有过激烈的争论。

在两个机构的从属关系问题上，SC-CAMLR 主席会强调 SC-CAMLR 的独立性，理由是 SC-CAMLR 是由《南极海洋生物资源养护公约》设立的两个机构之一。有意思的是，《南极海洋生物资源养护公约》第 13 条（5）和第 16 条（2）分别规定，CCAMLR 和 SC-CAMLR 各自"通过并根据需要修改议事

---

〔1〕 《南极海洋生物资源养护公约》第 15 条。

〔2〕 参见 https://www.ccamlr.org/en/science/scientific-committee-0，访问日期：2023 年 8 月 1 日。

规则"，没有要求 SC-CAMLR 的议事规则必须得到 CCAMLR 的同意或在 CCAMLR 通过，这与一般区域渔业公约不同。[1]《南极海洋生物资源养护公约》第 23 条在规定对外合作时，包括了南极条约协商国、FAO、SCAR、IWC 等，则将 CCAMLR 和 SC-CAMLR 并列，似乎暗示了 CCAMLR 和 SC-CAMLR 互不从属以及职责的差异。

1982 年 6 月召开的第 1 次 SC-CAMLR 会议单独讨论其议事规则，且 SC-CAMLR 会议内容仅出现 CCAMLR 会议的 "其他事项"。[2]因此，两者之间似乎没有从属关系，SC-CAMLR 是独立于 CCAMLR 的。但从《南极海洋生物资源养护公约》其他规定看，如 "SC-CAMLR 应按 CCAMLR 根据本公约宗旨而给予的指示开展活动"，以及 "经 CCAMLR 批准，SC-CAMLR 可根据履行其职能的需要建立必要的附属机构" 等，CCAMLR 应是 SC-CAMLR 的上级机构。有意思的是，1983 年，第 2 届 SC-CAMLR 会议在通过其议事规则后，CCAMLR 给予了批准（approval），然后 SC-CAMLR 才开始其工作。[3]从经费方面看，SC-CAMLR 的活动开展的预算，也需要由 CCAMLR 下设的行政与财务常设委员会（SCAF）审议并提交 CCAMLR 通过。

在机构的性质问题上，在 1982 年 6 月召开的第 1 届 SC-CAMLR 会议上，各成员国就关于 SC-CAMLR 的作用或地位（its role）出现了不同意见。澳大利亚、美国和英国在其开幕词中强调，SC-CAMLR 是 CCAMLR 的咨询机构，但不是其附属机构；而且 SC-CAMLR 不能就政治或实际事务作决定，仅能得到科学结论。苏联则提出不同的见解，在承认 SC-CAMLR 是一个科学数据和想法交换的平台外，苏联认为鉴于 SC-CAMLR 的每个成员都代表着各自的国家，因此 SC-CAMLR 本质上也是一个政治机构。这种争论延续到了 SC-CAMLR 决策机制上。澳大利亚关于程序规则的草案是，SC-CAMLR 在可能情

---

〔1〕 2000 年《养护和管理中西太平洋高度洄游鱼类种群公约》第 9 条（8）规定，由 WCPFC 通过并根据需要修改所有会议的议事规则，包括其附属机构的议事规则。

〔2〕 CCAMLR, Report of the First Meeting of Scientific Committee for the Conservation of Antarctic Marine Living Resources, Hobart, 7-11 June 1982; Report of the First Meeting of the Commission for the Conservation of Antarctic Marine Living Resources, Hobart, 25 May-11 June 1982, paragraphs 45-46.

〔3〕 CCAMLR, Report of the Second Meeting of Scientific Committee, Hobart, 30 August-8 September 1983, paragraph 8; Report of the Second Meeting of the Commission, Hobart, 29 August-9 September 1983, paragraphs 8-11. 第 2 届 CCAMLR 会议批准 SC-CAMLR 的议事规则后，对 CCAMLR 的议事规则进行了修订，增加了 "委员会应充分考虑科学委员会的报告" 的规定。

况下采用协商一致机制；如需投票，则采用简单多数原则。苏联的草案是，SC-CAMLR 在实质性和程序问题上应采用与 CCAMLR 一致的机制，即协商一致。那些认为 SC-CAMLR 仅是一个纯科学机构的国家（如英国）批评苏联的此意见，认为此机制将导致 SC-CAMLR 政治化。[1] 除此之外，还有一个导致 SC-CAMLR 政治化的原因是科学家之间缺少相互信任，特别是在 SC-CAMLR 起步阶段，各国派出的科学家大多数是参加过国际捕鲸委员会（IWC）的。但是，协商一致决策方式使他们能够进行相互妥协与合作。在 1985 年之后，SC-CAMLR 逐步清楚了解了履行其咨询职责所需数据的精确程度，也促进 SC-CAMLR 工作走上了正轨。[2]

在决策过程的关系方面，表面上看，SC-CAMLR 仅是一个"协商和合作的论坛"，以及按 CCAMLR 的指示开展活动，似乎 SC-CAMLR 不能对《南极海洋生物资源养护公约》第 9 条规定中 CCAMLR 通过的养护措施产生任何影响，或者 CCAMLR 可以完全不考虑 SC-CAMLR 的建议和意见。考虑到"可获得最佳科学证据"在实施"生态系统方法"和"预防性做法"等养护原则方面的作用，SC-CAMLR 在通过这些养护措施决策中的作用是不可低估的。《南极海洋生物资源养护公约》第 9 条（4）明确要求 CCAMLR 应"应充分考虑科学委员会的建议和意见"；CCAMLR 议事规则第 21 条也要求充分考虑 SC-CAMLR 报告。事实上，在 CCAMLR 和 SC-CAMLR 运行的最初阶段，数据缺乏问题一直是个突出的问题，这会导致 CCAMLR 成员国提议通过严格的养护措施时会遇到其他成员国反对，理由是缺乏科学数据证明采取严格的养护措施的必要性；反对来，SC-CAMLR 则认为这是因为 CCAMLR 没有履行《南极海洋生物资源养护公约》第 15 条（2）的责任，即指示 SC-CAMLR 开展相关活动。

这种因"缺少科学数据"导致两个机构在养护措施决策过程中的矛盾，既可能是有如前所述的政治因素影响，也可能是因为两个机构没有处理好"科学—政策"之间的关系。有学者认为，SC-CAMLR 向 CCAMLR 提供建议

---

〔1〕　Matthew Howard, "The Convention on the Conservation of Antarctic Marine Living Resources: A Five-Year Review", 38 *International and Comparative Law Quarterly* 104, 117-119 (1989).

〔2〕　Olav Schram Stokke, "The Effectiveness of CCAMLR", in Olav Schram Stokke and Davor Vidas (eds.), *Governing the Antarctic: The Effectiveness and Legitimacy of the Antarctic Treaty System*, Cambridge University Press, 1996, pp. 140~141.

和意见的有效性取决于三个方面：①从相关性、准确性、时效性以及公正性的角度看，SC-CAMLR 是否努力促进这些建议和意见的提供；②SC-CAMLR 是否充分利用所有可获得的科学数据和专业知识；③SC-CAMLR 是否为 CCAMLR、科学家和公众提供一个交流沟通的平台。[1] 对于两个机构之间的关系，曾作为英国代表团成员参加南极海洋生物资源养护外交大会的 David M. Edwards 和 John A. Heap 认为，其取决于两个机构相互独立的程度。[2] John A. Heap 还认为，CCAMLR 不能推卸决策的责任，不能把责任转移给具体的科学方法，科学方法不能承担决策的责任；SC-CAMLR 和 CCAMLR 应加强沟通；正确的做法应是，SC-CAMLR 应要求向 CCAMLR 提供建议和意见，这些建议和意见应容许一定的怀疑，但 SC-CAMLR 应尽其能力确保其建议和意见的科学性。[3]

1987 年，SC-CAMLR 和 CCAMLR 在养护措施决策过程中关系发生了重大改变；这得益于两者对于"管理政策"（management policy）问题的沟通。这一年，CCAMLR 请求 SC-CAMLR 就一些养护措施提供管理建议，如南乔治亚岛周围捕捞限额等。SC-CAMLR 回复认为，它不能提供科学建议，因为 CCAMLR 没有制定 SC-CAMLR 应遵循的管理政策；而这种管理政策是不同层次决定中的一个部分，从《南极海洋生物资源养护公约》确定的总体养护原则到具体养护政策（specific policies），再到管理战略（management strategies），以及管理策略（management tactics）。这是一个循环反复的过程，这些政策或战略等应随着知识积累增长而不断调整。[4] 这会促进 CCAMLR 履行其职责；同时，由 SC-CAMLR 提出这些问题，证明科学开始发挥其应用的

〔1〕 James N. Barnes, "The Emerging Convention on the Conservation of Antarctic Marine Living Resources: an Attempt to Meet the New Realities of Resources Exploitation in the Southern Ocean", in Jonathan I. Charney (ed.), *The New Nationalism and the Use of Common Spaces: Issues in marine pollution and the exploitation of Antarctica*, Allanheld, Osmun, 1982, p. 254.

〔2〕 David M. Edwards, John A Heap, "Convention on the Conservation of Antarctic Marine Living Resources: a Commentary", 20 *Polar Record* 353, 357 (1981).

〔3〕 John A Heap, "The role of scientific advice for the decision-making process in the Antarctic Treaty System", in Rüdiger Wolfrum (ed), *Antarctic Challenge* Ⅲ: *conflicting interests, cooperation, environmental protection, economic development*, Duncker & Humblot, 1988, pp. 23~25.

〔4〕 CCAMLR, Report of the Sixth Meeting of the Scientific Committee, Hobart, 26 October-3 November 1987, paragraphs 5. 34-5. 43.

独立作用。[1]

1988年，第7届CCAMLR会议对SC-CAMLR提出的"管理政策"问题进行了回应，明确CCAMLR需要SC-CAMLR就管理选择（management options）及其后果提供建议和意见；鉴于SC-CAMLR提出的数据和信息缺乏问题，CCAMLR敦促其成员国将数据和信息提供作为一项高度优先工作来对待；希望未来SC-CAMLR在管理建议中增加未来两个年度捕捞限额的估算。[2]这为SC-CAMLR更有效参与决策过程、发挥更大的作用奠定了基础。

二、执行与遵约常设委员会

除SC-CAMLR、CCAMLR和秘书处外，CCAMLR还成立了行政与财务常设委员会（SCAF）和观察与检查常设委员会（SCOI）。SCAF是由第1届CCAMLR会议决定，在1983年第2届CCAMLR会议期间成立的。[3]

SCOI涉及《南极海洋生物资源养护公约》第24条规定的"观察与检查制度"；到1984年第3届CCAMLR会议时才提出；1987年第6届CCAMLR会议，根据美国领导的工作组的报告，同意于1988年建立SCOI，职责范围包括：为实施《南极海洋生物资源养护公约》第24条（2）提供建议，为检查员和观察员职能性质以及报告格式与程序等提供建议，为检查员和观察员的工作重点提供建议，评估检查员和观察员的报告等。[4]1988年，SCOI召开第一次会议，指出《南极海洋生物资源养护公约》第24条交替使用了"观察员"和"检查员"，因此需要对这两者进行区分；讨论了"观察和检查制度"（observation and inspection system），认为该制度的目的是核实养护措施的遵守。[5]2001年，CCAMLR建立了一个新工作组，由欧盟领导，起草了执行与

---

〔1〕 Francisco Orrego Vicuña, "The Effectiveness of the Decision-Making Machinery of CCAMLR: An Assessment", in Arnfinn Jørgensen-Dahl and Willy Østreng (eds.), *The Antarctic Treaty System in World Politics*, Palgrave Macmillan, 1991, p. 32.

〔2〕 CCAMLR, Report of the Seventh Meeting of the Commission, Hobart, 24 October-4 November 1988, paragraphs 113-118.

〔3〕 CCAMLR, Report of the First Meeting of the Commission for the Conservation of Antarctic Marine Living Resources, Hobart, 25 May -11 June 1982, paragraph 22.

〔4〕 CCAMLR, Report of the Sixth Meeting of the Commission, Hobart, 26 October-6 November 1987, paragraphs 94-103.

〔5〕 CCAMLR, Report of the Seventh Meeting of the Commission, Hobart, 24 October-4 November 1988, Annex H.

遵约常设委员会（SCIC）的职责范围（ToR）[1]2002 年，CCAMLR 通过了执行与遵约常设委员会的职责范围，[2]强调执法与遵约。2003 年 10 月 27 日至 31 日，SCIC 召开第一次会议，法国人 Y. Becouarn 担任主席。[3]

目前，CCAMLR 对"观察员"和"检查员"进行了区分处理；前者适用《国际科学观察制度》（SISO），后者适用《检查制度》（SoI）。这是两个根据《南极海洋生物资源养护公约》制定的制度，不同于 CCAMLR 通过的养护措施。科学观察员职责是通过记录渔船位置、渔获生物学特征、兼捕数量及生物学数据、兼捕海鸟和哺乳动物等任务来观察和报告渔船活动。[4]CCAMLR《检查制度》，最初于 1988 年通过，但经一年多的补充，于 1990 年才真正得以实施，由苏联对其渔船执行了 118 次执法检查。[5]1992 年，CCAMLR 通过了《国际科学观察制度》，[6]标志着执法检查和科学观察正式分离。目前 CCAMLR《检查制度》共 14 段，包含检查员的指定、检查员的权利与义务、派出缔约国的义务、船旗国义务等内容。[7]

三、行政与财务常设委员会

行政与财务常设委员会（SCAF），是由 1983 年第 2 届 CCAMLR 会议决定设立的。在机构设立法律依据方面，SCAF 不同于 SCIC。如前所述，SCIC 及其前身 SCOI 设立的法律依据是《南极海洋生物资源养护公约》第 24 条；而 SCAF 设立的法律依据则是第 13 条（6），即"委员会可根据履行其职责的需要建立必要的附属机构"。根据 1983 年 CCAMLR 决定，SCAF 应在行政与财务事项方面为 CCAMLR 提供建议，以及每年检查 CCAMLR 上一年度财政情况、当年度

---

〔1〕 CCAMLR, Report of the Twentieth Meeting of the Commission, Hobart, 22 October-2 November 2001, paragraph 8.16 and Annex 8.

〔2〕 CCAMLR, Report of the Twenty-First Meeting of the Commission, Hobart, 21 October-1 November 2002, paragraph 5.16.

〔3〕 CCAMLR, Report of the Twenty-Second Meeting of the Commission, Hobart, 27 October-7 November 2003, paragraphs 6.1, 6.12.

〔4〕 The CCAMLR Scheme of International Scientific Observation, Annex I.

〔5〕 CCAMLR, Report of Ninth Meeting of the Commission, Hobart, 22 October-2 November 1990, paragraph 11.3.

〔6〕 CCAMLR, Report of the Eleventh Meeting of the Commission, Hobart, 26 October-6 November 1992, paragraphs 6.6-6.12.

〔7〕 详细参见第七章。

预算开支以及下一年预算编制等。CCAMLR 在其成员中遴选 SCAF 主席，任期 2 年，可连任 2 期，即 4 年。阿根廷被选为 SCAF 第一任主席。[1]在近 10 年实践中，如果 CCAMLR 会议为两周的话，则 SCAF 会议为 1.5 天左右；1 天用于讨论，半天用于通过 SCAF 会议报告。因此，SCAF 会议和 SCIC 会议存在重叠，加上秘书处会场条件的限制，CCAMLR 成员参与 SCAF 会议的程度稍差些。

根据《南极海洋生物资源养护公约》第 19 条（3），CCAMLR 成员有义务缴纳会费，第 19 条（3）进一步规定，在公约生效后的 5 年内，委员会各成员的缴款应均等。其后，缴款数额将根据捕捞量和委员会各成员均摊这两条标准决定。委员会应按照协商一致的方式决定两条标准的适用比例。也就是，自 1987 年以后，CCAMLR 成员会费包括两部分，即基础会费和渔业会费。

2002 年，SCAF 建议渔业会费应至少占全体会费总数的 3%。也就是，在 CCAMLR 管辖区域内从事捕鱼活动的成员，除缴纳基础会费外，还需按其渔业产量缴纳渔业会费。渔业会费，根据不同鱼种类型设计了不同的计算单位。犬牙鱼以 1 吨为 1 个计算单位，南极磷虾以 10 吨为 1 个计算单位，其他鱼种以 5 吨为 1 个计算单位。渔业会费按近三年捕捞产量平均值计算。[2]根据《南极海洋生物资源养护公约》第 19 条（6），如果一个成员连续两年不能缴纳其会费，则失去参与表决的权利，即可以正常参加 CCAMLR 会议但不能阻止 CCAMLR 及其附属机构就任何事项达成协商一致。简而言之，该成员会失去一票否决权。2017 年，巴西因连续两年没有缴纳其会费而不能参与表决。[3]此问题一直延续到 2022 年，仍未完全解决。[4]

---

〔1〕 CCAMLR, Report of the Second Meeting of the Commission, Hobart, 29 August-9 September 1983, paragraphs 12-15.

〔2〕 CCAMLR, Report of the Twenty-First Meeting of the Commission, Hobart, 21 October-1 November 2002, paragraph 3.1 and paragraph 16 of Annex 4. 关于 SCAF 的建议，2002 年 CCAMLR 报告注意到了（noted），而不是通过了（adopted）。实践中，CCAMLR 是按 SCAF 建议的公式进行计算各成员会费的。2017 年，SCIC 在讨论澳大利亚籍 Isla Eden 号渔船在 2015 年作业期间少报了 37 吨犬牙鱼事件时，当时 CCAMLR 秘书处执行秘书就援引 2002 年 SCAF 的建议，确定澳大利亚渔船少报事件影响了澳大利亚会费计算。

〔3〕 CCAMLR, Report of the Thirty-Sixth Meeting of the Commission, Hobart, 16-27 October 2017, paragraph 1.10.

〔4〕 CCAMLR, Report of the Forty-First Meeting of the Commission Hobart, 24 October-4 November 2022, paragraph 55 of Annex 8. 2022 年，巴西没有线下参加 CCAMLR 会议，但是已经缴纳了部分会费，并承诺缴纳剩余会费。

为控制成员会费增长，CCAMLR 采取了零增长政策（the general principle of zero real growth），即除通胀因素外，原则上成员会费不增长。在此情况下，1995 年，SCAF 发现 CCAMLR 大多数预算增加请求来源于 SC-CAMLR，并于 1996 年向 CCAMLR 建议：要求 SC-CAMLR 在要求增加预算开支时应考虑到零增长政策。2004 年，SC-CAMLR 活动及其工作量再次出现显著增加的情况，导致其向 CCAMLR 申请预算增多，导致 CCAMLR 再次提请 SC-CAMLR 注意零增长政策，以及 CCAMLR 实施成本恢复政策（a cost-recovery policy）。

2002 年，考虑到越来越多国家通报新渔业和探捕性渔业，特别是那些通报但不实际开展渔业的情况，根据欧盟的提案，SCAF 向 CCAMLR 建议对渔业通报实施成本恢复政策，征收一定的费用：一方面弥补渔业通报科学评估的成本，另一方面限制过度通报。为此，该渔业通报费包括两部分：3000 澳元最低成本费和 5000 澳元押金；渔业通报费按鱼种和区域计算。如果一艘渔船在通报后能开展渔业活动，则退还 5000 澳元；如果通报但不开展渔业活动，则不退 5000 澳元。如果渔船在其通报后不及时向秘书处缴纳通报费，则该渔业通报不予以考虑。2005 年，第 24 届 CCAMLR 会议同意了前述 SCAF 的建议，对新渔业和探捕性渔业实施成本恢复政策：3000 澳元成本费和 5000 澳元押金。[1]

2008 年，第一次绩效评估专家组建议，考虑到越来越多的国家关注磷虾渔业，建议将此渔业通报费制度扩展至所有商业渔业；成立专家组评估 CCAMLR 在评估渔业通报过程中的真实服务成本，以决定哪些服务属于渔业活动管理相关（由渔船承担），哪些应属于养护宗旨相关（由 CCAMLR 的一般基金承担）。[2]第一次绩效评估专家组的建议，为 CCAMLR 就磷虾渔业通报征收通报费提供了依据。

2009 年，SCIC 会议讨论了针对磷虾渔业通报适用成本恢复政策事宜，以避免 CCAMLR 成员过多通报。秘书处认为，每个磷虾渔业通报所造成的行政成本和犬牙鱼渔业通报相当。SCIC 讨论了不同的选择方案，但是没有达成共识。SCAF 注意到了 SCIC 关于此政策的讨论。[3]2010 年，美国建议 CCAMLR

---

〔1〕 CCAMLR, Report of the Twenty-Fourth Meeting of the Commission, Hobart, 24 October-4 November 2005, paragraph 3. 12.

〔2〕 CCAMLR, The Performance Review Panel Report, 1 September 2018, pp. 96~99.

〔3〕 CCAMLR, Report of the Twenty-Eighth Meeting of the Commission, Hobart, 26 October-6 November 2009, paragraph 24 of Annex 4.

向磷虾渔业通报征收通报费，其重点在于磷虾通报的拟捕捞产量的准确性。美国在其提议中指出，CCAMLR 自 2005 年开始实施磷虾渔业通报制度，目的是使 SC-CAMLR 更好地向 CCAMLR 提供磷虾渔业管理的科学建议，但是成员国在渔业通报中非常不准确地通报其拟捕捞磷虾产量严重影响了 SC-CAMLR 准确提供科学建议的能力，如图 2-6。针对此通报产量不准确的问题，美国建议如果磷虾渔船实际产量是其通报产量 70% 以上且不超过通报产量，则秘书处退还 5000 澳元押金；如果不到通报产量的 70% 或者超过通报产量，则不退还 5000 澳元押金。[1]对于美国的提议，SCIC 未能达成共识，[2]SCAF 则认为须待 SCIC 达成共识后方可进一步考虑。[3]也就是说，SCAF 认为磷虾渔业通报费事宜应先经 SCIC 同意后再由 SCAF 从预算的角度进行审议。

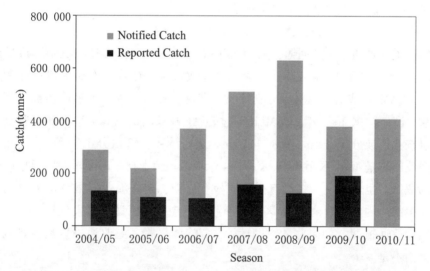

图 2-6　2004 年至 2010 年间磷虾通报产量与实际报告产量之间的差异[4]

---

〔1〕 Delegation of the USA, Improvement of Krill Fishing Notification Accuracy through Notification Fees, CCAMLR-XXIX/34 Rev. 1, 16 September 2010.

〔2〕 在 2010 年 SCIC 会议期间，我国和日本分别提出了各自的关切；美国曾表示愿意将退还比例从 70% 下降至 50%。在 2010 年 CCAMLR 会议期间，美国极力反对我国两艘渔船在闭会期间从缔约方 IUU 渔船名单中删除，却不再要求讨论其关于磷虾渔业通报费的提议。

〔3〕 CCAMLR, Report of the Twenty-Ninth Meeting of the Commission, Hobart, 25 October-5 November 2010, paragraph 32 of Annex 5.

〔4〕 CCAMLR Secretariat, Summary of Notifications for Krill Fisheries in 2010/11, CCAMLR-XXIX/19, 27 September 2010, Figure 1.

2013 年，根据可持续财政会间协调小组（ICG-SF）的评估意见，管理成本被提高到 3600 澳元；同时，将这种成本恢复机制适用于所有需要通报的渔业，即扩展适用到南极磷虾渔业，自 2015-2016 年度开始实施。SCAF 同意这些建议，并以 SCAF 的名义提交给 CCAMLR。2013 年，第 32 届 CCAMLR 会议同意 SCAF 的上述建议，并确认该机制不扩展到其他不需要通报的渔业。[1] 对比 2010 年 SCAF 的意见可以发现，SCAF 在此事宜上采取了不同的做法。它不再认为南极磷虾渔业通报费必须等 SCIC 先取得协商一致，或者认为绕过 SCIC 而由 SCAF 向 CCAMLR 提出建议更容易实现征收南极磷虾渔业通报费。事实证明，绕过 SCIC 是一个有效的办法，毕竟有些 CCAMLR 成员对 SCAF 关注度不如 SCIC 那样高，且一般不会派人或派新人参加 SCAF 会议。南极磷虾渔业通报费，就是这样一个典型例子。

即使如此，当 CCAMLR 秘书处于 2015 年开始对磷虾渔业征收通报费时，就出现了计算通报费的问题，关键问题在于 48 区。一方面有 CCAMLR 成员认为应将 48.1 区至 48.4 区合并作为一个渔业通报，征收一次通报费；另一方面有 CCAMLR 成员则认为应分别征收，即一个亚区作为一个渔业通报，分别征收一次。根据 2005 年 CCAMLR 通过 SCAF 建议时的计算标准，渔业通报的数量按亚区或分区（subarea or division）进行计数。48 区分 6 个亚区，商业磷虾渔业区域是 48.1 区至 48.4 区，共 4 个亚区，渔业通报时要求明确通报拟作业的亚区。也就是说，在没有征收通报费之前，磷虾渔业通报也是按亚区进行通报的。因此，理论上 48 区磷虾渔业通报应按亚区计算通报数量，并分别缴纳渔业通报费；如果将 48 区作为一个整体，那么渔业通报数量应计为 1 个，而不是 4 个。

但是，48.3 区和 48.4 区涉及英国和阿根廷之间关于南乔治亚岛和南桑德威奇群岛主权争议的问题。如果按正常渔业通报计算标准，48 区内 4 个亚区分别计算为 4 个南极磷虾渔业通报，一方面会暴露和激化英国和阿根廷之间的主权争议，另一方面会削弱英国对相关岛屿及其海域的控制。为避免此危险，2015 年，英国向 SCAF 建议：现有计算标准，可能造成 48 区南极磷虾渔船进一步在个别亚区集中，不符合 SC-CAMLR 关于合理分布南极磷虾渔船作

---

[1] CCAMLR, Report of the Thirty-Second Meeting of the Commission, Hobart, 23 October-1 November 2013, paragraph 4.3 and paragraph 9 of Annex 7.

业空间的建议，因此应为 48 区南极磷虾渔业通报制定专门的收费标准，即将 4 个亚区南极磷虾渔业通报作为一个整体计费。[1]换言之，英国以科学利用 48 区南极磷虾渔业资源为名掩盖了按亚区计费可能带来的法律与政治风险。考虑到我国通报 48 区磷虾渔业较多，所以英国此建议要成功必须先取得我国的支持或认可。

巧合的是，CCAMLR 秘书处因前几年投资失败陷入财务危机，且 2015 年是南极罗斯海区域海洋保护区提案谈判的关键时刻，尽管 SCAF 激烈辩论了 2013 年 CCAMLR 关于将成本恢复政策适用于磷虾渔业决定的法律性质，但是最终 CCAMLR 还是就 2016-2017 年和 2017-2018 年度南极磷虾渔业通报费的征收方法达成了临时安排。[2]2018 年，SCAF 和 CCAMLR 仍未能达成一致意见。2019 年，SCAF 终于就此达成一致，制定了"CCAMLR 通报费程序"，适用于养护措施 CM 21-01、CM 21-02、CM 21-03 和 CM 24-01 等。SCAF 的这些建议为 CCAMLR 所接受。[3]

四、决策机制

决策机制，是任何一个具有管理职能条约的核心内容，它涉及缔约国相互关系，关系到妥协的权利义务的实施，更关系到条约所成立组织未来的运行。[4]就《南极海洋生物资源养护公约》而言，第 12 条（1）规定的"委员会对实质性事项的决定应在协商一致的基础上作出"，表面上似乎是与《南极条约》保持一致，[5]但从磋商过程看，这更是各方利益平衡的结果。这种平衡，也会延续到南极海洋生物资源养护科学委员会（SC-CAMLR）的议事规则上。CCAMLR 成员享有协商一致权利，是与其履约会费义务密切相关的。

〔1〕 Delegation of the United Kingdom, Harmonising CCAMLR's Financial and Conservation Objectives in relation to the Krill Fishery, CCAMLR-XXXIV/11, 28 August 2015.

〔2〕 CCAMLR, Report of the Thirty-Fourth Meeting of the Commission, Hobart, 19-30 October 2015, paragraphs 19-26 of Annex 7 and paragraph 4. 4.

〔3〕 CCAMLR, Report of the Thirty-Eighth Meeting of the Commission, 21 October-1 November 2019, paragraphs 12-14 of Annex 7 and paragraph 9. 6.

〔4〕 笔者有幸在 2015 年 12 月至 2017 年 11 月间作为中国外交代表团成员全程参加了《预防中北冰洋不管制公海渔业协定》的 6 轮磋商，亲身体会到决策机制在条约磋商中关键性，以及各国对此问题投入的关注度。

〔5〕 Antarctic Treaty, Article 12; ATCM Rules of Procedure, 2008, Rule 24. 严格意义上，"协商一致"与"一致同意"是不一样的。

2017 年，巴西因连续多年没有能够上缴成员会费而丧失参与"协商一致"的资格。总体而言，《南极海洋生物资源养护公约》的决策机制有三个方面：一是 CCAMLR 关于实质性事情和程序性事项决定的作出机制；二是 CCAMLR 通过养护措施排除适用机制，也称"反对程序"（objection procedure or opt out）；三是关于特殊岛屿周围海域养护措施制定机制。

如前所述，1980 年 5 月，南极海洋生物资源养护外交大会召开前，南极条约协商国有三个重要的关切，其中一个是维持"领土主张冻结"原则。鉴于《南极海洋生物资源养护公约》不仅涉及生物资源养护的权利与义务，更涉及南极"领土主张"，所以决策机制要比一般区域渔业条约更复杂，承载更多权益的平衡。所以，美国根据传统区域渔业公约的模式提出的 2/3 多数决策机制，以及其他国家后来提出的 3/4 多数、2/3 多数加反对程序等都没有被接受；当然，南极条约协商国曾要求的在投票表决中享有特殊的权利也没有被接受。[1] 相反，苏联和波兰自始坚持"协商一致"或"一致同意"，以保护其处于票数劣势的捕鱼国利益。[2] 苏联和波兰的立场，得到了阿根廷和智利的支持；但阿根廷和智利是出于维护其南极陆地领土主张的目的。[3] 挪威和新西兰也强烈要求"协商一致"。[4] 最终，《南极海洋生物资源养护公约》第 12 条和委员会议事规则采取了"协商一致"机制。

在此，"协商一致"机制更多是为了维持"南极领土主张冻结"原则，以及避免过多地使用反对程序，而非南极海洋生物资源养护。有学者认为，

---

〔1〕 类似的情况也出现在北冰洋公海渔业协定的磋商过程中，北冰洋沿海五国要求在投票表决中享有否决权，即不论何种多数机制，2/3 或 3/4，都必须包括所有北冰洋沿海国。这种沿海国与非沿海国的区别对待，成为磋商中最大的焦点问题。2017 年 11 月，北冰洋公海渔业磋商第 6 轮会议只能采取"协商一致"方式，给予每个国家一票否决权，情形类似于《南极海洋生物资源养护公约》。

〔2〕 1982 年 5 月 22 日，召开第 1 届南极海洋生物资源养护委员会时，有 11 个委员会成员，包括欧盟、民主德国和联邦德国；阿根廷、比利时、法国、波兰、挪威等还不是成员国，但都派代表参加了会议。所以，第 1 届 CCAMLR 成员国中，仅有 4 个是真正意义上的捕鱼国，分别是苏联、日本、波兰和民主德国；虽然法国也是捕鱼国，仅其作业范围限于其主张的凯尔盖朗岛附近海域，以留尼汪（La Réunion）为基地。See CCAMLR, Report of the First Meeting of the Commission for the Conservation of Antarctic Marine Living Resources, Hobart, 25 May-11 June 1982, paragraphs 5-7; Karl-Hermann Kock, "Fishing and Conservation in Southern Waters", 30 *Polar Record* 3, 5（1994）.

〔3〕 Francisco Orrego Vicuña, "The Effectiveness of the Decision-Making Machinery of CCAMLR: An Assessment", in Arnfinn Jørgensen-Dahl and Willy Østreng（eds.）, *The Antarctic Treaty System in World Politics*, Palgrave Macmillan, 1991, pp. 26~27.

〔4〕 Barbara Mitchell, "The Southern Ocean in the 1980s", 3 *Ocean Yearbook* 349, 375（1982）.

尽管南极条约体系采用"双焦点方法",但仍需要"协商一致"来保障。非南极陆地领土主张国,特别是捕鱼国,也认为只有"协商一致"才能充分保护其利益;苏联和日本接受"生态系统方法"也正是因为"协商一致"机制。曾作为英国代表团成员参加南极海洋生物资源养护外交大会的 David M. Edwards 和 John A. Heap 认为,最终选择"协商一致"是因为自 1961 年以来南极条约协商国在此机制方面积累了富有成效的经验;"协商一致"允许各方以最大努力去争辩其观点且最终相互妥协,这是多数机制所不具有的好处。任何一个决策机制都不应迫使缔约国接受与其重大利益相违背的养护措施。[1]

对于"协商一致"机制在实践中的作用,在最初几年备受争议,包括 CCAMLR 和 SC-CAMLR;1987 年之后,此情形得到了改善。[2]有学者认为,CCAMLR 在其最初几年运行不佳,原因不在于"协商一致"机制,而在于将科学和技术知识整合到具有政治性质的决策过程中去。因此,CCAMLR 运行最重要的是,在科学与技术和决策的政治过程之间建立良好的关系,并机制化。那些对"协商一致"机制不满的人,往往忽略了这一点。[3]进入 21 世纪后,CCAMLR 的"协商一致"机制分别因非法、不报告和不管制(IUU)捕捞、海洋保护区建设、遵约评估程序等事项而成为争议焦点,其中海洋保护区建设是其中最具争议的议题。[4]在此方面,2008 年我国对协商一致决策机制

---

〔1〕 David M. Edwards, John A Heap, "Convention on the Conservation of Antarctic Marine Living Resources: a Commentary", 20 *Polar Record* 353, 358 (1981).

〔2〕 此情形的好转归因于多种因素,包括:渔业生物学和统计数据越来越多、非渔业科学研究活动的开展增加了数据种类、东欧远洋船队经济效益下降及其政治环境正发生变化等。See Karl-Hermann Kock, "Fishing and Conservation in Southern Waters", 30 *Polar Record* 3, 11-13 (1994). 20 世纪 80 年代,东欧出现经济危机,特别是 1985 年 3 月戈尔巴乔夫入主克里姆林宫,1987 年提出了"改革新思维",外交政策调整为"以对话代替对抗",为上述情形好转提供了重要的外部政治环境。

〔3〕 Francisco Orrego Vicuña, "The Effectiveness of the Decision-Making Machinery of CCAMLR: An Assessment", in Arnfinn Jørgensen-Dahl and Willy Østreng (eds.), *The Antarctic Treaty System in World Politics*, Palgrave Macmillan, 1991, pp. 25~26.

〔4〕 Cassandra M. Brooks, "Competing values on the Antarctic high seas: CCAMLR and the challenge of marine-protected areas", 3 *The Polar Journal* 277 (2013); Laurence Cordonnery, Lorene Kriwoken, "Advocating a large role for the environmental nongovernmental organizations in developing a network for marine protected areas in the Southern Ocean", 46 *Ocean Development & International Law* 188 (2015); Jianye Tang, "China's engagement in the establishment of marine protected areas in the Southern Ocean: From reactive to active", 75 *Marine Policy* 68 (2017).

的阐述极具代表性。我国认为，当协商一致无法达成时，协商一致机制不应被用来区分 CCAMLR 成员，并贴上支持和反对的标签。对 CCAMLR 成员进行标签化，损害了 CCAMLR 成员参与磋商的权利，特别是在议题仍在磋商中的情形下。标签化，是一种对抗性做法，不利于促进 CCAMLR 达成协商一致；在 CCAMLR 决策过程中，应拒绝这种标签化的做法。[1]

除"协商一致"外，《南极海洋生物资源养护公约》第 9 条（6）（c）还规定了"反对程序"，即"如果委员会成员在收到本款第（a）项所述的通知之后 90 天内通知委员会，声明不能全部或部分接受该养护措施，则声明所指部分对该成员无效"。为防止这种"反对程序"被滥用，该条款进一步规定，"如果委员会的任何成员对根据本款第（c）项提出的程序有异议，委员会可以应任一成员的要求开会审议该养护措施"。这实际是建立了一种"双重否决"（double veto）的机制。该"反对程序"在 1996 年和 2006 年分别被智利和俄罗斯用过，分别退出养护措施 CM 37/X[2]和养护措施 CM 10-04（2005）。[3]

此外，1980 年主席声明构成了养护措施和"观察和检查制度"适用的另一个决策机制的例外。如前所述，法国和南非都分别要求一些养护措施不能适用于其凯尔盖朗岛与克罗泽岛、爱德华王子岛周边的专属经济区。英国和阿根廷有争议的南乔治亚岛和南桑德威奇岛周围海域，《国际科学观察制度》和《检查制度》实施有差异，需要谨慎对待。

五、CCAMLR 成员资格

《南极海洋生物资源养护公约》在加入公约和成为南极海洋生物资源养护委员会方面，分别作了规定。一方面，第 29 条规定《南极海洋生物资源养护公约》对"本公约适用的海洋生物资源的研究或捕捞活动感兴趣的任何国家开放"；另一方面，第 7 条规定这些加入公约的缔约国仅在"从事了本公约适

---

〔1〕 CCAMLR, Report of the Twenty-Seventh Meeting of the Commission, Hobart, 27 October-7 November 2008, paragraph 13.97.

〔2〕 该养护措施规定了小鳞犬牙鱼精细尺度数据报送（Fine-scale data for Dissostichus eleginoides）；现已包含在养护措施 CM 23-05 中。

〔3〕 Howard S. Schiffman, *Marine Conservation Agreements*：*The Law and Policy of Reservations and Vetoes*, Martinus Nijhoff Publishers, 2008, pp. 146~147.

用的海洋生物资源的研究或捕捞活动"后才有资格成为南极海洋生物资源养护委员会的成员。

值得注意的是，上述两条规定仅适用于后来"加入"《南极海洋生物资源养护公约》的情形；对于参加了 1980 年 5 月召开的南极海洋生物资源养护外交会议的国家，在其批准或加入公约、成为缔约方后，[1] 将自动成为南极海洋生物资源养护委员会成员，不论其是否"从事了本公约适用的海洋生物资源的研究或捕捞活动"。

《南极海洋生物资源养护公约》这种规定，类似于《南极条约》第 9 条（2）和第 13 条的两层体制结构。[2] 这种安排，在当时可以使南极条约协商国对南极海洋生物资源养护委员会具有更大的影响力，特别是那些根本不从事渔业活动或研究的南极条约协商国。[3] 再考虑到参加 1980 年 5 月南极海洋生物资源养护外交大会的 15 个国家中 13 个是南极条约协商国，更体现了南极条约协商国对南极事务的控制。但从另一角度看，这似乎也是《南极条约》对《南极海洋生物资源养护公约》的贡献，防止 CCAMLR 演变成像 IWC 那样；限制 CCAMLR 成员资格，有利于促进妥协的达成。[4]

越多国家加入《南极海洋生物资源养护公约》，就越能增强《南极条约》及其体系的合法性或外部认可度。在此方面，那些先加入《南极海洋生物资

---

　　〔1〕《南极海洋生物资源养护公约》第 26 条（1）和第 7 条（2）。参加 1980 年 5 月召开的南极海洋生物资源养护外交会议的有：13 个南极条约协商国（12 个原始南极条约协商国和波兰）和联邦德国、民主德国。联邦德国于 1979 年 2 月 5 日加入《南极条约》，1981 年 3 月 3 日拥有南极条约协商国资格。

　　〔2〕《南极条约》第 9 条（2）规定："任何根据第 13 条而加入本条约的缔约国当其在南极进行例如建立科学站或派遣科学考察队的具体的科学研究活动而对南极表示兴趣时，有权委派代表参加本条第一款中提到的会议。"

　　〔3〕 有学者认为，即使如此，CCAMLR 上述关于委员会成员国资格的规定仍符合《联合国鱼类种群协定》第 8 条（3）的"有兴趣的国家"的标准。相比较之下，1994 年《中白令海峡鳕资源养护与管理公约》第 16 条在此方面的规定则要严格得多，它需要各缔约方一致同意，无论想参加国家是否有兴趣。See Stuart B. Kaye, *International Fisheries Management : A Comparative Analysis of Legal Approaches to Management in the Context of Polar Fisheries Regime*, Ph. D Dissertation of Dalhousie University, 1999, pp. 399~400.

　　〔4〕 考虑到当时南极捕鲸的国家大多也是南极捕鱼国家，或者捕南极磷虾，或者捕南极有鳍鱼类，这些国家肯定是不希望不捕鱼国家的加入，因此这种两层体制结构更有利于这些国家接受《南极海洋生物资源养护公约》。See John A. Gulland, "The Antarctic Treaty system as a resource management mechanism", in Gillian D. Triggs（ed.）, *The Antarctic Treaty regime : Law, Environment and Resources*, Cambridge University Press, 1987, pp. 123~124.

源养护公约》后加入《南极条约》并成为南极条约协商国的国家更能突出这种作用，如韩国、乌克兰等。[1]《南极海洋生物资源养护公约》第7条规定的委员会成员资格的条件，虽然使后来加入《南极海洋生物资源养护公约》的国家处于不利的地位，但这种条件限制对捕鱼国并非没有益处。在一定程度上，正是因为这种条件的限制，才可以避免南极海洋生物资源养护委员会异化为IWC，[2]使后加入国家确信参加南极海洋生物资源养护委员会更有利于保护他们的利益。[3]这也在一定程度上造成了后来CCAMLR内捕鱼国与非捕鱼国在数量对比上发生变化，捕鱼国数量超过非捕鱼国。截至2023年6月，南极海洋生物资源养护委员会有26个成员国和欧盟；其中，14个成员国在2021-2022年度是捕鱼国，包括6个南极陆地领土主张国，俄罗斯不是捕鱼国。

根据这种制度安排，《南极海洋生物资源养护公约》框架下有两类缔约方，一类是成为委员会成员的那些缔约方，即委员会成员；一类是没有成为委员会的那些缔约方，即公约加入国（acceding states）。需要注意的是，那些公约加入国一般仅被邀请作为观察员参加每年的南极海洋生物资源养护委员会会议，不享有决策权，即参与前面所述的"协商一致"或"反对程序"，但是南极海洋生物资源养护委员会所通过的养护措施对他们同样有约束力。如养护措施CM 10-02"缔约方对悬挂其旗帜在公约区作业的渔船的发证与检查义务"规定，除非获得许可证，每个缔约方应禁止悬挂其旗帜的渔船在公约区内作业；相应地，养护措施CM 10-10"CCAMLR遵约评估程序"适用于所有缔约方。

事实上，根据《南极海洋生物资源养护公约》第7条（2）（b）的规定，"从事了本公约适用的海洋生物资源的研究或捕捞活动"的缔约方，有资格成

---

〔1〕 因苏联解体，俄罗斯根据国家继承而自动成为CCAMLR成员国和南极条约协商国；1994年4月22日，乌克兰提出以苏联加盟共和国身份"继承"获得CCAMLR成员身份，但英国、美国、挪威和瑞典则认为其申请应视为"加入"文书。1994年5月22日，乌克兰成为CCAMLR成员。1992年10月28日加入《南极条约》，2004年6月4日获得南极条约协商国资格。所以，韩国是真正的特例。参见 www.austlii. edu. au/au/other/dfat/treaty_ list/depository/CCAMLR. html 和 www. ats. aq/devAS/ats_ parties. aspx? lang=e，最后访问日期：2018年4月24日。

〔2〕 即非捕鲸国家在数量上占据压倒性的优势，最终全球禁止商业捕鲸活动。

〔3〕 Olav Schram Stokke, "The Effectiveness of CCAMLR", in Olav Schram Stokke and Davor Vidas (eds.), *Governing the Antarctic: The Effectiveness and Legitimacy of the Antarctic Treaty System*, Cambridge University Press, 1996, pp. 132~133.

为南极海洋生物资源养护委员会成员。反过来，所有那些公约加入国正是因为没有从事相关研究或捕捞活动，而没有能够成为南极海洋生物资源养护委员会成员，所以这些公约加入国作为缔约方不需要承担相关的发证和检查等义务。但如果这些公约加入国的港口被其他国家渔船利用，则根据养护措施 CM 10-03、CM 10-05 等，它们负有义务采取相应的行动，以促进实现《南极海洋生物资源养护公约》的宗旨。

根据上述分析，公约加入国不享有决策权，但必须执行南极海洋生物资源养护委员会通过的所有养护措施，即承担履行义务。但公约加入国是否享有捕鱼权或渔业科学研究的权利，即《南极条约》第 6 条承认的"公海自由"，存在一定的争议。库克就是这样一个例子。库克于 2005 年 10 月 20 日加入《南极海洋生物资源养护公约》，2005 年 11 月 19 日生效，并参加了2005 年南极海洋生物资源养护委员会的会议。[1]2007 年 6 月，作为公约加入国，库克向委员会通报申请 7 艘渔船从事南极磷虾作业，每艘渔船通报产量为 2.5 万吨，作业类型是双拖（pair trawlers），作业区域包括 48 区和 58.4区。[2]根据养护措施 CM 21-03（2006）附件 A 的规定，南极磷虾作业通报，除其他外，仅需通报渔船的船名和捕捞方法。[3]但委员会成员对库克的通报提出了一些关切，包括：渔船所有者与库克之间的真正联系，双拖作业造成的兼捕、渔获量和努力量统计等问题。新西兰更是认为，双拖作业方式构成了"新渔业"，应根据养护措施 CM 21-01（2006）进行通报；新西兰还对库克 1 次通报 7 艘渔船表达了关切，认为南极磷虾渔业需要有序发展。尽管库克作了很大的努力，回应 CCAMLR 成员的关切，但其通报没有获得通过。针对新西兰的观点，库克进行了反驳，认为在养护措施没有被定义的情况下，根据联合国粮农组织的定义，双拖是中层拖网的一种，不是一种新捕捞方法。但 CCAMLR 裁定，双拖作业应被认为是"新渔业"；为消除养护措施 CM 21-03（2006）中的歧义，CCAMLR 对养护措施 CM 21-03（2006）附件 A 进行

---

〔1〕 CCAMLR, Report of the Twenty-Fourth Meeting of the Commission, Hobart, 24 October-4 November 2005, paragraph 1.4.

〔2〕 CCAMLR Secretariat, Summary of Notifications for Krill Fisheries in 2007/08, CCAMLR-XXVI/11, 11 September 2007.

〔3〕 Conservation Measure 21-03（2006）"Notifications of intent to participate in a krill fishery", ANNEX 21-03/A.

了修订，要求在通报时说明拟作业的方法，即常规拖网、连续捕捞系统、泵吸法或其他方法，即养护措施 CM 21-03（2007）。[1]自 2008 年以后，库克尽管每年都被邀请作为观察员参加 CCAMLR 会议，但都没有参加。

针对库克的遭遇，有学者认为，这是 CCAMLR 对《南极海洋生物资源养护公约》第 7 条作出的不恰当解释和适用，限制了库克成为委员会成员以及行使捕鱼权利。[2]这种观点，在瓦努阿图（Vanuatu）的遭遇上更突出。该国于 2001 年 7 月 20 日加入《南极海洋生物资源养护公约》，2001 年 8 月 19 日生效，截至 2023 年 7 月仍是公约加入国。瓦努阿图在 2003-2004 年度和 2004-2005 年度都参加了南极磷虾生产，产量分别是 2.95 万吨和 4.84 万吨。根据 2017 年 CCAMLR 统计通报，这也是该国仅有的两次南极磷虾生产。2007 年 6 月，瓦努阿图通报了 4 艘渔船从事南极磷虾生产，采用常规拖网作业，作业区域限于 48 区，通报产量为 8 万吨。所通报的渔船已经在瓦努阿图注册了 15 年，并一直在南太平洋从事竹荚鱼（jack mackerel）作业，但 CCAMLR 怀疑其履行船旗国管辖的能力，最终瓦努阿图撤回了其 2007 年的南极磷虾渔业通报。在撤回其南极磷虾渔业通报后，瓦努阿图作出声明，确认其对磷虾渔业的"兴趣"，以及成为 CCAMLR 成员的终极目标。[3]

2017 年 10 月，第 36 届 CCAMLR 会议期间，荷兰作为公约加入国明确提出申请成为 CCAMLR 成员的愿望。在其声明中，荷兰提及了《南极海洋生物资源养护公约》第 7 条（2）（b），强调荷兰虽然没有从事任何研究和捕捞活动，但荷兰的"兴趣"在于《南极海洋生物资源养护公约》第 2 条，即"养护南极海洋生物资源"。[4]后因欧盟法院审理欧盟委员会诉欧盟理事会关于南极海洋保护区的两个案件，[5]荷兰才于 2019 年 7 月 25 日向澳大利亚提交了

---

〔1〕 CCAMLR, Report of the Twenty-Sixth Meeting of the Commission, Hobart, 22 October-2 November 2007, paragraphs 4. 36-4. 38, and 13. 10-13. 24.

〔2〕 Erik J. Molenaar, "Arctic Fisheries Management", in Erik J. Molenaar, Alex G. Oude Elferink and Donald R. Rothwell (eds.), *The Law of the Sea and the Polar Regions: Interactions between Global and Regional Regimes*, Martinus Nijhoff Publishers, 2013, p. 266.

〔3〕 CCAMLR, Report of the Twenty-Sixth Meeting of the Commission, Hobart, 22 October-November 2007, paragraphs 4. 34, and 20. 12-20. 15.

〔4〕 CCAMLR, Report of the Twenty-Sixth Meeting of the Commission, Hobart, 22 October-2 November 2007, paragraphs 2. 4 and 12. 15-12. 16.

〔5〕 European Commission v the Council of the European Union (Antarctic MPA), CJEU Joined Cases C-626/15 and C 659/16, Judgment, 20 November 2018; Opinion of Advocate General Kokott, 31 May 2018.

其申请加入 CCAMLR 的申请材料。其申请理由包括：荷兰 1990 年 3 月 25 日加入《南极海洋生物资源养护公约》、作为观察员参加了此后大多数 CCAMLR 会议、开展了一些关于南极海洋生物资源相关的研究项目等。对于研究项目，荷兰列举了其瓦根宁海洋研究所自 20 世纪 80 年代以来的研究活动，包括海燕、海冰和南极海洋食物网关系、海豹、海狮、海洋垃圾等。2019 年 10 月 8 日，因没有任何 CCAMLR 对荷兰申请提出的异议或质询，荷兰正式成为 CCAMLR 成员。[1] 荷兰成为 CCAMLR 成员，突出了瓦努阿图与库克的遭遇，似乎 CCAMLR 在其成员国资格方面采取了不同标准。但是，荷兰申请材料是由澳大利亚作为保管机关向各国驻堪培拉大使馆进行通报的，这导致了很多国家主管 CCAMLR 事务的部门无法及时收到和反馈。因此，在 2019 年第 38 届 CCAMLR 会议期间有国家就此做法提出疑问，要求以后凡是涉及 CCAMLR 成员申请材料，秘书处应及时通过 CCAMLR 的途径向各国通报。[2] 所以，荷兰成为 CCAMLR 成员似乎是因操作程序不当而导致的一个特例。

对于非缔约国，《南极海洋生物资源养护公约》第 22 条采取了类似于《南极条约》第 10 条的规定，要求"在遵守《联合国宪章》的前提下，各缔约方应尽力杜绝任何违背公约目的的活动"。"各缔约方应将其知悉的任何此种活动通报委员会"。为此，CCAMLR 于 1997 年通过了养护措施 CM 118/XVI "促进非缔约国船舶遵守 CCAMLR 养护措施的制度"，现为养护措施 CM 10-07（2016），要求非缔约国与委员会合作，以确保 CCAMLR 通过的养护措施的效力不受减损；否则，一旦非缔约方渔船被发现出现在公约区域内，将会被列入非缔约方 IUU 渔船名单等。

2014 年 10 月 8 日，玻利维亚（Bolivia）国防部通知秘书处，悬挂其旗帜的 Cape Flower 号渔船将在公约区域内开展为期 6 个月的探捕渔业活动。对此，CCAMLR 秘书处提请玻利维亚注意《南极海洋生物资源养护公约》第 29 条以及养护措施 CM 10-07。在 CCAMLR 会议期间，乌拉圭认为养护措施 CM 10-07 旨在促进加强和非缔约国的合作，允许玻利维亚开展渔业活动更有利于促进其他非缔约国与 CCAMLR 合作。乌拉圭的立场，得到了阿根廷的支持。之

---

〔1〕　CCAMLR, Report of the Thirty-Eighth Meeting of the Commission, Hobart, 2019, paragraphs 2. 3-2. 5.

〔2〕　Ibid, paragraph 12. 10.

后，CCAMLR 决定邀请玻利维亚作为观察员参加 2015 年的第 34 届 CCAMLR 会议，以进一步澄清其意图；同时 CCAMLR 同意制定一个促进非缔约国合作的战略。[1]此事最终不了了之。

六、与南极条约体系及其他机构之间的关系

如前所述，南极海洋生物资源养护外交大会前，南极条约协商国最关注的三个问题之一是：保持南极条约协商国对南极事务的专属管辖权，同时需要平衡和国际社会（特别是联合国体系）的关系，也就是合法性（legitimacy）的问题。[2]为解决此问题，《南极海洋生物资源养护公约》一方面重申《南极条约》第 1 条、第 4 条、第 5 条和第 6 条等条款在《南极海洋生物资源养护公约》缔约国之间的适用，以及强调南极条约协商国对南极环境保护的主要责任；另一方面鼓励加强和相关国际组织的合作，特别是联合国粮农组织等，以及不损害《国际捕鲸管制公约》赋予缔约方的权利与义务。

《南极海洋生物资源养护公约》第 3 条和第 4 条规定，在南纬 60 度以南的区域，《南极海洋生物资源养护公约》的缔约方，不论是否为《南极条约》缔约方，同意不从事任何违背《南极条约》原则和目的的活动，而且相互关系受《南极条约》第 1 条、第 4 条、第 5 条和第 6 条等约束。除此之外，《南极海洋生物资源养护公约》第 4 条以《南极条约》第 4 条为模板，重申了"领土主张冻结"的原则，但增加了"沿海国管辖权"，以体现"双焦点方法"以及适用范围超出南纬 60 度的事实。

在南极条约协商国的特殊地位方面，《南极海洋生物资源养护公约》序言和正文分别作出了规定。序言中有 3 段，首先强调根据《南极条约》第 9 条，南极条约协商国在"保存和养护（preservation and conservation）南极生物资源方面所负的主要责任"；其次，指出南极条约协商国已经在生物资源方面采取了措施，如《南极动植物养护议定措施》及《南极海豹养护公约》；最后重申第 9 届 ATCM 通过的 IX-2 号建议的重要性。在正文部分，《南极海洋生

---

〔1〕 CCAMLR, Report of the Thirty-third Meeting of the Commission, Hobart, 20-31 October 2014, paragraphs 3.93-3.96.

〔2〕 Olav Schram Stokke, Davor Vidas, "Effectiveness and Legitimacy of International Regimes", in Olav Schram Stokke and Davor Vidas (eds.), *Governing the Antarctic：The Effectiveness and Legitimacy of the Antarctic Treaty System*, Cambridge University Press, 1996, pp.12~34.

物资源养护公约》第 5 条规定，非《南极条约》缔约方的本公约缔约方，"承认《南极条约》协商国对保护和养护《南极条约》地区的环境负有的特别义务和责任"；在南纬 60 度以南区域"遵守《南极动植物养护议定措施》和《南极条约》协商方为履行其保护南极环境免受人类各种有害干扰的职责而建议的其他措施"。[1]《南极海洋生物资源养护公约》第 6 条要求，不损害《南极海豹养护公约》赋予缔约方的权利和义务。《南极海洋生物资源养护公约》第 23 条（1）要求，"在属于《南极条约》协商国职权范围内的事项上，委员会和科学委员会应与之合作"。

在对外开放或合作方面，序言指出"养护海洋生物资源需要国际合作……在南极水域从事研究和捕捞活动的所有国家的积极参与""确保南极大陆周围水域仅用于和平目的……符合全人类的利益"。第 6 条要求，不损害《国际捕鲸管制公约》赋予缔约方的权利。第 23 条要求，CCAMLR 和 SC-CAMLR 应酌情与联合国粮农组织及其他专门机构合作；同能促进其工作的政府间和非政府间组织发展合作关系，如南极研究科学委员会、海洋研究科学委员会和国际捕鲸委员会。因此，联合国粮农组织、国际捕鲸委员会和政府间海洋学委员会（IOC）等作为观察员参加了 1982 年 5 月召开的第 1 届 CCAMLR 会议。[2]

有观点认为，《南极海洋生物资源养护公约》是南极条约协商国进一步控制南极事务的尝试，强化了南极条约协商国负责南极事务的主张；[3] 为 1982 年 6 月开始的《南极矿产资源活动管制公约》（CRAMRA）谈判提供一个先例。[4] 有意思的是，正是《南极矿产资源活动管制公约》开始谈判以及 1982 年 12 月 10 日《联合国海洋法公约》在蒙特哥湾开放签字等特殊事件，再次

---

〔1〕 See Conservation Measure 91-02（2012）"Protection of the values of Antarctic Specially Managed and Protected Areas".

〔2〕 CCAMLR, Report of the First Meeting of the Commission for the Conservation of Antarctic Marine Living Resources, Hobart, 25 May-11 June 1982, paragraph 2.

〔3〕 James N. Barnes, "The Emerging Antarctic Living Resources Convention", 73 *Proceedings of the ASIL Annual Meeting* 272, 288（1979）；Matthew Howard, "The Convention on the Conservation of Antarctic Marine Living Resources: A Five-Year Review", 38 *International and Comparative Law Quarterly* 104, 105（1989）.

〔4〕 Fernando Zegers, "The Canberra Convention: Objectives and Political Aspects of its Negotiation", in Francisco Orrego Vicuña（ed.）, *Antarctic Resources Policy: Scientific, Legal and Political Issues*, Cambridge University Press, 1983, p. 150.

引发了国际社会对南极问题的关注，要求将南极海底矿产资源作为"人类共同遗产"由联合国进行管理，并于 1983 年 11 月通过了联合国大会第 38/77 号决议，2005 年联合国大会通过第 60/47 号决议。[1]

第五节　欧盟与 CCAMLR

一、参与《南极海洋生物资源养护公约》

欧共体参与《南极海洋生物资源养护公约》的问题，在 1978 年 2 月 27 日至 3 月 16 日召开的关于《南极海洋生物资源养护公约》第 1 次正式磋商会议期间就出现了。此问题直到 1980 年华盛顿非正式磋商才得到解决。[2]

英国、法国和比利时都是当时欧共体成员；根据《共同渔业政策》，欧共体对其成员的渔业事项享有专属权能。在区域渔业管理组织中，如东北大西洋渔业委员会（NEAFC），欧盟代表其成员国参加该区域渔业管理组织，行使渔业事项的专属权能；丹麦作为东北大西洋渔业委员会的成员，仅代表其自治领地（法罗群岛和格陵兰岛）。在 1978 年第 1 次正式磋商期间，就出现了一个问题，是欧共体参加谈判并成为《南极海洋生物资源养护公约》的签字国，还是英国、法国和比利时参加谈判并成为签字国。英国、法国和比利时都希望成为《南极海洋生物资源养护公约》的签字国，一方面是因为他们都是《南极条约》的原始缔约方，参加磋商是《南极条约》原始缔约方的特权；[3]另一方面英国和法国还是南极陆地领土主张国，且在亚南极地区（南纬 60 度以北）拥有岛屿，[4]不希望这些岛屿周围海域纳入欧共体管辖。可以看出，欧共体对渔业事项的专属权能，以及《南极海洋生物资源养护公约》

〔1〕 Peter J. Beck, "Twenty Years on: the UN and the 'Question of Antarctic', 1983-2003", 40 *Polar Record* 205 (2004); Peter J. Beck, "The United Nations and Antarctica, 2005: the end of the 'Question of Antarctica'?", 42 *Polar Record* 217 (2006).

〔2〕 Judith G. Gardam, "Management Regimes for Antarctic Marine Living Resources—An Australian Perspective", 15 *Melbourne University Law Review* 279, 306-307 (1985).

〔3〕 1978 年召开的两次正式磋商，都仅有 13 个南极条约协商国参加，不对外开放。因此，参与磋商一定程度上体现了南极条约协商国的特权。

〔4〕 法国拥有凯尔盖朗岛、克罗泽岛等；英国主张拥有南乔治亚岛、南桑德威奇岛等，但是阿根廷也宣布拥有这些岛屿。

绝大多数条款涉及渔业问题，是欧共体参与问题的根源。[1]

为解决此问题，法国提出两个方案：一是允许欧共体参加正式磋商，并成为公约的原始签字方；二是仅允许欧共体事后加入公约。最终解决方案是，邀请欧共体作为观察员参加 1980 年 5 月召开的外交大会，允许欧共体加入公约，但不能签署公约。1980 年，《南极海洋生物资源养护公约》就公约加入、南极海洋生物资源养护委员会成员资格、投票表决三个方面作了调整。

在公约加入方面，《南极海洋生物资源养护公约》第 29 条（2）规定，公约向区域经济一体化组织开放，此类组织加入须经南极海洋生物资源养护委员会协商决定。在南极海洋生物资源养护委员会成员资格方面，第 7 条（3）规定，加入公约的区域经济一体化组织，"如其成员国有资格成为委员会成员，其应有资格成为委员会成员"。也就是说，欧共体的南极海洋生物资源养护委员会的成员资格取决于法国、比利时、西班牙等国家的态度。[2] 在投票表决方面，尽管《南极海洋生物资源养护公约》第 12 条（1）规定了通过协商一致方式决定实质性事项，但是第 12 条（3）规定，对于需要表决的事项进行审议时，应明确区域经济一体化组织是否参加表决。第 12 条（4）规定，一个区域经济一体化组织只有一票表决权。因此，如果区域经济一体化组织参加南极海洋生物资源养护委员会的表决，且该组织成员国也参加表决的话，则"参加表决的缔约方数目不应超过该区域经济一体化组织在委员会中的成员数目"。也就是说，如果欧共体参加表决，且其成员国也参加表决，则至少 1 个欧共体成员国不能投票。

根据《南极海洋生物资源养护公约》第 28 条（2），公约生效后，欧共体可以提交加入书，并于交存之日后第 30 天起公约对欧共体生效。《南极海洋生物资源养护公约》于 1982 年 4 月 7 日生效，欧共体于 1982 年 4 月 21 日提交加入书，同年 5 月 21 日公约对欧共体生效。考虑到英国于 1981 年 8 月 31 日交存其批准书，于 1982 年 4 月 7 日生效，根据《南极海洋生物资源养护公约》第 7 条（3），英国作为欧共体成员已经成为 CCAMLR 成员，则欧共体自

---

〔1〕　Alfred van der Essen, "The application of the law of the sea to the Antarctic continent", in Francisco Orrego Vicuña（ed.）, *Antarctic Resources Policy: Scientific, Legal and Political Issues*, Cambridge University Press, 1983, pp. 239~240.

〔2〕　英国于 2020 年 1 月 31 日正式脱欧，所以本书在此不提及英国。截至 2023 年 7 月，8 个欧盟成员国是 CCAMLR 成员，分别是德国、西班牙、法国、瑞典、比利时、荷兰、意大利、波兰。

1982 年 5 月 21 日取得 CCAMLR 成员资格，即第 1 届 CCAMLR 会议前一天。

1982 年 5 月 22 日，召开第 1 届 CCAMLR 会议时，15 个公约签字国和欧共体参加；但是当时 CCAMLR 成员只有 11 个，包括欧共体、民主德国和联邦德国；[1]阿根廷、比利时、法国、波兰、挪威等还不是成员，但都派代表参加了会议。在会议期间，有代表质疑欧共体加入《南极海洋海洋生物资源养护公约》以及 CCAMLR 的成员资格。澳大利亚认为，欧共体已经满足了加入公约和申请 CCAMLR 成员资格的条件。尽管会议上有争议，但是会议最终同意欧共体满足 CCAMLR 成员资格，成为 CCAMLR 成员。[2]

二、欧盟及其成员国与 CCAMLR 的关系

欧共体成为 CCAMLR 成员后产生的一个问题是，除那些是 CCAMLR 成员国的欧共体国家外，如法国、德国、西班牙等，《南极海洋生物资源养护公约》是否对欧共体的其他成员国有法律拘束力，如葡萄牙等。如果回溯到欧共体参与问题的根源看，当时英国和法国不愿意放弃成为《南极海洋生物资源养护公约》的重点是为了展现他们作为《南极条约》原始缔约方的特权以及保持他们南极主张领地和岛屿的独立性，而不是否定欧共体根据其《共同渔业政策》享有对渔业事项的专属权能。1996 年 6 月 27 日，欧共体在签署《联合国鱼类种群协定》时声称，欧共体享有国际法下船旗国对悬挂欧盟成员国旗帜船舶的管制权。[3]1999 年，一艘葡萄牙籍渔船申请到 CCAMLR 管辖海域（48.6 区、58.4.3 区、58.4.4 区、58.6 区、88.1 和 88.2 区）开展南极犬牙鱼探捕渔业，为此问题提供了很好的例证。

考虑到葡萄牙没有加入《南极海洋生物资源养护公约》，欧共体及其成员国在 CCAMLR 会议上强调，根据《共同渔业政策》欧共体享有对渔业事项的专属权能，所有悬挂欧共体成员国旗帜的渔船，在所有区域渔业管理组织和

---

〔1〕 联邦德国 1980 年 9 月 11 日签署公约，于 1982 年 4 月 23 日交存批准书，同年 5 月 23 日生效，晚于第 1 届 CCAMLR 会议一天。民主德国于 1980 年 9 月 11 日签署公约，1982 年 3 月 30 日交存批准书，同年 4 月 30 日生效。1990 年 10 月 3 日，民主德国并入联邦德国。

〔2〕 CCAMLR, Report of the First Meeting of the Commission for the Conservation of Antarctic Marine Living Resources, Hobart, 25 May–11 June 1982, paragraphs 8–11.

〔3〕 Declaration concerning the competence of the European Community with regard to matters governed by the United Nations Fish Stocks Agreement, 27 June 1996, paragraphs 5–8, at https://www.un.org/Depts/los/convention_ agreements/fish_ stocks_ agreement_ declarations. htm#EC, accessed 8 April 2019.

《联合国海洋法公约》框架下，都被视为欧共体的渔船。欧共体强调，它的所有成员国，无论是否加入《南极海洋生物资源养护公约》都受 CCAMLR 养护措施的约束；欧共体有义务监督它的成员国履行 CCAMLR 养护措施。但是，大多数其他 CCAMLR 成员则认为，就开展探捕渔业活动而言，允许葡萄牙籍渔船是违反 CCAMLR 相关养护措施的，除非葡萄牙在开展这些渔业活动前加入《南极海洋生物资源养护公约》。新西兰、智利、澳大利亚、俄罗斯、阿根廷和南非等 CCAMLR 成员明确反对欧共体为葡萄牙籍渔船提交入渔通报。智利认为，《南极海洋生物资源养护公约》规定的船旗国义务在南极条约体系的政治和法律框架下仅能由国家承担，不能转让；南非特别强调，欧共体为葡萄牙籍渔船提交入渔通报不能构成先例。在此情形下，尽管 CCAMLR 已经同意葡萄牙籍渔船的入渔通报，但是该渔船最终没有真正开展渔业活动。[1]

随着 2009 年 12 月 1 日《里斯本条约》的生效和 2013 年欧盟《共同渔业政策》的出台，2014 年 6 月，欧盟理事会据此更新并通过了《关于欧盟参加 CCAMLR 立场的决定》（以下简称《多年度立场（2014-2019）》，其中包括 8 项原则和 6 个方针；同时规定每年的具体政策立场须由欧盟委员会经简易程序报欧盟理事会批准。[2]《多年度立场（2014-2019）》根据 2013 年《共同渔业政策》等现行法律，明确将 CCAMLR 定位为负责养护和管理南极海洋生物资源的区域渔业管理组织，并把海洋保护区列为将渔业活动对海洋生物多样性和海洋生态系统的不利影响降到最低的管理措施。

2018 年 11 月 20 日，欧盟法院就欧盟委员会诉欧盟理事会关于南极海洋保护区的两个案件，在合并审理及听取法律总顾问（Advocate General）的意见后，作出了最终判决。[3]欧盟法院认为，渔业仅是 2015 年和 2016 年欧盟理事会决定向 CCAMLR 提交的关于海洋保护区文件的附带目的（inci-

---

〔1〕 CCAMLR, Report of the Eighteenth Meeting of the Commission, Hobart, 25 October -5 November 1999, paragraphs 9. 36~9. 52; Nils Vanstappen and Jan Wouters, "The EU and the Antarctic: strange bedfellows?", in Klaus Dodds, Alan D. Hemmings and Peder Roberts (eds), *Handbook on the Politics of Antarctica*, Edward Elgar Publishing, 2017, pp. 274~275.

〔2〕 Council Decision on the position to be adopted, on behalf of the European Union, in the Commission for the Conservation of Antarctic Marine Living Resources (CCAMLR) (Council Document 10840/14), Brussels, 11 June 2014.

〔3〕 Commission v. Council (Antarctic MPAs), Joined Cases C-626/15 and C-659/16, ECLI: EU: C: 2018: 92, Judgment; Opinion of Advocate General Kokott.

dental purpose），实现环境保护是主要目的和主要组成部分。[1]尽管 2013 年《共同渔业政策》规定了生态系统方法，要求减轻捕捞活动对海洋生态系统的影响，但相对于上述关于海洋保护区文件的目的，其目的是非常有限的。因此，生态系统方法不能用以证明这些南极海洋保护区可被纳入渔业政策范围。[2]

2019 年 3 月 8 日，欧盟委员会在《多年度立场（2014-2019）》尚未到期的情况下，向欧盟理事会提出关于制定 2019 至 2023 年多年度立场和撤销《多年度立场（2014-2019）》的提案。2019 年 5 月 14 日，欧盟理事会通过了关于《多年度立场（2019-2023）》的决定。[3]《多年度立场（2019-2023）》要求与 2016 年 11 月 10 日欧盟外交与安全政策代表和欧盟委员会联合发布的《国际海洋治理：我们海洋未来的议程》以及 2017 年 3 月 14 日欧盟理事会相关结论一致，积极支持在南极建立海洋保护区网络，和成员国共同提交南极海洋保护区提案。对比《多年度立场（2014-2019）》、法律总顾问意见及法院判决和《多年度立场（2019-2023）》，可以看出欧盟法院判决的形成很大程度受欧盟内部政策和情势影响，未来将直接影响欧盟及其成员国参与南极和全球海洋事务的政策立场，并对南极条约体系和全球海洋治理规则塑造产生深远影响。当然，这种影响程度亦取决于其他国家对判决所涉问题的反应。一方面，欧盟及其成员国和那些与欧盟持有类似观点的国家，可能会在区域或全球层面沿着判决指出的路径，推动国际规则的演变；另一方面，持有不同观点的其他国家，可能就此判决提出异议或反对。这两种立场在区域或全球层面的竞合，将最终决定相关区域或全球海洋治理的发展趋势。

---

〔1〕 Commission v. Council（Antarctic MPAs），Joined Cases C-626/15 and C-659/16, ECLI：EU：C：2018：92, Judgment, paragraph 100.

〔2〕 Commission v. Council（Antarctic MPAs），Joined Cases C-626/15 and C-659/16, ECLI：EU：C：2018：92, Judgment, paragraph 102.

〔3〕 Council Decision（EU）2019/867 of 14 May 2019 on the position to be taken on behalf of the European Union in the Commission for the Conservation of Antarctic Marine Living Resources（CCAMLR），and repealing the Decision of 24 June 2014 on the position to be adopted, on behalf of the Union, in the CCAMLR, L140 Official Journal of the European Union 72（2019）.

第六节　中国与 CCAMLR

截至 2023 年 6 月，CCAMLR 共有 27 个成员，包括 26 个国家和欧盟；荷兰于 2019 年 10 月 8 日正式成为 CCAMLR 的成员；2022 年 6 月 24 日，厄瓜多尔提交《南极海洋生物资源养护公约》加入文书，同年 7 月 24 日生效；2022 年 10 月 19 日，厄瓜多尔成为 CCAMLR 成员。另有 9 个国家仅是加入《南极海洋生物资源养护公约》，分别是保加利亚、加拿大、库克、芬兰、希腊、毛里求斯、巴基斯坦、秘鲁和瓦努阿图；它们通常应邀作为观察员参加 CCAMLR 会议。

2020-2021 年度，13 个国家参加渔业活动，捕捞磷虾 32 万吨（上年度为 45 万吨）、细鳞犬牙鱼 5125 吨（上年度为 1.1 万吨）、莫氏犬牙鱼 4140 吨（上年度 4161 吨）和冰鱼 360 吨（上年度为 507 吨）。45 名科学观察员根据国际科学观察员计划派驻渔船，其中 31 名科学观察员派驻延绳钓犬牙鱼渔船、3 名派驻多用途渔船（冰鱼和犬牙鱼）、11 名派驻磷虾渔船。2020 年，犬牙鱼进口最大的国家分别是：美国、中国、韩国和新加坡。

我国和 CCAMLR 之间的联系，最早可追溯到 1999 年。1999 年，第 18 届 CCAMLR 会议通过了养护措施 CM 170/XVIII "犬牙鱼渔获登记制度"，自 2000 年 5 月 4 日生效。[1]鉴于有犬牙鱼渔获进入我国市场，CCAMLR 决定邀请我国政府作为观察员参加 2000 年的第 19 届 CCAMLR 会议。[2]我国没有参加于 2000 年 10 月至 11 月召开的第 19 届 CCAMLR 会议，但在 2000 年 9 月荷兰海牙召开的 ATCM 第 12 次特别会议暨 CEP 第三次会议期间，相关国家就实施养护措施 CM 170/XVIII 接触了我国代表团。2001 年 7 月 5 日，我国正式联系 CCAMLR，确认自 2001 年 6 月 18 日起授权中国渔业协会（China Fisheries Association）代表中国政府签发犬牙鱼渔获登记证书，自愿实施"犬牙鱼渔获登记制度"，以支持打击非法捕捞和非法贸易。2001 年 10 月，我国第一次派代表团作为观察员参加 CCAMLR 会议；我国积极支持实施"犬牙鱼渔获登记制

---

〔1〕　CCAMLR, Report of the Eighth Meeting of the Commission, Hobart, 25 October-5 November 1999, paragraph 5.26. 养护措施 CM 170/XVIII 现为养护措施 CM 10-05。

〔2〕　CCAMLR, Report of the Eighth Meeting of the Commission, Hobart, 25 October-5 November 1999, paragraphs 5.19 and 16.5.

度"的立场得到了 CCAMLR 高度赞扬。[1]

2006 年 10 月 19 日，我国国务院决定加入《南极海洋生物资源养护公约》（依据国函〔2006〕90 号），同时声明"在中华人民共和国政府另行通知前，《南极海洋生物资源养护公约》暂不适用于中华人民共和国香港特别行政区"[2]。2007 年 10 月 2 日，我国成为 CCAMLR 成员，享有参与决策的权利；2020 年，我国宣布《南极海洋生物资源养护公约》自 2020 年 7 月 1 日开始适用于香港特别行政区。[3]

相较于我国 1983 年 6 月 8 日加入《南极条约》、1985 年 10 月 7 日成为南极条约协商国，我国参与南极海洋生物资源治理落后了南极科学考察 20 多年。这反映了南极科学考察在我国南极事务中的突出地位。[4]另外，2004 年至 2006 年，4 艘悬挂我国旗帜的渔船被列入 CCAMLR 非缔约方 IUU 渔船名单，[5]以及国内对南极磷虾的科学研究准备以及市场需求，[6]促使我国于

---

〔1〕 CCAMLR, Report of the Twentieth Meeting of the Commission, Hobart, 22 October-2 November 2001, paragraphs 1. 10, 5. 34-5. 35. 第一次参加南极海洋生物资源养护委员会会议的我国代表团由农业部渔业局赵钢、极地考察办公室秦为稼和中国水产集团牛宝源三人组成。从代表团成员构成看，以渔业部门为主；鉴于前期沟通是在南极条约协商会议框架下开展的，所以有极地考察办公室人员参加。从 2006 年国务院批准加入《南极海洋生物资源养护公约》的批复看，当时以农业部为主，外交部协助。但自 2007 年我国作为委员会成员正式参加会议开始，组团单位为外交部，农业部为副团长单位，国家海洋局极地考察办公室为参与单位。这种代表团变化，体现了我国国内对南极海洋生物资源事务的内部管理体制。

〔2〕 排除《南极海洋生物资源养护公约》适用于香港特别行政区，主要是因为犬牙鱼渔获登记制度方面的困难。如上所述，我国自 2001 年 7 月自愿开始执行南极海洋生物资源养护委员会通过的养护措施 CM 170/XVIII（即现在的养护措施 CM 10-05），香港也是一个犬牙鱼货物的上岸港口。2003 年，我国就通知委员会，由于香港特别行政区的特殊性，不能向 CCAMLR 报告犬牙鱼在香港贸易的数据。2020 年 7 月 1 日，《南极海洋生物资源养护公约》适用于香港特别行政区。See CCAMLR, Report of the Twenty-Second Meeting of the Commission, Hobart, 27 October-7 November 2003, paragraphs 8. 11-8. 12; Report of the Thirty-Sixth Meeting of the Commission, Hobart, 16-27 October 2017, paragraphs 19-20 of Annex 6; Report of the Thirty-Ninth Meeting of the Commission, Virtual, 27-30 October 2020, paragraphs 2. 3-2. 4.

〔3〕 CCAMLR, China: Declaration in respect of Hong Kong-Information received from Australia, COMM CIRC 20/61, 18 May 2020.

〔4〕 Keyuan Zou, "China's Antarctic Policy and the Antarctic Treaty System", 24 *Ocean Development & International Law* 237 (1993).

〔5〕 参见第六章。

〔6〕 唐建业、石桂华:《南极磷虾渔业管理及其对中国的影响》，载《资源科学》2010 年第 1 期，第 11~18 页。

2006 年加入《南极海洋生物资源养护公约》。2007 年，当正式成为 CCAMLR 成员时，我国发表声明，指出这些渔船被列入 IUU 渔船名单时中国不是它们的船旗国，且中国当时还不是《南极海洋生物资源养护公约》的缔约方。[1]

不论我国如何辩驳，这 4 艘渔船自 2007 年开始作为我国渔船被列入缔约国 IUU 渔船名单中。在此后的几年的 CCAMLR 会议，将这 4 艘渔船从缔约国 IUU 渔船名单中删除成为我国代表团的首要任务。2008 年，第 27 届 CCAMLR 会议，CCAMLR 原则同意，一旦这 4 艘渔船出售给韩国仁成公司（Insung Corp.）且由我国通知 CCAMLR，则它们将自动从缔约方 IUU 渔船名单中删除。[2]2009 年，第 28 届 CCAMLR 会议，经我国代表团持续不断的努力，CCAMLR 终于同意东洋和南洋号渔船将在我国通知 CCAMLR 交易完成后 10 个工作日从缔约方 IUU 渔船名单中删除；北洋和西洋号渔船也将按此方式进行处理。[3]2011 年，第 30 届 CCAMLR 会议，在北洋和西洋号渔船出售给我国另一家渔业公司且所有交易证据经其他 CCAMLR 成员审核后，才最终同意将它们从缔约方 IUU 渔船名单中删除。[4]在此之后，我国代表团方能集中精力参与南大洋生物资源开发与治理。

目前我国在南大洋只开发利用磷虾资源。2009-2010 年度，[5]我国第一次派出 2 艘渔船进行生产，年产量不足 0.2 万吨，仅占当年南大洋磷虾总产量的 1.5%。其后，尽管我国投入渔船数量快速增加，但产量并没有相应增加，这反映了当时我国生产技术与能力方面与其他国家之间的差距。2012-2013 年度，我国磷虾产量有了较大幅度的增加，尽管渔船数量比之前两年都要少。这是因为当年我国一家企业购买了日本剩下的唯一一艘专业磷虾生产船"福荣丸"，该船出售后改名为"福荣海"，[6]提高了我国南极磷虾资源利

〔1〕　CCAMLR, Report of the Twenty-Sixth Meeting of the Commission, Hobart, 22 October-2 November 2007, paragraph 3. 24 and Appendix Ⅳ of Annex 6.

〔2〕　CCAMLR, Report of the Twenty-Seventh Meeting of the Commission, Hobart, 27 October-7 November 2008, paragraph 10. 10.

〔3〕　CCAMLR, Report of the Twenty-Eighth Meeting of the Commission, Hobart, 26 October-6 November 2009, paragraphs 9. 16-9. 20.

〔4〕　CCAMLR, Report of the Thirtieth Meeting of the Commission, Hobart, 24 October-4 November 2011, paragraph 9. 10.

〔5〕　南大洋渔业生产季节是从当年 12 月 1 日到翌年 11 月 30 日，即跨年度的。

〔6〕　CCAMLR, Report of the Thirty-First Meeting of the Commission, Hobart, 23 October-1 November 2012, paragraph 5. 5.

用能力。2019-2020 年度，中国磷虾产量首次超过 10 万吨，达 11.8 万吨，为我国磷虾渔业产量最高纪录。[1]2021-2022 年度，我国制造的"深蓝号"专业磷虾渔船将正式进入南极进行生产，体现了我国磷虾资源利用能力的进一步提升。

我国南极渔业管理工作，包括渔船船员与企业培训、渔业数据报送、船位监测等都是由农业农村部渔业渔政管理局负责，中国水产科学院和上海海洋大学等提供技术支撑。在具体管理制度方面，除 2003 年《远洋渔业管理规定》外，2013 年 12 月 31 日，原农业部办公厅颁布了《关于严格遵守南极磷虾渔业国际管理措施的通知》（农办渔〔2013〕93 号），规定了渔船入渔申请、渔区与渔具限制、渔区进出报告、转载通报、船位监控、渔业数据报告、公海登临、[2]科学观察员、港口检查、环境保护、案例与应急预案等内容。

在我国南极渔业执法实践中，需要注意这样一个案例。2016 年 5 月，一艘装载有非法莫氏南极犬牙鱼的柬埔寨籍运输船 Andrey Dolgov 进入我国港口，在 CCAMLR 通知后，我国山东省渔政执法大队在烟台港将该船上非法渔获物查扣；[3]2017 年 10 月，该船以"Ayda"船名再次进入我国港口（大连港），[4]经外交、海关、渔政、海事、海警等多部门协调，该船仍从我国港口逃离。此案例一定程度上显示出我国在履行南极海洋治理国际义务方面存在亟待加强的地方。2016 年所查扣的渔获于 2017 年 12 月 29 日在烟台市进行拍卖，扣除相关成本后，剩下 165.6 万元（人民币）。2018 年 11 月 20 日，农业农村部渔业渔政管理局局长在北京将此款项捐赠给 CCAMLR，设立中国基金，用于支持发展中国家加强能力建设。[5]

---

〔1〕 2019-2020 年度磷虾总产量为 44.7 万吨，首次突破 40 万吨，为 20 世纪 80 年代以来最高产量。其中，挪威产量最高，为 24.1 万吨。

〔2〕 2013 年，该通知要求，我国南极磷虾渔船在保证渔船和船员案例并核实执法人员身份后，应配合委员会授权的检查员对作业渔船实施登临检查。登船检查前、检查中以及检查完毕后，渔船均应立即通过所属企业向农业部门报告。

〔3〕 See CCAMLR, Report of the Thirty-Fifth Meeting of the Commission, Hobart, 17-28 October 2016, paragraphs 213-215 of Annex 6.

〔4〕 See CCAMLR, Report of the Thirty-Sixth Meeting of the Commission, Hobart, 16-27 October 2017, paragraph 3.60.

〔5〕《农业农村部向南极海洋生物资源养护委员会捐赠拍卖款》，载 http://www.moa.gov.cn/xw/zwdt/201811/t20181121_6163416.htm，访问日期：2024 年 7 月 2 日。

第二篇
南极海洋生物资源管理制度

第三章

生态系统方法和预防性做法

将生态系统方法（ecosystem approach）应用于全球海洋治理，需要大量的科学支撑。实际上，占地球表面积71%的海洋是一个立体复杂生态系统，具有联通性与流动性，人类对其认知非常有限。在此情况下，一方面迫切需要增加海洋科学研究；[1]另一方面，在获得全面的知识之前应谨慎行事，遵循和采取预防性做法（precautionary approach）。[2]因此，国际文书在规定生态系统方法时，相应地规定了预防性做法和可获得最佳科学证据。[3]但是，不应认为后两者是生态系统方法的组成部分。[4]在生态系统方法和预防性做

[1] 考虑到海洋科学在实现《2030年可持续发展议程》目标14中的跨领域作用，以及联合国教科文组织的政府间海洋学委员会的同意，联合国大会第72/73号决议宣布将2021年至2030年指定为联合国海洋科学促进可持续发展国际十年，从2021年1月1日开始。See UN, General Assemble Resolution on Oceans and the Law of the Sea, A/RES/72/73, 5 December 2018, paragraphs 292-295.

[2] 英文术语precautionary approach，因国际文书或学者不同而对应着不同的中文术语。1995年《联合国鱼类种群协定》中文作准文本第6条将之称为"预防性做法"；1995年《负责任渔业行为守则》第7.5段将之称为"预防方针"；2008年《公海深海渔业管理国际准则》第12段和联合国大会关于可持续渔业决议，如2020年第75/89号决议第16段，将之称为"预防性办法"。《里约环境与发展宣言》原则15将之称为"预防性措施"。除这些国际文书外，有学者将此翻译成"预警方法"。本书采用《联合国鱼类种群协定》中文作准文本的表述，即"预防性做法"。参见褚晓琳、陈勇、田思泉：《基于可获得的最佳科学信息和预警方法的海洋自然资源管理研究》，载《太平洋学报》2016年第8期，第86~94页。

[3] 如《联合国鱼类种群协定》第5条，该条第b款规定了最佳可获科学证据，第c款规定了预防性做法，第e款至第g款则规定了生态系统方法。

[4] See Statement on the Ecosystem Approach to the Management of Human Activities, First Joint Ministerial Meeting of the Helsinki and OSPAR Commissions (JMM), Bremen, 25-26 June 2003, paragraph 5, at https://www. ospar. org/site/assets/files/1232/jmm_annex05_ecosystem_approach_statement. pdf. 还有学者认为，CCAMLR实施生态系统方法的各种措施包含了根据预防性做法制定目标物种的捕捞限额。See also, Adriana Fabra and Virginia Gascón, "The Convention on the Conservation of Antarctic Marine Living Resources (CCAMLR) and the Ecosystem Approach", 23 *International Journal of Marine and Coastal Law* 567, 575-576 (2008).

法之前，可获得最佳科学证据就已经是海洋治理的基本原则；[1]在引入生态系统方法后，可获得最佳科学证据内涵扩大了，增加了生态系统的科学证据以及引入了更复杂的评估方法或模型；预防性做法，只是在缺乏充分科学证据的情形下，适用生态系统方法的暂时的过程状态。在此意义上，生态系统方法和可获得最佳科学证据是海洋可持续发展的最基本原则；预防性做法，是非正常情形下的一种适用原则，尽管这种非正常情形可能持续较长一段时间。[2]《南极海洋生物资源养护公约》第2条（3），被普遍认为开创性地规定了三项养护原则，即"可持续利用""生态系统方法"和"预防性做法"。[3]

第一节 CCAMLR 与生态系统方法

如前所述，《南极海洋生物资源养护公约》第2条（3）（b），体现了生态系统方法。[4]除此之外，《南极海洋生物资源养护公约》适用地理范围以及适用对象也都体现了生态系统方法。在适用地理范围方面，它没有限于《南极条约》规定的南纬60度以南区域，向北拓展至南极辐合带，包含了一个相对完整的南极海洋生态系统。[5]在适用对象方面，它没有限于磷虾和有鳍鱼类，而是适用于"南极辐合带以南水域的鱼类、软体动物、甲壳动物和包括鸟类在内的所有其他生物种类"。对于南极海洋生态系统中的海豹和鲸鱼，《南极海洋生物资源养护公约》明确了《国际捕鲸管制公约》和《南极

---

〔1〕 如1901年哥本哈根克里斯钦自由城会议（The Christiania Conference）、《联合国海洋法公约》第61条和第119条、1980年《南极海洋生物资源养护公约》第9条（1）（f）等。FAO, The Precautionary Approach to Fisheries with Reference to Straddling Fish Stocks and Highly Migratory Fish Stocks, A/CONF. 164/INF/8, 26 January 1994, paragraphs 76-81.

〔2〕 鉴于海洋生态结构与功能的复杂性，一方面人类对海洋科学认知不充分是一种相对的常态。另一方面，如后文所分析的那样，预防性做法不排斥可获得最佳科学信息，相应采取措施积极收集科学信息。从可持续发展视角看，生态系统方法和可获得最佳科学证据应是相辅相成的两个基本原则，不存在从属关系；预防性做法，则从属于或服务于可获得最佳科学证据。

〔3〕 Inigo Everson, "Some Thoughts on Precautionary Measures for the Krill Fisheries", WG-EMM-95/17, June 1995, p. 2.

〔4〕 Adriana Fabra, Virginia Gascón, "The Convention on the Conservation of Antarctic Marine Living Resources (CCAMLR) and the Ecosystem Approach", 23 International Journal of Marine and Coastal Law 567 (2008); Karl-Hermann Kock, Understanding CCAMLR's Approach to Management, May 2000.

〔5〕 《南极海洋生物资源养护公约》第1条（1）。当然，选择南极辐合带作为该公约的地理适用范围，也和谈判各国对南极陆地领土主张的争议有着密切关联。

海豹养护公约》在养护鲸鱼和海豹方面的主导作用，捕捞及相关活动对它们的影响则属于 CCAMLR 职责范围，[1]为 CCAMLR 和 IWC 之间开展科研合作奠定了法律基础。[2]

这种生态系统方法，为《南极海洋生物资源养护公约》赢得了很多赞誉以及国际社会的支持，如联合国粮农组织。[3]考虑到南极磷虾在南大洋海洋生态系统中的特殊地位，以及《南极海洋生物资源养护公约》的主要目的是解决 20 世纪 70 年代南极磷虾渔业活动，特别是那个年代对南极磷虾渔业过度乐观的推测，[4]所以采取生态系统方法是可以理解的。1977 年第 9 届 ATCM 通过的第Ⅸ-2 号建议，要求南极条约协商国政府"给予南大洋海洋生物资源捕捞活动尽可能最大的关注，防止造成南大洋海洋生物资源的衰退或损害南大洋海洋生态系统"[5]。《南极海洋生物资源养护公约》序言第 1 段就指出了"保护南极周围海域环境和生态系统完整性的重要意义"。在谈判过程中，这种生态系统方法，作为一种更高要求的养护原则，不可避免会受到捕鱼国（如苏联和日本）的反对；捕鱼国希望采取传统的单鱼种管理方法，设定总可捕量（TAC），如《联合国海洋法公约》第 119 条。最终，捕鱼国接受生态系统方法，是因为 CCAMLR 决策机制采取了协商一致方式，以及包含了反对条款。[6]

需要厘清或明确的是，生态系统方法是一种养护原则，而不是《南极海洋生物资源养护公约》宗旨。如第 2 章所分析的那样，那种认为《南极海洋生物资源养护公约》宗旨是养护南极海洋生态系统而不是养护南极海洋生物资源的观点，混淆了南极海洋生物资源和南极海洋生态系统之间的关系。这

---

〔1〕 此处所指的"捕捞及相关活动"，是指《南极海洋生物资源养护公约》第 2 条规定的捕捞及相关活动。

〔2〕《南极海洋生物资源养护公约》第 6 条。

〔3〕 Fernando Zegers, "The Canberra Convention: Objectives and Political Aspects of its Negotiation", in Francisco Orrego Vicuña (ed.), *Antarctic Resources Policy: Scientific, Legal and Political Issues*, Cambridge University Press, 1983, pp. 150~151.

〔4〕 当时有观点认为，开发磷虾渔业可使当时全球海洋渔业产量翻一番。See John A. Heap, "Has CCAMLR Worked? Management Politics and Ecological Needs", in Arnfinn Jørgensen-Dahl and Willy Østreng (eds.), *The Antarctic Treaty System in World Politics*, Palgrave Macmillan, 1991, p. 48.

〔5〕 Interim Guidelines for the Conservation of Antarctic Marine Living Resources, Ⅸ-2 "Antarctic Marine Living Resources". See ATCM, Report of the Ninth Consultative Meeting, London, 19 September – 7 October 1977, pp. 14~15.

〔6〕《南极海洋生物资源养护公约》第 9 条 (6) 和第 12 条。See also, Lorraine M. Elliott, *International Environmental Politics: Protecting the Antarctic*, The Macmillan Press Ltd., 1994, p. 95.

种错误观点，还会使《南极海洋生物资源养护公约》和《环保议定书》之间在南纬60度以南区域出现冲突。

除此之外，还有一种观点值得关注，即生态系统方法赋予了 CCAMLR 两种职能，一是管理捕捞及有关活动，二是养护南极海洋生态系统。[1]这显然是另一种错误的观点，即将人类活动和生态系统养护相互对立或分隔出来，或者说混淆了生态系统方法和生态系统管理（ecosystem management）两个不同的概念。生态系统管理是指控制和管理整个生态系统；其管理对象是生态系统本身。事实上，人类无法控制海洋生态系统本身，诸如洋流或海洋生态系统的大多数动物，除人类所利用的鱼类资源外。[2]而生态系统方法是以管理人类活动为重点，以实现可持续利用海洋生态系统产品与服务，以及保持生态系统完整性。[3]换言之，CCAMLR 不可能存在不以管理捕捞及有关活动为重点的养护南极海洋生态系统职能。即使如此，CCAMLR 通过此种方式养护南极海洋生态系统的职能也不是独立存在的，而应服务于养护南极生物资源的宗旨。

正是出于这种关于生态系统方法不正确的理解或认知，2003 年，FAO 专门就渔业生态系统方法（EAF）术语作出澄清，认为生态系统方法应用于渔业领域应被称为"渔业生态系统方法"（ecosystem approach to fisheries），而不是"基于生态系统方法的渔业管理"（ecosystem-based fisheries management）。这是因为后者似乎隐含着生态系统是渔业管理基础的含义，进而可被解释认为环境因素高于社会经济和文化因素，这会引起公平性关切，以及政治、社会经济成本与可行性的关切。渔业生态系统方法不局限于渔业管理，更可涵盖渔业发展、规划、水产品食品安全和发展中国家特殊需求等方面。[4]

一、生态系统方法的应用

尽管《南极海洋生物资源养护公约》基于南大洋海洋生态系统特殊情况

---

〔1〕 Karl-Hermann Kock, Understanding CCAMLR's Approach to Management, May 2000, p. 7.

〔2〕 UN, *Ecosystem approaches to the management of ocean-related activities: Training manual*, United Nations, 2010, pp. 16~19.

〔3〕 See UN, General Assembly Resolution on Oceans and the Law of the Sea, A/RES/61/222, 20 December 2006, paragraph 119; International Council for Exploration of the Sea, Report of the Study Group on Ecosystem Assessment and Monitoring, ICES CM 2000/E: 09, 8-12 May 2000, p. 9.

〔4〕 Serge M. Garcia, A. Zerbi, Catherine Aliaume, et al., *The Ecosystem Approach to Fisheries: Issues, Terminology, Principles, Institutional Foundations, Implementation and Outlook*, FAO Fisheries Technical Paper No. 443, FAO, 2003, p. 6.

以及为养护南极磷虾资源而开创性地引入了生态系统方法，但是将此养护原则转化应用于具体管理实践，成为 CCAMLR 正式运行后面临的重大挑战，包括收集或获得实施此生态系统方法所需要的信息，以及监督与评估实施效果。

2022 年 2 月，CCAMLR 秘书处根据联合国大会第 76/71 号决议第 66 段的呼吁向联合国海洋事务与海洋法司（DOALOS）提交了一份关于 CCAMLR 在实施渔业生态系统方法实践的报告。在此报告中，CCAMLR 秘书处将《CCAMLR 宣传册》中所有渔业管理实践都作为 CCAMLR 实施生态系统方法的具体实践，包括八个方面，分别是：CCAMLR 管理捕捞及有关活动的养护措施、新渔业与探捕渔业关于数据收集与科学研究要求、CCAMLR 生态系统监测计划（CEMP）、南极磷虾捕捞限额决策规则、南极海洋保护区、基于可获得最佳科学证据决策机制、科学观察员制度以及打击 IUU 捕捞。[1]尽管《CCAMLR 宣传册》介绍了 CCAMLR 在上述八个方面的实践，但是并没有将它们认为是实施生态系统方法。[2]从相关区域渔业管理组织实践看，解决诸如 IUU 捕捞、过度捕捞或捕捞能力过剩等问题不属于实施生态系统方法范畴。[3]相应地，那些为打击 IUU 捕捞而采取的养护措施，如船舶标识、海上转载、港口检查、船位监测系统等，不应认为是 CCAMLR 实施生态系统方法的具体实践。

考虑到《南极海洋生物资源养护公约》谈判背景及其第 2 条（3）（b），南极磷虾养护应该是 CCAMLR 实施生态系统方法的重点对象。南极磷虾资源评估及其管理建议，是由 SC-CAMLR 下设的生态系统监测与管理工作组（WG-EMM）负责，而其他鱼类资源评估及其管理建议，如细鳞和莫氏犬牙鱼资源，则是由 SC-CAMLR 下设的鱼类种群评估工作组（WG-FSA）负责。WG-EMM 则需考量南极磷虾渔业利用对相关物种或依赖物种的影响，体现了生态系统方法；WG-FSA 则沿袭了传统单鱼类种群评估方式。这种资源评估方式的差异，被认为是由于有鳍鱼类不像南极磷虾那样是其他物种的食物或

---

〔1〕 CCAMLR Secretariat, Contribution to UNDOALOS on the implementation of the ecosystem approach to fisheries management, COMM CIRC 22/21, 10 February 2022.

〔2〕 CCAMLR, CCAMLR Brochure, 15 December 2022, at https://www.ccamlr.org/en/document/publications/ccamlr-brochure, accessed 22 September 2023.

〔3〕 Dawn A. Russell, David L. Vander Zwaag, "Ecosystem and Precautionary Approaches to International Fisheries Governance: Beacons of Hope, Seas of Confusion and Illusion", in Dawn A. Russell and David L. VanderZwaag (eds.), *Recasting Transboundary Fisheries Management Arrangements in Light of Sustainability Principles*, Maritnus Nijhoff Publishers, 2010, pp. 68~69.

捕食对象，因此不需要从生态系统角度评估这些有鳍鱼类资源。[1]尽管如此，细鳞和莫氏犬牙鱼资源作为南极海洋生态系统的重要组成部分，其资源数量变化必然会影响其捕食物种数量的变化。正如 20 世纪 70 年代有研究提出的鲸鱼数量减少导致南极磷虾资源增加的假说，也就是说，生态系统方法应着眼于捕食物种和被捕食物种的双向关系，而不仅是被捕捞物种对捕食物种的单向影响。通过生态系统模型研究发现，细鳞和莫氏犬牙鱼资源下降会导致中上层物种数量的剧增，以及南极磷虾数量下降；进而影响那些以南极磷虾为食物的生物数量，例如企鹅、须鲸等，产生营养级联（a trophic cascade）。因此，细鳞和莫氏犬牙鱼资源评估与管理也应采取类似南极磷虾的生态系统方法。[2]当然不能就此认为，CCAMLR 在有鳍鱼类管理方面完全没有遵循生态系统方法。如第五章所分析，南极犬牙鱼渔业中关于兼捕（bycatch）、海鸟偶然捕捞（incidental catch）、脆弱海洋生态系统保护等养护措施，一定程度上也体现了生态系统方法。只是这些措施仍是建立在传统渔业管理的基础上，和南极磷虾渔业管理在实施生态系统方法方面存在本质性不同，没有达到范式转换的程度。[3]

为从生态系统角度管理南极磷虾渔业，CCAMLR 不仅需要评估南极磷虾资源本身，还需要评估和南极磷虾相关的其他物种（海鸟、企鹅、鲸、海豹等），以及它们之间的关系。为此，CCAMLR 需要将《南极海洋生物资源养护公约》第 2 条（3）（b）抽象的规定转化为科学意义上可衡量的具体目标，并据此确定相应的指标物种。换言之，CCAMLR 需要确定南极海洋生态系统中其他物种捕食南极磷虾的量，在此基础上根据南极磷虾资源年度自然补充量再计算人类可利用量。这是一种理想状态。一方面，为计算出其他物种捕食南极磷虾的量，需要评估其他物种的生物量及其捕食水平；另一方面，南极磷虾资源年度自然补充量受环境条件影响，包括气候变化等。在不具备这些条件情况下，CCAMLR 转而利用预防性做法，根据南极磷虾渔业历史产量

---

〔1〕 Karl-Hermann Kock, Understanding CCAMLR's Approach to Management, May 2000, p. 19.

〔2〕 Lei Xing, Jianye Tang, Siquan Tian, Nicolas Barrier, "Simulating impacts of fishing toothfish on the pelagic community in the Cooperation Sea, Southern Ocean", *Regional Studies in Marine Science*, 2023, 10. 1016/j. rsma. 2023. 103227.

〔3〕 Adriana Fabra, Virginia Gascón, "The Convention on the Conservation of Antarctic Marine Living Resources（CCAMLR）and the Ecosystem Approach", 23 *International Journal of Marine and Coastal Law* 567, 570-571（2008）. 该文认为，实施生态系统方法将带来范式转换（paradigm shift）；这种范式转换体现在科学和体制两个层面。

记录，确定预防性捕捞限额，[1]将南极磷虾资源开发利用限制在不影响其他物种的水平。[2]为了弥补科学数据不足问题，CCAMLR 从四个方面加强了数据收集：成员收集其渔船商业捕捞的渔获量与努力量数据；科学观察员收集南极磷虾渔获物生物学信息及捕鱼类、偶然捕捞海鸟与海豹等物种的生物学信息；成员开展的科学调查生物学信息与生物量评估数据；CEMP 收集的依赖南极磷虾物种的生物学信息。[3]除此之外，CCAMLR 还规定了南极磷虾渔业最小化偶然捕捞海鸟与哺乳动物死亡率，即养护措施 CM 25–03。

综上所述，CCAMLR 实施的生态系统方法可分三个方面。[4]第一个方面，在资源评估与管理建议过程中就考虑捕捞活动对其他物种的影响，重点在捕食和被捕食的食物链关系，以此决定开发利用水平。第二个方面，捕捞活动过程中兼捕（bycatch）和偶然捕捞（incidental catch）其他物种，尽管关注对象仍是海鸟与哺乳动物，但是重点不在食物链关系，而在捕捞活动和海鸟或哺乳动物的物理空间关系，目的是降低捕捞活动导致的海鸟或哺乳动物的死亡率。第三个方面，控制捕捞及有关活动对南极海洋生态环境的污染与破坏，包括生活与加工垃圾排放、渔具对脆弱海洋生态系统的破坏。第一个方面仅适用于南极磷虾渔业，典型体现在南极磷虾渔业预防性捕捞限额决策规则和CEMP 计划；第二个方面和第三个方面适用于南极磷虾渔业和南极犬牙鱼渔业。捕捞限额决策规则是否考虑食物链关系以及是否建立生态系统监测计划，是衡量南极磷虾渔业和南极犬牙鱼渔业实施生态系统方法的最本质标准。

二、CEMP 计划

南极海洋生物资源养护委员会生态系统监测计划（即 CEMP 计划），是CCAMLR 于 1985 年开始实施的一项旨在实施《南极海洋生物资源养护公约》

---

〔1〕　参见第四章。

〔2〕　Karl-Hermann Kock, Understanding CCAMLR's Approach to Management, May 2000, p. 9. 该作者认为，这种做法有违《南极海洋生物资源养护公约》第 2 条的规定。

〔3〕　Karl-Hermann Kock, Understanding CCAMLR's Approach to Management, May 2000, p. 11.

〔4〕　See Adriana Fabra, Virginia Gascón, "The Convention on the Conservation of Antarctic Marine Living Resources (CCAMLR) and the Ecosystem Approach", 23 *International Journal of Marine and Coastal Law* 567, 575–576 (2008). 该文认为，CCAMLR 为实施生态系统方法采取了 6 个方面措施，包括：制定目标物种的预防性限额、南极磷虾管理考虑捕捞对依赖物种的影响、建立生态系统监测计划、制定新渔业与探捕渔业管理制度、规定海鸟偶然捕捞缓解规则、通过科学观察员收集兼捕与生态系统影响数据。

第 2 条 (3) (b) 所规定的生态系统方法的典型。为管理 CEMP 计划，CCAMLR 同步于 1985 年设立了生态系统监测计划工作组（WG-CEMP），运行至 1994 年。1994 年，南极磷虾工作组（WG-Krill）和 WG-CEMP，合并成立了生态系统监测与管理工作组（WG-EMM）。WG-EMM 的职责范围（ToR），除其他外，包括：评估磷虾状况，评估依赖种群和相关种群的状况及趋势，评估那些可能影响被捕捞种群、依赖种群和相关种群的丰度与分布的环境因素状况及趋势，确认、建议和协调科学研究等。[1] 所以，自 1995 年开始，CEMP 计划由 WG-EMM 接手管理。

CEMP 计划设计想法，源于 20 世纪 70 年代末，也就是在《南极海洋生物资源养护公约》仍在谈判中时。一方面，当时有学者就建议通过监测南极海洋生态系统中顶端捕食生物（predators）以检测南极磷虾资源丰度及其分布范围的变化。另一方面，环境影响评价作为环境管理工具开始在一些西方国家应用。在环境影响评价中，本底研究（baseline study）被用以预测某项活动影响以及监测该活动实施后的真实影响。CCAMLR 据此制定了一个类似环境影响评估的管理框架，即捕食生物是南极磷虾资源的指标物种，通过监测捕食生物数量变化以探测南极磷虾资源的丰度及其分布情况。[2] 在此基础上，CCAMLR 于 1985 年开始实施了雄心勃勃的 CEMP 计划，以实现两个目的：一是发现和记录生态系统中关键组成的重要变化，为养护南极海洋生物资源提供依据；二是区分因捕捞商业物种而引发的变化和因环境变量而引发的变化。考虑到不可能监测南极磷虾及其所有捕食生物，CCAMLR 设计了指标物种（indicator species），以间接地反应南极磷虾资源状况变化，以及表征生态系统状态。

CEMP 计划设计包含了四个阶段：设计、数据收集、数据解释、管理。这四个阶段，构成了一个循环叠加不断完善的过程，如图 3-1。可以清楚地看到，大型监测是此计划的基础与核心，监测所收集的数据及其标准存储则是此计划最重要的成果，构成适当的模型以回答捕捞和自然环境对关键南极海洋生物资源的影响是此计划实现其目的的重要技术手段。CEMP 计划包含

---

〔1〕 SC-CAMLR, Report of the Thirteenth Meeting of the Scientific Committee, Hobart, 24-28 October 1994, paragraphs 7. 41-7. 42; Denzil G. M. Miller, Antarctic Krill and Ecosystem Management—from Seattle to Siena, 9 *CCAMLR Science* 185, 184 (2002).

〔2〕 David J. Agnew, "Review: The CCAMLR Ecosystem Monitoring Programme", 9 *Antarctic Science* 235, 236 (1997).

一套监测和科研内容，包括监测的指标物种（indicator species）、监测地址（sites）和参数（parameters）等。指标物种，包括了主要被捕食物种（key prey species）和依赖这些物种的捕食物种（dependent species）；前一种主要是磷虾，后一种包括海豹、企鹅、海燕（petrel）等。对于捕食物种的选择，参照了以下标准（criteria）：它们应能作为被捕食物种数量变化的指标、它们有广泛的地理分布、它们是生态系统中的关键组成、它们易于研究、它们的生物学已经被充分掌握以及有很好的本底数据（baseline data）来构建科学监测计划等。监测参数，重点选择那些能够对被捕食物种数量或环境因素变化作出响应的参数；主要有四类，分别是：繁殖参数（parameters of reproduction）、生长和栖息条件（growth and condition）、摄食生态与行为（feeding ecology and behavior）、丰度与分布（abundance and distribution）。[1]为便利统计比较和分析，1987年，SC-CAMLR通过了一套监测捕食物种的标准方法；后来该标准方法由CCAMLR出版，2014年版为最近一版。

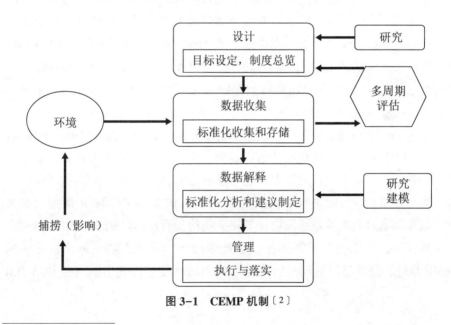

图3-1　CEMP机制[2]

---

〔1〕 David J. Agnew, "Review: The CCAMLR Ecosystem Monitoring Programme", 9 *Antarctic Science* 235, 236-237 (1997).

〔2〕 David J. Agnew, "Review: The CCAMLR Ecosystem Monitoring Programme", 9 *Antarctic Science* 235, 236 (1997).

CEMP 地址选择，基于两个标准：一是该地址附近有渔场、有 CEMP 计划选定的指标物种、现在有或者未来有长期的科研计划；二是该地址能实现较好的地理覆盖，有可能探测全球自然环境变化的影响，能为未来渔业扩展至其他区域作准备。[1]根据上述两个标准，CCAMLR 选定了三个综合研究区（Integrated Study Regions, ISR），分别是南极半岛综合研究区、南乔治亚综合研究区和普里兹湾综合研究区。考虑到这些 CEMP 地址位于陆地上以及相关研究与监测活动易受偶然或恶意人类活动的干扰，在 1989 年南极条约协商会议通过第ⅩⅤ-5 号建议后，CCAMLR 于 1990 年通过了养护措施 CM 18/Ⅸ，现为养护措施 CM 91-01（2004），以保护这些监测地址（CEMP sites）。1989年，第ⅩⅤ-5 号建议于 2019 年 3 月 6 日韩国政府批准后生效，该建议认为 CCAMLR 在制定 CEMP 计划以实现《南极海洋生物资源养护公约》宗旨，意识到确定人类活动和南极环境变化之间的因果关系需要自然变化知识以及这些变化的准确记录，建议南极条约协商国政府在开展其南极科学考察计划时持续和适当扩大计划，以探测与监测全球环境变化及其对南极陆地与海洋环境的影响，单独或联合开展环境监测计划以核准预测全球环境变化的影响和探测可能未预见的影响，采取必要措施保持其监测计划所收集数据的准确性。[2]养护措施 CM 91-01 则借鉴南极特别保护区（ASPA）规定，从 CEMP 地址保护制度以及 CCAMLR 与南极条约协商会议等相关机构之间协商机制两个方面具体细化 CEMP 地址保护程序。在保护制度方面，养护措施 CM 91-01 规定，那些在 CEMP 地址开展研究或计划开展研究的 CCAMLR 成员可建议保护相应的 CEMP 地址；此类建议应准备一份管理计划草案。该建议及其管理计划草案，将交由 WG-EMM 进行审议，再交 SC-CAMLR 和 CCAMLR 考虑。如果 CCAMLR 同意且南极条约协商会议等相关机构没有反对，则 CCAMLR 将制定一份具有法律约束力的养护措施。在此情形下，原则上禁止进出被保护的 CEMP 地址；除非进出活动是符合管理计划的规定，且进出活动经 CCAMLR

---

〔1〕 CCAMLR Secretariat, The CCAMLR Ecosystem Monitoring Program（CEMP），WG-CEMP-90/20, 1990, paragraph 11.

〔2〕 ATCM, Recommendation ⅩⅤ-5, Paris, 1989, at https：//www. ats. aq/devAS/Meetings/Measure/ 174, accessed 29 September 2023.

成员许可。[1]需要注意的是，CEMP 地址保护的根本目的在于避免在这些地址上开展或拟开展科研活动不受人类活动干扰，其目的不是限制邻近海域内的渔业活动。[2]相反，根据 CEMP 地址选择标准，附近有渔场是这些地址能够成为 CEMP 地址的关键因素。

根据养护措施 CM 91-01，CCAMLR 曾为两个 CEMP 地址制定过保护制度，即 1991 年为锡尔岛（Seal Island）上 CEMP 地址制定的养护措施 CM 91-03 和 1994 年为希里夫角（Cape Shirreff）上 CEMP 地址制定的养护措施 CM 91-02。锡尔岛上 CEMP 地址于 1994 年山崩而终止使用，故养护措施 CM 91-03 于 2007 年失效；希里夫角上 CEMP 地址，则位于第 149 号 ASPA 范围内，故 2000 年 CCAMLR 终止了养护措施 CM 91-02。因此，截至 2023 年 9 月，CCAMLR 框架下已经没有具体 CEMP 地址保护的养护措施；一些位于南纬 60 度以南区域的 CEMP 地址则通过南极条约协商会议框架下的南极特别保护区或南极特别管理区制度得到保护。[3]

根据 CCAMLR 网站公布的信息，截至 2023 年 9 月，14 个 CCAMLR 成员在《南极海洋生物资源养护公约》适用范围内建设了 35 个 CEMP 地址；除 4 个地址外，[4]其他 31 个 CEMP 地址都位于南纬 60 度以南区域，如表 3-1。从这些 CEMP 地址的地理分布看，大多数集中于各国南极科学考察站附近，或者各国主张的南极洲领土范围内；阿根廷和澳大利亚是实施 CEMP 监测最多的国家。2023 年 CCAMLR 相关数据显示，大多数 CEMP 地址距离渔场超过 200 公里，只有少数 CEMP 地址距离渔场 100 公里以内；南极磷虾渔业生产和 CEMP 监测在时间和空间上不存在重叠或同步。[5]

---

〔1〕 CEMP 地址保护制度所包含的管理计划、原则上禁止、许可管理等内容，和南极特别保护区制度是相同的。参见《关于环境保护的南极条约议定书》附件 5 第 3 条和第 7 条。

〔2〕 Conservation Measure 91-01（2004）"Procedure for according protection to CEMP sites", Preamble.

〔3〕 CCAMLR, CCAMLR Ecosystem Monitoring Program（CEMP）, at https://www.ccamlr.org/en/science/ccamlr-ecosystem-monitoring-program-cemp, accessed 29 September 2023.

〔4〕 位于南纬 60 度以北的 4 个 CEMP 地址分别是：英国在鸟岛（Bird Island）和迈维肯湾（Maiviken）建设的 2 个 CEMP 地址，挪威在布韦岛建设的 1 个 CEMP 地址，南非在马里恩岛上建设的 1 个 CEMP 地址。

〔5〕 CCAMLR Secretariat, Summary of CCAMLR Ecosystem Monitoring Program（CEMP）data holdings through the 2022/23 monitoring season, WG-EMM-2023/24, 15 June 202, p. 8.

表 3-1　CEMP 地址数量及其名称[1]

国家	地址数量	CEMP 地址名称
阿根廷	7	Esperanza Station、Laurie Island、Stranger Point、Paradise Bay、Marambio、Cierva Cove、Mar Rock
澳大利亚	9	Shirley Island、Bechervaise、Verner Island、Maggs Island、Gardner、Hop Island、Steinnes、Blakeney Point、Odbert Island
法国	1	Petrel Island
英国	4	Goudier Island、Signy Island、Bird Island、Maiviken
意大利	1	Edmonson
日本	1	Syowa Station
韩国	2	Narebski Point、Cape Hallett
挪威	1	Bouvet Island
新西兰	1	Ross Island
波兰	1	Lions Rump
乌克兰	3	Petermann Island、Galindez Island、Yalour Island
美国	2	Cape Shirreff、Admiralty Bay
乌拉圭	1	Ardley Island
南非	1	Marion Island
总计		35

　　上述有限的 CEMP 地址数量及其不均匀的地理分布,[2]以及 CEMP 地址远离渔场等实际情况，严重限制了 CEMP 计划实现其最初设计的两个雄心壮志的目标，即发现和记录生态系统中关键组成的重要变化，以及区分因捕捞商业物种而引发的变化和因环境变量而引发的变化。尽管 CCAMLR 通过 CEMP 计划收集了大量数据，截至 2022 年 CEMP 数据库包含了 479 套相关指标数据，且这些数据跨度超过 10 年,[3]但是 CCAMLR 或 SC-CAMLR 未能依

---

〔1〕 CCAMLR, CEMP Sites, at https://www.ccamlr.org/en/science/cemp-sites, accessed 29 September 2023.

〔2〕 SC-CAMLR, Report of the Forty-First Meeting of the Scientific Committee, Hobart, 24-28 October 2022, paragraph 7.32 of Annex 9.

〔3〕 SC-CAMLR, Report of the Forty-First Meeting of the Scientific Committee, Hobart, 24-28 October 2022, paragraph 2.94 of Annex 7.

据 CEMP 计划所收集的数据就其两个目标给出科学合理的结论。相反，如第四章关于南极磷虾渔业及其管理部分所示，南极磷虾渔业和南极磷虾捕食物种关系或者影响因科学上缺少共识而一直成为 CCAMLR 成员间争论的问题。[1]至少从此角度看，CEMP 计划未能发挥弥合科学不确定性的作用。气候变化，则加剧了这种科学不确定性。2022 年，SC-CAMLR 研讨会认为，需要进一步加强数据收集能力，特别是 CEMP 计划，以增强 SC-CAMLR 提供科学建议的能力；特别地，研讨会认为需要评估 CEMP 计划监测目标与方法，将其他物种（如鱼类和鲸类）纳入其监测对象。[2]加强 CEMP 计划，也成为 2022 年 SC-CAMLR 通过的气候变化研讨会职权范围的内容之一。[3]为进一步完善 CEMP 计划，SC-CAMLR 同意召开一次 CEMP 研讨会，以评估和加强 CEMP 计划，并建议将海洋垃圾监测纳入研讨会职权范围。[4]因此，根据当初 CCAMLR 预计判断 CEMP 计划成功与否的标准，即 CEMP 计划成果对 CCAMLR 决策的影响程度，以及 CCAMLR 成员对 CEMP 计划成果有限性与合法性的理解程度，[5]近 40 年的 CEMP 计划应该很难说已取得成功；但其设计理念，仍应该被认为是 CCAMLR 实施生态系统方法的核心与基础。

三、南极海洋保护区与生态系统方法

2009 年，CCAMLR 建立了其第一个海洋保护区，即南奥克尼群岛南部陆架海洋保护区（SOISS MPA）或者养护措施 CM 91-03（2009）。在此之后，CCAMLR 不仅制定了关于建立海洋保护区的一般性框架，即养护措施 CM 91-

---

〔1〕　SC-CAMLR 俄罗斯籍科学家代表根据 2020 年俄罗斯科学调查船在布兰斯菲尔德海峡调查结果认为，洋流驱动着南极磷虾资源的输送、分布和补充等过程，是南极磷虾生物量时空变化的源头；进而认为，南极磷虾渔业和南极磷虾捕食物种只存在空间上重叠，而不存在功能上重叠，进而否认南极磷虾渔业影响南极磷虾资源量，以及通过食物链关系影响南极磷虾捕食物种。See Svetlana Kasatkina, Comments on the Management Approach to Krill Fisheries, WG-EMM-2023/12, 14 June 2023.

〔2〕　SC-CAMLR, Report of the Forty-First Meeting of the Scientific Committee, Hobart, 24-28 October 2022, paragraph 4. 1（c）of Annex 4.

〔3〕　SC-CAMLR, Report of the Forty-First Meeting of the Scientific Committee, Hobart, 24-28 October 2022, Annex 10.

〔4〕　SC-CAMLR, Report of the Forty-First Meeting of the Scientific Committee, Hobart, 24-28 October 2022, paragraphs 3. 40 and 5. 51. 上一次 CEMP 计划评估是 2003 年。See SC-CAMLR, Report of the CEMP Review Workshop, WG-EMM-03/62, 23 August 2003.

〔5〕　CCAMLR Secretariat, The CCAMLR Ecosystem Monitoring Program（CEMP）, WG-CEMP-90/20, 1990, paragraph 15.

04（2011），还依此一般性框架建立了第二个海洋保护区，罗斯海区域海洋保护区（RSrMPA）或者养护措施 CM 91-05（2016）。不论是两个具体的海洋保护区，还是一般性框架，养护海洋生物多样性或养护海洋生态系统已成为它们的目标。例如，养护措施 CM 91-03 规定，南奥克尼群岛南部陆架海洋保护区是为了养护 48.2 区海洋生物多样性；养护措施 CM 91-04 列举了 6 个目标，包括保护代表性海洋生态系统、海洋生物多样性与生境，保护关键生态系统进程、生境与物种、保护易受人类活动影响的区域等。因此有观点认为，CCAMLR 管理渔业的方法不能有效保护一些关键海洋环境，特别是代表性区域、科学参照区或易受人类活动影响的区域，因此建立南极海洋保护区是CCAMLR 实施生态系统方法的重要组成部分。[1]

南极海洋保护区，诚然可作为 CCAMLR 实施生态系统方法的一种工具，但是显然不是建立在 CCAMLR 渔业管理不足的前提之上的。如上述 CCAMLR 在实施生态系统方法的三个方面所展示的那样，CCAMLR 根据其渔业管理类型不同，制定了不同的实施措施；南极磷虾渔业，不仅在其预防性捕捞限额方面考虑了南极磷虾捕食物种的需求，还制定与实施了 CEMP 计划，以区分捕捞活动影响和自然环境影响。更为重要的是，联合国粮农组织将 2016-2017 年度玛格丽塔·利扎拉加奖章授予 CCAMLR，正是为了表彰 CCAMLR 实施预防性做法与生态系统方法以平衡环境保护与资源合理利用中所作的贡献。[2]

诚如养护措施 CM 91-04 所规定的那样，CCAMLR 可以通过保护代表性区域、科学参照区或易受人类活动影响的区域，以养护特定的海洋生态系统或海洋生物多样性，体现生态系统方法。应该注意的是，CCAMLR 通过南极海洋保护区实施生态系统方法，仍应依据《南极海洋生物资源养护公约》，以实现养护南极海洋生物资源的宗旨。所以，保护代表性区域、科学参照区或易受人类活动影响的区域，仍应服从于《南极海洋生物资源养护公约》第 2 条。具体包括两个方面：其一，这些保护措施应能通过管理"捕捞及有关活动"

---

〔1〕　Philip N. Trathan, Susie M. Grant, "The South Orkney Islands Southern Shelf Marine Protected Area: towards the establishment of marine spatial protection within international waters in the Southern Ocean", in John Humphreys and Robert W. E. Clark（eds.）, *Marine Protected Areas: Science, Policy and Management*, Elsevier, 2020, pp. 92~93.

〔2〕　FAO, The State of World Fisheries and Aquaculture, FAO, 2018, p. 121.

实现其目标；其二，这些保护措施应遵循《南极海洋生物资源养护公约》第2条（3）（b）规定的养护原则。如果不考虑此两个方面，南极海洋保护区就很容易演变为一种宽泛的生态系统管理，而不是实施生态系统方法，会脱离《南极海洋生物资源养护公约》和 CCAMLR 职权范围。如此，很容易导致《南极海洋生物资源养护公约》宗旨是"养护南极海洋生态系统"的假象。

如前所述，CCAMLR 在初期讨论实施生态系统方法时，其考量是将《南极海洋生物资源养护公约》第2条（3）（b）抽象的规定转化为科学意义上可衡量的具体目标，并据此确定相应的指标物种。在此过程中，CCAMLR 将其管理人类活动的生态系统目标限定在该活动对生态系统的可能影响，而不是脱离人类活动影响去细化整个南极海洋生态系统的目标。[1]CEMP 计划的两个目标，更进一步反映了 CCAMLR 的这种理念。CCAMLR 实施生态系统方法，旨在通过控制和管理"捕捞及有关活动"对南极生态系统的影响，而不是管理所有人类活动甚至南极以外自然环境变化（如气候变化）对南极海洋生态系统的影响。

事实上，养护措施 CM 91-04 不仅规定了养护海洋生态系统或海洋生物多样性目标，还规定了管理计划、科研与监测计划等内容。管理计划，应规定限制、禁止或管理的管理类型及其时间限制等；科研与监测计划，包括根据南极海洋保护区目标开展的科研活动，符合南极海洋保护区目标的其他科研活动，以及监测南极海洋保护区目标实现的程度。南极海洋保护区原则上应至少每 10 年评估一次，以决定除其他外科研与监测计划开展的情况。[2]管理计划所能适用的船舶类型，包括 CCAMLR 成员许可的渔船，以及根据 CCAMLR 养护措施开展关于南极海洋生物资源的科学研究船舶，不适用于军舰或政府公务船舶。[3]因此，如果南极海洋保护区的目标是一些可衡量的具体目标，则它们在一定程度上也符合前述分析的两个具体内

---

〔1〕　Andrew J. Constable, International implementation of the ecosystem approach to achieve the conservation of Antarctic marine living resources, Presentation to UNICPOLOS 7, June 2006, p. 7.

〔2〕　Conservation Measure 91-04 (2011) "General framework for the establishment of CCAMLR Marine Protected Areas", paragraphs 3, 5 and 8.

〔3〕　Conservation Measure 91-04 (2011) "General framework for the establishment of CCAMLR Marine Protected Areas", paragraphs 6-7.

容：只能管理"捕捞及有关活动"以及必须遵循《南极海洋生物资源养护公约》第 2 条（3）（b）。在此意义上，南极海洋保护区应可被认为是 CCAMLR 实施生态系统方法的一种新措施，不取代和否定之前 CCAMLR 采取的其他措施。

从 CCAMLR 现有两个海洋保护区的实施情况看，如第九章所示，它们的目标仍很抽象，或者存在不确定性，未能转化为可衡量的具体目标。两个海洋保护区，截至 2023 年 9 月仍没有通过科研与监测计划；在没有科研与监测计划的前提下，它们的 5 年评估都缺少具体定量性结论。这些实施过程中存在的科学问题，无疑增加了南极海洋保护区的法律与政治争议。

第二节　CCAMLR 与预防性做法

预防性做法，是相对于传统管理原则而言的，通过减少风险以提升环境及其资源养护，或者说帮助决策者或管理者在科学不确定性情形下采取防止性决定。[1]1992 年，《里约环境与发展宣言》原则 15 全面地阐述了预防性做法的内涵。根据原则 15，预防性做法包含以下要素：存在严重的或不可恢复的损害风险；关于造成损害的因果关系不确定；提前采取措施；措施因各国能力而异，但应经济有效。值得注意的是，根据预防性做法而采取的措施，是基于不完全科学证据采取的一种临时措施；这种临时措施，应随科学证据的完善而改进。

尽管《南极海洋生物资源养护公约》第 9 条（1）规定，应依据"可获得最佳科学证据"制定养护措施，[2]但是"可获得"的科学证据会因时而

---

〔1〕 Serge M. Garcia, "The Precautionary Approach to Fisheries and its Implications for Fishery Research, Technology and Management: An Updated Review", in FAO (ed.), *Precautionary approach to fisheries Part 2: scientific papers*, FAO Fisheries Technical Paper. No. 350 Part 2, FAO, 1996, p. 3.

〔2〕 在规定"可获得最佳科学证据"之前，《南极海洋生物资源养护公约》第 9 条（1）规定了一系列关于科学证据方面的内容，包括：开展关于南极海洋生物资源及南极海洋生态系统的科学研究；收集南极海洋生物资源状态及其变化的数据以及影响这些资源分布、丰度和生产力等因素；收集渔获量与捕捞努力量数据；分析、散发和公布相关数据等。1990 年，南极海洋生物资源养护方法制定工作组（WG-DAC）曾专题研究"可获得最佳科学证据"，并向 CCAMLR 提交了一份关于制定管理政策决定的报告。See CCAMLR, Report of the Ninth Meeting of the Commission, Hobart, 22 October -2 November 1990, Append 2 of Annex 7.

不同，且在某个特定时空背景下"最佳科学证据"不足或缺乏是常有现象。在获得充分数据之前，CCAMLR 临时性采取预防性养护措施，以"防止在近二三十年内南极海洋生态系统发生不可逆转的变化或减少这种变化的风险"。[1]

为将此法律性原则转化为科学决策规则，CCAMLR 制定了不同类型海洋生物资源养护的决策规则（decision rules），以体现预防性做法。根据这些决策规则，CCAMLR 一方面确定了哪些渔业活动影响是可以接受的，另一方面明确渔业活动所带来的变化应能在 20 年至 30 年时间框架内可逆转。[2]英国曾认为 20 世纪 90 年代 CCAMLR 关于南极磷虾渔业以及新渔业与探捕渔业等管理实践促进了国际社会塑造关于预防性做法的认知。[3]南极磷虾渔业、新渔业与探捕渔业、48.3 区细鳞犬牙鱼渔业以及脆弱生态系统等具体制度体现了预防性做法原则，但是在具体实践中存在着预防性做法和可获得最佳科学证据之间的争议。例如，2019 年，鱼类种群评估工作组（WG-FSA）因各国科学家对 CCAMLR 现有资源养护实践是不是预防性无法达成共识而导致该工作组不能为所有鱼类资源及相关科研计划提供科学建议；[4]2021 年，俄罗斯和英国因 48.3 区细鳞犬牙鱼渔业是否符合预防性做法与可持续原则而发生不可调和的分歧，最终第 40 届 CCAMLR 没能通过关于养护措施 CM 41-02 的修订，事实上禁止了 48.3 区细鳞犬牙鱼渔业活动。[5]

---

〔1〕 See CCAMLR, Report of the Eighth Meeting of the Commission, Hobart, 6–17 November 1989, paragraph 5 of Annex E; CCAMLR, Report of the Tenth Meeting of the Commission, Hobart, 21 October 1 1 November 1991 paragraph 6.13.

〔2〕 See SC-CAMLR, Report of the Thirty-Eighth Meeting of the Scientific Committee, Hobart, 21–25 October 2019, paragraph 3.36 of Annex 7; Delegation of the United Kingdom, The CCAMLR Decision Rule, Strengths and Weaknesses, SC-CAMLR-38/15, 6 September 2019.

〔3〕 Delegation of the UK, CCAMLR's Application of the Precautionary Approach, CCAMLR-XVII/BG/32, 9 October 1998, p. 2.

〔4〕 SC-CAMLR, Report of the Thirty-Eighth Meeting of the Scientific Committee, Hobart, 21–25 October 2019, paragraphs 3.39–3.41 of Annex 7.

〔5〕 Delegation of the Russian Federation, Revision of the precautionary approach to ensuring the rational use of a living resource (Dissostichus eleginoides) in CCAMLR Subarea 48.3, SC-CAMLR-40/15, 27 August 2021; Delegation of the United Kingdom, Comments on WG-FSA 2021/41 and SC-CAMLR-40/15, On the revision of the precautionary approach to ensure the rational use of the living resource (Dissostichus eleginoides) in Subarea 48.3, SC-CAMLR-40/BG/08, 11 September 2021.

一、预防性做法与可获得科学证据

关于预防性做法与可获得科学证据之间的争议，充分体现于 CCAMLR 早期关于有鳍渔业（finfish fisheries）的管理以及当前关于海洋保护区建设方面。这些争议，似乎也可看作是关于《南极海洋生物资源养护公约》宗旨中"合理利用"（rational use）的不同解释。[1] 在 CCAMLR 成立初期，解决有鳍鱼类的过度捕捞成为其首要问题，如花纹南极鱼（Notothenia rossii）。1984 年，南极海洋生物资源养护科学委员会（SC-CAMLR）设立鱼类种群评估工作组（WG-FSA），以评估南极鱼类种群状况，[2] 以为 SC-CAMLR 提供科学建议。在讨论养护南乔治亚岛周围海域有鳍鱼类时，WG-FSA 认为已有的最小网目尺寸和最小鱼类体长不足以有效恢复已经衰退的鱼类种群；鉴于苏联已经自愿不进入南乔治亚岛 12 海里以内的海域进行捕捞作业，SC-CAMLR 建议关闭南乔治亚岛 12 海里以内的海域。但是，一些国家不满足于此，进一步要求采取临时关闭南乔治亚岛全部渔场以及制定总可捕量等措施。这引发了临时全面禁捕的必要性与科学证据之间的争论。波兰、民主德国和苏联明确反对临时全面禁捕措施。新西兰则认为，临时全面禁捕可最小化鱼类种群衰退的风险，直到成员国就该渔场养护计划达到一致后再开放。此观点典型地隐含了举证倒置的理念。苏联认为 WG-FSA 的结论基于不充分的科学证据，因此不能支撑新西兰的主张。在此背景下，法国提出，其已经在凯尔盖朗群岛采取了临时关闭全部渔场的措施，在关闭 14 个月以后允许捕捞作业在新管理规定下有序开展。其他一些国家认为应对南乔治亚岛渔场采取类似措施。SC-CAMLR 则认为法国采取临时关闭全部渔场措施旨在 1 年中特定时期保护产卵群体，而南乔治亚岛周围海域的产卵场还没有确定。为此，SC-CAMLR 排除采

〔1〕 Jennifer Jacquet, Eli Blood-Patterson, Casandra Brooks, David Ainley, " 'Rational Use' in Antarctic Waters", 63 *Marine Policy* 28 (2016).

〔2〕 在 1984 年之前，南极鱼类种群状况评估工作是由南极研究科学委员会（SCAR）下的鱼类生物学工作组（Working Party on Fish Biology）承担；SCAR 鱼类生物学工作组认为，南极有鳍鱼类因生命周期长易被过度捕捞，但是囿于数据匮乏而不能进行全面评估。See Andrew J. Constable, William K. de la Mare, David J. Agnew, et al., "Managing fisheries to conserve the Antarctic marine ecosystem: practical implementation of the Convention on the Conservation of Antarctic Marine Living Resources (CCAMLR)", 57 *ICES Journal of Marine Science* 778, 782 (2000).

取全部关闭渔场的措施，但决定产卵季节派一艘科学调查船在南乔治亚岛周围海域进行科学研究。[1]1985 年 SC-CAMLR 会议期间，英国科学家代表则进一步提议，鉴于花纹南极鱼的严重状况且缺少充分科学数据证明其他养护措施有的效性，应无限期关闭南乔治亚岛周围的花纹南极鱼渔场，直到有足够数据评估出可捕量安全水平。英国科学家代表的提议得到了美国和新西兰等科学家代表的支持。[2]尽管如此，1985 年，CCAMLR 通过了养护措施 CM 3/Ⅳ和第 R1/Ⅳ号决议，关闭了南乔治亚岛周围的花纹南极鱼渔场和限制花纹南极鱼兼捕量不超过 300 吨。[3]养护措施 CM 3/Ⅳ，在 2002 年根据新编码体系调整为养护措施 CM 32-06，并于 2012 年成为养护措施 CM 32-02 的一部分；第 R1/Ⅳ号决议，成为养护措施 CM 33-01 的一部分，兼捕限额仍为300 吨。

极端地要求关闭渔场，加剧了这种预防性做法与可获得科学证据之间的争议。科学不确定性和科学地制定管理政策，成为科学家代表和政府代表间争议的议题。1990 年，WG-FSA 仅能评估 32 种鱼类种群中的 14 种。为此，WG-FSA 发表了一个声明——"我们能否学会适用不确定性为 CCAMLR 鱼类种群改进管理建议"。该声明总结认为，随着科学调查数据增加以及渔获量与捕捞努力量统计质量的提升，WG-FSA 关于种群评估与管理建议的质量将相应提升；不确定性将持续是提供管理建议中的一个重要问题，应将它纳入管理决定中。[4]同年，南极海洋生物资源养护方法制定工作组（WG-

---

〔1〕 SC-CAMLR, Report of the Third Meeting of the Scientific Committee, Hobart, 3–12 September 1984, paragraphs 72. 4–7. 41.

〔2〕 SC-CAMLR, Report of the Fourth Meeting of the Scientific Committee, Hobart, 2–9 September 1985, paragraphs 4. 37–4. 39.

〔3〕 CCAMLR, Report of the Fourth Meeting of the Commission, Hobart, 2–13 September 1985, pp. 7~8. 该年 CCAMLR 会议报告并没有记录那些曾在 SC-CAMLR 反对关闭南乔治亚岛周围花纹南极鱼渔业提案的国家（包括苏联、日本等）同意养护措施 CM 3/Ⅳ 的理由或相关陈述。有学者认为，至少有 4 种原因促进了 1985 年后 CCAMLR 和 SC-CAMLR 开始出现建设性对话。这 4 种原因包括：数据积累；科学调查提供了额外科学数据；苏联开始采取更包容性态度；渔业领域开始接受新管理概念以及需要国际合作。See Karl-Hermann Kock, "Fishing and Conservation in Southern Waters", 30 *Polar Record* 3, 12 (1994).

〔4〕 SC-CAMLR, Report of the Ninth Meeting of the Scientific Committee, Hobart, 22–29 October 1990, Appendix D of Annex 5.

DAC）[1]专题研究"可获得最佳科学证据"，向 CCAMLR 提交了一份"制定管理政策决定"报告。该报告认为，根据《南极海洋生物资源养护公约》第9 条（1）（f），CCAMLR 需要作两个判断：其一，什么是最佳证据；其二，最佳证据建议何种管理行动。为实现《南极海洋生物资源养护公约》宗旨，报告认为需要制定一个关于养护目标的操作层次定义，以便将"最佳科学证据"和养护目标联系在一起。如果 SC-CAMLR 因缺乏最佳科学证据而在其建议中提供太多的决策选项，则不仅将管理政策事项留给 CCAMLR，也将科学事项留给 CCAMLR。显然，CCAMLR 不可能在年度会议的有限时间内决定这些复杂问题。基于此，报告认为如果 SC-CAMLR 的科学建议能明确CCAMLR 管理政策对应的决策选项，并确保证据的科学有效性（scientific validity），则 CCAMLR 将能更易履行《南极海洋生物资源养护公约》第9 条（1）（f）的规定。[2]

二、预防性做法与南极磷虾渔业管理

在南极磷虾渔业管理方面，1991 年，CCAMLR 制定了第一个关于南极磷虾的养护措施——养护措施 CM 32/X "48 分区南极磷虾预防性可捕配额措施"，设定了 150 万吨总捕捞限额。养护南极磷虾资源曾是谈判《南极海洋生物资源养护公约》的主要动机之一，该公约也曾被简称为南极磷虾条约，但是生效后近 10 年才制定了养护南极磷虾具体措施，CCAMLR 因此受到了一些批评。[3]表面上看，这种批评有其逻辑性。但是，将《南极海洋生物资源养护公约》第2 条（3）规定的先进和抽象的生态系统方法和预防性做法等养护原则转化为具体养护措施绝非易事，更不用说南极海洋复杂的政治背景以及

---

〔1〕 WG-DAC 是应 1986 年澳大利亚的提议，由第 5 届 CCAMLR 会议决定设立的，其职权范围是将《南极海洋生物资源养护公约》第 2 条（3）规定的抽象性养护原则转化为具体的养护措施。该工作组于 1991 年结束其使命。See CCAMLR, Report of the Fifth Meeting of the Commission, Hobart, 8-19 September 1986, paragraphs 61-65; Report of the Tenth Meeting of the Commission, Hobart, 21 October-1 November 1991, paragraphs 6.20-6.22; Denzil G. M. Miller, "Antarctic Krill and Ecosystem Management-from Seattle to Siena", 9 *CCAMLR Science* 175, 194 (2002).

〔2〕 See CCAMLR, Report of the Ninth Meeting of the Commission, Hobart, 22 October -2 November 1990, Append 2 of Annex 7.

〔3〕 Rachel Baird, "Fishing the Southern Ocean: The Development of Fisheries and the Role of CCAMLR in their management", 16 *University of Tasmania Law Review* 160, 175 (1997).

有鳍渔业养护争议。

1984 年，临时南极磷虾工作组建立；1985 年，在西雅图召开第一次会议。1988 年，临时南极磷虾工作组成为 SC-CAMLR 下的正式工作组；1989 年，在拉荷亚（La Jolla）召开南极磷虾工作组第一次会议。1994 年，南极磷虾工作组和生态系统监测计划工作组（WG-CEMP）合并组成生态监测与管理工作组（WG-EMM）；1995 年，在意大利锡耶纳（Siena）召开 WG-EMM 第一次会议。[1]

为有效养护南极磷虾资源以及更好地向 CCAMLR 提供管理建议，1990 年，SC-CAMLR 同意南极磷虾工作组继续研究，制定南极磷虾管理方法。1991 年，南极磷虾工作组讨论了 7 种可能的南极磷虾管理方法，从反应式管理，即南极磷虾可捕量水平应保持和有序增加直到有确定的科学认为南极磷虾资源不可持续，到极端保护式管理，即应禁止任何南极磷虾捕捞直到有确定的科学认为过度利用或捕捞是没有风险的。1991 年，SC-CAMLR 认为，反馈式管理（feedback management）是 7 种管理方法中可行的长期战略管理方案。[2]1991 年，CCAMLR 同意 SC-CAMLR 的建议，认为反馈式管理能根据数据增加而不断调整管理措施，可作为长期战略。在实现此长期战略之前，在过渡期间（in the interim），需要采取预防性做法，制定预防性可捕配额。[3]

为更好地制定南极磷虾管理方法，1990 年，南极磷虾工作组将《南极海洋生物资源养护公约》第 2 条规定的养护原则转化为 4 项可适用于南极磷虾管理的指导性思路：其一，相较于单鱼种渔业，南极磷虾渔业管理应保持南极磷虾资源量处于更高的水平之上；其二，未来一个时期内南极磷虾可能出现的最低资源量；其三，确保南极磷虾资源利用不应对陆基南极磷虾捕食者造成过度影响；其四，南极磷虾逃逸水平应能满足南极磷虾捕

〔1〕　Denzil G. M. Miller, "Antarctic Krill and Ecosystem Management-from Seattle to Siena", 9 *CCAMLR Science* 175, 191（2002）.

〔2〕　SC-CAMLR, Report of the Tenth Meeting of the Scientific Committee, 21-25 October1991, paragraphs 3. 54-3. 56; Denzil G. M. Miller, "Antarctic Krill and Ecosystem Management-from Seattle to Siena", 9 *CCAMLR Science* 175, 179（2002）.

〔3〕　CCAMLR, Report of the Tenth Meeting of the Commission, Hobart, 21 October-1 November 1991, paragraph 6. 13.

食者的需求。这些指导性思路得到了 SC-CAMLR 和 CCAMLR 同意。[1]1994年，南极磷虾工作组将 4 个指导性思路转化为南极磷虾开发水平的 3 个决策规则（decision rules），分别是：20 年内产卵种群资源量下降至原始平均水平 20%的概率为 10%；20 年内产卵种群逃逸水平为原始平均水平 75%；选取前两种情形下较低的水平。SC-CAMLR 认为，适用这 3 个决策规则易于确定南极磷虾预防性可捕配额；但是两个数值（10%和 75%）确定有一定随意性（arbitrary），需要不断修正。[2]基于这 3 个决策规则，CCAMLR 开发了南极磷虾产量模型（KYM），以更好地制定南极磷虾渔业的预防性可捕配额。该模型结果，将会随新获得数据而不断调整，以减少不确定性。[3]英国曾认为，需要收集更多数据，以减少南极磷虾产量模型输入参数的不确定性；以及校正南极磷虾及其捕食者模型，以得到更具科学意义的南极磷虾逃逸水平值。[4]

除此之外，CCAMLR 还要求 SC-CAMLR 提出各区域南极磷虾总捕捞限额的建议。对此，南极磷虾工作组认为，预防性养护措施的基本思想应是在缺少数据评估可能产量的情况下应防止渔业活动的无序扩张；总捕捞限额应先确定为具体吨数。就 48 区而言，其总捕捞限额可通过两种方式进行估算，一是根据历史产量估算，二是通过模型评估可能产量。对于根据历史产量估算，反对意见认为这种方法既缺少科学依据，还可能对资源利用造成不必要的限制，且没有考虑其他可能的变化。但是，南极磷虾工作组认为，根据模型评估结果过高，因此放弃模型评估，而直接根据 1981 年 1 月至 3 月间第一次开展的南极海洋系统和种群生物学调查（FIBEX）关于原始资源量（B_0）的评估结果确定 48 区总捕捞限额。SC-CAMLR 认为 150 万吨是 48 区南极磷虾总捕

---

〔1〕 SC-CAMLR, Report of the Ninth Meeting of the Scientific Committee, Hobart, 22 - 29 October 1990, paragraphs 2. 18-2. 20; CCAMLR, Report of the Ninth Meeting of the Commission, Hobart, 22 October-2 November 1990, paragraphs 4. 17-4. 18.

〔2〕 SC-CAMLR, Report of the Thirteenth Meeting of the Scientific Committee, 24-28 October 1994, paragraphs 5. 18-5. 26.

〔3〕 CCAMLR, CCAMLR's Management of the Antarctic, 2001, p. 13, at https://www. ccamlr. rg/en/system/files/MgmtOfTheAntarctic_ en. pdf, accessed 29 September 2023.

〔4〕 Delegation of the UK, CCAMLR's Application of the Precautionary Approach, CCAMLR-XVII/BG/32, 9 October 1998, p. 5.

捞限额的最佳估计，因为它对应着 FIBEX 估算 1500 万吨的原始资源量。[1]
SC-CAMLR 进一步建议 150 万吨总捕捞限额应分配到各亚区，以及该总捕捞
限额应配合其他管理措施，确保捕捞不集中于南极磷虾陆基捕食者的产卵区。
在此基础上，CCAMLR 通过了养护措施 CM 32/X。韩国和西班牙等国家对
CCAMLR 通过该养护措施的透明度表达关切，强调应确保所有国家都能有机会
参加管理建议的讨论。[2]养护措施 CM 32/X 规定 48 区总捕捞限额为 150 万
吨。当 48.1 区、48.2 区和 48.3 区总产量达到 62 万吨时，则 150 万吨应分
配到各亚区。2000 年，CCAMLR 认为，作为一种预防性行动，48 区南极磷
虾产量不能突破 62 万吨，直到 CCAMLR 制定将预防性可捕配额分配至更小
管理单元的程序。62 万吨，不是科学评估值，而是 48 区历史最大年产量近似
值。[3]

2000 年，根据 CCAMLR 南极磷虾综合调查的结果，SC-CAMLR 建议 48
区南极磷虾总捕捞限额应修订为 400 万吨。该建议为 CCAMLR 接受和认可，
并通过了养护措施 CM 32/XIX。[4]2007 年，SC-CAMLR 根据 2000 年
CCAMLR 综合调查评估出 48 区南极磷虾资源利用前的生物量应为 3729 万吨，
变异系数为 21.2%；利用这些数值和通用产量模型（GYM），建议将 48 区的
总捕捞限额调整为 347 万吨。[5]相应地，2007 年 CCAMLR 修订了养护措施
CM 51-01，将 48 区南极磷虾总捕捞限额从 400 万吨降至 347 万吨。2010 年，
声学调查和分析方法分工作组（SG-ASAM）修订了对 48.1 至 48.4 区南极磷
虾原始生物量的估算。根据新的估算值，WG-EMM 提出将 48.1 至 48.4 区
南极磷虾捕捞限额调整为 561 万吨。[6]因此，2010 年，CCAMLR 修订了养护

〔1〕　SC-CAMLR, Report of the Tenth Meeting of the Scientific Committee, 21-25 October 1991, paragraphs 3. 58-3. 71.

〔2〕　CCAMLR, Report of the Tenth Meeting of the Commission, Hobart, 21 October-1 November 1991, paragraphs 6. 16-6. 17.

〔3〕　CCAMLR, Report of the Nineteenth Meeting of the Scientific Committee, Hobart, 23-27 October 2000, paragraph 10. 11.

〔4〕　CCAMLR, Report of the Nineteenth Meeting of the Commission, Hobart, 23 October-3 November 2000, paragraphs 4. 15-4. 19.

〔5〕　CCAMLR, Report of the Twenty-Sixth Meeting of the Commission, Hobart, 22 October-2 November 2007, paragraphs 4. 22-4. 23.

〔6〕　SC-CAMLR, Report of the Working Group on Ecosystem Monitoring and Management, Cape Town, 26 July-3 August 2010, paragraph 2. 69.

措施 CM 51-01，将 48 区预防性捕捞配额增加至 561 万吨。尽管 48 区预防性可捕配额从 1991 年的 150 万增加至 2010 年的 561 万吨，[1]但是实际产量不允许突破 62 万吨的触发水平（trigger level）。一定意义上，62 万吨触发水平被当作预防性捕捞配额了。

在确定 48 区总捕捞限额后，南极磷虾捕捞区域和南极磷虾捕食者活动区域之间的重叠则成为另一个管理焦点，再次涉及预防性做法的适用。1991 年，有建议认为应建立一个预防性管理程序，在特定时期保护南极磷虾陆基捕食者，如 12 月至翌年 2 月，在企鹅产卵区周围建立 50 公里的禁渔区，在海豹产卵区周围建立 80 公里至 100 公里的禁渔区。SC-CAMLR 同意由生态系统监测计划工作组（WG-CEMP）联合南极磷虾工作组，围绕 4 个具体问题研究可能的养护措施。[2]尽管如此，1992 年，SC-CAMLR 一方面认为缺乏足够数据评估此问题的严重程度，另一方面却希望采取 1991 年关于禁渔区的建议。一些国家认为，应立即采取禁渔区措施直到有足够数据进行准确评估。日本反对此建议，认为没有证据显示南极磷虾渔业活动对企鹅和海豹栖息地造成了显著影响；根据可获得科学证据以及历史上 48 区南极磷虾捕捞方式，不存在立即采取措施的必要性。SC-CAMLR 认为，为制定预防性措施（precautionary measures），有必要开展模拟研究，以分析禁渔区（closed areas）地点及其范围的可能后果。日本认为 48 区南极磷虾产量处于历史低位，因此坚持反对任何事先假定需要设立禁渔区或禁渔期的建议。最终，所有国家都承认有必要开展调查，以准确评估南极磷虾渔业和南极磷虾捕食者之间竞争的程度与范围。为此，需要收集南极磷虾捕食者的产卵区的大小与分布以及南极磷虾摄食量，以及更精确的南极磷虾渔业数据。SC-CAMLR 建议由 WG-CEMP 和南极磷虾工作组承担这些工作。[3]

这种南极磷虾渔业和南极磷虾捕食者之间竞争问题一直存续，并演变成南极磷虾渔业管理和海洋保护区之间的关系问题。2020 年，一些西方科学家

---

〔1〕 截至 2022-2023 年度，养护措施 CM 51-01（2010）仍继续有效；48 区南极磷虾预防性捕捞限额仍是 561 万吨。

〔2〕 SC-CAMLR, Report of the Tenth Meeting of the Scientific Committee, 21-25 October 1991, paragraphs 6.34-6.52.

〔3〕 SC-CAMLR, Report of the Eleventh Meeting of the Scientific Committee, Hobart, 26-30 October 1992, paragraphs 5.24-5.53.

认为南极磷虾捕捞活动过度集中于某个时空范围内会影响这个区域的海洋生态，特别是依赖于南极磷虾的捕食生物，包括企鹅；他们认为如果南极磷虾利用率超 0.1，则会导致企鹅数量下降。尽管南极磷虾实际产量仍远低于 561 万吨的总捕捞限额，他们仍认为当前南极磷虾管理不是预防性的，需要改变。[1]这些科学家试图推翻此前一种共识——南极磷虾捕捞量远低于总捕捞限额，南极磷虾渔业管理遵守了预防性做法原则，所以南极磷虾渔业是可持续的。[2]"推翻此共识"可为改革南极磷虾渔业管理提供"科学依据"，间接支持了南极半岛海洋保护区。2020 年 CCAMLR 会议上，阿根廷和智利就借此理由提出，需要通过南极半岛海洋保护区加强南极磷虾渔业管理，特别是南极磷虾渔业管理改革没有完成之前更需要保护区，以防止对南极磷虾产量增加产生不利影响。[3]

三、预防性做法与新渔业管理

在新渔业和探捕渔业方面，存在一个基本逻辑：利用渔业活动收集数据是最有效获取信息的途径之一；没有渔业则不可能获得充足数据，就更不知道渔业可发展的最大规模。根据采取预防性做法，渔业的发展不能超过 CCAMLR 获得必要数据评估渔业潜力及其对生态系统的可能影响。为此，CCAMLR 建立了通报制度和渔业数据收集制度。[4]

1989 年，澳大利亚向 WG-DAC 会议提交了一份关于解决新渔业和探捕渔

---

〔1〕 George M. Watters, "Jefferson T Hinke and Christian S Reiss, Long-Term Observations from Antarctica Demonstrate that Mismatched Scales of Fisheries Management and Predator-Prey Interaction Lead to Erroneous Conclusions about Precaution", 10 *Scientific Reports* 2314 (2020). George M. Watters 是美国参加 SC-CAMLR 的首席科学家代表。

〔2〕 根据养护措施 CM 51-01 (2010)，48 区南极磷虾总捕捞限额为 561 万吨。2020 年实际磷虾产量约为 45.1 万吨，打破了 1987 年以来 48 区南极磷虾产量纪录，但是该产量仅占总捕捞限额 8%。详细请参见第四章。

〔3〕 CCAMLR, Report of the Thirty-Ninth Meeting of the Commission, Virtual, 27-30 October 2020, paragraph 8.20.

〔4〕 Inigo Everson, Some Thoughts on Precautionary Measures for the Krill fishery, WG-EMM-95/17, June 1995, p. 2; Andrew J. Constable, William K. de la Mare, David J. Agnew, et al., "Managing fisheries to conserve the Antarctic marine ecosystem: practical implementation of the Convention on the Conservation of Antarctic Marine Living Resources (CCAMLR)", 57 *ICES Journal of Marine Science* 778, 785 (2000); Conservation 21-01 (2019) "Notification that Members are considering initiating a new fishery"; Conservation Measures 21-02 (2019) "Exploratory fisheries".

业管理方法的工作文件。澳大利亚建议，拟开展此类渔业的国家应向 CCAMLR 通报，以便 CCAMLR 对所通报渔业进行初步评估，制定养护的方法。为进行初步评估，CCAMLR 应考虑的信息包括：拟开展的渔业目标鱼种、捕捞方法、作业区域以及最低渔获量；目标鱼种资源量及其分布；渔业作业海域的生态系统以及可能知识；其他相似渔业的评估等。为便于 CCAMLR 作出决定，SC-CAMLR 应就两个核心问题提供科学建议：一是评估目标鱼类种群可能产量所需信息类型；确保目标鱼类种群合适逸水平的管理措施。挪威强调探捕渔业在促进鱼类种群丰度及其组成方面具有重要作用；为预防探捕渔业捕捞过多渔获，需要对其进行控制。[1]

　　1990-1991 年度，美国批准了一艘渔船（Marlin）到 48 区开展捕捞蟹渔业，许可捕捞配额为 1000 吨。在缺少关于蟹资源统计信息情形下就许可此渔业，SC-CAMLR 表达了担忧与关切。一些国家特别是关注美国给该渔船许可的 1000 吨配额，担心如果该配额全部集中于某个区域则可使该区域蟹资源濒临灭绝。鉴于此，SC-CAMLR 同意有必要建立相应机制，防止渔业在充分信息支撑管理决议的情形下发展过快。[2]1990 年，CCAMLR 要求秘书处研究提出一个关于"新的与发展中渔业"（new and developing fisheries）的工作定义。1991 年，秘书处向第 10 届 CCAMLR 会议提交了一份工作文件（CCAMLR-X/6），建议了一个"新渔业"的定义：在一个特定统计亚区利用一种特定捕捞方法捕捞某个鱼种，如果该渔业的渔获量和捕捞努力量数据从未提交给 CCAMLR 或者至少两年没有提交给 CCAMLR，则该渔业为新渔业。在讨论中，有观点认为此定义没有充分包含信息需要的要领，以及没有区分数据提交和数据需求之间的差别等。[3]在此基础上，1991 年，CCAMLR 通过了第一个关于新渔业的养护措施 CM 31/X，关于新渔业的定义，保留了 CCAMLR-X/6 文件所列两个标准，即该渔业的渔获量和捕捞努力量数据从未提交给 CCAMLR 或者至少两年没有提交给 CCAMLR；增加了一个标准，即关于目标鱼类种群的分布、丰度、潜在产量及种群特征等信息未提交给 CCAMLR。符

---

〔1〕　CCAMLR, Report of the Eighth Meeting of the Commission, Hobart, 6-17 November 1989, Annex E.

〔2〕　SC-CAMLR, Report of the Ninth Meeting of the Scientific Committee, Hobart, 22-29 October 1990, paragraphs 15.7-15.10.

〔3〕　SC-CAMLR, Report of the Tenth Meeting of the Scientific Committee, Hobart, 21-25 October 1991, paragraphs 7.5-7.9 of Annex 5.

合此条件的新渔业，需要提前 3 个月通报 CCAMLR，通报内容包括 4 个方面的信息：拟开展渔业的目标鱼类种群、捕捞方法、区域及最低渔获量；生物学信息，如种群分布、丰度等；依赖和相关物种的信息以及拟开展渔业对它们的影响；本区域其他渔业或类似渔业的信息。养护措施 CM 31/X 规定，CCAMLR 在评估所通报信息，以及充分考虑 SC-CAMLR 的科学建议后，将作出决定。[1]

此后，CCAMLR 根据管理需求对新渔业管理进行了更新。对比养护措施 CM 21-01（2019），增加内容包括：一种类型的"新渔业"定义、一个通报信息内容、一个数据收集计划以及通报费程序等。除养护措施 CM 31/X 所列新渔业 3 个标准外，养护措施 CM 21-01（2019）第 2 段规定一个新标准：任何使用底拖网在公约区域内公海进行的渔业活动构成新渔业。[2]该新标准是 2006 年 CCAMLR 为响应联合国大会关于保护脆弱海洋生态系统而增加的。[3]相应地，养护措施 CM 21-01（2019）第 3 段关于通报信息方面增加了一个新内容，即如果是底拖网作业，则还应提交关于底拖网渔具对脆弱海洋生态系统已知和预期的影响。养护措施 CM 21-01（2019）第 3 段和第 7 段至第 8 段规定的数据收集计划（the data collection plan），是 2008 年 CCAMLR 讨论合并新渔业养护措施 CM 21-01 和探捕渔业养护措施 CM 21-02 不成背景下的妥协结果，即将探捕渔业管理中关于数据收集计划的内容照搬到新渔业管理。[4]这种数据收集计划，体现了渔业发展和数据收集之间的关系，更凸显出预防性做法。养护措施 CM 21-01（2019）第 12 段关于通报费程序（notification fee procedure），最初源于 2016 年 2 艘我国磷虾渔船根据养护措施 CM 21-03（2015）

〔1〕 CCAMLR, Report of the Tenth Meeting of the Commission, Hobart, 21 October-1 November 1991, paragraph 10. 3.

〔2〕 此段使用了"公海"表述，则会引发公海范围的争议。考虑到法国和南非都排除此养护措施适用于他们亚南极岛屿周围的专属经济区，此段中"公海"可解释为除亚南极岛屿周围专属经济外的其他所有海域，包括南纬 60 度以南的所有海域。当然，对于 7 个南极领土主张国而言，他们可能持有不同的解释。由此构成"双焦点主义"。如果对照养护措施 CM 22-05，以及 CCAMLR 确定禁止底拖网作业区域都集中在南极大陆附近海域，则可以认为 CCAMLR 实践中将南纬 60 度以南海域看作"公海"。

〔3〕 CCAMLR, Report of the Twenty-Fifth Meeting of the Commission, Hobart, 23 October-3 November 2006, paragraphs 11. 27-11. 38 and 12. 18.

〔4〕 CCAMLR, Report of the Twenty-Seventh Meeting of the Commission, Hobart, 27 October-7 November 2008, paragraphs 12. 40 and 13. 9.

进行了通报但迟缴通报费的情形，为解决此法律空白，CCAMLR 统一修订了养护措施 CM 21-01、CM 21-02 和 CM 21-03，以明确规定缴纳入渔通报费的义务，特别是缴费的期限。[1]2019 年，CCAMLR 根据其行政与财务常设委员会（SCAF）的讨论，将这些通报费缴纳机制正式确定为通报费程序。[2]

四、预防性做法与探捕渔业管理

关于探捕渔业养护措施，是在养护措施 CM 31/Ⅹ之后第 2 年通过的。1992 年，CCAMLR 认为养护措施 CM 31/Ⅹ为评估新渔业提供了一个有效机制，但是它只适用于新渔业，而不适用于探捕渔业。因此，有必要将养护措施 CM 31/Ⅹ的机制拓展适用于探捕渔业。1993 年，美国向 CCAMLR 提交了一份"评估新渔业和探捕渔业"的工作文件（CCAMLR-Ⅻ/5），提出了关于定义、评估阶段开展行动、数据收集计划和研究与渔业作业计划等内容的建议。[3]该美国文件，经 SC-CAMLR 及其工作组讨论和同意后提交CCAMLR；CCAMLR 在此美国文件基础上通过了养护措施 CM 65/Ⅻ"探捕渔业"。SC-CAMLR 特别指出，限制探捕渔业捕捞努力的目的是防止探捕渔业在进行适当评估前快速发展，而不是防止适度水平（modest levels）的商业捕捞。[4]

养护措施 CM 65/Ⅻ，继承了养护措施 CM 31/Ⅹ的通报制度；其主体框架与内容，相比养护措施 CM 31/Ⅹ，更突出了信息收集，如数据收集计划和科学观察员等。这些信息收集制度的设计，则是基于养护措施 CM 65/Ⅻ关于探捕渔业的定义：之前是新渔业的渔业；一个渔业将持续为探捕渔业，直到有足够信息开展以下评估：评估目标鱼类种群的分布、丰度等，以估算其潜在产

---

〔1〕 CCAMLR, Report of the Thirty-Fifth Meeting of the Commission, Hobart, 17-28 October 2016, paragraph 84 and paragraph 75 of Annex 6.

〔2〕 渔业通报费是 2015 年至 2018 年间 CCAMLR 争论内容之一。2019 年，CCAMLR 终于就此达成一致，制定了"CCAMLR 通报费程序"（CCAMLR Notification Fees Procedure），适用于养护措施 CM 21-01、CM 21-02、CM 21-03 和 CM 24-01 等。详细参见第二章和第四章。

〔3〕 Delegation of the United States, Evaluating New and Exploratory Fisheries, CCAMLR-Ⅻ/5, 8 October 1993.

〔4〕 SC-CAMLR, Report of the Twelfth Meeting of the Scientific Committee, 25-29 October 1993, paragraphs 7.1-7.10；CCAMLR, Report of the Twelfth Meeting of the Commission, Hobart, 25 October-5 November 1993, paragraphs 7.1-7.3.

量；评估渔业对依赖和相关种群的可能影响；保证 SC-CAMLR 能为 CCAMLR 提交关于适当捕捞配额、捕捞努力量和捕捞渔具等方面的建议。为了确保有足够信息提交给 SC-CAMLR，养护措施 CM 65/Ⅻ规定了 SC-CAMLR 和成员国应开展行动，包括：SC-CAMLR 应制定和更新数据收集计划；开展探捕渔业的成员国应每年根据数据收集计划向 CCAMLR 提交数据；成员国应准备和提交研究与渔业作业计划，由 SC-CAMLR 和 CCAMLR 进行评估；成员国应提前 3 个月向 CCAMLR 通报其拟开展的探捕渔业；如果成员国没有根据数据收集计划提交前一个年度的数据，则不能开展下一个年度的探捕渔业；探捕渔业的捕捞能力和努力量限制在一个合适的水平，不应过多地超过实现数据收集计划所需的限度；参加探捕渔业的渔船必须接受一名科学观察员，确保数据收集规范性和科学性。[1]养护措施 CM 65/Ⅻ，在 2002 年 CCAMLR 养护措施编码体系改革后成为养护措施 CM 21-02；此后经多次调整与修订。

一些探捕渔业历经多年仍不足以收集充足数据，导致了 2011 年 CCAMLR 要求对特定区域的探捕渔业增加科研计划要求。[2]2009 年，CCAMLR 一方面关闭了 58.4 亚区的一些 SSRU，另一方面同意开展研究试验（research experiments）。为此，CCAMLR 要求，研究试验的设计符合 SC-CAMLR 的指南；研究试验配额应与其研究目标匹配；应采取模拟和管理策略评估（MSE）。CCAMLR 还鼓励在 58.4 亚区开展探捕渔业国家合作制定合适的研究试验计划。[3]2010 年，SC-CAMLR 认为经过多年发展，犬牙鱼探捕渔业存在两种情形。其一，数据充足的情形，主要是罗斯海区域的 88.1 亚区和 882E 小尺度研究单元（SSRU）。该区域数据已经能够评估莫氏犬牙鱼资源的洄游分布、丰度以及渔业的潜在产量等，还有很多研究评估了探捕渔业对依赖和相关物种的影响，因此 SC-CAMLR 可以就资源的适当捕捞水平和其他养护需求向 CCAMLR 提供建议。其二，数据缺乏的情况，主要是 48.6 亚区和 58.4 亚区。在这些亚区，尽管开展了大量捕捞活动（substantial fishing activity）且进行了科学研究和标志放流计划，但是数据仍很缺乏，不便于开展种群评估。为此

〔1〕　Conservation Measure 65/Ⅻ "Exploratory fisheries", 1993, paragraphs 2-4.

〔2〕　Conservation Measure 21-02 (2019) "Exploratory fisheries", paragraph 6 (ⅲ).

〔3〕　CCAMLR, Report of the Twenty-Eighth Meeting of the Commission, Hobart, 26 October-6 November 2009, paragraphs 11. 12-11. 14.

目的，SC-CAMLR 将后一种情形渔业称为"数据缺乏渔业"（data-poor fisheries），以区别于罗斯海区域探捕渔业；同时建议 CCAMLR 给予这些数据缺乏渔业专门用于研究的配额，包括在禁渔区内的专门配额。[1]

2011 年，统计、评估与建模工作组（WG-SAM）认为，根据《南极海洋生物资源养护公约》第 2 条，数据缺乏渔业中的研究活动应遵循两个原则：其一，研究主要目标是收集那些可加强资源评估的数据；其二，拟开展的作业、数据收集和分析等详细计划应经 SC-CAMLR 评估。为此，研究计划应清晰阐述其研究目标以及目标可实现性。进一步，WG-SAM 指出资源评估需要三类信息：种群丰度指数；所研究区域鱼类和整个种群的关系假设；种群生产力相关生物学参数，如发育、生产和补充等。一个研究计划应能实现前两类信息；第三类信息可通过其他区域观察获得，因此仅获取第三类信息不能成为开展一个新研究计划的理由。[2]在此基础上，SC-CAMLR 决定将养护措施 24-01 附件 A 中表格 2 的一些要素引入数据缺乏渔业的研究计划中，并修订研究计划的提交截止日期，以便 WG-SAM、WG-FSA 和 SC-CAMLR 依次进行审议。[3]最终，CCAMLR 同意 SC-CAMLR 将研究计划提交截止日期确定为 6 月 1 日。[4]

理论上，CCAMLR 关于探捕渔业管理贯彻了预防性做法原则；一方面控制渔业发展规模，另一方面科学地收集数据，加强科学研究。实践中却出现了一些问题，如数据收集延迟导致最终产量超过总捕捞限额以及成员国因对探捕渔业的科研计划有争议而导致探捕渔业不能开展的僵局。2004 年，数据收集延迟比例高达 44%；2017 年，这种数据收集延迟导致超过总捕捞限额（overrun）的比例达 56%，且这种超配额捕捞曾是 88.1 亚区持续存在的难题。[5]

---

〔1〕 SC-CAMLR, Report of the Twenty-Ninth Meeting of the Scientific Committee, Hobart, 25-29 October 2010, paragraphs 3.125-3.129.

〔2〕 SC-CAMLR, Report of the Thirtieth Meeting of the Scientific Committee, Hobart, 24-28 October 2011, paragraphs 2.25-2.29 of Annex 5.

〔3〕 SC-CAMLR, Report of the Thirtieth Meeting of the Scientific Committee, Hobart, 24-28 October 2011, paragraphs 2.136-3.138.

〔4〕 CCAMLR, Report of the Thirtieth Meeting of the Commission, Hobart, 24 October -4 November 2011, paragraph 12.9.

〔5〕 CCAMLR, Report of the Twenty-Third Meeting of the Commission, Hobart, 25 October-5 November 2004, paragraphs 3.16-3.17 of Annex 5; CCAMLR, Report of the Thirty-Sixth Meeting of the Commission, Hobart, 16-27 October 2017, paragraph 5.39.

更为重要的是，探捕渔业能否实现收集充足数据的初衷，以及探捕渔业实施多久能转化为成熟渔业，甚至有一些区域在开展探捕渔业多年后，SC-CAMLR 建议将其关闭或将总捕捞限额减至零吨，包括 58.4 亚区的一些 SSRU。[1]2018年，俄罗斯质疑澳大利亚、法国、日本、韩国和西班牙 5 个国家在 58.4.1 区探捕渔业中开展的多年度科学研究计划，以及俄罗斯通报申请参加该区域探捕渔业的科学研究未能通过，导致 2018-2019 年度至 2020-2021 年度该区域探捕渔业不能开展。[2]

58.4 亚区的犬牙鱼探捕渔业，始于 2003-2004 年度，设定的总捕捞限额为 800 吨，平均分配至 4 个 SSRU 中。自 2004-2005 年度开始，总捕捞限额调整为 600 吨，一直到 2007-2008 年度。2008 年，WG-FSA 评估认为该区域的犬牙鱼资源量较少，600 吨配额是不可持续的，因此建议将总捕捞限额调整为 210 吨，分配至 3 个 SSRU 中。[3]210 吨配额保持了 5 个年度，直至 2012-2013 年度。2013 年，WG-FSA 将该区域的配额调整至 724 吨，约为 210 吨的 3.5 倍。724 吨配额保持了 2 个年度；2015-2016 年度下调至 600 吨，2016-2017 年度下调至 523 吨，2017-2018 年度微调至 545 吨。[4]在参与的国家方面，从最初的 3 个国家，发展到 2007-2008 年度的最多 6 个国家，到 2013-2014 年度的 2 个国家，自 2015 年至 2016 年就稳定在 5 个国家。在此 15 年期间内，俄罗斯只是在 2011-2012 年度参加过一次。在参与的渔船数量方面，从最初 5 艘，到 2007-2008 年度的 15 艘，到 2013-2014 年度的 2 艘，自 2015-2016 年度就稳定在 5 船。如图 3-2。

---

〔1〕　CCAMLR, Report of the Twenty-Eighth Meeting of the Commission, Hobart, 26 October-6 November 2009, paragraphs 11. 11-11. 12.

〔2〕　See SC-CAMLR, Report of the Thirty-Seventh Meeting of the Scientific Committee, Hobart, 22-26 October 2018, paragraphs 3. 135-3. 144; CCAMLR, Report of the Thirty-Eighth Meeting of the Commission, Hobart, 21 October -1 November 2019, paragraphs 5. 44-5. 50; Report of the Thirty-Ninth Meeting of the Commission, Virtual, 27-30 October, 2020, paragraphs 5. 40-5. 45.

〔3〕　SC-CAMLR, Report of the Twenty-Seventh Meeting of the Scientific Committee, Hobart, 27-31 October 2008, paragraph 5. 29 of Annex 5.

〔4〕　Delegation of the Russian Federation, Efficiency of the multi-year research programs for the *Dissostichus* species exploratory fishery: comments on the multi - Member research in the East Antarctic (Division 58. 4. 1), SC-CAMLR-XXXVII/BG/23, 22 September 2018, Table 1.

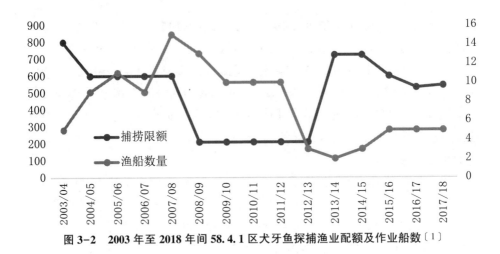

图 3-2　2003 年至 2018 年间 58.4.1 区犬牙鱼探捕渔业配额及作业船数 [1]

2003 年，CCAMLR 就曾允许大量渔船开展犬牙鱼探捕渔业表达担心与关切，认为渔船数量超过了探捕渔业有序发展的限度。[2] 2015 年，澳大利亚、法国、日本、韩国和西班牙 5 个国家开展为期 4 个年度的科学研究。WG-SAM 在评估他们的科研计划时，希望加强科研计划间的协调，防止相互间的干扰影响科研目标的实现。SC-CAMLR 也呼吁在相同区域开展渔业活动的成员加强协作。[3] 从此，这 5 个国家以多年度科研计划的名义事实上垄断了58.4.1 区的犬牙鱼探捕渔业。2018 年，第一个 4 年度科研计划结束，他们重新提出一个新的 4 年度科研计划（WG-SAM-18/17），即 2018-2019 年度至2021-2022 年度。对此，俄罗斯以他们五国相互间科研调查方法不一致为由，拒绝承认他们科研计划的科学性，[4] 致使 58.4.1 区犬牙鱼探捕渔业中止。2019 年，俄罗斯提出了 3 个科研计划（WG-SAM-2019/19），研究目标和五国相同，但是俄罗斯通报了 3 艘渔船；WG-SAM 拒绝通过俄罗斯的科研计划，

〔1〕　本图是根据 2003 年至 2018 年间生效的养护措施 CM 41-11 整理而成。

〔2〕　CCAMLR, Report of the Twenty-Second Meeting of the Commission, Hobart, 27 October-7 November 2003, paragraph 10.63.

〔3〕　SC-CAMLR, Report of the Thirty-Fourth Meeting of the Scientific Committee, Hobart, 19-23 October 2015, paragraphs 2.8-2.9.

〔4〕　SC-CAMLR, Report of the Thirty-Seventh Meeting of the Scientific Committee, Hobart, 22-26 October 2018, paragraphs 3.135-3.141.

理由包括俄罗斯科研计划不可行以及新参与国家必须和五国合作等。[1]

从上述所列 CCAMLR 关于探捕渔业的实践看，从数据收集困难，到超配额捕捞，再到 58.4.1 区犬牙鱼探捕渔业矛盾，尽管这些探捕渔业养护措施设计强调了预防性做法和科学性原则，但是从实践结果看它们的实施不完全符合预防性做法原则。就 58.4.1 区犬牙鱼探捕渔业而言，2003 年 CCAMLR 设定的 800 吨预防性可捕配额是目前最高配额，以及 2013 年将预防性可捕配额再从 210 吨大幅提升到 724 吨等，很难说是符合预防性做法，或者关于有序发展和渔业发展不快于数据收集等要求。特别地，2010 年 SC-CAMLR 将58.4.1 区界定为数据缺乏渔业，且只要这种界定没有更改，58.4.1 区的犬牙鱼探捕渔业应谨慎发展。显然，将预防性可捕配额一年间提升 3.5 倍不符合数据缺乏和谨慎；经过多年发展后，如果 58.4.1 区探捕渔业不再属于数据缺乏型渔业，则养护措施 CM 21-01 第 6 段（iii）应及时修订。

第三节　小结

生态系统方法和预防性做法，被认为"像政治波诡云谲的渔业管理水域中的灯塔"。生态系统方法使决策者转向更宏大的目标——保护海洋生态系统；预防性做法使决策者在面临科学不确定性时更加谨慎。两者在实践中都不断发展演进，造成了很多困惑，包括术语名称及其实施影响等。尽管如此，相关区域渔业管理组织实践证明，实施生态系统方法和预防性做法需要改革现有机制，这是一个长期的过程；生态系统方法和预防性做法不是解决区域渔业管理组织面临所有问题的灵丹妙药，相反它们很容易让区域渔业管理组织忽视一些真正应该关注的问题，如削减捕捞能力、解决过度捕捞、公正分配捕捞机会或捕捞限额等。[2]

2006 年 6 月，联合国海洋与海洋法第 7 次非正式协商进程曾商定了一些

---

〔1〕　SC-CAMLR, Report of the Thirty-Eighth Meeting of the Scientific Committee, Hobart, 21-25 October 2019, paragraph 6.58-6.72 of Annex 4.

〔2〕　Dawn A. Russell, David L. Vander Zwaag, "Ecosystem and Precautionary Approaches to International Fisheries Governance: Beacons of Hope, Seas of Confusion and Illusion", in Dawn A. Russell and David L. VanderZwaag (eds.), *Recasting Transboundary Fisheries Management Arrangements in Light of Sustainability Principles*, Maritnus Nijhoff Publishers, 2010, pp. 67~69.

在海洋应用生态系统方法的要点。该次协商进程认为制定应用生态系统方法的步骤应包括：确定生态管理区；评估生态系统健康情况；制订指标；确定关键环境限度；监督、控制、监测、汇报及酌情调整管理措施。除此之外，该次协商进程还认为，在划定海洋保护区方面应编撰科学和生态标准。[1]联合国粮农组织的渔业生态系统方法（EAF）要求：综合和明确考虑渔业系统所有关键组成部分（生态、社会、经济和治理）以及外部驱动因素（如气候变化），兼顾环境保护和社会经济管理目标，查找问题并确定优先重点，建立具有适用性的管理进程，依赖现有管理机构和做法等。在渔业领域实施生态系统方法过程中，联合国粮农组织认为有三个方面经验教训值得关注：平衡各方面利益诉求，避免误解生态系统方法是环境保护，根据商定目标进行定期监测与决策是适应性管理的关键。[2]

就CCAMLR而言，其在推动生态系统方法和预防性做法方面作出了积极的尝试，包括南极磷虾渔业管理和CEMP计划等。2016-2017年度玛格丽塔·利扎拉加奖章，应是CCAMLR在此方面努力的最好证明。在具体实践中，CCAMLR根据管理渔业类型的不同，选择了不同实践路径。南极磷虾渔业管理和CEMP计划，是CCAMLR应用生态系统方法最典型的体现；细鳞和莫氏犬牙鱼，CCAMLR认为不存在捕食物种，故仍采用了传统的资源评估与管理方式，仅在兼捕、偶然捕捞、环境污染与破坏方面增加了相关管理制度。在预防性做法方面，应用生态系统方法当然会出现最佳科学证据不充分或缺乏的问题，遵循预防性做法是不可避免的；但是对于犬牙鱼渔业而言，特别是新渔业和探捕渔业，应用预防性做法则是因为这些渔业本身缺乏数据，不足以支撑传统资源评估与管理。所以，CCAMLR的实践表明，预防性做法并不必然是生态系统方法的一部分，即使应用传统管理方式仍会出现最佳科学证据不充分或缺乏的情形；但是，应用生态系统方法必然同时需要应用预防性做法。[3]

---

〔1〕 UN, General Assembly Report on the work of the United Nations Open-ended Informal Consultative Process on Oceans and the Law of the Sea at its seventh meeting, A/61/156, 17 July 2006, paragraphs 6-8.

〔2〕 FAO, The State of World Fisheries and Aquaculture, FAO, 2018, pp. 121~127.

〔3〕 See Adriana Fabra and Virginia Gascón, "The Convention on the Conservation of Antarctic Marine Living Resources (CCAMLR) and the Ecosystem Approach", 23 *International Journal of Marine and Coastal Law* 567, 570 (2008).

　　然而，CEMP 计划虽实施近 40 年仍未能有效实现其最初设定的两个目标，特别是区分捕捞活动对南极磷虾捕食物种的影响和自然环境变化对南极磷虾及其捕食物种的影响。尽管南极磷虾实际产量仍远低于其总捕捞限额（如 48 区 561 万吨），以及南极磷虾渔业管理非常严格，但是仍未能消除南极磷虾渔业对其捕食物种影响的担忧。另外，有观点认为南极磷虾渔业不会影响其资源生物量，相应地不会影响南极磷虾捕食物种的食物供给；生态模型的模拟显示，犬牙鱼渔业会对其捕食物种造成营养联级，进而影响南极磷虾及其捕食物种。同样地，有观点认为，日益恢复的鲸鱼等顶端物种将会根本性改变南极海洋生态系统。[1]这些科学分歧，不可避免地影响了 CCAMLR 应用生态系统方法和预防性做法。

　　气候变化和生物多样性两个全球性议题一定程度上影响了 CCAMLR 应用生态系统方法和预防性做法。南极海洋保护区，似乎成为 CCAMLR 应用两者的新范式。理论上，海洋保护区可以是实施生态系统方法的一种工具，补充已有的工具。海洋保护区有效性取决于其海上实施，包括科研与监测、有效管理等。研究表明，海洋保护区的生态效应大小与现有的人力和财政能力密切相关；工作人员和财政预算普遍短缺会使海洋保护区的研究和监测无法开展，减损了海洋保护区的生态效果。[2]截至 2023 年 9 月，已建立的两个南极海洋保护区仍没有科研与监测计划，凸显了相关主体能力不足并扩大了科学分歧，加剧了科学的政治化。为减少认知差异、弥合科学分歧，以及促进法律与政治共识，根据全球实施生态系统方法和预防性做法的实践，制定切实可行措施非常重要。例如：确认可能威胁和界定问题；确认威胁的已知和未知信息；重构问题以确定所需行动措施；评估可用备选方案；确认那些在政治、技术和经济等方面可行的方案；决定行为措施；监测和后续调整。[3]

---

〔1〕 Philip N. Trathan, "The future of the South Georgia and South Sandwich Islands marine protected area in a changing environment: The choice between industrial fisheries, or ecosystem protection", 155 *Marine Policy* 105773 (2023).

〔2〕 David A. Gill, Michael B. Mascia, Gabby N. Ahmadia, et al., "Capacity shortfalls hinder the performance of marine protected areas globally", 543 *Nature* 665 (2017).

〔3〕 Sumudu A. Atapattu, *Emerging Principles of International Environmental Law*, Transnational Publishers, 2006, pp. 211~231.

第四章

南极磷虾渔业及其管理

磷虾（krill），最初源于挪威词语，指鲸鱼的食物；除现在通常所指的磷虾类外，还包括翼足类（pteropods）和水母（medusa）等浮游生物。后来，该词被科学家用以指代磷虾类（Euphausiids），在全世界海域中约有85种；此类资源的规模及其在一些海域高密集聚集，使其具有商业捕捞和经济价值。例如，日本附近的西北部太平洋海域与加拿大大不列颠哥伦比亚附近的东北太平洋、加拿大新舍斯科附近的北大西洋以及南大洋。[1]

在南大洋，约有8种磷虾类呈环极分布；在南极洲大陆附近海域常出现的有6种，分别是：南极大磷虾（Euphausia superba）、晶磷虾（E. cystalloraphisa）、冷磷虾（E. frigida）、三刺磷虾（E. triacantha）、长额樱磷虾（Thysanoessa macrura）和近樱磷虾（T. vicina）。有研究认为，除南极大磷虾外，其他磷虾类资源的生态作用被显著低估。例如，在印度洋和太平洋扇区，南极大磷虾资源的生态系统重要性就不如其他南极磷虾类资源，特别是罗斯海区域。[2]尽管如此，南极大磷虾是南极磷虾中研究最久和最多的一种磷虾资源，其资源分布广，生物量大，是当前南极海洋生物资源中商业利用价值最大的一种。因此，南极大磷虾常被认为就是南极磷虾（Antarctic krill），二者被等同使用。[3]为便于表述，本书在此以后也将南极大磷虾和南极磷虾等同使用。

---

〔1〕 Inigo Everson, Introducing Krill, in Inigo Everson（ed.），*Krill：Biology，Ecology and Fisheries*，Blackwell Publishing, 2000, pp. 1~5.

〔2〕 朱国平、韦贝贝：《南大洋极锋以南常见磷虾类生殖特性研究进展》，载《应用生态学报》2021年第11期，第4156~4157、4161页。

〔3〕 Inigo Everson, Introducing Krill, in Inigo Everson（ed.），*Krill：Biology，Ecology and Fisheries*，Blackwell Publishing, 2000, p. 5.

南极磷虾，是全球海洋中蕴藏量最大的多细胞海洋生物，据估计其资源量可达 3 亿吨至 5 亿吨。[1]它是南极海洋生态系统中的核心物种，是空中、陆上和海里海洋生物，如空中的海鸟，陆上企鹅，海里的鲸、海豚、鱼类等的食物来源，这决定了它在南极海洋生态系统的物质和营养运输过程中发挥着关键作用，成为南大洋生态系统生物和功能多样性的关键种。该资源高蛋白和高营养价值等特点，使其可广泛应用于诸如药物、保健、食品、饲料等领域；随着科技与市场发展，南极磷虾可能面临更大的市场需求。[2]在全球气候变化大背景下，它被认为是南大洋蓝碳的重要物种，[3]增加了养护与管理该资源的复杂性，不仅是科学方面的复杂性，还有法律和政治方面的复杂性。

第一节　南极磷虾资源

南极磷虾，于 1850 年被人类第一次记录，[4]在南大洋呈环极分布，是南大洋生态系统中的本地物种。有研究认为南极磷虾在南大洋栖息地分布面积约为 1900 万平方公里。如果按南大洋面积为 3480 万平方公里计算，南极磷虾栖息地占南大洋表面积的 54.6%。环南大洋分布的南极磷虾资源，在区域密度分布上并不均衡，一般认为存在 6 种种群：威德尔海—斯科舍种群（the Weddell-Scotia stock）、恩德比种群（the Enderby stock）、凯尔盖朗—高斯伯格种群（the Kerguelen-Gaussberg stock）、别林斯高晋种群（the Bellingshausen stock）和分布在罗斯海北部的两个小种群。其中，威德尔海—斯科舍种群最大。在西南大西洋扇区，南极磷虾栖息地仅占总栖息地的 1/4，但是该区域南极磷虾资源占南极磷虾资源总量的 70% 左右。在印度洋扇区，暖水向南扩大，

---

〔1〕　Bettina Meyer, So Kawaguchi, "Antarctic Marine Life under Pressure", 378 *Science* 230 (2022).

〔2〕　参见孙松、严小军：《南极大磷虾的生物活性物质及其用途研究进展》，载《极地研究》2001 年第 3 期，第 213~216 页；刘柯欣等：《南极磷虾蛋白营养与功能特性及食用安全性研究进展》，载《食品科学》2022 年第 7 期，第 263~272 页；张伦等：《南极磷虾活性肽的研究进展》，载《浙江海洋大学学报（自然科学版）》2022 年第 2 期，第 176~182 页；Philip Bender, "The Precautionary Approach and Management of the Antarctic Krill", 18 *Journal of Environmental Law* 229, 230-232 (2006).

〔3〕　CCAMLR, Report of the Forty-First Meeting of the Commission Hobart, 24 October-4 November, 2022, paragraph 6.2; Delegation of the United Kingdom, Antarctic Blue Carbon, CCAMLR-41/29, 8 September 2022.

〔4〕　Volker Siege, "Introducing Antarctic Krill *Euphausia superba* Dana", 1850, in Volker Siege (ed.), *Biology and Ecology of Antarctic Krill*, Springer, 2016, p.1.

压缩了南极磷虾的栖息地范围；即使凯尔盖朗—高斯伯格种群密度较高，因其栖息地限于靠南极洲大陆沿岸宽度狭长的带状海域，故其资源量不高。在太平洋扇区，受海冰覆盖的影响，南极磷虾信息相对匮乏；一般认为南极磷虾资源不丰富。意大利的调查显示，罗斯海北部和西北部海域以南极大磷虾为主，南纬74度以南海域则以晶磷虾为主。类似现象也出现威德尔海东南部海域。根据磷虾与生物学环境变量构建的模型推测，阿蒙森海（西经90度至西经150度）和东南极恩比德地以东海域（东经40度至东经60度）为南极磷虾适宜的栖息地。[1]2020年中国第36次南极科学考察声学评估和调查数据表明，阿蒙森海南极磷虾资源分布较广，但其资源密度较低，低于普里兹湾。在空间分布上，阿蒙森海南极磷虾资源呈低纬度向高纬度递增的趋势，其中南纬74度75分至南纬76度25分之间比较密集，趋向靠近南极洲大陆；阿蒙森海西侧海域的资源密度要大于东侧海域。[2]

南极磷虾资源的时空分布，受南极辐合带位置、海冰的时间和空间范围、水团运动、海流、海底构造等因素的影响。全球气候变暖、紫外线照射、浮冰等外部环境因素变化也会影响南极磷虾洄游分布与丰度。[3]其中，季节性海冰被认为在南极磷虾生态系统起着重要的作用。南大洋海冰覆盖范围从夏季的几百万平方公里到冬季的2000多万平方公里间变化。[4]海冰变化对南极磷虾的影响体现在两个方面：供给饵料和逃避捕食者。[5]尽管如此，考虑到南大洋的巨大面积，以及南极磷虾呈环南极分布，可以确定的是南极磷虾资源量巨大。20世纪70年代，有关于南极磷虾的非常乐观的估计，认为南大洋

---

〔1〕 Volker Siege, Jonathan L. Watkins, "Distribution, Biomass and Demography of Antarctic Krill, Euphausia superba", in Volker Siege (ed.), *Biology and Ecology of Antarctic Krill*, Springer, 2016, pp. 22~28.

〔2〕 李帅等：《阿蒙森海夏季南极磷虾资源空间分布及其与叶绿素浓度的关系》，载《极地研究》2022年第4期，第456页。

〔3〕 唐建业、石桂华：《南极磷虾渔业管理及其对中国的影响》，载《资源科学》2010年第1期，第11~12页。

〔4〕 有文献认为，南大洋夏季海冰面积为400万平方公里，也有文献认为是700万平方公里。See Volker Siege, Jonathan L. Watkins, "Distribution, Biomass and Demography of Antarctic Krill, Euphausia superba", in Volker Siege (ed.), *Biology and Ecology of Antarctic Krill*, Springer, 2016, p. 34; Julian Gutt, Graham Hosie, Michael Stoddart, "Marine Life in the Antarctic", in Alasdair D. McIntyre (ed.), *Life in the World's Ocean: Diversity, Distribution and Abundance*, Wiley-Blackwell, 2010, p. 203.

〔5〕 Volker Siege, Jonathan L. Watkins, "Distribution, Biomass and Demography of Antarctic Krill, Euphausia superba", in Volker Siege (ed.), *Biology and Ecology of Antarctic Krill*, Springer, 2016, p. 34.

浮动动物中的 50% 是南极磷虾，生物量可达 7.5 亿吨；开发南极磷虾资源可使全球海洋渔业产量翻番。[1]

　　真正科学评估南极磷虾资源的生物量及其在不同区域的分布情况，则是非常困难的任务。曾有估算，如果由 30 艘调查船参与按 30 海里间隔同步开展跨区大规模调查，则至少需要 1 个月时间。[2]关于南极磷虾资源的调查研究，最早开始于 20 世纪 20 年代；20 世纪 80 年代初开展的南极海洋系统和种群生物学调查（BIOMASS）计划被认为是对它调查研究的一个高峰。[3]1981 年 1 月至 3 月间第一次开展的 BIOMASS（FIBEX）覆盖了西南大西洋和西印度洋，由 10 个国家 11 艘船舶参加。1996 年，澳大利亚在 58.4.1 区（东经 80 度至东经 150 度）由 1 艘船舶开展了为期 2 个月的海洋学、磷虾和环境本底研究计划（以下简称"BROKE 调查计划"），调查面积为 87.3 万平方公里，南极磷虾资源生物量评估结果为 667 万吨；该区域东西两侧南极磷虾资源分布不均，西侧的资源丰度高于东侧。[4]

　　2000 年 1 月至 2 月，CCAMLR 组织实施了关于 48 区磷虾综合调查（以下简称"2000 年 CCAMLR 调查"），由俄罗斯、英国、日本和美国分别派出一艘船舶参加了调查。[5]2000 年 CCAMLR 调查计划，起源于 1994 年 SC-CAMLR 关于 48 区磷虾预防捕捞限额的争议。1994 年，南极磷虾工作组（WG-Krill）根据 1981 年 FIBEX 调查数据，估算出 48 区磷虾生物量为 3540 万吨，据此建议 48 区磷虾捕捞限额为 410 万吨。然而，1991 年，CCAMLR 制定的第一个关于磷虾的养护措施 CM 32/Ⅹ将 48 区磷虾捕捞限额确定为 150 万吨；该

〔1〕　Volker Siege, Jonathan L. Watkins, "Distribution, Biomass and Demography of Antarctic Krill, Euphausia superba", in Volker Siege (ed.), *Biology and Ecology of Antarctic Krill*, Springer, 2016, p. 30; John A. Heap, "Has CCAMLR Worked? Management Politics and Ecological Needs", in Arnfinn Jørgensen-Dahl and Willy Østreng (eds.), *The Antarctic Treaty System in World Politics*, Palgrave Macmillan, 1991, p. 48.

〔2〕　Inigo Everson, "The Southern Ocean", in Inigo Everson (ed.), *Krill: Biology, Ecology and Fisheries*, Blackwell Publishing, 2000, p. 65.

〔3〕　Volker Siege, "Distribution and Population Dynamics of Euphausia superba: Summary of Recent Findings", 29 *Polar Biology* 1, 1 (2005).

〔4〕　Inigo Everson, "The Southern Ocean", in Inigo Everson (ed.), *Krill: Biology, Ecology and Fisheries*, Blackwell Publishing, 2000, pp. 65~67; SC-CAMLR, 1996, paragraphs 3.33-3.35 of Annex 4.

〔5〕　SC-CAMLR, Report of the Nineteenth Meeting of the Scientific Committee, Hobart, 23-27 October 2000, paragraphs 1.7 and 5.1-5.16; SC-CAMLR, Report of the Eighteenth Meeting of the Scientific Committee, Hobart, 25-29 October 1999, Appendix E of Annex 4.

捕捞限额一直沿用至 1993 年，没有改变。也就是说，如果遵从 1994 年磷虾工作组的科学建议，那么 48 区磷虾捕捞限额将从 150 万吨增加到 410 万吨，这引发了强烈争议。[1]尽管 CCAMLR 承认磷虾工作组关于 48 区 410 万可能潜力的建议是可获得的最佳估算，但是由于各国在修订 410 万吨捕捞限额方面存在分歧以及当时 48 区磷虾实际捕捞量远低于 150 万吨，故 1994 年 CCAMLR 没有修订养护措施 CM 32/ X。[2]1995 年，围绕 48 区磷虾捕捞限额是否应修订为 410 万吨，SC-CAMLR 下设的生态系统监测与管理工作组（WG-EMM）展开了讨论；1981 年，FIBEX 调查数据成为矛盾的焦点，推翻此数据基础也就可推翻 410 万吨估算。最终，WG-EMM 认为，1981 年 FIBEX 调查数据太旧了，当初 FIBEX 在 48.3 区调查不充分，以及 FIBEX 调查数据收集与分析过程中存在技术与方法问题；48 区的生物与非生物环境自 FIBEX 后发生了变化，新技术与调查设计在 1981 年后有了长足进步；CCAMLR 关于磷虾资源评估开发的专门的磷虾产量模型，为此需要针对此模型开展满足其参数设计的新调查。[3]1996 年，SC-CAMLR 重申了开展 48 区磷虾综合调查的紧迫性；认为没有调查数据将不能更新其管理建议，要求在资源调查结果出来后维持 48 区磷虾的养护措施不变。[4]也就是说，保持 48 区磷虾捕捞限额 150 万吨不变。1997 年，SC-CAMLR 同意在 1999-2000 年度开展 48 区磷虾资源声学调查，成立一个专门的调查指导委员会；召开一个关于 48 区调查的研讨会，以研究设计与实施此次调查；要求明确和制定调查网具和声学取样的标准、数据存储、调查分析方法等。[5]在 2000 年 CCAMLR 调查之后，通过调查所获得的声学数据和磷虾体长数据经过一系列科学处理，提交给 2000 年 5 月至 6 月间在美国召开的磷虾生物量评估研讨会。该研讨会最后评估出 48 区磷虾生物量

---

〔1〕 SC-CAMLR, Report of the Thirteenth Meeting of the Scientific Committee, Hobart, 24–28 October 1994, paragraphs 5. 31–5. 45.

〔2〕 CCAMLR, Report of the Thirteenth Meeting of the Commission, Hobart, 26 October–4 November 1994, paragraphs 8. 3–8. 6.

〔3〕 SC-CAMLR, Report of the Fourteenth Meeting of the Scientific Committee, Hobart, 23–27 October 1995, paragraphs 4. 39–4. 61 of Annex 4.

〔4〕 SC-CAMLR, Report of the Fifteenth Meeting of the Scientific Committee, Hobart, 21–15 October 1996, paragraph 4. 28.

〔5〕 SC-CAMLR, Report of the Sixteenth Meeting of the Scientific Committee, Hobart, 27–31 October 1997, paragraphs 5. 13–5. 19.

为 4429 万吨。[1]根据研讨会的结果，WG-EMM 计算出 48 区磷虾可能产量为 400 万吨；在此基础上，SC-CAMLR 建议 48 区磷虾捕捞限额应修订为 400 万吨，48.1 区至 48.4 区之间的配额分配依次为：100.8 万吨、110.4 万吨、105.6 万吨和 83.2 万吨；[2]CCAMLR 接受了 SC-CAMLR 的建议，通过了养护措施 CM 32/XIX。[3]

在 2000 年 CCAMLR 调查计划之后，2018 年 12 月至 2019 年 3 月间，挪威、乌克兰、英国、中国和韩国 5 个国家和负责任的南极磷虾捕捞企业协会（ARK）派出了 6 艘船舶开展了 2019 年多国大规模南极磷虾声学调查计划（以下简称"2019 年调查计划"）。[4]该调查计划，源于 2017 年挪威在 SC-CAMLR 的提议。[5]挪威承担此次调查计划的协调任务；在调查设计方面，2019 年调查计划尽可能遵循 2000 年 CCAMLR 调查计划的设计；创新之处是邀请了渔船参加调查，包括 ARK 成员企业的渔船。和 2000 年 CCAMLR 调查计划相比，2019 年调查计划被认为存在三点差异：参加调查船舶使用网具类型不同，且和 2000 年 CCAMLR 调查计划使用的网具不一样；声学调查的时间不同，2019 年调查计划有白天和晚上声学调查，2000 年 CCAMLR 调查计划只有白天声学调查；分层网取样时间也不同。[6]2019 年调查计划有四项目标：对 48 区中各亚区南极磷虾丰度进行评估；对比 2000 年和 2019 年南极磷虾密度分布变化；比较海洋环境变化对南极磷虾和其他生物分布的影响，特别是

---

〔1〕 SC-CAMLR, Report of the Nineteenth Meeting of the Scientific Committee, Hobart, 23-27 October 2000, paragraphs 2.84-2.87 of Annex 4.

〔2〕 在 48 区磷虾生物量争论通过 2000 年 CCAMLR 综合调查计划解决后，矛盾焦点转移到设定 48 区磷虾触发捕捞限额问题上。See SC-CAMLR, Report of the Nineteenth Meeting of the Scientific Committee, Hobart, 23-27 October 2000, paragraphs 5.12-5.15.

〔3〕 CCAMLR, Report of the Nineteenth Meeting of the Commission, Hobart, 23 October-3 November 2000, paragraphs 4.15-4.19; Conservation Measure 32/XIX "Precautionary Catch Limitations on *Euphausia superba* in Statistical Area 48", 2000.

〔4〕 SC-CAMLR, Report of the Thirty-Eighth Meeting of the Scientific Committee, Hobart, 21-25 October 2019, paragraphs 2.1-2.5 of Annex 6.

〔5〕 SC-CAMLR, Report of the Thirty-Sixth Meeting of the Scientific Committee, Hobart, 16-20 October 2017, paragraph 13.6.

〔6〕 俄罗斯没有参加 2019 年调查计划，俄罗斯科学家对此次调查计划的方法及其结果提出了很多疑问。See SC-CAMLR, Report of the Thirty-Seventh Meeting of the Scientific Committee, Hobart, 22-26 October 2018, paragraph 3.18 of Annex 8; Report of the Thirty-Eighth Meeting of the Scientific Committee, Hobart, 21-25 October 2019, paragraph 2.31.

气候变化对它们的影响；加强收集南极磷虾和顶端捕食者之间互动的时空知识，以及研究南极磷虾捕捞的可能影响。其中，关于南极磷虾及其捕食者之间的知识，将有助于制定磷虾反馈式管理。[1]2019 年，SC-CAMLR 下设的声学调查和分析方法分工作组（SG-ASAM）[2]根据 2019 年调查计划收集的数据作出其评估结果，建议 48 区南极磷虾生物量为 6260 万吨。SC-CAMLR 同意了此建议。除此之外，SC-CAMLR 认为，2019 年调查计划体现了多个国家间之间的合作以及南极磷虾渔业企业之间的合作；特别是，渔船通过参加 2019 年调查计划，可被作为大规模收集南极磷虾科学信息的平台，科学家和渔业企业的合作有利于为南极磷虾管理提供科学建议。[3]

除上述两次大型调查计划外，2006 年 1 月至 3 月间，澳大利亚在 58.4.2 区开展了单船多学科调查，是继澳大利亚 1996 年在 58.4.1 区开展 BROKE 调查计划后的又一次南极磷虾资源调查，也称 BROKE-WEST 调查计划。该次调查计划，采用了 1996 年 BROKE 调查计划和 2000 年 CCAMLR 调查计划的声学调查方法，每天 24 小时声学调查，不同于 2000 年 CCAMLR 调查计划的白天声学调查；调查面积为 157 万平方公里，南极磷虾生物量评估结果为 1589 万吨。WG-EMM 认为，2006 年 BROKE-WEST 调查计划的评估结果应替代 1981 年 FIBEX 调查计划的评估结果，作为 58.4.2 区南极磷虾捕捞限额的科学依据。[4]2007 年，澳大利亚将 58.4.2 区南极磷虾生物量评估结果修正为 2875 万吨，变异系数为 16.2%，建议该区南极磷虾预防性捕捞限额为 264.5 万吨，并以东经 55 度为界划分成两个部分。澳大利亚的提议得到了 SC-CAMLR 认

〔1〕 SC-CAMLR, Report of the Thirty-Seventh Meeting of the Scientific Committee, Hobart, 22-26 October 2018, paragraphs 3. 1-3. 19 of Annex 8.

〔2〕 2004 年，SC-CAMLR 为解决 2000 年 CCAMLR 磷虾综合调查中收集声学数据的分析问题，以及考虑到冰鱼等调查中也出现过类似问题，决定成立一个常设的声学调查和分析方法分工作组（SG-ASAM）。2005 年 SG-ASAM 召开第一次会议；2019 年，考虑到 SG-ASAM 工作量越来越大，SC-CAMLR 决定将其升格为工作组，即声学调查和分析方法工作组（WG-ASAM）。2020 年，因疫情没有召开会议，2021 年，正式召开 WG-ASAM 第一次会议。我国科学家赵宪勇在 2015 年和 2018 年至 2019 年间担任 SG-ASAM 的召集人；在 2014 年和 2016 年至 2017 年间担任 SG-ASAM 的共同召集人。2021 年至 2022 年间，王新良担任 WG-ASAM 共同召集人。See SC-CAMLR, Report of the Twenty-Third Meeting of the Scientific Committee, Hobart, 25-29 October 2004, paragraphs 3. 20-3. 23; Report of the Thirty-Eighth Meeting of the Scientific Committee, Hobart, 21-25 October 2019, paragraphs 2. 35-2. 36.

〔3〕 SC-CAMLR, Report of the Thirty-Eighth Meeting of the Scientific Committee, Hobart, 21-25 October 2019, paragraphs 2. 27-2. 29.

〔4〕 SC-CAMLR, 2006, paragraph 3. 28 and paragraphs 4. 37-4. 45 of Annex 4.

可，成为修订养护措施 CM 51-03 的基础。[1]2018 年至 2019 年间，日本派了一艘拖网调查船（Kaiyo-maru）在 58.4.1 区（东经 80 度至东经 150 度）分两个阶段开展了磷虾调查，第一阶段为 2018 年 12 月 15 日至 2019 年 1 月 7 日，第二阶段为 2019 年 1 月 26 日至 2 月 23 日，以更新澳大利亚 1996 年开展的BROKE 调查计划。其估算生物量为 435 万吨，和 1996 年澳大利亚估算结果（480 万）相近，但是日本关于变异系数计算出现了错误。[2]2021 年，经过修正，日本估算 58.4.1 区磷虾生物量为 432.5 万吨，变异系数为 17%。该估算值得到了声学调查和分析方法分工作组（WG-ASAM）的认可，认为是可获得最佳估算，建议 SC-CAMLR 采纳。[3]2020 年 1 至 2 月，俄罗斯派出一艘调查船（Atlantida）在 48.1 区和 48.2 区开展磷虾调查，调查海域约为 47.4 万平方公里，估算两区磷虾生物量为 3928.7 万吨。WG-ASAM 认为，关于磷虾生物量不同的估算结果，可能是源于不同的调查时间、调查区域、调查水层以及采用的不同调查方法。[4]

表 4-1 有关南极磷虾调查计划[5]

年份	调查区域	估算生物量（百万吨）	变异系数（%）
1981（FIBEX）	48.1-48.3	30.8	31.1
1981（FIBEX）	48.6	4.6	22.9
1981（FIBEX）	58.4.2	3.9	32
1996（BROKE）	58.4.1	6.67	27

〔1〕 SC-CAMLR, 2007, paragraphs 3.22 and 3.54-3.57.

〔2〕 SC-CAMLR, Report of the Thirty-Eighth Meeting of the Scientific Committee, Hobart, 21-25 October 2019, paragraphs 2.40-2.41 of Annex 6.

〔3〕 SC-CAMLR, Report of the Thirty-Ninth Meeting of the Scientific Committee, Virtual, 26 October 2020, paragraphs 2.21-2.23 of Annex 4.

〔4〕 SC-CAMLR, Report of the Thirty-Ninth Meeting of the Scientific Committee, Virtual, 26 October 2020, paragraphs 2.4-2.6 of Annex 4.

〔5〕 本表格中相关数据来源于 2005 年 Volker Siege 的一篇论文以及相关年份 SC-CAMLR 报告。当 Volker Siege 论文中数据和 SC-CAMLR 数据不一致时，本表格采用了 SC-CAMLR 数据。See Volker Siege, "Distribution and Population Dynamics of *Euphausia superba*：Summary of Recent Findings", 29 *Polar Biology* 1, 8 (2005).

年份	调查区域	估算生物量（百万吨）	变异系数（%）
2000（CCAMLR）	48.1-48.4	44.3	11.4
2000（CCAMLR）	58.4.1	4.83	17
2006（BROKE-WEST）	58.4.2	28.75	16.2
2019（多国）	48.1-48.4	62.6	13
2018-2019（日本）	58.4.1	4.33	17
2020（俄罗斯）	48.1-48.2	39.3	9.3

由此可以看出，南极磷虾资源调查及其生物量评估，受到了主张和限制该资源利用这个主要矛盾的驱动；科学，成为各方推动此矛盾发展所依赖的手段或工具。希望利用磷虾资源的国家，是否有能力派出船舶、科学家、观察员等参加综合调查，是实现其主张的科学实力前提。就48区而言，在科学上，该区是南极磷虾资源分布最密集的区域；在政治上，该区是英国和阿根廷存在亚南极岛屿主权争议的区域，特别是48.3区和48.4区，故英国参加了2000年CCAMLR调查计划和2019年调查计划；在法律上，该区是南极磷虾渔业集中区，相关磷虾养护措施制定影响有关国家（包括利用国）利益，因此可以理解俄罗斯、日本和美国，特别是俄罗斯和日本作为当时南极磷虾利用最早的国家，参加了2000年CCAMLR调查计划，而挪威作为后来的南极磷虾渔业最大利用国组织协调了2019年调查计划，我国、韩国和乌克兰则作为南极磷虾利用的骨干国家参与了2019年调查计划。日本和俄罗斯，都是《南极条约》创始缔约国，都是最早开发南极磷虾资源的国家，都是2000年CCAMLR调查计划的参与国，但是两国在2017年时就已经不再从事南极磷虾资源的开发利用，这可能是他们没有能够参与2019年调查计划的原因。即便如此，两国作为传统南极大国分别以独立开展磷虾调查计划的方式，持续展现其南极科学实力和对南极海洋生物资源养护措施制定的影响力。同样，1996年，澳大利亚开展BROKE调查计划，既能体现其科学能力，更深刻地体现其关于南极洲陆地领土及其附近海域主张的政治考量。

当前，气候变化对南极磷虾资源及其分布的影响成为一个热点话题。它不仅涉及南极磷虾资源及其养护与利用，更涉及气候变化与南大洋之间更复杂的政治与法律问题。有研究认为南极磷虾在过去的 2000 多万年中经历了比当前更暖和更冷的气候变化；大幅度的气候变化曾导致南极磷虾栖息地的收缩与扩张。[1]2023 年，对南极磷虾的 DNA 的研究发现，南极磷虾种群在1000 万年前发生了急剧减少，在 10 万年前发生了反弹扩张。该研究确认了南极磷虾能够随着气候变化在长时间周期内进行适应与自我进化，承认这种长时间周期的变化是一个复杂过程，不能用于预测短期气候变化对南极磷虾的影响。[2]根据南极磷虾数据库（krillbase）和 2013 年中国第 30 次南极科学考察开展的一次单季节环南极航次所收集的南极磷虾样品数据的研究，大西洋扇区的南极磷虾丰度呈下降趋势，从 20 世纪 20 至 30 年代是其他海域平均丰度的 8.5 倍下降到 20 世纪 70 至 90 年代的 4.4 倍，以及下降到 21 世纪以来的2.2 倍左右。相较而言，印度洋和太平洋扇区南极磷虾丰度相对稳定，能够比一个世纪之前容纳更多的磷虾种群。具体而言，南极磷虾资源呈上升趋势的海域包括：西经 80 度至西经 70 度、西经 10 度至零度、零度至东经 10 度和东经 60 度至东经 70 度。不过，也有研究认为南极磷虾资源保持得相对稳定。因此，相对较小时间尺度内（如 20 年至 30 年）气候变化对南极磷虾资源及其南大洋生态系统的影响，存在不确定性和争议。[3]根据南极磷虾生长和气候变化相关性模型模拟研究，2100 年前绝大多数研究海域（85%）的南极磷虾生长会经历相对适度的变化；在个别海域，如南极磷虾分布最北部的海域和阿蒙森—别林斯高晋海域等，南极磷虾栖息地将出现退化，导致南极磷虾栖息地向高纬度迁移。在时间尺度上，南极磷虾栖息地在春季期间会得到改善，在夏季期间会出现下降。总体上，南极磷虾栖息地变化相对较小，且春季期间的影响是积极的。[4]

---

〔1〕 Volker Siege, "Introducing Antarctic Krill *Euphausia superba* Dana, 1850", in Volker Siege (ed.), *Biology and Ecology of Antarctic Krill*, Springer, 2016, p. 7.

〔2〕 Changwei Shao, Shuai Sun, Kaiqian Liu, et al., "The Enormous Repetitive Antarctic Krill Genome Reveals Environmental Adaptations and Population Insights", 186 *Cell* 1279, 1287 (2023).

〔3〕 Guang Yang, Angus Atkinson, Simeon L. Hill, et al., "Changing Circumpolar Distributions and Isoscapes of Antarctic Krill: Indo-Pacific Habitat Refuges Counter Long-Term Degradation of the Atlantic Sector", 66 *Limnology and Oceanography* 272, 278-282 (2021).

〔4〕 Devi Veytia, Stuart Corney, Klaus M. Meiners, et al., "Circumpolar Projections of Antarctic Krill Growth Potential", 10 *Nature Climate Change* 568, 569-571 (2020).

第二节　南极磷虾渔业

南极磷虾渔业，最早可追溯至 1961-1962 年度。两艘苏联科考船舶捕捞了 47 吨磷虾。此后 10 年，苏联都报告少量的磷虾产量，作为其开发南极磷虾渔业的初步研究阶段的成果。真正规模性商业开发南极磷虾渔业，则始于 20 世纪 70 年代中期。[1]20 世纪 70 年代，可能有三个方面的因素促进了南极磷虾资源商业开发：磷虾盈余假说（the surplus krill hypothesis）、传统渔业资源衰退、200 海里渔区或专属经济区出现。根据剩余磷虾假说，南大洋鲸鱼每年消费的磷虾数量约为 1.5 亿吨；随着鲸鱼数量锐减，这些原先被鲸鱼捕食的磷虾可供人类开发利用。在此背景下，传统远洋渔业国家，如苏联、日本、波兰等，将南大洋视为最后一块可供其大规模开发的海域。[2]甚至有观点认为，开发南极海洋生物资源将会使全球海洋渔业产量翻番。[3]

一、南极磷虾渔业主要利用国家及其发展阶段

CCAMLR 统计公报（Statistical Bulletin）最早关于南极磷虾渔业的产量记录是，1972-1973 年度日本捕捞了 59 吨磷虾。此后，1973-1974 年度苏联磷虾产量为 1.9 万吨，远超当年日本的 649 吨；[4]1975-1976 年度，智利和波兰加入磷虾渔业。根据 2022 年 CCAMLR 统计公报，1973-2021 年度南极磷虾历史总产量为 1044.4 万吨。[5]在此 49 年期间，如图 4-1 和表 4-2 所示，如

---

〔1〕　CCAMLR Secretariat, Fishery Report 2021：Euphausia superba in Area 48, 27 May 2022, p. 3.

〔2〕　Stephen Nicol, Yoshinari Endo, Krill Fisheries, "Development, Management and Ecosystem Implications", 12 *Aquatic Living Resources* 105, 107（1999）.

〔3〕　John A. Heap, "Has CCAMLR Worked? Management Politics and Ecological Needs", in Arnfinn Jørgensen-Dahl and Willy Østreng（eds.）, *The Antarctic Treaty System in World Politics*, Palgrave Macmillan, 1991, p. 48.

〔4〕　有文献记载认为，苏联在 1961-1962 年度就开始捕捞磷虾；在此后 10 年内是唯一捕捞磷虾的国家，到 1971-1972 年度其磷虾年产量已经达到 2100 吨。当日本于 1971-1972 年度开始捕捞磷虾时，苏联的年产量已经达到 7400 吨。See Inigo Everson, "Antarctic Fisheries", 12 *Polar Record* 233, 245（1978）；Matthew Howard, "The Convention on the Conservation of Antarctic Marine Living Resources：A Five-Year Review", 38 *International and Comparative Law Quarterly* 104, 108-109（1989）.

〔5〕　CCAMLR, Statistical Bulletin（Vol. 34）, 2022.

果将苏联和俄罗斯分开统计，则可以发现，苏联、挪威、日本、韩国、中国、乌克兰、波兰、智利、俄罗斯和美国是主要南极磷虾渔业利用国。他们南极磷虾产量之和约占此期间南极磷虾总产量的99.1%。其中，苏联仍保持南极磷虾产量最多的纪录，占总产量的40.1%左右，尽管苏联解体了30年。[1]排名第二的是挪威，其南极磷虾渔业产量占比为20.9%，尽管挪威于2005-2006年度才正式参加南极磷虾渔业开发利用。[2]排名第三的是日本，其南极磷虾渔业产量占比为16.8%，但是日本在2012年将其最后一艘专业磷虾渔船卖给我国后就不再从事南极磷虾渔业活动了。[3]韩国成为目前从事南极磷虾渔业年份最长的国家，但是其南极磷虾产量仅为7%，排名第四；如果韩国南极磷虾渔业仍保持此发展规模，可预计在不远的将来其南极磷虾占比将会被我国超越。我国以4.8%的占比排在韩国之后，位列第5位。从南极磷虾开发利用历史看，我国是所有这些主要国家中最晚开发利用南极磷虾的国家，远不如智利、乌克兰、波兰等国家；在开发能力上，尽管有一定进展，但是与同期进入南极磷虾渔业的挪威相比，差距是非常明显的。有意思的是，美国曾在1999-2000年度至2005-2006年度间从事过南极磷虾渔业，但是其产量很低。相对而言，俄罗斯衰落就显得非常突出。作为苏联的继承国家，俄罗斯没有能够展现或恢复苏联在南极磷虾渔业方面的开发利用能力。进入21世纪后，俄罗斯曾间断地开展南极磷虾生产，但是没有持续下去，其南极磷虾渔业产量定格于2010年。当俄罗斯不再从事南极磷虾渔业后，不可避免地削弱了其对南极磷虾渔业管理的影响力。

---

〔1〕　苏联南极磷虾产量占截至2021年南极磷虾总产量的比例，是根据2022年第34版CCAMLR统计公报计算出来的。此数据和2021年CCAMLR秘书处发布的关于48区南极磷虾渔业报告中的数据略有差异。2021年48区南极磷虾渔业报告显示，苏联南极磷虾产量占比为41.3%。除此之外，本书计算的其他国家南极磷虾产量占比和2021年48区南极磷虾渔业报告相同。See CCAMLR Secretariat, Fishery Report 2021: Euphausia superba in Area 48, 27 May 2022, p. 4.

〔2〕　2005-2006年度是挪威拥有的渔船以正式挪威名义向CCAMLR通报；在此之前，挪威拥有的渔船曾以瓦努阿图名义参加南极磷虾渔业生产。See CCAMLR, Report of the Twenty-Fourth Meeting of the Commission, Hobart, 24 October-4 November, 2005, paragraphs 4. 29-4. 30.

〔3〕　日本最后一艘专业磷虾渔船"福荣丸"（Fukuei Maru）出售给我国辽渔集团远洋渔业有限公司，该船更名为"福荣海"。2020-2021年度，"福荣海"渔船完成最后一个年度生产。See CCAMLR, Report of the Thirty-First Meeting of the Commission, Hobart, 23 October-1 November 2012, paragraph 5. 5.

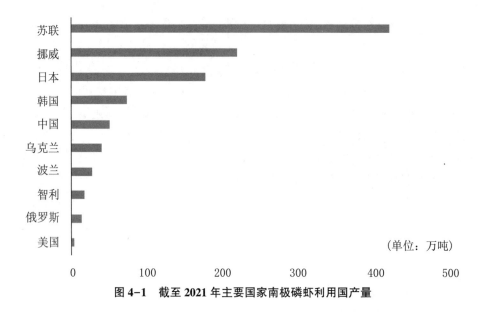

图 4-1 截至 2021 年主要国家南极磷虾利用国产量

表 4-2 截至 2021 年主要国家南极磷虾利用国产量占比[1]

国家	占磷虾总产量的比例	有产量报告年份
苏联	40.1%	1974-1991
挪威	20.9%	2006-2021
日本	16.8%	1973-2012
韩国	7%	1979-2021
中国	4.8%	2010-2021
乌克兰	3.7%	1992-2021
波兰	2.6%	1976-2011
智利	1.6%	1976, 1983-1994, 2008-2021
俄罗斯	1.2%	1992-1993, 2004, 2008-2010
美国	0.3%	2000-2006

综观 1973 年至 2021 年南极磷虾渔业开发利用历程，如下图，大致可分

---

[1] 数据来源于 2022 年 CCAMLR 数据统计公报。See CCAMLR, Statistical Bulletin（Vol. 34），2022.

为三个阶段：第一阶段从 1973 年至 1992 年，为苏联主导南极磷虾渔业阶段；第二阶段从 1993 年至 2009 年，为日本主导南极磷虾渔业阶段；第三阶段从 2010 年至今，为挪威主导南极磷虾渔业阶段。[1]

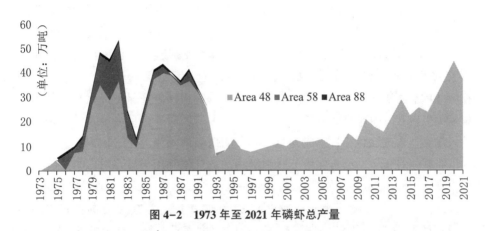

图 4-2 1973 年至 2021 年磷虾总产量

在苏联主导的第一阶段，是以产量为导向的发展阶段；该阶段南极磷虾产量约为 528.3 万吨。也就是说，在最初的 20 年间南极磷虾产量约占整个历程南极磷虾总产量的 50.6%。在此过程中，出现了 CCAMLR 有记录以来南极磷虾最高产量，即 1982 年的 52.8 万吨；其中，48 区约为 37.4 万吨，58 区约为 14.8 万吨，88 区约为 0.6 万吨。就各区产量而言，在此阶段，48 区南极磷虾最高产量为 1987 年的 40 万吨；58 区南极磷虾最高产量是 1981 年的 15.5 万吨；88 区南极磷虾最高产量为 1983 年的 1 万吨。这些记录，除 48 区南极磷虾最高产量纪录被突破过 1 次外，58 区和 88 区的最高产量纪录仍未被突破。值得注意的是，在 1983 年和 1984 年间，南极磷虾产量出现陡然下降的现象；1984 年南极磷虾总产量仅为 12.1 万吨。有研究认为，这是因为在那个时期发现南极磷虾中氟含量较高，氟在动物或人体内累积会产生不利后果，限

---

〔1〕 考虑到南极磷虾渔业开发利用渔季（season）是跨年度的，即从当年 12 月 1 日至翌年 11 月 30 日，所统计的产量也是跨年度的，包含了前一个年度中 12 月份的产量。例如，1973 年产量实际是指 1972-1973 年度开发利用的渔获量。为表述方便，本书对 1972-1973 年度和 1973 年产量不作区别，等同使用。See Conservation Measure 217/XX "Fishing Seasons", 2001; Conservation Measure 51-01 (2010) "Precautionary catch limitations on Euphausia superba in Statistical Subareas 48.1, 48.2, 48.3 and 48.4", paragraph 5.

制了磷虾利用。随着脱氟方法被研究出来，南极磷虾产量得到快速恢复。[1]

随着1991年底苏联解体，南极磷虾渔业进入第二阶段，日本随之成为主导国家。有观点认为，第二阶段不再以产量为导向，而是以市场为导向，强调渔船生产的经济效益和磷虾产品的市场竞争力或者高附加值。[2]在此第二阶段的17年间，南极磷虾产量约为185万吨，约占总产量的17.7%；平均南极磷虾年产量为11万吨左右。更为重要的是，在此阶段，88区和58区南极磷虾渔业分别于1993年和1997年先后中断了；南极磷虾渔业完全集中于48区。对比日本在20世纪80年代、21世纪第一个十年期间的南极磷虾产量可以发现，其年产量基本保持在6万吨至7万吨。换言之，日本南极磷虾产量在第一阶段和第二阶段没有显著的变化；日本成为第二阶段的南极磷虾渔业主导国家，纯粹是因为苏联解体且俄罗斯没有保持苏联南极磷虾的开发利用规模。对比第三阶段可以发现，南极磷虾产品需求还没有得到释放，所以其生产规模一直保持在低位。

2010年，南极磷虾渔业产量重回20万吨以上，达21.1万吨；其中，挪威磷虾产量为11.9万吨，占该2009-2010年度南极磷虾总产量的56.4%，远超其他国家，成为南极磷虾渔业的主导国家。据CCAMLR秘书处统计，在2011年至2021年期间，挪威的南极磷虾产量占61.7%，其次为我国（16.2%），再次为韩国（12.9%）。[3]由此，南极磷虾渔业进入第三阶段。在此阶段，南极磷虾产量约为331.1万吨，约占总产量的31.7%，超过第二阶段，仍低于第一阶段。第三阶段以南极磷虾产品多样化为导向，既有服务于养殖饲料，也有高端营养和保健用品，以及医药产品。据相关统计，我国申请了较多的南极磷虾相关的专利。仅2012年至2014年间，我国就申请了129项，占同期南极磷虾相关专利数量的70%。[4]从图4-2可以看到，2018年至2020年间南

---

〔1〕 Stephen Nicol, Jacqueline Foster, "The Fishery for Antarctic Krill: Its Current Status and Management Regime", in Volker Siege（ed.），*Biology and Ecology of Antarctic Krill*, Springer, 2016, pp. 395~396.

〔2〕 Stephen Nicol, Jacqueline Foster, "The Fishery for Antarctic Krill: Its Current Status and Management Regime", in Volker Siege（ed.），*Biology and Ecology of Antarctic Krill*, Springer, 2016, p. 396.

〔3〕 CCAMLR Secretariat, Fishery Report 2021: *Euphausia superba* in Area 48, 27 May 2022, p. 4.

〔4〕 Stephen Nicol, Jacqueline Foster, "The Fishery for Antarctic Krill: Its Current Status and Management Regime", in Volker Siege（ed.），*Biology and Ecology of Antarctic Krill*, Springer, 2016, pp. 396~397. 2018年，荷兰向ATCM提交的关于南极生物采探（biological prospecting）信息文件显示，我国获得了较多的南极磷虾相关的专利。See Netherlands, Biological Prospecting in the Antarctic Treaty Area: An Update on Status and Trends, Including an Overview of activities of ATS bodies on biological prospecting and Recent Policy Developments at the International Level, ATCM XLI-IP 029, 10 April 2018, pp. 4~5.

极磷虾产量有一个快速上升过程，2020 年南极磷虾产量达到 45.1 万吨。尽管该产量低于 1982 年的 52.8 万吨，但是 45.1 万吨完全来自 48 区，打破了 1987 年 48 区 40 万吨南极磷虾产量的纪录。[1]在此阶段，我国分别在 2017 和 2018 年派船到 58 区开展了南极磷虾生产；尽管产量不高，分别为 513 吨和 246 吨，但是这是自 1997 年以后再次有渔船在 58 区开展生产。[2]

二、南极磷虾渔场分布变化

从南极磷虾渔业开发利用的空间变化看，第一阶段南极磷虾渔场分布于 48 区、58 区和 88 区，以 48 区为主、58 区次之，88 区产量最低。随着苏联解体，第二阶段南极磷虾渔场则相对集中于 48 区。如前述分析，88 区和 58 区南极磷虾渔业相继中断；尽管我国曾于 2017 年和 2018 年恢复 58 区南极磷虾渔业生产，但仍没有能够持续下去。第三阶段则显示，南极磷虾渔场在 48 区进一步集中，以 48.1 区和 48.2 区为主，48.3 区次之。2010 年 10 月，48.1 区因达到其触发水平（15.5 万吨）的 99.8% 而被关闭。这是 48.1 区南极磷虾产量在苏联解体后达到的一个新高，更是 48.1 区第一次因此而关闭。[3] 2013 年 6 月，48.1 区第 2 次关闭；2014 年 5 月 17 日，48.1 区第 3 次关闭。此后，48.1 区基本在每年 5 月份都会因达到触发水平被关闭。2020 年，48 区南极磷虾产量打破纪录，CCAMLR 对此进行了讨论，指出 48.1 区南极磷虾产量从触发水平的 5% 至 95% 仅用了 69 天时间，之前 5 年平均天数为 130 天。智利与阿根廷据此强调，应引入海洋保护区加强对 48 区南极磷虾渔业的管理；俄罗斯指出 48 区南极磷虾的总捕捞限额为 561 万吨，而触发水平仅为 62 万吨，且一直保持不变。[4]2020 年，48 区南极磷虾渔业分亚区月度产量报

---

〔1〕 48 区南极磷虾产量达到新高度，引发了 CCAMLR 关于 48 区南极磷虾渔业管理的争论。See CCAMLR, Report of the Thirty-Ninth Meeting of the Commission, Virtual, 27–30 October 2020, paragraphs 5.46–5.54.

〔2〕 See CCAMLR, Report of the Thirty-Sixth Meeting of the Commission, Hobart, 16–27 October 2017, paragraph 5.4.

〔3〕 CCAMLR, Report of the Twenty-Ninth Meeting of the Commission, Hobart, 25 October–5 November 2010, paragraphs 4.7–4.11. 值得注意的是，48.1 区关闭是依据 2009 年刚通过的养护措施 CM 51–07。因此，关闭 48.1 区引出一个争议话题，即关闭 48.1 区是因为该区南极磷虾产量过高，还是因为分配给该区的触发水平（15.5 万吨）不合理。

〔4〕 CCAMLR, Report of the Thirty-Ninth Meeting of the Commission, Virtual, 27–30 October 2020, paragraphs 5.46–5.50.

告，如下表，则更能直观反映南极磷虾渔场的集中程度。

表 4-3　2019-2020 年度南极磷虾分亚区月度产量报告[1]　　（单位：吨）

月份	48.1 区	48.2 区	48.3 区
12 月		5371	
1 月		63 067	
2 月		59 221	
3 月	27 760	31 377	
4 月	52 070	15 160	
5 月	77 252		
6 月		239	18 103
7 月			35 510
9 月			18 166
小计	157 082	174 435	71 779

上述分析了南极磷虾渔业发展历史，为更准确掌握当前南极磷虾渔业具体现状，在此以 2020-2021 年度为例，介绍南极磷虾渔业产量及其国家利用情形。根据 CCAMLR 统计，2021 年南极磷虾总产量为 371 526 吨，产量仅来自 48.1 区和 48.2 区，两区产量分别是 161 772 吨和 20 975 吨。开发利用国家是挪威、中国、韩国、智利和乌克兰，产量分别是 241 375 吨、47 605 吨、37 984 吨、22 382 吨和 22 179 吨；挪威南极磷虾产量约占总产量的 65%，中国产量不及挪威产量的 20%。[2]与此同时，2019 年 IPCC 发布了《海洋与冰冻圈特别报告》（SROCC），2020 年开始南极气温持续出现新高、冰架崩解等。美西方科学家相继发表论文，宣称目前 CCAMLR 对南极磷虾管理的是不谨慎的，加强南极磷虾渔业管理是 CCAMLR 最紧迫的问题。[3]

---

〔1〕　CCAMLR Secretariat, Fishery Report 2021: Euphausia superba in Area 48, 27 May 2022, p. 10.

〔2〕　CCAMLR Secretariat, Catches of target species in the Convention Area, SC-CAMLR-41/BG/01, 23 September 2022, Table 1.

〔3〕　See George M. Watters, Jefferson T. Hinke and Christian S. Reiss, Long-Term Observations from Antarctica Demonstrate that Mismatched Scales of Fisheries Management and Predator-Prey Interaction Lead to Erroneous Conclusions about Precaution, 10 *Scientific Reports* 2314 (2020); Mark A. Hindell, Ryan R. Reisinger, Yan Ropert-Coudert, et al., "Tracking of Marine Predators to Protect Southern Ocean Ecosystems", 580 *Nature* 87 (2020); ASOC, Progress toward Ecosystem-Based Management of the Antarctic Krill Fishery, SC-CAMLR-39/BG/47, 26 September 2020.

三、瓦努阿图南极磷虾渔业

除上述主要南极磷虾利用国家外，拉脱维亚和巴拿马分别于 1993 年和 1995 年报告有南极磷虾产量，2004 年，瓦努阿图也从事了南极磷虾渔业生产。特别地，2004 年，悬挂瓦努阿图旗帜的渔船第一次采取了连续泵吸的作业方式，极大地提高了效率；[1]加上悬挂该国旗帜渔船遵守 CCAMLR 养护措施的表现，在 CCAMLR 引发了极大的争论。

2004 年 SC-CAMMLR 会议期间，CCAMLR 才发现有一艘悬挂瓦努阿图旗帜渔船（Atlantic Navigator）曾在过去的一个年度（2003-2004 年度）中在 48.3 区开展了南极磷虾渔业生产，使用了连续泵吸作业方式；该渔船向 SC-CAMLR 报告的产量约为 1.5 万吨。阿根廷认为，该船实际产量可能在 2 万吨至 3 万吨之间。[2]鉴于该渔船接受了一名乌拉圭籍科学观察员，SC-CAMLR 要求乌拉圭提供该渔船生产情况信息。SC-CAMLR 认为，尽管瓦努阿图加入了《南极海洋生物资源养护公约》，但是并不是 CCAMLR 成员，其参加南极渔业生产且采取新作业方式会影响未来南极磷虾渔业生产。[3]不仅如此，2004 年 9 月，瓦努阿图渔业部门向 CCAMLR 通报，该渔船还将在 2004-2005 年度在 48.1 区至 48.4 区以及 58.4.1 区与 58.4.2 区开展南极磷虾生产，预计捕捞 6 万吨南极磷虾。根据瓦努阿图通报，该渔船 1996 年在挪威建造，总吨位为 6759 吨，隶属于美国华盛顿州的一家公司。[4]英国、阿根廷和智利担心瓦努阿图是否能够行使其船旗国管辖，确保该渔船遵守 CCAMLR 通过的养护措施，特别地该渔船在 2003-2004 年度的生产活动没有按照养护措施 CM 23-06 规定提交渔业数据；阿根廷认为，该渔船行为可被视为 IUU 捕捞；英

---

〔1〕 CCAMLR Secretariat, Fishery Report 2021: Euphausia superba in Area 48, 27 May 2022, p. 4. 需要注意的是，南极磷虾渔业通报制度，即养护措施 CM 21-03，是 2006 年第 25 届 CCAMLR 会议通过的。相对而言，关于新渔业和探捕渔业通报制度，即养护措施 CM 21-01 和 CM 21-02，是 2002 年第 21 届 CCAMLR 会议通过的。

〔2〕 根据 2005 年 SC-CAMLR 报告，瓦努阿图在 2003-2004 年度捕捞南极磷虾产量为 29 491 吨，近 3 万吨；证实了 2004 年阿根廷的关切。See SC-CAMLR, Report of the Twenty-Fourth Meeting of the Scientific Committee, Hobart, 24-28 October 2005, Table 2 at p. 114.

〔3〕 SC-CAMLR, Report of the Twenty-Third Meeting of the Scientific Committee, Hobart, 25-29 October 2004, paragraphs 4.2-4.4 and 4.16.

〔4〕 Correspondence from the Republic of Vanuatu Fisheries Department, CCAMLR-XXIII/BG/44, 4 November 2004.

国要求以 CCAMLR 名义责成美国对该渔船作业情况进行调查。CCAMLR 决定，指示执行秘书向瓦努阿图发去一封照会，表达 CCAMLR 对其渔船捕捞南极磷虾活动的关切，敦促其尽快申请加入 CCAMLR。[1]2005 年，悬挂瓦努阿图旗帜的渔船继续在南大洋从事南极磷虾渔业生产，产量约为 4.8 万吨，但是仍未能按规定报告月度渔业数据。[2]2005 年 8 月，该船终止其南极磷虾渔业生产；自 2005 年 12 月由挪威渔船（Saga Sea）替代。[3]

2006 年，瓦努阿图向 CCAMLR 通报了 5 艘大型拖网船，开展南极磷虾生产，每艘渔船拟捕捞 10 万吨南极磷虾，进一步激化了此问题。5 艘大型拖网船，注册到瓦努阿图国际船舶登记册，而不是瓦努阿图国内船舶登记册；3 艘渔船船东为希腊公司，1 艘为瓦努阿图公司，1 艘仍在购买过程中。英国认为瓦努阿图关于此 5 艘渔船通报没有遵守 2003 年 CCAMLR 采纳的通报程序；很多 CCAMLR 成员更关心悬挂瓦努阿图旗帜渔船遵守 CCAMLR 养护措施的历史表现，特别是渔业数据报告制度，担心瓦努阿图能否真正履行船旗国管辖；还有 CCAMLR 成员认为瓦努阿图还没有获得 CCAMLR 成员资格，敦促瓦努阿图撤回关于 5 艘渔船的通报。俄罗斯关心其中 1 艘渔船（Torshovdi）采取连续泵吸作业方式，但其能力比之前 Atlantic Navigator 号渔船以及挪威 Saga Sea 号渔船都要强大，建议将连续泵吸作业方式按探捕渔业进行通报和管理，包括强制接受国际科学观察员。[4]挪威指出，根据从企业界获得的信息，瓦努阿图通报的 5 艘渔船都采取了连续泵吸作业方式。根据 SC-CAMLR 建议，CCAMLR 要求瓦努阿图在其渔船正式开展南极磷虾生产前必须向 CCAMLR 作出相应保证，确保其有能力监督悬挂其旗帜渔船的生产活动和遵守 CCAMLR 养护措施。[5]鉴于此，这些渔船在 2006-2007 年度没有开展南极磷虾渔业生

---

〔1〕 CCAMLR, Report of the Twenty-Third Meeting of the Commission, Hobart, 25 October-5 November 2004, paragraphs 4.22-4.26, 8.20-8.21 and 19.1-19.3.

〔2〕 SC-CAMLR, Report of the Twenty-Fourth Meeting of the Scientific Committee, Hobart, 24-28 October 2005, Table 3 at p. 116 and paragraphs 3.1-3.8 of Annex 4.

〔3〕 CCAMLR, Report of the Twenty-Fourth Meeting of the Commission, Hobart, 24 October-4 November 2005, paragraphs 4.29-4.30.

〔4〕 CCAMLR, Report of the Twenty-Fifth Meeting of the Commission, Hobart, 23 October-3 November 2006, paragraphs 7.16-7.29.

〔5〕 CCAMLR, Report of the Twenty-Fifth Meeting of the Commission, Hobart, 23 October-3 November 2006, paragraphs 4.34-4.38. 在此背景下，CCAMLR 指出 SISO 是基于成员间双边安排，故瓦努阿图仅作为《南极海洋生物资源养护公约》的加入国不受该制度的拘束。

产。2007-2008 年度，瓦努阿图继续向 CCAMLR 通报拟开展南极磷虾渔业，并派代表参会证明其采取相应的措施以履行其船旗国管辖。CCAMLR 建议，瓦努阿图撤回其南极磷虾渔业通报。[1]至此，瓦努阿图作为 CCAMLR 非成员身份参加南极磷虾渔业的争议宣告结束；连续泵吸作业方式争议相应地转移给了挪威及其渔船。

第三节　南极磷虾渔业管理

2022 年 9 月，美国和澳大利亚联合向 CCAMLR 提交了一份提案，以南极磷虾渔业管理不如犬牙鱼渔业管理严格为由，要求提高 CCAMLR 南极磷虾渔业管理水平。[2]2022 年 10 月 24 日 CCAMLR 会议开幕当天，美国负责海洋及国际环境暨科学事务局的助理国务卿（Monica Medina）专程参会发表声明指出，CCAMLR 为犬牙鱼渔业建立了全面的管理措施，成为全球渔业管理的标杆和基本消除了 IUU 捕捞活动，应"现代化"南极磷虾渔业管理制度。[3]南极磷虾渔业管理，作为一种成熟渔业，被置于犬牙鱼探捕渔业的对面，折射出美国试图改变 CCAMLR 渔业管理体系的意图。

一、普适性管理制度

为实施预防性方法，CCAMLR 将其渔业划分成四种管理类型：新渔业、探捕渔业、成熟渔业和研究性渔业；管理它们的养护措施分别是：CM 21-01、CM 21-02、CM 21-03 和 CM 24-01。养护措施 CM 91-05 所设定的磷虾研究区（KRZ），可纳入研究性渔业。理论上，CCAMLR 成员可从事所有四种类型的南极磷虾渔业。现实中，各国开展从事的南极磷虾渔业基本上是依据养护措施 CM 21-03 开展的成熟渔业。这是和南极犬牙鱼渔业最大的差异。南极犬牙鱼渔业，除亚南极岛屿附近国家管辖海域外，基本上是依据养护措施 CM

---

〔1〕 CCAMLR, Report of the Twenty-Sixth Meeting of the Commission, Hobart, 22 October-2 November 2007, paragraphs 4. 34 and 20. 12-20. 14.

〔2〕 Delegations of the USA and Australia, Proposals for improved management of CCAMLR's krill fisheries, CCAMLR-41/36 Rev. 1, 23 September 2022.

〔3〕 CCAMLR, Report of the Forty-First Meeting of the Commission Hobart, 24 October-4 November 2022, paragraph 1. 22.

21-02 开展的探捕渔业。从此角度看，2022 年美国和澳大利亚提议以南极犬牙鱼探捕渔业为蓝本"现代化"南极磷虾渔业，如果不是无知的话，则应是无视 CCAMLR 渔业管理基本框架的做法，不尊重或有意推翻了 CCAMLR 实施预防性方法的既定制度。

根据 2021 年 CCAMLR 报告，仅有 5 个 CCAMLR 成员的 13 艘渔船通报在 2021-2022 年度开展了南极磷虾成熟渔业；没有从事新渔业、探捕渔业和研究性研究的通报。[1] 因此，本书在此只分析南极磷虾成熟渔业的管理制度；为表述方便，如无特别明确说明，本书将南极磷虾成熟渔业简称为南极磷虾渔业。为更深入阐述南极磷虾渔业管理基本制度，突出南极磷虾渔业和南极犬牙鱼探捕渔业之间的差异，本书重点分析两者在管理制度上的不同。

为实现养护南极海洋生物资源的宗旨，CCAMLR 根据《南极海洋生物资源养护公约》第 9 条（2）制定养护措施，定期更新。根据 CCAMLR 每年公布的养护措施一览表，这些养护措施分为四类：遵约类养护措施（compliance）、一般性渔业事项、具体渔业管理和海洋保护区。除此之外，CCAMLR 还根据《南极海洋生物资源养护公约》第 24 条制定了《国际科学观察制度》（SISO）和《检查制度》（SoI）。其中，海洋保护区类养护措施，从罗斯海区域海洋保护区（养护措施 CM 91-05）可推测，不可能允许成熟渔业；只可能在一定范围内允许新渔业、探捕渔业和研究性渔业，如磷虾研究区（KRZ）或特别研究区（SRZ）等。故此类养护措施和南极磷虾成熟渔业无关，在此不作讨论。以 2021-2022 年度生效的养护措施为例，下表列出了可适用于南极磷虾渔业的主要养护措施。从是否专门适用于南极磷虾渔业角度分，这些管理制度可分为普适性管理制度和专门性管理制度。前者适用于南极渔业管理，可能在南极磷虾渔业方面有特殊规定；后者专门适用于南极磷虾渔业管理。下表中所列的遵约类养护措施和海上执法检查制度，以及一般性渔业事项中的养护措施 CM 26-01 等，属于普适性管理制度；一般渔业事项和具体渔业管理类养护措施，除养护措施 CM 26-01 外，属于专门性管理制度。

---

[1] CCAMLR, Report of the Fortieth Meeting of the Commission, Virtual, 18-29 October 2021, paragraph 6. 2.

表 4-4　2021-2022 年度可适用于南极磷虾渔业的养护措施

管理制度	养护措施	管理内容
遵约类养护措施	CM 10-01	渔船渔具标识
	CM 10-02	渔船许可与监管
	CM 10-03	港口国检查
	CM 10-04	自动卫星船位监测系统
	CM 10-06	促进缔约方渔船遵守 CCAMLR 养护措施
	CM 10-09	海上转载管理
一般性渔业事项	CM 21-03	南极磷虾渔业通报
	CM 23-01	五天渔获量和努力报告制度
	CM 23-04	月度精细渔获量和努力量报告制度
	CM 23-06	南极磷虾渔业数据报告制度
	CM 25-03	海鸟和海洋哺乳动物偶然捕捞死亡率最小化
	CM 26-01	一般环境保护规则
具体渔业管理	CM 51-01	48.1 区至 48.4 区南极磷虾预防性捕捞限制
	CM 51-02	58.4.1 区南极磷虾预防性捕捞限制
	CM 51-03	58.4.2 区南极磷虾预防性捕捞限制
	CM 51-06	关于南极磷虾渔业中科学观察员的一般措施
	CM 51-07	48.1 区至 48.4 区南极磷虾渔业触发水平临时分配
海上执法检查	SoI	检查国与被检查国的权利与义务，检查员与渔船的权利与义务

在遵约类养护措施方面，CCAMLR 共制定了 10 个养护措施，除养护措施 CM 10-05 专门针对犬牙鱼渔业外，其余 9 个养护措施都适用于南极磷虾渔业；其中，港口国检查、船位监测、海上转载等养护措施在南极磷虾渔业和犬牙鱼探捕渔业之间存在或曾经存在一定差异。在港口国检查管理制度方面，养护措施 CM 10-03 规定第 2 段规定，港口国应检查进入其港口的南极磷虾渔船的比例不低于 50%；相对于装载犬牙鱼渔船，港口检查比例则为 100%。除港口检查比例减半外，确定检查比例的标准也有差异。对于南极磷虾渔船，检查比例只计算那些装载之前没有在其他港口上岸或转载过的南极磷虾的渔

船；如果其所装载的南极磷虾之前已经在港口上岸或转载过，则该渔船不计入港口检查比例；对于装载犬牙鱼渔船，则没有此规定，即只要进港就必须检查。出现这种管理制度的差异可能有两个方面的原因。其一，两种渔船所装载对象的价值不同。犬牙鱼属于高经济价值的产品，被称为"白黄金"（white gold），也是南大洋 IUU 捕捞活动的目标对象；南极磷虾则完全不同，没有信息表明有渔船曾将它作为 IUU 捕捞目标对象。其二，港口检查目的不同。对于南极磷虾渔船的港口检查，旨在核实在 CCAMLR 管辖范围内的捕捞活动是否遵守了 CCAMLR 养护措施。对于犬牙鱼渔船的港口检查，除核实其捕捞活动是否合法外，还需要核实犬牙鱼是否都附有犬牙鱼渔获证书（DCD）以及船上所装载的犬牙鱼数量和证书上记录数量相吻合。[1]

在船位监测管理制度方面，养护措施 CM 10-04 为南极磷虾渔船和犬牙鱼渔船在 2021-2022 年度规定了大致相同的管理制度：必须安装符合附件 10-04/C 要求的自动船位发报器（ALC）；渔船每个小时发送 1 次船位监测系统（VMS）数据；[2]渔船进出《南极海洋生物资源养护公约》区域内亚区或分区应在 24 小时内向 CCAMLR 通报；船旗国应建立渔业监测中心（FMC），确保其渔船能遵守船位监测规则，包括自动船位发报器出现故障情形下能手工每 4 个小时报告 1 次船位信息等。两类渔船存在的唯一差别在于：船旗国在收到渔船报告的船位信息后，需在多长时间内提交给 CCAMLR 秘书处。对于犬牙鱼探捕渔业而言，船旗国在收到渔船报告的信息后 1 小时内提交；对于南极磷虾渔业而言，船旗国在渔船离开《南极海洋生物资源养护公约》区域后 10 个工作日内提交。[3]尽管养护措施 CM 10-03 建议船旗国可允许其渔船直接将船位信息直接报告给 CCAMLR 秘书处，但是此规定仅是建议

---

〔1〕 Conservation Measure 10-03（2019）"Port inspections of fishing vessels carrying Antarctic marine living resources", paragraphs 1-2; Conservation Measure 10-05（2021）"Catch Documentation Scheme for Dissostichus spp.", Recital 6.

〔2〕 在 2019 年 12 月 1 日前，南极磷虾渔船船位报告频次为 4 个小时 1 次，而犬牙鱼渔船船位报告频次为每个小时 1 次。See CCAMLR, Report of the Thirty-Fourth Meeting of the Commission, Hobart, 19-30 October 2015, paragraphs 3.44-3.45 and 8.9; Conservation Measure 10-04（2018）"Automated satellite-linked Vessel Monitoring Systems（VMS）", paragraph 2.

〔3〕 Conservation Measure 10-04（2018）"Automated satellite-linked Vessel Monitoring Systems（VMS）", paragraph 11.

性质。〔1〕此差别，凸显了犬牙鱼渔业需要实时船位信息，而南极磷虾渔业则不需要；进一步体现了两类渔业在打击 IUU 捕捞方面的本质性区别。此差别还进一步影响了罗斯海区域海洋保护区的实施。养护措施 CM 91-05 第 24 段要求监测此海洋保护区内船舶航行情况；2017 年，美国向 CCAMLR 提议，要求所有进入海洋保护区的渔船实施自动 VMS 报警制度，也就是建立起向 CCAMLR 秘书处实时报告船位的制度。我国指出，美国提议可能存在和养护措施 CM 10-04 相冲突的可能性。SCIC 同意，美国提议必须符合或者不能违背养护措施 CM 10-04。〔2〕实时监测渔船船位表面上是一个技术问题，实质上是一个法律问题。尽管在不修订养护措施 CM 10-04 前提下，CCAMLR 秘书处能利用现代信息技术手段实时获得船位信息，但是这种直接获得的船位信息不能对抗船旗国提交的船位信息，更不能据此否认或侵害船旗国对其渔船船位信息的法律权利。

在海上转载管理制度方面，养护措施 CM 10-09 没有区分渔业类型；南极磷虾渔船和犬牙鱼渔船，都要遵守相关的管理制度。渔获物海上转载，提前72 小时向 CCAMLR 秘书处通报；其他物品海上转载，提前 2 小时通报；转载完成 3 个工作日内，向 CCAMLR 秘书处确认转载信息。犬牙鱼渔业作业周期短，配额少且参与生产渔船多，几乎不需要海上转载渔获。以 2021-2022 年度罗斯海莫氏犬牙鱼探捕渔业为例，作业周期最短为 10 天，最长为 37 天。相对而言，南极磷虾渔业作业周期较长，一般从当年 12 月持续至翌年 9 月，渔获量大，多达几十万吨；因此南极磷虾渔业不仅需要海上转载渔获，还需要转载燃油、生活物资等用品，个别情况下需要科学观察员的轮换。所以，表面上养护措施 CM 10-09 平等适用于南极磷虾渔业和犬牙鱼渔业，但是从两种渔业生产实际看，该养护措施主要是针对南极磷虾渔业。〔3〕

---

〔1〕　2015 年第 34 届 CCAMLR 会议期间，曾有建议让所有渔船都实时向 CCAMLR 秘书处报告其船位信息。我国提出明确反对。See CCAMLR, Report of the Thirty-Fourth Meeting of the Commission, Hobart, 19-30 October 2015, paragraphs 3.46-3.50.

〔2〕　CCAMLR, Report of the Thirty-Fourth Meeting of the Commission, Hobart, 19-30 October 2015, paragraphs 79-81 of Annex 6.

〔3〕　正是南极磷虾渔业和犬牙鱼渔业实际生产情况的差异，以及个别国家想将养护措施 CM 10-09 扩大适用于 CCAMLR 管辖范围外海域，导致了 2016 年未能通过关于养护措施 CM 10-09 的修订。See CCAMLR, Report of the Thirty-Fifth Meeting of the Commission, Hobart, 17-28 October 2016, paragraphs 3.32-3.27 and paragraphs 162-166 of Annex 6; Report of the Thirty-Sixth Meeting of the Commission, Hobart, 16-27 October 2017, paragraphs 198-199 of Annex 6.

在海上检查方面，南极磷虾渔业同样适用 CCAMLR 根据《南极海洋生物资源养护公约》第 24 条制定的《检查制度》。[1] 考虑到《南极海洋生物资源养护公约》第 21 条（1）存在不同解释，即"双焦点方法"（a bifocal approach）。该条款规定，"确保遵守本公约规定和委员会通过的根据本公约第 9 条对各成员有约束力的各项养护措施"。在此，"尽其所能"类似于《南极动植物养护议定措施》的"有关当局"，允许缔约国根据其国家利益而作出不同的解释；既可能是以"沿海国"的身份采取措施，也可能是以"委员会成员国"的身份采取措施，确保养护措施的遵守。由此可理解，澳大利亚、英国、法国、新西兰和智利等国家积极在 CCAMLR 框架下开展海上执法检查，派出军舰和空军飞机进行巡航执法，且各自执法海域范围和其主张南极洲陆地领土范围存在一定的联系。就南极磷虾渔业而言，因其渔场集中于 48.1 区和 48.2 区，故智利是在此海域登临检查南极磷虾渔船的最主要国家。例如，在 2020-2021 年度和 2021-2022 年度，智利报告其海军在 48.1 区登临检查了中国、韩国和挪威 3 个国家的 8 艘南极磷虾渔船，没有发现任何违规作业行为。对于智利的执法活动，SCIC 则强调智利此举是代表 CCAMLR 所有成员所开展的执法检查。[2] 考虑到智利官方语言是西班牙语，其海上登临执法的报告大多数以西班牙语填写，产生了检查员和被检查渔船之间交流语言的问题。《检查制度》第 I 条（d）明确要求，检查员应能以被检查船舶的船旗国语言进行交流沟通（communicate）；沟通，应包括口头沟通和书面沟通。检查报告，应属于书面沟通的一部分。为确保此沟通畅通，《检查制度》所附检查证样式背面就包含了主要国家的官方文字，以证明"本证件持有人是依据南极海洋生物资源养护委员会的检查制度而授权的检查员"[3]。就智利检查员和我国渔船之间的海上登临检查活动，按此规定检查员应以中文进行沟通，检查报

---

[1] 1990 年，CCAMLR 真正第一次实施该海上检查制度，由苏联对其渔船执行了 118 次执法检查。See CCAMLR, Report of Ninth Meeting of the Commission, Hobart, 22 October-2 November 1990, paragraph 11.3.

[2] CCAMLR, Report of the Forty-First Meeting of the Commission Hobart, 24 October-4 November 2022, paragraphs 23-24 of Annex 6.

[3] 检查证背面的中文，是 2017 年第 36 届 CCAMLR 会议期间我国积极主张，并主动提供对照的中文文本。该主张自 2018-2019 年度得到实施。See CCAMLR, Report of the Thirty-Sixth Meeting of the Commission, Hobart, 16-27 October 2017, paragraph 3.10; CCAMLR, Schedule of Conservation Measures in Force 2018/19, p. 295.

告不应以西班牙语填写。

类似规定也出现于《国际科学观察制度》（SISO）中，SISO 第 A 段（d）规定科学观察员应能以渔船的船旗国语言进行沟通。1992 年，CCAMLR 曾认为，对此语言要求应作宽泛解释。[1]如果类比一下，似乎《检查制度》中的语言要求也应作宽泛解释，不必严格遵守。事实上，SISO 和《检查制度》存在一个根本性不同或差异。SISO 实施是以 CCAMLR 成员间双边安排为载体，也就是 SISO 规定了一些原则性内容，但是 CCAMLR 成员间双边安排可进行调整，以促进科学观察员制度的落实。《检查制度》则不以 CCAMLR 成员间双边安排为前提。这种制度设计上的差异，决定了不能将 SISO 关于语言要求的解释方式适用于《检查制度》。更有甚至《检查制度》直接影响 CCAMLR 成员实施《南极海洋生物资源养护公约》以及 CCAMLR 制定养护措施的情况；任何检查员和渔船之间的沟通问题，都会引发检查国和被检查国之间的误解或争端。正是为避免沟通上出现失实，日本等曾明确反对无线电检查。[2]作为严肃的海上登临检查活动，其语言要求也应严格。

二、专门性管理制度

上表所列专门适用于南极磷虾渔业的一般性渔业事项和具体渔业管理等两类养护，除养护措施 CM 26-01 关于一般环境保护规则外，涉及 5 个管理内容，分别是：南极磷虾渔业配额管理、南极磷虾渔业通报、科学观察员、海鸟与哺乳动物偶然捕捞以及南极磷虾渔业数据报告。

（一）南极磷虾渔业配额

配额管理是南极磷虾渔业管理中的核心问题。从 20 世纪 70 年代南极条约协商会议（ATCM）关注南极磷虾渔业开发利用，至《南极海洋生物资源养护公约》谈判以及 1991 年 CCAMLR 制定和实施南极磷虾渔业养护措施，乃至 2022 年第 41 届 CCAMLR 会议，南极磷虾配额及其管理一直是相关方争论的焦点问题。《南极海洋生物资源养护公约》在最初阶段曾因此被简称为《南

---

[1]　CCAMLR, Report of the Eleventh Meeting of the Commission, Hobart, 26 October - 6 November 1992, paragraph 21 of Annex 5.

[2]　CCAMLR, Report of the Thirty - Sixth Meeting of the Commission, Hobart, 16 - 27 October 2017, paragraph 3. 9.

极磷虾公约》。[1]1991 年才通过第一个关于南极磷虾的养护措施，在 CCAMLR 成立 10 周年时才真正形成南极磷虾渔业管理制度，一方面 CCAMLR 被批评认为其对南极磷虾渔业不够重视，另一方面体现了南极磷虾管理的复杂性。[2]

南极磷虾渔业管理复杂，和该物种在南大洋生态系统的核心地位有关，还和《南极海洋生物资源养护公约》第 2 条（3）规定的预防性方法和生态系统方法等养护原则有关。为实施这些养护原则，CCAMLR 于 1983 年成立了鱼类种群评估临时工作组，1985 年正式成立 CCAMLR 生态系统监测工作组（WG-CEMP），1986 年成立了南极海洋生物资源养护方法制定工作组（WG-DAC），1987 年成立了南极磷虾工作组（WG-Krill）等。[3]在确定南极磷虾捕捞限额时，CCAMLR 根据《南极海洋生物资源养护公约》第 2 条（3）（c）决定将其配额限定在确保南极磷虾持续捕捞 20 年的情况下其资源产卵量下降到其原始生物量（B_0）20%以下的概率为 10%。[4]

在此基础上，1991 年，CCAMLR 通过了第一个关于南极磷虾渔业的养护措施，即 CM 32/X；该养护措施将 48 区的南极磷虾渔业总捕捞限额设定为 150 万吨，48.1 区至 48.6 区皆可利用，但超过 62 万吨后须对每个亚区实施预防性限额（precautionary limits）。[5]SC-CAMLR 曾试图把 150 万吨总配额在各个亚区间进行划分，但技术上不能立即做到；为防止 48 区南极磷虾渔业的快速发展，避免聚集的渔业对南极磷虾捕食者（如企鹅、海豹等）产生不利影响，设置了 62 万吨的"触发水平"。62 万吨约为 48.1 至 48.3 亚区的历史最

〔1〕 Stephen Nicol, Jacqueline Foster, "The Fishery for Antarctic Krill: Its Current Status and Management Regime", in Volker Siege (ed.), *Biology and Ecology of Antarctic Krill*, Springer, 2016, p. 388.

〔2〕 See Stephen Nicol, "CCAMLR and its Approaches to Management of the Krill Fishery", 27 *Polar Record* 229, 235-236 (1991); John P. Croxall, Inigo Everson, Denzil M. Miller, "Management of the Antarctic Krill Fisheries", 28 *Polar Record* 64, 64-65 (1992); Stephen Nicol, "Management of the Krill Fishery: Was CCAMLR Slow to Act?", 28 *Polar Record* 155 (1992).

〔3〕 John P. Croxall, Inigo Everson, Denzil M. Miller, "Management of the Antarctic Krill Fisheries", 28 *Polar Record* 64, 64-65 (1992).

〔4〕 Denzil G. M. Miller, "Antarctic Krill and Ecosystem Management-from Seattle to Siena", 9 *CCAMLR Science* 175, 180 (2002).

〔5〕 Conservation Measure 32/X "Precautionary Catch Limitation on Euphausia superba in Statistical Area 48", 1991. 根据该养护措施，南极磷虾的渔季为当年 7 月 1 日至翌年的 6 月 30 日，有别于现在施行的渔季时间。

高产量。[1]1992 年，CCAMLR 通过了养护措施 CM 46/XI，将 48 区 150 万吨的总捕捞限额分配到 6 个亚区，同时删除了 62 万吨触发后续管理的规定。此后，48 区南极磷虾总捕捞限额经过 3 次调整，[2]分别于 2000 年、2007 年和 2010 年，先升后降再升，如下表所示。更为重要的是，3 次调整所依据的资源调查都是 2000 年 CCAMLR 调查计划。2007 年和 2010 年关于 48 区南极磷虾渔业总捕捞限额的调整，则是因为评估模型计算结果不同，所依据的数据仍是 2000 年 CCAMLR 调查计划中所采集的声学数据。2010 年，声学调查和分析方法分工作组（SG-ASAM）承认其 2007 年计算结果不正确；根据修正后的计算结果，48 区南极磷虾生物量应为 6030 万吨，相应的预防性捕捞限额调整至 561 万吨。[3]但是，无论总捕捞限额如何变化，48 区南极磷虾渔业触发水平一直没有改变，保持在 62 万吨水平。

表 4-5　48 区南极磷虾渔业总捕捞限额及触发水平变化（万吨）

48 区	1991 年	2000 年	2007 年	2010 年
总捕捞限额	150	400	347	561
触发水平	62	62	62	62

除 48 区外，CCAMLR 还确定了 58.4.2 区和 58.4.1 区的南极磷虾配额。1992 年，南极磷虾工作组根据 FIBEX 调查数据以及 1991 年评估模型，建议将 58.4.2 区南极磷虾总捕捞限额确定在 25 万吨至 39 万吨之间；日本主张选择最高值，即 39 万吨。SC-CAMLR 同意将 39 万吨设定为 58.4.2 区南极磷虾的预防性捕捞限额。[4]随后，CCAMLR 通过了养护措施 CM 45/XI，确定了 39

[1]　SC-CAMLR, Report of the Tenth Meeting of the Scientific Committee, Hobart, 21-25 October 1991, paragraphs 3. 76-3. 83; CCAMLR, Report of the Tenth Meeting of the Commission, Hobart, 21 October-1 November 1991, paragraph 6. 16; Denzil G. M. Miller, "Antarctic Krill and Ecosystem Management-from Seattle to Siena", 9 CCAMLR Science 175, 180 (2002).

[2]　2000 年养护措施 CM 32/XIX 将 48.5 区和 48.6 区从 48 区南极磷虾渔业中删除了，此后 48 区南极磷虾渔业只包括 48.1 区至 48.4 区。为表达方便，除另有明确说明外，本书将 48.1 区至 48.4 区仍通称为 48 区。

[3]　SC-CAMLR, Report of the Twenty-Ninth Meeting of the Scientific Committee, Hobart, 25-29 October 2010, paragraphs 2. 41-2. 42 of Annex 5 and paragraphs 2. 68-2. 69 of Annex 6.

[4]　SC-CAMLR, Report of the Eleventh Meeting of the Scientific Committee, Hobart, 26-30 October 1992, paragraphs 2. 68 and 2. 113.

万吨总捕捞限额；CCAMLR 应根据 SC-CAMLR 建议定期评估。[1]1994 年，南极磷虾工作组评估 58.4.2 区南极磷虾生物量为 390 万吨；1995 年，SC-CAMLR 建议将 58.4.2 区南极磷虾的预防性捕捞限额增加至 45 万吨。[2]2007 年，根据澳大利亚提议，CCAMLR 将 58.4.2 区南极磷虾预防性捕捞限额提升至 264.5 万吨，以东经 55 度为界将 58.4.2 区分成东西两个区域；同时参考 48 区实践引入触发水平，以保障该区域南极磷虾渔业的有序开发。[3]

58.4.1 区南极磷虾配额的调整次数最少。1996 年根据澳大利亚 BROKE 调查计划关于 58.4.1 区南极磷虾生物量评估为 667 万吨，将南极磷虾产量模型中的捕捞强度系数（γ）设为 0.116，计算出预防性捕捞限额为 77.5 万吨。[4]根据 2000 年 CCAMLR 调查计划的结果，58.4.1 区南极磷虾生物量评估为 483 万吨，将通用产量模型（GYM）中的捕捞强度系数设为 0.091，计算出 58.4.1 区预防性捕捞限额为 44 万吨。[5]相应地，2000 年 CCAMLR 修订了养护措施 CM 106/XV，通过了养护措施 CM 106/XIX；后者除将 58.4.1 区总捕捞限定下调为 44 万吨外，还以东经 115 度将 58.4.1 区分成东西两个区域，西侧区域的配额为 27.7 万吨，东侧区域的配额为 16.3 万吨。[6]44 万吨配额和两个区域划分，一直保持至 2022-2023 年度没有变化。

综上，南极磷虾渔业配额很大程度上取决于资源调查计划调查结果。根据资源调查评估南极磷虾资源生物量，然后根据南极磷虾开发水平决策规则和资源评估模型，[7]由 SC-CAMLR 向 CCAMLR 建议预防性捕捞限额。此实

---

〔1〕 Conservation Measure 45/XI "Precautionary Catch Limitation on *Euphausia superba* in Statistical Division 58.4.2", 1992.

〔2〕 SC-CAMLR, Report of the Fourteenth Meeting of the Scientific Committee, Hobart, 23-27 October 1995, paragraphs 4.27 and 4.29.

〔3〕 CCAMLR, Report of the Twenty-Sixth Meeting of the Commission, Hobart, 22 October-2 November 2007, paragraphs 4.49 and 13.75.

〔4〕 SC-CAMLR, Report of the Fifteenth Meeting of the Scientific Committee, Hobart, 21-15 October 1996, paragraph 4.27 and paragraphs 7.23-7.242 of Annex 4; Conservation Measure 106/XV "Precautionary Catch Limitation on Euphausia superba in Statistical Division 58.4.1", 1996.

〔5〕 SC-CAMLR, Report of the Nineteenth Meeting of the Scientific Committee, Hobart, 23-27 October 2000, paragraphs 5.4-5.7.

〔6〕 Conservation Measure 106/XIX "Precautionary Catch Limitation on Euphausia superba in Statistical Division 58.4.1", 2000, paragraphs 1-2.

〔7〕 See SC-CAMLR, Report of the Thirteenth Meeting of the Scientific Committee, 24-28 October 1994, paragraphs 5.18-5.26; CCAMLR, CCAMLR's Management of the Antarctic, 2001, p.13.

践，既体现了《南极海洋生物资源养护公约》第 2 条（3）规定的养护措施，还体现了《南极海洋生物资源养护公约》第 9 条（1）（f）规定的"基于可获得最佳科学证据"原则。根据 2021-2022 年度生效的养护措施，CCAMLR 为三个区域，即 48 区、58.4.1 区和 58.4.2 区，南极磷虾渔业设定了配额，如下表。2000 年 CCAMLR 调查计划结果，影响了 48 区和 58.4.1 区南极磷虾渔业总捕捞限额；如前所述，对 48 区的影响更富有波折。

表 4-6　2021-2022 年度生效的南极磷虾渔业配额（万吨）[1]

养护措施	首次通过年份	涉及区域	总捕捞限额	触发水平	配额对应的资源调查年份	之前的总捕捞限额
51-01（2010）	1991	48.1-48.4	561	62	2000	347（2007）
51-02（2008）	1996	58.4.1	44	无	2000	77.5（1996）
51-03（2008）	1992	58.4.2	264.5	45.2	2006	45（1995）

一个值得关注的现象是，不论总捕捞限额增加还是减少，触发水平没有变，南极磷虾渔业实际可利用配额一直保持在 62 万吨以下水平。2020 年，48 区南极磷虾产量达到创纪录的 45.1 万吨，仅 48.1 区达到所分配的 15.5 万吨触发水平（不是捕捞限额）。62 万吨触发水平，似乎成为事实上的 48 区南极磷虾配额。2022 年，SC-CAMLR 不仅认为将 2022-2023 年度 48.1 区南极磷虾配额设为 66.8 万吨是符合南极磷虾开发水平决策规则的，而且同意此估算（66.8 万吨）是基于可获得最佳科学的。[2]即使如此，CCAMLR 仍未能通过 48.1 区南极磷虾配额，折射出南极磷虾配额设定及其管理之间的差异；对比犬牙鱼配额设定及其管理之间的一致性，更凸显南极磷虾渔业管理中的复杂性，以及科学与法律之外因素的干扰作用。

（二）48 区南极磷虾配额管理

考虑到南极磷虾不仅是一种渔业资源，还是南极海洋生态系统中其他生

---

〔1〕See Stephen Nicol, Jacqueline Foster, "The Fishery for Antarctic Krill: Its Current Status and Management Regime", in Volker Siege（ed.）, *Biology and Ecology of Antarctic Krill*, Springer, 2016, Table 11.4, p.404. 该文关于 58.4.1 区 44 万吨总捕捞限额所对应的资源调查年份有误。经核对 1996 年和 2000 年的 SC-CAMLR 报告，44 万吨对应 2000 年 CCAMLR 调查计划；77.5 万吨对应 1996 年澳大利亚 BROKE 调查计划。

〔2〕SC-CAMLR, Report of the Forty-First Meeting of the Scientific Committee, Hobart, 24-28 October 2022, paragraph 3.46.

物的捕食对象，包括海豹、鲸鱼、犬牙鱼、企鹅等，根据《南极海洋生物资源养护公约》第2条（3）（b）所规定的生态系统方法，所有南极磷虾渔业还需要考虑其对其他生物的影响，以保护海洋生态系统中各种生物之间的相互关系。为此，CCAMLR 在管理南极磷虾渔业配额时还需顾及渔业活动对其他生物的影响，特别是当南极磷虾渔业活动集中于某个局部海域可能对该海域企鹅等生物食物供给产生影响。在此南极磷虾配额管理过程中，CCAMLR 先后设计和采取了4个概念或工具：预防性捕捞限额（precautionary limits）、触发水平（trigger level）、"小尺度管理单元"（SSMU）和风险分析（risk assessment）。

1991年，CCAMLR 通过养护措施 CM 32/X时，在确定48区150万吨南极磷虾总捕捞限额（the total catch）的基础上，规定当48.1区至48.3区的南极磷虾产量之和超过62万吨，则 CCAMLR 应根据 SC-CAMLR 建议制定适用于各亚区的预防性捕捞限额。[1]为此，CCAMLR 要求 SC-CAMLR 优先研究将南极磷虾总捕捞限额分配至各亚区或更小区域。[2]根据养护措施 CM 32/X，可以看出 CCAMLR 区分了总捕捞限额和预防性捕捞限额；预防性捕捞限额是指分配到48区中各亚区或更小区域的捕捞限额，所有亚区或更小区域的预防性捕捞限额之和应等于总捕捞限额。1992年，在 SC-CAMLR 建议基础上，CCAMLR 通过了养护措施 CM 46/XI，规定了当48.1区至48.3区的南极磷虾产量之和超过62万吨时，48.1区至48.6区的南极磷虾产量不能超过各区所分配的预防性捕捞限额；无论如何，48区南极磷虾产量之和不能超过150万吨。[3]1994年，尽管有科学证据显示48区南极磷虾总捕捞限额应从150万吨调整为410万吨，但是这种调整必然会带来各区预防性捕捞限额的调整。有观点认为，应根据科学证据调整总捕捞限额，并相应调整各区预防性捕捞限

---

[1] SC-CAMLR, Report of the Tenth Meeting of the Scientific Committee, Hobart, 21-25 October 1991, paragraphs 3.76-3.83. 事实上，150万吨总捕捞限额已经充分考虑了渔业活动对南极磷虾的影响以及南极磷虾渔业的进一步发展空间；62万吨则根据南极磷虾最高历史产量人为确定，以确保南极磷虾渔业不致过快发展。See Denzil G. M. Miller, "Antarctic Krill and Ecosystem Management-from Seattle to Siena", 9 *CCAMLR Science* 175, 180 (2002).

[2] CCAMLR, Report of the Tenth Meeting of the Commission, Hobart, 21 October-1 November 1991, paragraph 6.17.

[3] Conservation Measure 46/XI "Allocation of Precautionary Catch Limit on *Euphausia superba* in Statistical Area 48 (Conservation Measure 32/X) to Statistical Subareas", 1992.

额；有观点认为 1994 年及其后几年南极磷虾产量不可能有大幅度增加，不可能达到 62 万吨，所以没有必要修订养护措施 CM 32/X 和 CM 46/XI。CCAMLR 则以缺失关于制定预防性捕捞限额的科学建议为由，没有修订和通过上述两个养护措施。[1]1994 年后，CCAMLR 再也没有制定任何预防性捕捞限额。

表 4-7　养护措施 CM 46/X 规定的预防性捕捞限额（万吨）

48 区	48.1 区	48.2 区	48.3 区	48.4 区	48.5 区	48.6 区	小计
限额	42	73.5	36	7.5	7.5	30	196.5

2000 年，CCAMLR 根据当年资源调查结果将南极磷虾总捕捞限额上调至 400 万吨，明确 48.1 区至 48.4 区每个区的捕捞限额约为 100 万吨。[2]同时规定，当 48 区南极磷虾产量超过 62 万吨时，CCAMLR 在 SC-CAMLR 建议的基础上为亚区或更小管理单元间制定预防性捕捞限额，或者在 SC-CAMLR 建议基础上制定预防性捕捞限额。[3]SC-CAMLR 认为，触发进一步在更小管理单元间划分总捕捞限额的产量水平就是触发水平；这个概念源于 1991 年养护措施 CM 32/X。[4]SC-CAMLR 提出两个触发水平的建议：62 万吨或者 100 万吨。62 万吨，几乎是南极磷虾历史最高年度产量；100 万吨，是分配到每个亚区的捕捞限额。鉴于这两个触发水平都不是根据科学计算获得的，所以无法解释这两个触发水平和触发在更小管理单元之间分配总捕捞限额之间的关系。在此情形下，CCAMLR 选择 62 万吨。[5]

2000 年 CCAMLR 通过的养护措施 CM 32/XIX 第 3 段，表面上和 1991 年

〔1〕　SC-CAMLR, Report of the Thirteenth Meeting of the Scientific Committee, 24-28 October 1994, paragraphs 5.6-5.13 of Annex 5; CCAMLR, 1994, paragraph 8.5.

〔2〕　将 48 区总捕捞限额划分到 48.1 区至 48.4 区，一直持续到 2006 年。2007 年，CCAMLR 将 48 区总捕捞限额下调至 347 万吨，同时将 62 万吨正式定义为"触发水平"。See Conservation Measure 51-01（2006）"Precautionary catch limitations on *Euphausia superba* in Statistical Area 48", paragraphs 2-3; Conservation Measure 51-01（2007）"Precautionary catch limitations on *Euphausia superba* in Statistical Subareas 48.1, 48.2, 48.3 and 48.4", paragraph 2.

〔3〕　Conservation Measure 32/XIX "Precautionary Catch Limitations on *Euphausia superba* in Statistical Area 48", 2000, paragraphs 1-3.

〔4〕　SC-CAMLR, Report of the Nineteenth Meeting of the Scientific Committee, Hobart, 23-27 October 2000, paragraphs 5.13-5.15.

〔5〕　CCAMLR, Report of the Nineteenth Meeting of the Commission, Hobart, 23 October-3 November 2000, paragraphs 9.15-9.18 and 10.9-10.12.

养护措施 CM 32/X 第 3 段关于 62 万吨触发水平的几乎相同；两者都是要求南极磷虾产量达到 62 万吨时，CCAMLR 在 SC-CAMLR 建议的基础上为亚区或更小管理单元间制定预防性捕捞限额，或者在 SC-CAMLR 其他建议基础上制定预防性捕捞限额。也就是说，当南极磷虾产量达到 62 万吨时，CCAMLR 可根据两种不同的 SC-CAMLR 建议制定两种不同的预防性捕捞限额。2000 年，SC-CAMLR 明确指出，在更小管理单元划分南极磷虾总捕捞限额需要制定一个完整的南极磷虾管理程序，以全面考虑陆基南极磷虾捕食者在更小管理单元内对南极磷虾的摄食需求。因缺少这样的完整南极磷虾管理程序，SC-CAMLR 不能提供在更小管理单元间划分南极磷虾总捕捞限额的建议。同时，SC-CAMLR 提出第二个建议，即在制定出更小管理单元间划分南极磷虾总捕捞限额的程序之前，48 区南极磷虾产量不能超过 62 万吨。[1] SC-CAMLR 提出的第二个建议，实质性地改变了养护措施 CM 32/XIX 关于南极磷虾配额管理制度的内在逻辑，从原则上允许超过 62 万吨且当超过 62 万吨时就在不同亚区间划分南极磷虾总捕捞限额，转变了原则上不允许超过 62 万吨的规定。62 万吨触发水平名存实亡，直接变为养护措施 CM 32/XIX 第 3 段所指的预防性捕捞限额（precautionary catch limits），即事实上可以利用南极磷虾的上限。

2007 年，CCAMLR 通过的养护措施 CM 51-01（2007），不仅下调 48 区南极磷虾总捕捞限额至 347 万吨，还删除了 48.1 区至 48.4 区每个亚区约 100 万吨捕捞限额的内容。除此配额调整外，在配额管理方面，养护措施 CM 51-01（2007）删去了"预防性捕捞限额"用语，正式定义了"触发水平"及其数量。养护措施 CM 51-01（2007）序言援引了 2000 年 CCAMLR 报告第 10.11 段的内容，将"触发水平"定义为当 48.1 区至 48.4 区南极磷虾产量不能超越的设定水平，直至制定在更小管理单元间划分总捕捞限额的程序；触发水平为 62 万吨。该养护措施正文第 2 段再次确认 62 万吨为不能超越的上限，直至 CCAMLR 制定了总捕捞限额在"小尺度管理单元"（SSMU）分配的机制。[2] 至

---

〔1〕 SC-CAMLR, Report of the Nineteenth Meeting of the Scientific Committee, Hobart, 23-27 October 2000, paragraphs 7.21-7.23.

〔2〕 2002 年，CCAMLR 从地理范围上确定了 48.1 区至 48.3 区的"小尺度管理单元"（SSMU），分为南极磷虾陆基捕食者区域（land-based predator area）和大洋区域（pelagic area）两大类，用以划分 48 区的预防性捕捞限额。"小尺度管理单元"（SSMU），也是南极磷虾反馈式管理的重要组成部分。See CCAMLR, Report of the Twenty-First Meeting of the Commission, Hobart, 21 October-1 November 2002, paragraphs 4.4-4.7.

此，CCAMLR 从法律上将"触发水平"定义为 48 区南极磷虾捕捞产量的上限，不再是触发配额分配的产量水量。[1]为及时收集渔业生产数据以确保 62 万吨上限不被突破，2007 年，CCAMLR 还修订通过了养护措施 CM 23−06（2007）。[2]

　　关于在 SSMU 间分配总捕捞限额的机制，SC−CAMLR 自 2006 年就开始讨论一种分阶段方法（the staged approach）。第一阶段根据三种因素进行初步分配，三种因素分别是：南极磷虾捕食者的空间分布，南极磷虾生物量的空间分布，南极磷虾生物量减去捕食者需求后剩余量的空间分布。在此基础上，未来可增加两种因素：可常规监测或评估的可利用磷虾资源量的空间分布指数，以及在 SSMU 之间轮流利用的结构化捕捞策略（structured−fishing strategies）。2007 年，CCAMLR 同意 SC−CAMLR 关于分阶段方法的建议。[3]2008 年，SC−CAMLR 未能就分阶段方法取得进展。对此情形，SC−CAMLR 下设的统计、评估与建模工作组（WG−SAM）澳大利亚籍召集人指出，如果 CCAMLR 不能就 SSMU 间分配总捕捞限额机制取得进展，那么事实上是允许 62 万吨捕捞上限在个别区域集中利用，由此会造成不利于生态的风险。[4]

　　2009 年，SC−CAMLR 进一步确认维持现状是不可接受的，将 62 万吨按 100%的比例分配至 48.1 区至 48.4 区会进一步压缩南极磷虾渔业开发利用空间，为此 SC−CAMLR 提出了 5 种不同分配方案的建议。[5]据此，2009 年，CCAMLR 通过了一个新养护措施，即养护措施 CM 51−07。该养护措施明确，48 区南极磷虾渔业活动分布不应不成比例地影响南极磷虾捕食者种群，特别是陆基捕食者种群；南极磷虾捕捞产量应避免集中于比亚区更小的区域；南极磷虾渔业分布应保持一定的灵活性。[6]根据此临时分配方案，62 万吨被

　　[1]　See SC−CAMLR, Report of the Nineteenth Meeting of the Scientific Committee, Hobart, 23−27 October 2000, paragraph 5.13.

　　[2]　SC−CAMLR, Report of the Twenty−Sixth Meeting of the Scientific Committee, Hobart, 22−26 October 2007, paragraphs 2.60−2.61 of Annex 4.

　　[3]　CCAMLR, Report of the Twenty−Sixth Meeting of the Scientific Committee, Hobart, 22−26 October 2007, paragraph 2.14; CCAMLR, 2007, paragraphs 4.18−4.19.

　　[4]　SC−CAMLR, Report of the Twenty−Seventh Meeting of the Scientific Committee, Hobart, 27−31 October 2008, paragraphs 3.17−3.19.

　　[5]　SC−CAMLR, Report of the Twenty−Eighth Meeting of the Scientific Committee, Hobart, 26−30 October 2009, paragraphs 4.26−4.45 and Table 1.

　　[6]　Conservation Measure 51−07（2009）"Interim Distribution of the Trigger Level in the Fishery for Euphausia superba in Statistical Subareas 48.1, 48.2, 48.3 and 48.4".

按比例分配至 48.1 区至 48.4 区，而不是 SSMU，如下表。分配比例，一定程度上反映了各区历史捕捞产量比例，而不是之前 SC-CAMLR 讨论的 2000 年 CCAMLR 调查计划所评估的各区生物量比例，或者 2002 年 CCAMLR 已经同意的按南极磷虾陆基捕食者区域和大洋区域划分的 SSMU。美国和英国对此临时分配方案提出了明确的批评意见，认为它没有遵循 SC-CAMLR 一再重申的建议，即沿用南极磷虾历史捕捞产量比例在各区分配总捕捞限额所产生的风险最大，会损害 CCAMLR 实现《南极海洋生物资源养护公约》第 2 条的能力；支持 SC-CAMLR 提出的按沿海和大洋区域分配触发水平是最谨慎的方法。[1]可能正因为这些不同意见，养护措施 CM 51-07（2009）规定限定了此临时分配方案的期限，仅有 2 个年度，在 2010-2011 年度结束后失效；同时要求在 2011 年审查与修订此临时分配方案，以确保《南极海洋生物资源养护公约》第 2 条得到实施，考虑陆基捕食者对南极磷虾资源的需求。[2]

表 4-8　养护措施 CM 51-07（2009）关于 48 区触发水平的分配

48 区	百分比	触发水平
48.1 区	25%	15.5 万吨
48.2 区	45%	27.9 万吨
48.3 区	45%	27.9 万吨
48.4 区	15%	9.3 万吨
小计	130%	80.6 万吨

尽管养护措施 CM 51-07（2009）明确临时分配方案应在 2010-2011 年度结束后失效，但是该临时分配方案几经延期，2021 年之前是 2 个年度审查和延长一次，2021 年之后则是 1 个年度审查和延长一次，截至 2022-2023 年度仍在沿用。一个曾设计为 2 个年度的临时方案，却变成沿用 10 多年的长期方案。正是此临时分配方案，导致了 48.1 区常因达到 15.5 万吨触发水

---

〔1〕　CCAMLR, Report of the Twenty-Eighth Meeting of the Commission, Hobart, 26 October-6 November 2009, paragraphs 12.60-12.80.

〔2〕　Conservation Measure 51-07（2009）"Interim Distribution of the Trigger Level in the Fishery for Euphausia superba in Statistical Subareas 48.1, 48.2, 48.3 and 48.4", paragraphs 2-3.

平而关闭，以及引发了一个争议，即关闭 48.1 区是因为该区南极磷虾产量过高，还是因为分配给该区的触发水平（15.5 万吨）不合理。48.1 区因南极磷虾产量集中而经常关闭，以及气候变化可能导致南极磷虾洄游分布向南极半岛靠近，进一步引发了关于此临时分配方案的谨慎性和科学性的争议。

2016 年，养护措施 CM 51-07（2014）到期之际，上述临时分配方案再次成为 SC-CAMLR 和 CCAMLR 争议的焦点之一。SC-CAMLR 认为，南极磷虾触发水平分配方案应在南极磷虾反馈式管理框架下进行考虑；[1]临时分配方案属于南极磷虾反馈式管理的第一阶段，是时候向第二阶段发展；进入第二阶段有望增加触发水平或者调整南极磷虾配额的区域分配。为促进南极磷虾管理进入反馈式管理的第二阶段，需要制定一个风险评估框架，以控制南极磷虾渔业活动集中于局部区域以及渔业活动对南极磷虾捕食者的影响。[2] CCAMLR 接受了 SC-CAMLR 的建议；对于风险评估框架可包含因素，除南极磷虾渔业活动对陆基捕食者影响外，还应包括渔业活动的经济效益、不同区域对渔业活动在经济上的相对重要性、渔业作业安全等因素。[3]最终，CCAMLR 修订通过的养护措施 CM 51-07 增加了风险评估框架的内容，要求 SC-CAMLR 应在 2019 年前向 CCAMLR 提供建议。[4]

风险评估，由此成为 48 区南极磷虾配额管理的新内容。养护措施 CM 51-07（2016）要求 SC-CAMLR 在 2019 年前提供建议，SC-CAMLR 却未能履约。从 2017 年开始，关于风险评估框架的科学讨论和南极半岛海洋保护区（D1 MPA）提案联系起来了，[5]2019 年 WG-EMM 又将鲸类纳入风险评估框架，[6]

---

〔1〕　参见左涛等：《南极磷虾渔业反馈式管理探析》，载《极地研究》2016 年第 4 期，第 532~538 页。

〔2〕　SC-CAMLR, Report of the Thirty-Fifth Meeting of the Scientific Committee, Hobart, 17-21 October 2016, paragraphs 3.55-3.112.

〔3〕　CCAMLR, Report of the Thirty-Fifth Meeting of the Commission, Hobart, 17-28 October 2016, paragraphs 5.9-5.30.

〔4〕　Conservation Measure 51-07（2009）"Interim Distribution of the Trigger Level in the Fishery for Euphausia superba in Statistical Subareas 48.1, 48.2, 48.3 and 48.4", paragraph 3.

〔5〕　SC-CAMLR, Report of the Thirty-Sixth Meeting of the Scientific Committee, Hobart, 16-20 October 2017, paragraph 3.21.

〔6〕　SC-CAMLR, Report of the Thirty-Eighth Meeting of the Scientific Committee, Hobart, 21-25 October 2019, paragraphs 3.42 and 6.56-6.57.

增加了关于此问题讨论的复杂性。2022 年，SC-CAMLR 认为"风险评估框架"名称会误导管理者和 CCAMLR 成员，建议改为"空间重叠分析"（spatial overlap analysis）。[1]CCAMLR 注意到了此建议，且认为它属于磷虾管理方法的组成部分，鼓励 SC-CAMLR 继续就此开展研究。2022 年修订通过的养护措施 CM 51-07 却仍保留了 SC-CAMLR 提供关于制定风险评估框架建议的内容，没有及时将"风险评估框架"改名为"空间重叠分析"。[2]

综上所述，48 区南极磷虾配额管理过程中，相关国家在 SC-CAMLR 框架下以实现《南极海洋生物资源养护公约》第 2 条（3）的名义，推动 CCAMLR 先后设计和使用了 4 个概念或工具，限制南极磷虾资源利用。这种概念或工具在一定程度上体现了南极磷虾资源管理中应用生态系统方法的复杂性，包括科学、法律及政治等方面，完全不同于犬牙鱼资源管理。在此意义上，南极磷虾渔业是生态系统方法的管理模式，而犬牙鱼渔业则是传统的单鱼种管理模式。从实践结果看，4 个概念或工具中有 3 个逐步被遗弃或者忘却；触发水平虽仍保持其名称，实质上 2000 年以后已经成为事实上的捕捞限额。48.1 区至 48.3 区的 SSMU 虽于 2002 年就已划定，但实际上一直没有被采用。预防性捕捞限额仍被用作养护措施 CM 51-01 的标题，这样的预防性捕捞限额仅在 1992 年至 1994 年间临时适用过，此后再没有制定过。2022 年，根据包括我国科学家在内的多国科学家研究，提出了关于 48.1 区 66.8 万吨预防性捕捞限额建议，且 SC-CAMLR 认可此建议是基于可获得最佳科学证据，但未能在 SC-CAMLR 获得协商一致，为 CCAMLR 拒绝制定 48.1 区预防性捕捞限额提供了理由。[3]风险评估和南极半岛海洋保护区联系起来，正在或已经为"空

---

〔1〕 SC-CAMLR, Report of the Forty-First Meeting of the Scientific Committee, Hobart, 24-28 October 2022, paragraphs 3. 35-3. 37.

〔2〕 Conservation Measure 51-07（2022）"Interim Distribution of the Trigger Level in the Fishery for Euphausia superba in Statistical Subareas 48. 1, 48. 2, 48. 3 and 48. 4", paragraph 3. 2022 年 CCAMLR 会议期间，48.1 区预防性捕捞限额以及 48.1 区南极磷虾管理与南极半岛海洋保护区提案之间的融合等事项是各方争议的重点内容，且养护措施 CM 51-07 仅是在会议最后才同意延长 1 年。只修订养护措施适用的年度或时间，不修订具体文字，可避免产生额外或意想不到的争议，保障修订顺利通过。如果养护措施 CM 51-07 失效，其结果则可能更有利于南极磷虾资源利用的一方。

〔3〕 SC-CAMLR, Report of the Forty-First Meeting of the Scientific Committee, Hobart, 24-28 October 2022, paragraphs 3. 43-4. 61; CCAMLR, Report of the Forty-First Meeting of the Commission Hobart, 24 October-4 November 2022, paragraphs 4. 12-4. 13.

间重叠分析"或"空间重叠估计"所取代。[1]这种概念或工具设计和使用的过程，充分体现了科学、法律和政治等多种因素的相互作用；概念或工具的采取和遗弃的结果，则反映了国家在科学、法律和政治等因素间力量对比的变化。SC-CAMLR 关于临时分配方案的科学性或者预防性的意见及各国对此不同的意见，以及 1994 年和 2022 年 SC-CAMLR 关于预防性捕捞限额的意见，则衬托出政治因素对科学建议的影响。气候变化和海洋生物多样性保护，将会加剧这些因素间的相互作用，打破既有平衡。2022 年，美国助理国务卿出席第 41 届 CCAMLR 会议的开幕式并发表关于南极磷虾渔业管理的声明，折射出政治因素在明显增强。

（三）南极磷虾渔业通报制度

通报制度（notification）是 CCAMLR 渔业管理中一种相对较特殊的管理制度。该制度旨在渔业活动开展前由科学机构对拟开展渔业活动进行科学评估，以防止渔业活动及其规模发展过快，超过 CCAMLR 收集数据和评估渔业活动的可能影响能力。通报制度，从设计初衷上体现了 CCAMLR 实施预防性做法和可获得最佳科学证据原则。[2]通报制度，最早形成于 1991 年的养护措施 CM 31／X，适用于新渔业。该养护措施阐述了其设计理念，《南极海洋生物资源养护公约》下的渔业活动应在有充分科学信息的基础上形成管理建议；实践中出现新渔业，CCAMLR 却没有充分信息评估新渔业对目标种群或依赖种群的潜在或可能影响，为此设计了通报制度。根据养护措施 CM 31／X，通报内容包括：拟开展渔业目标种群、捕捞方法、作业海域以及最低捕捞量；根据研究或调查航次所获得关于目标种群的生物学信息，包括分布、丰度、种群数据等；依赖或相关种群的信息以及拟开展渔业对依赖或相关种群的影响；拟开展渔业活动海域的其他渔业信息或者其他海域类似渔业的信息等。拟开展渔业的 CCAMLR 成员应在 CCAMLR 年会前 3 个月通报上述信息。[3]

---

〔1〕 2022 年 CCAMLR 报告在不同段落分别使用了"空间重叠分析"或"空间重叠估计"。See CCAMLR, Report of the Forty-First Meeting of the Commission Hobart, 24 October-4 November 2022, paragraphs 4. 10-4. 11.

〔2〕 Adriana Fabra, Virginia Gascón, "The Convention on the Conservation of Antarctic Marine Living Resources (CCAMLR) and the Ecosystem Approach", 23 *International Journal of Marine and Coastal Law* 567, 578 (2008).

〔3〕 Conservation Measure 31／X "Notification that Members are Considering Initiating a New Fishery", 1991, paragraphs 2-3.

1993 年，通报制度及其设计理念根据养护措施 CM 65/XII 适用于探捕渔业。相比养护措施 CM 31/X，养护措施 CM 65/XII 更突出了信息收集，如数据收集计划和科学观察员等。为此目的，拟开展探捕渔业的国家应提交研究与渔业作业计划（Research and Fishery Operations Plan）；实施探捕渔业的渔船应接受 1 名科学观察员以保证渔船能按 SC-CAMLR 制定的数据收集计划（Data Collection Plan）收集数据以及帮助收集生物学和其他方面的数据；探捕渔业实施后应根据数据收集计划向 CCAMLR 提交渔业数据。研究与渔业作业计划应包含内容，和养护措施 CM 31/X 关于新渔业通报内容相似。[1]2002 年，CCAMLR 养护措施编码体系改革后，养护措施 CM 31/X 改为养护措施 CM 21-01，养护措施 CM 65/XII 改为养护措施 CM 21-02，此后经多次调整与修订。[2]

通报制度，适用于南极磷虾渔业（成熟渔业）始于 2003 年，正式确定于 2006 年。2003 年，根据 SC-CAMLR 建议，CCAMLR 决定自 2004-2005 年度所有拟开展南极磷虾渔业的 CCAMLR 成员应自愿在当年 WG-EMM 召开会议前向秘书处通报其拟开展南极磷虾渔业，以使 CCAMLR 更好地把握南极磷虾发展及其趋势。[3]2006 年，CCAMLR 正式通过了养护措施 CM21-03，正式规定通报制度于南极磷虾渔业为一个强制性法律义务。相比新渔业和探捕渔业，通报制度适用于南极磷虾渔业的理由不一样。比较养护措施 CM 21-01（2006）、CM 21-02（2006）和 CM 21-03（2006）可以发现，养护措施 CM 21-01（2006）和 CM 21-02（2006）仍保留了针对新渔业和探捕渔业适用通报制度的设计理念，即可获得最佳科学证据和防止渔业发展过快，评估新渔业和探捕渔业对目标种群或依赖种群的影响等；在制度内容方面，养护措施 CM 21-01（2006）和 CM 21-02（2006）都规定了应通报信息类型、SC-CAMLR 及其工作组评估、禁止 IUU 渔船参与等内容。CCAMLR 应在 SC-CAMLR 评估意见和建议基础上决定是否同意新渔业或探捕渔业通报。养护措施 CM 21-03

---

〔1〕 Conservation Measure 65/XII "Exploratory fisheries", 1993, paragraphs 2-4.

〔2〕 根据 2021-2022 年度生效的养护措施 CM 21-02（2019），后续调整内容主要包括：2004 年细化了通报程序（时间和内容）；2006 年原则上禁止使用底层作业方式以保护脆弱海洋生态系统；2011 年针对特定区域内犬牙鱼探捕渔业增加了研究计划的要求，以及增加了渔船替换的可能性；2016 年和 2019 年增加了通报费程序的规定。

〔3〕 CCAMLR, Report of the Twenty-Second Meeting of the Commission, Hobart, 27 October-7 November 2003, paragraphs 4.37-4.39.

（2006）极其精简；没有序言，正文只有一段，要求在每年 CCAMLR 会议前按附件 21-03/A 格式提前 4 个月通报拟开展的南极磷虾渔业活动；通报内容也仅有渔船信息、拟作业时间与海域、拟捕捞南极磷虾产量等。2006 年，CCAMLR 认为提前 4 个月通报南极磷虾渔业就是为了便于 SC-CAMLR 及其下设 WG-EMM 审议这些南极磷虾渔业通报。[1]也就是说，针对南极磷虾渔业适用的通报制度在一定意义上是不同于新渔业和探捕渔业适用的通报制度；前者不是为了收集科学信息，而仅是为了掌握南极磷虾渔业发展趋势，以期在捕捞量达到触发水平情形下进行配额管理，[2]后者更强调预防性做法和可获得最佳科学证据原则，[3]体现了通报制度设计的初衷。关于 IUU 渔船规定的差异，体现了南极磷虾渔业不存在 IUU 捕捞的客观事实，且未来不会有 IUU 渔船捕捞南极磷虾的潜在风险。

这种为掌握渔业发展趋势以及通报内容极其简单的通报制度设计理念，考虑到 48 区存在一个事实上的南极磷虾捕捞上限（62 万吨），自然会导致一个不同于新渔业和探捕渔业的实施结果。那些拟开展南极磷虾渔业的 CCAMLR 成员积极进行通报，不仅是积极地多通报渔船数量，还不切实际地多通报拟捕捞产量，使得通报渔船数量与拟捕捞产量和实际投入生产的渔船数量与实际捕捞产量之间存在很大的差异，如下图，影响了 CCAMLR 管理南极磷虾的正常工作。[4]从 CCAMLR 成员的角度看，通报是其从事南极磷虾渔业的必要前提条件；为尽可能保障其渔船能参加此渔业，CCAMLR 成员有动力去多通报拟参加生产的渔船。同时考虑到存在 62 万吨捕捞上限，在没有特别规定的情形下，达到此捕捞上限就意味着关闭 48 区南极磷虾渔业，一定程度上激励

---

〔1〕　CCAMLR, Report of the Twenty-Fifth Meeting of the Commission, Hobart, 23 October-3 November 2006, paragraph 12. 25.

〔2〕　CCAMLR, Report of the Twenty-Fifth Meeting of the Commission, Hobart, 23 October-3 November 2006, paragraph 12. 24.

〔3〕　即使是针对新渔业适用的通报制度，也有研究批评指出，除某个通报没有遵守时间程序外，CCAMLR 没有明确机制可以不批准新渔业通报的科学标准。只要通报基本就能获得批准，形成事实上新渔业是一直开放的。See Adriana Fabra, Virginia Gascón, "The Convention on the Conservation of Antarctic Marine Living Resources (CCAMLR) and the Ecosystem Approach", 23 *International Journal of Marine and Coastal Law* 567, 578 (2008).

〔4〕　See CCAMLR, Report of the Twenty-Seventh Meeting of the Commission, Hobart, 27 October-7 November 2008, paragraphs 8. 14-8. 16.

了 CCAMLR 成员尽可能多通报拟捕捞产量。[1] 在此双重激励下，CCAMLR 选择多通报似乎是一种"理性"选择的结果。例如，2007 年 CCAMLR 成员通报拟捕捞产量为 68.9 万吨，超过了 48 区南极磷虾渔业的触发水平，但是实际产量仅为 12.5 万吨。[2] 这种结果，显然与 CCAMLR 当初设计南极磷虾渔业通报制度的初衷是相悖的：不仅不能使 CCAMLR 掌握渔业发展趋势，还增加了秘书处的工作负担。

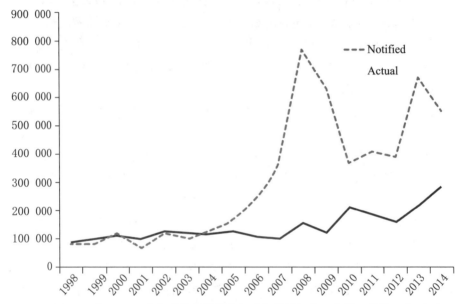

图 4-3　1989 年至 2014 年间通报拟捕捞南极磷虾数量与实际产量（单位：吨）[3]

为解决此问题，CCAMLR 在南极磷虾渔业通报中引入了收费制度。通报收费制度，最初源于 2002 年行政与财务常设委员会（SCAF）的建议，以解决 CCAMLR 在其成员付费零增长政策前提下新渔业和探捕渔业通报数量过多

〔1〕　See Stephen Nicol, Jacqueline Foster, "The Fishery for Antarctic Krill: Its Current Status and Management Regime", in Volker Siege（ed.）, *Biology and Ecology of Antarctic Krill*, Springer, 2016, pp. 408~410.

〔2〕　SC-CAMLR, Report of the Twenty-Seventh Meeting of the Scientific Committee, Hobart, 27-31 October 2008, paragraph 4.8.

〔3〕　Stephen Nicol, Jacqueline Foster, "The Fishery for Antarctic Krill: Its Current Status and Management Regime", in Volker Siege（ed.）, *Biology and Ecology of Antarctic Krill*, Springer, 2016, p. 409.

所带来的行政与财务管理压力。[1]2003 年，CCAMLR 正式通过了关于新渔业和探捕渔业的通报收费制度，2005 年细化了收费标准。[2]2008 年，第一次绩效评估专家组建议，考虑到越来越多的国家关注南极磷虾渔业，建议：将此通报费制度扩展至所有商业渔业；成立专家组评估 CCAMLR 在评估渔业通报过程中的真实服务成本，以决定哪些服务与渔业活动管理相关（由渔船承担），哪些与养护宗旨相关（由 CCAMLR 的一般基金承担）。[3]2015 年，通报收费制度开始扩展至南极磷虾渔业（成熟渔业）。[4]2019 年，CCAMLR 将此制度正式确定为"通报费程序"（notification fees procedure），适用于新渔业、探捕渔业和南极磷虾渔业。[5]在南极磷虾渔业中通报收费争议中，曾存在收费标准和收费计算单位等问题，特别是 48.3 区和 48.4 区南极磷虾渔业还涉及英国和阿根廷相互间关于岛屿主权的争议。因此，48 区南极磷虾渔业通报收费争论不仅是行政管理成本问题，更涉及岛屿主权争议。

2009 年，南极磷虾渔业通报收费事项，由 SCIC 负责审议，但没有达成共识。[6]2010 年，美国提交了一份专门针对此事项的提案，建议如果南极磷虾渔船实际产量达到其通报拟捕捞产量 70%以上且不超过通报拟捕捞产量，则秘书处退还 5000 澳元押金；如果达不到通报拟捕捞产量的 70%或者超过通报拟捕捞产量，则不退还 5000 澳元押金。[7]对于美国的提案，SCIC 未能达

---

〔1〕 2002 年，考虑到越来越多国家通报新渔业和探捕渔业，特别是那些通报但不实际开展渔业的情况，根据欧盟的提案，SCAF 向 CCAMLR 建议对渔业通报实施成本恢复政策，征收一定的费用：一方面弥补渔业通报科学评估的成本，另一方面限制过度通报。See CCAMLR, Report of the Twenty-First Meeting of the Commission, Hobart, 21 October-1 November 2002, paragraph 3. 21.

〔2〕 CCAMLR, Report of the Twenty-Second Meeting of the Commission, Hobart, 27 October-7 November 2003, paragraph 3. 16; CCAMLR, Report of the Twenty-Fourth Meeting of the Commission, Hobart, 24 October-4 November 2005, paragraph 3. 12. 渔业通报费总体上包括两部分：3000 澳元最低成本费和 5000 澳元押金；渔业通报费按鱼种和区域计算。如果一艘渔船在通报后能开展渔业活动，则退还 5000 澳元；如果通报但不开展渔业活动，则不退 5000 澳元。

〔3〕 CCAMLR, The Performance Review Panel Report, 1 September 2018, pp. 96~99.

〔4〕 CCAMLR, Report of the Thirty-Fourth Meeting of the Commission, Hobart, 19-30 October 2015, paragraphs 4. 4 and 12. 5-12. 6.

〔5〕 CCAMLR, Report of the Thirty - Eighth Meeting of the Commission, Hobart, 21 October - 1 November 2019, paragraphs 4. 10-4. 15, 9. 6 and Appendix Ⅰ of Annex 7.

〔6〕 CCAMLR, Report of the Twenty-Eighth Meeting of the Commission, Hobart, 26 October-6 November 2009, paragraph 24 of Annex 4.

〔7〕 Delegation of the USA, Improvement of Krill Fishing Notification Accuracy through Notification Fees, CCAMLR-XXIX/34 Rev. 1, 16 September 2010.

成共识，[1]SCAF 则认为须待 SCIC 达成共识后方可进一步考虑。[2]也就是说，SCAF 认为南极磷虾渔业通报收费事宜应先经 SCIC 同意再由 SCAF 从财务预算的角度进行审议。2013 年，该事项直接进入 SCAF 审议；根据可持续财政会间协调小组（ICG-SF）的评估意见，将评估每个通报的行政管理成本从之前新渔业和探捕渔业收取的 3000 澳元提高到 3600 澳元；SCAF 向 CCAMLR 建议，自 2015-2016 年度开始将通报收费制度扩大适用至所有需要通报的渔业，即包括南极磷虾渔业。CCAMLR "注意" 到了 SCAF 的此种建议。[3]对比 2010 年 SCAF 的意见可以发现，SCAF 在此事项上采取了不同的做法。它不再认为南极磷虾渔业通报收费必须等 SCIC 先取得协商一致，进而认为绕过 SCIC 由 SCAF 向 CCAMLR 提出建议更容易解决此事项。事实证明，绕过 SCIC 是一个有效的办法，毕竟有些 CCAMLR 成员对 SCAF 关注度不如 SCIC 那样高，且一般不会派人或派新人参加 SCAF 会议。南极磷虾渔业通报费，就是这样一个典型例子。

2015 年，当 CCAMLR 秘书处开始对南极磷虾渔业通报收费时，就出现了计算通报费的问题，关键问题在于 48 区。一方面有 CCAMLR 成员认为应将 48.1 区至 48.4 区合并为一个渔业通报，征收一次；另一方面有 CCAMLR 成员则认为应分别征收，即一个亚区作为一个渔业通报，分别征收一次。根据 2005 年 CCAMLR 通过 SCAF 建议时的计算标准，渔业通报的数量按亚区或分区（subarea or division）进行计数。48 区分 6 个亚区，48.1 区至 48.4 区是南极磷虾渔业作业区域，渔业通报时要求明确通报拟作业的亚区。也就是，在通报不收费前，南极磷虾渔业通报是按亚区通报的。因此，理论上 48 区南极磷虾渔业通报应按亚区计算通报数量，分别收费；如果将 48 区作为一个整体，那么渔业通报数量应计为 1 个，而不是 4 个，收费应是 3600 澳元，另加 5000 澳元押金。48.3 区和 48.4 区涉及英国和阿根廷之间关于南乔治亚岛和

---

[1]　2010 年 SCIC 会议期间，我国和日本分别提出了各自的关切；美国曾表示愿意将退还比例从 70% 下降至 50%。2010 年 CCAMLR 会议期间，美国极力反对我国两艘渔船在闭会期间从 CCAMLR 成员 IUU 渔船名单中删除，却不再要求讨论其关于磷虾渔业通报费的提议。

[2]　CCAMLR, Report of the Twenty – Ninth Meeting of the Commission, Hobart, 25 October – 5 November 2010, paragraph 32 of Annex 5.

[3]　CCAMLR, Report of the Thirty-Second Meeting of the Commission, Hobart, 23 October–1 November 2013, paragraph 4.3 and paragraph 9 of Annex 7.

南桑德威奇群岛主权争议，如果按正常渔业通报计算标准，48 区内 4 个亚区分别计算，一方面会暴露和激化英国和阿根廷之间的主权争议，另一方面会削弱英国对相关岛屿及其海域的控制。为避免此危险，2015 年，英国向 SCAF 建议：现有计算标准，可能会造成 48 区南极磷虾渔船进一步在个别亚区集中，不符合 SC-CAMLR 关于合理分布南极磷虾渔船作业空间的建议，因此应为 48 区南极磷虾渔业通报制定专门的收费标准，即将 4 个亚区的磷虾渔业通报作为一个整体计费。[1]换言之，英国以科学利用 48 区南极磷虾渔业资源为名掩盖了按亚区计费可能带来的法律与政治风险。巧合的是，CCAMLR 秘书处因前几年投资失败陷入财务危机，且 2015 年是南极罗斯海区域海洋保护区提案谈判的关键时刻，尽管 SCAF 激烈辩论了 2013 年 CCAMLR "注意" 到了 SCAF 建议的法律性质，但是最终 CCAMLR 达成了一个关于南极磷虾渔业通报收费标准的临时安排，适用于 2016-2017 年度和 2017-2018 年度。[2]

2018 年，CCAMLR 也没有就此达成一致意见；我国和俄罗斯提出不同意见，包括犬牙鱼探捕渔业和南极磷虾渔业的收费标准（包括两者评估繁杂程度以及渔获的商业价值等）、预设每年消费者价格指数（CPI）增长率、是否应包含根据养护措施 CM 24-01 开展的科学研究活动等。[3]2019 年，CCAMLR 终于就此达成一致，制定了 "CCAMLR 通报费程序"，适用于养护措施 CM 21-01、CM 21-02、CM 21-03 和 CM 24-01 等；南极磷虾渔业通报收费比犬牙鱼探捕渔业的通报收费低 5%，2020 年，48 区南极磷虾渔业通报收费为 7903 澳元，2021 年为 8100 澳元，此后每年通报收费标准都将视当年 6 月 30 日霍巴特当地 CPI 的增长而调整。[4]

（四）南极磷虾渔业科学观察员制度

1992 年，CCAMLR 根据《南极海洋生物资源养护公约》第 24 条制定了

---

〔1〕　Delegation of the United Kingdom, Harmonising CCAMLR's Financial and Conservation Objectives in relation to the Krill Fishery, CCAMLR-XXXIV/11, 28 August 2015.

〔2〕　CCAMLR, Report of the Thirty-Fourth Meeting of the Commission, Hobart, 19-30 October 2015, paragraph 4. 4 and paragraphs 19-26 of Annex 7.

〔3〕　CCAMLR, Report of the Thirty-Seventh Meeting of the Commission, Hobart, 22 October-2 November 2018, paragraphs 4. 7-4. 9 and paragraphs 31-42 of Annex 7.

〔4〕　CCAMLR, Report of the Thirty-Eighth Meeting of the Commission, 21 October-1 November 2019, paragraphs 4. 11 and 9. 6, paragraphs 12-14 of Annex 7.

《国际科学观察制度》（SISO）。[1]理论上 SISO 适用从事南极海洋生物资源捕捞或科学研究的船舶，国际科学观察员制度的落实依靠于 CCAMLR 成员间签订双边安排。如果没有双边安排，则不能实施 SISO；双边安排仅限于 CCAMLR 成员间。[2]也就是 CCAMLR 成员和非成员间不能通过签订双边安排落实 SISO。[3]尽管 SISO 可适用于南极磷虾渔业，如 48.3 区的南极磷虾渔业，[4]但是其适用对象主要是犬牙鱼探捕渔业。[5]南极磷虾渔业科学观察员制度，仅是在 2009 年才由 CCAMLR 通过养护措施 CM 51-06 正式确定下来；自 2020-2021 年度开始，科学观察员覆盖率提高至 100%。[6]

到 2002 年，CCAMLR 秘书处仅收到 7 份南极磷虾渔业科学观察员报告，其中 4 份是派驻于 48.3 区作业南极磷虾渔船上英国籍科学观察员的报告。同年，SC-CAMLR 同意修订科学观察员手册，以包含南极磷虾渔业内容。[7]2003年，南极磷虾渔业自愿通报导致了通报数据增长。2004 年，WG-EMM 会议发现，南极磷虾渔业存在兼捕冰鱼、围困海豹、根据南极磷虾制品重量换算南极磷虾实际产量不准确等问题，认为有些渔业数据最好由科学观察员收集，为此请求其他工作组讨论南极磷虾渔业中科学观察员覆盖率及其采样技术问题，建议尽可能多地向南极磷虾渔船派驻国际科学观察员。[8]2005 年，SC-CAMLR开始考虑向南极磷虾渔船强制派驻科学观察员的可行性。SC-CAMLR 认为，

---

〔1〕 在通过 SISO 时，法国和南非分别做出保留，排除该制度在南纬 60 度以北他们岛屿周围专属经济区内的适用。See CCAMLR, Report of the Eleventh Meeting of the Commission, Hobart, 26 October-6 November 1992, paragraphs 6.6-6.12.

〔2〕 The CCAMLR Scheme of International Scientific Observation, 2018, paragraph B.

〔3〕 2006 年，针对瓦努阿图开展的南极磷虾渔业活动，CCAMLR 指出，瓦努阿图作为《南极海洋生物资源养护公约》的加入方应遵守 CCAMLR 通过的所有养护措施，包括渔业通报等。但是，实施 SISO 是基于 CCAMLR 成员间的双边安排，所以瓦努阿图不能据 SISO 和 CCAMLR 成员签订的双边安排，不受双边安排的拘束。See CCAMLR, Report of the Twenty-Fifth Meeting of the Commission, Hobart, 23 October-3 November 2006, paragraph 4.38.

〔4〕 SC-CAMLR, Report of the Twenty-First Meeting of the Scientific Committee, Hobart, 21-25 October 2002, paragraph 2.1.

〔5〕 See Conservation Measure 21-02 (2019) "Exploratory Fisheries", paragraph 13 (iv).

〔6〕 Conservation Measure 51-06 (2016) "General Measure for Scientific Observation in Fisheries for Euphausia superb", paragraph 3 (i).

〔7〕 SC-CAMLR, Report of the Twenty-First Meeting of the Scientific Committee, Hobart, 21-25 October 2002, paragraphs 2.5-2.10.

〔8〕 SC-CAMLR, Report of the Twenty-Second Meeting of the Scientific Committee, Hobart, 27-31 October 200, paragraphs 3.22-3.30.

科学观察员收集的数据有利于提供准确的渔获率、体长组成等信息。韩国和日本科学家质疑大幅度增加科学观察员收集数据对于改善南极磷虾资源评估的科学价值、强制 100% 的国际科学观察员覆盖率可能带来显著经济影响等；美国科学家则认为，SC-CAMLR 多年来未能解决南极磷虾渔业科学观察员问题在于此问题和科学关系不大。欧盟科学家和 SC-CAMLR 都认为，反对 100% 科学观察员覆盖率的理由是该问题不属于 SC-CAMLR 职权范围，应由 CCAMLR 解决。[1]

2006 年，SC-CAMLR 认为南极磷虾渔业有三个重点优先事项，包括：了解不同渔具选择性的差异、兼捕鱼卵的水平、拖网曳纲撞击海鸟和偶然捕捞海豹的水平等。科学观察员是解决此三个事项的关键。因此，SC-CAMLR 向 CCAMLR 建议，要求南极磷虾渔船接受科学观察员是调查兼捕鱼卵的重点事项。[2]2007 年，统计、评估与建模工作组（WG-SAM）向 SC-CAMLR 建议，南极磷虾渔业需要高质量的体长组成数据，以开展综合评估。据此，SC-CAMLR 提出南极磷虾渔业科学观察员制度的两个战略目标：掌握南极磷虾渔业的整体行为及其影响；开展常规南极磷虾渔业监测，为南极磷虾种群与生态模型提供高质量数据。为实现这两个战略目标，SC-CAMLR 提出实施方案，包括：系统性科学观察员覆盖率（低于 100%）；针对不同渔船实施不同科学观察员要求，新渔船实施 100% 科学观察员覆盖率；随机科学研究员派驻和常规质量检查相结合等。[3]2007 年，CCAMLR 修订养护措施 CM 51-03，除其他外，要求在 58.4.2 区开展南极磷虾生产的渔船应接受 1 名根据 SISO 派遣的科学观察员或能履行 SISO 任务的国内科学观察员；可能情况下再增加 1 名科学观察员。[4]2008 年，WG-EMM 同意针对南极磷虾渔业实施 100% 科学观察员覆盖，每艘南极磷虾渔船在其作业过程中至少应有 1 名科学观察员；科学

〔1〕　SC-CAMLR, Report of the Twenty-Fourth Meeting of the Scientific Committee, Hobart, 24-28 October 2005, paragraphs 2.9-2.23.

〔2〕　SC-CAMLR, Report of the Twenty-Fifth Meeting of the Scientific Committee, Hobart, 23-27 October 2006, paragraphs 2.14-2.22.

〔3〕　SC-CAMLR, Report of the Twenty-Sixth Meeting of the Scientific Committee, Hobart, 22-26 October 2007, paragraphs 3.6-3.14.

〔4〕　CCAMLR, Report of the Twenty-Sixth Meeting of the Commission, Hobart, 22 October-2 November 2007, paragraph 13.75; Conservation Measure 51-03 (2007) Precautionary catch limitation on Euphausia superba in Statistical Division 58.4.2, paragraph 6.

观察员可以是国家科学观察员，也可以是国际科学观察员；该科学观察员制度应于 2009 年 12 月开始实施。日本、韩国和我国科学家代表在 SC-CAMLR 会议上反对 WG-EMM 的建议。我国科学家代表明确反对区别对待新渔船和新渔法，认为这种区别对待缺乏科学理由。[1]这种争论延续到了 2008 年 CCAMLR 会议。阿根廷则指出，南极磷虾科学观察员事项，是科学活动受制于政治问题的一个典型；此问题的解决，不取决于科学，而在于政治。[2]

2009 年，SC-CAMLR 进一步强调，它及其下设工作组未来工作的开展严重依赖于南极磷虾渔业科学观察员收集的数据；敦促南极磷虾渔船尽可能接受科学观察员。[3]随后，CCAMLR 通过了一个关于南极磷虾渔业科学观察员制度的养护措施，即养护措施 CM 51-06。[4]该养护措施在序言部分阐述了科学观察员制度的必要性，包括充分监测和管理南极磷虾渔业、SC-CAMLR 需要充分数据评估南极磷虾渔业对生态系统的影响等。2009 年南极磷虾科学观察员制度具体内容有以下几个方面的内容：其一，每个缔约方应确保其参加南极磷虾渔业的渔船实施系统的科学观察员覆盖制度。根据该制度，2009－2010 年度科学观察员覆盖率不低于 30%，2010－2011 年度不低于 50%；科学观察员应观察至少 20% 的网次；确定所有渔船在两个年度内都曾接受科学观察员等。其二，科学观察员，可以是根据 SISO 派遣的国际科学观察员，也可以是船旗国政府派遣的国家科学观察员；2009－2010 年度和 2010－2011 年度，接受科学观察员的渔船在可能情况下再额外接受 1 名科学观察员。也就是说，至少接受 1 名科学观察员，尽可能接受 2 名。其三，无论是国际科学观察员，还是国家科学观察员，其科学数据收集和采样协议，都必须遵循 SISO 及其 CCAMLR 科学观察员手册的要求。所有科学观察员收集的数据，都纳入 CCAMLR 数据库，由 SC-CAMLR 及其工作组开展相应分析。其四，CCAMLR

---

〔1〕 SC-CAMLR, Report of the Twenty-Seventh Meeting of the Scientific Committee, Hobart, 27-31 October 2008, paragraphs 6.21-6.35.

〔2〕 CCAMLR, Report of the Twenty-Seventh Meeting of the Commission, Hobart, 27 October-7 November 2008, paragraphs 11.1-11.20.

〔3〕 SC-CAMLR, Report of the Twenty-Eighth Meeting of the Scientific Committee, Hobart, 26-30 October 2009, paragraphs 6.29-6.30.

〔4〕 CCAMLR, Report of the Twenty-Eighth Meeting of the Commission, Hobart, 26 October-6 November 2009, paragraph 12.59.

应在 2010 审议该养护措施。[1]

2010 年，CCAMLR 修订了养护措施 CM 51-06，仅是将 2010-2011 年度和 2011-2012 年度两个年度的科学观察员覆盖率确定为 50%；其他内容没有实质性变化。[2]2012 年，CCAMLR 修订该养护措施，延长了 50% 的科学观察员覆盖率，删除了观察至少 20% 网次的要求，转而要求渔船应确保科学观察员能获得足够的样品，以履行科学观察员采样和数据收集的要求。[3]2016 年，CCAMLR 再次修订该养护措施，确定了实现 100% 科学观察员覆盖率的时间表，即 2016-2017 度和 2017-2018 年度不低于 50%，2018-2019 年度和 2019-2020 年度不低于 75%，2020-2021 年度开始为 100%。[4]2019 年，在南极磷虾渔业即将实施科学观察员全覆盖之际，WG-EMM 将其关注点转向科学观察员的数据收集与采样标准，认为南极磷虾体长数据非常重要；2017 年，SISO 研讨会制定了一套南极磷虾测量指南，但是这套指南对于在拖网渔船中随机采样不够详细；需要召开一个专题研讨会，讨论科学观察员数据收集、信息分享、观察员任务等内容。[5]为此，CCAMLR 制定了专门针对南极磷虾渔业的"观察员南极磷虾拖网日志"和"南极磷虾渔业科学观察员手册"，[6]决定召开一次南极磷虾科学观察员研讨会。[7]

从南极磷虾渔业科学观察员制度发展过程看，科学理由，包括监测和管理南极磷虾渔业发展、南极磷虾体长数据等，推动了该制度不断发展和日趋严格。在此发展过程中，南极磷虾渔业作为成熟渔业，与探捕渔业或新渔业

---

[1] Conservation Measure 51-06 (2009) "General Measure for Scientific Observation in Fisheries for Euphausia superba".

[2] Conservation Measure 51-06 (2010) "General Measure for Scientific Observation in Fisheries for Euphausia superba", paragraph 3 (i).

[3] Conservation Measure 51-06 (2012) "General Measure for Scientific Observation in Fisheries for Euphausia superba", paragraph 3 (ii).

[4] Conservation Measure 51-06 (2016) "General Measure for Scientific Observation in Fisheries for Euphausia superba", paragraph 3 (i).

[5] SC-CAMLR, Report of the Thirty-Eighth Meeting of the Scientific Committee, Hobart, 21-25 October 2019, paragraphs 3.29-3.39 of Annex 5.

[6] Conservation Measure 51-06 (2019) "General Measure for Scientific Observation in Fisheries for Euphausia superba", paragraph 3 (ii).

[7] 该研讨会原计划于 2020 年在上海召开；受疫情影响，推迟至 2023 年 7 月在上海召开，经费从中国捐助基金（China Contribution Fund）中支付。See CCAMLR, Report of the Thirty-Eighth Meeting of the Scientific Committee, Hobart, 21-25 October 2019, paragraph 55 of Annex 7.

之间的区别被忽视了。作为成熟渔业，它本身已经是拥有充分数据的渔业。通过观察员收集特定的科学数据是可理解的，通过科学设计制定观察员覆盖，如日本和韩国科学家在 2005 年时所指出的那样，以平衡科学数据需求与实际操作性，毕竟南极磷虾渔业作业周期很长。科学观察员全覆盖显然不全是科学性的，正如美国、阿根廷、欧盟等所指出的以及 SC-CAMLR 所承认的那样；这样的决定，包含了科学之外的因素。

即使是科学理由，可以观察到 SC-CAMLR 在不同年份曾提出不同的科学理由。例如，2006 年，SC-CAMLR 所依赖的科学理由是了解不同渔具选择性的差异、兼捕鱼卵的水平、拖网曳纲撞击海鸟和偶然捕捞海豹的水平等；2007 年，SC-CAMLR 所依赖的科学理由是高质量的南极磷虾体长组成数据等；2009 年，SC-CAMLR 更进一步，将科学观察员制度和 SC-CAMLR 及其下设工作组的未来工作开展挂钩，似乎只有这一种途径能解决 SC-CAMLR 及其下设工作组数据需求，或者只要实施科学观察员制度就能完全解决 SC-CAMLR 及其下设工作组的数据需求。从结果看，2009 年 SC-CAMLR 建议显然是当年 CCAMLR 通过养护措施 CM 51-06 的重要原因，CCAMLR 似乎在一定程度上被科学道义所"胁迫"。

反过来，2009 年 CCAMLR 通过养护措施 CM 51-06 在理论上应该解决了 SC-CAMLR 及其工作组的数据需求。2010 年以后科学观察员覆盖率维持在 50% 以上，2020 年开始实现科学观察员全覆盖，CCAMLR 应收到了科学观察员收集和提交的海量数据。理论上 SC-CAMLR 及其工作组应该能更科学地评估南极磷虾资源及其渔业发展动态，更合理地管理 48 区南极磷虾渔业。从实践结果看，科学观察员收集的数据，没有像 2009 年 SC-CAMLR 所声称的那样对其工作带来提升作用，[1] 48 区南极磷虾资源评估、总捕捞限额分配、风险评估等科学问题一直悬而未决，概念不断地被替换或更改。反过来看，似乎应该需要一种科学的考核机制，以评估科学数据需求的合理程度、收集与利用之间的效益等；没有这种科学考核机制，科学数据需求的理由会被过度利用或滥用。

---

〔1〕 See Delegation of the People's Republic of China, Summary on the scientific progresses to facilitate the revision of CM 51-07 in 2022, SC-CAMLR-41/13, 9 September 2022.

第五章

南极犬牙鱼渔业及其管理

第一节　渔业基本状况

犬牙鱼，属于南极鳕科，属于南大洋的地方种。鱼类学上，南极海域有两种犬牙鱼：细鳞犬牙鱼（Dissostichus eleginoides）和莫氏犬牙鱼（Dissostichus mawsoni）。两种犬牙鱼，外形相似，栖息水深在 70 米至 2000 米之间，以鱼类和鱿鱼为捕食对象；生长缓慢，正常寿命在 30 年至 50 年之间；最大体长能超 2 米，最大体重能超 200 公斤，是南极海域最大的鱼类种群。细鳞犬牙鱼，商业上也称"智利海鲈鱼"（Chilean Sea Bass），分布于南纬 50 度至 60 度之间的亚南极海域的岛屿与海山附近，以及智利和阿根廷两国位于南纬 40 度以南的陆架，新西兰专属经济区附近则相对比较稀少。莫氏犬牙鱼，出现在南极洲大陆附近海域，通常在南纬 60 度以南。两者在亚南极至南极洲之间海域有一定分布重叠。[1]就渔业管理而言，除南极海洋生物资源养护委员会（CCAMLR）外，智利、阿根廷、南极、澳大利亚、秘鲁等国家确定其国家管辖范围内的犬牙鱼配额；阿根廷和英国存在主权争议的马尔维纳斯群岛（福克兰群岛）当地政府确定其附近海域的犬牙鱼可捕量。在东南大西洋，东南大西洋渔业组织（SEAFO）负责管理 CCAMLR 以北海域的犬牙鱼渔业。[2]在南印度洋，

---

〔1〕 P. L. Horn, "Age and growth of Patagonian toothfish (Dissostichus eleginoides) and Antarctic toothfish (D. mawsoni) in waters from the New Zealand subantarctic to the Ross Sea, Antarctica", 56 *Fisheries Research* 275, 275～276 (2002); Martin A. Collins, Paul Brickle, Judith Brown, Mark Belchier, "The Patagonian Toothfish: Biology, Ecology and Fishery", 58 *Advances in Marine Biology* 227, 229-230 (2010).

〔2〕 2021 年，SEAFO 确定其管辖范围内细鳞犬牙鱼可捕量为 261 吨，作业海域为 D 亚区（Sub-Area D）。See SEAFO, Report of the 18th Annual Meeting of the Commission, Virtual, 24-25 November 2021, paragraph 7. 4.

《南印度洋渔业协定》（SIOFA）缔约方大会负责管理 CCAMLR 以北海域的犬牙鱼渔业。[1] 在法律意义上，细鳞犬牙鱼属于跨界洄游鱼类种群。

细鳞犬牙鱼渔业，最早是 20 世纪 70 年代出现在南乔治亚岛附近的浅海区域，作为一种兼捕渔业；捕捞方法是拖网，以幼鱼为主。20 世纪 80 年代后期，采用延绳钓作业方式后，捕捞对象为 500 米至 1000 米水深的成年犬牙鱼，体长达 2 米，体重超 100 公斤。犬牙鱼由于有高经济价值，也被称为"白黄金"（white gold），这导致该渔业在 20 世纪 90 年代迅速扩展至整个亚南极海域，并进入南极洲附近海域，特别是罗斯海海域。[2] 罗斯海区域，莫氏犬牙鱼是主捕对象，形成了莫氏犬牙鱼渔业。罗斯海区域莫氏犬牙鱼渔业，最早是 1996 年由一艘新西兰延绳钓渔船开发出来的。此后，该渔业产量以及参与捕捞的国家都迅速增加。2002 年，东南极莫氏犬牙鱼渔业（58.4.1 区和 58.4.2 区）被开发出来；2012 年，俄罗斯在威德尔海（48.5 区）开展了犬牙鱼研究性捕捞，持续了 2 个年度；2014 年第 33 届 CCAMLR 会议期间，SC-CAMLR 认为俄罗斯提交的关于 2013-2014 年度研究性捕捞数据异常，无法根据养护措施 CM 24-01 对其申请 2014-2015 年度研究性捕捞计划作出评估，所以 CCAMLR 中断了俄罗斯在威德尔海区域的犬牙鱼研究性捕捞。[3]

---

[1] 根据 2021 年底层种群养护与管理措施（CMM 2021/15），SIOFA 确定了其管辖范围内两种犬牙鱼的可捕量，即 51.7 区（Del Cano Rise）55 吨捕捞配额和 57.4 区（Williams Ridge）140 吨研究性捕捞配额。值得关注的是，2019 年欧盟曾在缔约方大会期间质疑和挑战 SIOFA 科学委员会关于 57.4 区犬牙鱼管理的科学建议，引起了很多国家的不满。See Conservation and Management Measure for the Management of Demersal Stocks in the Agreement Area（Management of Demersal Stocks），CMM 2021/15, paragraphs 8, 15 and 35; SEAFO, Report of the Sixth Meeting of the Parties, Flic en Flac, 1-5 July 2019, paragraphs 50-63 and 95-99. 2002 年第 21 届 CCAMLR 会议期间，澳大利亚曾提议修订《南极海洋生物资源养护公约》适用范围，扩大至南印度洋，遭到很多国家的反对；挪威和欧盟提请 CCAMLR 注意正在谈判的《南印度洋渔业协定》。See CCAMLR, Report of the Twenty-First Meeting of the Commission, Hobart, 21 October-1 November 2002, paragraphs 8.74-8.84.

[2] J. P. Croxall, S. Nicol, "Management of Southern Ocean Fisheries: Global Forces and Future Sustainability", 16 *Antarctic Science* 569, 574-575 (2004).

[3] Cassandra M. Brooks, David G. Ainley, "Fishing the Bottom of the Earth: the Political Challenges of the Ecosystem-based Management", in Klause Dodds, Alan D. Hemmings and Peder Roberts (eds.), *Handbook on the Politics of Antarctica*, Edward Elgar Pulishing, 2017, pp. 427~428; CCAMLR, Report of the Thirty-Third Meeting of the Commission, Hobart, 20-31 October 2014, paragraph 5.63-5.68.

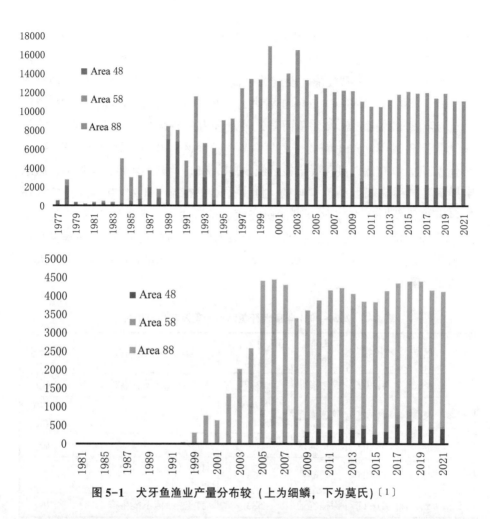

图 5-1　犬牙鱼渔业产量分布较（上为细鳞，下为莫氏）[1]

从渔业管理上分，CCAMLR 犬牙鱼渔业分为四种类型：第一种是位于 CCAMLR 管辖范围内但不适用 CCAMLR 养护措施的犬牙鱼渔业，主要是南非和法国在亚南极岛屿专属经济区内的犬牙鱼渔业。第二种成熟渔业（established fisheries），位于亚南极岛屿附近海域，根据 CCAMLR 养护措施设定总可捕量，但是实际渔业由岛屿主张国实际控制，如 48.3 区和 48.4 区犬牙鱼渔业由英国实际控制（阿根廷反对），58.5.2 区犬牙鱼渔业由澳大利亚实际控制。第三种是探捕渔业（exploratory fisheries），资源状况仍不明确，需要谨慎管理的

---

〔1〕　数据来源于 CCAMLR 官网。

渔业，受养护措施 CM 21-02 和 CM 41-01 规制；由各国申报，经 SC-CAMLR 及其相关工作组评估后，由 CCAMLR 通过具体养护措施以明确各区域参加渔业生产的国家及其渔船数量，设定总可捕量以及具体管理规则。第四种是研究性渔业，按养护措施 CM 24-01 管理，以开展科学研究为目的，如获得资源分布与丰度等数据；就犬牙鱼而言，其管理有三种情形，以渔获量 50 吨为限，小于 50 吨但超过 1 吨的，免除渔具、禁渔区以及申报程序等管理规定；渔获量超过 50 吨的，则需要申报且经 SC-CAMLR 及其工作组科学评估，缴纳申报费等；[1]渔获量小于 1 吨的，则不受养护措施 CM 24-01 规制。2013-2014 年度俄罗斯在 48.5 区开展的研究性捕捞活动，属于超渔获量 50 吨的情形；2022-2023 年度阿根廷在 48.3 区开展的研究性捕捞，则属于渔获量小于 50 吨但超过 1 吨的情形。以 2020-2021 年度为例，CCAMLR 管辖范围内犬牙鱼渔业总体情况如下表。

表 5-1　2020-2021 年度犬牙鱼渔业管理及其生产情况[2]

序号	区域	养护措施	渔业类型	总可捕量(t)*	参加国家及船数**	实际产量
1	48.3	41-02	成熟渔业	2327	新西兰、英国、乌拉圭	1813
2	48.4	41-03	成熟渔业	27 (e)、45 (m)	新西兰、英国	16 (e)、43 (m)
3	48.5	32-09	禁止捕捞			0
4	48.6	41-04	探捕渔业	568	日本 (1)、南非 (1)、西班牙 (1)	356
5	58.4.1	41-11	探捕渔业	583	有配额，但不能生产	0

[1] Conservation Measure 24-01 (2019) "The Application of Conservation Measures to Scientific Research", paragraphs 3 and 6. 对于渔获量超过 50 吨的情形，其管理规则一定程度上和探捕渔业非常接近。对此问题，SC-CAMLR 曾试图理顺各种渔业类型的名称。See SC-CAMLR, Report of the Thirty-Fourth Meeting of the Scientific Committee, Hobart, 19-23 October 2015, paragraphs 3.222-3.228; Chair of the Scientific Committee, Review of the CCAMLR Regulatory Framework and Recommendations for Streamlining Fishery Status, CCAMLR-XXXIV/17 Rev. 1, 26 September 2015.

[2] 本表格相关数据主要来源于：CCAMLR, Schedule of Conservation Measures in Force 2020/21, October 2020; CCAMLR Secretariat, Catches of target species in the Convention Area, SC-CAMLR-41/BG/01, 23 September 2022, Table 1.

序号	区域	养护措施	渔业类型	总可捕量(t)*	参加国家及船数**	实际产量
6	58.4.2	41-05	探捕渔业	60	日本（1）、澳大利亚（2）	60
7	58.4.3a	41-06	探捕渔业	19（e）	澳大利亚 EEZ 外区域有配额，但不能生产	0
8	58.4.4b	41-07	探捕渔业	0		0
9	58.5.1	无	法国 EEZ	e	法国	3017
10	58.5.2	41-08	成熟渔业	3030（e）	澳大利亚	2995
11	58.6	无	法国 EEZ	e	法国	833
12	58.7	无	南非 EEZ	e	南非	365
13	88.1	41-09	探捕渔业	3140	澳大利亚（2）、日本（1）、韩国（5）、新西兰（3）、俄罗斯（1）、西班牙（1）、乌克兰（5）、英国（3）	2720
14	88.2	41-10	探捕渔业	804	澳大利亚（2）、韩国（5）、新西兰（3）、俄罗斯（1）、乌克兰（5）、英国（3）	945

 * 产量后括号内的字母表示犬牙鱼的种类，e 表示细鳞犬牙鱼，m 表示莫氏犬牙鱼；如果没有括号，则表示总可捕量不区分种类。

 ** 国家后括号内数量，表示允许作业的渔船数量。

2020-2021 年度，细鳞犬牙鱼总产量为 11 076 吨，主要由法国、澳大利亚和英国在其主张管辖海域捕捞，产量分别为 5872 吨、2996 吨、1234 吨；新西兰和乌拉圭分别从 48.3 区捕捞 330 吨和 254 吨，这两个国家应该是通过与英国合作，获得进入 48.3 区捕捞的机会；南非从 58.7 区其主张的专属经济区内捕捞 365 吨。2020-2021 年度，莫氏犬牙鱼总产量为 4134 吨，88.1 区和 88.2 区产量之和为 3665 吨；主要捕鱼国是韩国、新西兰、乌克兰、英国，产量分别是 1426 吨、779 吨、696 吨和 495 吨。[1]

---

〔1〕 CCAMLR Secretariat, Catches of target species in the Convention Area, SC-CAMLR-41/BG/01, 23 September 2022, Table 1.

值得注意的是，俄罗斯自 2020-2021 年度开始没有渔船在南极海域进行生产，无论是磷虾还是犬牙鱼，成为一个非捕鱼国。在此之前，俄罗斯一直是南极捕鱼国，更不用说苏联曾是最重要的南极捕鱼国。就莫氏犬牙鱼渔业而言，2013-2014 年度，CCAMLR 批准了 6 艘俄罗斯渔船分别在 88.1 区和 88.2 区进行探捕生产，俄罗斯获批渔船数量最高，渔获量为 405 吨；另有 1 艘渔船（*Yantar* 35）在 48.5 区开展研究性捕捞，渔获量为 229 吨，总计 634 吨。[1]2019-2020 年度，CCAMLR 批准了 3 艘俄罗斯渔船，分别在 88.1 区和 88.3 区开展探捕生产，捕捞 366 吨犬牙鱼。[2]2020-2021 年度，尽管 CCAMLR 批准了 1 艘俄罗斯渔船，在 88.1 区和 88.2 区开展探捕生产，[3]但是俄罗斯渔船没有产量记录；2021-2022 年度，CCAMLR 批准在 88.1 区和 88.2 区开展探捕生产的渔船中就没有俄罗斯渔船了，[4]如下表。俄罗斯之所以出现这种没有渔业的现象，可能有多种因素：其他国家对俄罗斯渔船排挤、俄罗斯渔船生产与管理水平等，[5]也可能与俄罗斯于 2018 年阻止了 58.4.1 区犬牙鱼探

〔1〕 Conservation Measure 41-09 (2013) "Limits on the exploratory fishery for Dissostichus spp. in Statistical Subarea 88.1 in the 2013/14 season", paragraph 1; Conservation Measure 41-10 (2013) "Limits on the exploratory fishery for Dissostichus spp. in Statistical Subarea 88.2 in the 2013/14 season", paragraph 1; CCAMLR Secretariat, Catches in the Convention Area, SC-CAMLR-XXXIV/BG/01, 18 September 2015, Table 2; CCAMLR, Report of the Thirty-Third Meeting of the Commission, Hobart, 20-31 October 2014, paragraph 97-104 of Annex 6.

〔2〕 Conservation Measure 41-09 (2019) "Limits on the exploratory fishery for Dissostichus spp. in Statistical Subarea 88.1 in the 2019/20 season", paragraph 1; Conservation Measure 41-10 (2019) "Limits on the exploratory fishery for Dissostichus spp. in Statistical Subarea 88.2 in the 2019/20 season", paragraph 1; CCAMLR Secretariat, Catches of target species in the Convention Area, SC-CAMLR-40/BG/01, 27 August 2021, Table 1.

〔3〕 Conservation Measure 41-09 (2020) "Limits on the exploratory fishery for Dissostichus spp. in Statistical Subarea 88.1 in the 2020/21 season", paragraph 1; Conservation Measure 41-10 (2020) "Limits on the exploratory fishery for Dissostichus spp. in Statistical Subarea 88.2 in the 2020/21 season", paragraph 1.

〔4〕 Conservation Measure 41-09 (2021) "Limits on the exploratory fishery for Dissostichus spp. in Statistical Subarea 88.1 in the 2021/22 season", paragraph 1; Conservation Measure 41-10 (2021) "Limits on the exploratory fishery for Dissostichus spp. in Statistical Subarea 88.2 in the 2021/22 season", paragraph 1.

〔5〕 2014 年，俄罗斯渔船 Yantar 35 因其报送给 CCAMLR 秘书处的渔获数据异常而被迫中止了其在 48.5 区的研究性捕捞。2017 年至 2020 年，俄罗斯渔船 Palmar 被新西兰、韩国等国家指责从事非法捕捞。See CCAMLR, Report of the Thirty-Eighth Meeting of the Commission, Hobart, 21 October-1 November 2019, paragraphs 3.40-3.43; CCAMLR, Report of the Thirty-Ninth Meeting of the Commission, Virtual, 27-30 October 2020, paragraphs 5.19-5.26.

捕渔业和2021年阻止了48.3区犬牙鱼渔业有关。[1]也就是说，俄罗斯通过暂停开展犬牙鱼渔业，可无牵挂地和英国、澳大利亚等国家围绕犬牙鱼渔业的科学与政治开展博弈。这应该是俄罗斯不得已的一种选择，会导致其渔船很难重返南大洋。

表5-2 近10个年度88.1区批准国家及其渔船数量

国家	2012/13	2013/14	2014/15	2015/16	2016/17	2017/18	2018/19	2019/20	2020/21	2021/22	2022/23
澳	0	0	1	1	1	2	1	1	2	2	2
日	1	1	1	1	1	1	1	1	1	1	1
韩	6	4	3	2	4	5	5	4	5	6	6
新	4	4	3	3	3	3	3	3	3	3	3
俄	6	6	5	3	3	4	4	3	1	0	0
挪	1	1	1	0	1	1	0	0	0	0	0
西	1	1	1	2	1	1	1	1	1	1	1
乌1	3	3	2	2	3	5	5	5	5	5	5
英	2	2	2	2	1	1	3	3	3	3	1
乌2	0	0	0	0	0	1	1	1	0	1	0
智	0	0	0	0	0	0	0	1	0	0	1
总	24	22	19	16	18	24	24	23	21	22	20

注：为排版方便，国家列中使用了国家简称。澳：澳大利亚；日：日本；韩：韩国；新：新西兰；俄：俄罗斯；挪：挪威；西：西班牙；乌1：乌克兰；英：英国；乌2：乌拉圭；智：智利。

从上表可以看出，参与罗斯海莫氏犬牙鱼渔业的国家，除俄罗斯外，主要是韩国、新西兰、乌克兰、日本、英国和澳大利亚。传统远洋渔业强国，挪威和西班牙在此渔业方面的参与度，相对较低；南美两个发展中国家，智

---

[1] CCAMLR, Report of the Thirty-Seventh Meeting of the Commission, Hobart, 22 October-2 November 2018, paragraphs 5.35-5.40; CCAMLR, Report of the Fortieth Meeting of the Commission, Virtual, 18-29 October 2021, paragraphs 6.21-6.36.

利和乌拉圭，参与度同样很低。澳大利亚，自 2014-2015 年度后一直保持稳定的参与度。2022-2023 年度，CCAMLR 批准在 88.1 区开展探捕生产的渔船中没有英国渔船，则是 2022 年 CCAMLR 会议期间俄罗斯和英国关于 48.3 区细鳞犬牙鱼渔业争议外溢的结果。[1]

2017-2018 年度，CCAMLR 批准渔船数量有一个明显增加，可能是受到养护措施 CM 91-05（罗斯海区域海洋保护区）于 2017 年 12 月 1 日生效的刺激。养护措施 CM 91-05 规定，当该海洋保护区生效后，保护区以外以及 88.1 区和 882A-B 区以内的那些原先配额为零的区域，都将开放；将 2017-2018 年度至 2019-2020 年度的配额预先设定在 2583 吨至 3157 吨之间。[2]这个规定激励了澳大利亚、韩国、俄罗斯和乌克兰等申报更多的渔船参与此区域的莫氏犬牙鱼渔业，乌拉圭也应是受此激励开始参加此区域的犬牙鱼渔业。

第二节 CCAMLR 犬牙鱼探捕渔业管理制度

如前所述，CCAMLR 框架下有四种不同管理制度的犬牙鱼渔业。前两种犬牙鱼渔业，不论其捕捞对象是细鳞犬牙鱼还是莫氏犬牙鱼，其渔场都位于亚南极岛屿附近海域；48.3 区和 48.4 区岛屿附近海域名称，因英国和阿根廷之间存在岛屿主权争议，故英国没有将之称为专属经济区，而是称之为"海洋区域"（maritime zone）。[3]这两种犬牙鱼渔业，尽管位于 CCAMLR 地理范围，却不对 CCAMLR 所有成员开放。研究性捕捞，如果渔获量超过 50 吨，则其管理规则与探捕渔业一致。故在此仅介绍犬牙鱼探捕渔业管理制度，包括一般性管理制度和 88.1 区的具体管理制度。

一、一般性管理制度

为实现养护南极海洋生物资源的宗旨，CCAMLR 根据《南极海洋生物资源养护公约》第 9 条（2）制定养护措施，定期更新。根据 CCAMLR 每年公布

---

〔1〕 CCAMLR, Report of the Forty-First Meeting of the Commission Hobart, 24 October-4 November 2022, paragraphs 7. 48-7. 50.

〔2〕 Conservation Measures 91-05 (2016) "Ross Sea region marine protected area", paragraph 28.

〔3〕 South Georgia and the South Sandwich Island, The Fisheries (Conservation and Management) Ordinance 1993 (No. 3 of 1993), 23 July 1993, Article 2.

的养护措施一览表，这些养护措施分为四类：遵约类养护措施（compliance）、一般性渔业事项、具体渔业管理和海洋保护区。除此之外，CCAMLR 还根据《南极海洋生物资源养护公约》第 24 条制定了《国际科学观察制度》（SISO）和《检查制度》（SoI）。犬牙鱼探捕渔业，作为一种渔业生产活动，理论上都应遵守这些管理制度。为更有针对性地掌握犬牙鱼探捕渔业管理制度，根据 CCAMLR 关于养护措施的分类，以 2021-2022 年度生效的养护措施为例在此详细介绍一些主要的养护措施和制度。

（一）遵约类养护措施

在遵约类养护措施方面，CCAMLR 共制定了 10 个养护措施；其中，1 个是专门针对犬牙鱼渔业的，包括犬牙鱼探捕渔业。这些养护措施覆盖了渔船与渔具标识、渔船许可与监管、船位监测、港口国检查、打击 IUU 捕捞、海上转载等，适用于犬牙鱼探捕渔业，如表 5-3 所示。

在渔船标识方面，养护措施 CM 10-01 规定，船名和国际无线电呼号（IRCS）应标识于船体、上层建筑以及甲板上；其中，船体和上层建筑上的标识高度不应低于 1 米，甲板上的标识高度不低于 0.3 米。这些标识不能被遮挡，不论是有意、无意，还是临时性遮挡。在实践中，一些国家（如新西兰、澳大利亚等）会利用飞机进行海上巡航；如果在生产作业过程中渔具遮挡了船名或国际无线电呼号，则会被认为是一个遵约事项。[1]

在渔船许可与监管方面，养护措施 CM 10-02 要求，船旗国应向 CCAMLR 秘书处通报许可渔船信息（13 项）和遵约信息（6 项）；该养护措施要求被许可的渔船应报告其在作业过程中看到或观察到其他渔船，并按附件 10-02/A 格式报告相关信息。在港口国检查方面，养护措施 CM 10-03 要求，港口国应检查所有装载犬牙鱼的渔船（包括运输辅助船）。相对而言，港口国只需要检查 50% 的磷虾渔船。为此目的，渔船应在进港前 48 小时按附件 10-03/A 格式向港口国提交相关信息。

在船位监测方面，养护措施 CM 01-04 要求，所有渔船（包括犬牙鱼探捕渔船）在作业期间每个小时报 1 次船位；对于延绳钓探捕渔业，船旗国应

---

〔1〕　2021-2022 年度，一艘乌克兰渔船（Calipso）在生产过程中渔具放置不妥，遮挡了国际无线电呼号。2021 年 12 月，新西兰利用飞机开展空中巡航拍照，发现了此问题。最终该渔船此行动被确定为轻微不遵约（1 级）。See CCAMLR, Report of the Forty-First Meeting of the Commission Hobart, 24 October-4 November 2022, Appendix Ⅰ of Annex 6.

在收到船位数据的 1 小时内将船位数据报送 CCAMLR 秘书处，或者船旗国也可让渔船将船位信息直接报送给 CCAMLR 秘书处。对于其他渔业，船旗国报送船位数据的时间则相对宽松些，仅要求在渔船离开《南极海洋生物资源养护公约》区域后 10 个工作日内提交即可。[1]

在渔获登记制度方面，养护措施 CM 10-05 要求，所有缔约国以及参与该制度的非缔约国合作，通过此制度确保在其境内上岸、进口、出口或再出口的捕自 CCAMLR 管辖范围内的犬牙鱼是以遵守 CCAMLR 养护措施的方式捕捞的。值得注意的是，该制度也适用于捕自 CCAMLR 管辖范围外的犬牙鱼。[2] 该制度设计了犬牙鱼渔获证书（DCD）、犬牙鱼出口证书（DED）、犬牙鱼再出口证书（DRED）和特别认证的犬牙鱼渔获证书（SVDCD）等类型；特别认证的犬牙鱼渔获证书仅用于那些被没收的非法捕捞的经合法途径拍卖后再进入市场的犬牙鱼。参加该制度的船旗国，都有一个唯一的"船旗国确认码"（Flag State Confirmation Number）；该船旗国 CDS 联络官在 DCD 上签注"船旗国确认码"前应确认，其渔船所报告的犬牙鱼捕捞地点和该渔船的船位数据吻合，且渔船许可是合法的。在实践中，CCAMLR 秘书处会通过回溯一个国家所签发 DCD 中报告的犬牙鱼数量，核对该国渔船报告渔获量；或者通过对比 DED 上的签发出口日期和实际出口日期。2017 年 1 月，CCAMLR 秘书处通过核对 CDS 数据库和渔获量数据库，发现 1 艘澳大利亚渔船（Isla Eden）和 2 艘韩国渔船（Hong Jin No. 707 和 Hong Jin No. 701）报告的渔获量数据少于 DCD；澳大利亚渔船少报了 37 吨，韩国渔船分别少报了 31 吨和 30 吨。此事件导致了 2017 年 CCAMLR 第一次不能根据养护措施 CM 10-10 通过 CCAMLR 遵约报告。[3] 2021-2022 年度，CCAMLR 秘书处发现比利时、智利、法国、

---

〔1〕 Conservation Measure 10‑04（2018）"Automated satellite‑linked Vessel Monitoring Systems（VMS）"，paragraph 11.

〔2〕 对于在 CCAMLR 管辖范围外区域兼捕的犬牙鱼，如在西南大西洋公海作业的拖网渔船所兼捕到的犬牙鱼，仍须适用犬牙鱼渔获登记制度，只是信息核实要求不适用于拖网渔船。养护措施 CM10‑05 明确要求，拖网渔船兼捕犬牙鱼的比例不应超过 5%，或者单个航次不应超过 50 吨。See Resolution 17/XX "Use of VMS and Other Measures for the Verification of CDS Catch Data for Areas outside the Convention Area, in particular, in FAO Statistical Area 51"，2001；CCAMLR，Report of the Twentieth Meeting of the Commission, Hobart, 22 October‑2 November 2001, paragraphs 5. 14‑5. 22；Conservation Measure 10‑05（2021）"Catch Documentation Scheme for Dissostichus spp. "，paragraph 12 and footnote 1.

〔3〕 CCAMLR, Report of the Thirty‑Sixth Meeting of the Commission, Hobart, 16‑27 October 2017, paragraphs 3. 22‑3. 48 and Annex 8.

韩国、荷兰、秘鲁、南非、西班牙、英国等国家签发的 DED 日期和实际出口日期不符，违反养护措施 CM 10-06 第 6 段共 394 次，成为该年度遵约评估程序中出现遵约事件最多的养护措施。[1]

在海上转载方面，养护措施 CM 10-09 将转载定义为，在渔船之间转移所捕捞的海洋生物资源和其他物品或材料。对于渔获物的转载，养护措施 CM 10-09 规定，船旗国应提前 72 小时向 CCAMLR 秘书处通报，其他物品（饵料或燃油等）的转载提前 2 小时；转载完成后 3 个工作日内，船旗国应向 CCAMLR 秘书处确认转载信息。相较其他区域渔业管理组织，养护措施 CM 10-09 还没有建立起关于非缔约方运输船管理的规定；它的适用对象仅限于缔约方的渔船，包括辅助船舶等。[2]在 2020-2021 年度，CCAMLR 秘书处发现存在 138 个不能遵守上述提前通报或事后确认的遵约问题，该养护措施的遵约率仅为 57%。2021-2022 年度，仍发现 46 个遵约问题，遵约率为 84%。尽管在 2021-2022 年度此养护措施遵约率有所改善，但是仍是遵约问题第二严重的养护措施，仅好于养护措施 CM 10-05 的遵约率。[3]针对此现象，我国在 2020 年至 2021 年曾呼吁 CCAMLR 成员在修订养护措施时需更多关注其在海上实施的可行性或操作性，建议 CCAMLR 秘书处在准备遵约评估摘要时应区分实质性的遵约问题和程序性的遵约问题，应将有限的 CCAMLR 会议时间用于讨论那些实质性遵约问题。[4]海上转载活动主要发生于南极磷虾渔业；对于犬牙鱼渔业而言，由于其配额少且参与生产渔船多，所以几乎不需要海上转载渔获，仅可能是海上转载其他物品。

---

〔1〕　CCAMLR, Report of the Forty-First Meeting of the Commission Hobart, 24 October-4 November 2022, Appendix Ⅰ of Annex 6; CCAMLR Secretariat, CCAMLR Compliance Evaluation Procedure (CCEP) Summary Report and analysis, CCAMLR-41/15, 09 September 202, p. 4.

〔2〕　2016 年，澳大利亚和美国联合提交了一份关于修订养护措施 CM 10-09 的提案，以建立一个 CCAMLR 运输船名录。SCIC 经讨论与妥协，曾就此提案达成共识，但是美国认为妥协后的提案不能实现其既定目标，故在 CCAMLR 上撤回其提案。截至 2022 年，美国再也没有重提此提案。See CCAMLR, Report of the Thirty-Fifth Meeting of the Commission, Hobart, 17-28 October 2016, paragraphs 3.32-3.27.

〔3〕　CCAMLR Secretariat, CCAMLR Compliance Evaluation Procedure (CCEP) Summary Report and analysis, CCAMLR-41/15, 09 September 202, p. 5.

〔4〕　CCAMLR, Report of the Fortieth Meeting of the Commission, Virtual, 18-29 October 2021, paragraph 94 of Annex 6.

表 5-3 2021-2022 年度可适用于犬牙鱼探捕渔业的养护措施

管理制度	养护措施	管理内容
遵约类养护措施	CM 10-01	渔船渔具标识
	CM 10-02	渔船许可与监管
	CM 10-03	港口国检查
	CM 10-04	自动卫星船位监测系统
	CM 10-05	犬牙鱼渔获登记制度
	CM 10-06	促进缔约方渔船遵守 CCAMLR 养护措施
	CM 10-09	海上转载管理
一般性渔业事项	CM 21-02	探捕渔业通报
	CM 23-07	探捕渔业的每日渔获量与努力量报告制度
	CM 23-04	拖网、延绳钓和笼壶渔业月度精细渔获量和努力量数据报告制度
	CM 22-06	禁止底层捕捞作业
	CM 22-07	底层捕捞活动临时措施
	CM 22-08	禁止在水深浅于 550 米的海域开展犬牙鱼探捕渔业
	CM 22-09	保护注册脆弱海洋生态系统
	CM 25-02	延绳钓捕捞中最小化偶捕海鸟
	CM 26-01	一般环境保护规则
具体渔业管理	CM 41-01	犬牙鱼探捕渔业总体措施
	CM 33-03	新渔业和探捕渔业兼捕的限制
海洋保护区制度	CM 91-05	罗斯海区域海洋保护区
观察员制度	SISO	观察员派遣国与接受国的权利与义务，观察员与渔船的权利与义务
海上执法检查	SoI	检查国与被检查国的权利与义务，检查员与渔船的权利与义务

（二）一般性渔业事项

在 2021-2022 年度生效的养护措施中，一般性渔业事项下设 6 类 26 个养护措施，分别是：渔业通报（3 个）、渔具管理（9 个）、数据报告（7 个）、研究与试验（4个）、海鸟与海洋哺乳动物偶捕死亡率最小化（2个）、环境保护（1个）。在此重点介绍和犬牙鱼探捕渔业相关的数据报送、渔具管理（脆弱海洋生态系统）和环境保护三类养护措施。

在渔业通报方面，CCAMLR 根据预防性措施原则以及各渔业的数据信息情况，将其管理的渔业分成三类，分别是新渔业（养护措施 CM 21-02）、探捕渔业（养护措施 CM 21-02）和成熟商业（养护措施 CM 21-02）。探捕渔业通报适用养护措施 CM 21-02。根据该养护措施，探捕渔业通报应在每年 6 月 1 日前向秘书处提交。通报内容包括渔船信息、渔业生产计划（the fishery operations plan）和实施 SC-CAMLR 制定数据收集计划的承诺；如果涉及养护措施 CM 22-06 第 7 段规定的脆弱海洋生态系统的情形，则通报内容还应包括拟开展探捕可能对脆弱海洋生态系统影响的初步评估等；拟在 48.6 区、58.4.1 区、58.4.2 区和 58.4.3a 区开展犬牙鱼探捕渔业的，通报内容还应包括研究计划。渔业生产计划应包括：探捕渔业性质（目标鱼种、捕捞方法、作业区域、计划最大捕捞量等），拟使用的渔具分类及其介绍，目标鱼种的生物学信息，依赖和相关物种的信息，同区域或类似渔业的相关信息；如果使用底拖网渔具，则渔业生产计划还应包含该渔具对脆弱海洋生态系统已知和预期的影响等。[1]如果通报获得 CCAMLR 批准，则该渔船须遵守相应管理要求，包括：只能使用通报的渔具，除非更换渔具是为了实施 SC-CAMLR 批准的研究项目；接受派驻国际科学观察员；根据数据收集计划每年向 CCAMLR 提交数据，如果不提交，将会被禁止从事探捕渔业；在 7 月 1 日前缴纳通报费，2021 年犬牙鱼探捕渔业通报收费标准为通报一次 8527 澳元，南极磷虾渔业通报收费为通报一次 8100 澳元。[2]

在数据报告方面，犬牙鱼探捕渔业实施日报和月报管理制度，即养护措

---

〔1〕　Conservation Measure 21-02 (2019) "Exploratory fisheries", paragraph 7.

〔2〕　Conservation Measure 21-02 (2019) "Exploratory fisheries", paragraphs 13 and 15. 通报收费，源于 2002 年 SCAF 的建议，以解决新渔业和探捕渔业通报数量过多所带来的行政管理压力。2003 年，CCAMLR 正式通过了关于新渔业和探捕渔业的通报收费制度。2015 年，通报收费制度开始扩展至磷虾渔业（成熟渔业）。2019 年，CCAMLR 将此制度正式确定为"通报费程序"（notification fees procedure）。See CCAMLR, Report of the Twenty-Second Meeting of the Commission, Hobart, 27 October-7 November 2003, paragraph 3.16; CCAMLR, Report of the Thirty-Fourth Meeting of the Commission, Hobart, 19-30 October 2015, paragraphs 4.4 and 12.5-12.6; CCAMLR, Report of the Thirty-Eighth Meeting of the Commission, Hobart, 21 October-1 November 2019, paragraphs 4.10-4.15, 9.6 and Appendix Ⅰ of Annex 7.

施 CM 23-07 和 CM 23-04；犬牙鱼成熟渔业实施 5 天报和月报管理制度。[1]
养护措施 CM 23-07 要求，每日渔获量与努力按单船、分目标物种和兼捕物种
（按种或属）的净重（green weight）进行报告，延绳钓渔业还需报送每日所
放钩钓数量。每日的计算方式为，国际时间午夜 0 点至翌日午夜 0 点；国际
时间上午 6 点前应将前天数据报给 CCAMLR 秘书处。养护措施 CM 23-04 要
求，月度精细渔获量和努力量报告应分目标物种和兼捕物种进行统计；渔获
量数据按种或属统计。统计表格，拖网渔业用 C1 表格、延绳钓渔业用 C2 表
格、笼壶渔业用 C5 表格，同时应报送兼捕、释放或杀死海鸟与海洋哺乳动物
的数量。月度数据报告，应在每个月底前报送给 CCAMLR 秘书处，但不能迟
于第二个月底。

在渔具管理方面，为呼应联合国大会第 59/25 号决议关于底拖网的号召，
CCAMLR 分别于 2006 年至 2009 年期间先后制定了 4 个保护脆弱海洋生态系
统的养护措施，分别是养护措施 CM 22-05、CM 22-06、CM 22-07 和 CM 22-
08；[2]2011 年制定了养护措施 CM 22-09。养护措施 CM 22-05 适用对象限于
底拖网（bottom trawling）；2007 年制定的养护措施 CM 22-06，其适用对象为
底层捕捞（bottom fishing），而不限于底拖网，包含底层作业的延绳钓渔业。
故养护措施 CM 22-06 至 CM 22-09 可能和犬牙鱼探捕渔业相关。

养护措施 CM 22-06 原则上禁止底层捕捞作业，但是不适用于亚南极的成
熟渔业（包括犬牙鱼成熟渔业）。该养护措施将脆弱海洋生态系统定义为：海
山、热液喷口、冷珊瑚和海绵等。如果缔约方拟开展底层捕捞活动、新渔业
或探捕渔业，则在每年 6 月 1 日前将其渔业通报给 CCAMLR 秘书处，包括拟
开展底层捕捞活动可能对脆弱海洋生态系统影响的初步评估，由 SC-CAMLR
及其工作组进行科学评估。SC-CAMLR 评估重点考察，拟开展的底层捕捞是
否会对脆弱海洋生态系统造成严重不利影响，拟采取的减缓措施是否足以防止
此类影响的产生。根据 SC-CAMLR 的建议，CCAMLR 可作出不同决定：许可、
禁止或限制在特定区域开展底层捕捞活动；要求采取特定的减缓措施；许可、

---

[1] See Conservation Measure 41-03 (2021) "Limits on the fishery for *Dissostichus spp.* in Statistical Subarea 48.4 in the 2021/22 season", paragraph 13.

[2] See CCAMLR, Report of the Twenty-Fifth Meeting of the Commission, Hobart, 23 October-3 November 2006, paragraphs 11.27-11.38.

禁止或限制使用特定的渔具开展底层捕捞活动；采取其他要求或限制等。[1]

养护措施 CM 22-07 为那些允许开展的底层捕捞活动规定了临时管理措施。该养护措施规定，渔船应清晰标识每段干绳（line segments），且按干绳统计 VME 指示单元的数据。[2]如果一段干绳上有 10 个或以上 VME 指示单元，则渔船应毫不延迟收起任何和风险区（the Risk Area）相交的干绳，且不能再放任何可能和风险区相交的干绳。如果一段干绳上发现 5 个或以上 VME 指示单元，则应立即将此干绳的中心位置报告 CCAMLR 秘书处与船旗国。养护措施 CM 22-08 禁止在水深浅于 550 米的海域开展犬牙鱼探捕渔业，但不适用于根据养护措施 CM 24-01 开展的研究性捕捞。养护措施 CM 22-09 保护注册脆弱海洋生态系统，要求禁止在附件 22-09/A 所列注册的脆弱海洋生态系统区域开展底层捕捞，除根据养护措施 CM 22-06 和 CM 24-01 允许的活动外。

在环境保护方面，考虑到南纬 60 度以南海洋区域于 1990 年 11 月 16 日被国际海事组织（IMO）列为《国际防止船舶造成污染公约》（MARPOL 73/78）附件Ⅰ和Ⅴ下的"特殊区域"（special areas），1992 年 10 月 30 日又被列为附件Ⅱ下的"特殊区域"。相应地，南极条约体系制定了相应在管理制度以实施"特殊区域"，即 1991 年《环保议定书》附件四和 CCAMLR 养护措施 CM 26-01。根据 2021-2022 年度生效的养护措施 CM 26-01，渔船原则上禁止排放塑料，除非为了渔船或船员安全等特殊情形；禁止使用塑料打包带捆扎饵料箱，其他用途的塑料打包带应剪成小于 30 厘米长，且用船载焚化炉将其烧掉。渔船在南纬 60 度以南海域禁止向海中倾倒或排放油、燃油产品或油渣、垃圾、大于 25 毫米的食品废弃物、家禽或其部分（包括蛋壳）、畜类内脏、废料（offal）、抛弃物（discards）等。[3]在实践中，可能会出现渔船将废

─────────────

〔1〕 Conservation Measure 22-06（2019）"Bottom fishing in the Convention Area", paragraph 7.

〔2〕 该养护措施规定，干绳是指一段能悬挂 1000 个钩钓的主绳，或者 1200 米长的主绳，取两者最小值。VME 指示单元，是指能置于 10 升容器中的 1 升 VME 指示有机体。See Conservation Measure 22-07（2013）"Interim measure for bottom fishing activities subject to Conservation Measure 22-06 encountering potential vulnerable marine ecosystems in the Convention Area", paragraph 2.

〔3〕 2022 年第 41 届 CCAMLR 修订了养护措施 CM 26-01，将油、燃油产品或油渣、垃圾、家禽或其部分（包括蛋壳）、生活污水等禁止措施从南纬 60 度以南海域拓展至整个 CCAMLR 管辖海域；在南纬 60 度以南海域禁止排放内容增加了焚化灰（incineration ash）；明确规定了释放活的兼捕物种或底栖有机体，则不属于排放抛弃物。See Conservation Measure 26-01（2022）"General environmental protection to be taken by fishing vessels", paragraphs 7-9.

物和抛弃物排放入海的行为，被驻船的国际科学观察员发现后上报 CCAMLR 秘书处。这些行为一旦被查实，将会被确认为遵约问题。例如，2018-2019 年度，一艘乌克兰犬牙鱼渔船（*Calipso*）被驻船的国际科学观察员发现在加工犬牙鱼过程中将鱼鳍割下来后直接排放入海。该行为被国际科学观察员记入报告，最后该渔船被 CCAMLR 认定是轻微不遵约（1 级）。同年，另一艘乌克兰犬牙鱼渔船（Koreiz）被驻船的国际科学观察员发现排放生活污水。经核查，该渔船装有生活污染处理系统，携带有效的国际生活污水污染预防证书；此系统处理的生活污染，达到国际海事组织海洋环境保护委员会（MEPC）制定的标准，所以该渔船排放生活污水的行为被认为遵守了养护措施 CM 26-01。[1]

（三）具体渔业管理

在 2021-2022 年度生效的养护措施中，具体渔业管理下设有 6 类 28 个养护措施，分别是：一般措施（2 个），渔季、禁渔区和禁止捕捞（4 个），兼捕限制（3 个），犬牙鱼渔业（11 个），冰鱼渔业（2 个），磷虾渔业（6 个）。在此重点介绍和犬牙鱼探捕渔业相关的 2 个具体养护措施，即养护措施 CM 41-01 和 CM 33-03。

养护措施 CM 41-01，是犬牙鱼渔业类别养护措施中的 1 个养护措施；[2]它更详细地规定了犬牙鱼探捕渔业管理制度，是对养护措施 CM 21-02 的补充。首先，养护措施 CM 41-01 规定了适用渔具类型，定义了网次（a haul）以及网次地理位置等管理要素。该养护措施适用两类渔具，拖网和延绳钓。在拖网作业中，一个网次是指渔船放网一次，网次的地理位置是指放网起始点至收网终点间的中间位置。在延绳钓作业中，一个网次是指在一个地点布放一根或多根干绳，网次的地理位置是指布放干绳的中点。其次，养护措施 CM 41-01 规定，犬牙鱼探捕渔业的渔业报告实行日报制度，即养护措施 CM

---

〔1〕 CCAMLR, Report of the Thirty-Eighth Meeting of the Commission, Hobart, 21 October-1 November 2019, Appendix Ⅰ of Annex 6.

〔2〕 关于犬牙鱼渔业的其他养护措施，则是进一步细化相应区域内犬牙鱼渔业的管理制度，涉及参与生产国家及其渔船数、作业时间、配额、兼捕、防止海鸟偶捕、数据报告、研究计划与标志放流等内容，且每年更新一次。在此不逐一介绍。由于犬牙鱼渔业养护措施基本需要每年更新，或者这些养护措施规定了适用年度且基本只适用一个年度，故很容易因个别国家反对而不能通过。如果不能更新养护措施，则理论上就不能在相应的区域开展犬牙鱼渔业。这是犬牙鱼渔业和磷虾渔业管理方面一个重要的差别。

23-07；兼捕管理原则上遵守养护措施 CM 33-03；渔船必须接受一名根据 SISO 派遣的科学观察员，在可能情形下增加一名额外科学观察员。最后，该养护措施要求，犬牙鱼探捕渔业必须实施数据收集计划（附件 41-01/A）、研究计划（附件 41-01/B）和标志放流计划（附件 41-01/C）。根据数据收集计划和研究计划，在 2022 年 8 月 31 日前收集的数据，应在 2022 年 9 月 30 日前报告给 CCAMLR 秘书处；在 2022 年 8 月 31 日后收集的数据，应在渔场关闭 3 个月内报告给 CCAMLR 秘书处。如果在渔业开始前（一般为每年 12 月 1 日），选择不开展所通报的渔业，则应在该渔业开始 1 个月前通报给 CCAMLR 秘书处；如果发现不能开展所通报的渔业，则应在其知道不能开展此渔业 1 周内通报给 CCAMLR 秘书处。[1]

养护措施 CM 33-03 表面上限定了所有南极海洋生物资源新渔业和探捕渔业兼捕其他物种数量，但是从该养护措施内容看，它限定兼捕其他物种数量的标准都是以犬牙鱼配额为计算依据的，所以可以认为它主要是针对犬牙鱼的新渔业和探捕渔业。首先，该养护措施界定了兼捕内涵，排除了那些被活着释放的物种。也就是说，此养护措施所规定的兼捕仅指那些兼捕且保留在渔船上的非目标和相关物种。其次，在确定兼捕限额时，该养护措施分了三种情形，确定了各个兼捕物种的比例。三种兼捕情形分别是：兼捕魟、鳐（ray 和 skate），兼捕比例不超过各渔场对应犬牙鱼配额的 5%；兼捕长尾鳕科（Macrourus spp.），兼捕比例不超过各渔场对应犬牙鱼配额的 16%；兼捕其他物种，兼捕比例不超过各渔场对应犬牙鱼配额的 16%。最后，该养护措施规定了超兼捕限额的情形以及管理措施。当一网中兼捕一个物种量超过 1 吨，则渔船应移开 5 海里；当单船在小尺度研究单元（SSRU）内的两个 10 天周期中任何一个周期内兼捕长尾鳕科超过 1500 公斤且比例超过 16%，则该渔船应终止在此 SSRU 内作业。[2]

（四）海洋保护区和科学观察员

截至 2022 年底，CCAMLR 建立了 2 个海洋保护区，分别是南奥克尼群岛南部陆架海洋保护区（SOISS MPA）和罗斯海区域海洋保护区（RSrMPA）；

---

〔1〕 Conservation Measure 41-01 (2021) "General measures for exploratory fisheries for *Dissostichus spp.* in the Convention Area in the 2021/22 season".

〔2〕 Conservation Measure 33-03 (2021) "Limitation of by-catch in new and exploratory fisheries in the 2021/22 season".

制定了相应的养护措施，即养护措施 CM 91-03 和 CM 91-05。养护措施 CM 91-03 规定，在 SOISS MPA 内禁止开展一切渔业活动，除南极海洋生物资源养护委员会专门批准的渔业科学研究外；[1]任何渔船不得倾倒任何废弃物；禁止任何渔船在保护区内进行转载活动；鼓励渔船通过保护区时提前通知 CCAMLR 秘书处。[2]与此相反，养护措施 CM 91-05 在一定范围内允许犬牙鱼探捕渔业，且该养护措施要求缔约方应让在此区域生产的渔船熟知 RSrMPA 具体规定。

从 RSrMPA 建立背景看，无论是美国与新西兰两国在 2012 年之前在此海洋保护区设计方面存在的分歧，还是 2016 年美国为争取俄罗斯支持而作出的妥协，[3]犬牙鱼探捕渔业都是其中争议核心内容之一。根据养护措施 CM 91-05，罗斯海犬牙鱼渔场大致分为三个类型：其一，海洋保护区内特别研究区（SRZ），其配额 88.1 区和 88.2 区中 SSRU A 与 B 等总捕捞配额（也称"基础配额"，the base catch limit）的 15%；其二，海洋保护区外且南纬 70 度以南区域，其配额为基础配额的 66%；其三，海洋保护区外且南纬 70 度以北区域，其配额为基础配额的 19%。这三个犬牙鱼渔场位于 88.1 区和 88.2 区中 SSRU A 与 B，原则上由养护措施 CM 41-09 规制。但是，特别研究区位于海洋保护区内，故在特别研究区内从事犬牙鱼探捕渔业还须遵守养护措施 CM 91-05。具体管理规定包括：渔船应熟知该海洋保护区边界、进出海洋保护区通报、犬牙鱼标志放流比例不低于每吨（净重）3 尾鱼、禁止海上转载、环境保护适用养护措施 CM 26-01。

2018 年 12 月 11 日，一家英国公司的 2 艘渔船（Argos Georgia 和 Nordic Prince）根据养护措施 CM 10-09 向秘书处提前通报在 RSrMPA 的特别研究区内转载了一些机械用品；第二天 2 艘渔船向 CCAMLR 秘书处确认转载完成。虽然此次转载符合养护措施 CM 10-09 提前通报的规定，但是违反了养护措施

---

〔1〕 对照 2009 年 CCAMLR 讨论情况，SOISS MPA 已经将可能存在的渔业活动区域排除在外。所以，此规定仅具象征性意义。

〔2〕 值得注意的是：渔船通过 SOISS MPA 的通报，不是一项法律约束性义务，仅是"鼓励"；从这个法律角度看，通报义务是不同于排放、倾倒、转载等禁止性义务。

〔3〕 2014 年，俄罗斯认为，建立此海洋保护区将会帮助有些国家通过关闭罗斯海的犬牙鱼渔业而垄断世界犬牙鱼产品供给。为满足俄罗斯关于犬牙鱼渔业的关切，美国在原有提案的基础上增加了一段关于犬牙鱼渔业的规定，即 2016 年通过的养护措施 CM 91-05 第 28 段。See Delegation of the Russian Federation, Principal provisions of the Russian Federation regarding the proposal to establish an MPA in the Ross Sea, CCAMLR-XXXIII/26, 5 September 2014, p. 4.

CM 91-05 第 11 段禁止在海洋保护区转载的规定。为此，英国政府给这两艘渔船所在公司给予书面警告处罚，该公司修订了内部工作管理流程，同时向 CCAMLR 海洋保护区基金捐助了 1 万英镑。此事件作为 RSrMPA 建立后的第一例违法事件，在 2019 年第 38 届 CCAMLR 会议期间引起了争议，最终 CCAMLR 未能就此不遵约严重程度达成一致意见。[1]2020-2021 年度，1 艘乌克兰渔船（Calipso）和 1 艘韩国渔船（Hong Jin No.701）被发现存在进入 RSrMPA 特别研究区通报不及时的问题，违反养护措施 CM 91-05 第 24 段；1 艘西班牙渔船（Tronio）标志放流比例只达到每吨 2 尾，违反养护措施 CM 91-05 第 8 段。[2]

《国际科学观察制度》（SISO），是 CCAMLR 根据《南极海洋生物资源养护公约》第 24 条于 1992 年正式制定的。[3]理论上 SISO 适用从事南极海洋生物资源捕捞或科学研究的船舶，国际科学观察员制度的落实依靠于 CCAMLR 成员间签订双边安排。如果没有双边安排，则不能实施 SISO；双边安排仅限于 CCAMLR 成员间。[4]1993 年 2 月至 3 月，英国和智利进行合作，1 艘在 48.4 区从事细鳞犬牙鱼生产的智利延绳钓渔船接受了 1 名英国派遣的国际科学观察员，成为实施 SISO 的第一例实践。[5]在 1997 年、2008 年、2017 年和 2018 年，CCAMLR 修订了该制度。

根据 2021-2022 年度生效的 SISO，其管理内容大致有以下两个方面。在国际科学观察员方面，SISO 要求观察员应熟悉南极海域的捕捞与研究活动、《南极海洋生物资源养护公约》与 CCAMLR 通过的养护措施，经充分教育与培训能执行 SISO 规定的科学观察任务，用派驻渔船的船旗国语言进行交流，携带经 CCAMLR 批准的派出国颁发的观察员证书；观察员在完成其航次或返

〔1〕 CCAMLR, Report of the Thirty-Eighth Meeting of the Commission, Hobart, 21 October-1 November 2019, paragraphs 91-96 of Annex 6.

〔2〕 CCAMLR, Report of the Fortieth Meeting of the Commission, Virtual, 18-29 October 2021, Appendix Ⅰ of Annex 6.

〔3〕 在通过 SISO 时，法国和南非分别做出保留，排除该制度在南纬 60 度以北他们岛屿周围专属经济区内的适用。See CCAMLR, Report of the Eleventh Meeting of the Commission, Hobart, 26 October-6 November 1992, paragraphs 6.6-6.12.

〔4〕 The CCAMLR Scheme of International Scientific Observation, 2018, paragraph B.

〔5〕 CCAMLR, Report of the Twelfth Meeting of the Commission, Hobart, 25 October-5 November 1993, paragraph 6.19.

回其国家 1 月后应向 CCAMLR 提交其报告，秘书处在收到观察员报告 14 天内转交接受派驻观察员的国家。在国际科学观察员的派遣与接受方面，SISO 要求派出国和接受国应签订双边协定；派出国应告之 CCAMLR 秘书处观察员相关信息，为其派出国际科学观察员收集的数据、开展的观察员以及派出中可能出现的事故责任，负责其派出国际科学观察员往登船点的交通与海上装备、薪资等报酬，确保其派出的国际科学观察员遵守渔船的船旗国相关法律，不影响渔船正常作业等；接受国渔船应为观察员工作提供便利，使其享有船上职务船员的起居和膳食待遇，不威胁或影响其工作，保障其海上安全等。

对于国际科学观察员用船旗国语言交流问题，1992 年通过 SISO 时 CCAMLR 认为很难找到严格满足此要求的国际科学观察员；毕竟在 CCAMLR 管辖范围内从事渔业生产的国家多样，涉及语言众多，包括日语、韩语等 CCAMLR 非官方语言。如果严格执行此要求的话，一方面会导致找不到国际科学观察员，另一方面会导致渔船没有国际科学观察员而不能进行生产。因此，该语言要求应作宽泛的解释。[1]CCAMLR 没有进一步明确"宽泛解释"的内涵，一般可以认为国际科学观察员和渔船之间能够进行正常交流沟通就可以，如使用英语。

二、罗斯海区域犬牙鱼探捕渔业

罗斯海区域犬牙鱼渔业，始于新西兰渔船的开拓。1996 年，新西兰向 CCAMLR 通报其拟于 1996-1997 年度在 88.1 区和 88.2 区开展细鳞犬牙鱼和莫氏犬牙鱼新渔业。1997 年 5 月，受海冰影响，新西兰渔船仅在 88.1 区进行了 2 个网次生产，捕捞了 128 公斤细鳞犬牙鱼。[2]2003 年之前，该区域犬牙鱼渔业发展较缓慢，包括参加生产国家及其渔船数量。2015 年，SC-CAMLR 认为，经多年利用以及研究，罗斯海区域犬牙鱼种群及其生态系统状况的科学知识已经比较丰富；罗斯海区域犬牙鱼渔业在一定意义上相当于成熟渔业，和其他区域的犬牙鱼探捕渔业有所不同。[3]在 2017 年 12 月 1 日，RSrMPA 生效

---

〔1〕 CCAMLR, Report of the Eleventh Meeting of the Commission, Hobart, 26 October-6 November 1992, paragraph 21 of Annex 5.

〔2〕 CCAMLR, Report of the Fifteenth Meeting of the Commission, Hobart, 21 October -1 November 1996, paragraph 6.5; Report of the Sixteenth Meeting of the Commission, Hobart, 27 October-7 November 1997, paragraph 7.1.

〔3〕 SC-CAMLR, Report of the Thirty-Fourth Meeting of the Scientific Committee, Hobart, 19-23 October 2015, paragraph 3.224.

后，通报参加此渔业的渔船恢复至 10 个国家 24 艘。此区域犬牙鱼渔业曾出现明显捕捞能力过剩的问题，个别 SSRU 的实际捕捞量超过了设定配额的 56%。[1]

罗斯海区域犬牙鱼渔场为东经 150 度至西经 150 度、南纬 60 度以南。881A 至 881C 的 SSRU 是该渔场产量集中区域，特别是 881A。自 2008 年开始，CCAMLR 关闭了 881A。随着养护措施 CM 91–05 于 2017 年 12 月 1 日生效，881A 被重新开放，作为 RSrMPA 外且南纬 70 度以北渔场的一部分。[2] 根据养护措施 CM 91–05，882A 和 B 两个 SSRU 并入 88.1 区管理。故罗斯海区域犬牙鱼渔业，即养护措施 CM 41–09，包含了原来的 88.1 区和 88.2 区的两个 SSRU。现以 2021–2022 年度为例，阐述该区域犬牙鱼探捕渔业管理。

表 5-4　2021-2022 年度罗斯海区域莫氏犬牙鱼和兼捕配额以及实际渔获量[3]

	莫氏犬牙鱼（吨）	长尾鳕（吨）	魟、鳐（吨）	其他（吨）	关闭日期
RSrMPA 外且南纬 70 度以北区域	664（580）	106	33	33	2021 年 12 月 10 日
RSrMPA 外且南纬 70 度以南区域	2307（2220）	316	115	115	2022 年 1 月 6 日
RSrMPA 特别研究区	459（456）	72	22	22	2021 年 12 月 20 日
根据养护措施 CM 24-01 在罗斯海陆架开展的调查	65（32）				
总　　计	3495（3288）	494	170	170	

---

〔1〕 CCAMLR, Report of the Thirty-Sixth Meeting of the Commission, Hobart, 16-27 October 2017, paragraphs 5.39-5.43. 2014 年，俄罗斯在评论美国和新西兰关于 RSrMPA 提案时指出，罗斯海区域根本不像美国和新西兰所说的那样是一个人类还未触及的海域，相反它是南极洲附近海域中开展活动较多的海域，自 20 世纪 20 年代以来人类在此海域相继开展了捕猎鲸鱼和海豹、捕捞磷虾和犬牙鱼等活动。See Delegation of the Russian Federation, Principal provisions of the Russian Federation regarding the proposal to establish an MPA in the Ross Sea, CCAMLR-XXXIII/26, 5 September 2014, p. 1.

〔2〕 CCAMLR Secretariat, Fishery Report 2021: Dissostichus mawsoni in Subarea 88.1, 27 May 2022, p. 3.

〔3〕 CCAMLR operational fishery management for exploratory fisheries governed by CM 41-09 (2021) in the 2021/22 season (Subareas 88.1 and SSRUs 882A-B), 18 November 2021; CCAMLR Secretariat, Catches of target species in the Convention Area, SC-CAMLR-41/BG/01, 23 September 2022, Table 3.

上表所示为 2021-2022 年度罗斯海区域莫氏犬牙鱼和兼捕配额，以及莫氏犬牙鱼的实际渔获量；括号外数字为配额，括号内数字为实际渔获量。从此表可看出，RSrMPA 外且南纬 70 度以南区域，是配额最大的区域，莫氏犬牙鱼配额为 2307 吨，满足养护措施 CM 91-05 第 28 段规定的 66% 的比例；相应地，该区域内的兼捕配额也高，长尾鳕兼捕配额为 316 吨，为犬牙鱼配额比例的 13.7%，低于养护措施 CM 33-03 第 2 段规定的 16%；魟、鳐为 115 吨，为犬牙鱼配额的 5%，和养护措施 CM 33-03 第 2 段规定一致；其他物种兼捕配额为 115 吨，为犬牙鱼配额的 5%，低于养护措施 CM 33-03 第 2 段规定的 16%。从实际生产情况看，该区莫氏犬牙鱼配额利用率为 94.1%，没有超配额捕捞。RSrMPA 外且南纬 70 度以北区域渔场最先关闭，生产周期仅为 10 天，配额利用率为 87.3%；其次是 RSrMPA 特别研究区，生产周期为 20 天，配额利用率为 99.4%；最后是 RSrMPA 外且南纬 70 度以南区域，生产周期为 37 天，配额利用率为 96.2%。相比而言，同年度 48.1 区南极磷虾渔业一直持续到 2022 年 6 月 27 日，配额利用率为 92.5%；48.2 区和 48.3 区都没有关闭，两个区的南极磷虾配额利用率分别为 68.5% 和 6.9%。

在船位监测管理方面，船旗国有两个方面报告船位移动的义务。其一，根据养护措施 CM 10-04 第 13 段，渔船在 88.1 区和 88.2 区之间转移，以及在 SSRU88.2A 和 B 之间转移时，船旗国都必须在 24 小时内向 CCAMLR 秘书处报告。其二，根据养护措施 CM 91-05 第 24 段，渔船进入 RSrMPA 前，船旗国应报告 CCAMLR 秘书处。2021-2022 年度，1 艘西班牙渔船（Tronio）和 1 艘乌拉圭渔船（Ocean Azul）被发现进入 RSrMPA 特别研究区通报不及时的问题，违反养护措施 CM 91-05 第 24 段；CCAMLR 将此行为认定为轻微不遵约（1 级）。[1]

在标志放流方面，根据养护措施 CM 41-09 第 13 段，RSrMPA 外海域标志放流比例为每吨 1 尾；根据养护措施 CM 91-05 第 8 段，RSrMPA 特别研究区标志放流比例为每吨 3 尾。2020-2021 年度，1 艘西班牙渔船（Tronio）标志放流比例只达到每吨 2 尾，违反了此比例规定。鉴于 2020-2021 年度线上召开的第 40 届 CCAMLR 受时间限制，未能就此不遵约事件作出裁定。

---

[1] CCAMLR, Report of the Forty-First Meeting of the Commission Hobart, 24 October-4 November 2022, Appendix Ⅰ of Annex 6.

数据报告、兼捕、脆弱海洋生态系统保护、犬牙鱼渔获登记制度、海上转载等方面管理制度，没有特别的规定，适用前述一般性管理制度。数据报告适用日报和月报制度，适用养护措施 CM 23-07 和 CM 23-04；兼捕管理，适用养护措施 CM 33-03；脆弱海洋生态系统保护，适用养护措施 CM 22-07；犬牙鱼渔获登记制度，适用养护措施 CM 10-05；海上转载（除 RSrMPA 内禁止转载外），适用养护措施 CM 10-09。

第三节　CCAMLR 犬牙鱼渔业管理争议

一、58.4.1 区探捕渔业

58.4.1 区的犬牙鱼探捕渔业，始于 2003-2004 年度，设定的预防性可捕配额为 800 吨，平均分配至 4 个 SSRU 中。自 2004-2005 年度开始，预防性可捕配额调整为 600 吨，一直到 2007-2008 年度。2008 年，WG-FSA 评估该区域的犬牙鱼资源量较小，600 吨配额是不可持续的，因此建议将预防性可捕配额调整为 210 吨，分配至 3 个 SSRU 中。[1]210 吨配额保持了 5 个年度，直至 2012-2013 年度。2013 年，WG-FSA 将该区域的配额调整至 724 吨，约为 210 吨的 3.5 倍。724 吨配额保持了 2 个年度；2015-2016 年度下调至 600 吨，2016-2017 年度下调至 523 吨，2017-2018 年度微调至 545 吨。[2]在参与的国家方面，从最初的 3 个国家，发展到 2007-2008 年度的 6 个国家，到 2013-2014 年度的 2 个国家，自 2015-2016 年度就稳定在 5 个国家。在此 15 年内，俄罗斯只是在 2011-2012 年度参加过一次。在参与的渔船数量方面，从最初的 5 艘，到 2007-2008 年度的 15 艘，到 2013-2014 年度的 2 艘，自 2015-2016 年度就稳定在 5 艘，如下图。2003 年，CCAMLR 就允许大量渔船开展犬牙鱼探捕表达担心与关切，认为渔船数量超过了探捕渔业有序发展的限度。[3]

---

〔1〕　SC-CAMLR, Report of the Twenty-Seventh Meeting of the Scientific Committee, Hobart, 27-31 October 2008, paragraph 5.29 of Annex 5.

〔2〕　Delegation of the Russian Federation, Efficiency of the multi-year research programs for the Dissostichus species exploratory fishery: comments on the multi-Member research in the East Antarctic (Division 58.4.1), SC-CAMLR-XXXVII/BG/23, 22 September 2018, Table 1.

〔3〕　CCAMLR, Report of the Twenty-Second Meeting of the Commission, Hobart, 27 October-7 November 2003, paragraph 10.63.

2015 年，澳大利亚、法国、日本、韩国和西班牙 5 个国家开展为期 4 个年度的科学研究。WG-SAM 在评估他们的科研计划时，提及加强科研计划间的协调，防止相互间的干扰影响科研目标的实现。SC-CAMLR 也呼吁在相同区域开展渔业活动的成员国加强协作。[1]从此，这五个国家以多年度科研计划的名义事实上垄断 58.4.1 区的犬牙鱼探捕渔业。2018 年第一个 4 年科研计划结束，他们重新提出一个新的 4 年科研计划（WG-SAM-18/17），即 2018 年至 2022 年。对此，俄罗斯以他们五国相互间科研调查方法不一致理由，拒绝承认他们科研计划的科学性，[2]致使 58.4.1 区犬牙鱼探捕渔业中止。2019 年，俄罗斯提出了 3 个科研计划（WG-SAM-2019/19），研究目标和五国相同，但是俄罗斯通报了 3 艘渔船；WG-SAM 以俄罗斯科研计划不可行以及强调新参与国必须和五国合作等理由拒绝通过俄罗斯的科研计划。[3]

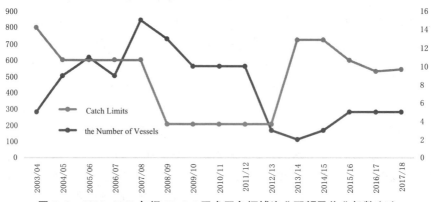

图 5-2　2003-2018 年间 58.4.1 区犬牙鱼探捕渔业配额及作业船数[4]

就 58.4.1 区犬牙鱼探捕渔业而言，2003 年 CCAMLR 设定的 800 吨预防性可捕配额是目前最高配额，以及 2013 年将预防性可捕配额再从 210 吨大幅提

〔1〕　SC-CAMLR, Report of the Thirty-Fourth Meeting of the Scientific Committee, Hobart, 19-23 October 2015, paragraphs 2.8-2.9.

〔2〕　SC-CAMLR, Report of the Thirty-Seventh Meeting of the Scientific Committee, Hobart, 22-26 October 2018, paragraphs 3.135-3.141.

〔3〕　SC-CAMLR, Report of the Thirty-Eighth Meeting of the Scientific Committee, Hobart, 21-25 October 2019, paragraph 6.58-6.72 of Annex 4.

〔4〕　本图根据 2003 年至 2018 年间的养护措施 CM 41-11 进行整理而成。

升到724吨等，很难符合预防性做法关于有序发展和渔业发展不快于数据收集等要求。特别地，2010年，SC-CAMLR将58.4.1区界定为数据缺乏渔业，且只要这种界定没有更改，58.4.1区的犬牙鱼探捕渔业就应谨慎发展。显然，将预防性可捕配额在一年间提升3.5倍不符合数据、缺乏谨慎；经过多年发展后，如果58.4.1区探捕渔业不再属于数据缺乏渔业，则养护措施CM 21-01第6段（iii）则应及时修订。

二、48.3区犬牙鱼渔业争议

2021年第40届CCAMLR会议期间，英国和俄罗斯就48.3区细鳞犬牙鱼渔业的可持续性分歧没有达成共识，CCAMLR未能更新养护措施CM 41-02，由此英国不能在其"主张"和"实际控制"下海域开展渔业活动，引发了相关国家间激烈的争论。美国认为，48.3区细鳞犬牙鱼渔业问题不是英国和俄罗斯间的双边问题，它影响了CCAMLR以及南极条约体系的稳定；重申南极条约体系的根本，即国际和科学合作。[1]

（一）48.3区渔业历史

48.3区曾是一个重要的南极捕鲸海域。1904年，挪威人拉尔森在南乔治亚岛上建立了第一个陆基捕鲸基地。据研究，英国正因为此才于1908年正式提出对亚南极岛屿的领土主张，包括南乔治亚、南奥克尼、南桑德威奇和南设得兰等群岛。[2]在CCAMLR正式运行后，加强了48.3区渔业养护管理，分别针对细鳞犬牙鱼渔业、鳄头冰鱼渔业、隆头南极鱼渔业、短鳍冰鱼渔业、南乔治亚拟冰鱼渔业、短鳍南极鱼渔业和贡氏南极鱼渔业等渔业制定了相应的管理措施。

1984年，第3届CCAMLR会议通过养护措施CM 1/Ⅲ，规定48.3区南乔治亚岛周围12海里内海域禁止任何渔业活动，除科学研究性质的渔业活动外。[3]1986年，第5届CCAMLR会议通过养护措施CM 7/Ⅴ，要求CCAMLR在1987年针对48.3区渔业制定配额或类似措施，适用于1987-1988年度；在1987-

〔1〕 CCAMLR, Report of the Fortieth Meeting of the Commission, Virtual, 18-29 October 2021, paragraphs 6.22-6.30.

〔2〕 Robert J. Hofman, "Sealing, Whaling and Krill Fishing in the Southern Ocean: Past and Possible Future Effects on Catch Regulations", 53 *Polar Record* 88, 90-91 (2017).

〔3〕 Conservation Measure 1/Ⅲ "Closure of Waters adjacent to South Georgia".

1988 年度之后，CCAMLR 在之前年度的基础上，制定了渔获配额或类似措施。[1]养护措施 CM 7/Ⅴ，为 48.3 区内开展的渔业管理规定了一个总框架，即渔获配额为基础，其他措施为辅助。根据后续养护措施实践，辅助措施包括了渔场开放与关闭、产量报告、禁渔期、兼捕管理、最小网目尺寸等。

在此背景下，1987 年，第 6 届 CCAMLR 会议通过了 3 个关于鳄头冰鱼（Champsocephalus gunnari）的养护措施。养护措施 CM 8/Ⅵ限定 48.3 区鳄头冰鱼配额为 3.5 万吨；养护措施 CM 9/Ⅵ规定了冰鱼渔业的数据报告制定，要求 CCAMLR 执行秘书长在鳄头冰鱼产量达到配额的 90% 时估计配额达到的可能日期，并在那个日期关闭渔场；养护措施 CM 10/Ⅵ设定了禁渔期，从 1988 年 4 月 1 日至 10 月 1 日，以保护鳄头冰鱼幼鱼。[2]在 1988 年 10 月 1 日渔场开放后，第 1 个 10 天报告鳄头冰鱼产量为 10121 吨，第 2 个 10 天产量到 10 月 30 日才报告给秘书处，第 3 个 10 天的产量到 11 月 10 日才报告给秘书处。也就是说，相关捕鱼国没有按照养护措施 CM 9/Ⅵ规定报告鳄头冰鱼产量，引发了很多国家关切。这些国家认为，如果按照第 1 个 10 天鳄头冰鱼产量计算，后续延期报告的产量数据一方面限制了 SC-CAMLR 对该渔业状况进行评估，另一方面担心该渔业被严重过度利用。因此，CCAMLR 一致同意关闭 48.3 区鳄头冰鱼渔业。因此，1988 年，第 7 届 CCAMLR 会议通过养护措施 CM 11/Ⅶ，关闭了 48.3 区内的鳄头冰鱼渔业；为避免其他渔业兼捕鳄头冰鱼，所以养护措施 CM 11/Ⅶ同时关闭了 48.3 区内的花纹南极鱼（Notothenia rossii）渔业、隆头南极鱼（Gobionotothen gibberifrons）渔业、短鳍冰鱼（Chaenocephalus aceratus）渔业和南乔治亚拟冰鱼（Pseudochaenichthys georgianu）渔业，禁渔期自 1988 年 11 月 4 日至 1989 年 11 月 20 日。根据 SC-CAMLR 建议，CCAMLR 通过了养护措施 CM 12/Ⅶ，将 48.3 区的贡氏南极鱼（Patagonotothen brevicauda）渔业配额设定为 1.3 万吨。[3]

1989 年，养护措施 CM 11/Ⅶ规定的 48.3 区禁渔期结束，养护措施 CM

---

〔1〕 Conservation Measure 7/Ⅴ "Regulation of Fishing around South Georgia (Statistical Subarea 48.3)". 该养护措施一直有效，且没有经任何修订，现为养护措施 CM 31-01 (1986)。

〔2〕 CCAMLR, Report of the Sixth Meeting of the Commission, Hobart, 26 October-6 November 1987, paragraphs 59-90.

〔3〕 CCAMLR, Report of the Seventh Meeting of the Commission, Hobart, 24 October-4 November 1988, paragraphs 90-104.

1/Ⅲ因 CCAMLR 成员不能取得协商一致而失效，在此情况下 CCAMLR 的总体渔业策略是：恢复已经衰退的鱼类资源、将捕捞死亡率限制在一个较低水平、设定总可捕量配额和通过一些措施保护幼鱼（如最小网目尺寸、禁渔期与禁渔区）等。但是，兼捕问题，特别是许可渔业兼捕保护物种，则成为 CCAMLR 的关切。[1]对于鳄头冰鱼，美国与波兰根据调查计算了一个配额建议，苏联根据资源评估模型（VPA）模拟了一个配额建议；在低捕捞努力率情形下，美国与波兰建议为 6545 吨，而苏联建议为 22 235 吨。[2]尽管两者都存在诸多不确定性，但是 CCAMLR 从保守的角度出发选择了较低配额，将 1989–1990 年度 48.3 区鳄头冰鱼渔业配额设定为 8000 吨。与此同时，CCAMLR 还延长了鳄头冰鱼渔业的禁渔期，从 1989 年 11 月 20 日至 1990 年 1 月 15 日以及 1990 年 4 月 1 日至 11 月 4 日。[3]除鳄头冰鱼渔业外，CCAMLR 决定禁止隆头鱼渔业，但是预留了 300 吨兼捕配额；禁止南乔治亚拟冰鱼渔业和花纹南极鱼渔业；贡氏南极鱼渔业配额为 1.2 万吨。相应地，CCAMLR 通过了养护措施 CM 13/Ⅷ、CM 14/Ⅷ、CM 15/Ⅷ和 CM 16/Ⅷ。[4]1990 年，CCAMLR 通过养护措施 CM 23/Ⅸ，自 1990–1991 年度禁止在 48.3 区捕捞贡氏南极鱼。

2002 年，CCAMLR 进行养护措施编号调整；养护措施 CM 32-06（1985）禁止花纹南极鱼渔业，养护措施 CM 32-07（1999）禁止隆头南极鱼渔业、短鳍冰鱼渔业、南乔治亚拟冰鱼渔业、短鳍南极鱼渔业和贡氏南极鱼渔业。因此，48.3 区可开展的渔业只剩下细鳞犬牙鱼渔业和鳄头冰鱼渔业，分别适用养护措施 CM 41-02 和 CM 42-01。

（二）48.3 区细鳞犬牙鱼渔业

细鳞犬牙鱼最大年龄可达 25 岁至 30 岁，8 岁至 10 岁间性成熟。生长缓慢和生命周期长，决定了该物种可持续产量和单位补充量产量很低。48.3 区的细鳞犬牙鱼最早有产量报告始于 1976–1977 年度，1977–1978 年度的产量

〔1〕 CCAMLR, Report of the Eighth Meeting of the Commission, Hobart, 6–17 October 1989, paragraphs 76–78.

〔2〕 SC-CAMLR, Report of the Eighth Meeting of the Scientific Committee, Hobart, 6–10 October 1989, paragraphs 3.28–3.33.

〔3〕 CCAMLR, Report of the Eighth Meeting of the Commission, Hobart, 6–17 October 1989, paragraphs 85 and 93–94.

〔4〕 CCAMLR, Report of the Eighth Meeting of the Commission, Hobart, 6–17 October 1989, paragraphs 95–103.

曾偶尔高达 1920 吨，此后至 1985-1986 年度间，年产量均在几百吨左右，大多数产量来自贡氏南极鱼渔业的兼捕。1985-1986 年度后，48.3 区细鳞犬牙鱼产量逐年增加；从 1985-1986 年度的 564 吨，上升到 1988-1989 年度的 4138 吨。就其作业方式而言，1987-1988 年度之前，该渔业作业方式是拖网作业；1988-1989 年度引入了延绳钓，大幅提升了其作业效率，1988-1989 年度 4138 吨产量几乎来自延绳钓作业。作业方式改变，还影响了捕捞对象的年龄组成；拖网作业主要捕捞细鳞犬牙鱼的小龄鱼，而延绳钓作业主要捕捞细鳞犬牙鱼的成年鱼。这种作业方式改变还导致了资源评估所需的体长与年龄组成数据缺失，因此鱼类种群评估工作组（WG-FSA）无法对该资源的状况作科学评估。在此情况下，WG-FSA 通过其方法估算该资源的两种生物量可能性及其对应的产量：第一种生物量为 8000 吨，对应可持续产量为 240 吨；第二种生物量为 4 万吨，对应可持续产量 1200 吨。4 万吨生物资源是 1984-1985 年度对该资源量评估结果的 5 倍，但是 WG-FSA 认为这是一个合理的上限。[1]大多数 CCAMLR 成为认为，4 万吨生物资源量估算建议代表了可获得最佳科学证明，因此应作为制定总可捕量的依据；苏联认为，延绳钓渔业仅捕捞大龄鱼，因此没有必要设定总可捕量。第 8 届 CCAMLR 会议未能就该渔业配额达成共识，仅就延绳钓作业方式兼捕海鸟通过了一个决议，即第 R5/Ⅷ号决议，敦促实施此作业方式的缔约国开展调查，尽快采取解决技术方案，降低海鸟兼捕。[2]

1989-1990 年度，尽管渔船数量没有大的变化，但是 48.3 区细鳞犬牙鱼产量翻番，从上年度的 4138 吨上升到 8311 吨。1990 年，WG-FSA 建议 48.3 区该渔业总可捕量应在 1200 吨至 8000 吨之间。SC-CAMLR 考虑该渔业可全年生产，该渔业产量可能已经超过任何可能设定的总可捕量；考虑到该资源评估中的大量不确定性，SC-CAMLR 建议该渔业总可捕量应取上述区间中最小的值；苏联则建议取上述区间的中间值。最终，SC-CAMLR 建议 CCAMLR 应为该渔业设定总可捕量，同步实施 5 天产量报告制定，将 1991 年 7 月至 12 日

---

〔1〕 SC-CAMLR, Report of the Eighth Meeting of the Scientific Committee, Hobart, 6-10 October 1989, Annex 6, paragraphs 115-120.

〔2〕 CCAMLR, Report of the Eighth Meeting of the Commission, Hobart, 6-17 October 1989, paragraphs 104-109 and 129-130.

设为该渔业的禁渔期。[1]1990 年，CCAMLR 第一次通过 48.3 区细鳞犬牙鱼渔业配额，即养护措施 CM 24/Ⅸ，明确 1990-1991 年度配额为 2500 吨；同步通过了该渔业的渔获量与努力量报告制度（养护措施 CM 25/Ⅸ）和努力量与生物学数据报告制度（养护措施 CM 26/Ⅸ）。[2]

　　在经历 1993-1994 年度的低谷（1300 吨）和 2002-2003 年度的高峰（7810 吨）后，近 10 年 48.3 区细鳞犬牙鱼渔业配额保持相对稳定，在 3000 吨至 2400 吨之间。值得注意的是，2004 年，SC-CAMLR 及其 WG-FSA 未能提出关于 48.3 区犬牙鱼渔业配额的建议。在此情形下，CCAMLR 将 2004-2005 年度 48.3 区犬牙鱼渔业配额设定为 3050 吨，并将此配额分配在两个管理区域。对于 CCAMLR 的决定，美国尽管没有反对，但质疑其科学性以及预防性。美国援引了 2004 年 SC-CAMLR 达成的共识，包括如果不调整 CPUE，48.3 区犬牙鱼资源在未来 35 年内衰竭的概率为 67%；48.3 区犬牙鱼资源长期年产量估计应为 1900 吨。[3]美国进一步指出，在过去的 20 年中，有 17 年的产量超过了 1900 吨，特别是 2001 年至 2003 年间产量远超此值，2002 年更是最高达 7534 吨（如图 5-3）。因此，美国认为 48.3 区犬牙鱼渔业配额理论上应为零；从渔业实践角度，1900 吨是一个可接受的配额；同时坚信，如果该区犬牙鱼渔业配额超过零吨，那么其都不是预防性的。美国的意见，得到了阿根廷的支持，为英国所反对。[4]根据 2019 年 CCAMLR 修订的养护措施 CM 41-02，2019-2020 年度和 2020-2021 年度 48.3 区细鳞犬牙鱼渔业配额为 2327 吨。[5]

---

　　〔1〕　SC-CAMLR, Report of the Ninth Meeting of the Scientific Committee, Hobart, 22-29 October 1990, paragraphs 3.55-3.66.

　　〔2〕　CCAMLR, Report of the Ninth Meeting of the Commission, Hobart, 22 October-2 November 1990, paragraphs 13.27-13.38.

　　〔3〕　SC-CAMLR, Report of the Twenty-Third Meeting of the Scientific Committee, Hobart, 25-29 October 2004, paragraph 4.50.

　　〔4〕　CCAMLR, Report of the Twenty-Third Meeting of the Commission, Hobart, 25 October-5 November 2004, paragraphs 10.49-10.53.

　　〔5〕　Conservation Measure 41-02 (2019) "Limits on the fishery for *Dissostichus eleginoides* in Statistical Subarea 48.3 in the 2019/20 and 2020/21 seasons".

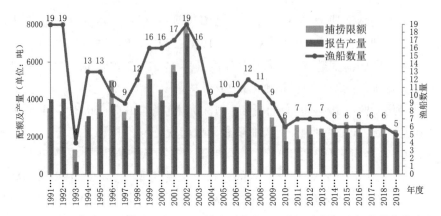

图 5-3　1991 年至 2020 年间 48.3 区细鳞犬牙鱼渔业配额、产量与渔船数量变化〔1〕

从 48.3 区细鳞犬牙鱼渔业生产历史看，苏联曾是 48.3 区细鳞犬牙鱼渔业最初阶段的主要生产国；1989-1990 年度，苏联在此区域内细鳞犬牙鱼产量达 8309 吨。〔2〕进入 20 世纪 90 年代后，特别是苏联解体后，俄罗斯在此区域内的细鳞犬牙鱼产量迅速下降，1994-1995 年度只有 10 吨，〔3〕比 1993-1994 年度 48.3 区细鳞犬牙鱼渔业低谷时俄罗斯产量（151.3 吨）还低。1995-1996 年度，俄罗斯产量为 103 吨。〔4〕此后，俄罗斯中断了此渔业生产，直到 2000-2001 年度短暂回归，〔5〕2002-2003 年度后则再度停止且截至 2020-2021

〔1〕 CCAMLR Secretariat, Fishery Report 2020: Dissostichus eleginoides in Subarea 48.3, 16 March 2021, at http://fisheryreports. ccamlr. org/, accessed 1 November 2021. 除此 CCAMLR 秘书处报告外，笔者还核对了 CCAMLR 历年通过的关于 48.3 区细鳞犬牙鱼渔业的养护措施以及此 CCAMLR 秘书处历年渔业产量报告。如 2020 年 CCAMLR 秘书处关于 48.3 区细鳞犬牙鱼渔业报告和其历年渔业产量报告有差异，则以历年渔业产量报告为准。尽管 2021 年 CCAMLR 秘书处提供了 2020-2021 年度的渔业产量，包括 48.3 区细鳞犬牙鱼渔业产量，但是只统计到 2021 年 7 月 31 日，不能反映整个年度实际产量，故本书没有将 2020-2021 年度统计进来。See CCAMLR Secretariat, Catches of Target Species in the Convention Area, SC-CAMLR-40/BG/01, 27 August 2021, Table 2.

〔2〕 CCAMLR Secretariat, Summary of Fishery Statistics for 1990, SC-CAMLR-Ⅸ/BG/1 Rev. 1, 22 October 1990, p. 5.

〔3〕 CCAMLR Secretariat, Catches in the Convention Areas in 1994/95, SC-CAMLR-ⅩⅣ/BG/1, 22 October 1995, p. 2.

〔4〕 CCAMLR Secretariat, Catches in the Convention Areas in 1995/96, SC-CAMLR-ⅩⅤ/BG/1 Rev. 2, 22 October 1996, p. 2.

〔5〕 CCAMLR Secretariat, Catches in the Convention Areas in the 2000/01 and 2001/02 Seasons, SC-CAMLR-XXI/BG/1, 20 October 2002.

年度仍没有恢复。

1994-1995 年度，智利在此区域的细鳞犬牙鱼渔业产量迅速上升，达到 1871 吨，成为该区域最大的细鳞犬牙鱼渔业生产国，比其他 4 个生产国总和（1371 吨）还多；[1]1995-1996 年度，智利在此区域的细鳞犬牙鱼渔业产量达到其历史最高 3064 吨。[2]智利成为 20 世纪 90 年代此区域的细鳞犬牙鱼渔业最主要生产国。

在俄罗斯退出 48.3 区细鳞犬牙鱼渔业之后，英国开始其利用该渔业。1996-1997 年度，英国在此区域的细鳞犬牙鱼渔业产量为 398 吨；1998-1999 年度后产量上升至 1000 吨以上，为 1238 吨，仍少于智利（1668 吨）。[3]2000-2001 年度，英国开始成为该区域细鳞犬牙鱼渔业最重要的生产国；西班牙、韩国等国家产量开始超智利，成为主要生产国；俄罗斯重新回归；乌拉圭、南非和乌克兰等是其他生产国。[4]2002-2003 年度，48.3 区细鳞犬牙鱼渔业达到历史最高值，为 7528 吨；智利产量最高，为 2881 吨；英国第二，为 1475 吨；西班牙和俄罗斯位于其后，分别是 880 吨和 606 吨；新西兰开始进入 48.3 区进行生产，产量为 399 吨。日本在 2001-2002 年度开始有犬牙鱼渔业产量记录，在 48.3 区捕捞了约 1 吨细鳞犬牙鱼后，2002-2003 年度其产量上升到 262 吨。[5]在近 10 个年度中，48.3 区细鳞犬牙鱼渔业主要利用国家是英国、新西兰和智利；尽管乌拉圭也是一个较重要的捕捞国，但是其捕捞活动不连续，如 2012-2013 年度和 2019-2020 年度没有参加 48.3 区细鳞犬牙鱼渔业。

---

〔1〕 CCAMLR Secretariat, Summary of Fishery Statistics for 1994/95, SC-CAMLR-XIV/BG/1, 22 October 1995, p. 2. 其他 4 个生产国分别是：阿根廷（801 吨）、韩国（381 吨）、保加利亚（179 吨）和俄罗斯（10 吨）。

〔2〕 CCAMLR Secretariat, Catches in the Convention Areas in 1995/96, SC-CAMLR-XV/BG/1 Rev. 2, 22 October 1996, p. 2.

〔3〕 CCAMLR Secretariat, Catches in the Convention Areas in 1996/97, SC-CAMLR-XVI/BG/1 Rev. 2, 23 October 1997, p. 3; Catches in the Convention Areas in 1998/99, SC-CAMLR-XVIII/BG/1 Rev. 2, October 1999, p. 3.

〔4〕 CCAMLR Secretariat, Catches in the Convention Areas in the 2000/01 and 2001/02 Seasons, SC-CAMLR-XXI/BG/1, 20 October 2002.

〔5〕 CCAMLR Secretariat, Catches in the Convention Areas in the 2002/03 and 2003/04 Seasons, SC-CAMLR-XXIII/BG/1, 24 September 2004.

（三）2021 年 48.3 区细鳞犬牙鱼渔业争议

2021 年英国和俄罗斯两国间关于 48.3 区细鳞犬牙鱼渔业争议源于两国向 SC-CAMLR 提交文件，从正反两个方面辩驳了该渔业是否遵循预防性做法原则。俄罗斯在其文件中指出，该渔业已有 40 多年历史，纳入 CCAMLR 管理超过 25 年；但是，该渔业所捕捞的细鳞犬牙鱼体长组成呈下降趋势，且自 2000 年以后该渔业主要捕捞体长小于 100 厘米的未成熟细鳞犬牙鱼群体。据此，俄罗斯认为该渔业是不可持续的，英国采取限制作业水深的措施是无效的，建议：将该区细鳞犬牙鱼最小体长设定在 90 厘米；自 2022 年关闭该渔场；根据预防性做法原则修订该渔业捕捞配额。[1]针对俄罗斯的文件及其主张，英国以书面的形式进行了反驳，认为俄罗斯重复提交了 2018 年以来的一些文件；俄罗斯这些文件包含了科学性错误，事实上不准确和科学上不正确（factually incorrect and scientifically inaccurate）；SC-CAMLR 及其工作组之前已经讨论了俄罗斯相关文件，但是 2021 年俄罗斯文件没有提供新数据。英国进一步认为：48.3 区细鳞犬牙鱼渔业是基于可获得最佳科学证据的，是符合预防性做法原则的，是充分管理的。[2]俄罗斯和英国针锋相对的两个文件，奠定了 2021 年第 40 届 CCAMLR 会议期间 48.3 区细鳞犬牙鱼渔业争议格局。

事实上，两国关于 48.3 区细鳞犬牙鱼渔业的争议在 2018-2019 年度就出现过。2019 年，SC-CAMLR 鱼类种群评估工作组（WG-FSA）工作期间俄罗斯和英国等国家科学家代表因此分歧而导致整个工作组工作的失败。[3]具体到 48.3 区细鳞犬牙鱼渔业，俄罗斯根据国际发表论文以及 CCAMLR 文件指出该渔业出现了三个值得关注的问题：一是细鳞犬牙鱼第一次性成熟体长与体重都呈下降趋势，无论是雄鱼还是雌鱼；二是在产卵种群中体长组成也呈下降趋势；三是渔获物中未性成熟幼鱼和第一次性成熟的补充群体占很大的比

〔1〕 Delegation of the Russian Federation, Revision of the precautionary approach to ensuring the rational use of a living resource (Dissostichus eleginoides) in CCAMLR Subarea 48. 3, SC-CAMLR-40/15, 27 August 2021.

〔2〕 Delegation of the United Kingdom, Comments on WG-FSA 2021/41 and SC-CAMLR-40/15. On the revision of the precautionary approach to ensure the rational use of the living resource (Dissostichus eleginoides) in Subarea 48. 3, SC-CAMLR-40/BG/08, 11 September 2021.

〔3〕 SC-CAMLR, Report of the Thirty-Eighth Meeting of the Scientific Committee, Hobart, 21-25 October 2019, paragraphs 3.39-3.41 of Annex 7.

重。英国科学家提供的 48.3 区细鳞犬牙鱼资源评估结果认为，该资源产卵种群保持稳定，当前资源处于其原始资源量（B_0）50%的水平，状况良好；根据 CCAMLR 决策规则，建议该资源的捕捞配额为 2420 吨。俄罗斯科学家指出 2018 年 CCAMLR 犬牙鱼资源独立评估专家组[1]没有提供关于 48.3 区犬牙鱼种群状况方面的结论。WG-FSA 其他国家科学家承认 48.3 区细鳞犬牙鱼渔业中幼鱼比例达到 40%左右，但是认为这种现象普遍存在于 CCAMLR 其他犬牙鱼渔业；这种现象本身不足以构成如俄罗斯建议的关闭该渔业的科学证据。[2]2019 年第 38 届 CCAMLR 期间，相关国家经多次小范围磋商最终达成妥协，CCAMLR 会议报告只记录了结果，即 CCAMLR 通过 SC-CAMLR 关于 48.3 区、48.4 区和 58.5.2 区内细鳞犬牙鱼渔业未来两个年度的配额。[3]此分歧没有进一步激化。

2021 年 SC-CAMLR 会议期间，俄罗斯强调其文件包含的数据源于 SC-CAMLR 下设工作组的文件、CCAMLR 渔业报告以及公开发表论文，强调其结论的科学性。针对英国文件（SC-CAMLR-40/BG/08），俄罗斯认为缺少科学数据支撑，同时指出其他区域犬牙鱼渔业已经采取措施避免捕捞过量幼鱼，如通过罗斯海区域海洋保护区关闭了一些渔场。美国科学家则认为，美国当初提议建立罗斯海区域海洋保护区的初衷不是解决 88.1 区和 88.2 区犬牙鱼渔业"不合理利用"问题，没有直接否认"不合理利用"问题的存在，或者可以认为是间接地承认存在这种"不合理利用"问题。[4]SC-CAMLR 重现了 WG-FSA 的有关讨论，未能就 48.3 区细鳞犬牙鱼渔业配额达成一致意见，形成了两种对立意见。一种是俄罗斯坚持的意见，即 48.3 区细鳞犬牙鱼渔业是

---

〔1〕 该专家组召集人是美国 NOAA 科学家（Christian Reiss）；专家组有 3 位科学家组成，分别来自加拿大（Noel Cadigan）、美国（Mark Maunder）和法国（Marie-Pierre Etienne）；为评估专家组提供背景材料的联系科学家有 3 人，分别来自澳大利亚（Philippe Ziegler）、新西兰（Sophie Mormede）和英国（Timothy Earl）。See SC-CAMLR, Report of the Thirty-Seventh Meeting of the Scientific Committee, Hobart, 22-26 October 2018, Annex 5.

〔2〕 SC-CAMLR, Report of the Thirty-Seventh Meeting of the Scientific Committee, Hobart, 22-26 October 2018, paragraphs 3.49-3.68 of Annex 7.

〔3〕 CCAMLR, Report of the Thirty-Eighth Meeting of the Commission, Hobart, 21 October-1 November 2019, paragraph 5.38.

〔4〕 SC-CAMLR, Report of the Thirty-Eighth Meeting of the Scientific Committee, Virtual, 11-15 October 2021, paragraphs 3.48-3.52.

不合理利用，应关闭此渔业；另一种是以英国等为代表的多数国家的意见，[1]即此渔业是谨慎的（precautionary），符合 CCAMLR 长期以来管理犬牙鱼渔业的做法。以英国等为代表的多数国家进一步主张，48.3 区犬牙鱼渔业和 CCAMLR 管辖的其他犬牙鱼渔业应采用相同的评估程序和决策规则，如果俄罗斯认为 48.3 区细鳞犬牙鱼渔业是不合理利用，那么 CCAMLR 管辖的其他犬牙鱼渔业也应是不合理利用。但是，俄罗斯坚持 CCAMLR 管辖的其他犬牙鱼渔业是合理利用。由此 48.3 区细鳞犬牙鱼渔业问题扩大到所有 CCAMLR 犬牙鱼渔业，进一步上升到 CCAMLR 决策规则是不是谨慎的以及是否能同等地适用于所有鱼类种群评估，最终导致 2021 年 SC-CAMLR 不能就所有犬牙鱼资源提供协商一致的评估科学建议，包括 48.3 区细鳞犬牙鱼资源。[2]

在 2021 年 CCAMLR 会议期间，受线上会议的影响，相关国家不能小范围私下磋商，除 CCAMLR 全体会议讨论外，英国和俄罗斯等还通过其他视频工具进行边会磋商，参加国家数量太多影响了边会磋商的效果，[3]英国和俄罗斯不能达成妥协，导致 CCAMLR 因缺少协商一致而不能更新养护措施 CM 41-02，停止了 48.3 区细鳞犬牙鱼渔业活动。因此，以英国为代表的多数国家表达了强烈不满，认为 48.3 区细鳞犬牙鱼资源评估是基于可获得最佳科学，根据评估所建议的配额符合 CCAMLR 决策规则和商定程序；在此背景下，一个国家以"非科学"理由阻止协商一致，损害了 CCAMLR 坚持以可获得最佳科学证据为决策依据的承诺，构成了一个史无先例的危险影响，危及 CCAMLR 和南极条约体系的完整性。[4]

英国更是直言指出，俄罗斯之所以在 2019 年同意 48.3 区细鳞犬牙鱼渔

〔1〕 2021 年 SC-CAMLR 会议报告采取了非此即彼的做法，即除俄罗斯之外其他 SC-CAMLR 成员都是坚持英国的或反对俄罗斯的。这种做法是不准确的，因为其中一定会有一些持中立意见或不持立场的国家，特别是那些不从事犬牙鱼渔业或没有长期跟踪犬牙鱼资源科学评估的国家。这些持中立意见的国家应该主动指出 SC-CAMLR 会议报告不能将它们简单地归到以英国为代表的一方，或者是反对俄罗斯的一方。See SC-CAMLR, Report of the Thirty-Eighth Meeting of the Scientific Committee, Virtual, 11-15 October 2021, paragraph 3.56.

〔2〕 SC-CAMLR, Report of the Thirty-Eighth Meeting of the Scientific Committee, Virtual, 11-15 October 2021, paragraphs 3.56-3.62.

〔3〕 此观点是美国代表团团长在 2021 年 10 月 28 日边会磋商最后时向英国代表团团长提出的。笔者参加了此次边会磋商。

〔4〕 CCAMLR, Report of the Fortieth Meeting of the Commission, Virtual, 18-29 October 2021, paragraphs 6.18-6.21.

业配额，是因为俄罗斯想换取其他利益；而 2021 年俄罗斯不想获得其他利益，所以俄罗斯坚持不妥协了。英国认为，2021 年俄罗斯关于 48.3 区细鳞犬牙鱼渔业的做法和 2019 年俄罗斯在 58.4.1 区莫氏犬牙鱼探捕渔业的做法是一致的，这种做法是违背基于可获得最佳科学证据原则的，是政治性的，不符合《南极海洋生物资源养护公约》第 15 条所规定的义务；通过此做法关闭一个成熟渔业是 CCAMLR 在其 40 年历史中的第一次，也阻碍了养护措施 CM 31-01 的施行。就南极条约体系而言，英国强调基于科学决策、国际合作和协商一致是南极条约体系框架的核心，认为俄罗斯关于 48.3 区细鳞犬牙鱼渔业的做法不符合这种南极条约体系框架，动摇了南极条约体系的根基。英国将依据《南极海洋生物资源养护公约》和相关国际法考虑采取措施，以保护其在 48.3 区的利益。[1]新西兰、澳大利亚、欧盟、韩国、美国、挪威和法国等分别发表声明，强调 SC-CAMLR 在科学方面的作用以及维护 CCAMLR 与南极条约体系稳定。[2]

　　俄罗斯发表了一个全面且有针对性的声明，首先强调其行为是依据合作精神，为促进《南极海洋生物资源养护公约》目标，是基于可获得科学数据，是执行南极条约体系规则的；其次指出其行为科学依据是可获得最佳科学数据，源自 CCAMLR 文件以及国际期刊上著名学者发表的 100 多篇论文；最后强调其对 48.3 区细鳞犬牙鱼资源的关切与担忧，指出 2018 年 CCAMLR 独立种群评估专家组没有评估 48.3 区犬牙鱼渔业管理问题，且没有国家向 CCAMLR 提交过用科学事实支撑的文件以证明俄罗斯立场不正确。因一部分国家反对导致俄罗斯旨在增强养护犬牙鱼资源的提议没有通过，俄罗斯深表遗憾。俄罗斯将继续以客观科学证据和《南极海洋生物资源养护公约》目标与养护原则为基础形成其关于 48. 区犬牙鱼渔业管理政策的立场。[3]

　　此外，阿根廷在此问题上的声明，值得额外关注。阿根廷严重关切各方关于 48.3 区细鳞犬牙鱼渔业的讨论以及其可能影响。阿根廷认为有必要重申

---

〔1〕 CCAMLR, Report of the Fortieth Meeting of the Commission, Virtual, 18-29 October 2021, paragraph 6. 22.

〔2〕 CCAMLR, Report of the Fortieth Meeting of the Commission, Virtual, 18-29 October 2021, paragraphs 6. 32.

〔3〕 CCAMLR, Report of the Fortieth Meeting of the Commission, Virtual, 18-29 October 2021, paragraph 6. 33.

其关于马尔维纳斯、南乔治亚、南桑德威奇等岛屿主权的立场，不承认任何对这些岛屿的非法占据和管制，强调48.2区、48.3区和48.4区只适用《南极海洋生物资源养护公约》，任何单边行动与措施都是非法的和无效的。[1]从此角度可能会更好理解英国等国家发出的关于48.3区渔业争议可能动摇南极条约体系稳定的担忧。此渔业争议表面上是英国和俄罗斯之间关于科学与合作精神的争议，但如得不到有效控制与解决将会引发阿根廷与英国关于岛屿主权的争端。

（四）48.3区细鳞犬牙鱼渔业争议分析

1.48.3区细鳞犬牙鱼渔业的特殊性

此渔业的特殊性有两个方面：其一，48.3区地理位置的特殊性；其二，细鳞犬牙鱼渔业管理制度的特殊性。在地理位置方面，48.3区位于南纬60度以北海域。也就是说，它不属于《南极条约》适用区域，因此《南极条约》第4条不适用于此海域的岛屿主权问题。在此方面，48.3区内南乔治亚岛不同于48.2区的南奥克尼群岛；2021年阿根廷声明也没有提及南奥克尼群岛。阿根廷声明提及48.2区，是因为48.2区有部分海域位于南纬60度以北，还有部分海域以及南奥克尼群岛位于南纬60度以南。不论如何，48.3区属于CCAMLR管辖范围，且《南极海洋生物资源养护公约》是承认亚南极岛屿（南纬60度以北）主权归属国的沿海国身份的。[2]简而言之，一方面《南极条约》第4条不适用于48.3区，另一方面《南极海洋生物资源养护公约》承认48.3区存在沿海国。这是其地理位置特别之处。

在渔业管理制度方面，48.3区细鳞犬牙鱼渔业至少有三个特殊之处。其一，作为一种犬牙鱼渔业，它属于成熟渔业（established fisheries），不同于莫氏犬牙鱼探捕渔业（exploratory fisheries）。换言之，48.3区犬牙鱼渔业有充分数据用以科学评估该资源分布、丰度、渔业对依赖或相关物种的影响等。这种成熟性商业渔业类型，除48.3区外，只存在于澳大利亚、法国和南非的专属经济区。其二，CCAMLR通过单独的养护措施进行管理，即养护措施CM 31-01（1986）和CM 41-02，后者定期进行修改。在此方面，它类似于

---

〔1〕 CCAMLR, Report of the Fortieth Meeting of the Commission, Virtual, 18-29 October 2021, para-graph 6.23. 阿根廷代表团团长Máximo Gowland在第40届CCAMLR会议之后被任命为阿根廷驻澳大利亚大使。

〔2〕《南极海洋生物资源养护公约》第4条（2）（b）。

58.5.2 区澳大利亚专属经济区内细鳞犬牙鱼渔业，而不同于 58.6 区和 58.7 区法国和南非专属经济内细鳞犬牙鱼渔业。考虑到法国和南非明确排除一些 CCAMLR 养护措施适用于它们的专属经济区，通过 CCAMLR 养护措施进行渔业管理可促进 CCAMLR 管辖范围内各区域渔业资源养护的一致性，特别是那些跨区域洄游的鱼类资源。当然，CCAMLR 的多边管理制度，在个别国家看来是限制或影响沿海国或岛屿实际控制国的管辖权。[1] 即使是 58.5.2 区澳大利亚专属经济区内的细鳞犬牙鱼渔业，也不同于 48.3 区的细鳞犬牙鱼渔业。如养护措施 CM 31-01（1986）显示的那样，48.3 区细鳞犬牙鱼渔业自 1987-1988 年度以来一直按相同的方式进行管理；而 58.5.2 区澳大利亚专属经济区内细鳞犬牙鱼渔业是从探捕渔业起步，[2] 其他渔业则以新渔业类型进行管理，如养护措施 CM 111/XV。[3] 其三，不同于成熟性的商业磷虾渔业或犬牙鱼探捕渔业，渔业通报制度不适用于 48.3 区的细鳞犬牙鱼渔业。根据养护措施 CM 21-03，即使是成熟性商业磷虾渔业，仍需将拟开展渔业的详细信息提前通报给秘书处，再经 SC-CAMLR 及其工作组全面评估。而且，这些科学评估所需费用均由各艘渔船承担，即 CCAMLR 渔业通报费程序。[4] 根据养护措施 CM 21-02，犬牙鱼探捕渔业的科学评估，仍由 SC-CAMLR 及其工作组进行评估，且评估程序更严格，以及同样适用 CCAMLR 渔业通报费程序。

---

〔1〕 1995 年第 14 届 CCAMLR 会议期间，南美三国（智利、阿根廷和巴西）提出了 1980 年主席声明适用以及 CCAMLR 管辖范围内渔业统一管理的问题，引起澳大利亚、法国、南非、英国、挪威等国家的强烈反响。CCAMLR 随后认为此问题应置于《南极海洋生物资源养护公约》目标框架下进行讨论，决定将《南极海洋生物资源养护公约》目标的实施作为 1996 年第 15 届 CCAMLR 议程中的一个事项。1996 年 CCAMLR 会议期间，相关国家就 CCAMLR 管辖内渔业管理统一化再次进行了讨论。See CCAMLR, Report of the Fourteenth Meeting of the Commission, Hobart, 24 October-3 November 1995, paragraphs 15.1－15.13; Report of the Fifteenth Meeting of the Commission, Hobart, 21 October－1 November 1996, paragraphs 12.1-12.21.

〔2〕 1996 年 CCAMLR 通过的养护措施 CM 109/XV 没有明确 58.5.2 区澳大利亚专属经济区内细鳞犬牙鱼渔业是探捕渔业类型，但是澳大利亚渔业管理局（AFMA）为此渔业曾专门制定了一个临时管理政策以实施养护措施 CM 109/XV，即"1996 年 11 月至 1997 年 8 月赫德群岛与麦克唐纳群岛探捕渔业及其临时管理政策"。澳大利亚渔业管理局制定的临时管理政策标题明确将此渔业定性为探捕渔业。See Rachel Baird, "Fishing the Southern Ocean: The Development of Fisheries and the Role of CCAMLR in their Management", 16 *University of Tasmania Law Review* 160, 168 and 178 (1997).

〔3〕 Conservation Measure 111/XV "New Fishery in Statistical Division 58.5.2 in the 1996/97 Season for Deep-water Species".

〔4〕 Conservation Measure 21-03 (2019) "Notifications of intent to participate in a fishery for Euphausia superba", paragraphs 1 and 10.

2. 科学争议

48.3 区细鳞犬牙鱼渔业，表面上是由 CCAMLR 根据养护措施 CM 31-01 (1986) 和 CM 41-02 进行管理的，但考虑到渔业通报制度不适用于该渔业，实际上该渔业的科学评估应该是由英国单方面开展，而不是通过多边机制如 SC-CAMLR 及其工作组。在程序上，英国科学家向 WG-FSA 提交他们开展资源评估的结果，再由 WG-FSA 和 SC-CAMLR 背书；经此程序，英国科学家的单方面建议转化为 SC-CAMLR 及其工作组的多边建议，赋予其"合法性"。例如，2021 年，48.3 区和 48.4 区细鳞犬牙鱼资源评估全部是以英国环境、渔业与养殖科学中心（Cefas）的 Timothy Earl 博士为首席科学家完成的。[1] Timothy Earl 博士还是为 2018 年 CCAMLR 独立资源评估专家组提供 48.3 区相关资源评估背景材料的联系科学家。

从俄罗斯角度看，其关注点在于科学评估结果与观察事实不符，而且俄罗斯认可的观察事实来源于 CCAMLR 报告以及国际期刊发表的论文。这些观察事实，包括细鳞犬牙鱼第一次性成熟体长呈低龄化趋势、产卵种群中体长组成也呈小型化趋势以及 48.3 区细鳞犬牙鱼渔业中幼鱼比例高等。例如，2006 年，俄罗斯科学院主办的国际期刊发表了一篇俄罗斯学者撰写的论文，该论文指出，上述事实就暗示着犬牙鱼丰度在下降。[2] 诚然，如果能评估或确定该鱼类资源量，则可直接和确切地证明该渔业是否已经被过度捕捞。[3] 英国等多数国家（包括他们的科学家代表）认为，如果俄罗斯主张关闭该渔业，则俄罗斯应通过科学数据及模型证明 48.3 区细鳞犬牙鱼资源量下降到 CCAMLR 预设的水平，如原始资源量（B_0）的 50%。当然，这是俄罗斯做不到的。一方面，这是因为俄罗斯现在不从事该渔业生产，没有第一手的渔业数据和科学观察员收集的数据；另一方面，英国拥有比任何国家都要多的数据。英国等国家的逻辑看上去似乎很科学。但是，对照这些国家在南极海洋保护区建设方面的科学逻辑，以及目前国际普遍接受的预防性做法原则，如

---

[1] SC-CAMLR, Report of the Fortieth Meeting of the Scientific Committee, Virtual, 11-15 October 2021, Appendix C of Annex 7.

[2] K. V. Shust, A. N. Kozlov, "Changes in Size Composition of the Catches of Toothfish Dissostichus eleginoides as a Result of Long-term Long-line Fishing in the Region of South Georgia and Shag Rocks", 46 *Journal of Ichthyology* 752 (2006).

[3] 已经过度捕捞（overfished）和资源丰度在下降中，是两个不同且互不排斥的概念。资源丰度下降中，可以认为资源可能在被过度利用中（overfishing），尽管资源还没有达到已经过度捕捞的程度。

果俄罗斯已经根据这些公共科学信息得出上述观察事实，则英国等国家应谨慎行事，同时应由英国等国家提出确切的科学数据以证明照常（as usual）开展渔业活动的科学合理性。英国等国家更不能以其他犬牙鱼渔业同样存在渔获中幼鱼比例高的现象，以"科学地"证明 48.3 区细鳞犬牙鱼渔业仍可继续正常开展的合理性。恰恰相反，CCAMLR 管辖的犬牙鱼渔业中普遍存在幼鱼比例高的不正常现象，足以引起合理的科学关切，要求更加谨慎。2021 年俄罗斯声明指出的"没有国家向 CCAMLR 提交过用科学事实支撑的文件以证明俄罗斯立场不正确"，应该是其科学关切核心。

无论如何，科学是该渔业争议中的核心因素，是 CCAMLR 及其成员未来共同解决此争议的关键。它反映了以下几个方面的内容：科学本底数据、评估科学模型、评估结果科学解释以及评估结果与观察事实之间相互验证、科学决策原则适用等方面。同时，该渔业争议凸显了一个国家拥有的科学数据及其科学能力（模型及其结果解释等）对国际规则的影响力；一个国家或国际组织垄断了某个方面的科学专业知识时，其影响力更是如此。联合国政府间气候变化专门委员会，就是这样一个例子。[1]

3. 管理制度争议

如前所述，48.3 区位于南纬 60 度以北，且该区域内存在南乔治亚岛主权争议，所以其渔业管理是 CCAMLR 中的不稳定因素。渔业管理过程中出现任何处置不当行为都可能引发岛屿主权争议，危害 CCAMLR 稳定。1993 年，英国在南乔治亚岛附近海域主张 200 海里管辖海域并采取行动，是引发这些渔业及岛屿主权争议的根本原因。在过去 40 多年 CCAMLR 历史中，曾数次出现类似问题，如 1996 年，英国扣押了一艘载有阿根廷科学观察员的智利渔船（Antonio Lorenzo）、1997-1998 年度英国强制要求在 48.3 区作业渔船接受英国派遣科学观察员、2004-2005 年度英国扣押了西班牙渔船（Ibsa Quinto）和几内亚渔船（Elqui）等。特别是，《南极海洋生物资源养护公约》目标的实施，作为 CCAMLR 会议议程的一个事项，就源于英国在亚南极主张管辖海域行使单边渔业管理措施。[2]

---

〔1〕　Erik Voeten, *Ideology and International Institutions*, Princeton University Press, 2021, pp. 74~75.

〔2〕　CCAMLR, Report of the Fourteenth Meeting of the Commission, Hobart, 24 October-3 November 1995, paragraphs 15.1-15.13; Report of the Fifteenth Meeting of the Commission, Hobart, 21 October-1 November 1996, paragraphs 12.1-12.21.

针对英国于1993年在南乔治亚岛附近海域主张200海里管辖海域，阿根廷在外交上进行了抗议。但是，两国同意在CCAMLR框架下进行友好合作，只适用CCAMLR多边养护措施，以管理48.3区渔业活动。[1]但是，随后英国以存在非法捕捞活动为由采取单边执法行动，认为多边制度必须配合单边措施辅以落实。[2]由此引发了48.1区渔业管理制度争议以及1980年主席声明适用的问题。阿根廷认为1980年主席声明不适用于48.3区，因为该区域内岛屿主权存在争议，不符合主席声明第5段所列"为所有缔约方所承认"（recognized by all Contracting Parties）的标准。相反，英国认为1980年主席声明适用于那些存在主权的岛屿，英国事实上和法理上都拥有南乔治亚岛的主权，所以主席声明适用于48.3区。英国还强调其对南乔治亚群岛的管理是对CCAMLR的补充，而不是取代。特别地，英国指出许可或授权制度是自20世纪初一直在南乔治亚群岛施行的制度，包括鲸鱼与海豹捕猎活动的管理方面。[3]2012年2月，英国宣布将48.3区和48.4区中位于南纬60度以北的海域设为IUCN第Ⅳ类海洋保护区。[4]如此，英国不仅将其主张管辖海域拓展进入南纬60度以南的海域，而且通过设立海洋保护区，特别是"禁捕区"，限制或排除了CCAMLR多边管理制度的适用。2012年第31届CCAMLR会议期间，除岛屿主权外，阿根廷强调，英国基于这些争议亚南极岛屿开展的活动是非法的和无效的。这些活动包括：那些在争议岛屿注册的且以这些岛屿为基地的船舶在CCAMLR开展的活动；这些争议岛屿上的管理当局开展的港口检查和海上登临执法检查活动；这些争议岛屿上的管理当局签发的犬牙鱼CDS证书、颁发的捕捞许可证等；向其他CCAMLR成员渔船上派驻英国科学观察员或根据英国要求指派的观察员等。[5]2013年5月7日，

〔1〕 CCAMLR, Report of the Twelfth Meeting of the Commission, Hobart, 25 October – 5 November 1993, paragraphs 15.2–15.3.

〔2〕 CCAMLR, Report of the Fifteenth Meeting of the Commission, Hobart, 21 October – 1 November 1996, paragraph 12.19.

〔3〕 CCAMLR, Report of the Fifteenth Meeting of the Commission, Hobart, 21 October – 1 November 1996, paragraphs 13.1–13.3 and 13.16–13.21.

〔4〕 Marine Protected Areas Order 2012 (No 1 of 2012), South Georgia and South Sandwich Islands Gazette, 29 February 2012, No.1, pp.4~11.

〔5〕 CCAMLR, Report of the Thirty-First Meeting of the Commission, Hobart, 23 October – 1 November 2012, paragraph 12.1; Report of the Forty-First Meeting of the Commission Hobart, 24 October – 4 November 2022, paragraph 13.1.

英国执法船根据 CCAMLR《检查制度》在海上登临检查了阿根廷籍 Holmberg 号渔船。阿根廷以英国执法船注册地为双方亚南极争议岛屿为由，拒绝承认英国执法行为是 CCAMLR 框架下的执法检查。英国则认为，执法船属于英国注册的船舶，执法人员是经 CCAMLR 认证的英国南极调查局（BAS）人员，因此针对阿根廷籍 Holmberg 号渔船的海上执法检查属于 CCAMLR 框架下执法检查。[1]2019 年 3 月，阿根廷外交部通过 CCAMLR 抗议英国建立"海洋保护区"的非法行为，重申不适用 1980 年主席声明，只适用 CCAMLR 多边管理制度。[2]

2021 年，48.3 区细鳞犬牙鱼渔业争议，则再次检验了 CCAMLR 多边管理制度。从阿根廷角度看，考虑到这些岛屿不在其实际控制之下，所以多边机制的作用，不论是不是形式上的，对其国家立场来说都是至关重要的。如果俄罗斯和英国之间渔业争议撕破这种形式上多边机制的面纱，在多边机制中公开一个众所周知的秘密，即英国控制着 48.3 区渔业管理，是阿根廷不能接受的；如果让多边机制真实地介入 48.3 区渔业管理，如科学地开展资源评估，则是英国不能接受的。

2022 年 4 月，阿根廷向 CCAMLR 提出，鉴于养护措施 CM 41-02 未能更新，因此 48.3 区细鳞犬牙鱼渔业事实上处于关闭状态，在此情况下英国单方面开展捕捞渔业则构成了非法捕捞，其渔获物不能进入商业交易，更不能统计进入 CCAMLR 数据系统。不过，阿根廷仍希望 CCAMLR 能在 2022 年更新该渔业的养护措施，以保证此渔业披上多边机制的外衣。[3]

第四节　非政府组织

合法犬牙鱼运营者联盟（The Coalition of Legal Toothfish Operators, COLTO）成立于 2003 年 5 月，总部位于西澳大利亚州文布利（Wembley），旨在打击犬牙鱼的 IUU 捕捞活动，确保该资源长期可持续利用和保护南大洋丰富和关键

---

〔1〕　CCAMLR, Report of the Thirty-Second Meeting of the Commission, Hobart, 23 October-1 November 2013, paragraphs 55-56 of Annex 6.

〔2〕　CCAMLR, Correspondence received from Argentina, COMM CIRC 19/33, 20 March 2019.

〔3〕　See CCAMLR, Subarea 48.3-Letter received from Argentina, COMM CIRC 22/37, 7 April 2022.

的生物多样性。成立初期，COLTO 成员为来自 10 个 CCAMLR 成立国的 29 家犬牙鱼企业。2003 年 10 月，以观察员身份参加了第 22 届 CCAMLR 会议。[1]其官网 2023 年 3 月的信息显示，COLTO 拥有来自澳大利亚、法国、美国、英国、挪威、西班牙、新西兰、智利、新加坡、乌克兰、日本、韩国 12 个国家的 50 个成员和准成员，他们犬牙鱼年产量在 3 万吨左右，约为全球合法犬牙鱼总产量的 85%。据称 2003 年 COLTO 成立时，犬牙鱼 IUU 捕捞量约是合法捕捞量的 2 倍。COLTO 认为，犬牙鱼 IUU 捕捞活动几乎被消除，同时海鸟偶然捕捞情形也降至可忽略的水平。基于此，全球约 60% 的犬牙鱼产品获得了海洋管理理事会（MSC）的认证，得到了美国非政府组织蒙特利湾水族馆海产品观察项目的推荐。[2]

为维护 COLTO 成员利益，一方面打击 IUU 捕捞活动，例如开展追捕运动（wanted campaign），[3]另一方面有组织地对抗环境保护非政府组织极端主张。[4]2003 年，COLTO 第一次以观察员身份参加 CCAMLR 会议时向会议散发了一份关于 IUU 捕捞的文件，引发了极大的争议。此文件点名批评了 12 个国家的相关机构和人员，激起了乌拉圭、中国、俄罗斯、智利、西班牙、韩国、纳米比亚、毛里求斯等国家和欧盟的明确反对；其中，COLTO 将纳米比亚和毛里求斯称为"方便港"（port of convenience）。在极大压力下，COLTO 撤回其文件，并保证未来向 CCAMLR 提交详细、准确和及时的信息。[5]除此之外，为促进其渔业利益，COLTO 加强促进企业和科学合作，例如资助了 CCAMLR 犬牙鱼标志放流回收计划和召开相关科学研讨会、开展鲸鱼掠夺计划（whale depredation program）、帮助收集海洋和科学信息、资助青年科学家

---

〔1〕 CCAMLR, Report of the Twenty-Second Meeting of the Commission, Hobart, 27 October-7 November 2003, paragraphs 14.25-14.27.

〔2〕 COLTO, at https://www.colto.org/, accessed 28 March 2023.

〔3〕 CCAMLR, Report of the Twenty-Third Meeting of the Commission, Hobart, 25 October-5 November 2004, paragraph 14.18.

〔4〕 See COLTO, Australian Toothfish Industry Cites Science, Facts in Response to False Claims, 24 June 2022, at https://www.colto.org/2022/06/24/australian-toothfish-industry-cites-science-facts-in-response-to-false-claims/, accessed 28 March 2023.

〔5〕 CCAMLR, Report of the Twenty-Second Meeting of the Commission, Hobart, 27 October-7 November 2003, paragraphs 14.28-14.43. COLTO 散发文件的名称为"案犯相集——犬牙鱼 IUU 捕捞的新面孔"（Rogues Gallery-the New Face of IUU Fishing for Toothfish）。

前往霍巴特参加 CCAMLR 会议等。[1]从近年 COLTO 参加 CCAMLR 会议的代表信息看，澳大利亚南方渔业有限公司、新西兰博兰国际有限公司、南非细鳞犬牙鱼企业协会等是 COLTO 中比较重要的成员，曾作为 COLTO 代表或副代表。

---

〔1〕 See CCAMLR, Report of the Thirty-Sixth Meeting of the Commission, Hobart, 16-27 October 2017, paragraph 10.6; Report of the Thirty-Eighth Meeting of the Commission, Hobart, 21 October-1 November 2019, paragraph 11.13.

第六章

CCAMLR 打击 IUU 捕捞管理制度

一般认为，非法、不报告和不管制（IUU）捕捞术语起源于 1997 年南极海洋生物资源养护委员会（CCAMLR）第 16 届会议。[1]因英国提议，IUU 捕捞进入了该年度的 CCAMLR 会议议程。[2]这一方面体现了 CCAMLR 在打击 IUU 捕捞方面的积极贡献，另一方面也反衬了 20 世纪 90 年代南大洋 IUU 捕捞的严峻形势。南大洋的 IUU 捕捞目标鱼类种群是犬牙鱼（toothfish）；因该鱼类种群广泛分布，一些特定海域内 IUU 捕捞还易引发政治争议，如 48.3 区。以 1996-1997 年度为例，《南极海洋生物资源养护公约》适用区域内外的合法犬牙鱼产量约为 3.3 万吨，[3]仅在南非和毛里求斯两个国家港口上岸的未经报告的犬牙鱼产量就达 7.4 万吨至 8.2 万吨，当年全球市场上销售的犬牙鱼产品量约为 13 万吨。[4]未能及时对 IUU 捕捞采取有效应对措施，曾使 CCAMLR 备受非政府组织（如绿色和平）、合法渔业企业和媒体的批评，促成

---

〔1〕 See William Edeson, "The International Plan of Action on Illegal, Unreported and Unregulated Fishing: The Legal Context of a Non-Legally Binding Instrument", 16 *International Journal of Marine and Coastal Law* 603, 605 (2001); Eva R. van der Marel, Problems and Progress in Combating IUU Fishing, in Richard Caddell and Erik J. Molenaar (eds.), *Strengthening International Fisheries Law in an Era of Changing Oceans*, Hart Publishing, 2019, p. 292.

〔2〕 CCAMLR, Report of the Sixteenth Meeting of the Commission, Hobart, 27 October-7 November 1997, paragraph 2.1.

〔3〕 犬牙鱼是一种跨界鱼类种群，既出现在《南极海洋生物资源养护公约》适用区域内，还出现在毗邻的大西洋、印度洋和太平洋区域，以及智利、阿根廷、澳大利亚、秘鲁等国家专属经济区。See SC-CAMLR, 1995, paragraph 4.60.

〔4〕 CCAMLR, Report of the Sixteenth Meeting of the Commission, Hobart, 27 October-7 November 1997, paragraph 4.10.

了合法犬牙鱼运营者联盟（COLTO）于 2003 年 5 月成立。[1] 1996 年，英国以打击非法捕捞为名在 48.3 区实施单边执法活动，[2] 引发了亚南极岛屿主权矛盾，实施《南极海洋生物资源养护公约》目标于 1996 年第一次进入CCAMLR 会议议程。[3] 除此之外，法国和澳大利亚打击南大洋 IUU 捕捞执法活动还为国际海洋法法庭（ITLOS）贡献了 4 个"迅速释放"案件，为确定《联合国海洋法公约》第 73 条（3）所规定的"合理保证金"提供了宝贵的司法实践。[4] IUU 捕捞，是 20 世纪 90 年代至 21 世纪第一个 10 年间最大的挑战；[5] 新西兰曾将 IUU 捕捞比作癌症，会吞噬整个南极条约体系。[6] 后经努力，CCAMLR 有效打击了 IUU 捕捞，但是仍将其视为一种持续存在的威胁，保持高度警惕。[7]

第一节　南大洋 IUU 捕捞活动及其发展

南大洋 IUU 捕捞活动，产生于一个特殊的历史背景。20 世纪 90 年代初，随着传统大洋渔场资源衰退，以及沿海国普遍建立了 200 海里专属经济区，一些远洋渔船被迫转移，寻求新的渔场。在此情况下，体型大、肉质好的犬牙鱼迅速引起了国际市场的注意。到 20 世纪 90 年代中期，该鱼种被市场称为"白黄金"，是一种经济价值极高的鱼种，刺激了大量 IUU 捕捞。[8] 在此

---

〔1〕 Rachel J. Baird, *Aspects of Illegal, Unreported and Unregulated Fishing in the Southern Ocean*, Springer, 2006, pp. 126~127. 1997 年，新西兰、澳大利亚、南非、法国、俄罗斯、智利和乌克兰要求 CCAMLR 保护《南极海洋生物资源养护公约》区域内的合法捕捞活动。See CCAMLR, Report of the Sixteenth Meeting of the Commission, Hobart, 27 October-7 November 1997, paragraph 5.25.

〔2〕 CCAMLR, Report of the Fifteenth Meeting of the Commission, Hobart, 21 October-1 November 1996, paragraphs 12.19 and 13.6.

〔3〕 CCAMLR, Report of the Fifteenth Meeting of the Commission, Hobart, 21 October-1 November 1996, paragraphs 12.1~12.21.

〔4〕 4 个迅速释放案件发生在 2000 年至 2002 年间，分别是 ITLOS 第 5 号案件（卡莫科号案）、第 6 号案件（蒙特·卡夫卡号案）、第 8 号案件（大王子号案）和第 11 号案件（伏尔加号案）。

〔5〕 Statement for the Commemoration of 20 Years of CCAMLR, in CCAMLR, Report of the Twentieth Meeting of the Commission, Hobart, 22 October-2 November 2001, Annex 9.

〔6〕 CCAMLR, 1998, paragraph 5.9.

〔7〕 Declaration on the occasion of the fortieth Meeting of the Commission for the Conservation of Antarctic Marine Living Resources, 29 October 2021.

〔8〕 Martin A. Collins, Mark Belchier, Inigo Everson, "Why the Fuss about Toothfish?", 50 *The Biologist*, 2003, pp. 116~120.

背景下，南大洋 IUU 捕捞活动呈现和犬牙鱼渔业明显同步的发展趋势：20 世纪 90 年代初，出现于大西洋扇区，特别是 48.3 区；受英国单方执法影响，[1]1996 年开始向印度洋扇区转移，重点区域是澳大利亚在亚南极赫德群岛与麦克唐纳群岛（HIMI）以及法国的凯尔盖朗群岛（KI）与克罗泽岛附近海域，也就是 58.5 区和 58.6 区。[2]20 世纪 90 年代末，新西兰企业开发罗斯海区域的莫氏犬牙鱼渔业后，IUU 捕捞在 21 世纪初也进入了太平洋扇区，即 88.1 区。[3]

　　根据 CCAMLR 秘书处编撰的关于上述重点海域的渔业报告，[4]可以清楚看出各重点区域 IUU 捕捞在时空方面的变化。根据这些渔业报告，南大洋 IUU 捕捞最早出现于 48.3 区是在 1992 年，估算产量为 3006 吨；1996 年，IUU 捕捞出现在凯尔盖朗群岛附近海域（58.5.1 区），1997 年出现在赫德群岛与麦克唐纳群岛（58.5.2 区），2000 年出现在克罗泽岛附近海域（58.6 区）；2002 年出现在罗斯海。48.3 区最高 IUU 捕捞估算产量为 1994 年的 4780 吨；58.5 区最高 IUU 捕捞估算产量出现在 1997 年和 1998 年，分别为 13 211 吨和 11 306 吨；88.1 区最高 IUU 捕捞估算产量是 2008 年的 272 吨。从下图可知，1997 年至 2004 年间，澳大利亚和法国亚南极岛屿附近海域是 IUU 捕捞的重点区域，且 IUU 捕捞评估产量很高。为支持 CCAMLR 打击 IUU 捕捞，南极条约协商会议（ATCM）在 1999 年至 2001 年间连续通过 3 个决议，呼吁那些既是南极条约协商缔约方也是 CCAMLR 成员的国家在其能力范围内采取措施，落实 CCAMLR 通过的相关养护措施；第 3 个决议则是要求所有《南极条约》

---

　　〔1〕　Martin A. Collins, Paul Brickle, Judith Brown, Mark Belchier, "The Patagonian Toothfish：Biology, Ecology and Fishery", 58 *Advances in Marine Biology* 227, 279 (2010).

　　〔2〕　根据 CCAMLR 秘书处编撰的渔业报告，同样在印度洋扇区的南非爱德华王子岛附近海域在 1995 年至 2005 年间出现过 IUU 捕捞活动，但是没有相对可信的 IUU 捕捞估算值。2002 年，有学者认为，1996 年和 1997 年爱德华王子岛附近海域 IUU 捕捞产量约为 21 350 吨。See CCAMLR Secretariat, Fishery Report 2022：Dissostichus eleginoides at Prince Edward Islands South African EEZ (Subarea 58.7 and part of Area 51), 17 March 2023, pp. 5~7.

　　〔3〕　David J Agnew, "The illegal and unregulated fishery for toothfish in the Southern Ocean, and the CCAMLR catch documentation scheme", 24 *Marine Policy* 361, 362~365 (2000).

　　〔4〕　CCAMLR Secretariat, Fishery Report 2022：Dissostichus eleginoides in Subarea 48.3, 12 April 2023；Fishery Report 2022：Dissostichus mawsoni in Subarea 88.1, 17 April 2023；Fishery Report 2022：Dissostichus eleginoides at Heard Island (Division 58.5.2), 17 March 2023；Fishery Report 2022：Dissostichus eleginoides at Crozet Island French EEZ (Subarea 58.6), 16 May 2023；Fishery Report 2022：Dissostichus eleginoides at Kerguelen Islands French EEZ (Division 58.5.1), 16 May 2023.

缔约方，特别是那些不是《南极海洋生物资源养护公约》缔约方的国家，如果参与犬牙鱼捕捞、运输或贸易，则应执行 CCAMLR 制定的犬牙鱼渔获登记制度。[1]2009 年及以后，仍有证据显示，这些区域持续存在 IUU 捕捞活动威胁，但是没有估算产量。

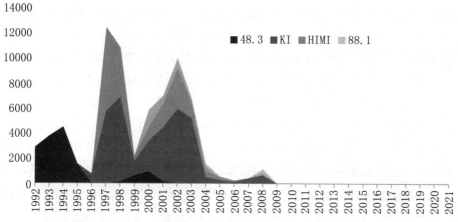

图 6-1 1992 年至 2021 年南大洋重点区域 IUU 捕捞估算产量

作为矛盾的另一方面，南大洋 IUU 捕捞活动出现还和 CCAMLR 成员海上执法检查及其他监督制度的实施有关。南大洋处于地球上最偏远区域，海上执法与检查非常难，导致 IUU 捕捞活动曾非常猖獗。只有通过加强海上监测，发现 IUU 捕捞活动，才能更好地识别和打击它们。1990 年，CCAMLR 第一次实施其《检查制度》（System of Inspection）。[2]当南大洋 IUU 捕捞活动最初出现于 48.3 区时，英国对此区域的执法检查是推动这个议题发展的重要原因。根据养护措施 CM 7/V，48.3 区是当时唯一开放的犬牙鱼渔场；根据养护措施 CM 70/XⅡ，48.4 区仅有少量配额。[3]48.3 区和 48.4 区属于南纬 60 度以北海域，英国和阿

〔1〕 ATCM 所通过的 3 个决议分别是：1999 年第 23 届 ATCM 通过的第 3 号决议、2000 年第 12 届南极条约协商特别会议（SATCM）通过的第 2 号决议和 2001 年第 24 届 ATCM 通过的第 2 号决议。2001 年第 2 号决议，是澳大利亚提议通过的。See ATCM, Final Report of the Twenty-fourth Antarctic Treaty Consultative Meeting, Saint Petersburg, 9–20 July 2001, paragraph 35.

〔2〕 CCAMLR, Report of Ninth Meeting of the Commission, Hobart, 22 October–2 November 1990, paragraph 11.3.

〔3〕 CCAMLR, Report of the Thirteenth Meeting of the Commission, Hobart, 26 October–4 November 1994, paragraph 7.2.

根廷就这两个区域内岛屿存在主权争议，且英国实际控制着这些争议岛屿，故英国加强这些区域的海上执法检查，被称为"双重执法"（dual inspection）。[1]

1994年，CCAMLR第一次提交"非法捕捞活动"，原因在于在48.3区发现了大量违法捕捞活动。在此背景下，观察与检查常设委员会（SCOI）[2]提请各成员注意其条约义务，确保悬挂其旗帜的渔船遵守CCAMLR通过的养护措施，并对违法行为采取迅速和有效的制裁。[3]和"非法捕捞活动"相关的是，界定"违法"（infringement）。1994年，英国提出在实施《检查制度》时很难界定"违法"捕捞行为，除非渔船被发现正在捕捞活动且违反CCAMLR养护措施，否则不能被认定为违法。美国对此持保留意见，认为可通过其他途径认定，如检查日志等。[4]值得注意的是，1992年，CCAMLR就发现有乌克兰籍渔船在其管辖区域内从事捕捞活动；乌克兰当时不是CCAMLR成员，仅作为观察员参加了1992年CCAMLR会议。在此情形下，CCAMLR并没有认定乌克兰籍渔船捕捞活动为非法捕捞或不管制捕捞，而只是要求CCAMLR主席发照会给乌克兰，敦促其尽快成为CCAMLR成员。[5]显然，CCAMLR在此

---

[1] 1996年3月6日，一艘智利籍Antonio Lorenzo号渔船在南乔治亚岛附近200海里的海域从事捕捞作业时，被一名英国指派的CCAMLR检查员登临检查。该检查员在结束检查时提出，他是南乔治亚岛和南桑德威奇岛地方当局的代表，认为该船没有获得英国的捕捞许可而逮捕该船，押到福克兰群岛（马尔维纳斯群岛），最后罚款35万英镑。Robin R. Churchill, "Falkland Islands – Maritime jurisdiction and co-operative arrangements with Argentina", 46 *International and Comparative Law Quarterly* 463, 475 (1997); Ariel R. Mansi, "The System of Inspection of the Commission for the Conservation of Antarctic Marine Living Resources", in Lilian Del Castillo (ed.), *Law of the Sea, From Grotius to the International Tribunal for the Law of the Sea: Liber Amicorum Judge Hugo Caminos*, Brill Nijhoff, 2015, p. 218, footnote 27.

[2] SCOI于1987年由第6届CCAMLR会议同意设立，其职责主要是为实施《南极海洋生物资源养护公约》第24条（2）提供建议，1988年10月，SCOI召开第一次会议，2002年10月，SCOI召开其最后一次会议。在SCOI基础上，CCAMLR成立了"执行与遵约常设委员会"（the Standing Committee on Implementation and Compliance, SCIC）；2003年10月，SCIC召开第一次会议。See CCAMLR, Report of the Twenty-First Meeting of the Commission, Hobart, 21 October-1 November 2002, paragraph 5.16.

[3] CCAMLR, Report of the Thirteenth Meeting of the Commission, Hobart, 26 October-4 November 1994, paragraph 1.29 of Annex 5.

[4] CCAMLR, Report of the Thirteenth Meeting of the Commission, Hobart, 26 October-4 November 1994, paragraph 5.21 and paragraphs 1.52-1.55 of Annex 5. 英国在此次SCOI会议上提出了修订《检查制度》的三点建议：将登临检查船舶对象扩大到所有出现在CCAMLR管辖范围内的捕捞或渔业研究的船舶、增加渔船进出CCAMLR管辖区域的通报制度、制定一个宽泛的"渔船"定义。See CCAMLR, Report of the Thirteenth Meeting of the Commission, Hobart, 26 October-4 November 1994, paragraph 1.56 of Annex 5.

[5] CCAMLR, Report of the Eleventh Meeting of the Commission, Hobart, 26 October-6 November 1992, paragraphs 6.13-6.15.

应该是注意到了国际法中"条约不及第三方"基本原则（pacta tertiis）。[1]

1995 年，英国在 SCOI 会议上指出，有 10 艘悬挂 CCAMLR 成员国的渔船涉嫌于 1994-1995 年度在 48.3 分区从事非法捕捞活动；英国对在公约区域内不断升级的非法捕捞活动表示了极大的担忧，认为这些非法渔船的捕捞量已经超过合法渔船的捕捞量。[2]世界自然保护联盟（IUCN）认为 CCAMLR 在打击非法捕捞方面存在一些困难，以及这种现状将会危及 CCAMLR 作为渔业管理组织典范的地位，因此强烈建议 CCAMLR 采取严厉措施来解决此问题。[3]1996 年，英国进一步指出，南大洋存在越来越多的非法犬牙鱼捕捞活动，这些非法捕捞渔船既有悬挂 CCAMLR 成员国旗帜的，也有悬挂 CCAMLR 非成员国旗帜的。由此英国代表认为，非法捕捞（illegal fishing）问题是 CCAMLR 必须面对的现实问题，它将危害 CCAMLR 的可依赖性，CCAMLR 及其成员国必须采取相应措施。[4]

在 1997 年至 2001 年间，法国在其凯尔盖朗群岛和克罗泽岛附近专属经济区共逮捕了 20 艘非法捕捞犬牙鱼的渔船，这些渔船的船旗国包括：伯利兹、葡萄牙、阿根廷、巴拿马、瓦努阿图、智利、塞舌尔、圣多美和普林西比、圣文森特和格林纳丁斯。[5]澳大利亚则认为南大洋 IUU 捕捞活动已经构成了"高度组织化的跨国犯罪"。[6]2001 年，CCAMLR 在其成立 20 周年之际的声明中指出，IUU 捕捞犬牙鱼产量约为合法捕捞产量的 2 倍，造成了犬牙鱼资源严重衰退，耗竭了海鸟种群，构成了 CCAMLR 必须面对的严峻挑

---

〔1〕《维也纳条约法公约》第 34 条。

〔2〕 CCAMLR, Report of the Fourteenth Meeting of the Commission, Hobart, 24 October-3 November 1995, paragraph 1. 22 of Annex 5.

〔3〕 CCAMLR, Report of the Fourteenth Meeting of the Commission, Hobart, 24 October-3 November 1995, paragraph 11. 9.

〔4〕 CCAMLR, Report of the Fifteenth Meeting of the Commission, Hobart, 21 October −1 November 1996, paragraphs 13. 23-24.

〔5〕 CCAMLR, Report of the Twentieth Meeting of the Commission, Hobart, 22 October-2 November 2001, paragraph 2. 3 of Annex 5.

〔6〕 CCAMLR, Report of the Twenty-First Meeting of the Commission, Hobart, 21 October-1 November 2002, paragraph 5. 3 of Annex 5. 关于澳大利亚在南大洋打击 IUU 捕捞活动的实践，包括对 "Viarsa 1" 号渔船实施了创纪录历时 21 天、长达 3900 海里的海上紧追，具体请参见：Rachel J. Baird, *Aspects of Illegal, Unreported and Unregulated Fishing in the Southern Ocean*, Springer, 2006, pp. 195-240; Erik J. Molenaar, "Multilateral Hot Pursuit and Illegal Fishing in the Southern Ocean: The Pursuits of the Viarsa 1 and the South Tomi", 19 *International Journal of Marine and Coastal Law* 19 (2004).

战。[1]从南大洋 IUU 捕捞活动发展及其时空变化，可以理解英国、法国和澳大利亚积极打击 IUU 捕捞活动的动机。

还有一个值得关注的是，"不报告"和"不管制"两个概念则是由一个科学工作组于 1995 年和 1997 年提出。1995 年，鱼类种群评估工作组（WG-FSA）在评估 48.3 区细鳞犬牙鱼时考虑到那些没有向 CCAMLR 报告的产量；这些不报告产量既可能是 48.3 区内的非法捕捞产量，也可能是 CCAMLR 管辖范围外的产量。为此，该工作组针对 48.3 区犬牙鱼资源采取了新的评估技术。[2]1997 年，WG-FSA 在其议程中增加了"评估不管制渔业中海鸟兼捕量"，认为不管制捕捞对海鸟的兼捕量已经超过了受管制捕捞活动对海鸟的兼捕量；不管制捕捞活动对海鸟的兼捕已经对信天翁和海燕等海鸟的可持续性造成了严重的威胁。[3]对此，SC-CAMLR 特别地关注印度洋扇区（58.5 区）的不管制捕捞活动，建议 CCAMLR 采取严厉措施以消除不管制捕捞。[4]

1997 年，第 16 届 CCAMLR 会议首次完整提出"IUU 捕捞"术语。该术语首先出现在 CCAMLR 下面的 SCOI 会议议程上，[5]即 SCOI 的第 1 项议程；在 CCAMLR 会议上，该议题出现在第 5 项议程中。[6]在此以后 CCAMLR 的会议中，IUU 捕捞就沿用下来了。除此之外，此届 CCAMLR 会议对南大洋 IUU 捕捞活动形成了一些初步共识，包括：IUU 捕捞大规模存在；IUU 捕捞构成犬牙鱼种群养护的严重威胁；IUU 捕捞渔船来自《南极海洋生物资源养护公约》

---

〔1〕 Statement for the Commemoration of 20 Years of CCAMLR, in CCAMLR, Report of the Twentieth Meeting of the Commission, Hobart, 22 October-2 November 2001, Annex 9.

〔2〕 SC-CAMLR, Report of the Fourteenth Meeting of the Scientific Committee, Hobart, 23-27 October 1995, paragraphs 4.40-4.60; CCAMLR, Report of the Fourteenth Meeting of the Commission, Hobart, 24 October-3 November 1995, paragraphs 4.16-4.17.

〔3〕 SC-CAMLR, Report of the Sixteenth Meeting of the Scientific Committee, Hobart, 27-31 October 1997, paragraphs 7.85-7.97 of Annex 5.

〔4〕 SC-CAMLR, Report of the Sixteenth Meeting of the Scientific Committee, Hobart, 27-31 October 1997, paragraphs 2.12-2.13 and 4.55.

〔5〕 根据 CCAMLR 会议一般安排，先同时召开南极海洋生物资源养护科学委员会（SC-CAMLR）会议、SCOI 会议以及行政与财务常设委员会（SCAF）的会议，然后再召开 CCAMLR 全体大会。所以，IUU 捕捞问题首先出现在 SCOI 会议上，然后再到 CCAMLR 大会。

〔6〕 See CCAMLR, Report of the Sixteenth Meeting of the Commission, Hobart, 27 October-7 November 1997, Table of Contexts.

非缔约方和缔约方。为应对 IUU 捕捞问题，有必要向其他组织，特别是西北大西洋渔业组织（NAFO）和养护大西洋金枪鱼委员会（ICCAT）学习经验，鼓励 CCAMLR 成员尽快成为 1995 年《联合国鱼类种群协定》和 1993 年《促进公海渔船遵守国际养护及管理措施的协定》的缔约方。[1] 除此之外，2002 年 CCAMLR 还曾试图根据《打击 IUU 捕捞国际行动计划》制定一份 CCAMLR 打击 IUU 捕捞行动计划（CPOA-IUU）。因该行动计划涉及南大洋特殊的政治与法律环境，CCAMLR 成员不能达成协商一致，故 2005 年 SCIC 建议放弃此努力，转而分析 CCAMLR 养护措施是否符合《打击 IUU 捕捞国际行动计划》的要求。[2]

第二节　CCAMLR 养护措施

南大洋 IUU 捕捞活动有以下两个特点：其一，其捕捞对象为高经济价值的犬牙鱼，该鱼类属于跨界洄游鱼类种群；其二，捕捞渔船既有《南极海洋生物资源养护公约》缔约方，还有非缔约方。针对此特点，CCAMLR 在应对南大洋 IUU 捕捞时通过不断实践与探索，制定了一系列管理制度，包括从鱼类种群、渔船管理、许可管理、港口管理、船位监测系统（VMS）、犬牙鱼渔获登记制度、IUU 渔船名单、海上转载等制度，如下表。这些制度在形式上包括了养护措施和决议；前者具有法律拘束力，后者则不具有法律拘束力，两者互为补充。

表 6-1　与 IUU 捕捞相关的养护措施与决议

类别	养护措施编号	制定年份	决议编号	制定年份
跨界鱼类管理			R10/XII R18/XXI	1993 2002
IUU 捕捞			R32/XXIX	2010

---

〔1〕 CCAMLR, Report of the Sixteenth Meeting of the Commission, Hobart, 27 October-7 November 1997, paragraphs 5. 22-5. 25.

〔2〕 CCAMLR, Report of the Twenty-Fourth Meeting of the Commission, Hobart, 24 October-4 November 2005, paragraph 8. 18.

类别	养护措施编号	制定年份	决议编号	制定年份
渔船管理	CM 10-01	1998	R19/XXI R35/XXXIV	2002 2015
许可管理	CM 10-02	1997		
港口管理	CM 10-03	1998		
船位监测系统	CM 10-04	1998		
CDS	CM 10-05	1999	R14/XIX R15/XIX R16/XIX R17/XX R21/XXIII ＊	2000 2000 2000 2001 2004
缔约方渔船遵约	CM 10-06	2002		
非缔约方渔船遵约	CM 10-07	1997	R13/XIX ＊ R24/XXIV R25/XXV	2002 2005 2006
缔约方国民遵约	CM 10-08	2006		
转载管理	CM 10-09	2008		
缔约方遵约评估	CM 10-10	2012		

注：＊所标记的决议已经失效。

从这些制度发展时间顺序上看，CCAMLR 首先通过决议形式呼吁各方遵守 CCAMLR 通过的养护措施，例如 1993 年通过的第 R10/XII 号决议和 2002 年通过的第 R18/XXI 号决议。其次，明确缔约方和非缔约方履行其船旗国管辖义务，例如 1997 年通过的养护措施 CM 119/XVI 和 CM 118/XVI，即现行养护措施 CM 10-02 和 CM 10-07 的前身，以及 2002 年通过的第 R18/XXI 号决议，提出"不履约旗帜"（FONC）的概念。再次，制定港口检查和船位监测系统制度，补充和完善船旗国管辖，增强渔船管理，例如 1998 年通过的养护措施 CM 147/XVII 和 CM 148/XVII，即现行养护措施 CM 10-03 和 CM 10-04 的前身。复次，制定犬牙鱼渔获登记制度，即 1999 年通过的养护措施 CM 170/XVIII，2000 年通过的 3 个决议以支撑实施 CDS，分别是第 R14/XIX 号决议、第 R15/XIX 号决议和第 R16/XIX 号决议，2001 年通过的第 R17/XX 号决议呼吁利用 VMS 和其他措施以核实公约区域外犬牙鱼的 CDS 数据，2004 年通过的第 R21/XXIII 号决议推进实施电子化 CDS，即 E-CDS。第 R21/XXIII 号决议于 2009 年失效。最后，CCAMLR 制定了 IUU 渔船名单制度以及国民管理制度，即养护措施 CM 10-06、CM 10-07 和 CM 10-08。除此之外，CCAMLR 根据《南极海洋生物资源养护公约》第 24 条制定的《检查制度》规定了海上登临执法检查程度，尽管不能适用于非缔约方，但它是 CCAMLR 打击 IUU 捕捞的重要组成部分。

转载和缔约方评估两个养护措施，尽管一定程度上可帮助打击 IUU 捕捞活动，但是其作用相对较小。在其他公海海域，海上转载管理一般是打击 IUU 捕捞活动的重要手段，2018 年第 33 届 FAO 渔业委员会（COFI）会议将其作为一个重要事项，[1]但是南大洋的犬牙鱼渔业价值高、作业周期短、产量不高，一般不需要海上转载渔获物。正因为如此，养护措施 CM 10-09（2022）仅适用于《南极海洋生物资源养护公约》缔约方的捕捞生产船舶和补给与辅助船舶，没有制定非缔约方补给与辅助船舶的管理制度。[2]缔约方缔约评估，主要目的是促进缔约方遵守 CCAMLR 通过的养护措施，其评估结果是遵约与否，包括"轻微不遵约""不遵约"和"严重多次或持续不遵约"。"不遵约"或者"严重多次或持续不遵守"，并不必然会构成 IUU 捕捞行为，[3]因为后者属于养护措施 CM 10-06 规制范畴。

---

〔1〕　FAO, Report of the 33rd Session of the Committee on Fisheries, Rome, 9-12 July 2018, paragraph 55.

〔2〕　例如，南太平洋区域渔业管理组织第 05-2023 号养护与管理措施，规定了合作非成员方当局可向秘书处提交相关信息，以便其补给与辅助船舶列入该组织的许可船舶名单。CCAMLR 曾试图解决此问题，但是 2016 年，澳大利亚和美国联合提交了一份关于修订养护措施 CM 10-09 的提案，以建立一个 CCAMLR 运输船名录。SCIC 经讨论与妥协，曾就此提案达成共识，但是美国认为妥协后的提案不能实现其既定目标，故在 CCAMLR 撤回其提案。截至 2022 年，美国再也没有重提此提案。See SPRFMO, Conservation and Management Measure for the Commission Record of Vessels Authorised to Fish in the Convention Area, CMM 05-2023, paragraphs 1-5; CCAMLR, Report of the Thirty-Fifth Meeting of the Commission, Hobart, 17-28 October 2016, paragraphs 3. 32-3. 27.

〔3〕　根据养护措施 CM 10-10（2019）第 3 段（iii），SCIC 可向 CCAMLR 建议将一些严重的不遵约行为列入 IUU 捕捞事项再进行审议。考虑到 SCIC 和 CCAMLR 协商一致的决策机制，由 SCIC 建议将遵约评估程序下案件列入 IUU 捕捞事项再审议存在很大的难度。例如，2017 年的澳大利亚籍 Isla Eden 号渔船。实践中通常出现的情况是，CCAMLR 秘书处将一些涉嫌严重违法行为同时列入遵约评估程序和 IUU 捕捞事项。2021 年的南非籍 El Shaddai 号渔船就是如此。See CCAMLR, Report of the Thirty-Sixth Meeting of the Commission, Hobart, 16-27 October 2017, paragraphs 3. 27 and 3. 29; Report of the Fortieth Meeting of the Commission, Virtual, 18-29 October 2021, paragraphs 4. 25-4. 28 and Appendix Ⅰ of Annex 8.

总体上 CCAMLR 打击 IUU 捕捞活动的管理制度是围绕犬牙鱼渔业进行设计的，核心内容是两个组成部分：CDS 和 IUU 渔船名单。港口检查、VMS 等养护措施，则是配合 CDS 实施的。就港口检查而言，在 2012 年之前，养护措施 CM 10-03 标题是"港口检查载有犬牙鱼的船舶"；[1]2012 年，该养护措施进行修订，将适用对象扩大至所有装载南极海洋生物的船舶。[2]

第三节　CDS 及其实施

1997 年，CCAMLR 就讨论了采用贸易相关措施打击 IUU 捕捞的可能性。[3]1998 年，美国和澳大利亚分别向第 17 届 CCAMLR 会议提交了 2 个和 1 个提案，以建立渔获认证制度（catch certification scheme）。美国提案包含两个最基本原则：船旗国责任原则和遵循国际贸易协定（包括 WTO）原则。根据船旗国责任原则，船旗国负责核准其渔船在《南极海洋生物资源养护公约》适用区域内捕捞的犬牙鱼数量，拟建立一个上岸量和贸易量的追溯框架；根据遵循国际贸易协定原则，拟建立一个禁止没有携带 CDS 犬牙鱼产品进入《南极海洋生物资源养护公约》缔约方的市场。尽管 1998 年没有就美国和澳大利亚提案达成一致，但是 CCAMLR 认为美国提案是向正确方向迈出了重要的一步。[4]

1999 年 4 月，英国在布鲁塞尔组织召开了研讨会，美国、澳大利亚和欧盟提出了新意见，包括：有效打击缔约方和非缔约方的 IUU 捕捞活动；无歧视、公平和透明；可实用，易快速投入使用；覆盖《南极海洋生物资源养护公约》适用范围内外海域；应允许非缔约方有机会参加；有充分的核实与核准机制，以确保证书的准确性；应明确所有参与方的责任。1999 年 6 月，相

---

〔1〕　See Conservation Measure 10-03（2009）"Port inspections of vessels carrying toothfish".

〔2〕　即使如此，该养护措施对犬牙鱼和其他南极海洋生物资源作了区分。装载犬牙鱼的船舶，港口国应全部进行检查；对其装载其他南极海洋生物资源的船舶，只需检查一半。See Conservation Measure 10-03（2012）"Port inspections of fishing vessels carrying Antarctic marine living resources", paragraphs 1-2.

〔3〕　David J. Agnew, "The illegal and unregulated fishery for toothfish in the Southern Ocean, and the CCAMLR catch documentation scheme", 24 *Marine Policy* 361, 367（2000）.

〔4〕　CCAMLR, Report of the Seventeenth Meeting of the Commission, Hobart, 26 October-6 November 1998, paragraphs 5. 16-5. 25.

关各方利用在利马参加第 23 届南极条约协商会议间隙进行非正式磋商。同年 9 月，美国与澳大利亚又在华盛顿特区进行了磋商。9 月 29 日，澳大利亚、欧盟和美国联合向 1999 年第 18 届 CCAMLR 会议提交了一份关于渔获登记制度的提案。[1]当年，CCAMLR 一致通过了该提案，即养护措施 CM 170/XVIII，于 2000 年 5 月 4 日生效。[2]

养护措施 CM 170/XVIII，在序言部分明确了船旗国有责任确保其船舶以负责任的方式开展捕捞活动以及港口国有权利与义务促进区域渔业养护措施的有效性，重申所有《南极海洋生物资源养护公约》缔约方同意在其国内为犬牙鱼产品采取独立且协调一致的税则号，[3]邀请所有捕捞犬牙鱼的非缔约方参加 CDS。CDS 具体内容包括市场进出口、捕捞生产、港口国、CDS 核实与核准程序等。在市场进出口方面，所有缔约方应采取措施辨别在其领土进口和出口犬牙鱼产品的来源；如果犬牙鱼产品捕自《南极海洋生物资源养护公约》适用区域，则应确定其捕捞方式是否符合 CCAMLR 养护措施。在捕捞生产方面，所有缔约方应要求其在《南极海洋生物资源养护公约》适用区域捕捞犬牙鱼的渔船在上岸或转载渔获时填写犬牙鱼渔获证书（DCD）。在港口方面，所有缔约方 J 应确保在其港口上岸和转载的犬牙鱼都附有填写好的 DCD。

尽管 1999 年 CCAMLR 通过的 CDS 一定程度上受到 1992 年 ICCAT 制定的蓝鳍金枪鱼统计文件计划（SDP）以及 1994 年通过"关于确保大西洋蓝鳍金枪鱼养护项目有效性的行动计划的决议"的启发，[4]但是 CCAMLR 的 CDS 和

---

〔1〕　David J. Agnew, "The illegal and unregulated fishery for toothfish in the Southern Ocean, and the CCAMLR catch documentation scheme", 24 *Marine Policy* 361, 367-368 (2000); Delegations of Australia, European Community and USA, Catch Documentation Scheme, CCAMLR-XVIII/22, 29 September 1999.

〔2〕　CCAMLR, 1999, paragraphs 5. 10-5. 43.

〔3〕　1998 年 1 月 1 日，美国要求所有进入其市场的犬牙鱼产品采取单独税则码，以更好地追踪进入其市场的犬牙鱼产品。SCOI 认为，美国做法可作为其他国家范例，认为应制定犬牙鱼产品的全球统一关税分类规则。See CCAMLR, Report of the Eighteenth Meeting of the Commission, Hobart, 25 October-5 November 1999, paragraph 2. 19-2. 22 of Annex 5.

〔4〕　1998 年美国提案参考了 1992 年 ICCAT 制定的蓝鳍金枪鱼统计文件计划，1998 年澳大利亚提案则参考了 1994 年 ICCAT 通过的"关于确保大西洋蓝鳍金枪鱼养护项目有效性的行动计划的决议"。CCAMLR, Report of the Seventeenth Meeting of the Commission, Hobart, 26 October-6 November 1998, paragraph 5. 16; David J. Agnew, "The illegal and unregulated fishery for toothfish in the Southern Ocean, and the CCAMLR catch documentation scheme", 24 *Marine Policy* 361, 367 (2000).

ICCAT 的 SDP 存在根本性区别。ICCAT 的 SDP，最初是为了提高蓝鳍金枪鱼渔获数据统计可靠性制定的，特别是针对非缔约方的蓝鳍金枪鱼产量数据，该计划自 1993 年 9 月 1 日施行，要求所有进口至缔约方领土或第一次进入区域经济组织（指当时的欧共体、后来的欧盟）的蓝鳍金枪鱼应附带 ICCAT 的 SDP，各缔约方的海关或其他适当政府官员应检查所有进口证书，包括 ICCAT 的 SDP；[1] 在初期阶段，SDP 只适用于冷冻蓝鳍金枪鱼产品，不适用于冰鱼产品。更为重要的是，ICCAT 还接受其他等效的统计文件，只要这些统计文件提供相同信息。[2] 相比之下，CCAMLR 的 CDS 适用于所有环节；它不仅适用于进口贸易环节，而且适用于犬牙鱼产品全流程，包括捕捞、转载、进口、加工、再出口等；此外，适用的犬牙鱼对象，不仅是 CCAMLR 管辖范围内的，还包括 CCAMLR 管辖范围外海域的，实现了全球犬牙鱼产品全部覆盖，为此它不仅需要《南极海洋生物资源养护公约》缔约方支持，还需要所有可能相关的捕捞国、港口国、市场国或独立关税区的支持。所以，1999 年，CCAMLR 主席认为，CDS 不仅对 CCAMLR 重要，对全世界也很重要。[3] 2000 年，澳大利亚认为 CCAMLR 通过制定和实施 CDS 对 FAO 制定《打击 IUU 捕捞国际行动计划》的进程作出了重要的贡献。[4] 2008 年，FAO《公海深海渔业管理国际准则》要求"各国应按照国际法，以透明和非歧视方式，通过和实施贸易相关措施，如渔获和贸易证书制度"。[5] 在该准则通过时，全球范围内真正意义上的渔获登记制度就只有 CCAMLR 的 CDS，在此之后，ICCAT 于 2008 年制定了关于大西洋蓝鳍金枪鱼的渔获登记制度，南方蓝鳍金枪鱼保护委员会（CCSBT）

---

〔1〕 也就是说，如果所捕的蓝鳍金枪鱼不进入国际贸易环节，如日本渔船捕捞的蓝鳍金枪鱼仅在其国内销售，ICCAT 的 SDP 就不发生作用。对此，有学者将 ICCAT 的 SDP 归类于贸易信息制度（TIS），不能有效地帮助评估资源开发状况。后来，FAO 将 ICCAT 的 SDP 界定为一种"基于贸易渔获登记制度"，CCAMLR 的 CDS 是一种"基于渔业的渔获登记制度"。除此两种渔获登记制度外，还有"基于市场的渔获登记制度"。See Gilles Hosch, Design Options for the Development of Tuna Catch Documentation Schemes, FAO Fisheries and Aquaculture Technical Paper No. 596, FAO, 2016, p. 2; FAO, Understanding and Implementing Catch Documentation Schemes—A guide for National Authorities, FAO Technical Guidelines for Responsible Fisheries No. 14, FAO, 2022, pp. 14~15.

〔2〕 ICCAT, Report for Biennial Period 1992–1993 Part Ⅰ (1992), Madrid, 1993, pp. 67~68.

〔3〕 CCAMLR, Report of the Eighteenth Meeting of the Commission, Hobart, 25 October–5 November 1999, paragraph 5.13.

〔4〕 CCAMLR, Report of the Nineteenth Meeting of the Commission, Hobart, 23 October–3 November 2000, paragraph 12.21.

〔5〕《公海深海渔业管理国际准则》（2008 年版），第 60 段。

于 2010 年制定了关于南方蓝鳍金枪鱼的渔获登记制度。[1]2017 年 7 月，第 40 届 FAO 大会通过《渔获登记制度自愿准则》。

鉴于 CCAMLR 的 CDS 适用对象广泛，其实施环节的严密性以及数据可核准性，则成为该制度成功的关键。[2]就严密性而言，实施 CDS 需要得到所有捕捞生产船舶的船旗国（不仅是在 CCAMLR 管辖区域内捕捞生产的那些船旗国）、所有载有犬牙鱼或其产品的船舶（包括生产船舶和运输船舶）上岸的港口以及犬牙鱼产品消费的终端市场的支持。除《南极海洋生物资源养护公约》外，那些非缔约方的港口与市场无疑是最大的挑战。2000 年，CCAMLR 列出了迫切需要合作的非缔约方名单，共 15 个国家；此名单既包括伯利兹与巴拿马等方便旗国，塞舌尔与毛里求斯等港口国，我国与新加坡等市场国。[3]另外，纳米比亚曾经是《南极海洋生物资源养护公约》的非缔约方，因其港口有大量 IUU 捕捞渔船进入卸载 IUU 捕捞渔获而备受关注；[4]在 CCAMLR 及相关成员外交努力下于 2000 年 6 月 29 日加入《南极海洋生物资源养护公约》，2001 年 2 月 5 日成为 CCAMLR 成员。[5]纳米比亚感谢 CCAMLR 成员帮助培训 CDS，特别是澳大利亚；并承诺全面配合 CCAMLR 打击 IUU 捕捞，包括港口检查和实施 CDS。[6]

针对此复杂情形，CCAMLR 于 2000 年同步通过了 3 个决议。第 R14/XIX 号决议敦促所有捕捞犬牙鱼或涉及犬牙鱼贸易的《南极海洋生物资源养护公约》加入国（Acceding States）和非缔约方尽可能地实施 CDS，建议 CCAMLR

---

〔1〕　Geilles Hosch, Catch Documentation Schemes for Deep-sea Fisheries in the ABNJ: Their Value, and Options for Implementation, FAO Fisheries and Aquaculture Technical Paper No. 629, FAO, 2017, pp. 6 and 17.

〔2〕　广泛性（inclusivity）、严密性（impermeability）和可核准性（verifiability）被认为是渔获登记制度成功的三大要素。See Gilles Hosch, Design Options for the Development of Tuna Catch Documentation Schemes, FAO Fisheries and Aquaculture Technical Paper No. 596, FAO, 2016, pp. 4-5.

〔3〕　CCAMLR, Report of the Nineteenth Meeting of the Commission, Hobart, 23 October-3 November 2000, paragraph 2.44 of Annex 5.

〔4〕　See CCAMLR, Report of the Seventeenth Meeting of the Commission, Hobart, 26 October-6 November 1998, paragraphs 2.16-2.21.

〔5〕　CCAMLR, Report of the Twentieth Meeting of the Commission, Hobart, 22 October-2 November 2001, paragraph 2.3.

〔6〕　CCAMLR, Report of the Twentieth Meeting of the Commission, Hobart, 22 October-2 November 2001, paragraphs 2.9-2.13.

成员对那些不实施 CDS 的加入国或非缔约方施加影响力，包括不允许来自这些国家犬牙鱼产品进入 CCAMLR 成员领土等。[1]第 R15/XIX 号决议敦促所有《南极海洋生物资源养护公约》缔约方加强其许可渔船港口使用管理，要求经许可渔船（无论是在《南极海洋生物资源养护公约》适用区域范围内外）仅停靠那些实施 CDS 国家的港口。为此目的，CCAMLR 秘书处向各缔约方提供一份参与实施 CDS 国家的名单。[2]第 R16/XIX 号决议明确，参与实施 CDS 的船旗国应要求其许可捕捞或公海转载犬牙鱼的船舶根据养护措施 CM 10-04 安装和运行船位监测系统。[3]2001 年，CCAMLR 通过第 R17/XX 号决议敦促所有参与实施 CDS 的国家应通过和船旗国联系，以在其港口上岸或进口至其市场犬牙鱼产品的登记证书是否和 VMS 数据吻合；如果船旗国不能核实，应禁止那些捕自 FAO 第 51 区的此类犬牙鱼产品在其港口上岸或进入其市场。[4]

一些犬牙鱼产品流入我国，我国参与 CDS 就显得很重要。CCAMLR 根据 CDS 数据追踪统计，2020 年，犬牙鱼产品主要市场分别是：美国、中国、韩国和新加坡。[5]2000 年 9 月在荷兰海牙召开的 ATCM 第 12 次特别会议期间，相关国家就实施养护措施 CM 170/XVIII 接触了我国代表团。2001 年 7 月 5 日，我国联系 CCAMLR，确认自 2001 年 6 月 18 日起授权中国渔业协会（China Fisheries Association）代表中国政府签发犬牙鱼渔获证书（DCD），自愿实施"犬牙鱼渔获登记制度"。2001 年，我国派出代表作为观察员参加 CCAMLR 会议，被认为是 CCAMLR 在全球影响持续扩大的证明。[6]2003 年，CCAMLR 修订养护措施 CM 10-05，要求 CDS 证书应由港口国的海关或渔业当局的官员签发。对此，美国等国家不接受中国渔业协会签发的 DCD 证书；日本和俄罗斯等国

---

〔1〕 Resolution 14/XIX "Catch Documentation Scheme: implementation by Acceding States and non-Contracting Parties", 2000.

〔2〕 Resolution 15/XXII "Use of ports not implementing the Catch Documentation Scheme for Dissostichus spp.", 2000.

〔3〕 Resolution 16/XIX "Application of VMS in the Catch Documentation Scheme", 2000.

〔4〕 Resolution 17/XX "Use of VMS and other measures for the verification of CDS catch data for areas outside the Convention Area, in particular, in FAO Statistical Area 51", 2001.

〔5〕 CCAMLR, Report of the Fortieth Meeting of the Commission, Virtual, 18-29 October 2021, paragraph 7 of Annex 6.

〔6〕 CCAMLR, Report of the Twentieth Meeting of the Commission, Hobart, 22 October-2 November 2001, paragraphs 1. 10, 5. 34-5. 35.

家承认中国渔业协会是可签发 CDS 的主管当局。[1]2004 年，我国通知 CCAM-LR，将全面执行 CDS，指定农业部为签发 CDS 相关证书的主管机构，终止中国渔业协会签发相关证书的职权。[2]2006 年 9 月，我国在加入《南极海洋生物资源养护公约》的同时作出了声明，"在中华人民共和国政府另行通知前，《南极海洋生物资源养护公约》暂不适用于中华人民共和国香港特别行政区"。排除《南极海洋生物资源养护公约》适用于香港特别行政区，主要是因为实施 CDS 方面的困难。[3]实际上，早在 2003 年我国就告知 CCAMLR，由于香港特别行政区的特殊性，我国暂不能向 CCAMLR 报告犬牙鱼在香港贸易的数据。[4]2007 年，当我国成为 CCAMLR 成员后，新西兰等国家认为香港特别行政区可能会成为犬牙鱼 CDS 的漏洞；我国回应指出，中央政府曾建议香港特别行政区自愿实施 CDS，但是香港特别行政区政府认为其犬牙鱼进出口数量很少，没有必要实施 CDS。[5]2012 年，我国中央政府和香港特别行政区进行了沟通，建议其参加 CDS。香港特别行政区为此评估了实施 CDS 所需履行相关义务，启动了内部立法程序；同步通过现有的海关与贸易措施监测进入特别行政区的犬牙鱼产品。[6]自 2014 年开始，香港特别行政区派其渔农自然护理署（AFCD）官员作为中国代表团成员参加 CCAMLR 会议。2020 年 5 月 7 日，我国通知澳大利亚，香港特别行政区已经完成了其内部立法，《香港特别行政区南极海洋生物资源养护法令》及其实施条例将于 2020 年 7 月 1 日起施行，因此《南极海洋生物资源养护公约》自 2020 年 7 月 1 日开始适用于香港特别行政区。[7]

---

〔1〕　CCAMLR, Report of the Twenty-Second Meeting of the Commission, Hobart, 27 October-7 November 2003, paragraphs 10. 8-10. 10.

〔2〕　CCAMLR, Report of the Twenty-Third Meeting of the Commission, Hobart, 25 October-5 November 2004, paragraph 4. 4 of Annex 5.

〔3〕　类似的困难也曾发生在大西洋蓝鳍金枪鱼和南方蓝鳍金枪鱼产品进出香港特别行政区。See Gilles Hosch, Catch Documentation Schemes for Deep-sea Fisheries in the ABNJ: Their Value, and Options for Implementation, FAO Fisheries and Aquaculture Technical Paper No. 629, FAO, 2018, pp. 25-26.

〔4〕　CCAMLR, Report of the Twenty-Second Meeting of the Commission, Hobart, 27 October-7 November 2003, paragraphs 8. 11-8. 12.

〔5〕　CCAMLR, Report of the Twenty-Sixth Meeting of the Commission, Hobart, 22 October-2 November 2007, paragraphs 4. 4-4. 6.

〔6〕　CCAMLR, Report of the Thirty-Second Meeting of the Commission, Hobart, 23 October-1 November 2013, paragraphs 8-9 of Annex 6.

〔7〕　CCAMLR, Report of the Thirty-Ninth Meeting of the Commission, Virtual, 27-30 October 2020, paragraphs 2. 3-2. 4.

第四节 IUU 渔船名单

2001 年 3 月，FAO 渔业委员会通过的《打击 IUU 捕捞国际行动计划》要求各国应通过区域渔业管理组织，"收集和交流关于从事 IUU 捕捞渔船的信息""建立和保持在有关区域渔业管理组织管辖水域捕捞的渔船记录，包括准许捕捞的和从事 IUU 捕捞的渔船的记录""确定推测渔船曾从事或支持 IUU 捕捞的情况""汇编并至少每年向其他区域渔业管理组织和 FAO 提供从事 IUU 捕捞的渔船的记录"。[1]2001 年，CCAMLR 和 SCIC 会议都对《打击 IUU 捕捞国际行动计划》进行了重点讨论，CCAMLR 强调《打击 IUU 捕捞国际行动计划》是其在打击 IUU 捕捞活动中一个核心关注领域。[2]2002 年，CCAMLR 通过了养护措施 CM 10-06，同步修订了养护措施 CM 10-07；两个养护措施要求建立《南极海洋生物资源养护公约》缔约方 IUU 渔船名单（以下简称"缔约方 IUU 渔船名单"）和《南极海洋生物资源养护公约》非缔约方 IUU 渔船名单（以下简称"非缔约方 IUU 渔船名单"）。CCAMLR 要求秘书处于 2003 年 3 月制定 IUU 渔船格式。[3]2003 年，第 22 届 CCAMLR 会议第一次通过了两份 2003-2004 年度 IUU 渔船名单，即缔约方 IUU 渔船名单和非缔约方 IUU 渔船名单；前者包含 3 艘渔船（荷属安的列斯群岛 1 艘和乌拉圭 2 艘），[4]后者包含 5 艘渔船（加纳 2 艘、圣文森特和格林纳丁斯 1 艘、多哥 1 艘和玻利维亚 1 艘）。[5]

---

〔1〕《打击 IUU 捕捞国际行动计划》（2001 年版），第 80-81 段。

〔2〕 CCAMLR, Report of the Twentieth Meeting of the Commission, Hobart, 22 October-2 November 2001, paragraphs 12. 5-12. 8 and paragraphs 2. 49-2. 55 of Annex 5.

〔3〕 CCAMLR, Report of the Twenty-First Meeting of the Commission, Hobart, 21 October-1 November 2002, paragraphs 11. 15-11. 16 and 11. 28-11. 30.

〔4〕 2004 年 SCIC 会议期间，法国告知 CCAMLR 秘书处，荷属安的列斯群岛籍 Eternal 号渔船被改造为运输船，同时更换了国籍，新国籍为马达加斯加。尽管如此，法国和荷兰认为，该船仍应保留在 IUU 渔船名单中。2005 年，该船改造成客轮，故 CCAMLR 将此船从 IUU 渔船名单中删除。See CCAMLR, Report of the Twenty-Third Meeting of the Commission, Hobart, 25 October-5 November 2004, paragraph 8. 2; Report of the Twenty-Fourth Meeting of the Commission, Hobart, 24 October-4 November 2005, paragraph 8. 7.

〔5〕 CCAMLR, Report of the Twenty-Second Meeting of the Commission, Hobart, 27 October-7 November 2003, paragraphs 2. 17-2. 81 of Annex 5; Report of the Twenty-Third Meeting of the Commission, Hobart, 25 October-5 November 2004, Appendix III of Annex 5.

CCAMLR 是第一个制定 IUU 渔船名单的区域组织。[1]经多年实践，CCAMLR 不断完善 IUU 渔船名单的制定程序。根据 2021-2022 年度生效的养护措施，即养护措施 CM 10-06（2016）和 CM 10-07（2016），缔约方和非缔约方 IUU 渔船名单制定程序大致包含：判定渔船从事或涉及 IUU 活动的信息来源及其将渔船列入 IUU 渔船名单的条件；CCAMLR 秘书处编制"IUU 渔船名单草案"（Draft IUU Vessel Lists）；渔船船旗国反馈和评论；SCIC 审议"临时 IUU 渔船名单"（Provisional IUU Vessel Lists）和通过"建议 IUU 渔船名单"（Proposed IUU Vessel Lists）；CCAMLR 通过 IUU 渔船名单（IUU Vessel Lists）；将渔船从 IUU 渔船名单中删除或移除的标准；渔船被列入临时 IUU 渔船名单和 CCAMLR 通过的 IUU 渔船名单的后果。

一、判定渔船从事或涉及 IUU 活动的信息来源

在判定渔船从事或涉及 IUU 活动的信息来源方面，缔约方渔船和非缔约方渔船之间略有区别。相同之处是，根据养护措施 CM 10-03 开展的港口检查信息、根据养护措施 CM 10-05 实施 CDS 收集的信息以及 FAO 与其他相关渠道获得的信息，都同样适用于缔约方渔船和非缔约方渔船。[2]不同之处在于除上述信息外的补充信息。针对缔约方渔船的补充信息，主要来源于其他缔约方，且这些补充信息必须与将渔船列入 IUU 渔船名单的标准直接相关。相对而言，针对非缔约方渔船的补充信息，主要来源于缔约方海上观察和港口检查；这种信息不一定和 CCAMLR 相关，如缔约方因各种原因拒绝非缔约方渔船进入其港口，或者某艘非缔约方渔船在《南极海洋生物资源养护公约》适用区域外与另一艘曾被发现在《南极海洋生物资源养护公约》适用区域内从事捕捞活动或者被缔约方拒绝入港的非缔约方渔船进行海上转

---

〔1〕 Michael W. Lodge, David Anderson, Terje Løbach, et al., *Recommended Best Practices for Regional Fisheries Management Organizations*: *Report of an independent panel to develop a model for improved governance by Regional Fisheries Management Organizations*, Chatham House, 2007, pp. 62 ~ 63.

〔2〕 Conservation Measure 10 - 06（2016）"Scheme to promote compliance by Contracting Party vessels with CCAMLR conservation measures", paragraph 2; Conservation Measure 10 - 07（2016）"Scheme to promote compliance by non-Contracting Party vessels with CCAMLR conservation measures", paragraph 3.

载等。[1]

  CCAMLR 处理缔约方渔船和非缔约方渔船之间的差异，源于对两者构成对 CCAMLR 养护措施有效性（effectiveness）影响的不同定义或认知。CCAMLR 制定养护措施 CM 10-06 和 CM 10-07 是基于这样一个合法性逻辑，即缔约方和非缔约方渔船的 IUU 捕捞活动都会影响 CCAMLR 养护措施有效性，因此需要建立 IUU 渔船名单。[2]但是，缔约方渔船的 IUU 捕捞活动被认为会降低 CCAMLR 养护措施的有效性，且这种降低有效性的判定必须满足两个条件：所涉缔约方不履行其作为船旗国"应确保"义务，以及该缔约方有渔船多次被列入缔约方 IUU 渔船名单。[3]非缔约方渔船的 IUU 捕捞活动被认为构成对 CCAMLR 养护措施有效性的威胁，其隐含假设是这些非缔约方不履行船旗国管辖义务，[4]故只要非缔约方渔船被发现在《南极海洋生物资源养护公约》适用区域内就构成了这样的威胁。[5]此差异，除影响判定渔船从事或涉及

---

  [1] Conservation Measure 10-07（2016）"Scheme to promote compliance by non-Contracting Party vessels with CCAMLR conservation measures", paragraphs 4-5. 禁止在《南极海洋生物资源养护公约》适用区域外与另一艘曾被发现在《南极海洋生物资源养护公约》适用区域内从事捕捞活动的非缔约方渔船进行转载，对照上下文，应该是指缔约方港口之外且《南极海洋生物资源养护公约》适用区域之外的所有海域。一定意义上，此规定赋予了该 CCAMLR 养护措施的全球适用效力，且这似乎也是 CCAMLR 针对非缔约方渔船的最重要的手段。See Conservation Measure 118/XVI "Scheme to Promote Compliance by Non-Contracting Party Vessels with CCAMLR Conservation Measures", 1997, paragraph 1.

  [2] Conservation Measure 10-06（2016）"Scheme to promote compliance by Contracting Party vessels with CCAMLR conservation measures", paragraph 1; Conservation Measure 10-07（2016）"Scheme to promote compliance by non-Contracting Party vessels with CCAMLR conservation measures", paragraph 2.

  [3] Conservation Measure 10-06（2016）"Scheme to promote compliance by Contracting Party vessels with CCAMLR conservation measures", paragraph 4. 根据 2015 年国际海洋法法庭在"分区域渔业委员会咨询请求案"中的咨询意见，如果一个船旗国满足这两个条件，则该船旗国显然没有履行其勤勉义务（obligations of due diligence），因而需要承担相应的国家责任（state liability）。See Request for an Advisory Opinion Submitted by the Sub-Regional Fisheries Commission（SRFC）, Advisory Opinion, 2 April 2015, ITLOS Report 2015, p. 4, paragraphs 146 and 148.

  [4] 2001 年《打击 IUU 捕捞国际行动计划》要求，区域渔业管理组织应鼓励"真正感兴趣"的非缔约方加入这些组织，或者促进非缔约方合作和参与渔业资源养护与管理。为此目的，区域渔业管理组织应当妥善处理资源利用权（access to the resources）的问题。参见《打击 IUU 捕捞国际行动计划》（2001 年版），第 83 段。

  [5] 尽管养护措施 CM 10-07（2016）第 4 段规定，只有当非缔约方渔船被发现在从事捕捞活动（sighted engaging in fishing activities）才可推定其从事了 IUU 捕捞，但是该养护措施没有规定"发现在从事捕捞活动"的标准。可供参考的是《检查制度》第 X 段；该段规定了推定出现在《南极海洋生物资源养护公约》适用区域内的渔船从事捕捞活动的四个标准，只要符合其中一个标准即可。

IUU 活动的信息来源外，还影响将渔船列入 IUU 渔船名单的条件。

二、将渔船列入 IUU 渔船名单的条件

在将渔船列入 IUU 渔船名单的条件方面，无论是缔约方渔船还是非缔约方渔船，养护措施 CM 10-06 和 CM 10-07 规定了一个相同的原则性条件，也就是说，有证据推定该渔船从事了某些具体的特定活动。相较于《打击 IUU 捕捞国际行动计划》第 3 段采取描述性方式阐述 IUU 捕捞活动的内涵，CCAMLR 则采取罗列的方式，列举了推定属于 IUU 捕捞活动的具体类型。CCAMLR 的做法，更具确定性和可操作性，但因不再区分 IUU 捕捞术语中三种不同活动类型而将 IUU 捕捞作为一个整体，不利于非缔约方主张其依国际海洋法所享有的权利。尽管养护措施 CM 10-06 和 CM 10-07 规定了相同的原则性条件，但是此原则性条件所包含的内容在缔约方渔船和非缔约方渔船之间存在差异。

表 6-2 推定属于 IUU 捕捞活动的具体类型[1]

活动类型	缔约方渔船（8 种）	非缔约方渔船（6 种）
不同的活动类型	◆未经许可在《南极海洋生物资源养护公约》适用区域内进行捕捞作业，或违反许可证规定的条件，如作业区域、捕捞对象和作业时间等； ◆没有根据规定记录或报告其渔获量，或虚假申报； ◆违反 CCAMLR 养护措施规定在禁渔期或禁渔区从事捕捞活动； ◆违反 CCAMLR 养护措施规定使用了禁用渔具；	◆被发现在《南极海洋生物资源养护公约》适用区域内进行捕捞作业； ◆根据养护措施 CM 10-03 被拒绝进港、卸载或转载；

---

〔1〕 Conservation Measure 10-06 (2016) "Scheme to promote compliance by Contracting Party vessels with CCAMLR conservation measures", paragraph 5; Conservation Measure 10-07 (2016) "Scheme to promote compliance by non-Contracting Party vessels with CCAMLR conservation measures", paragraph 9. 相比 2002 年 CCAMLR 通过的养护措施 CM 10-06 和 CM 10-07，推定缔约方渔船从事 IUU 捕捞活动的类型只增加了 1 种，即"和 CCAMLR 编制的 IUU 渔船名单上的船舶开展转载、合作开展捕捞作业、给予支持或补给"；推定非缔约方渔船从事 IUU 捕捞活动的类型变动较大，养护措施 CM 10-07 (2002) 只包含 2 种类型，即被发现从事捕捞作业以及被拒绝进港、卸载或转载。

续表

活动类型	缔约方渔船（8 种）	非缔约方渔船（6 种）
相同的 活动类型 （4 种）	◆和 CCAMLR 编制 的 IUU 渔船名单上的船舶开展转载、合作开展捕捞作业、给予支持或补给； ◆未能根据养护措施 10-05 的要求提供有效的犬牙鱼渔获登记证书； ◆在《南极海洋生物资源养护公约》适用区域内那些存在国家主权岛屿附近海域以有损公约目标的方式从事捕捞作业； ◆以有损于实现公约目的方式从事违反任何其他 CCAMLR 养护措施的捕捞活动。	

就缔约方渔船而言，该原则性条件包含两个要素：标准、有证据推定从事了某种 IUU 捕捞活动；[1]就非缔约方渔船而言，该原则性条件包含一个的要素：有证据推定从事了某种 IUU 捕捞活动。[2]对照各自原则性条件所包含的要素，可以发现两类渔船不仅在推定属于 IUU 捕捞活动的具体类型存在差异（如上表），缔约方渔船还多了一个要素，即推定缔约方开展了降低 CCAMLR 养护措施有效性捕捞活动的标准。也就是说，CCAMLR 秘书处需要根据其收集的信息以及此标准来判定缔约方渔船是否可能从事了某种 IUU 捕捞活动，而不是仅根据其收集信息来判定。与此不同的是，CCAMLR 秘书处仅根据其收集信息判定非缔约方渔船是否可能从事了某种 IUU 捕捞活动。

关于这种差异的合理解释是，打击 IUU 捕捞不应损害船旗国专属管辖权；[3]如果船旗国能及时有效履行其管辖权，则应由船旗国负责主导处理其渔船的 IUU 捕捞活动，这体现了 IUU 捕捞活动和 IUU 渔船名单并不必然是因果关系。[4]只有在船旗国履行其专属管辖权不充分的情形下，港口国、沿海

---

〔1〕 Conservation Measure 10-06 (2016) "Scheme to promote compliance by Contracting Party vessels with CCAMLR conservation measures", paragraph 6.

〔2〕 Conservation Measure 10-07 (2016) "Scheme to promote compliance by non-Contracting Party vessels with CCAMLR conservation measures", paragraph 10.

〔3〕 2001 年《打击 IUU 捕捞国际行动计划》明确，打击 IUU 捕捞的措施 "应当处理所有捕捞业的因素……国家应当采取以船旗国负首要责任为基础和利用按国际法可获得的所有权力的措施，包括港口国措施、沿海国措施、与市场有关的措施"。参见，《打击 IUU 捕捞国际行动计划》（2001 年版），第 9.3 段。

〔4〕 根据 2023 年生效的 NAFO《养护与执法措施》，如果一艘渔船因其 IUU 捕捞行为而被列入 NAFO 的临时 IUU 渔船名单，只要其船旗国及时针对该渔船的 IUU 捕捞行为采取有效措施，以及采取措施防止该渔船未来再从事 IUU 捕捞行动，并向 NAFO 提供充足证据，则 NAFO 将该渔船从其临时 IUU 渔船名单中删除。NEAFC 也采取了类似的规定。See NAFO Conservation and Enforcement Measures, 2023, Article 53; NEAFC Scheme of Control and Enforcement, 2023, Article 44.

国和相关国际组织才介入，补充船旗国责任履行不充分所留下的空白，同时促进船旗国充分履行其义务。[1] 养护措施 CM 10-06 和 CM 10-07 规定将渔船从 IUU 渔船名单删除或移除的标准，能从侧面验证这种解释。两个养护措施规定的 4 个删除或移除标准完全相同；其中两个标准涉及船旗国管辖，分别要求船旗国已经就其渔船的 IUU 捕捞行为采取了有效的措施，或者船旗国采取了充足措施确保其授权所涉 IUU 捕捞渔船悬挂其国旗不会导致 IUU 捕捞。[2]

对照 2002 年 CCAMLR 第一次制定的养护措施 CM 10-06，可得出另一个不同的结论：养护措施 CM 10-06（2016）关于此标准的规定，可能是 CCAMLR 在修订该养护措施过程中没有及时调查相关数字所导致的一个错误。养护措施 CM 10-06（2002）第 5 段明确，CCAMLR 秘书处应根据其收集的信息以及"第 4 段定义的标准"判定可能从事 IUU 捕捞活动的渔船名单。根据养护措施 CM 10-06（2002），"第 4 段定义的标准"是指 IUU 捕捞活动的具体类型，也就是养护措施 CM 10-06（2016）第 5 段罗列的 IUU 捕捞活动具体类型。推定缔约方开展了降低 CCAMLR 养护措施有效性捕捞活动的规定，在养护措施 CM 10-06（2002）中是第 3 段，在养护措施 CM 10-06（2016）中是第 4 段。仅从养护措施 CM 10-06（2002）制定缔约方 IUU 渔船名单的最初设计逻辑看，可以认为养护措施 CM 10-06（2016）第 6 段中"第 4 段定义的标准"是修订过程中出现的一个编辑失误。如果考虑到养护措施 CM 10-06（2016）第 6 段中同时提及了第 4 段和第 5 段，则可否定这种编辑失误的情形，进而认为是 CCAMLR 在修订过程中有意增加这样的标准。

值得注意的是，无论缔约方渔船还是非缔约方渔船，用以推定渔船从事了 IUU 捕捞活动的信息必须能构成证据（evidence）。然而，CCAMLR 在实践中会采用比"证据"标准更低的"间接证据"（circumstantial evidence），将非缔约方渔船列入 IUU 渔船名单。例如 2011 年伊朗籍 Koosha 4 号渔船和 2012

---

〔1〕　See Rosemary Gail Rayfuse, *Non-Flag State Enforcement in High Seas Fisheries*, Martinus Nijhoff Publishers, 2004, p. 17.

〔2〕　Conservation Measure 10-06（2016）"Scheme to promote compliance by Contracting Party vessels with CCAMLR conservation measures", paragraph 14; Conservation Measure 10-07（2016）"Scheme to promote compliance by non-Contracting Party vessels with CCAMLR conservation measures", paragraph 18.

年原坦桑尼亚籍 Baiyangdian 号运输船。[1]对于缔约方渔船，特别是 CCAMLR 成员的渔船，则会因为其船旗国作为 CCAMLR 成员参与 SCIC 和 CCAMLR 决策，且决策方式是协商一致，因此证明这些国家渔船从事 IUU 捕捞活动的信息，不仅须构成确实有力的证据，还会因其船旗国参与决策而拥有更大的决策和政治影响力。[2]

三、审议程序

在审议程序上，缔约方渔船和非缔约方渔船都适用类似程序。从 CCAMLR 秘书处编制"IUU 渔船名单草案"开始，征求被列入 IUU 渔船名单草案那些渔船船旗国的意见，包括提供船位监测系统数据和其他额外信息等，在此基础上秘书处编制"临时 IUU 渔船名单"（provisional IUU vessel lists），交由 SCIC 进行审议。在 SCIC 审议前 30 天，[3]缔约方或合作非缔约方可向秘书处提供额外的信息。[4]缔约方提供的信息，既可是涉及列入临时缔约方 IUU 渔船名单中的缔约方自己或其他缔约方的渔船，也可是那些列入临时非缔约方 IUU 渔船名单中的渔船。如果缔约方针对涉及其渔船提供额外信息，一般是为了其渔船进行辩护，或证明其已经对涉事渔船采取了严厉措施，履行了船旗国义务；如果缔约方针对其他缔约方渔船或非缔约方渔船提供额外信息，则一般是为了证明相关渔船确实从事了 IUU 捕捞活动。[5]在 SCIC 审理过程中，CCAMLR 成员仍可对其涉事渔船进行辩护或解释，利用协商一致的决策

---

〔1〕 CCAMLR，2012，paragraphs 7. 12–7. 13 of Annex 6.

〔2〕 例如，2021–2022 年度 4 艘英国渔船在养护措施 CM 41–02（2019）失效情形下继续在 48. 3 区捕捞犬牙鱼的活动，是否因违反养护措施 CM 31–01（1986）而构成 IUU 捕捞，引发了英国、挪威、乌克兰为一方，阿根廷、智利、乌拉圭与俄罗斯为另一方的激烈争论。See CCAMLR，Report of the Forty-First Meeting of the Commission Hobart，24 October–4 November 2022，paragraphs 7. 26–7. 37 and 7. 42–7. 47.

〔3〕 养护措施 CM 10–06（2016）和 CM 10–07（2017）规定是的 CCAMLR 年会前 30 天。考虑到 CCAMLR 年会包含 SCIC，且在实践中两个会议开始日期一般是同一天，故为阐述方便，本书将此改为 SCIC 会议前 30 天，以更好体现审议的不同阶段与进程。

〔4〕 See Conservation Measure 10–06（2016）"Scheme to promote compliance by Contracting Party vessels with CCAMLR conservation measures"，paragraphs 8（ii）and 10.

〔5〕 一个典型例子是，2019 年，新西兰向 CCAMLR 提供关于俄罗斯籍 Palmer 号渔船的信息，引发了关于新西兰提供信息是不是原始信息、能否构成证据等争议。See CCAMLR，Report of the Thirty-Eighth Meeting of the Commission，Hobart，21 October–1 November 2019，paragraphs 113–119 of Annex 6.

规则影响 SCIC 审理结果。当然，CCAMLR 成员还可对其他缔约方渔船或非缔约方渔船进行责问。在此审理基础上，SCIC 需要以协商一致方式通过两份建议 IUU 渔船名单，增加或删除相关缔约方渔船和非缔约方渔船，交由 CCAMLR 最终裁定。只有那些有证据证明渔船确实从事了上表所列某种具体 IUU 捕捞活动，方可列入"建议 IUU 渔船名单"。[1]如果 SCIC 能就所有相关渔船的增加或删除达到协商一致，CCAMLR 则不再进行实质性审议，仅在形式上以协商一致方式批准通过最终两份名单，即缔约方和非缔约方 IUU 渔船名单。如果 SCIC 不能就所有相关渔船的增加或删除达到协商一致，也就是 SCIC 不能协商一致地通过"建议 IUU 渔船名单"，那么 CCAMLR 事实上只能审议临时 IUU 渔船名单，[2]并就争议问题进行实质性审议，以期以协商一致方式通过最终两份 IUU 渔船名单。[3]

CCAMLR 通过的两份 IUU 渔船名单，应在 CCAMLR 网站上公开，并抄送给 FAO 与相关区域渔业管理组织；[4]同时，CCAMLR 要求被列入 IUU 渔船名单的相关船旗国采取所有必要措施，解决其渔船所从事的 IUU 捕捞活动问题。这种措施可包括：撤销渔船的捕捞许可证、废止所签发的 CDS 证书、拒绝继续签发 CDS 证书等。缔约方和非缔约方船旗国所采取的措施，应及时通报给 CCAMLR。

从两份 IUU 渔船名单审议程序看，非缔约方不能参与 SCIC 和 CCAMLR 审议决策，天然处于不利的地位。即使在 SCIC 会议前 30 天提供额外信息方面，养护措施 CM 10-07（2016）也没有明确赋予非缔约方如此的权利或机会。[5]

---

〔1〕　Conservation Measure 10-06（2016）"Scheme to promote compliance by Contracting Party vessels with CCAMLR conservation measures"，paragraph 13；Conservation Measure 10-07（2016）"Scheme to promote compliance by non-Contracting Party vessels with CCAMLR conservation measures"，paragraph 17.

〔2〕　严格按照养护措施规定，CCAMLR 不能审议"临时 IUU 渔船名单"，只能审议"建议 IUU 渔船名单"。理论上，如果 SCIC 不能通过"建议 IUU 渔船名单"，则就可认为 CCAMLR 未能完成本年度 IUU 议题审议。类似情形同样出现 CCAMLR 遵约评估程序上，即养护措施 CM 10-10。

〔3〕　See CCAMLR, Report of the Twenty-Fifth Meeting of the Commission, Hobart, 23 October-3 November 2006, paragraph 9.16.

〔4〕　与现在公开 IUU 渔船名单的做法相反，2002 年 CCAMLR 通过的养护措施 CM 10-06 和 CM 10-07 规定，IUU 渔船名单不对外公开，仅限 CCAMLR 内部知晓。See Conservation Measure 10-06（2002）"Scheme to Promote Compliance by Contracting Party Vessels with CCAMLR Conservation Measures"，paragraph 15.

〔5〕　Conservation Measure 10-07（2016）"Scheme to promote compliance by non-Contracting Party vessels with CCAMLR conservation measures"，paragraph 14.

这种规定，可被视为养护措施 CM 10-07（2016）设计上的一个瑕疵。毕竟，理论上非缔约方可向 CCAMLR 申请将其渔船从 IUU 渔船名单中删除，那么在此情形下该非缔约方应能在程序中知晓其提供申请材料的截止日期。

2018 年，欧盟向 CCAMLR 提交了两个提案，试图修订养护措施 CM 10-06 和 CM 10-07；其提案主要内容涉及对全球区域渔业管理组织（RFMO）通过的 IUU 渔船名单自动转入 CCAMLR 的 IUU 渔船名单、建立一个无国籍渔船快速列入 IUU 渔船名单的简易程序。对于区域渔业管理组织的 IUU 渔船名单自动转入（cross-listing）问题，[1]我国、俄罗斯和阿根廷持反对意见。我国认为《南极海洋生物资源养护公约》的目标是养护南极海洋生物资源，其适用范围限于南大洋；如果将 RFMO 的 IUU 渔船名单列入 CCAMLR，将会给 CCAMLR 成员带来额外的法律义务，同时扩大了 CCAMLR 职责范围，会引发严重的法律问题。而且，CCAMLR 规定了自己推定属于 IUU 捕捞活动的具体类型标准，不同于《打击 IUU 捕捞国际行动计划》和区域渔业管理组织，直接转入区域渔业管理组织的 IUU 渔船名单，存在标准适用冲突的问题。关于无国籍渔船快速列入 IUU 渔船名单的简易程序，欧盟建议只要是无国籍渔船就列入非缔约方 IUU 渔船名单，同时建立一个快速简单程序，允许在闭会期间不经过 SCIC 和 CCAMLR 审议直接列入非缔约方 IUU 渔船名单。我国认为，无国籍渔船如果没有从事损害《南极海洋生物资源养护公约》目标的捕捞活动，则无法律依据将其不能，列入非缔约方 IUU 渔船名单。现有 CCAMLR《检查制度》明确了只有出现四种情形之一，才可认定渔船从事了 IUU 捕捞渔船。对于在闭会期间将从事了 IUU 捕捞的无国籍渔船列入的临时 IUU 渔船名单，我国认为不应是最终名单；最终名单，仍必须由 CCAMLR 根据 SCIC 建议作出。我国意见得到了俄罗斯等国家支持。基于此，CCAMLR 未能就欧盟两个

---

〔1〕 2007 年，联合国大会关于可持续渔业决议第一次鼓励区域渔业管理组织协商各自打击 IUU 捕捞活动的措施，包括制订一份经查明从事 IUU 捕捞活动船舶的共同名单（a common list）或相互承认（mutual recognition）每个组织或安排制订的从事 IUU 捕捞的船舶名单。需要指出的是，联合国大会所建议的共同名单或相互承认的 IUU 渔船名单，不具有法律约束力；该建议的实施，需要建立在共同关于 IUU 捕捞活动的法律标准和相应法定程序之上，不应损害各国根据其参加区域渔业管理组织所应承担的权利与义务。相对而言，欧盟提案是 CCAMLR 单方面接受其他区域渔业管理组织的 IUU 渔船名单。See UN, General Assembly Resolution on Sustainable Fisheries, A/RES/62/177, 18 December 2007, paragraph 44.

提案达成协商一致。[1]

四、删除或移除 IUU 渔船名单中渔船

在将渔船从 IUU 渔船名单删除或移除方面，缔约方渔船和非缔约方渔船都适用完全相同的标准。它们包含四个方面，只有满足其中一个方面，渔船的船旗国即可向 CCAMLR 申请从相关的 IUU 渔船名单中删除（delist）或移除（remove）。这四个方面分别是：所涉渔船未再从事任何具体的 IUU 捕捞活动；船旗国已经针对渔船之前的 IUU 捕捞活动采取了有效行动，包括起诉和施加足够严厉的制裁；所涉渔船已更换船主，包括与登记的所有者完全不同的实际所有者，并且新船主能够证实前船主对该船不再具有任何法定、财务和实际权益或对其行使控制权，且新船主未曾参与过 IUU 捕捞活动；船旗国已采取充分措施确保授权该船悬挂其国旗不会再从事 IUU 捕捞活动。[2]在删除或移除程序上，船旗国（无论是缔约方还是非缔约方）应向 CCAMLR 秘书处提交删除或移除的申请，同时提供支撑材料，以证明其申请确实符合上述标准中的任何一个，且这些支持材料应至少翻译成英文，以方便 CCAMLR 成员审议。

养护措施 CM 10-06（2016）和 CM 10-07（2016）都没有明确规定申请及其支撑材料的内容或格式以及提交截止时间。从实践看，船旗国至少应在 CCAMLR 会议前通过官方途径将申请及其支撑材料（包括翻译件）提交给 CCAMLR 秘书处。提前多长时间，则没有明确。理论上，提前 30 天或更长时间应该是比较合适的；[3]否则，可能会有 CCAMLR 成员以时间太短无法仔细核查相关支撑材料为由，即使申请及其支撑材料符合了上述标准，拒绝当场同意将所申请渔船从 IUU 渔船名单中删除或移除。2018 年，SCIC 建议，申请

---

〔1〕 CCAMLR, Report of the Thirty-Seventh Meeting of the Commission, Hobart, 22 October-2 November 2018, paragraphs 3.21-3.24.

〔2〕 Conservation Measure 10-06（2016）"Scheme to promote compliance by Contracting Party vessels with CCAMLR conservation measures", paragraph 14; Conservation Measure 10-07（2016）"Scheme to promote compliance by non-Contracting Party vessels with CCAMLR conservation measures", paragraph 18.

〔3〕 例如，养护措施 CM 10-06（2016）第 10 段要求，缔约方应在 SCIC 会议前 30 天提交任何与确定 IUU 渔船名单的额外信息。"确定 IUU 渔船名单"相关的信息，可解释为增加或删除之前 IUU 渔船名单相关信息。

删除或移除渔船的信息应在 SCIC 前 45 天提交。[1]如果 CCAMLR 当时不能就渔船删除或移除达到协商一致，根据 CCAMLR 的实践，可在闭会期间就此申请及其支撑材料进行再次审议；如果 CCAMLR 成员能根据《CCAMLR 议事规则》第 7 条在闭会期间达到协商一致，也可在闭会期间将渔船从 IUU 渔船名单上删除或移除。2008 年，CCAMLR 同意以此方式处理缔约方 IUU 渔船名单中我国 4 艘渔船，应该是最早的一次实践。[2]值得注意的是，在闭会期间将渔船从 IUU 渔船名单上删除或移除不是法定程序，需要 CCAMLR 在会议期间就此程序作出明确安排，属于一事一议情形。例如，2021 年，伊朗向 SCIC 申请将其 Koosha 4 号渔船从非缔约方 IUU 渔船名单中删除，但是其申请没有在会议前提交给 CCAMLR 秘书处，而是由其参会代表在 SCIC 会议上提出，且没有提交相关支撑材料及其翻译件。考虑到伊朗不能在 2021 年 CCAMLR 会议结束前提交所有支撑材料及其翻译件，根据我国提议，CCAMLR 决定如果伊朗能在闭会后 30 天间内根据养护措施 CM 10-07（2016）第 18 段的要求提交材料，且符合标准规定要件，则 CCAMLR 将在闭会期间将 Koosha 4 号渔船从非缔约国 IUU 渔船名单上删除。[3]除此之外，如果有证据显示 IUU 渔船名单上的渔船已经被拆解，CCAMLR 则会将其从 IUU 渔船名单中删除。例如，2008 年的乌拉圭籍 Viarsa Ⅰ号渔船和 Maya Ⅴ号渔船。[4]

五、被列入 IUU 渔船名单的后果

对于被 CCAMLR 秘书处列入 IUU 渔船名单草案的渔船，CCAMLR 明确要求其缔约方不应（should not）对这些渔船采取任何与他们所负国际义务不符

---

[1] CCAMLR, Report of the Thirty-Seventh Meeting of the Commission, Hobart, 22 October-2 November 2018, paragraph 3. 25.

[2] CCAMLR, Report of the Twenty-Seventh Meeting of the Commission, Hobart, 27 October-7 November 2008, paragraphs 10. 10-10. 11.

[3] CCAMLR, Report of the Fortieth Meeting of the Commission, Virtual, 18-29 October 2021, paragraph 4. 23. 尽管如此，伊朗没能按规定提交相关支撑材料及其翻译件，因此截至 2023 年 9 月，Koosha 4 号渔船仍保留在非缔约方 IUU 渔船名单中。

[4] CCAMLR, Report of the Twenty-Seventh Meeting of the Commission, Hobart, 27 October-7 November 2008, paragraph 10. 12.

合的贸易措施或其他制裁措施。〔1〕对于被 CCAMLR 秘书处列入临时 IUU 渔船名单的渔船，缔约方和合作参与 CDS 的非缔约方在 CCAMLR 作出最终决定之前，不应注销相关渔船的国籍或不接受相关渔船国籍注册的申请。〔2〕

一旦渔船最终被 CCAMLR 列入 IUU 渔船名单，CCAMLR 则会要求渔船船旗国，无论是缔约方还是非缔约方，采取所有必要措施，解决其渔船所从事的 IUU 捕捞活动问题。这种措施可包括：撤销渔船的捕捞许可证、废止所签发的 CDS 证书、拒绝继续签发 CDS 证书等。〔3〕除此之外，CCAMLR 还会要求缔约方根据其国内法及其可适用的国际法采取所有必要措施，以限制 IUU 渔船名单中渔船的行动和从 IUU 捕捞活动中获得非法利益。这些措施可包括：禁止许可 IUU 渔船名单中的渔船在本国管辖海域或《南极海洋生物资源养护公约》适用区域内从事捕捞活动；禁止其渔船、辅助渔船等以任何方式帮助 IUU 渔船名单中的渔船，如海上转载、合作捕捞作业等；拒绝进入其港口，除为执法目的或不可抗力的原因外；禁止租赁 IUU 渔船名单中的渔船；拒绝授予其国籍；禁止和它们进行进口、出口或再出口犬牙鱼产品贸易活动；不为它们签发犬牙鱼出口或再出口证书；建议其进口商、运输商或其他部门不和 IUU 渔船名单中渔船进行交易等。〔4〕CCAMLR 还要求缔约方核查是否有其公民或法人参与了 IUU 渔船名单中渔船从事的 IUU 捕捞活动，以及是不是这些 IUU 捕捞活动的受益方；如果是的话，则缔约方应采取必要措施剥夺其公民或法人的非法受益，并有效劝阻其他公民或法人在未来参与 IUU 捕捞活动。〔5〕

---

〔1〕　Conservation Measure 10-06（2016）"Scheme to promote compliance by Contracting Party vessels with CCAMLR conservation measures", paragraph 20; Conservation Measure 10-07（2016）"Scheme to promote compliance by non-Contracting Party vessels with CCAMLR conservation measures", paragraph 26.

〔2〕　Conservation Measure 10-06（2016）"Scheme to promote compliance by Contracting Party vessels with CCAMLR conservation measures", paragraphs 8-9; Conservation Measure 10-07（2016）"Scheme to promote compliance by non-Contracting Party vessels with CCAMLR conservation measures", paragraphs 12-13.

〔3〕　Conservation Measure 10-06（2016）"Scheme to promote compliance by Contracting Party vessels with CCAMLR conservation measures", paragraph 17; Conservation Measure 10-07（2016）"Scheme to promote compliance by non-Contracting Party vessels with CCAMLR conservation measures", paragraph 21.

〔4〕　Conservation Measure 10-06（2016）"Scheme to promote compliance by Contracting Party vessels with CCAMLR conservation measures", paragraph 18; Conservation Measure 10-07（2016）"Scheme to promote compliance by non-Contracting Party vessels with CCAMLR conservation measures", paragraph 22.

〔5〕　Conservation Measure 10-08（2017）"Scheme to promote compliance by Contracting Party nationals with CCAMLR conservation measures", paragraph 1.

六、IUU 国家名单

除 IUU 渔船名单外，CCAMLR 还可根据养护措施 CM 10-06 和 CM 10-07 制定 IUU 国家名单。如前所述，IUU 渔船名单建立在船旗国不能有效履行其专属管辖义务的法律前提之上。不过，CCAMLR 对船旗国不履约情形根据其是不是《南极海洋生物资源养护公约》的缔约方作出了不同规定。对于缔约方的船旗国，其不履约而导致有损 CCAMLR 养护措施有效性的判定有两个条件：所涉缔约方不履行其作为船旗国"应确保"义务，以及该缔约方有渔船多次被列入缔约方 IUU 渔船名单。[1]对于非缔约方的船旗国，判定条件只有一个：其渔船被发现在《南极海洋生物资源养护公约》适用区域内从事了捕捞活动。为此，养护措施 CM 10-06 和 CM 10-07 要求，CCAMLR 应确认那些不履约的缔约方和非缔约方船旗国；然后每年评估这些船旗国是否根据养护措施 CM 10-06 和 CM 10-07 采取所有必要措施，并确认那些没有纠正其行为的国家；对于那些持续不履约船旗国，CCAMLR 应决定采取适当措施，包括适当的多边商定的贸易相关措施。[2]也就是说，CCAMLR 可据此制定缔约方和非缔约方 IUU 国家名单。

这些规定自 2002 年就一直存在。[3]2002 年，CCAMLR 还通过了第 R19/XXI 号决议，将这些不能有效履行其船旗国义务的国家定义为"不履约旗帜"（FONC）。[4]第 R19/XXI 号决议要求，《南极海洋生物资源养护公约》缔约方和合作非缔约方采取措施确保其国民不支持或不从事 IUU 捕捞活动，包括不在悬挂 FONC 的船舶上工作；确保其国内相关机构与产业全面配合实施

〔1〕 Conservation Measure 10-06 (2016) "Scheme to promote compliance by Contracting Party vessels with CCAMLR conservation measures", paragraph 4.

〔2〕 Conservation Measure 10-06 (2002) "Scheme to promote compliance by Contracting Party vessels with CCAMLR conservation measures", paragraphs 24-26; Conservation Measure 10-07 (2002) "Scheme to promote compliance by non-Contracting Party vessels with CCAMLR conservation measures", paragraphs 13-16.

〔3〕 Conservation Measure 10-06 (2002) "Scheme to promote compliance by Contracting Party vessels with CCAMLR conservation measures", paragraphs 17-19; Conservation Measure 10-07 (2002) "Scheme to promote compliance by non-Contracting Party vessels with CCAMLR conservation measures", paragraphs 27-30.

〔4〕 关于 FONC 和方便旗（FOC）之间的关系，CCAMLR 认为，前者包含了后者。也就是说，FONC 所包含的国家范围要大于 FOC。

CCAMLR 养护措施；不向 FONC 国家出口或转让渔船；禁止悬挂 FONC 的渔船卸载和转载鱼类及其产品。前两个要求，对应 2006 年 CCAMLR 根据欧盟的提议而制定的养护措施 CM 10-08；[1]后两个要求，则属于贸易相关措施。考虑到该决议不具有法律拘束力，故 2006 年开始欧盟努力推动 CCAMLR 制定相应的贸易相关措施，因阿根廷的坚决反对而没有成功。[2]

阿根廷强调其一直支持在 CCAMLR 框架下制定贸易相关措施的立场，例如养护措施 CM 10-05，但是明确反对针对缔约方和非缔约方施加贸易相关措施。《打击 IUU 捕捞国际行动计划》是一个非法律约束力文件，且该计划没有明确允许对国家施加贸易措施。养护措施 CM 10-06 和 CM 10-07 仅针对缔约方和非缔约方那些从事了 IUU 捕捞的渔船，而不是针对相关国家。[3]阿根廷认为，将一个国家界定为 IUU 国家，意味着对这个国家渔获物的出口施加歧视性禁令，是对国际贸易的不公平限制，是武断的举措。实际上，那些被列入 IUU 渔船名单的渔船船旗国基本都是发展中国家；这些国家因其经济状况不是很好，特别容易受 IUU 捕捞渔业企业的压力。为有效打击 IUU 捕捞活动，阿根廷认为应将打击对象限定于 IUU 捕捞活动中的受益者，即船东或企业等。[4]制定 IUU 国家名单（IUU States list），阿根廷认为其不符合 CCAMLR 精神，也不符合国际法。[5]

---

〔1〕　CCAMLR, Report of the Twenty-Fifth Meeting of the Commission, Hobart, 23 October-3 November 2006, paragraph 3. 54 of Annex 5.

〔2〕　CCAMLR, Report of the Twenty-Fifth Meeting of the Commission, Hobart, 23 October-3 November 2006, paragraph 3. 55 of Annex 5; Andrew Serdy, *The New Entrants Problem in International Fisheries Law*, Cambridge University Press, 2016, pp. 161~171. 2014 年是欧盟最后一次努力推动此提案，为此欧盟降低了其预期目的：贸易相关措施仅针对犬牙鱼渔业，仅作为最后的救济手段；CCAMLR 仅建议缔约方采取贸易相关措施，CCAMLR 作为国际组织不采取和实施贸易相关措施。但仍没有成功。此后可能因阿根廷立场坚定，也可能因海洋保护区议题，2015 年至 2022 年间欧盟没有再提交此提案。See CCAMLR, Report of the Thirty-Third Meeting of the Commission, Hobart, 20-31 October 2014, paragraph 232-240 of Annex 6.

〔3〕　CCAMLR, Report of the Twenty-Seventh Meeting of the Commission, Hobart, 27 October-7 November 2008, paragraph 13. 75.

〔4〕　CCAMLR, Report of the Thirtieth Meeting of the Commission, 24 October to 4 November 2011, paragraph 12. 15.

〔5〕　CCAMLR, Report of the Twenty-Ninth Meeting of the Commission, Hobart, 25 October-5 November 2010, paragraphs 12. 68 and 12. 70.

第五节 典型案例

一、4 艘中国渔船

如前所述，2003 年，CCAMLR 第一次编制和通过了两份 IUU 渔船名单。SCIC 和 CCAMLR 在审议两份 IUU 渔船名单，特别是缔约方 IUU 渔船名单——包括 5 艘俄罗斯渔船和 3 艘乌拉圭渔船时，曾有过激烈的争议。[1]除此之外，合法犬牙鱼运营者联盟（COLTO）向 2003 年第 22 届 CCAMLR 会议提交了一份指责 CCAMLR 成员渔船从事 IUU 捕捞的图册，包括我国、乌拉圭、俄罗斯、智利、韩国等。作为 CCAMLR 观察员，我国曾专门对此发表声明，强调中国正尽一切努力配合 CCAMLR 打击 IUU 捕捞活动，特别是自愿实施 CDS。[2]也就是说，2003 年，我国应能感受 IUU 捕捞问题在 CCAMLR 议题中的重要性，但是我国因仅是观察员，所以关注点仅在于实施 CDS，没有关注到我国渔船捕捞活动。2004 年，我国没有参加 CCAMLR 会议，就有 1 艘中国籍"南洋"号渔船被列入非缔约方 IUU 渔船名单。2005 年，又有 2 艘中国籍渔船被列入非缔约方 IUU 渔船名单，即"东洋"和"北洋"号；2006 年，"西洋"号再被增加进 IUU 渔船名单。鉴于 2006 年 CCAMLR 会议期间我国已成为《南极海洋生物资源养护公约》缔约方，故前述 3 艘渔船被转列入缔约方 IUU 渔船名单，[3]"西洋"号则是直接被列入缔约方 IUU 渔船名单。[4]也仅到此为止，我国才就 IUU 渔船发表了一个简短声明，认为这 4 艘渔船现为中国企业的财产，和之前的船主没有任何法律、财务与生意上的联系，请求 CCAMLR

---

［1］ CCAMLR, Report of the Twenty-Second Meeting of the Commission, Hobart, 27 October-7 November 2003, paragraphs 2.27-2.53 of Annex 5.

［2］ CCAMLR, Report of the Twenty-Second Meeting of the Commission, Hobart, 27 October-7 November 2003, paragraphs 14.25-14.43.

［3］ CCAMLR, Report of the Twenty-Fifth Meeting of the Commission, Hobart, 23 October-3 November 200, paragraph 2.33 (iii) of Annex 5.

［4］ CCAMLR, Report of the Twenty-Fifth Meeting of the Commission, Hobart, 23 October-3 November 200, paragraph 9.53.

不要将它们列入缔约方 IUU 渔船名单。[1]

表 6-3　4 艘渔船基本情况 [2]

船名	曾用名	曾悬挂船旗	被 CCAMLR 列入 IUU 渔船名单年份	悬挂中国旗帜年份
南洋 South Ocean	Koko, Austin-1	玻利维亚、俄罗斯、格鲁吉亚	2004	2005
东洋 East Ocean	Kang Yuan, Champion-1	玻利维亚、俄罗斯、格鲁吉亚	2004	2006
北洋 North Ocean	Jian Yuan, Boston-1	玻利维亚、俄罗斯、格鲁吉亚	2005	2006
西洋 West Ocean	Kiev, Darvin-1	玻利维亚、俄罗斯、格鲁吉亚	2006	2006

"南洋"和"北洋"号第一次被 CCAMLR 列入非缔约方 IUU 渔船名单，即 2004 年和 2005 年时，它们的船名分别是"Koko"和"Jian Yuan"，悬挂格鲁吉亚旗。"东洋"号第一次被列入非缔约方 IUU 渔船名单是 2004 年，它当时船名为"Champion-1"，旗帜不明；2005 年，CCAMLR 合并 2003 年和 2004 年非缔约方 IUU 渔船名单时，其船名改为"Kang Yuan"，旗帜确定为格鲁吉亚。正是在 2005 年 CCAMLR 合并 IUU 渔船名单时，"Koko"号渔船改名为"南洋"，旗帜变更为中国国旗。但是 2005 年 CCAMLR 会议报告中没有记录我国曾对此渔船发表的任何意见或声明。[3]另外，"Champion-1"号渔船和"Koko"号渔船早就于 2004 年被 CCAMLR 列入非缔约方 IUU 渔船名单，我国企业仍相继从对方公司购买这些船舶，这说明我国企业和主管部门对 CCAMLR 打击 IUU 捕捞活动的管理制度，特别是养护措施 CM 10-06 和 CM 10-07，不是

---

〔1〕 CCAMLR, Report of the Twenty-Fifth Meeting of the Commission, Hobart, 23 October-3 November 200, paragraph 2. 34 of Annex 5.

〔2〕 本表是根据 2004 年至 2006 年间 CCAMLR 通过的 IUU 渔船名单进行摘编而成。因 2005 年和 2006 年 CCAMLR 会议报告中所记录的相关内容太少，所以 Kang Yuan 号渔船和 Jian Yuan 号渔船改名以及变更国籍的时间是推测出来的，可能存在误差。

〔3〕 2005 年，CCAMLR 会议报告记录关于我国代表的意见仅限于 CDS，且是因为英国认为有 IUU 渔船将犬牙鱼渔获"出口"至香港特别行政区，我国代表作了反应式回复。See CCAMLR, Report of the Twenty-Fourth Meeting of the Commission, Hobart, 24 October-4 November 2005, paragraphs 7. 3-7. 4.

很熟悉。否则即使企业购买了相应船舶，政府主管部门在颁发许可证时也会更谨慎些，至少可和 CCAMLR 秘书处进行沟通，以准确评估可能产生的风险。

2006 年 11 月至 2007 年 1 月间，上述 4 艘渔船被澳大利亚海上执法船发现在 58.4.1 区和 58.4.3b 区捕捞犬牙鱼。鉴于当时我国已经是《南极海洋生物资源养护公约》缔约国，澳大利亚根据 CCAMLR《检查制度》要求登临检查，但是 4 艘渔船都拒绝了澳大利亚登临检查的要求。为此，澳大利亚通过 CCAMLR 秘书处向所有 CCAMLR 成员以及参加 CDS 的非缔约方发布了相关信息，要求相关国家拒绝上述 4 艘渔船进港、补给、转载渔获等。同时，澳大利亚通过其北京大使馆向我国当时农业部提出交涉。根据澳大利亚提供的信息，我国主管部门承认 4 艘渔船违反了 CCAMLR 养护措施，但拒绝澳大利亚执法人员登临检查，允许 4 艘渔船继续捕捞直至 2007 年 2 月返回港口。根据我国渔业主管部门提供的信息，这 4 艘渔船确实是经许可在 58.4.1 区和 58.4.3b 区捕捞犬牙鱼的。在收到澳大利亚驻华大使馆的信息后，我国取消了 4 艘渔船的许可证，并命令它们立即停止作业返回港口。4 艘渔船在收到命令后于 2007 年 1 月停止其作业，在 1 月末至 2 月初分别离开南大洋。"西洋"号于 2007 年 2 月 12 日到达舟山港口，其他 3 艘渔船于 2007 年 4 月初到达舟山港口。4 艘渔船共装载犬牙鱼 300 吨，在舟山港口卸载，仅在国内销售。[1]

2007 年 10 月，SCIC 审议了我国 4 艘渔船拒绝澳大利亚登临检查的问题。我国解释认为，当时《检查制度》脚注 2 仅规定，"适用于所有 CCAMLR 成员国渔船，适当时（where appropriate）适用于加入国渔船"。2006 年 11 月至 2007 年 1 月间，中国还不是 CCAMLR 成员。[2]同时，我国向 SCIC 报告，4 艘渔船的许可证已经被撤销。我国关于《检查制度》的解释，没有得到其他 CCAMLR 成员的认可，认为我国的解释不是拒绝登临检查的理由。[3]在

---

〔1〕 CCAMLR Secretariat, Correspondence from Australia and People's Republic of China regarding the attempted inspection of the Ocean vessels, SCIC-07/3, 2007. 根据澳大利亚提供的信息，3 艘渔船的船长是西班牙人，1 艘渔船的船长是俄罗斯人，船长们基本上不知道中国已经成为《南极海洋生物资源养护公约》缔约方。

〔2〕 我国于 2007 年 10 月 2 日成为 CCAMLR 成员。See CCAMLR, Report of the Twenty-Sixth Meeting of the Commission, Hobart, 22 October-2 November 2007, paragraph 1.7.

〔3〕 CCAMLR, Report of the Twenty-Sixth Meeting of the Commission, Hobart, 22 October-2 November 2007, paragraphs 2.10-2.12 of Annex 5.

审议 IUU 渔船名单时，我国建议将 4 艘渔船从缔约方 IUU 渔船名单中删除，理由是：中国没有为 4 艘渔船提供犬牙鱼捕捞许可证，为降低《南极海洋生物资源养护公约》适用区域内 IUU 捕捞水平作出了贡献；4 艘渔船正接受改造，未来将不再在《南极海洋生物资源养护公约》适用区域内作业。[1]

仅就 2006 年 11 月至 2007 年 1 月间 4 艘渔船的捕捞行为而言，显然违反了 CCAMLR 养护措施和《检查制度》。当我国仅是《南极海洋生物资源养护公约》缔约方时，理论上我国可以许可渔船到南大洋开展捕捞作业活动。2004 年，SCIC 曾讨论过瓦努阿图作为缔约方能否行使其捕捞权利，智利持保留立场；英国明确指出，《南极海洋生物资源养护公约》第 7 条（2）（b）明确允许在其作为缔约方期间从事科研或捕捞活动。[2]但是，如果我国拟许可渔船到南大洋从事捕捞作业，则应遵守相关养护措施的规定，包括：根据养护措施 CM 10-02 向 CCAMLR 秘书处通报其许可以及许可渔船信息，根据养护措施 CM 10-04 实施船位监测以及报告船位数据，根据养护措施 CM 10-02 通报其犬牙鱼捕捞许可，根据养护措施 CM 41-11 在 58.4.1 区进行捕捞，根据养护措施 CM 41-07 在 58.4.3b 区进行捕捞等。关于《检查制度》的解释，可视为我国对该制度的贡献。在此事件后，CCAMLR 修订了《检查制度》，明确适用于所有悬挂 CCAMLR 成员国和《南极海洋生物资源养护公约》缔约国旗帜的渔船。[3]

自 2008 年第 27 届 CCAMLR 会议开始，将 4 艘渔船从缔约方 IUU 渔船名单中删除成为我国代表团的重点任务。2008 年，我国向 CCAMLR 提交了一份将 4 艘渔船从缔约方渔船名单中删除的请求（CCAMLR-XXVII/BG/48）。我国提出申请的理由包括：4 艘渔船将出售给韩国仁成公司（Insung Corp.）；4 艘渔船已经被滞留港口近 2 年，丧失了近 700 万美元可能收益以及支持 2 年停靠港口的费用；4 艘渔船已经被撤销许可证，并保证不发给它们许可证。有些

---

〔1〕　CCAMLR, Report of the Twenty-Sixth Meeting of the Commission, Hobart, 22 October-2 November 2007, paragraph 3.24 of Annex 5.

〔2〕　CCAMLR, Report of the Twenty-Third Meeting of the Commission, Hobart, 25 October-5 November 2004, paragraph 2.31 of Annex 5.

〔3〕　CCAMLR, Report of the Twenty-Sixth Meeting of the Commission, Hobart, 22 October-2 November 2007, paragraph 13.83, and paragraphs 2.10-2.11 of Annex 6.

CCAMLR 成员认为，我国采取的制裁措施已经足够严厉，但是也有 CCAMLR 成员认为 2 年滞留港口不能构成足够严厉的制裁。[1]考虑到 4 艘渔船的交易还没有最终完成，故 CCAMLR 原则同意，一旦 4 艘渔船正式出售给韩国仁成公司且我国向 CCAMLR 提交详细支撑材料，则它们将自动从缔约国 IUU 渔船名单中删除。[2]在闭会期间，"东洋"和"南洋"号被出售给韩国仁成公司，交易合同已经签署，押金已经支付。2009 年 10 月 16 日，我国向 CCAMLR 秘书处提交了 2 艘渔船所有交易材料，由秘书处散发其他 CCAMLR 成员。即使如此，"东洋"和"南洋"号仍出现在 2009 年秘书处编制的 IUU 渔船名单草案中。一些国家认为，交易款并没有全部付清，所以船舶的所有权并没有转移。韩国证实，交易已经不可逆转，请求 CCAMLR 将 2 艘渔船从 IUU 渔船名单中删除。纳米比亚、南非和阿根廷等国家支持我国的请求。即使如此，SCIC 未就删除"东洋"和"南洋"号达成一致意见。[3]经我国持续不断的努力，CCAMLR 终于同意"东洋"和"南洋"号将在我国通知 CCAMLR 交易完成后 10 个工作日从缔约方 IUU 渔船名单中删除；"北洋"和"西洋"号也将按此方式进行处理。[4]2011 年第 30 届 CCAMLR 会议期间，在"北洋"和"西洋"出售给中国另一家渔业公司，[5]且所有交易证据经其他 CCAMLR 成员审核后，CCAMLR 最终同意将它们从缔约方 IUU 渔船名单中删除。[6]在此之后，我国方能集中精力参与南大洋生物资源的开发与治理。

从我国 4 艘渔船的实践看，尽管养护措施 CM 10-06 明确了缔约方针对其被列入 IUU 渔船名单中渔船应采取措施以及申请将渔船从 IUU 渔船名单中删

---

〔1〕 CCAMLR, Report of the Twenty-Seventh Meeting of the Commission, Hobart, 27 October-7 November 2008, paragraphs 3.15-3.20 of Annex 5.

〔2〕 CCAMLR, Report of the Twenty-Seventh Meeting of the Commission, Hobart, 27 October-7 November 2008, paragraph 10.10.

〔3〕 CCAMLR, Report of the Twenty-Eighth Meeting of the Commission, Hobart, 26 October-6 November 2009, paragraphs 2.14-3.27 of Annex 5.

〔4〕 CCAMLR, Report of the Twenty-Eighth Meeting of the Commission, Hobart, 26 October-6 November 2009, paragraphs 9.16-9.20.

〔5〕 "北洋"和"西洋"号原本也是出售给韩国仁成公司的。后来因仁成公司在南大洋犬牙鱼生产过程中出现很多违规事件，严重影响了该公司在南大洋的生存。在背景下，"北洋"和"西洋"号改售给舟山一家渔业公司；我国代表团证明两家企业不存在利益关联。

〔6〕 CCAMLR, Report of the Thirtieth Meeting of the Commission, Hobart, 24 October-4 November 2011, paragraph 9.10.

除的标准，[1]但是一些 CCAMLR 成员似乎只承认变更渔船所有权这个标准。事实上，如我国向 CCAMLR 提供信息所展示的那样，撤销捕捞许可证、禁止渔船在南大洋进行作业等措施，一定程度上满足了养护措施 CM 10-06（2006）第 14 段和第 17 段的要求，[2]而且渔船已经超过 2 年没有离开港口，应该可以认为我国采取的措施符合了第 14 段规定的删除标准的三个方面。值得注意的是，养护措施 CM 10-06（2006）第 14 段只规定了四个方面的删除标准，且只需符合其中一个方面即可。考虑到协商一致决策机制，只要有任何国家坚持对第 14 段有不同解释，或者只认可变更渔船所有权，似乎只有变更渔船所有权才是唯一的解决方案。然而，变更渔船所有权存在和养护措施 CM 10-06（2006）第 18 段冲突的问题。第 18 段明确要求，《南极海洋生物资源养护公约》缔约方不应许可 IUU 渔船名单中渔船在其管辖海域或《南极海洋生物资源养护公约》适用区域内进行捕捞；不应授权这些渔船悬挂其旗帜，也就是不应批准这些渔船的国籍申请。按照第 18 段的规定，韩国作为 CCAMLR 成员不应批准"东洋"和"南洋"号通过仁成公司申请获得韩国的国籍，悬挂韩国旗帜，更不应许可这些渔船在其管辖海域或《南极海洋生物资源养护公约》适用区域内进行捕捞。同样道理，我国也不应许可"北洋"和"西洋"号通过其他公司获得捕捞许可证。如果变更渔船所有权是一种解决 IUU 渔船名单的有效方案的话，那么这种解决方案应同样适用于 2005 年和 2006 年我国公司通过合法方式购买 4 艘渔船的情形，即 4 艘渔船被我国公司购买后，因其所有权变更，它们应从非缔约方 IUU 渔船名单中被删除。事实却不是如此。显然在此方案的适用上，前后存在不一致的问题。[3]2017 年 12 月 2 日，韩国宏进公司的南大洋号渔船[4]在 12 月 1 日 88.1 区渔场关闭后 24

---

〔1〕　Conservation Measure 10-06（2006）"Scheme to promote compliance by Contracting Party vessels with CCAMLR conservation measures", paragraphs 14 and 17.

〔2〕　在此援引 2006 年的养护措施 CM 10-06，是因为针对 4 艘我国渔船案例主要争议年份是 2006 年左右，增加分析与讨论的针对性。

〔3〕　所有这些分析不包括 2006 年 11 月至 2007 年 1 月间 4 艘渔船悬挂我国旗帜在南大洋的捕捞活动。

〔4〕　该船 IMO 号为：9178642，不同于之前悬挂我国旗帜的"南洋"号渔船，后者的 IMO 号为：9230646。有意思的是，与"南大洋"号渔船一起作业的"宏进 701"号渔船，存在同样的违法行为，仅被 CCAMLR 秘书处列入需遵约评估程序。

小时仍放网作业，在新西兰的建议下被列入缔约方 IUU 渔船名单草案。[1]在韩国对该渔船作出撤销下一年度捕捞许可，并对相关当事人提起司法诉讼后，SCIC 认为韩国所采取措施已经符合了养护措施 CM 10-06 第 14 段（iv）的要求，同意将该渔船从缔约方 IUU 渔船名单草案中删除，该举措则提供了一个不同的实践方案。[2]

二、韩国渔船

韩国是传统的远洋渔业国家，在《南极海洋生物资源养护公约》谈判前就已在南大洋开展捕捞生产活动；因波兰和苏联反对，韩国未能以捕鱼国身份于 1980 年 5 月参加在堪培拉召开的南极海洋生物资源养护外交大会。[3] 1985 年 3 月 29 日，韩国加入《南极海洋生物资源养护公约》，1985 年 9 月 20 日申请成为 CCAMLR 成员，同年 11 月 19 日获得 CCAMLR 成员资格。[4]以 2020-2021 年度为例，韩国是莫氏犬牙鱼探捕渔业的最大生产国，产量为 1426 吨，约占当年度该渔业总产量的 1/3。同年度，韩国的磷虾产量约为 3.8 万吨，约占当年度该渔业总产量的 1/10，为第三大磷虾渔业生产国，排在挪威和我国之后。[5]在 CCAMLR 加强打击 IUU 捕捞的背景下，一些韩国渔船特别是韩国仁成公司（the Insung Corporation）和宏进公司（the Hong Jin Corporation）相关渔船，从事了非法捕捞活动，但是其处理方式与结果相对有些不同，为研究和未来 CCAMLR 实践提供了不同的先例。

（一）韩国仁成公司

2011 年 2 月 25 日，韩国籍仁成 7 号渔船（Insung No. 7）在 5842E 小尺度研究单元（SSRU）渔场已经关闭的情况下仍继续捕捞。该渔场犬牙鱼配额为

---

[1] CCAMLR, Corrigendum to Notification in relation to Draft IUU Listing of a Contracting Party Vessel-submitted by New Zealand, COMM CIRC 18/54, 2 July 2018.

[2] CCAMLR, Report of the Thirty-Seventh Meeting of the Commission, Hobart, 22 October-2 November 2018, paragraphs 116-119 of Annex 6.

[3] Lorraine M. Elliott, *International Environmental Politics: Protecting the Antarctic*, The Macmillan Press Ltd., 1994, pp. 90~91.

[4] CCAMLR, Report of the Fifth Meeting of the Commission, Hobart, 8 - 19 September 1986, paragraph 5.

[5] CCAMLR Secretariat, Catches of target species in the Convention Area, SC-CAMLR-41/BG/01, 23 September 2022, Table 1.

40 吨, 该渔船却捕捞了约 136 吨。此事件发生后, 韩国在收到 CCAMLR 秘书处通知后, 开始了相关调查, 于 2011 年 10 月将处理结果报告给 CCAMLR (CCAMLR-XXX/BG/38)。根据韩国的解释, 该渔船在收到渔场关闭的通知时, 未能及时回收已放的 5 个钓次, 且多放了 2 个钓次。[1] 多放的 2 个钓次捕捞了 35 吨犬牙鱼; 未能及时收起的 5 个钓次捕捞了 61 吨犬牙鱼。所以, 韩国认为非法捕捞量仅为 35 吨。据此, 韩国给予此渔船的处理包括: 暂扣船长职务证书 30 天, 暂停渔船捕捞许可证 30 天, 处罚 1300 美元。对于韩国的解释, 其他 CCAMLR 成员强调, 该渔场只有仁成 7 号渔船在此作业, 它应非常清楚配额是否用完和何时用完; 非法捕捞不应仅计算 35 吨, 要注意到该渔船捕捞量是法定配额的 3.4 倍; 1300 美元罚款根本不能与该渔船的非法收益相比。因此, 韩国给予该渔船的处罚是完全不充分的。仁成 7 号渔船的捕捞行为, 达到了养护措施 CM 10-06 所规定 IUU 捕捞行为的标准, 应列入 IUU 渔船名单。除此之外, 有些 CCAMLR 成员还关注了该渔船以及仁成公司其他渔船提交的异常高的单位努力量渔获量 (CPUE) 数据。[2] 即使如此, 仁成 7 号渔船并没有被 CCAMLR 秘书处列入缔约方 IUU 渔船名单草案及其后的临时缔约方 IUU 渔船名单。SCIC 认为, 该渔船应该被列入缔约方 IUU 渔船名单草案。在其他 CCAMLR 成员坚持下, 该渔船在 SCIC 会议上直接被列入 "建议缔约方 IUU 渔船名单"; 韩国对此没有反对, 即满足了 SCIC 的协商一致。[3]

　　然后, 2011 年, 当 CCAMLR 审议 SCIC 提交的 "建议缔约方 IUU 渔船名单" 时, 韩国要求 CCAMLR 重新考虑此名单, 反对将韩国籍仁成 7 号渔船列入缔约方 IUU 渔船名单。对韩国推翻其在 SCIC 立场的行为, 引发了 CCAMLR 成员的强烈反对。该渔船超配额捕捞 3.4 倍犬牙鱼, 以及韩国给予该渔船微不足道的处罚, 成为其他 CCAMLR 成员质疑韩国的重点理由。俄罗斯则认为, 该渔船的捕捞行为证明 CCAMLR 有必要尽快制定遵约评估程序, 即 2012 年 CCAMLR 通过的养护措施 CM 10-10; 其他 CCAMLR 成员则认为, 即使根据

---

〔1〕　据上海海洋大学吴峰老师的专业意见, 一般延绳钓渔船一次放一根主绳 (mainline), 即一个钓次 (set), 偶尔也放 2 个主绳。

〔2〕　CCAMLR, Report of the Thirtieth Meeting of the Commission, Hobart, 24 October-4 November 2011, paragraphs 2.20-2.32 of Annex 6.

〔3〕　CCAMLR, Report of the Thirtieth Meeting of the Commission, Hobart, 24 October-4 November 2011, paragraphs 3.11-3.14 of Annex 6.

遵约评估程序审议该渔船的捕捞行为，将其列入 IUU 渔船名单也应是合适的处理结果。以其国内法律限制为由，韩国指出其所给予该渔船处罚已经是最高的处罚，未来韩国将修改其国内法律，以提高处罚力度。作为补救方案，韩国单方面宣布撤回仁成公司所属 4 艘渔船参加 2011-2012 年度犬牙鱼探捕渔业的通报，以展示对仁成公司的经济制裁。CCAMLR 则认为，将仁成 7 号渔船列入缔约方 IUU 渔船名单和犬牙鱼探捕渔业通报是两个相互独立的事项。很多 CCAMLR 成员坚持认为，仍应根据养护措施 CM 10-06 将该渔船列入缔约方 IUU 渔船名单。最终由于韩国坚持反对，CCAMLR 未能就此协商一致。[1]

2013 年，鱼类种群评估工作组（WG-FSA）发现 3 艘仁成公司渔船在 2009-2011 年度提交的渔获量数据异常，[2]经多种科学假设与模型核对后确认该公司渔船所提交的 CPUE 数据存在误报的问题，误报作业区域抑或误报产量。SC-CAMLR 建议，CCAMLR 秘书处比对 3 艘所涉渔船的 VMS 数据和它们报告作业区域，以供 SC-CAMLR 和 SCIC 进一步评估。韩国则认为，CPUE 异常属于科学问题，不宜让 SCIC 参与审查；一些 CCAMLR 成员则认为，这些渔船行为，不仅涉及遵约问题，更涉及损害 CCAMLR 养护原则的问题，SCIC 应有权进行审查。对此，韩国坚称没有切实证据证明 3 艘渔船存在遵约问题，但是愿意开展全面彻底调查。[3]2014 年 9 月，韩国提交了其针对 3 艘仁成公司渔船的调查报告（CCAMLR-XXXIII/BG/27），强调为保障调查的客观和透明，韩国组成了一个 23 人的专案组，邀请了非政府组织、美国和新西兰等外国专家参与，调查结果确认 3 艘渔船在《南极海洋生物资源养护公约》适用区域内从事了 IUU 捕捞活动，是 IUU 渔船。3 艘渔船中有 2 艘已经损毁，仁成 2 号于 2009 年 6 月在 48.3 区因火灾而损毁，仁成 22 号在海上沉没，仅有仁成 7 号处于可生产作业状态。韩国对 3 艘渔船作出如下处罚：对每船渔船及其经营者处以行政罚款，暂扣船长的职务证书，撤销仁成 7 号的捕捞许可证，拆解仁成 7 号渔船，禁止仁成公司在未来 10 年从事南大洋犬牙鱼渔业。

---

〔1〕 CCAMLR, Report of the Thirtieth Meeting of the Commission, Hobart, 24 October-4 November 2011, paragraphs 9.14-9.28.

〔2〕 3 艘渔船分别是：仁成 2 号、仁成 7 号和仁成 22 号。

〔3〕 CCAMLR, Report of the Thirty-Second Meeting of the Commission, Hobart, 23 October-1 November 2013, paragraphs 198-212 of Annex 6.

也就是说，仁成公司所有犬牙鱼渔船都撤出了南大洋。[1]新西兰和美国高度赞赏了韩国的做法，认为是其他 CCAMLR 成员打击 IUU 捕捞的榜样。[2]

有意思的是，韩国在摆脱其 IUU 渔船问题后，将矛盾指向了科学观察员。韩国认为，科学证据不足以证明非法活动的存在，其调查主要是根据 VMS 数据。但是韩国指出，CCAMLR 对科学观察员派出国有规定，派驻在仁成公司渔船上的韩国科学观察员没有从事非法活动，所以需要调查一下派驻的国际科学观察员是否也没有从事非法活动。考虑到派驻仁成公司渔船的国际科学观察员来自俄罗斯，因此相关矛盾转向俄罗斯，要求俄罗斯对其派出国际科学观察员进行调查；如果属实，则需要根据养护措施 CM 10-08 进行处理。在俄罗斯进行调查之前，一些 CCAMLR 成员要求 SC-CAMLR 隔离所涉国际科学观察员报告的数据，认为其不能用于鱼类种群评估；英国更是明确指出，在俄罗斯调查结果出来之前，应推定俄罗斯籍国际科学观察员是仁成公司渔船从事 IUU 捕捞活动的同谋者。根据养护措施 CM 10-08 第 1 段（i），俄罗斯承诺对其派出国际科学观察员开展信息核对调查。[3]2015 年 10 月 16 日，俄罗斯回复其调查结果，认为其派出的国际科学观察员国和仁成公司船主之间没有联系。韩国指出，根据其对仁成公司渔船 C2 数据的调查，发现渔船提交的 C2 数据和俄罗斯籍国际科学观察员提交的数据完全一样。当韩国积极表态愿意配合俄罗斯继续开展调查时，俄罗斯同意只要韩国能提供所要相关材料，俄罗斯就会进行核查，此举将问题进一步转嫁给韩国。[4]

---

〔1〕 除犬牙鱼探捕渔业外，仁成公司还有渔船在南大洋从事南极磷虾渔业生产。2016 年，负责任的南极磷虾捕捞企业协会（ARK）向 CCAMLR 介绍，仁成公司是其 5 个会员企业之一。See CCAMLR, Report of the Thirty-Fifth Meeting of the Commission, Hobart, 17-28 October 2016, paragraph 10.7.

〔2〕 CCAMLR, Report of the Thirty-Third Meeting of the Commission, Hobart, 20-31 October 2014, paragraphs 116-117 of Annex 6. 仁成 7 号渔船是在南非拆解的。为此韩国和南非签订了一个双边安排，并向 CCAMLR 提供了视频资料。仁成 22 号的火灾情况，可参见 2009 年 CCAMLR 会议报告。See CCAMLR, Report of the Twenty-Eighth Meeting of the Commission, Hobart, 26 October-6 November 2009, paragraph 2.69 of Annex 5.

〔3〕 CCAMLR, Report of the Thirty-Third Meeting of the Commission, Hobart, 20-31 October 2014, paragraphs 127-147 of Annex 6.

〔4〕 CCAMLR, Report of the Thirty-Fourth Meeting of the Commission, Hobart, 19-30 October 2015, paragraphs 249-257 of Annex 6.

（二）韩国宏进公司

2013 年 10 月，韩国政府发现 2 艘仁成公司渔船（仁成 3 号和仁成 7 号）曾在阿根廷专属经济区和 1 艘宏进公司渔船（宏进 707 号）曾在马尔维纳斯群岛（福克兰群岛）附近海域非法捕捞犬牙鱼的案件处理取得了进展，3 艘渔船非法捕捞的犬牙鱼渔获被拒绝签发 DCD 证书，3 艘渔船分别被处 1500 美元罚款，船长分别被暂停职务船员证书 30 天，2 艘渔船被暂停捕捞许可证 30 天，1 艘渔船被暂停捕捞许可证 60 天；2 艘仁成公司渔船非法捕捞的 174 吨犬牙鱼渔获运回后被政府没收，1 艘宏进公司渔船非法捕捞的 76.7 吨犬牙鱼渔获据报告在海上被抛弃了。[1]仁成 7 号随后在南非被拆解，仁成公司被禁止 10 年内赴南大洋从事犬牙鱼探捕渔业。对于宏进公司，韩国海洋与水产部给予了禁止 3 年内赴南大洋从事犬牙鱼探捕渔业的行政处罚。然而，宏进公司通过上诉，成功地申请法院撤销了韩国海洋与水产部禁止 3 年从事犬牙鱼探捕渔业的行政处罚，迫使韩国海洋与水产部于 2016 年向 CCAMLR 通报宏进707 号犬牙鱼探捕渔业申请。[2]

2016 年 10 月，韩国向 SCIC 解释宏进 701 号渔船案情，包括 2013 年在马尔维纳斯群岛（福克兰群岛）附近海域非法捕捞和 2014 年被发现漏报了该渔船在《南极海洋生物资源养护公约》适用区域内捕捞的 31 吨犬牙鱼产量。ASOC 认为，宏进 707 号渔船行为符合养护措施 CM 10-06 第 5 段（vi），可列入缔约方 IUU 渔船名单；强调一个已知 IUU 渔船被允许进入《南极海洋生物资源养护公约》适用区域进行捕捞作业，将开创一个不好先例，有损 CCAMLR和韩国的声誉。[3]很多 CCAMLR 成员关切宏进 707 号渔船的不报告行为以及之前的非法捕捞行为；美国认为，宏进 707 号渔船在海上抛弃其非法渔获，确保了它不能从其非法捕捞活动中获益，构成了韩国政府对其制裁的核心组成部分，是一些 CCAMLR 成员不寻求将其列入缔约方 IUU 渔船名单的部分原

---

〔1〕 CCAMLR, Report of the Thirty-Third Meeting of the Commission, Hobart, 20-31 October 2014, paragraphs 190-192 of Annex 6; Delegation of the Republic of Korea, The investigation and subsequent results on the missing DCDs for the catches of the FVs Insung No. 3, Insung No. 7 and the Hongjin 707, CCAMLR-XXXIII/BG/26, 23 September 2014.

〔2〕 CCAMLR, Report of the Thirty-Fifth Meeting of the Commission, Hobart, 17-28 October 2016, paragraphs 209-211 of Annex 6.

〔3〕 ASOC, The Hongjin 707: Case study and recommended next steps for CCAMLR, CCAMLR-XXXV/BG/08, 30 August 2016; CCAMLR, 2016, paragraph 210 of Annex 6.

因。[1]最终，CCAMLR 决定不同意宏进 707 号渔船 2016-2017 年度的通报申请；一些 CCAMLR 成员同时还质疑韩国能否履行养护措施 CM 10-02 所规定的船旗国义务。[2]

2017 年 1 月，CCAMLR 秘书处比对往年犬牙鱼渔获证书（DCD）时发现，宏进 707 号渔船在 2014 年漏报了 31 吨犬牙鱼，宏进 701 号渔船在 2014 年和 2015 年共漏报了 18 吨犬牙鱼。类似情况也发生在澳大利亚籍 Isla Eden 号渔船上，2015 年漏报了 37 吨犬牙鱼。韩国认为，2016 年，CCAMLR 已经解决了宏进 707 号渔船的数据问题，该渔船所提交的数据被 CCAMLR 隔离；宏进 701 号渔船的 2015 年数据问题，误差在 5% 以内，不应被拿出来讨论。[3]2 艘渔船漏报问题，以及澳大利亚籍 Isla Eden 号渔船漏报问题，俄罗斯认为都符合养护措施 CM 10-06 第 5 段（ii）的规定，应被视为 IUU 捕捞行为。但是，因 2017 年 CCAMLR 遵约评估程序第一次未能根据养护措施 CM 10-10 完成其任务，故 CCAMLR 没有就上述漏报渔船的行为给出确定意见。[4]

2017 年 12 月 2 日，韩国宏进公司的南大洋（Southern Ocean）号渔船[5]和宏进 701 号渔船在 12 月 1 日 88.1 区渔场关闭后 24 小时仍放网作业。2 艘渔船的行为，被 CCAMLR 秘书处以违反养护措施 CM31-02 为由作为遵约事项列入 CCAMLR 遵约程序报告草案；[6]南大洋号渔船，因被新西兰执法船于 2017 年 12 月 4 日在海上登临执法检查，发现 VMS 数据显示该渔船在 88.1 区渔场关闭仍在渔场内；根据养护措施 CM 10-06 第 5 段（iii），该渔船涉嫌"以违反 CCAMLR 养护措施的方式在禁渔期内或关闭渔场内捕捞"，建议将该

---

〔1〕　CCAMLR, Report of the Thirty-Fifth Meeting of the Commission, Hobart, 17-28 October 2016, paragraphs 79-85 of Annex 6.

〔2〕　CCAMLR, Report of the Thirty-Fifth Meeting of the Commission, Hobart, 17-28 October 2016, paragraphs 3.9-3.14.

〔3〕　CCAMLR, Report of the Thirty-Sixth Meeting of the Commission, Hobart, 16-27 October 2017, paragraph 3.32.

〔4〕　CCAMLR, Report of the Thirty-Sixth Meeting of the Commission, Hobart, 16-27 October 2017, paragraphs 3.22-3.27.

〔5〕　该渔船 IMO 号为 9178642，不同于之前悬挂我国旗帜的"南洋"号渔船，后者的 IMO 号为 9230646。

〔6〕　CCAMLR, Fishing gear deployed within 24 hours of a fishery closure-information submitted by the Republic of Korea, COMM CIRC 17/105, 6 December 2017.

渔船列入缔约方 IUU 渔船名单草案。[1]2018 年 9 月，在第 37 届 CCAMLR 会议前，韩国向 CCAMLR 提交了一份针对上述 2 艘渔船的调查报告。据此报告，2 艘宏进公司犬牙鱼渔船上各有 1 名英国籍国际科学观察员。除违反禁渔期或渔场关闭的养护措施外，2 艘渔船还没有向 CCAMLR 和韩国渔业监控中心提供完整的每天渔获量报告，也没有和科学观察员执行犬牙鱼标志放流计划。针对 3 项违法事实，2 艘渔船自愿放弃 2017-2018 年度的捕捞计划；韩国政府根据《远洋渔业发展法》将 2 艘渔船提交公安部门进行审查。经公安部门审查后，南大洋号渔船被转交检察机关，被提起诉讼；不追究宏进 701 号渔船的刑事责任。关于对 2 艘船的不同处理结果，韩国公安部门认为是因为它们实施违法行为的动机不同。韩国海洋与水产部追加暂停南大洋号渔船 60 天捕捞许可证和船员证书。[2]根据养护措施 CM 10-10 所规定的 CCAMLR 遵约评估程序，第 37 届 CCAMLR 会议认定 2 艘渔船的行为为严重不遵约行为（第三等级），同时要求韩国于 2019 年向 SCIC 和 CCAMLR 汇报对 2 艘渔船的调查与处理结果，以及加快其国内法律制度完善的进展。[3]针对南大洋号渔船被列入临时缔约方 IUU 渔船名单事项，韩国撤销了该渔船下一个年度捕捞许可，已经对相关当事人提起了司法诉讼，所以根据养护措施 CM 10-06 第 14 段申请将该渔船从临时缔约方 IUU 渔船名单中删除。SCIC 认为，韩国所采取的措施已经符合了养护措施 CM 10-06 第 14 段（iv）的要求，同意将该渔船从临时缔约方 IUU 渔船名单中删除。[4]

2019 年 9 月，韩国向 CCAMLR 提交了一份针对上述 2 艘渔船的跟进报告。报告指出，考虑了犯罪行为的动机、犯罪行为方式以及违法行后的其他情形，韩国检察机关终止了对南大洋号渔船的刑事诉讼。韩国海洋与水产部将此归咎于，韩国检察机关评估违反《远洋渔业发展法》行为的严重程度和韩国海洋与水产部有分歧。作为补救措施，韩国限制上述 2 艘渔船在 2019-

---

〔1〕 CCAMLR, Corrigendum to Notification in relation to Draft IUU Listing of a Contracting Party Vessel-submitted by New Zealand, COMM CIRC 18/54, 2 July 2018.

〔2〕 Delegation of the Republic of Korea, The third follow-up to the cases regarding the Southern Ocean and Hong Jin 701, CCAMLR-XXXVII/BG/29, 21 September 2018.

〔3〕 CCAMLR, Report of the Thirty-Seventh Meeting of the Commission, Hobart, 22 October-2 November 2018, paragraphs 76-81 of Annex 6.

〔4〕 CCAMLR, Report of the Thirty-Seventh Meeting of the Commission, Hobart, 22 October-2 November 2018, paragraphs 116-119 of Annex 6.

2020 年度赴南大洋开展犬牙鱼探捕渔业。对此，SCIC 却赞赏韩国采取迅速有效措施，颁布新部长令以实施养护措施 CM 10-05，仅对韩国允许南大洋号渔船所捕捞的非法犬牙鱼产品流入国际贸易市场表达了遗憾。[1]

就上述韩国渔船的非法捕捞活动及其处理结果看，仁成公司渔船非法捕捞事件以其所有渔船退出南大洋犬牙鱼探捕渔业而告终，3 艘犬牙鱼渔船分别因火灾、沉没和拆解而退出渔业活动，但是公司没有受到严厉的经济制裁，更没有负责人因此而受到刑事制裁。宏进公司的处境比仁成公司要更好些，尽管其渔船实施"不报告"捕捞行为和违反禁渔期与渔场关闭捕捞，符合养护措施 CM 10-06 第 5 段规定的 IUU 捕捞活动类型，但是该公司却能逃脱严厉制裁，包括禁止 3 年内赴南大洋从事犬牙鱼探捕渔业等。无论是宏进 707 号渔船与宏进 701 号渔船，还是南大洋号渔船，所承接的最大制裁仅是被撤回 1 个年度的渔业通报。宏进公司，仍是韩国从事犬牙鱼探捕渔业生产的远洋企业之一。韩国国内法律制度的不足以及其国内司法问题，被韩国海洋与水产部假借为其不能及时有效处理上述非法捕捞渔船的理由。美国等 CCAMLR 成员针对韩国渔船非法捕捞行为明确存在适用养护措施 CM 10-06 不一致或者双标；2016 年，美国居然认为宏进 707 号渔船在海上抛弃其非法渔获，构成了韩国政府对其制裁的核心组成部分。在明确承认其犬牙鱼渔船存在非法捕捞问题的前提下，韩国对俄罗斯籍国际科学观察员和英国籍国际科学观察员的做法，显然存在不同。在 2017 年 12 月南大洋号渔船和宏进 701 号渔船实施了非法捕捞活动后，韩国没有请求 SCIC 或 CCAMLR 调查英国籍国际科学观察员提交的数据，以排查英国籍国际科学观察员是否存在共犯的问题。2018 年，SCIC 认为韩国撤销了南大洋号渔船下一个年度捕捞许可并已经对相关当事人提起了司法诉讼（后来却终止了），符合养护措施 CM 10-06 第 14 段（iv）的要求，故而将南大洋号渔船从临时缔约方 IUU 渔船名单中删除，显然和 2021 年 SCIC 和 CCAMLR 处理南非籍 El Shaddai 号渔船非法捕捞行为的做法存在不一致。[2]无论如何韩国籍渔船实施非法捕捞活动，除非有 CCAMLR 成员建

---

〔1〕 Delegation of the Republic of Korea, The Follow-up Report to the cases regarding the Southern O-cean and Hong Jin No. 701, CCAMLR-38/BG/36, 20 September 2019; CCAMLR, Report of the Thirty-Eighth Meeting of the Commission, Hobart, 21 October-1 November 2019, paragraphs 64-67 of Annex 6.

〔2〕 CCAMLR, Report of the Fortieth Meeting of the Commission, Virtual, 18-29 October 2021, para-graphs 4. 25-4. 27 and paragraphs 116-122 of Annex 8.

议，CCAMLR 秘书处未曾主动将韩国渔船列入缔约方 IUU 渔船名单草案以及临时缔约方 IUU 渔船名单；截至 2023 年，CCAMLR 缔约方 IUU 渔船名单都没有它们的记录。

三、2021-2022 年度英国渔船在 48.3 区的捕捞活动

2021 年第 40 届 CCAMLR 会议之前，48.3 区细鳞犬牙鱼渔业属于 CCAMLR 渔业管理类型中的成熟型商业渔业（established fishery），区别于罗斯海区域开展的莫氏犬牙鱼探捕渔业。在具体管理制度上，适用养护措施 CM 31-01（1986）和 CM 41-02。养护措施 CM 31-01（1986）规定，要求 CCAMLR 为 48.3 区内所开展的渔业制定渔获配额或类似措施。[1]细鳞犬牙鱼渔业是 48.3 区内的一种渔业。1990 年，CCAMLR 根据养护措施 CM 31-01（1986），为 48.3 区细鳞犬牙鱼渔业规定了管理制度，即养护措施 CM 24/Ⅸ；该管理制度包括 2500 吨渔获配额，以及规定了渔获报告制度和数据报告制度。[2]养护措施 CM 24/Ⅸ，即为后来的养护措施 CM 41-02。养护措施 CM 41-02 定期更新，2007 年之前每个年度更新，2007 年以后每两个年度更新，重新确定其渔获配额及其他措施。2021 年第 40 届 CCAMLR 会议，养护措施 CM 41-02（2019）到期失效，需要更新。在此会议期间，英国和俄罗斯就 48.3 区细鳞犬牙鱼渔业的可持续性产生分歧，且没有达成妥协，导致 CCAMLR 未能更新养护措施 CM 41-02。所以，养护措施 CM 41-02（2019）于 2021 年 11 月 30 日失效，2021-2022 年度生效的 CCAMLR 养护措施中没有养护措施 CM 41-02。[3]

2021-2022 年度在养护措施 CM 41-02 失效的情况下，英国依然允许其 4 艘渔船继续在 48.3 区开展犬牙鱼渔业捕捞生产，[4]引发了阿根廷的强烈不满。此渔业问题，迅速演变为岛屿主权及其周围海域管辖权的争议。对此，

---

〔1〕 Conservation Measure 7/Ⅴ "Regulation of Fishing around South Georgia (Statistical Subarea 48.3)". 该养护措施没有经任何修订，一直有效。2002 年，CCAMLR 调整养护措施编号后，为养护措施 CM 31-01（1986）。

〔2〕 渔获报告制度由养护措施 CM25/Ⅸ具体规定，数据报告制度由养护措施 CM 26/Ⅺ具体规定。养护措施 CM 26/Ⅺ相关内容，现为养护措施 CM 23-05 组成部分。

〔3〕 CCAMLR, Report of the Fortieth Meeting of the Commission, Virtual, 18-29 October 2021, paragraph 9.4.

〔4〕 4 艘英国渔船分别是：Argos Georgia 号渔船、Argos Helena 号渔船、Nordic Prince 号渔船和 Polar Bay 号渔船。

阿根廷认定英国渔船行动违反了养护措施 CM 31-01，要求 CCAMLR 将悬挂英国旗帜的 4 艘渔船列入缔约方 IUU 渔船名单，请求 CCAMLR 秘书处不允许英国渔船在 48.3 区所捕捞的犬牙鱼产品利用 CDS 进行国际贸易。根据阿根廷的建议，CCAMLR 秘书处将 4 艘英国渔船列入了缔约方 IUU 渔船名单草案以及后续的临时缔约方 IUU 渔船名单。智利、乌拉圭、俄罗斯等国家支持将 4 艘英国渔船列入缔约方 IUU 渔船名单；英国、挪威和乌克兰，则反对将它们列入。[1]关于此 4 艘英国渔船的争议，从 SCIC 会议一直延续到 CCAMLR 会议；最终因英国坚决反对，4 艘英国渔船未能被列入缔约方 IUU 渔船名单。[2]

　　此案件应该是 CCAMLR 打击 IUU 捕捞活动中一个比较特殊的类型，不同于前述关于韩国渔船所从事的 IUU 捕捞活动。表面上，此案件相对比较简单；却因捕捞活动发生在一个特殊的海域，即 48.3 区域，是存在岛屿主权争议且位于南极 60 度以北的区域，使此案件非常复杂，涉及科学、法律和政治等多种因素。此案件处理或应对不当，不仅会影响此区域犬牙鱼资源养护与可持续利用，更会损害 CCAMLR 团结与稳定。在此本书仅就其中的法律问题进行讨论与分析。

　　阿根廷建议将 4 艘英国渔船列入缔约方 IUU 渔船名单的理由是：在 2021年第 40 届 CCAMLR 会议未能更新养护措施 CM 41-02 为 48.3 区犬牙鱼渔业设定渔获配额及相关措施的前提下，英国渔船的捕捞活动违反了养护措施 CM 31-01，构成了非法捕捞活动。为支持其主张，阿根廷阐述了养护措施 CM 41-02 和 CM 31-01 之间的逻辑关系。养护措施 CM 41-02，是 CCAMLR 根据养护措施 CM 31-01 而制定的，自 1986 年以来一直如此，构成了 CCAMLR 一贯的实践。养护措施 CM 41-02，不仅设定了 48.3 区犬牙鱼渔业的渔获配额，还规定了其作业时间、捕捞方式、数据报告等内容。两个养护措施内容以及 CCAMLR 一贯实践清楚表明，养护措施 CM 31-01 确立了这样一个管理制度，即 48.3 区犬牙鱼渔业只有在 CCAMLR 制定了渔获配额及相关措施的前提下方可开展。也就是说，如果没有这样的管理制度，养护措施 CM 31-01 应被解释为不允许继续在 48.3 区开展相应的渔业活动。在 2021 年第 40 届 CCAMLR 未

---

〔1〕　CCAMLR, Report of the Forty-First Meeting of the Commission Hobart, 24 October-4 November 2022, paragraphs 119-130 of Annex 7.

〔2〕　CCAMLR, Report of the Forty-First Meeting of the Commission Hobart, 24 October-4 November 2022, paragraphs 7.42-7.47.

能更新养护措施 CM 41-02 的背景下，48.3 区犬牙鱼渔业应被视为关闭。因此，4 艘英国渔船在 48.3 区的捕捞行为构成了养护措施 CM 10-06 第 5 段（iii）和（viii）的规定情形。除此之外，养护措施 CM 31-01 明确要求，48.3 区犬牙鱼渔业的渔获配额应由 CCAMLR 制定，即由 CCAMLR 成员以协商一致方式制定；禁止任何 CCAMLR 成员单方面为其渔船规定在 48.3 区开展渔业活动的渔获配额及相关措施。也就是说，任何单方面自我规定的渔业管理规则，根据养护措施 CM 31-01，都是非法的，且构成对南极条约体系精神及其运行的恶劣先例。[1] 俄罗斯、智利和乌拉圭坚持阿根廷关于两个养护措施的解释，认为 4 艘英国渔船应列入缔约方 IUU 渔船名单；智利和乌拉圭认为，正是因为养护措施 CM 41-02 失效，他们才没有允许其渔船于 2021-2022 年度在 48.3 区捕捞犬牙鱼。此外，乌拉圭还在 2022 年禁止 48.3 区捕捞的犬牙鱼产品在其港口上岸。[2]

针对阿根廷提出的理由，英国给予了相应的辩解与回应。对于养护措施 CM 31-01 和 CM 41-02 之间的关系，英国认为养护措施 CM 31-01 仅规定制定渔获配额及相关措施，但没有规定如果没有制定渔获配额就禁止 48.3 区内渔业。因此，4 艘英国渔船在第 40 届 CCAMLR 没有更新养护措施 CM 41-02 的背景下在 48.3 区从事的捕捞活动，没有违反养护措施 CM 31-01。关于单方面采取渔业管理制度，《南极海洋生物资源养护公约》第 4 条（2）规定了"本公约任何条款，以及在本公约有效期内发生的任何行为或活动都不得：视为任何缔约方在本公约适用区内放弃、削弱或损害根据国际法行使沿海国管辖权的任何权利、主张或这种主张的依据；解释为损害任何缔约方承认或不承认这种权利、主张或主张的依据的立场"。据此，英国认为其并没有因为成为《南极海洋生物资源养护公约》缔约方而放弃其主权岛屿周围海洋区域的权利，或者放弃关于这些权利的主张。关于涉嫌违反养护措施 CM 10-06 第 5 段，英国对第 5 段所列 8 种情形进行了逐个回应，认为 4 艘英国渔船是经其许可且根据它们的捕捞许可证作业的；每艘渔船都报告了它们的渔获量且经核

---

〔1〕 Delegation of Argentina, Patagonian toothfish fishing in Subarea 48.3 in the current season contravenes Conservation Measure 31-01, CCAMLR-41/BG/36, 24 September 2022; CCAMLR, Report of the Forty-First Meeting of the Commission Hobart, 24 October-4 November 2022, paragraphs 122 and 125 of Annex 7.

〔2〕 CCAMLR, Report of the Forty-First Meeting of the Commission Hobart, 24 October-4 November 2022, paragraphs 124 and 127-128 of Annex 7.

实过；4 艘英国渔船没有在禁渔期或关闭渔场进行捕捞；它们没有使用禁用渔具；没有参与 IUU 渔船的捕捞活动，也没有和 IUU 渔船进行转载；它们的犬牙鱼渔获证书签发符合养护措施 CM 10-05；4 艘英国渔船在英国享有主权权利的南乔治亚海域进行作业；英国采取的国内管理制度比 CCAMLR 养护措施更严格，因此 4 艘英国渔船的捕捞活动没有违反或损害 CCAMLR 养护措施。[1] 挪威认为，第 40 届 CCAMLR 未能更新养护措施 CM 41-02，只能被视为 CCAMLR 的失败，不能视为关闭或禁止 48.3 区犬牙鱼渔业；在此背景下在 48.3 区从事犬牙鱼捕捞活动，并没有减损 CCAMLR 养护措施有效性，不属于 IUU 捕捞活动。乌克兰则将此问题转移给俄罗斯，认为是俄罗斯在 2021 年阻止了 CCAMLR 更新养护措施 CM 41-02，所以此案件对 CCAMLR 团结与稳定造成的损害应由俄罗斯负责。[2]

对于阿根廷请求 CCAMLR 秘书处不允许 2021-2022 年度 4 艘英国渔船在 48.3 区捕捞的犬牙鱼产品获得合法犬牙鱼登记证书，以阻止这些产品进入国际市场。英国籍 CCAMLR 执行秘书长以此请求需要 CCAMLR 作出决定为由，拒绝了阿根廷的要求。[3]

从严格法律意义上讲，养护措施 CM 41-02 失效不能解释为关闭或禁止 48.3 区犬牙鱼渔业，因为养护措施 CM 32-02（2017）明确规定，CCAMLR 不禁止 48.3 区犬牙鱼渔业。也就是说，CCAMLR 原则上是允许或者说是不禁止 48.3 区犬牙鱼渔业的。据此，阿根廷主张 2021-2022 年度 4 艘英国渔船在 48.3 区捕捞犬牙鱼的行为构成养护措施 CM 10-06 第 5 段（iii）规定的在禁渔期或关闭渔场捕捞情形，说服力不够。

根据 1987 年至 2021 年间 CCAMLR 的实践可以得出这样的结论，为养护及合理利用 48.3 区犬牙鱼资源，该区域内犬牙鱼渔业一直是在 CCALMR 制定渔获配额及相关措施的框架下开展的。这种实践，既是遵从养护措施 CM 31-01 的要求，也是 CCAMLR 及其成员实现《南极海洋生物资源养护公约》的必

---

〔1〕 CCAMLR, Report of the Forty-First Meeting of the Commission Hobart, 24 October-4 November 2022, paragraphs 123 and 134 of Annex 7.

〔2〕 CCAMLR, Report of the Forty-First Meeting of the Commission Hobart, 24 October-4 November 2022, paragraphs 7.27 and 7.32.

〔3〕 CCAMLR, Report of the Forty-First Meeting of the Commission Hobart, 24 October-4 November 2022, paragraphs 7.28-7.30.

然要求。所以，在养护措施 CM 41-02 失效的情形下，尽管从严格法律意义上确定 48.3 区犬牙鱼渔业被关闭了，但是至少客观上形成了一个现实，即 CCAMLR 没有为 48.3 区犬牙鱼渔业制定渔获配额及相关措施。此客观事实，可解释为 2021-2022 年度 48.3 区犬牙鱼渔业配额为零，或者至少是养护措施 CM 41-02（2019）规定的 2327 吨。在没有相关 CCAMLR 管理制度的前提下，4 艘英国渔船在 48.3 区的捕捞活动，特别是其捕捞产量不可能是遵守了任何 CCAMLR 制定的渔获配额，显然不能认为是遵守了 CCAMLR 管理制度；当然就更不能认为是符合《南极海洋生物资源养护公约》第 2 条所规定的目标及其养护原则。简言之，2021-2022 年度 4 艘英国渔船在 48.3 区的捕捞活动违反了 CCAMLR 及其成员一直以来遵守的习惯，即只有在根据养护措施 CM 31-01 制定相应管理制度的前提下才可在 48.3 区开展捕捞活动的实践。有管理制度，才有捕捞活动。

英国曾辩解称，在养护措施 CM 41-02 失效背景下在 48.3 区开展的捕捞活动并不违反养护措施 CM 31-01。表面上看，英国的解释似乎有一定的合理性，因为养护措施 CM 31-01 仅是要求 CCAMLR 为 48.3 区内渔业活动制定管理规则，没有明确禁止或关闭 48.3 区渔场。但是，养护措施 CM 31-01 关于制定管理规则的内在要求是，任何捕捞活动都应在有效的管理框架下有序开展。1987 年至 2021 年间 CCAMLR 及其成员的实践，证明了这种内存要求业已成为一种习惯。如果按英国的解释，即使在没有相应管理制度的前提下也可在 48.3 区开展犬牙鱼捕捞活动。那么，这种解释不仅只适用于英国渔船，也应适用于所有《南极海洋生物资源养护公约》缔约方的渔船，所有缔约方都可以派其渔船至 48.3 区捕捞犬牙鱼，且没有配额限制或者是各缔约方可自行设定其渔船的捕捞限额。如此，不仅会严重违背《南极海洋生物资源养护公约》第 2 条所规定的目标及其养护原则，还会促使 2023 年第 42 届 CCAMLR 会议不再更新养护措施 CM 42-01（2021），以使所有缔约方渔船都可至 48.3 捕捞鳕头冰鱼。从这种解释可能造成的结果看，显然是荒唐的和不可接受的。

之所以英国可作出如此解释，根本原因在于 48.3 区渔业管理的特殊性，或者说存在一种制度上的漏洞。48.3 区位于南纬 60 度以北，且该区内有英国和阿根廷存在主权争议的南乔治亚群岛，因此该区内渔业管理不同于南纬 60 度以南海域，也不同于澳大利亚、法国和南非等国家亚南极岛屿附近海域。

从养护措施 CM 31-01 和 CM 41-02 的角度看，48.3 区犬牙鱼渔业应适用 CCAMLR 制定的多边渔业管理制度。从 CCAMLR 渔业管理类型划分看，48.3 区犬牙鱼渔业属于成熟型商业渔业，类似于 48 区磷虾渔业，区别于新渔业和探捕渔业。根据 CCAMLR 一般性渔业事项类养护措施，CCAMLR 管理的各类渔业都实行通报制度，[1]磷虾渔业于 2006 年起正式按养护措施 CM 21-03 进行通报。然而，48.3 区犬牙鱼渔业作为成熟型商业渔业一直没有被纳入通报制度。如果通报制度适用于 48.3 区犬牙鱼渔业，则就不会存在英国和阿根廷之间关于养护措施 CM 41-02 失效的不同法律解释，因为阿根廷等 CCAMLR 成员可在通报管理环节就明确拒绝同意 4 艘英国渔船的通报申请。根据通报制度，CCAMLR 不批准渔船的通报申请，则渔船不能开展捕捞活动。考虑到通报制度同样不适用于澳大利亚、法国和南非等国家亚南极岛屿附近海域内的渔业，可以预测英国同样不会同意针对在 48.3 区渔业适用通报制度，阿根廷等相关 CCAMLR 成员则可能会愿意和同意将通报制度引入 48.3 区。

第六节　小结

20 世纪 90 年代，南大洋高经济价值的犬牙鱼资源吸引了传统远洋渔业国家。英国为维护其在 48.3 区内的利益而实施单边执法，以及 SC-CAMLR 下设的相关工作组从科学层面提出了"不报告"和"不管制"概念，促进了 CCAMLR 讨论 IUU 捕捞议题，逐步完善和加强打击《南极海洋生物资源养护公约》缔约方和非缔约方渔船从事的 IUU 捕捞活动。考虑到犬牙鱼是 IUU 捕捞的唯一目标，CCAMLR 制定了渔船管理、许可管理、港口管理、船位监测系统（VMS）、犬牙鱼渔获登记制度、IUU 渔船名单等管理制度；这些管理制度在形式既有具有法律拘束力的养护措施，也有不具有法律拘束力的决议，两者互为补充。这些管理制度的核心内容是 CDS 和 IUU 渔船名单；港口检查、VMS 等养护措施则是为了配合 CDS 实施。

---

〔1〕　通报制度，从设计初衷上体现了 CCAMLR 实施预防性做法和可获得最佳科学证据原则。通报制度，最早于成形于 1991 年的养护措施 CM 31/X，适用于新渔业。1993 年，通报制度及其设计理念根据养护措施 CM 65/Ⅻ拓展适用于探捕渔业。See Adriana Fabra and Virginia Gascón, "The Convention on the Conservation of Antarctic Marine Living Resources（CCAMLR）and the Ecosystem Approach", 23 *International Journal of Marine and Coastal Law* 567, 578（2008）.

CDS 是 CCAMLR 在吸收 ICCAT 相关实践基础上创设的一种突破性的管理制度。它适用于犬牙鱼产品所有生命周期环节，从捕捞于海上或港口转载，到进口、加工和再出口等。更为特殊的是它适用的地理范围仅限于 CCAMLR 管辖范围，拓展到 CCAMLR 管辖范围外海域，实现了全球海域所有犬牙鱼产品全部覆盖。这种制度设计，被认为对 FAO 制定《打击 IUU 捕捞国际行动计划》的进程作出了重要的贡献，为 2017 年 FAO 通过的《渔获登记制度自愿准则》提供了实践先例。但是，这种制度的成功取决于其实施环节的严密性及数据的可核准性，为此它不仅需要《南极海洋生物资源养护公约》缔约方支持，还需要所有可能相关的捕鱼国、港口国、市场国或独立关税区的支持。随着我国社会经济发展，国内海产品加工与消费提升，我国参与 CDS 被认为是 CCAMLR 在全球影响持续扩大的证明。考虑到"一国两制"基本国情，经中央政府和香港特别行政区努力，香港特别行政区自 2020 年 7 月 1 日开始全面实施 CDS。

IUU 渔船名单制度，是《打击 IUU 捕捞国际行动计划》推荐的一种措施。2002 年，CCAMLR 制定了养护措施 CM 10-06 和修订了养护措施 CM 10-07，并于 2003 年第一次制定了缔约方 IUU 渔船名单和非缔约方渔船名单。此后 CCAMLR 不断完善 IUU 渔船名单的制定程序，形成从信息收集、编制 IUU 渔船名单草案、征求意见、SCIC 和 CCAMLR 分别审议等规范性程序。然而，无论是制度设计还是 CCAMLR 实践，非缔约方很难和缔约方拥有平等的权利。缔约方渔船和非缔约方渔船对 CCAMLR 养护措施的有效性影响、信息和证据标准、IUU 渔船名单列入与移除标准的解释与适用等，都存在明显的差异。4 艘我国渔船被列入 IUU 渔船名单以及申请删除的实践，明显不同于从事非法捕捞行为的韩国渔船。除此之外，阿根廷坚决反对欧盟推进针对国家实施贸易措施的提案以及 2021-2022 年度 4 艘英国渔船在 48.3 区实施的捕捞活动，都凸显了 CCAMLR 所处法律制度的特殊性。

第七章

南极视察与 CCAMLR 海上检查制度

第一节　《南极条约》视察制度的起源

南极视察，是指《南极条约》及《环保议定书》下的视察制度，不包括《南极海洋生物资源养护公约》第 24 条规定的"观察和检查制度"。尽管两者的英文表达（inspection）一样，且在措辞上后者和前者有着一定的承接关系，但《南极条约》第 6 条明确了两者区别的根源。

《南极条约》的视察制度，据研究是美国强烈坚持的结果。美国此举，既通过视察制度保障了非军事化原则在南极的实施，[1]也为同期及后来的其他领域的谈判创设了先例。[2]1958 年 2 月至 3 月，美国将"保障所有缔约国有权单方面视察南极所有地区"作为其参加华盛顿会议的 7 个核心立场之一，以支撑"非军事化"的实施。澳大利亚、日本等曾明确反对美国提议的视察制度；英国虽然支持建立视察制度，[3]但在视察制度的内容上和美国存在一

---

〔1〕　Truls Hanevold, "Inspections in Antarctica", 6 *Cooperation and Conflict* 103, 105（1971）.

〔2〕　1958 年 4 月，美国在联合国安理会提议将北极中立化，并建立视察制度，但遭到苏联的否决。See Department of the States Bulletin, 19 May 1958, vol. 88, no. 986, pp. 816~819. 除此之外，美国还曾期望南极的视察制度能为日内瓦裁军谈判提供支撑。尽管未能如愿，但《南极条约》及其视察制度为 1966 年 12 月 19 日联合国大会通过的《关于各国探索和利用包括月球和其他天体的外层空间活动所应遵守原则的条约》（又名《外空条约》）和 1979 年 12 月 5 日联合国大会通过的《关于各国在月球和其他天体上活动的协定》（又名《月球协定》）提供了借鉴。See Truls Hanevold, "Inspections in Antarctica", 6 *Cooperation and Conflict* 103, 106（1971）; C. L. Sulzberger, "The Job of Lunar Diplomacy Begins: Antarctic Internationalisation Pact could Serve as Model", *New York Time*, 30 November 1959.

〔3〕　John Hanessian, "The Antarctic Treaty 1959", 9 *International & Comparative Law Quarterly* 436, 455-456 and 466-467（1960）.

定的分歧。围绕视察制度，曾出现三个方面的分歧：一是视察制度实施方式，是单边的还是多边的；二是视察次数，是无限的还是有限的；三是执行视察活动观察员的法律地位问题。对于第一个问题，美国坚持单边视察，每个国家应指派各自的观察员，互不影响；英国则坚持多边视察，认为这样才能更强调南极条约的精神，可让小国参加到视察活动中，英国的立场得到包括挪威在内的很多国家的支持。对于第二个问题，美国认为视察次数及指派的观察员数量都不应进行任何限制，南美国家和法国则希望对视察次数和观察员数量进行限制；这个问题实质上也反映了国力之间的差距以及南极领土主张国与非主张国之间的矛盾，主张国希望借此减少非主张国对其主张的影响。对于第三个问题，更是凸显出南极领土主张国与非主张国之间的矛盾，前者主张"属地管辖"，后者则要求"属人管辖"。[1]

1959 年 11 月中旬，美国和苏联就视察制度达成共识，认为它可以防止未经授权的军事活动。[2]这为其他国家接受该制度奠定了基础。这也是美国和苏联之间达成的第一个关于未经授权军事活动的国际视察制度。[3]有研究认为，《南极条约》第 8 条关于观察员的法律地位的规定，体现了南美国家和苏联的重要让步，对于第 7 条规定的视察活动的执行至关重要。[4]

第二节　南极视察制度

一、《南极条约》视察制度

《南极条约》的视察制度涉及第 7 条、第 8 条和第 9 条，分别规定了视察制度目的、视察范围与方式、执行视察活动的观察员法律地位、视察权利行使与视察报告提交等内容。总体上，可分为视察制度的目的、观察员和视察活动实施三个方面。

---

〔1〕 Truls Hanevold, "Inspections in Antarctica", 6 *Cooperation and Conflict* 103, 106–107 (1971).

〔2〕 John Hanessian, "The Antarctic Treaty 1959", 9 *International & Comparative Law Quarterly* 436, 467 (1960).

〔3〕 James Simsarian, "Inspection Experience Under the Antarctic Treaty and the International Atomic Energy Agency", 60 *The American Journal of International Law* 502 (1966).

〔4〕 Robert D. Hayton, "The Antarctic Settlement of 1959", 54 *The American Journal of International Law* 349, 361 (1960).

　　首先，视察制度的目的。如前所述，美国最初提出建立视察制度和"非军事化"原则密切相关。《南极条约》第 7 条（1）规定，其目的是"促进本条约的宗旨，并保证这些规定得到遵守"。《南极条约》的宗旨既包括非军事化，还包括领土主张冻结和科学研究自由。非军事化，既包括第 1 条规定的"一切具有军事性质的措施，例如建立军事基地，建筑要塞，进行军事演习以及任何类型武器的试验等"，还应包括第 5 条规定的"任何核爆炸和在该区域处置放射性尘埃"。对于领土主张冻结，根据第 8 条（1），从不同国家立场看，视察活动"不损害缔约各方关于在南极对所有其他人员行使管辖权的各自立场"。对于科学研究自由，根据第 3 条，南极科学调查应加强国际合作，情报、科学人员交换以及成果自由获得等；根据 2010 年第 3 号决议，ATCM 修订的关于"永久的南极考察站及相关设施"也涉及了这方面的内容。

　　其次，执行视察活动的观察员。根据《南极条约》第 7 条（1），所有南极条约协商国均有权指派其国民执行视察活动，即不限于《南极条约》的加入国（acceding states）；对应的义务或限制是，应将观察员的姓名通知给其他南极条约协商国，[1]在执行完视察后应将视察报告送交所有南极条约协商国。[2]

　　关于观察员的法律地位，第 8 条（1）规定在"不损害缔约各方关于在南极对所有其他人员行使管辖权的各自立场"前提下，观察员"只受他们所属缔约一方的管辖"。此条款是对"属地管辖"和"属人管辖"的一种妥协方案。表面上，执行视察任务的观察员被赋予了一种"豁免权"，而且这种"豁免权"的赋予是基于"视察活动"，即"在南极为了行使他们的职责而在逗留期间发生的一切行为或不行为"，而不是基于观察员个人本身。这种豁免类似于外交官的豁免。在此情况下，南极领土主张国和非主张国都可基于其立场对此条款作出不同的解释；主张国认为，这种豁免的接受不意味着放弃对南极领土的主张；非主张国则认为，这是一种"属人管辖"。[3]

　　最后，视察活动的实施。根据《南极条约》第 7 条，南极视察是无限制

---

〔1〕《南极条约》第 7 条（1）。

〔2〕《南极条约》第 9 条（3）。

〔3〕 Truls Hanevold, "Inspections in Antarctica", 6 *Cooperation and Conflict* 103, 107 (1971).

的。观察员"应有完全的自由在任何时间进入南极的任何一个或一切地区"，包括一切驻所、装置和设备；船只和飞机，应是那些"南极装载货物或人员的一切船只和飞机"。[1]为了便于视察开展，所有《南极条约》缔约方有义务向其他缔约方通报其船只和国民前往南极的一切考察活动、其国民在南极所占有的一切驻所、准备带进南极的任何军事人员或装备等。[2]为进一步促进视察权利的行使，ATCM应就此进行讨论，并向各国政府建议相关措施，[3]如1995年第5号决议和2010年第3号决议。

视察活动以南极条约协商国的名义开展。[4]视察的方式，既可是地面视察，也可是空中视察；但没有具体规定是单边的还是双边或多边的。事实上，在《南极条约》第7条框架下，1989年1月，英国和新西兰联合开展第一次双边南极视察，同年12月，联邦德国和法国进行了第二次双边视察；1993年1月至2月间，英国、意大利和韩国进行了第一次三方联合视察。

二、《环保议定书》中关于视察的规定

1991年《环保议定书》第14条（1）规定："为促进对南极环境和依附于它的及与其相关的生态系统的保护并保证本议定书的遵守，各南极条约协商国应单独或集体安排根据南极条约第7条进行的观察员的视察。"然后，第14条（2）至（4）就《环保议定书》下视察活动的实施进行了规定，包括观察员指派、视察范围、视察报告送交及处理[5]等。

对比《南极条约》第7条，《环保议定书》第14条关于视察的规定有三

---

〔1〕《南极条约》第7条（2）和（3）。对于船只，根据第1条（2），可能包括支撑南极科学考察的船只，民用或军事的，也有可能包括那些从事南极旅游的船只。但需要注意的是，根据第6条，这里的船只不应包括在南极条约范围内的渔业船舶。所以"在南极装卸货物或人员的地点"这个限定语很重要。

〔2〕《南极条约》第7条（5）。

〔3〕《南极条约》第9条（1）（d）。

〔4〕关于此点，笔者与我国参加过南极视察活动的相关人员进行过交流，并得到确认。个人认为，这一个非常重要的细节。南极海洋生物资源养护委员会（CCAMLR）的《检查制度》第Ⅲ段规定，实施海上执法检查时，船舶必须悬挂CCAMLR检查旗（inspection pennant），检查员必须携带CCAMLR核准的检查证，以证明其是CCAMLR授权的检查员，以实施CCAMLR的检查任务。也就是说，CCAMLR下各国检查员是以CCAMLR名义开展海上检查的。

〔5〕ATCM于2003年才通过关于建立秘书处的措施，2004年秘书处才正式运行。所以，1991年通过《环保议定书》时，不可能像CCAMLR根据《南极海洋生物资源养护公约》第24条通过的"检查制度"那样，要求将报告先给秘书处，由秘书处交被检查国。

点变化。其一，它明确了南极条约协商国可通过"集体安排"进行视察，即多边视察。如前所述，1989 年和 1993 年有国家根据《南极条约》第 7 条开展了双边和多边联合视察，可认为这些实践是《环保议定书》第 14 条的基础；反过来，《环保议定书》第 14 条将联合视察法制化，促进了这种视察方式的实行。其二，在视察内容方面，它增加了"据本议定书在这些场所存放的所有记录"，这和《环保议定书》目标密切相关。其三，它调整了视察报告的送交及处理程序。《南极条约》第 9 条（3）仅要求把视察报告送交所有南极条约协商国；《环保议定书》第 14 条（4）则要求把视察报告先经被视察国家进行评论，然后报告及其反馈分送给所有缔约国及环境保护委员会，最后交由南极条约协商会议审议并于其后公开。这样调整，有利于促进视察国和被视察国之间的交流，敦促被视察国对相关问题的反馈与改进，提升南极视察的效果。[1]

鉴于《环保议定书》旨在"全面保护南极环境及依附它的和与其相关的生态系统"，明确了"环境原则"，且"议定书各附件均应构成本议定书的组成部分"，因此其视察对象需要认真甄别。也就是说，应确认哪些活动属于视察范围。为此，应考察《环保议定书》适用的活动范围。

（一）《环保议定书》适用范围

《环保议定书》序言第 4 段和正文第 3 条（1）都明确指向在南极的"一切活动"[2]（all activities）。表面上，第 3 条（1）要求"一切活动"都应遵守"环境原则"，其范围已经非常明确，但对照《环保议定书》第 3 条（4）、第 4 条、第 8 条、第 15 条、第 16 条等，其范围仍存有不确定性。[3]

将第 3 条（1）所指的"一切活动"对照第 3 条（4）、第 8 条（2）和第

---

〔1〕 屠景芳：《南极视察机制探究》，载《复旦国际关系评论》2017 年第 2 期，第 170 页。

〔2〕 应该指出，序言第 4 段所指的"一切活动"，是指在"南极"（in Antarctica）。考虑到《南极条约》交替使用 Antarctic 和 Antarctica，且并没有明确定义，因此序言所指的"一切活动"会存在不同的理解。但《环保议定书》第 3 条（1）所指的"一切活动"，是指"在南极条约区域"（in the Antarctic Treaty area）；相比序言，第 3 条歧义要小些，但不是没有。对照《南极条约》第 6 条，法律上可以确定，南极条约区域是指"南纬 60 度以南的地区，包括一切冰架"，但不损害任何国家依国家法所享有的对公海的权利或行使这些权利。在此，本书采用《环保议定书》第 3 条（1）对"一切活动"的限定，即"在南极条约区域"。

〔3〕 Philippe Gautier, "The Exercise of Jurisdiction over Activities in Antarctica: A New Challenge for the Antarctic System", in Lilian Del Castillo (ed.), *Law of the Sea, From Grotius to the International Tribunal for the Law of the Sea: Liber Amicorum Judge Hugo Caminos*, Brill Nijhoff, 2015, pp. 200~202.

15 条（1）（a）所列活动类型，从字面上看，"一切活动"至少包含"科考、旅游和一切其他政府性和非政府性活动"。换言之，"一切其他活动"（all other activities）对应科考与旅游活动；三类活动加起来，构成了"一切活动"（all activities）。根据第 3 条（4）、第 8 条（2）和第 15 条（1）（a），这种三类活动还应是《南极条约》第 7 条（5）所规定的需事先通知的那些活动。除此之外，根据《环保议定书》第 4 条（2）以及《环保议定书》最后文件（Final Act）第 7 段至第 8 段，《南极海洋生物资源养护公约》下的活动不属于《环保议定书》第 8 条规定下的活动。

（二）《环保议定书》附件的适用范围

就具体的附件而言，附件 I 适用于《南极条约》第 7 条（5）所规定的需事先通知的科考、旅游和一切其他活动，且明确不适用于《南极海洋生物资源养护公约》下的活动。[1]附件 II 适用于所有可能影响本地动植物的活动；本地哺乳动物和海鸟如由南极海洋生物资源养护委员会（CCAMLR）提议或经征求其同意列入特别保护物种（SPS），[2]则会通过适当机制影响《南极海洋生物资源养护公约》下的"捕捞及其相关活动"。即使那样的话，"捕捞及其相关活动"仍不适用《南极条约》或《环保议定书》下的视察制度，而应适用《南极海洋生物资源养护公约》第 24 条规定下的"检查制度"。

附件 III 适用于《南极条约》第 7 条（5）所规定的需事先通知的科考、旅游和一切其他活动。[3]附件 IV 适用于在南极条约区域内悬挂缔约国旗帜的船舶和从事或支持南极作业的其他船舶。[4]尽管附件 IV 第 1 条对"船舶"采取了宽泛的定义，但对照《南极条约》第 6 条和第 7 条（3）以及 CCAMLR 的实践，特别是养护措施 CM 26-01，也可以认为，附件 IV 也是适用于从事或支撑《南极条约》第 7 条（5）所规定的需事先通知的科考、旅游和一切其他活动的船舶，而非 CCAMLR 范围下的渔业船舶（fishing vessels）。[5]

附件 V 适用于南极特别保护区和南极特别管理区的管理计划（management

---

[1]《环保议定书》附件 I 第 1 条（1）。

[2]《环保议定书》附件 II 第 3 条（10）。

[3]《环保议定书》附件 III 第 1 条（1）。

[4]《环保议定书》附件 IV 第 2 条。

[5] CCAMLR 养护措施，如 CM 10-03 等，给"渔业船舶"赋予了特别的含义，指那些从事捕捞及其相关活动的船舶，包括辅助船舶、加工船舶、转载船舶、运输船舶等，但不包括海洋科考船舶。

plans）所禁止、限制和管理的活动。[1]在此需要特别考察的是，那些涉及海洋区域的南极特别保护区和南极特别管理区；它们的管理计划是否适用于 CCAMLR 范围下的渔业船舶。根据《南极海洋生物资源养护公约》第 5 条（2），即使是非《南极条约》缔约国也应同意他们在南极条约区域的活动将遵守"《南极条约》协商国为履行其保护南极环境免受人类各种有害干扰的职责而建议的其他措施"。根据 CCAMLR 养护措施 CM 91-02（2012）以及 2005 年 ATCM 第 9 号决定，仅那些管理计划获得 CCAMLR 同意的南极特别保护区和南极特别管理区能否作用于 CCAMLR 范围下的渔业船舶，且应通过养护措施 CM 91-02（2012）进行转化。也就是说，附件 V 所禁止、限制和管理的活动不能当然包括渔业活动或渔业船舶的活动，但可通过 CCAMLR 养护措施转化而适用于渔业活动。这样的话，《环保议定书》下的视察制度就不能适用于渔业船舶。

附件Ⅵ，非常明确适用于《南极条约》第 7 条（5）所规定的需事先通知的科考、旅游和一切其他活动，特别是所有旅游船舶。[2]根据 2005 年第 28 届 ATCM 报告，当年在确定附件Ⅵ的适用范围时，南极条约协商国间曾就《南极条约》第 7 条（5）、渔业船舶和旅游船舶等进行过激烈争辩。有国家认为，附件Ⅵ的适用范围应依《环保议定书》第 16 条进行宽泛解释，不应受《南极条约》第 7 条（5）的限制；很多国家对此持反对意见，认为附件Ⅵ的适用范围应依《南极条约》第 7 条（5）进行限制，渔业船舶的适用应遵循《环保议定书》最后文件的安排。作为妥协结果，附件Ⅵ第 1 条第 1 句采用了《南极条约》第 7 条（5）的限制，第 2 句明确附件Ⅵ适用于所有旅游船舶，即不限于《南极条约》第 7 条（3）规定的"在南极装卸点的船舶"；同时第 3 句为未来把渔业船舶可能纳入附件Ⅵ的适用范围留下余地，即附件Ⅵ的第 13 条规定的修正或修改程序。[3]

（三）《南极条约》第 7 条（5）所规定的活动范围

根据上述分析，对于哪些活动属于《环保议定书》视察范围问题的回答，最终取决于《南极条约》第 7 条（5）所规定的活动范围。这样的话，科考和

---

〔1〕《环保议定书》附件 V 第 2 条。

〔2〕《环保议定书》附件Ⅵ第 1 条。

〔3〕 ATCM, Final Report of the Twenty-Eight Meeting, Stockholm, 6-17 June 2005, paragraphs 100-102.

旅游两类活动相对容易确定，对于需要根据《南极条约》第7条（5）通知的"一切政府性和非政府性活动"则有待进一步确定。

2005年第28届ATCM期间，荷兰、比利时、智利、法国、德国、意大利和南非7国联合提交了一份工作文件，"确认《南极条约》第7条（5）所涵盖的活动"，[1]期望能够列举一些属于此范围的活动，并将此问题列入第29届ATCM的议程。南极条约协商国认为这个问题值得讨论，但不认为应单独成为一个议程项目。[2]2006年第29届ATCM报告没有相关的记载。

2010年1月11日，两艘悬挂法国的船舶（Esprit d'Equipe号和Eclipse号）被发现锚泊于第62号历史遗址（HSM 62），经调查它们未经许可且没有按《环保议定书》第8条提交环境影响评价进入南极。两船舶中，Esprit d'Equipe号是一艘商业性质的船，Eclipse号则是一艘环球航行到南极的探险船；法国当局分别对两艘船舶给予了一定的处理。[3]此事件导致第35届ATCM通过了关于管辖权行使的2012年第2号决议。[4]除此之外，它也间接地确认：即使是非商业性的私人活动，也是属于《南极条约》第7条（5）所规定的范围。

从ATCM的实践看，根据2008年第5号决定，[5]南极条约秘书处自2008年9月15日启用电子信息交换系统（EIES），以促进《南极条约》及《环保议定书》缔约国履行包括《南极条约》第7条（5）在内的报告义务。[6]所以，根据《维也纳条约法公约》第31条（3），EIES的实践，特别是各缔约国所通报的《南极条约》第7条（5）的活动，至少可认为是当前《南极条约》缔约国对此条款解读所能达成共识的活动范围。当然可以预计，随着人类在南极活动类型的增加，《南极条约》第7条（5）所覆盖的活动范围将随之扩大。

---

〔1〕 The Netherlands, Belgium, Chile, France, Germany, Italy, and South Africa, Identification of Activities Covered by Article Ⅶ （5） of the Antarctic Treaty, ATCM XXVIII/WP071, 2005.

〔2〕 ATCM, Final Report of the Twenty-Eight Meeting, Stockholm, 6-17 June 2005, paragraph 240.

〔3〕 France, Follow-up to the unauthorized presence of French yachts within the Treaty area and damage caused to the hut known as Wordie House, ATCM XXXIV/WP011, 2011.

〔4〕 ATCM Resolution 2 （2012）, Cooperation on questions related to the exercise of jurisdiction in the Antarctic Treaty area, 20 June 2012.

〔5〕 ATCM Decision 5 （2008）, Electronic Information Exchange System: Start of operations, 13 June 2008.

〔6〕 除《南极条约》第7条（5）外，还有《南极条约》第3条（1）和《环保议定书》第17条及其附件。

第三节 南极视察实践

一、视察活动及视察清单

《南极条约》自 1961 年生效，视察制度于 1962-1963 年度由新西兰第一次开始实施，视察了美国的两个考察站（Amundsen-Scott 和 McMurdo）。截至 2022-2023 年度，共实施了 61 次视察。美国共视察了 16 次；其中，美国和俄罗斯联合执行了 2 次，和新西兰与英国联合执行了 1 次。在这 61 次视察中，以单边视察为主，双边或多边视察只有 16 次，视察参与国家最多的是 3 个。我国在南极的设施被视察了 19 次；其中，长城站被视察了 12 次，2019-2020 年度我国罗斯海新站分别接受了澳大利亚和美国的视察。我国执行了 2 次南极视察，第一次是 1990-1991 年度，第二次是 2014-2015 年度。[1]

1995 年 5 月 19 日，第 19 届 ATCM 通过 1995 年第 5 号决议"南极视察清单"（Antarctic Inspection Checklists）。[2] 根据此决议，ATCM 认为该清单旨在为那些根据《南极条约》第 7 条计划和开展视察的国家提供指南，以及评估《环保议定书》生效后的实施情况；该清单不是强制性的。清单共有 4 个部分，即 A "永久的南极考察站及相关设施"、B "南极条约范围内的船舶"、C "废弃的南极考察站及相关设施"和 D "废物处置点"。其中，清单 A 于 2010 年 5 月 14 日经修订，由 2010 年第 3 号决议取代，[3] 简化了视察流程，使其更加有效。

对于视察清单的实际作用，应该可以认为，清单为南极视察的准备以及视察活动现场开展提出了有效的指引，得到了南极条约协商国的认可和普遍采纳。[4] 对于被视察国家而言，理论上，它不具有法律约束力，如 1995 年第 5 号决议所阐述的那样。但是，2015 年，英国和捷克开展了联合视察将此问

---

〔1〕 Source: Inspection Database, at https://www.ats.aq/devAS/Ats/InspectionsDatabase? lang=e, accessed 7 August 2023.

〔2〕 ATCM Resolution 5 (1995), Antarctic Inspection Checklist, 19 May 1995.

〔3〕 ATCM Resolution 3 (2010), Revised Antarctic Inspection Checklist A, 14 May 2010.

〔4〕 屠景芳：《南极视察机制探究》，载《复旦国际关系评论》2017 年第 2 期，第 177 页。

题提了出来。此联合视察报告了 3 个被视察的考察站根据 2010 年修订的视察清单 A 进行了相应的调整，非常有利于视察的开展，因此建议所有考察站和船只都应鼓励完成视察清单中所要求的各项内容。[1]这种建议隐含地认为视察清单内容是应该做到的，或者至少是应该鼓励去做到的，以方便视察。

二、南极视察实践及其分析

南极视察，其目的兼有促进遵约和坚持《南极条约》精神，因此和那些以查处违法行为为目的的执法检查不同。[2]美国在 1963 年 9 月准备着手其第一次南极视察时也声明，认为它开展视察不是因为它怀疑存在有违反《南极条约》的行为，而是以此鼓励其他国家视察美国的考察站。在此指导思想下，尽管美国和苏联刚经历过古巴导弹危机，但美国在 1964 年 1 月视察苏联的沃斯托克站（Vostok）和东方站（Mirny）过程中并没有出现不和谐。从另一个角度看，南极视察涉及大量的专业知识，因此除非视察队伍拥有很多专业人士，否则视察很难对视察情况获得全面准确的判断。[3]

在这些视察中，一个国家视察的次数，反映了一个国家的能力；被视察地点的可进入程度的难易，决定了被视察次数的多寡，如南极半岛成为视察最多的地点。但重复视察容易进入的地点，一方面很难提出新的建议，另一方面减少了不易进入地点可能被视察的可能性，降低了视察的效用。鉴于目前南极视察存在的地点重复且以少数国家为主，2016 年，韩国向第 39 届 ATCM 建议制定一个新的协作的视察模式，以使视察以集体的形式开展，并允许不同南极条约协商国为此作出贡献。[4]对于韩国的建议，很多协商国表示愿意进一步加强合作；但也有一些协商国强调视察是《南极条约》赋予每个协商国的权利，联合视察不应损害单边视察的权利。为使多边联合视察更加

---

〔1〕 United Kingdom and Czech Republic, Report of the Antarctic Treaty Inspections undertaken jointly by the United Kingdom and the Czech Republic in accordance with Article VII of the Antarctic Treaty and Article 14 of the Environmental Protocol, ATCM XXXVIII/IP057, Attachment, May 2015, p. 10.

〔2〕 Korea (ROK), Rethinking Antarctic Treaty inspections: patterns, uses and scopes for improvements, ATCM XXXIX/IP102, 2016.

〔3〕 Truls Hanevold, "Inspections in Antarctica", 6 *Cooperation and Conflict* 103, 109-110 (1971).

〔4〕 Korea (ROK), Rethinking Antarctic Treaty inspections: patterns, uses and scopes for improvements, ATCM XXXIX/IP102, 2016.

有效，会议同意成立会间工作组进一步讨论。[1]

2017 年第 40 届 ATCM，荷兰、韩国和美国作为共同召集国向会议提交了一份工作文件，综合会间讨论情况，提出了 8 个建议。[2]这些建议包括：建立一个综合的视察系统，包含历史视察数据等内容，可搜索并不断更新；鼓励选择视察对象时考虑那些从未被视察，或近期未被视察或很少被视察等情形；扩大视察范围，包括历史遗址和纪念物、南极特别管理区和南极特别保护区等；更新视察清单；建议视察的人员中包含翻译员；鼓励联合视察，便于那些没有单独视察国家履行《南极条约》的权利；讨论被视察国如何反馈视察建议等。[3]

对于视察结果的反馈，更能反映出视察和执法检查的区别。CCAMLR《检查制度》第XI段规定，如果执法检查结果显示渔船违反了 CCAMLR 养护措施，则船旗国应采取措施进行起诉，有必要时施以制裁；《检查制度》第XII段进一步要求，船旗国应在处罚或启动司法程序的 14 天内向 CCAMLR 秘书处通报相关信息。相对而言，ATCM 下的视察则没有这样的规定或要求。

2019 年 2 月 17 日至 3 月 2 日，智利和阿根廷开展了联合视察，并邀请乌拉圭和韩国各 1 位观察员，视察了美国、英国、乌克兰、保加利亚等国家的科学考察站。视察后，智利和阿根廷向 CEP 建议，除其他外，要求被视察成员在随后的 ATCM 和 CEP 会议上反馈其后续行动，特别是视察过程中提出需要改正的建议。智利和阿根廷认为，如果不对视察建议进行适当的反馈，将损害视察制度的有效性，浪费为视察所付出的努力。就该次视察看，只有一个被视察国家作出了反馈。[4]对此建议，美国尽管认为视察后反馈具有一定价值，但是认为反馈不是强调性的，仅应个案处理（on a case-by-case ba-

---

〔1〕 ATCM, Final Report of the Thirty-ninth Antarctic Treaty Consultative Meeting, Santiago, 23 May 1 June 2016, paragraphs 196-199.

〔2〕 Netherlands, Korea and United States, Report of the Intersessional Contact Group on Inspections in Antarctica under Article VII of the Antarctic Treaty and Article 14 of the Environmental Protocol, ATCM XL/WP040, 2017.

〔3〕 See ATCM, Final Report of the Fortieth Antarctic Treaty Consultative Meeting, Beijing, 22 May- 1 June 2017, paragraphs 253-262.

〔4〕 Argentina and Chile, Report of the Joint Inspections Program undertaken by Argentina and Chile under Article VII of the Antarctic Treaty and Article 14 of the Environmental Protocol, ATCM XLII/IP083, 30 May 2019.

sis)。[1]美国此意见，居然得到了 CEP 的支持。[2]

第四节 CCAMLR 检查制度的发展

1980 年《南极海洋生物资源养护公约》第 24 条规定，"为促进本公约目的并确保本公约条款得以遵守"，建立观察与检查制度（a system of observation and inspection）；要求该制度应包括：观察与检查的实施、适用对象、观察员与检查员的属人管辖等。根据 1980 年南极海洋生物资源养护外交大会的主席声明，此"观察与检查制度"不能适用于法国在凯尔盖朗（Kerguelen）和克罗泽岛（Crozet）主张建立的专属经济区，除非得到法国的同意；这种排除适用规则，同样适用于其他无主权争议岛屿周边的海域。[3]

鉴于《南极海洋生物资源养护公约》是南极条约体系的组成部分，第 24 条一定程度上受《南极条约》第 7 条的影响，包括其措辞。《南极条约》第 7 条规定，"为促进本条约的宗旨，并保证这些规定得到遵守"，各南极条约协商国有权指派观察员（observers）进行视察（inspection）；视察范围包括"南极的任何一个或一切地区"，可采取空中视察（aerial observation）。第 7 条（1）规定，观察员"只受他们所属缔约一方的管辖"，即属人管辖。

1984 年 9 月第 3 届 CCAMLR 会议，在英国的提议下，会议对《南极海洋生物资源养护公约》第 24 条规定的"观察与检查制度"的实施问题进行了讨论。为进一步考虑制定"观察与检查制度"，CCAMLR 同意区分"观察制度"和"检查制度"；认为"观察制度"是为了促进公约目标，而"检查制度"是为了确保公约规定的遵守。与此对应，CCAMLR 请 SC-CAMLR 关于"观察制度"的意见，特别是请 SC-CAMLR 注意现有的那些"为科学目的"（for scientific purpose）的观察制度；请执行秘书收集关于"检查制度"的国际实践。[4]1985

---

〔1〕 CEP, Report of the Twenty-second Meeting of the Committee for Environmental Protection（CEP XXII）, Prague, 1–5 July 2019, paragraph 237.

〔2〕 ATCM, Final Report of the Forty-second Antarctic Treaty Consultative Meeting, Prague, 2–11 July 2019, paragraph 99.

〔3〕 The Statement of the Chairman of the Conference on the Conservation of Antarctic Marine Living Resources, 19 May 1980, paragraphs 4–5.

〔4〕 CCAMLR, Report of the Third Meeting of the Commission, Hobart, 3–14 September 1984, paragraphs 26–29.

年第 4 届 CCAMLR 会议认为，"观察制度"应考虑《南极海洋生物资源养护公约》其他条款的规定，特别是第 15 条，即 SC-CAMLR 职责。[1]

为进一步实施"观察与检查制度"，1987 年第 6 届 CCAMLR 会议同意于 1988 年建立观察与检查常设委员会（SCOI），其职责范围包括：为实施《南极海洋生物资源养护公约》第 24 条（2）提供建议，为检查员和观察员职能性质以及报告格式与程序等提供建议，为检查员和观察员的工作重点提供建议，评估检查员和观察员的报告等。[2]

1988 年第 7 届 CCAMLR 会议期间，SCOI 召开了第一次会议，[3]讨论了"观察和检查制度"（observation and inspection system），认为该制度的目的是核实养护措施的遵守；指出《南极海洋生物资源养护公约》第 24 条交替使用"观察员"（observers）和"检查员"（inspectors），应对这两者进行区分。[4]根据 SCOI 的建议，CCAMLR 通过了《观察与检查制度》，共 10 段；但没有区分"观察员"和"检察员"，两者等同使用。[5]经一年多的补充，1990 年 CCAMLR 的《检查制度》才真正第一次实施，由苏联对其渔船执行了 118 次执法检查。[6]1992 年，CCAMLR 通过了《国际科学观察制度》（SISO），[7]标志着执法检查和科学观察两种制度的正式分离。

---

〔1〕　CCAMLR, Report of the Fourth Meeting of the Commission, Hobart, 2-13 September 1985, paragraph 25.

〔2〕　CCAMLR, Report of the Sixth Meeting of the Commission, Hobart, 26 October-6 November 1987, paragraphs 94-103.

〔3〕　2002 年 SCOI 终止其工作。在此基础上，CCAMLR 成立了"执行与遵约常设委员会"（the Standing Committee on Implementation and Compliance, SCIC）；2003 年 10 月，SCIC 召开第一次会议。See CCAMLR, Report of the Twenty-First Meeting of the Commission, Hobart, 21 October-1 November 2002, paragraph 5.16.

〔4〕　CCAMLR, Report of the Seventh Meeting of the Commission, Hobart, 24 October-4 November 1988, Annex H.

〔5〕　CCAMLR, Report of the Seventh Meeting of the Commission, Hobart, 24 October-4 November 1988, paragraph 125.

〔6〕　CCAMLR, Report of Ninth Meeting of the Commission, Hobart, 22 October-2 November 1990, paragraph 11.3.

〔7〕　在通过《国际科学观察制度》时，法国和南非分别做出保留，限制该制度其在南纬 60 度以北岛屿周围专属经济区内的适用。See CCAMLR, Report of the Eleventh Meeting of the Commission, Hobart, 26 October-6 November 1992, paragraphs 6.6-6.12.

第五节　CCAMLR 执法检查制度

目前 CCAMLR《检查制度》共 14 段，包含检查员的指定、检查员的权利与义务、检查程序、指派国与船旗国职责等内容；适用于所有悬挂 CCAMLR 成员国和《南极海洋生物资源养护公约》缔约国旗帜的渔船，[1]即不适用于第三方渔船；其目的是核实根据《南极海洋生物资源养护公约》所制定养护措施的遵守情况。[2]

一、检查员的指派

检查员应由 CCAMLR 成员国[3]根据《南极海洋生物资源养护公约》第 24 条指派。CCAMLR 成员国应为其指派检查员出具资格证书，检查员必须为该成员国公民，在执行 CCAMLR 检查活动时仅受该成员国管辖。成员国在指派检查员 14 天后，应将检查员的名字通报给 CCAMLR 秘书处。[4]CCAMLR 应保存一个由成员指派检查员的登记簿，并于每年 CCAMLR 会议前 1 个月将此登记簿发送给每个成员国。[5]

根据 CCAMLR 网站公布信息，澳大利亚、法国、新西兰、英国、智利、俄罗斯和美国 7 个 CCAMLR 成员国指派了 311 名检查员；其中，新西兰指派了 205 名，法国指派了 52 名，英国指派了 27 名，美国只指派了 1 名。[6]

---

[1]　The CCAMLR System of Inspection, footnote 2；明确检查制度适用于《南极海洋生物资源养护公约》缔约国，部分是因为 2006 年 11 月和 2007 年 1 月有 4 艘我国渔船在 58.4.3b 区拒绝澳大利亚检查员的登临检查。2017 年 10 月第 26 届 CCAMLR 期间，我国解释认为，当时我国还不是 CCAMLR 成员国，原检查制度的脚注 2 仅规定，"适用于所有 CCAMLR 成员国渔船，适当时（where appropriate）适用于加入国（Acceding States）渔船"。See CCAMLR, Report of the Fourteenth Meeting of the Commission, Hobart, 24 October -3 November 1995, paragraph 7.25；Report of the Twenty-Sixth Meeting of the Commission, Hobart, 22 October-2 November 2007, paragraph 13.83, and paragraphs 2.10-2.11 of Annex 6.

[2]　The CCAMLR System of Inspection, paragraph Ⅲ.

[3]　《南极海洋生物资源养护公约》加入国，是不能指派检查员进行海上执法检查的。

[4]　The CCAMLR System of Inspection, paragraph Ⅰ.

[5]　The CCAMLR System of Inspection, paragraph Ⅱ.

[6]　CCAMLR, Designated Inspectors, at https://www.ccamlr.org/en/compliance/designated-inspectors, accessed 3 August 2023. 该网页最近更新是 2015 年 6 月。也就是说，在此之后没有国家指派或更换过检查员。但是，2016 年 CCAMLR 会议报告却显示，只有澳大利亚、智利、法国、新西兰和英国 5 个 CCAMLR 成员国指派 214 名检查员。CCAMLR 报告和其网站提供的数据显然存在不一致。See CCAMLR, Report of the Thirty-Fifth Meeting of the Commission, Hobart, 17-28 October 2016, paragraph 2 of Annex 5.

二、检查员的权利与义务

检查员有权登临渔船，必要时可由助理协助其登临渔船；[1]登船后，应享有职务船员的待遇；[2]在检查过程中，检查员可检查渔获、网具、渔具，以及相关数据与记录等，[3]船长应给予检查员适当的协助，包括使用船上通信设备等。[4]

对应地，检查员在执行检查任务中负有以下义务：检查员应熟悉南极海洋捕捞及科学研究活动、CCAMLR 通过的养护措施等；[5]携带 CCAMLR 批准格式的身份证件，并在登船后向船长出示；[6]以船旗国语言进行沟通；[7]检查应在最低限度上减少对渔船的干扰，询问应限于那些和遵守养护措施相关的事实；[8]检查结束后，应填写检查报告。[9]

检查报告，应是 CCAMLR 固定格式，并带有序列编号的三联单。在填写检查报告时，检查员应允许船长就检查过程作出评论；之后，检查员应在检查报告上签字，并请船长在检查报告上签字，以确认收到报告。在离开渔船前，检查员应留给船长 1 份检查报告。到达港口 15 天内，检查员应向指派国提交 1 份检查报告及相关的照片与视频。

根据 CCAMLR 检查员手册，为便于检查员和船长沟通，CCAMLR 准备了一个问题和声明清单，并翻译成所有成员国的语言；英文、法文、俄文、德文、西班牙文、日文和韩文等都是 1992 或 1993 年翻译的；中文最后一个，是 2008 年 12 月翻译的。[10]但检查报告仅有 4 种 CCAMLR 官方语言。2017 年 CCAMLR 会议期间，SCIC 就此问题进行了讨论；SCIC 鼓励各国自愿把检查报

---

〔1〕　The CCAMLR System of Inspection, paragraph Ⅴ.

〔2〕　The CCAMLR System of Inspection, paragraph Ⅰ(e).

〔3〕　The CCAMLR System of Inspection, paragraph Ⅵ.

〔4〕　The CCAMLR System of Inspection, paragraph Ⅵ(f).

〔5〕　The CCAMLR System of Inspection, paragraph Ⅰ(a).

〔6〕　The CCAMLR System of Inspection, paragraph Ⅵ(a–b).

〔7〕　The CCAMLR System of Inspection, paragraph Ⅰ(d).

〔8〕　The CCAMLR System of Inspection, paragraph Ⅵ(c).

〔9〕　The CCAMLR System of Inspection, paragraph Ⅷ.

〔10〕　CCAMLR, Inspectors Manual, December 2008, Section 2.

告翻译成各自语言，以减少误解。[1]似乎进展非常有限。2018年3月13日，我国"龙腾"号渔船在48.1区接受了2名智利籍检查员的检查，但检查报告表格及其内容都是西班牙文的。[2]

三、检查程序

检查员应乘指派国的船舶（以下简称"检查船"）进行检查，这种检查船舶应悬挂 CCAMLR 批准的检查标志旗（三角形的，底长为0.9米，高为2米）。[3]在此方面，CCAMLR 实践和区域渔业管理组织有差异。CCAMLR 似乎是以检查员来确定执法船，而区域渔业管理组织似乎是以执法船来确定检查员，所以区域渔业管理组织登记执法船舶，而不是检查员。[4]2016年，英国、澳大利亚和新西兰联合提议，允许联合海上执法检查，即一个 CCAMLR 成员指派的检查员可以搭乘其他 CCAMLR 成员的船舶进行联合检查。是年，一艘英国执法船搭载了英国、澳大利亚和新西兰的检查员进行海上检查。俄罗斯提出异议，指出这种实践不符合《检查制度》。英国则回应，澳大利亚和新西兰的检查员仅是协助英国检查员进行检查。[5]这就需要注意区分检查员和协助人员在职权上的区分。

检查前，检查船应根据《国际信号规则》给拟登临检查渔船相应的信号，让渔船停下或采取其他必要措施，方便检查员迅速安全地登临。[6]登船时，检查员可在协助人员的陪同下登临渔船。[7]协助人员的作用，应仅限于登临渔船和

---

[1] CCAMLR, Report of the Thirty-Sixth Meeting of the Commission, Hobart, 16－27 October 2017, paragraph 3. 10.

[2] 《国际科学观察制度》也有类似的规定，即国际科学观察员应能用其所派驻渔船船旗国语言进行交流。1992年，CCAMLR 曾认为很难找到严格满足此要求的国际科学观察员，所以该语言要求应作宽泛的解释。See CCAMLR, Report of the Eleventh Meeting of the Commission, Hobart, 26 October-6 November 1992, paragraph 21 of Annex 5.

[3] The CCAMLR System of Inspection, paragraph Ⅲ （a-b）.

[4] 例如，截至2023年7月，美国在 WCPFC 框架下登记了128艘执法船，占总登记执法船总数半数以上。See WCPFC, Register of Inspection Vessels, at https://www. wcpfc. int/register-inspection-vessels, accessed 3 August 2023.

[5] CCAMLR, Report of the Thirty-Fifth Meeting of the Commission, Hobart, 17－28 October 2016, paragraphs 142-143 of Annex 6.

[6] The CCAMLR System of Inspection, paragraph Ⅴ （a）.

[7] The CCAMLR System of Inspection, paragraph Ⅴ （b）.

离开渔船，而没有检查的权限；否则，他们出现在渔船上是不符合国际法的。[1]

检查员登上渔船后，应向船长出示其 CCAMLR 批准格式的执法证件；在检查过程中，可检查渔获、渔具等，及其记录与报告，也可拍照和摄像，以记录可能的违反 CCAMLR 养护措施的情形。检查活动，应最大限度减少对渔船造成干扰和不便。

检查结束后，检查员应填写检查报告，允许船长提出意见，请船长在检查报告上签字。对于涉嫌的违规情形，检查员应在检查报告中给出详细的解释。离开渔船前，检查员应留给船长 1 份检查报告。

如果检查船没有悬挂 CCAMLR 的三角检查标志旗，或者指派国没有及时将其指派检查员通报给 CCAMLR 秘书处，即渔船船长不能在 CCAMLR 公布的检查员名单中找到将登临其船舶的检查员，则理论上渔船可以拒绝登临检查。2007年 1 月 7 日，波兰籍 Dalmor Ⅱ号磷虾船就因智利籍检查船没有悬挂 CCAMLR 的三角检查标志旗且其检查员没有通报给 CCAMLR 而拒绝了智利登临检查的要求。[2]船旗国如何识别检查船和检查员，更好地保护合法渔船的权益，特别是在海况不好的情况下，这在 2017 年第 36 届 CCAMLR 会议也被提及了。[3]

四、指派国和船旗国职责

指派国应确保其指派的检查员具备足够的知识和能力，包括了解南极渔业和科学研究活动、熟悉 CCAMLR 养护措施、能够用船旗国语言进行沟通；及时向 CCAMLR 秘书处通报其指派检查员的名字；[4]在收到检查员提交的检查报告后，应在 15 天内将检查报告及照片与视频资料转交给 CCAMLR 秘书处。[5]当船旗国根据检查报告开展相关司法程序时，指派国应和船旗国进行

〔1〕　Ariel R. Mansi, "The System of Inspection of the Commission for the Conservation of Antarctic Marine Living Resources", in Lilian Del Castillo (ed.), *Law of the Sea*, *From Grotius to the International Tribunal for the Law of the Sea*: *Liber Amicorum Judge Hugo Caminos*, Brill Nijhoff, 2015, p. 220.

〔2〕　CCAMLR, Report of the Twenty-Sixth Meeting of the Commission, Hobart, 22 October-2 November 2007, paragraphs 2.3-2.6 of Annex 6.

〔3〕　CCAMLR, Report of the Thirty-Sixth Meeting of the Commission, 16-27 October 2017, paragraphs 68-70 of Annex 6.

〔4〕　The CCAMLR System of Inspection, paragraph Ⅰ.

〔5〕　The CCAMLR System of Inspection, paragraph Ⅷ (e). 收到检查报告 7 天内，CCAMLR 秘书处应将报告转交给被检查渔船的船旗国；在转交船旗国 15 天后，CCAMLR 秘书处应将检查报告及其可能收到的船旗国反馈散发给所有 CCAMLR 成员国。

合作。[1]

为便于海上检查，船旗国应及时通知 CCAMLR 秘书处相关信息：对于科研活动，应在航次开始 1 个月前，向秘书处通报船舶名字；对于捕捞活动，应在颁发捕捞许可证 7 天内，向秘书处通报船舶名字、作业起始与终止时间、作业区域、目标鱼种、使用渔具等。[2]

在检查过程中，船旗国应确保其渔船接受检查，积极配合检查员的登临和离开，在检查过程中给予检查员必要的协助，不干扰检查员的检查，更不能采取任何威胁检查员的人身安全的行为；根据其国内法，船旗国应将检查员的报告视作其本国检查员的检查报告。[3]

对检查过程中出现的问题，包括拒绝接受检查、不给检查员提供便利、干扰检查、检查发现违规情形等，船旗国应采取措施，必要时给予相应的制裁。[4]在对相应的问题实施制裁或启动司法程序 14 天后，船旗国应将相关信息通报给 CCAMLR 秘书处；并随着案件进展或结束，持续向 CCAMLR 秘书处通报。除此之外，船旗国还应每年以书面的形式向 CCAMLR 案件进展及制裁情况。船旗国给予违规渔船的裁制应足够严厉，且渔船没有履行其裁制前不能在公约范围内进行渔业活动。[5]

第六节　武器携带及武力使用问题

CCAMLR 检查制度，没有提及检查员以及协助其登临的人员是否可以携带武器，更没有规定武力使用的问题。2006 年 12 月，一艘乌拉圭籍 Paloma Ⅴ号渔船在 58.4.3.b 区被澳大利亚登临检查，检查人员及其协助人员携带了武器。此事件，在 CCAMLR 引发了关于检查过程中武器携带及武力使用的讨论。

阿根廷认为，检查员无权携带武器登临检查他国渔船；此观点得到俄罗斯的支持。其他一些 CCAMLR 成员则认为，携带武器并不违反《联合国海洋

---

[1]　The CCAMLR System of Inspection, paragraph Ⅵ (g).
[2]　The CCAMLR System of Inspection, paragraph Ⅳ.
[3]　The CCAMLR System of Inspection, paragraph Ⅵ (g).
[4]　The CCAMLR System of Inspection, paragraphs Ⅶ and Ⅺ.
[5]　The CCAMLR System of Inspection, paragraphs Ⅻ-ⅩⅣ.

法公约》。[1]澳大利亚发表声明认为，它从没有想过或提倡武力或敌对地登临
CCAMLR 成员的渔船，但不希望看到它的检查人员或协助人员在登临时不能
携带个人安全设备（personal safety equipment）；澳大利亚坚信，这对于澳大利
亚的检查人员及其协助人员很重要，而且澳大利亚国内法是这样要求的。[2]

在此方面，值得注意的是 1995 年《联合国鱼类种群协定》第 22 条（1）
(f) "检查国应确保经其正式授权的检查员避免使用武力，但为确保检查员安
全和在检查员执行职务时受到阻碍而必须使用者除外，并应以必要程度为限。
使用的武力不应超过根据情况为合理需要的程度"[3]。此条款暗含着携带武
器是允许的，武力使用是受到限制的。

鉴于《南极海洋生物资源养护公约》是南极条约体系的组成部分，《南极
海洋生物资源养护公约》第 3 条特别强调，无论是不是《南极条约》的缔约
国，都应受《南极条约》第 1 条所规定义务的限制，即禁止军事性质的措施。
因此，有观点认为检查员或协助人员携带武器登临渔船，不符合《南极海洋
生物资源养护公约》，也不符合《南极条约》的目标与原则。[4]

第七节 南纬 60 度以北适用问题

考虑到《南极海洋生物资源养护公约》适用范围超过南纬 60 度，拓展到
南极辐合带，因此形成两个不同性质的海域。一个是南纬 60 度以南的海域，

---

〔1〕 CCAMLR, Report of the Twenty-Sixth Meeting of the Commission, Hobart, 22 October-2 November 2007, paragraph 2. 13 of Annex 6.

〔2〕 CCAMLR, Report of the Twenty-Sixth Meeting of the Commission, Hobart, 22 October-2 November 2007, paragraph 13. 80.

〔3〕 1996 年 11 月 6 日，我国签署该协定时作出两点声明，其中第二点就是针对此款。我国政府
认为，"只有当经核实被授权的检查人员的人身安全以及他们正当的检查行为受到被检查渔船上的船
员或渔民所实施的暴力危害和阻挠时，检查人员方可对实施暴力行为的船员或渔民，采取为阻止该暴
力行为所需的、适当的强制措施。需要强调的是，检查人员采取的武力行为，只能针对实施暴力行为
的船员或渔民，绝对不能针对整个渔船或其他船员或渔民"。See DOALOS, *Law of the Sea Bulletin No.* 33, United Nations, 1997. p. 30.

〔4〕 Ariel R. Mansi, "The System of Inspection of the Commission for the Conservation of Antarctic Marine Living Resources", in Lilian Del Castillo（ed.）, *Law of the Sea, From Grotius to the International Tribunal for the Law of the Sea: Liber Amicorum Judge Hugo Caminos*, Brill Nijhoff, 2015, pp. 220~222.

《南极条约》第 4 条适用；[1]一个是南纬 60 度以北的海域，《南极条约》第 4 条不适用，但需要考虑 1980 年主席声明。就 CCAMLR 的检查制度而言，1980 年主席声明明确排除适用于法国在凯尔盖朗和克罗泽岛周边主张的专属经济区；对于其他国家主张的专属经济区，检查制度适用理论上应取决于相关国家的同意。

在此方面，应注意相关国家的实践。1976 年 12 月 17 日，挪威宣布在布韦岛周围建立 200 海里专属经济区。1978 年 2 月 11 日，法国宣布在凯尔盖朗群岛和克罗泽岛周围建立专属经济区。1979 年 7 月 13 日，南非在爱德华王子岛周围建立专属渔区。[2]1979 年 9 月 26 日，澳大利亚在赫德群岛与麦克唐纳群岛周围建立专属渔区；1994 年 8 月 1 日，澳大利亚在其批准《联合国海洋法公约》前夕宣布建立 200 海里专属经济区，其中就包括赫德群岛与麦克唐纳群岛。[3]挪威和澳大利亚没有援引过 1980 年主席声明；南非曾援引 1980 年主席声明排除了一些 CCAMLR 养护措施在其主张管辖海域内的适用。鉴于挪威、澳大利亚和南非对上述亚南极岛屿主权不存在争议，因此援引 1980 年主席声明理论上是不存在异议的。

对于英国和阿根廷两国存在主权争议的亚南极岛屿，适用 1980 年主席声明会存在分歧。1980 年主席声明第 5 段强调，该声明仅适用于那些主权主张得到所有缔约国认可的岛屿及其周围海域。表面上，英国和阿根廷两国争议的那些亚南极岛屿，例如南乔治亚岛及其周围海域，肯定属于这两个国家中的一个。对于此点，其他国家应该是认可的。但是，这些亚南极岛屿主权真正属于哪个国家——英国还是阿根廷，是有争议的。这就导致英国和阿根廷对 1980 年主席声明能否适用产生了根本性分歧。英国认为，1980 年主席声明能适用于 48.3 区和 48.4 区的两国争议的岛屿；阿根廷则坚持反对，认为 1980 年主席声明不适用于这些岛屿。因此，CCAMLR 检查制度在 48.3 区和 48.4 区适用是极具争议性的。[4]

---

[1] 《南极海洋生物资源养护公约》第 4 条。

[2] Christopher C. Joyner, Peter J. Lipperman, "Conflicting Jurisdictions in the Southern Ocean: The Case of an Antarctic Mineral Regime", 27 *Virginia Journal of International Law* 1, 1–10 (1986).

[3] Maritime Legislation Amendment Act 1994. See Julia Green, "Antarctic EEZ Baselines: An Alternative Formula", 11 *International Journal of Marine and Coastal Law* 333, 336–337 (1996).

[4] 参见第五章关于 48.3 区犬牙鱼渔业争议和第六章关于 48.3 区非法捕捞等内容。

鉴于上述争议岛屿由英国实际控制，英国单方面在此海域采取措施，管制渔业活动，包括制定许可证发放条件、建立海洋保护区、[1]科学观察员以及执法检查等。英国在此海域的执法检查，被称为"双重执法"（dual inspection）。1996 年 3 月 6 日，一艘智利籍 Antonio Lorenzo 号渔船因在南乔治亚岛附近 200 海里的海域从事捕捞作业时，被一名英国指派的 CCAMLR 检查员登临检查。该检查员在结束检查时指出，他是南乔治亚岛和南桑德威奇岛地方当局的代表，指控该渔船没有获得英国的捕捞许可，为此逮捕该渔船并扣押至福克兰群岛（马尔维纳斯群岛），罚款 35 万英镑。[2]

针对此事件，智利在 SCOI 会议强调，需要正确解释和适用《检查制度》第Ⅲ段（b），认为一旦 CCAMLR 检查员登船并根据《检查员手册》履行完其职责后，该检查就应结束。也就是说，该检查员不能提出的以地方当局代表身份进行检查。阿根廷指出，当时有一名阿根廷籍科学观察员正在 Antonio Lorenzo 号渔船上，确认了英国检查员的后续行为，以及采取的单方面措施。阿根廷进一步指出，英国的单方面措施是非法的，违反了《南极海洋生物资源养护公约》以及 1980 年主席声明；48.3 区和 48.4 区仅能适用多边检查制度。英国认为，其执法检查位于南乔治亚岛的海域，符合《南极海洋生物资源养护公约》以及 1980 年主席声明；强调《南极海洋生物资源养护公约》以及 1980 年主席声明并没有禁止同时进行 CCAMLR 检查和国家检查。[3]

鉴于英国和阿根廷之间存在关于南乔治亚岛和南桑德威奇岛的主权争议，英国针对 Antonio Lorenzo 号渔船的检查活动促使阿根廷在第 15 届 CCAMLR 会议上要求专题讨论《南极海洋生物资源养护公约》以及 1980 年主席声明在 48.3 区和 48.4 区的解释和适用问题。尽管领土主权争议不属于 CCAMLR 范畴，但这种争议会严重影响《南极海洋生物资源养护公约》的实施。阿根廷

---

[1]　Marine Protected Areas Order 2012（No 1 of 2012），*South Georgia and South Sandwich Islands Gazette*, 29 February 2012, No. 1, pp. 4~11.

[2]　Robin R. Churchill, "Falkland Islands-Maritime jurisdiction and co-operative arrangements with Argentina", 46 *International and Comparative Law Quarterly* 463, 475（1997）; Ariel R. Mansi, "The System of Inspection of the Commission for the Conservation of Antarctic Marine Living Resources", in Lilian Del Castillo（ed.）, *Law of the Sea, From Grotius to the International Tribunal for the Law of the Sea: Liber Amicorum Judge Hugo Caminos*, Brill Nijhoff, 2015, p. 218, footnote 27.

[3]　CCAMLR, Report of the Fifteenth Meeting of the Commission, Hobart, 21 October - 1 November 1996, paragraphs 1. 73-1. 75 of Annex 5.

认为，1980 年主席声明适用于澳大利亚、法国、挪威和南非那些无争议的岛屿及其周边海域，但不适用于南乔治亚岛和南桑德威奇岛及其周边海域，因为它们存在争议，不为所有缔约国承认。因此，阿根廷拒绝接受英国所说的1980 年主席声明同样适用于南乔治亚岛和南桑德威奇岛及其周边海域的观点。阿根廷进一步指出，两国关于岛屿主权的争议远在《南极海洋生物资源养护公约》之前；得益于两国之间的合作，这种岛屿主权争议一直没有影响到公约的实施。但 Antonio Lorenzo 号渔船事件，不仅妨碍了渔业活动，还中止了船上国际科学观察员的工作；英国海军出现在此海域破坏了两国间的友好合作氛围。另外，该事件影响了 CCAMLR 和南极条约体系。[1]

英国认为，两国过去一直保持三个方面的沟通：一是正式的官方沟通，此沟通也通报给 CCAMLR；二是根据《南极海洋生物资源养护公约》第 25 条进行磋商；三是 CCAMLR 外的非正式交流。1996 年 9 月，两国曾就南乔治亚岛和南桑德威奇岛及其周边海域的渔业管理进行协商，以尽量减少摩擦；尽管问题还没有解决，但对话仍在持续。对于《南极海洋生物资源养护公约》和 1980 年主席声明的解释与适用问题，英国认为 1980 年主席声明适用不取决于 CCAMLR 成员是否就南乔治亚岛和南桑德威奇岛主权达成一致；根据《南极海洋生物资源养护公约》第 4 条（2）（b）和 1980 年主席声明第 5 段，英国有权在此岛屿周边海域行使沿海国管辖权。1980 年主席声明第 5 段关于"所有缔约国认可的主权"就包括了那些受"某个国家"（some state）主权控制的岛屿，即使这些岛屿存在争议；它不特指"某个特定国家"（a particular state）主权控制。英国重申，1996 年 9 月 6 日的照会提及英国于 20 世纪 50 年代要求将此岛屿主权争议提交国际法院的提议；阿根廷拒绝了该提议。[2]

关于南乔治亚岛周围海域的渔业管理，英国认为当地渔业立法遵照 CCAMLR；这些渔业立法要求地方当局根据 CCAMLR 养护措施来行使其职责。这些渔业立法，明确承认了南极条约制度，所以这些渔业立法不适用于南纬

---

〔1〕 CCAMLR, Report of the Fifteenth Meeting of the Commission, Hobart, 21 October–1 November 1996, paragraphs 13. 1–13. 11.

〔2〕 CCAMLR, Report of the Fifteenth Meeting of the Commission, Hobart, 21 October–1 November 1996, paragraphs 13. 14–13. 18.

60 度以南海域。[1]因此，当地立法旨在实施 CCAMLR 养护措施，而不是与之冲突；通过许可证制度来执行养护措施是一直以来的做法，至少 3 个 CCAMLR 成员国的渔业企业都遵守了这种许可证制度。1993 年，英国拓展南乔治亚岛和南桑德威奇岛的海洋管辖（maritime jurisdiction）针对阿根廷 1991 年《基线法》（the Baselines Act），后者主张建立 200 海域专属经济区，可能包括南乔治亚岛周边海域。[2]1993 年的渔业立法，针对越来越多的非法犬牙鱼捕捞活动；船旗国显然无力处理这些非法活动，英国作为沿海国被迫采取措施，而且英国采取的措施仅针对 CCAMLR 非成员的渔船。[3]

最终，英国重申，其完全支持《南极海洋生物资源养护公约》的目标及 CCAMLR 的工作；对于两国间的分歧，英国声明将在 CCAMLR 之外继续和阿根廷保持双边对话。美国、意大利、挪威、巴西、乌拉圭、澳大利亚、西班牙、智利、日本、韩国、波兰、南非、瑞典和德国等纷纷表示，CCAMLR 不是解决两国争议的合适场所，鼓励两国通过双边对话的方式加以解决。CCAMLR 强调，委员会不是两国解决彼此争议的合适场所、鼓励双边继续对话、在争议解决前双方不应采取影响委员会框架下合作的行为。[4]

在此之后，阿根廷和英国每年都会在 CCAMLR 会议结束前各自发表一段声明，阐明各自关于南乔治亚岛和南桑德威奇岛主权及其周边海域的立场。阿根廷的声明，除指出争议岛屿为英国所非法占有外，一般强调 48.2 区至 48.4 区仅适用 CCAMLR 的多边机制，英国任何单方面措施都是非法的、无效的；这些单方面措施包括：港口检查、悬挂旗帜、颁发捕捞许可证、科学观察员、海上检查等。英国则坚称其拥有对这些争议岛屿的主权，当地政府实施的海上和港口检查是履行英国作为 CCAMLR 成员国的义务，这些检查活动都通报给 CCAMLR 了；坚持其对 1980 年主席声明的解释；在其主张管辖海域

〔1〕　CCAMLR, Report of the Fifteenth Meeting of the Commission, Hobart, 21 October – 1 November 1996, paragraph 13. 20.

〔2〕　Act No. 23. 968 of 14 August 1991, Article 5. See DOALOS, *Law of the Sea Bulletin No.* 20, United Nations, 1992, pp. 20~22.

〔3〕　CCAMLR, Report of the Fifteenth Meeting of the Commission, Hobart, 21 October – 1 November 1996, paragraphs 13. 19 – 13. 41.

〔4〕　CCAMLR, Report of the Fifteenth Meeting of the Commission, Hobart, 21 October – 1 November 1996, paragraphs 13. 25 – 13. 41.

实施更严格的渔业管理及海洋保护区措施等。[1]自 2016 年第 35 届 CCAMLR
会议开始，两国不再发表各自的立场声明，英国对阿根廷建设性的合作表示
了感谢。[2]这可能和 2016 年阿根廷代表团团长有关，[3]也可能和其他方面因
素有关。无论如何，2022 年，两国恢复了传统的做法，各自发表一段声
明。[4]

第八节　小结

一、检查与观察制度

如前所述，《检查制度》与《国际科学观察制度》都是为了实施《南极
海洋生物资源养护公约》第 24 条规定的"观察与检查制度""为促进本公约
目的并确保本公约条款得以遵守"。尽管《南极条约》第 7 条没有区分"观
察"（observation）和"视察"（inspection），[5]但 CCAMLR 仍将二者进行了
区分，形成了两个不同的制度。对于两者之间的区别，可以从"科学观察员"
与"检查员"的职责，以及两者"观察"或"检查"报告的作用两个方面进
行考察。

科学观察员是 CCAMLR 批准认可的、能够执行《科学观察员手册》规定
科学数据收集义务的人员，其职责是通过记录渔船位置、渔获生物学特征、兼

〔1〕　CCAMLR, Report of the Thirty－Fourth Meeting of the Commission, 19－30 October 2015,
paragraphs 12.1－12.4.

〔2〕　CCAMLR, Report of the Thirty-Fifth Meeting of the Commission, Hobart, 17－28 October 2016,
paragraphs 12.5－12.6.

〔3〕　2016 年，Máximo Gowland 开始担任阿根廷代表团团长，他和退休的前团长 Fausto Lopez
Crozet 的固执强硬明显不同。2018 年第 37 届 CCAMLR 会议期间，一份 NGO 的文件涉及了两国争议岛
屿，迫使阿根廷再次作了一段声明。从此角度看，外交官个人风格会影响具体问题的处理方式，但以
不影响维护国家根本利益为限。

〔4〕　CCAMLR, Report of the Forty-First Meeting of the Commission, Hobart, 24 October-4 November
2022, paragraphs 13.1－13.2.

〔5〕　需要注意的是，《南极海洋生物资源养护公约》第 24 条的"检查"（inspection）和《南极
条约》第 7 条的"视察"（inspection）在英文的措辞上是一样的，只是翻译成中文时措施发生了变化。
而且，这两个条约的作准文本都没有中文。但是两个条约及其后续措施对检查主体的英文表达是不一
样的，CCAMLR 语境下检查人员是 inspector，而 ATCM 语境下视察人员是 observer。

捕数量及生物学数据、兼捕海鸟和哺乳动物等任务来观察和报告渔船活动。[1]
科学观察员和检查员两者的差异，明显体现在行为主体及活动内容上。前者
是 CCAMLR 批准认可的、能够执行《科学观察员手册》规定科学数据收集义
务的科学观察员，后者是经 CCAMLR 认可的成员国指定的政府船舶或飞机与
执法人员。

对比《南极条约》第 7 条、《南极海洋生物资源养护公约》第 24 条，特
别是两者第 1 款，可以看出两个制度的目的是非常相似的。考虑到 SCOI 对
"观察员"与"检查员"的区分，根据《维也纳条约法公约》第 31 条（3），
《南极海洋生物资源养护公约》第 24 条关于"观察与检查"的目的应作不同
解释。2016 年，CCAMLR 在讨论海上转载活动管制时，阿根廷曾强调不应要
求科学观察员承担那些超过其具体科学职责的任务，否则会使科学观察员处
于更不利的境地。[2]

另外，科学观察员和检查员结果的利用也可为进一步区分两种制度之间
的差异提供一些佐证。《检查制度》第 XI 段规定，如果海上检查结果有证据
认为，被检查的渔船违反了根据《南极海洋生物资源养护公约》采取的养护
措施，则船旗国应采取措施对嫌疑渔船进行诉讼，有必要的话实施制裁。第
XII—XIV 段就船旗国诉讼与制裁等事项进行了详细的规定，特别要求违规渔
船在其履行完制裁前不应允许在公约区域从事渔业活动。对比而言，《国际科
学观察制度》则没有类似的规定。2021 年《南极海洋生物资源养护委员会 40
周年宣言》进一步明确，《检查制度》是确保 CCAMLR 养护措施的遵守，《国
际科学观察制度》是支撑科学研究活动；两者共同增进南极海洋生物资源养
护。[3]该宣言更好地厘清了两者之间的区别与联系。[4]

但是，不能由此当然地认为，科学观察员的结果不能用于执法，或者不
具有检查的功能。2016 年 12 月 24 日至 2017 年 1 月 20 日，挪威籍 Antarctic
Sea 号渔船上的科学观察员提交的报告提及，该船在 48.2 区作业时每次提网

---

〔1〕　The CCAMLR Scheme of International Scientific Observation, Annex Ⅰ.

〔2〕　CCAMLR, Report of the Thirty-Fifth Meeting of the Commission, Hobart, 17–28 October 2016,
paragraph 3.34.

〔3〕　Declaration on the Occasion of the fortieth Meeting of the Commission for the Conservation of Antarc-
tic Marine Living Resources, 28 October 2021, paragraph 15.

〔4〕　相关内容可进一步参见第八章。

时囊网中总有一小部分南极磷虾被丢到海中。同样，2017 年 2 月 7 日至 5 月 31 日，该船在 48.1 区和 48.2 区作业期间提网时偶尔存在南极磷虾从囊网中被丢入海中的现象；观察员记录存在 22 次将共约 2820 公斤南极磷虾丢入海中的情况。CCAMLR 秘书处在根据养护措施 CM 10-10 准备遵约报告时，根据观察员报告，初步认定该船违反了养护措施 CM 25-03。挪威当局就此事进行了调查，并汇报原因。尽管该渔船的船主没有被处以任何制裁，但挪威承认该渔船的行为客观上违反了养护措施 CM 25-03，属于"不遵约"类型，且船主承诺对其作业方式进行改进，以防止类似情形再次发生。[1]

综观上述分析以及 CCAMLR 实践，可以认为科学观察和海上检查两者的差异表现在以下三个方面：一是实施主体身份不同，科学观察员是经培训合格的科学人员，而检查员是具有执法资格的执法人员；二是活动目的不同，科学观察员更侧重科学数据收集，而检查员则直接关注养护措施的遵守；三是报告性质不同，科学观察员报告可为后续调查提供信息，不是证据，而根据《检查制度》第Ⅵ条（g），检查员报告应被视为被检查国执法人员的检查报告，也就是说，如果国内法院规则允许就直接作为执法证据。

二、空中巡查

《南极条约》第 7 条明确，可采取空中视察的方式；但 CCAMLR《检查制度》并没有提及空中巡查。有研究认为，新西兰和阿根廷已经实施了空中巡查。[2]这就带来一个问题，即空中巡查是否符合 CCAMLR 检查制度。

通读《检查制度》条文，可以发现 CCAMLR 检查制度强调的是海上检查，这种结论可以从以下细节推论得到：检查员必须乘同属一个国家的检查船、检查员登临渔船进行检查、检查员在渔船上的检查内容以及检查报告事项等。换言之，如果仅是空中巡查，检查员不登临渔船，一方面渔船不能辨别检查员的身份，另一方面检查员不能真实核查渔船渔获、渔具以及相关记录或数据。这样，检查员无法完成检查报告规定的事项，同时被检查的渔船

---

〔1〕 CCAMLR, Report of the Thirty-Sixth Meeting of the Commission, Hobart, 16-27 October 2017, Annex 8.

〔2〕 Ariel R. Mansi, "The System of Inspection of the Commission for the Conservation of Antarctic Marine Living Resources", in Lilian Del Castillo（ed.）, *Law of the Sea, From Grotius to the International Tribunal for the Law of the Sea: Liber Amicorum Judge Hugo Caminos*, Brill Nijhoff, 2015, p.223.

船长无法对检查报告进行评价，且无法第一时间获得检查报告。因此，理论上，空中巡查不能完全实现检查制度的根本目的，其检查结果可靠性存在不确定性，还可能损害检查制度中检查员及检查员和被检查渔船及船旗国之间权利与义务的平衡，是不符合 CCAMLR 检查制度的。

上述分析的关于空中巡查可能存在的问题，在 2017 年第 36 届 CCAMLR 会议讨论"无线电检查"（radio inspection）时都被提及了。除此之外，CCAMLR 成员承认，无线电检查实质上构成了一种新的监测遵约的工具，检查员亲自登船检查仍是最佳的检查方法。[1]2017 年，新西兰海军 Otago 号在罗斯海海域进行了海上巡航检查，这是其自 2011 年以来年度例行在罗斯海的执法检查。12 月 24 日，新西兰动用了其空军监察飞机。值得注意的是，新西兰强调这种空间巡航，不是独立的空中巡查，而是为了配合海上检查而寻找检查目标。[2]在 2020 年俄罗斯籍 Palmer 号渔船是否从事 IUU 捕捞活动的争议中，空中巡查问题再次凸显出来。新西兰向 CCAMLR 提交关于 Palmer 号渔船空中巡查（aerial patrolling）的影像信息，俄罗斯则认为这些信息并不是原始信息，存在被改动的痕迹；同时俄罗斯认为，新西兰的空中巡查不符合《检查制度》所规定的原则。在确认新西兰实施空中巡查的法律依据是养护措施 CM 10-04 时，我国指出，养护措施 CM 10-04 第 17 段规定了"主动监视行动和/或 CCAMLR 检查"，但是该养护措施并没有规定此类监视行动如何开展。就 CCAMLR 检查而言，从 CCAMLR 实践看是指养护措施 CM 10-03 规定的港口检查和《检查制度》规定的海上执法检查。我国进一步指出，如果 CCAMLR 制定了关于监视行动的具体规则，则会有利于处理各方关于 Palmer 号渔船的事件。[3]

综上分析以及从新西兰积极空中巡查所引发的争议看，空中巡查不能实现海上检查的目标，也不能保持 CCAMLR《检查制度》中相关方权利与义务的平衡；空中巡查，是养护措施 CM 10-04 第 17 段规定的一个可能方式，不

〔1〕 CCAMLR, Report of the Thirty-Sixth Meeting of the Commission, 16-27 October 2017, paragraphs 65-70 of Annex 6.

〔2〕 Delegation of New Zealand, CCAMLR inspections undertaken by New Zealand from HMNZS Otago during 2017/18, CCAMLR-XXXVII/BG/34, 21 September 2018.

〔3〕 CCAMLR, Report of the Thirty-Ninth Meeting of the Commission, Virtual, 27-30 October 2020, paragraphs 3. 12-3. 14.

是 CCAMLR 检查制度下的独立的组成部分，它仅能为海上检查提供辅助作用。

三、可能存在的不足

尽管《南极海洋生物资源养护公约》不是最早规定海上执法检查的区域条约，[1]但是它制定和实施海上执法检查的区域实践为《联合国鱼类种群协定》第 21 条与第 22 条谈判提供了范例。[2]对比 CCAMLR《检查制度》和《联合国鱼类种群协定》第 21 条与第 22 条，可以观察到两者都强调检查员必须经正式授权、身份证明式样公告、检查范围、检查员权利、船长的权利与义务、检查报告及其采纳等；也可看到 CCAMLR 在三个方面存在差异。除前述分析过的武力携带和使用问题外，CCAMLR《检查制度》应像《联合国鱼类种群协定》第 22 条（1）（e）那样规定检查员迅速离船，以及像《联合国鱼类种群协定》第 21 条（18）那样规定在发生检查失当时检查国应承担责任。

《南极海洋生物资源养护公约》第 21 条（1），如第 2 章所述，是一种典型的双焦点方法（a bifocal approach），以模糊处理南极洲陆地主张与海洋管辖权之间关系。这种处理方法，使缔约方可根据其国家利益对该款作出有利于自己的解释。在海上检查实践中，也会出现同样的情形。如果检查国是南极洲主张国的话，它既可以解释成以"沿海国"身份执行其国内法律制度，也可解释成以"CCAMLR 成员"身份执行 CCAMLR 养护措施。由此就可以看出，澳大利亚、法国、智利、新西兰、英国等国家在其主张管辖权的海域派执法船以 CCAMLR 名义对其他国家渔船进行登临执法检查，会存在双重目的。[3]1996 年智利籍 Antonio Lorenzo 号渔船事件，英国检查员的行为向非南极陆地领土主张国传递了这样的信息。2021 年，英国以打击 IUU 名义在 48.1 和 48.3 区利用卫星影像进行高空监视（CCAMLR-40/BG/17）。对于英国的行为，首先我国主张应将其界定为代表 CCAMLR 开展的一种行为，而不是单方

---

〔1〕 如 1911 年 7 月 7 日在华盛顿签订的《北太平洋海豹保全和保护公约》第 1 条。

〔2〕 如 1995 年 3 月至 4 月第 4 次会议期间，在讨论遵约和执法（compliance and enforcement）议题时，巴西援引了《南极海洋生物资源养护公约》第 24 条，认为应将 CCAMLR 的观察和执法制度纳入谈判文本中。See IISD, 07（43）*Earth Negotiation Bulletin*（1995）.

〔3〕 See CCAMLR, Report of the Thirty-Fourth Meeting of the Commission, Hobart, 19-30 October 2015, paragraph 6 of Annex 6; Report of the Thirty-Fifth Meeting of the Commission, Hobart, 17-28 October 2016, paragraph 2 of Annex 6.

面行使管辖权行为；其次，我国建议，未来英国及其他 CCAMLR 成员拟采取类似行为时应在事前与事后告知 CCAMLR 秘书处；最后，我国建议 CCAMLR 应制定相关监视规则，以规范监视行为以及被监视船舶与船旗国的合法权利。[1]

CCAMLR《检查制度》详细规定了指派检查员成员的义务以及检查员在海上执法检查中和检查结束后的义务。这种义务，是法律上的第一义务。[2]为保持检查国和被检查国，以及检查员和被检查渔船之间的权利与义务平衡，应明确规定检查国和检查员在执法检查中出现失当时应承担的法律责任，即第二义务。《联合国鱼类种群协定》第 21 条（18）规定："各国须对其根据本条采取行动所造成的破坏或损失负责任，如果这些行动为非法的行动，或根据可得到的资料为超过执行本条规定所合理需要的行动。"根据 2001 年国际法委员会起草的《国家对国际不法行为的责任条款》，不法行为伤害应遵循完全赔偿原则，包括物质和精神的伤害；形式包括恢复、补偿、抵偿、利息等。[3]理论上，这些原则应可作为一般国际法规则适用于 CCAMLR 海上执法检查实践中产生的争议。

---

〔1〕 CCAMLR, Report of the Fortieth Meeting of the Commission, Virtual, 18-29 October 2021, paragraphs 107-108 of Annex 8.

〔2〕 David J. Harris, *Cases and Materials on International Law* (Sixth Edition), Sweet and Maxwell, 2004, p. 504.

〔3〕 ILC, Responsibility of States for Internationally Wrongful Acts, 2001, Articles 31 and 34-37.

第八章

CCAMLR 遵约评估程序

　　遵约评估，日益成为区域渔业管理组织一项年度常规工作，以促进其成员及合作非成员方加强船旗国管辖，保证其渔船及其国民遵守本组织制定养护与管理措施。遵约评估不仅可提升区域渔业管理组织养护与管理措施对内有效性，实现区域渔业管理组织的宗旨，还可增进区域渔业管理组织的对外合法性。ICCAT 在 1994 年就制定了促进非成员遵约的评估机制，但是于 2008 年才制定关于其成员和合作非成员遵约信息报告机制。[1]2009 年，第 2 次金枪鱼区域渔业管理组织会议要求，每个区域渔业管理组织应实施年度遵约评估机制，以惩罚那些不履约的缔约方和非缔约方，为良好遵约提供激励。[2] CCAMLR 于 2003 年着手制定遵约评估机制；2012 年完成制定工作，并通过了养护措施 CM 10-10（2012）；2013 年正式实施，2017 年第一次评估失败，还在不断完善过程中。

第一节　发展历程

　　2002 年，CCAMLR 改组了其下设机构，决定由"执行与遵约常设委员

---

　　〔1〕　Resolution by ICCAT on Compliance with the ICCAT Conservation and Management Measures（Res 94-09）; Recommendation by ICCAT to Establish a Process for the Review and Reporting of Compliance Information（Rec. 08-09）.

　　〔2〕　Report of the Second Joint Meeting of Tuna Regional Fisheries Management Organizations（RFMOs）, San Sebastian, 29 June-3 July, 2009, Appendix 1. 在此会议指引下，WCPFC 于 2010 年通过了遵约监测机制，期望以一种负责、公开透明和非歧视性的方式促进 WCPFC 成员和合作非成员实施《中西部太平洋高度洄游鱼类种群养护与管理公约》第 23 条至第 25 条，增强为发展中国家提供技术支撑和能力建设的针对性。See WCPFC CMM 2010-03 "Conservation and Management for Compliance Monitoring Scheme".

会"（SCIC）替代原先的"观察与检查常设委员会"（SCOI）。[1]SCIC 职责主要是：为 CCAMLR 实施《南极海洋生物资源养护公约》第 10 条、第 21 条、第 22 条和第 24 条提供信息与建议。具体而言，其职责包括 9 个方面：评估缔约方执行与遵守 CCAMLR 通过的养护措施、评估非缔约方执行与遵守 CCAMLR 通过的养护措施、提供进一步有效执行与遵守养护措施的技术建议、评估与分析缔约方与非缔约方有损《南极海洋生物资源养护公约》宗旨的活动信息（如 IUU 捕捞活动）、评估海上执法制度以及可能的国际科学观察制度等实施情况并提出改进重点与方案等。[2]2003 年，SCIC 正式运行；CCAMLR 决定由 SCIC 着手处理遵约评估事宜。[3]

　　2006 年，根据 SCIC 的建议，CCAMLR 同意设立一个会间工作组（以下简称"DOCEP 工作组"），讨论制定遵约评估标准以及评估程序等。[4]2008 年，第 1 次 CCAMLR 绩效评估专家组的建议，进一步促成了 DOCEP 工作组的设立。2009 年 7 月，在挪威卑尔根召开了一个关于制定遵约评估程序的专门研讨会（以下简称"DOCEP 研讨会"）。[5]2010 年和 2011 年，DOCEP 工作组继续开展会间讨论；2012 年，澳大利亚向 CCAMLR 提交了 CCAMLR 遵约评估程序的提案，经 SCIC 讨论后 CCAMLR 通过此提案，即养护措施 CM 10-10(2012)。[6]2014 年至 2019 年间，CCAMLR 连续 6 次修订了养护措施 CM 10-10，相关修订内容如下表。

---

〔1〕　CCAMLR, Report of the Twenty-First Meeting of the Commission, Hobart, 21 October-1 November 2002, paragraph 5. 16.

〔2〕　CCAMLR, Report of the Twenty-First Meeting of the Commission, Hobart, 21 October-1 November 2002, Appendix Ⅶ of Annex 5.

〔3〕　CCAMLR, Report of the Twenty-Second Meeting of the Commission, Hobart, 27 October-7 November 2003, paragraphs 6. 1 and 6. 12.

〔4〕　CCAMLR, Report of the Twenty-Fifth Meeting of the Commission, Hobart, 23 October-3 November 2006, paragraph 7. 30.

〔5〕　Report of the Workshop for the Development of a Compliance Evaluation Procedure (DOCEP), CAMLR-XXⅧ/16, 18 August 2009.

〔6〕　CCAMLR, Report of the Thirty-First Meeting of the Commission, Hobart, 23 October-1 November 2012, paragraph 7. 26.

表 8-1 2014 年至 2019 年间养护措施 CM 10-10 修订的具体内容

年份	主要修订内容	对应养护措施段落	对应当年 CCAMLR 报告段落
2014	明确评估对象为缔约方，不限于 CCAMLR 成员，更不是渔船；将评估周期调整为 8 月 1 日至翌年 7 月 31 日；细化缔约方反馈信息内容；将养护措施 CM 22-07 排除出评估范围。	第 1.i 段；第 1.ii 段；附件 A。	第 7.9 段。
2015	增加缔约方自评其可能存在问题的遵约状态；针对海上安全的不可抗力情形，增设了一种遵约状态类型，即"不赋予遵约状态"（no compliance status assigned）。	第 1.iii 段；附件 B。	第 8.12 段。
2016	将所有养护措施和《国际科学观察制度》D 部分纳入评估范围；修改附件 B 关于遵约状态分类，删除了"部分遵约状态"类型。〔1〕	第 1.i 段；附件 B。	第 8.11 段至第 8.13 段。
2017	请秘书处将上个年度 CCAMLR 遵约报告所列仍需额外信息事项纳入下年度遵约评估程序；明确定义了"遵约状态"；附件 B 增设一个遵约状态类型，即"不遵约状态"，并将所有不遵约状态划分成三个等级。〔2〕	第 1.i 段；第 3.iii 段；附件 B。	第 3.26 段和第 3.49 段。
2018	将缔约方及时反馈明确为一项强制性义务。	第 1.iii 段。	第 3.13 段和第 9.17 段。
2019	将所有缔约方纳入评估对象范围，明确包括《南极海洋生物资源养护公约》加入国；将评估周期调整至 7 月 1 日至翌年 6 月 30 日。	第 1.i 段。	第 3.31 段。

---

〔1〕 经修订后，养护措施 CM 10-10（2016）附件 B 只剩下两种不遵约状态，即轻微不遵约（minor non-compliant）和严重、频繁或持续的不遵约（seriously, frequently or persistently non-compliant），一定程度上影响了 2017 年 CCAMLR 遵约评估程序的审议。因此，2017 年 CCAMLR 对此作出了调整。

〔2〕 即使如此，2019 年 SCIC 仍未能就两个遵约问题的遵约状态等级达成共识，存在着等级 1 和等级 2 之间的分歧。See CCAMLR, Report of the Thirty-Eighth Meeting of the Commission, Hobart, 21 October-1 November 2019, paragraph 3.26.

第二节　评估程序

第一步，根据养护措施 CM 10-10 附件 A 所附的样表，秘书处统计某个周期内所有《南极海洋生物资源养护公约》缔约方遵守相关养护措施和《国际科学观察制度》D 部分的事项，以及上个年度 CCAMLR 遵约报告所列仍需额外信息的事项；应广泛利用所有可利用信息，包括各缔约方报告给秘书处的信息以及其他相关信息。统计周期，最初是 12 月 1 日至翌年 11 月 30 日；后调整至 8 月 1 日至翌年 7 月 31 日；再后调整至 7 月 1 日至翌年 6 月 30 日。评估养护措施范围，从最初 2012 年的 14 个养护措施，调整至所有养护措施以及《国际科学观察制度》D 部分。在此基础上，编制可能存在遵约问题的 CCAMLR 遵约报告草案（Draft CCAMLR Compliance Reports）。CCAMLR 遵约报告草案应在每年 CCAMLR 会议前 75 天散发给相关缔约方，相关缔约方收到涉及其履约问题的报告。

第二步，有遵约问题的缔约方应对收到的 CCAMLR 遵约报告草案进行及时反馈，根据养护措施 CM 10-10 附件 A 提供所涉及遵约问题的额外信息，以供 SCIC 审议时参考。额外信息应包括但不限于：相关文件或图像证据，缔约方针对任何遵约问题所采取或拟采取的具体措施，以及缔约方根据养护措施 CM 10-10 附件 B 对其每个遵约问题建议的初步遵约状态（a preliminary compliance status）。相关缔约方应在 CCAMLR 会议前 45 天将额外信息反馈至秘书处；理论上，缔约方反馈时间为 30 天，包括非工作日。如果缔约方不反馈，则秘书处在该缔约方的 CCAMLR 遵约报告草案后标注为"无反馈"（nil response）。养护措施 CM 10-10 第 1 段（iii）要求，缔约方应对其可能存在的遵约问题提供反馈，包括提供其建议的初步遵约状态，以便 SCIC 全面评估每个遵约问题；[1]为进一步明确缔约方提供其建议的初步遵约状态的义务，2018 年，CCAMLR 特别为此修订了养护措施 CM 10-10，明确该义务是一项强

---

〔1〕 2014 年修订的养护措施 CM 10-10，第一次明确要求缔约方提供额外信息，且明确提供额外信息的目的是便于 SCIC 全面评估每个遵约问题。对应地，2014 年修订的养护措施 CM 10-10 允许 SCIC 在审议 CCAMLR 遵约报告概要时可要求缔约方进一步提供额外信息。See Conservation Measure 10-10（2014）"CCAMLR Compliance Evaluation Procedure"，paragraphs 1（iii）and 3（ii）.

制性义务。[1]因此，缔约方及时反馈，既是一种强制性程序义务，更是诚意（good faith）原则和条约必须信守（pacta sunt servanda）原则的基本要求。[2]实践中，经常会出现缔约方不提供反馈的情形。出现此类情形的原因有多方面，可能是缔约方的机构或人员调整导致不能及时反馈，或者缔约方不愿意提供反馈，特别是对于其遵约问题初步遵约状态的自评。不论何种原因，这种不提供反馈的情形必然会影响 SCIC 审议，乃至可影响 CCAMLR 最后通过的CCAMLR 遵约报告。[3]

第三步，CCAMLR 秘书处根据缔约方的反馈，编制一份 CCAMLR 遵约报告概要（a Summary CCAMLR Compliance Report）。CCAMLR 遵约报告概要应包括：缔约方遵约养护措施和《国际科学观察制度》D 部分可能存在的问题汇总、缔约方建议的初步遵约状态以及已经采取或可能的措施等。CCAMLR 遵约报告概要应在 CCAMLR 会议前 42 天完成，上传 CCAMLR 网站；秘书处应通知所有缔约方查看 CCAMLR 遵约报告概要，为后续 SCIC 审议做好准备。2013年和2014 年，秘书处编制 CCAMLR 遵约报告概要时以缔约方为单位，即将每个缔约方所涉及的可能遵约问题列在一起，SCIC 以缔约方为单位进行审议，不论该缔约方可能涉及养护措施的数量。这样造成了一个局面，似乎 SCIC 在逐个审判或谴责可能涉及遵约问题的缔约方；既违背了遵约评估程序的初衷，混淆了遵约评估程序和争端解决机制之间的关系，更不利于 CCAMLR 成员间的合作。[4]因此，从 2015 年起，秘书处以养护措施为单元编制 CCAMLR 遵约报告概要，即将某个养护措施所涉可能遵约问题归为一类，以突出遵约评估程序的初衷是评估养护措施的遵守和完善。2017 年及其以后 SCIC 在此方面的实践则再次证明，这种以养护措施为单位的编制方式，仍不能完全避免 SCIC 在审议 CCAMLR 遵约报告概要时陷入困境或僵局。

第四步，SCIC 审议遵约报告概要，并以协商一致的方式通过临时 CCAMLR

---

〔1〕 CCAMLR, Report of the Thirty-Seventh Meeting of the Commission, Hobart, 22 October-2 November 2018, paragraph 3. 13.

〔2〕 Marija Đorđeska, *General Principles of Law Recognized by Civilized Nations* (1922-2018), Brill Nijhoff, 2020, pp. 317~323.

〔3〕 See CCAMLR, Report of the Thirty-Fourth Meeting of the Commission, Hobart, 19-30 October 2015, paragraph 5 of Annex 6; CCAMLR, 2021, paragraph 4. 16.

〔4〕 See CCAMLR, Report of the Thirty-Third Meeting of the Commission, Hobart, 20-31 October 2014, paragraphs 3. 5-3. 6.

遵约报告（Provisional CCAMLR Compliance Report）。在此阶段，SCIC 既需要重点关注那些没有被反馈的遵约问题，还需要考虑缔约方可能补充提供的信息；综合所有相关信息，SCIC 应就各遵约问题形成其意见，包括：遵约状态评估、建议采取行动等。建议采取行动的对象，既可以是 SCIC 或 CCAMLR，也可以是相关缔约方。如果在评估过程中，发现养护措施存在模糊或不一致的情形，则可建议 SCIC 进行解释，也可建议 CCAMLR 进行修订，包括养护措施 CM 10-10 本身；[1]如果发现某遵约问题需要缔约方后续进一步处理，则可建议该缔约方在会后采取行动，并在下一年向 SCIC 和 CCAMLR 汇报。除此之外，SCIC 还可建议 CCAMLR 重点监测与评估的养护措施，或者其他应对措施。如果某个遵约问题仍在缔约方国内审理过程之中，不能在 SCIC 会议期间提交全部信息，需要更多时间，则在此情形下 SCIC 根据已知信息评估其遵约状态，要求该缔约方向下一年度会议提交全部信息，再交由 SCIC 审议。在此基础上，SCIC 应以协商一致方式通过临时 CCAMLR 遵约报告，并提交 CCAMLR 审议。值得注意的是，此临时 CCAMLR 遵约报告是单数，它是一个整体，包括所有审议过的遵约问题，不能分开逐个通过。如果有一个遵约问题没有得到解决，则理论上 SCIC 就不能通过临时 CCAMLR 遵约报告。[2]2019年，SCIC 在两个遵约问题的遵约状态等级上存在分歧，作为临时性解决方案，SCIC 留存了这种分歧而通过临时 CCAMLR 遵约报告。CCAML 注意到此做法，但是强调此做法不能构成先例，要求 SCIC 未来应极力避免此做法，[3]防止危及 CCAMLR 遵约评估程序。2021 年，SCIC 再次明确，临时 CCAMLR 遵约报告应作为一个整体以协商一致方式通过。[4]由此可见，CCAMLR 成员在 SCIC 会议期间正式审议此报告时，会频繁出现"评估—被评估"角色转换，这是最具争议的阶段。

　　第五步，委员会审议临时 CCAMLR 遵约报告，包括 SCIC 的所有建议，最后通过 CCAMLR 遵约报告（CCAMLR Compliance Report）。按正常程序，如果

---

〔1〕 Conservation Measure 10-10 (2019) "CCAMLR Compliance Evaluation Procedure", paragraph 5.

〔2〕 See CCAMLR, Report of the Thirty-Sixth Meeting of the Commission, Hobart, 16-27 October 2017, paragraphs 3.23-3.25, and paragraphs 12-14 of Annex 6.

〔3〕 CCAMLR, Report of the Thirty-Eighth Meeting of the Commission, Hobart, 21 October-1 November 2019, paragraphs 3.26-3.27.

〔4〕 CCAMLR, Report of the Fortieth Meeting of the Commission, Virtual, 18-29 October 2021, paragraph 42 of Annex 8.

SCIC 能通过临时 CCAMLR 遵约报告，则委员会审议相对较容易。一旦 SCIC
不能通过临时 CCAMLR 遵约报告，委员会将陷入困境。根据养护措施 CM 10-
10 的规定，委员会仅能审议临时 CCAMLR 遵约报告，所以如果 SCIC 不能通
过临时 CCAMLR 遵约报告，则严格意义上委员会就失去审议对象。2017 年第
36 届 CCAMLR 会议，就出现了这种例外现象。曾有国家认为在没有临时
CCAMLR 遵约报告的前提下，委员会不能进行任何审议工作。经妥协，2017
年 CCAMLR 审议了 CCAMLR 遵约报告概要以及 SCIC 审议过的内容。[1]受疫
情影响，2020 年和 2021 年，SCIC 既没有通过临时 CCAMLR 遵约报告，委员
会更没有通过 CCAMLR 遵约报告；CCAMLR 遵约评估程序遭到前所未有的
挑战。

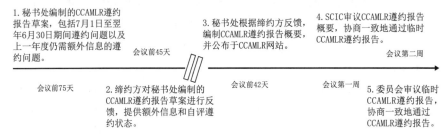

图 8-1　CCAMLR 遵约评估程序流程

第三节　关键问题

一、遵约评估程序目标

2004 年，SCIC 认为遵约评估有四个目标，分别是：确保养护措施得到有
效执行与客观监督、评估养护措施的有效性、找出那些遵约养护措施不足的
地方（渔船、区域、渔业或行业）、帮助 CCAMLR 或缔约方寻找可采取的具
体行动。[2]2009 年，DOCEP 研讨会认为，遵约评估程序的目标是帮助

〔1〕　CCAMLR, Report of the Thirty-Sixth Meeting of the Commission, Hobart, 16-27 October 2017,
paragraph 3. 24.

〔2〕　CCAMLR, Report of the Twenty-Third Meeting of the Commission, Hobart, 25 October-5
November 2004, paragraph 3. 28 of Annex 5.

CCAMLR 成员评估其渔船遵约表现、发现不遵约重复出现的规律以及促进评估每个养护措施的效力。[1]2012 年，CCAMLR 在通过养护措施 CM 10-10 时认为，遵约评估程序一方面为 CCAMLR 成员评估其遵守养护措施提供一个机会，另一方面也为秘书处提供获得与记录 CCAMLR 成员实施养护措施信息的正式机制。[2]养护措施 CM 10-10（2012）确认，遵约评估程序的法律依据是《南极海洋生物资源养护公约》第 10 条和第 21 条，即促进缔约方履行条约义务。养护措施 CM 10-10（2012）序言共 6 段，前 4 段强调了缔约方遵约养护措施的重要性，后 2 段强调了负责任、公开、透明和非歧视地收集信息以及向秘书处通报不遵约信息等。因此，可以认为 CCAMLR 遵约评估程序最根本的目标有两个：确认不遵约以及促进补救措施，鼓励遵约；为秘书处提供一个正式的信息收集机制。评估养护措施效力以及改进养护措施中可能存在的不足，如养护措施 CM 10-10（2012）第 3 段（ii）所规定的那样，也应是遵约评估程序的目标之一，但不是其根本目标，[3]如 2014 年 SCIC 通过遵约评估程序成功地解决了一些养护措施本身存在的不足，得到了 CCAMLR 的认可；相应地，相关的养护措施得到了修订和完善。[4]

在此需要区分的是：其一，遵约评估程序，不是唯一的促进遵约机制；其二，遵约评估程序，不同于且不是争端解决机制。在遵约机制方面，除遵约评估程序外，还有《南极海洋生物资源养护公约》第 24 条规定的《国际科学观察制度》和《检查制度》；《检查制度》是促进缔约方遵守养护措施的另外一种机制。[5]尽管我国曾建议将《检查制度》纳入养护措施 CM 10-10 评

---

　　〔1〕　Report of the Workshop for the Development of a Compliance Evaluation Procedure（DOCEP），CAMLR-XXVIII/16, 18 August 2009, paragraph 4.

　　〔2〕　CCAMLR, Report of the Thirty-First Meeting of the Commission, Hobart, 23 October-1 November 2012, paragraph 7. 26.

　　〔3〕　评估养护措施效力，不完全依赖于遵约评估程序；CCAMLR 还有其他程序或机制。如 2005 年 CCAMLR 所指的那样，SC-CAMLR 在评价养护措施绩效方面也扮演着重要的角色，特别是那些关于兼捕与数据报送等方面的养护措施。See CCAMLR, Report of the Twenty-Fourth Meeting of the Commission, Hobart, 24 October-4 November 2005, paragraph 6. 10.

　　〔4〕　CCAMLR, Report of the Thirty-Third Meeting of the Commission, Hobart, 20-31 October 2014, paragraphs 3. 7-3. 11.

　　〔5〕　《南极海洋生物资源养护公约》第 24 条（2）（b）。

估范围，[1]如《国际科学观察制度》D 部分那样，但是因未能获得协商一致，所以《检查制度》和养护措施 CM 10-10 （2019） 相互独立，是两种不同的促进遵约机制。当然，海上检查报告作为一种信息来源，可供秘书处在编制时和 SCIC 在审议遵约问题时使用。[2]

在遵约评估程序和争端解决相互关系方面，如前所述，遵约评估程序依据的是《南极海洋生物资源养护公约》第 10 条和第 21 条；而争端解决是《南极海洋生物资源养护公约》第 25 条所规定的内容。因此，两者在法律依据和性质上是不一样的。遵约评估程序是一种内部机制，是由所有 CCAMLR 成员参与的，评估缔约方履行其义务和提供及时纠正措施；争端解决是一种外部机制，由争端相关方通过特定的机制，包括国际法院或仲裁等，解决相关缔约方关于《南极海洋生物资源养护公约》解释与适用方面的法律争议。当然，遵约评估程序处理妥当，可以预防或化解缔约方相互之间争端，避免诉诸争端解决机制。但是，如果遵约评估程序处理不当，反而会激化缔约方关于《南极海洋生物资源养护公约》以及养护措施的解释与适用的争议。这应值得警醒。2014 年，SCIC 注意到了遵约评估程序可能造成的审判或谴责缔约方的不利局面，并及时进行了调整。[3]2019 年，CCAMLR 注意到遵约评估过程中遵约状态认定方面存在的争议，这种争议影响了遵约评估程序目标的实现以及成员之间合作。[4]2020 年和 2021 年，SCIC 既没有通过临时 CCAMLR 遵约报告，CCAMLR 更没有通过 CCAMLR 遵约报告；CCAMLR 遵约评估程序遭到了前所未有的挑战。

二、遵约评估养护措施范围

如前所述，遵约评估程序目标是评估缔约方遵守养护措施的表现。2009 年，DOCEP 研讨会讨论过应评估哪些养护措施。尽管理论上应评估所有养护

---

〔1〕 CCAMLR, Report of the Thirty-Seventh Meeting of the Commission, Hobart, 22 October-2 November 2018, paragraphs 92-94 of Annex 6.

〔2〕 CCAMLR Secretariat, CCAMLR Compliance Evaluation Procedure (CCEP) Summary Report and Analysis, CCAMLR-40/07, 03 September 2021, Annex 2.

〔3〕 See CCAMLR, Report of the Thirty-Third Meeting of the Commission, Hobart, 20-31 October 2014, paragraphs 3. 5-3. 6.

〔4〕 CCAMLR, Report of the Thirty - Eighth Meeting of the Commission, Hobart, 21 October - 1 November 2019, paragraph 3. 32.

措施，但是 DOCEP 工作组认为那样不现实。考虑到最初拟评估对象不是缔约方，而是渔船，所以 DOCEP 工作组将评估重点放在那些渔业相关的养护措施上。因此，养护措施 CM 10-02 成为最优先评估对象。除此之外，DOCEP 工作组根据遵守养护措施对南极海洋生物资源养护宗旨的影响程度列出两种类型，第一种是非常关键类型（critical），第二种是严重类型（serious）。第一种类型包含 3 个养护措施，即养护措施 CM 23-03、41-01 和 26-01；第二种类型包括 7 个养护措施，即养护措施 22-07、23-01、23-02、23-06、33-01、33-02 和 33-03。[1]以上总计 11 个养护措施。2010 年闭会期间，DOCEP 工作组就 61 个养护措施和《检查制度》编制了一个调查问卷，征求所有 CCAMLR 成员国的意见。[2]在此基础上，2011 年，DOCEP 工作组起草了一个 CCAMLR 遵约评估程序提案，仍包括了 61 个养护措施和《检查制度》。[3] 2012 年 CCAMLR 会议期间，有成员担心纳入评估的养护措施数量过多会增加秘书处的工作量等。最终通过的养护措施 CM 10-10（2012）附件 A 只包含了 14 个养护措施，没有包括养护措施 CM 91-03 和《检查制度》。但是，此次会议也同意不排除其他机构建议增加养护措施进入评估范围。[4]

如前所述，2014 年，CCAMLR 将养护措施 22-07 排除出遵约评估程序的评估范围；但是 2016 年，CCAMLR 则将评估范围拓展至所有养护措施（包括养护措施 CM 22-07）和《国际科学观察制度》D 部分，未能就《检查制度》纳入评估范围达成一致意见。如此，尽管符合遵约评估程序的根本目的，但是大量增加了评估的难度，更使遵约评估程序失去了重点，变得无的放矢，使遵约评估程序日益复杂化。

2021 年，秘书处确认了 2020 年 7 月 1 日至 2021 年 6 月 30 日间可能涉嫌遵约问题 1057 件，其中涉及养护措施 CM 10-05 第 6 段的遵约问题达 872 件，占其分析总数的 24%；其次为养护措施 10-09，遵约问题达 138 件，占其分析

---

〔1〕　Report of the Workshop for the Development of a Compliance Evaluation Procedure（DOCEP），CAMLR-XXVIII/16, 18 August 2009, paragraphs 15 and 30-32.

〔2〕　DOCEP Convener, Development of a Compliance Evaluation Procedure（DOCEP）Intersessional Work 2010, CCAMLR-XXIX/17, 29 September 2010, Table 1.

〔3〕　DOCEP Convener, Report of 2010/11 Intersessional Work and Proposal for a CCAMLR Compliance Evaluation Procedure, CCAMLR-XXX/31, 9 September 2011.

〔4〕　CCAMLR, Report of the Thirty-First Meeting of the Commission, Hobart, 23 October-1 November 2012, paragraphs 3. 1-3. 3 of Annex 6.

总数的 43%。[1]2021 年，SCIC 竟然没有完成对 CCAMLR 遵约报告概要的一读；事实上只一读了约 CCAMLR 遵约报告概要的一半，创下了遵约评估报告的新纪录。

针对 CCAMLR 遵约评估程序出现日益较多的程序性遵约问题，我国于 2020 年表达了关切，建议未来 CCAMLR 在修订养护措施时应更多地关注修订内容的可执行性；[2]2021 年我国进一步建议，秘书处应将技术性遵约问题和实质性遵约问题区分开，应用有限时间重点讨论实质性遵约问题，以提高遵约评估程序的有效性。除此之外，2021 年，我国还建议 CCAMLR 应对遵约评估程序作一个决定：在缺少临时 CCAMLR 遵约报告的前提下通过 CCAMLR 遵约报告，抑或仅保留 CCAMLR 遵约报告概要。但是，CCAMLR 仅注意到了 2021 年 SCIC 的进展，没有采取任何措施。[3]

三、遵约评估对象

遵约评估对象，经历了从渔船到 CCAMLR 成员，再到所有缔约方的变化。CCAMLR 最初将遵约评估对象限定为渔船，而不是船旗国或缔约方。2009 年，DOCEP 研讨会的职权范围仅限于评估渔船遵约表现，尽管 DOCEP 工作组也认识到将渔船遵约和船旗国对渔船控制区分开是非常困难的。在考察相关区域渔业管理组织的实践时，DOCEP 工作组进一步认为，ICCAT、NAFO 和 CCSBT 等所采取的评估方法都是评估其成员而不是渔船的遵约表现，因此借鉴意义不大。但是，考虑到 FAO 计划开展船旗国表现评估，[4]DOCEP 工作

---

〔1〕 CCAMLR Secretariat, CCAMLR Compliance Evaluation Procedure（CCEP）Summary Report and Analysis, CCAMLR-40/07, 03 September 2021.

〔2〕 CCAMLR, Report of the Thirty-Ninth Meeting of the Commission, Virtual, 27-30 October 2020, paragraph 3. 26.

〔3〕 CCAMLR, Report of the Fortieth Meeting of the Commission, Virtual, 18-29 October 2021, paragraphs 4. 18 and 4. 20-4. 21.

〔4〕 2009 年 6 月，联合国粮农组织在罗马召开第一次船旗国表现问题专家磋商会，讨论了包括船旗国表现评价标准以及可能针对悬挂未达商定标准的国家的船旗的渔船采取的行动等事项。此后，在加拿大、新西兰、挪威、美国和欧盟的资助下，FAO 分别于 2011 年、2012 年和 2013 年召开了三次船旗国表现问题技术磋商会。2014 年 6 月，FAO 第 31 届渔业委员会会议通过了《船旗国表现评估自愿性指南》。

组建议 SCIC 拓展其职权范围，以包含船旗国的遵约评估。[1]2010 年，SCIC 建议 DOCEP 工作组进一步关注一些重要问题，包括不遵约责任应归咎于渔船抑或船旗国的问题。[2]2011 年，DOCEP 工作组报告仍延续以渔船为评估对象的思路，同样不遵约责任归咎问题依然存在。[3]

2012 年，澳大利亚的提案则第一次将评估对象从渔船调整为 CCAMLR 成员。[4]相应地，养护措施 CM 10-10（2012）正式将评估对象确定为 CCAMLR 成员，而不再是渔船。在此基础上，2014 年，CCAMLR 在 SCIC 建议之下修订了养护措施 CM 10-10，进一步明确遵约评估程序目标是评估缔约方遵守养护措施的情况，而不是渔船遵守养护措施的情况。[5]修订内容包括：其一，将养护措施 CM 10-10 正文中的"成员"（Members）替换成"缔约方"（Contracting Parties）；其二，为养护措施 CM 10-10 第 1 段（i）中的"缔约方"增加了限定句，即"那些有相关遵约问题的缔约方"，以强调"缔约方"是评估对象，而不是"渔船"。

表面上，违反养护措施的主体是渔船，所以遵约评估对象似乎应为渔船。[6]但是，考虑到《南极海洋生物资源养护公约》是一个国际条约，CCAMLR 是一个具有国际法人格的国际组织，其权利与义务的承担主体是缔约方，即加入《南极海洋生物资源养护公约》的国家或相关国际组织（如欧

---

〔1〕 Report of the Workshop for the Development of a Compliance Evaluation Procedure（DOCEP），CAMLR-XXVIII/16, 18 August 2009, paragraphs 4-10.

〔2〕 CCAMLR, Report of the Twenty-Ninth Meeting of the Commission, Hobart, 25 October-5 November 2010, paragraph 2. 43 of Annex 6.

〔3〕 DOCEP Convener, Report of 2010/11 Intersessional Work and Proposal for a CCAMLR Compliance Evaluation Procedure, CCAMLR-XXX/31, 9 September 2011.

〔4〕 Australia, Proposal for a CCAMLR Compliance Evaluation Procedure, CCAMLR-XXXI/29, 7 September 2012. 自 2010 年 CCAMLR 后，澳大利亚一直担任 DOCEP 工作组的召集方，所以 2012 年由澳大利亚向 CCAMLR 提交 CCAMLR 遵约评估程序草案建议稿。See CCAMLR, Report of the Twenty-Ninth Meeting of the Commission, Hobart, 25 October-5 November 2010, paragraph 2. 47 of Annex 6.

〔5〕 CCAMLR, Report of the Thirty-Third Meeting of the Commission, Hobart, 20-31 October 2014, paragraph 7. 9 and paragraph 84 of Annex 6.

〔6〕 除那些要求缔约方应确保其渔船遵守 CCAMLR 养护措施的规定外，有些养护措施规定则是直接针对缔约方，如养护措施 CM 10-02 第 3 段、养护措施 CM 10-03 第 4 段、养护措施 CM 10-04 第 5 段等。2017 年，秘书处认为我国和法国没有遵守养护措施 CM 10-04 第 5 段要求及时报送渔业监测中心（FMC）联系人信息，认定为遵约问题，列入 2017 年 CCAMLR 遵约报告概要，部分地导致了 CCAMLR 第一次无法通过遵约评估报告。See CCAMLR, Report of the Thirty-Sixth Meeting of the Commission, Hobart, 16-27 October 2017, paragraphs 3. 22-3. 48.

盟）；他们负有义务采取措施，确保悬挂其旗帜渔船遵守 CCAMLR 通过的养护措施。除此之外，CCAMLR 遵约评估程序除评估缔约方遵约表现外，还评估缔约方对于存在遵约问题所采取的反馈与纠正措施。[1]及时有效地采取反馈与纠正措施，仍属于缔约方应履行的国际义务。评估渔船遵守 CCAMLR 养护措施程度及其相关处理程序，则属于缔约方内部事务。因此，将评估对象确定为缔约方，准确地体现了国际法与国内法之间的区别与联系。

即使将评估对象确定为缔约方，在实践中仍会存在 CCAMLR 养护措施规定义务承担主体的争议问题。例如，2021 年 CCAMLR 遵约报告概要指出韩国籍 Sae In Champion 号渔船和俄罗斯籍 Pamyat Ilicha 号渔船分别进入马尔维纳斯（福克兰群岛）港口和韩国釜山港口，但是两艘渔船都没有遵守养护措施 CM10-03 第 4 段要求的提供 48 小时通报。此后，韩国籍 Sae In Champion 号渔船接受了英国的港口检查；俄罗斯籍 Pamyat Ilicha 号渔船接受了韩国的港口检查。对于这两个遵约问题，理论上采取同样方法处理，将遵约问题归咎于港口国，或者是船旗国。但是，阿根廷和英国之间关于马尔维纳斯（福克兰群岛）的主权争议使此问题复杂化。秘书处编制 2021 年 CCAMLR 遵约报告概要时，将韩国籍 Sae In Champion 号渔船遵约问题归咎于韩国；将俄罗斯籍 Pamyat Ilicha 号渔船遵约问题归咎于韩国和俄罗斯。SCIC 在审议此两个遵约问题时出现了关于养护措施 CM 10-03 第 4 段解释的争议：保证提前 48 小时通报的义务主体是港口国还是船旗国？

对此存在不同解释，养护措施 CM 10-03 第 4 段是非常清楚的，即港口国。但是，确定马尔维纳斯（福克兰群岛）港口归属哪个国家，则是政治问题。这是问题的根源所在；英国与阿根廷之间的岛屿主权争议影响了 CCAMLR 养护措施的解释与适用。同样地，欧盟及其成员国之间的关系，也影响了评估对象的确定。例如，2021 年，CCAMLR 遵约报告概要确认了荷兰籍船舶（作者注：应该为运输船舶）没有遵守养护措施 CM 10-09 第 3 段和第 5 段关于海上转载通报与确认的规定。荷兰没有反馈，SCIC 会议期间欧盟代为提供相关信息，由此出现一个矛盾：评估对象是荷兰，但是代为解释的是欧盟。再进一步，是荷兰还是欧盟应履行养护措施 CM 10-10 第 1 段（iii）

---

〔1〕 CCAMLR, Report of the Thirty-Second Meeting of the Commission, Hobart, 23 October-1 November 2013, paragraph 131 of Annex 6.

及时反馈的义务？这种 CCAMLR 成员间的复杂关系，影响了遵约评估对象的确定，以及相关规定的解释与适用。

尽管 2014 年修订后的养护措施 CM 10-10 理论上适用于所有缔约方，但是秘书处在准备 CCAMLR 遵约评估报告草案时仍将评估对象限于 CCAMLR 成员。2019 年，SCIC 指出此问题，建议 2019-2020 年度 CCAMLR 遵约评估程序应试行将《南极海洋生物资源养护公约》加入国（Acceding States）纳入评估对象。[1] 2020 年，秘书处第一次将加入国纳入评估对象范围，涉及毛里求斯关于养护措施 CM 10-03 的遵约问题，但是毛里求斯没有提供任何反馈。[2] 2021 年，毛里求斯再次出现养护措施 CM 10-03 的遵约问题，没有按规定在港口检查后 30 天内向秘书处提供港口检查报告。在遵约问题出现后，由欧盟委员会代表被检查的 Ibsa Quinto 号渔船的船旗国西班牙向秘书处提供港口检查报告。除此之外，毛里求斯还被发现可能存在养护措施 CM 10-05 第 6 段的遵约问题。在此方面，毛里求斯提供了反馈。除毛里求斯外，还涉及巴拿马和瓦努阿图两个加入国可能存在养护措施 CM 10-09 的遵约问题。巴拿马和瓦努阿图都没有对可能存在的遵约问题提供反馈。[3] 从两年的实践看，加入国可能出现的遵约问题集中于港口检查、CDS 签发、运输船舶海上转载通过等方面，属于配合 CCAMLR 执行养护措施。这些加入国一方面可能存在能力不足的问题，不能及时有效地执行 CCAMLR 养护措施，另一方面缺少相应的激励机制促使这些加入国积极执行养护措施，导致它们不愿意对可能存在的遵约问题及时提供反馈或不反馈。此情形应是 CCAMLR 未来应认真思考应对的。

四、科学观察员报告作用

科学观察和遵约存在密切联系。《南极海洋生物资源养护公约》第 24 条规定的观察和检查制度是两者共同法律依据，以确保《南极海洋生物资源养

〔1〕 CCAMLR, Report of the Thirty - Eighth Meeting of the Commission, Hobart, 21 October - 1 November 2019, paragraph 3.31.

〔2〕 CCAMLR Secretariat, CCAMLR Compliance Evaluation Procedure (CCEP) Summary Report and Analysis, CCAMLR-39/10 Rev. 2, 14 September 2020.

〔3〕 CCAMLR Secretariat, CCAMLR Compliance Evaluation Procedure (CCEP) Summary Report and Analysis, CCAMLR-40/07 03, September 2021.

护公约》条款得到遵守。根据此条款，CCAMLR 一方面制定了《国际科学观察制度》和《检查制度》，另一方面于 1988 年建立了观察与检查常设委员会（SCOI），即 SCIC 前身。可以看出，科学观察和遵约存在相同法律依据，但是侧重点存在明显差异。

《国际科学观察制度》附件 I 明确规定，科学观察员的职责与任务是观察和报告公约区域内渔船生产活动，以促进《南极海洋生物资源养护公约》宗旨和养护原则。附件 I 第 2 段详细罗列了科学观察员的任务，即利用 SC-CAMLR 批准的观察表格记录（record）信息以及采样。科学观察员收集和记录的数据，成为秘书处准备 CCAMLR 遵约报告草案时通常需参考的数据之一。由此容易使人产生一种印象，即科学观察员及其报告具有执法的功能。但是，这种印象是不正确的，是一种假象，误解了科学观察员及其报告功能，不利于科学观察员行使其应有职责。

事实上，在制定 CCAMLR 遵约评估程序过程中，SCIC 和 SC-CAMLR 相互间就曾有过关于此问题的讨论，且 CCAMLR 及其 DOCEP 工作组对此有明确的结论。例如，2004 年在 SCIC 讨论制定遵约评估程序时，SC-CAMLR 主席提出其下设相关工作组（如鱼类种群评估工作组，WG-FSA）就已经分析和校验了科学观察员报告有关养护措施执行信息，且已经进行了多年。这些分析与校验工作重点关注了海鸟和海洋哺乳动物的误捕（incidental catch）以及渔船上塑料包装袋的使用与处置等事宜。SC-CAMLR 认为，不应由其开展这种遵约分析，建议应由 SCIC 承担此类职责。[1]2005 年，CCAMLR 确认，应由 SCIC 负责评估养护措施遵守事宜，而 SC-CAMLR 则在评价养护措施绩效方面继续发挥重要作用。[2]再如，2009 年，DOCEP 研讨会一致承认，《国际科学观察制度》的主要目标是科学方面的，科学观察员不行使遵约职责。[3]除此之外，2016 年，SCIC 在讨论修订养护措施 CM 10-09 时，美国等曾提议赋予科学观察员一定遵约职能；阿根廷明确提出反对，认为额外职能超出了

---

〔1〕 CCAMLR, Report of the Twenty - Third Meeting of the Commission, Hobart, 25 October - 5 November 2004, paragraph 3. 26 of Annex 5.

〔2〕 CCAMLR, Report of the Twenty-Fourth Meeting of the Commission, Hobart, 24 October-4 November 2005, paragraph 6. 10.

〔3〕 Report of the Workshop for the Development of a Compliance Evaluation Procedure (DOCEP), CAMLR-XXVIII/16, 18 August 2009, paragraph 16.

科学观察员的职责范围，同时会增加科学观察员受威胁的可能性，不利于保护科学观察员海上人身安全。[1]

在 CCAMLR 遵约评估程序实践中，秘书处根据科学观察员报告确认的可能遵约事件，最后经相关国家核实后，既有被认为是不遵约的情形，也有被认定为不存在任何遵约问题的情形。例如，2019 年，秘书处根据科学观察员报告认为 2 艘乌克兰籍渔船（Koreiz 号和 Calipso 号）可能分别违反了养护措施 CM 21-02 和 CM 22-07 的相关规定，但最后被 SCIC 和 CCAMLR 认定属于"轻微不遵约"。[2]2016 年，秘书处根据科学观察员报告认为乌拉圭籍 Rambla 号渔船可能违反养护措施 CM 25-02、韩国籍 Sejong 号渔船可能违反养护措施 CM 26-01 向海排放油污以及日本籍 Shinsei Maru No.3 号渔船可能违反养护措施 CM 41-01 等，但经审查后 CCAMLR 认定科学观察员报告有误，这些可能遵约问题不存在。[3]

对科学观察员和 CCAMLR 遵约评估程序之间的复杂关系，我国在 2021 年 CCAMLR 遵约评估过程时指出，尽管科学观察员报告可作为遵约评估的信息，但是科学观察员报告本质上不是遵约报告。我国进一步建议，秘书处准备的 CCAMLR 遵约报告草案应能清晰反映此差异，不能认为根据科学观察员报告可直接确认遵约问题。SCIC 同意我国观点和建议，相应地，秘书处修订了其准备的 CCAMLR 遵约报告草案附件 2。[4]

五、遵约评估程序和 IUU 渔船名单之间关系

遵约评估程序和 IUU 渔船名单属于促进遵约的两种机制，相互间既有区别又有联系。在区别方面，IUU 渔船名单和遵约评估程序两者相对独立，两者在处理对象上存在一定差异。打击 IUU 捕捞养护措施，既适用于缔约方，也适用于非缔约方；IUU 渔船名单养护措施所针对的具体 IUU 捕捞行为，是

---

〔1〕 CCAMLR, Report of the Thirty-Fifth Meeting of the Commission, Hobart, 17-28 October 2016, paragraph 3.34.

〔2〕 CCAMLR, Report of the Thirty-Eighth Meeting of the Commission, Hobart, 21 October-1 November 2019, Appendix I of Annex 6.

〔3〕 CCAMLR, Report of the Thirty-Fifth Meeting of the Commission, Hobart, 17-28 October 2016, Appendix Ⅰ of Annex 6.

〔4〕 CCAMLR, Report of the Fortieth Meeting of the Commission, Virtual, 18-29 October 2021, paragraph 41 of Annex 8.

那些直接损害 CCAMLR 养护措施效力的严重违法行为。[1]例如，养护措施 CM 10-06 适用于缔约方，该养护措施第 5 段规定了 8 种属于 IUU 捕捞行为的情形，包括无证捕捞，不记录或报告或假报渔获数据，在禁止作业区域或期限内捕捞、使用禁用渔具等。即使如此，要将实施这种严重违法行为的渔船列入 IUU 渔船名单还需要符合船旗国没有充分履行其监控职责的标准。[2] 2009 年，DOCEP 工作组认为，遵约评估程序可辅助 IUU 渔船名单机制，但是本质上两者属于不同机制。[3]

在联系方面，一方面根据养护措施 CM 10-10（2019）第 1 段的规定，建立 IUU 渔船名单的养护措施（如 CM 10-06 和 CM 10-07）都属于遵约评估评估范围；另一方面根据遵约评估程序确认那些严重不遵约且由渔船实施的具体渔业行为，理论上可进一步认定为 IUU 捕捞，列入相关 IUU 渔船名单。例如，根据养护措施 10-10（2019）附件 B，针对那些严重的、累犯的或持续发生的不遵约行为，SCIC 和 CCAMLR 可建议采取进一步措施，理论上就包括列入 IUU 渔船名单。但 2013 年至 2021 年间，秘书处准备的 9 份 CCAMLR 遵约评估报告概要都没有提及建立 IUU 渔船名单的养护措施，且 CCAMLR 更没有将不遵约行为转化为 IUU 渔船名单具体标准。2017 年，秘书处编制的 CCAMLR 遵约报告概要列出了澳大利亚和韩国等关于犬牙鱼渔获量少报的情形，涉及养护措施 CM 23-07 和 CM 41-08，俄罗斯认为这种情形应根据养护措施 CM 10-06 关于 IUU 捕捞的规定进行处理，[4]SCIC 和 CCAMLR 都没有达成共识，导致 2017 年 CCAMLR 第一次未能通过遵约报告。2018 年针对 2 艘韩国籍渔船（Hong Jin No. 701 号和 Southern Ocean 号）违反养护措施 CM 31-02，没有遵守渔场关闭后 24 小时内不能放网的规定，CCAMLR 将此两个遵约问题评估为最为严重的不遵约状态，即等级 3。[5]即使如此，2 艘韩国籍渔船的严重不

---

〔1〕 Conservation Measure 10-06 "Scheme to Promote Compliance by Contracting Party Vessels with CCAMLR Conservation Measures", paragraphs 1 and 4.

〔2〕 Ibid, paragraphs 4 and 6.

〔3〕 Report of the Workshop for the Development of a Compliance Evaluation Procedure（DOCEP）, CAMLR-XXVIII/16, 18 August 2009, paragraph 44.

〔4〕 CCAMLR, Report of the Thirty-Sixth Meeting of the Commission, Hobart, 16-27 October 2017, paragraphs 3. 27-3. 29.

〔5〕 CCAMLR, Report of the Thirty-Seventh Meeting of the Commission, Hobart, 22 October-2 November 2018, Appendix II of Annex 6. 详细参见第六章。

遵约行为满足了养护措施 CM 10-06 关于 IUU 捕捞的定义，即在禁止作业期限内捕捞，但是 CCAMLR 仍没将它们列入 IUU 渔船名单。2020 年，CCAMLR 秘书处将俄罗斯籍 Palmer 号渔船同时列入 CCAMLR 遵约报告概要和临时缔约方 IUU 渔船名单；同样地，2021 年，CCAMLR 秘书处将 1 艘南非籍 El Shaddai 号渔船同时列入 CCAMLR 遵约报告概要和临时缔约方 IUU 渔船名单。秘书处此做法，似乎有意强化两种机制的相互独立性，却不避免地为 CCAMLR 会议顺利开展带来了极大的不确定性和隐患。

2021 年 CCAMLR 同意将南非籍 El Shaddai 号渔船列入缔约方 IUU 渔船名单。[1]此结果不是源于遵约评估程序，而是根据养护措施 CM 10-06。相反，在 CCAMLR 遵约报告概要中，南非就此渔船 IUU 捕捞行为自评估为"遵约"；SCIC 因时间关系没有审议此遵约问题。[2]此事件凸显了两个程序间的差异。南非自评估为"遵约"是因为南非当时已经且仍继续对该渔船采取刑事调查与处理，履行了作为船旗国应尽的义务；而 IUU 渔船名单确认该渔船曾发生 IUU 捕捞行为。2021 年 SCIC 会议期间，我国曾指出应区分 IUU 捕捞行为和 IUU 渔船名单，不应将两者混淆或等同，更不应替代缔约方履行其船旗国管辖及其责任。养护措施 CM 10-06 第 6 段明确要求执行秘书在编制 IUU 渔船名单时除考查 IUU 捕捞行为本身外，还应考虑缔约方履行其义务的情形；只有缔约方渔船出现 IUU 捕捞行为且缔约方不履行作为船旗国义务才将涉事渔船列入 IUU 渔船名单，以敦促缔约方采取措施。在南非仍积极履行其船旗国责任的前提下，将其曾从事 IUU 捕捞行为的渔船列入 IUU 渔船名单，不仅有悖养护措施 CM 10-06 相关规定，有损船旗国管辖及其责任履行，还会影响遵约评估程序。[3]

综合 2013 年以来 CCAMLR 在此方面的实践可以认为，就缔约方的 IUU 渔船名单而言，[4]其法定程序是养护措施 CM 10-06；遵约评估报告仅存在理论

---

〔1〕　CCAMLR, Report of the Fortieth Meeting of the Commission, Virtual, 18-29 October 2021, paragraphs 4.25-4.27.

〔2〕　CCAMLR, Report of the Fortieth Meeting of the Commission, Virtual, 18-29 October 2021, paragraph 90 of Annex 8.

〔3〕　在 2021 年 SCIC 会议期间，SCIC 先通过了将南非籍 El Shaddai 号渔船列入 IUU 渔船名单的决定，而后审议 CCAMLR 遵约报告概要。因为 2021 年 SCIC 没有来得及审议该渔船所涉遵约问题，所以这种先将其列入 IUU 渔船名单的决定所产生影响未能得到检验。

〔4〕　这是因为遵约评估程序针对缔约方。

上的可能性，是一种间接程序，事实上还没有先例。根据 2001 年 FAO《关于预防、制止和消除非法、不报告和不管制捕捞的国际行动计划》对 IUU 捕捞的定义，任何没有遵守 CCAMLR 养护措施的行为，即那些被认定为"不遵约"的行为，无论其不遵约的严重程度如何，都应属于非法捕捞。但是，遵约评估程序更像是一种内部纠错机制；而 IUU 渔船名单更像是一种外部惩罚机制，既对被列入 IUU 渔船名单的渔船产生惩罚性影响，更对渔船的船旗国产生外部的压力，隐含缔约方未能有效履行其船旗国义务。

六、遵约评估结果

根据养护措施 CM 10-10（2019）附件 B，评估结果包括两个部分：其一，确定 CCAMLR 遵约报告概要所列问题的"遵约状态"，即遵守 CCAMLR 养护措施的状态；[1]其二，SCIC 与 CCAMLR 可能建议的进一步措施。其中，"遵约状态"确定是一个关键环节；它应客观认定每个具体遵约问题，也关系有效开展遵约评估程序以及实现该程序既定目标或初衷。如前所述，自 2013 年遵约评估程序施行以来，评估结果确定是最具争议性的内容，2015 年至 2017 年间 3 次修订养护措施 CM 10-10 都涉及遵约状态类型调整；2017 年，SCIC 第一次不能通过临时 CCAMLR 遵约报告以及委员会第一次不能通过 CCAMLR 遵约报告，与此有关。2021 年，委员会再次未能通过 CCAMLR 遵约报告，仍与此相关。

早在 2006 年，CCAMLR 成员就担心遵约评估机制可能会造成在成员间"惩罚"和"奖励"的鲜明对比。[2]2009 年，为尽可能客观地确定每个具体遵约问题的状态，DOCEP 工作组特别设计了一个计算公式，通过客观的公式计算每个具体遵约问题的不遵约数值，然后再根据不遵约数值将不遵约状态按严重程度划分成 4 个等级。计算公式是：不遵约得分＝不遵约行为影响×频次；其中，不遵约行为影响是指对目标物种、依赖于相关物种以及整个生态系统的影响，按影响大小赋值区间为 1~5 分。不遵约 4 个等级分别是：轻微的（minor，1~4 分）、重大的（major，5~9 分）、严重的（serious，10~15

---

〔1〕 参见养护措施 CM 10-10（2019）附件 B 的脚注 1。

〔2〕 CCAMLR, Report of the Twenty-Fifth Meeting of the Commission, Hobart, 23 October-3 November 2006, paragraph3. 33 of Annex 5.

分)、危险的（critical, 16~25 分)。[1]但是，CCAMLR 成员关于不遵约行为影响的赋值产生了分歧；有成员认为，CCAMLR 通过每个养护措施都有其目标，不遵守养护措施都应被视为是危险的，赋值应全部为 5 分；有成员关注不遵约行为对生态系统的直接影响，有成员关注间接影响，如不及时提交检查报告不会直接影响物种或海洋生态系统。还有 CCAMLR 成员认为，不遵约行为影响的赋值还应考量不遵约行为的主观性，是有意为之还是无意为之。[2]2011 年，DOCEP 工作组建议将遵约评估程序的重心从不遵约评估转向评估与纠正，以更好地促进缔约方遵守养护措施。为此，工作组建议的遵约状态矩阵包含了两个要素：一是遵约状态分类；二是各类遵约状态对应的救济响应。遵约状态分 4 类，分别是：遵约（compliant）、遵约评估（compliance review）、遵约行动计划（compliance action plan）和遵约救济（compliance remedy）。遵约行动计划，针对那些损害养护措施目标的不遵约行为；这些不遵约行为，将要求对渔船进行调查处理，如果船旗国需要能力建设，将提供技术与能力支持，SCIC 和 CCAMLR 将连续跟踪评估 3年。[3]

2012 年，CCAMLR 正式通过遵约评估程序，即养护措施 CM 10 - 10（2012），将遵约状态分为 5 个类型，分别是：遵约，部分遵约，需要额外信息，不遵约，严重、屡次或持续不遵约。换言之，养护措施 CM 10 - 10（2012）确定了两种遵约、两种不遵约以及一种不确定情形；部分遵约状态的标准是轻微违规。2015 年增加了不赋予遵约状态类型，2016 年删除了部分遵约状态，2017 年因委员会第一次不能通过 CCAMLR 遵约报告而重新调整了不遵约状态类型。2019 年，SCIC 仍未能就两个遵约问题的遵约状态等级达成共识，存在着等级 1 和等级 2 之间的分歧。[4]2021 年，SCIC 强调，遵约状态评

〔1〕 Report of the Workshop for the Development of a Compliance Evaluation Procedure（DOCEP），CAMLR-XXVIII/16, 18 August 2009, paragraphs 19-26.

〔2〕 CCAMLR, Report of the Twenty - Ninth Meeting of the Commission, Hobart, 25 October - 5 November 2010, paragraphs 2. 42-2. 43 of Annex 6.

〔3〕 DOCEP Convener, Report of 2010/11 Intersessional Work and Proposal for a CCAMLR Compliance Evaluation Procedure, CCAMLR-XXX/31, 9 September 2011, paragraph 6-7 and Table 1.

〔4〕 CCAMLR, Report of the Thirty - Eighth Meeting of the Commission, Hobart, 21 October - 1 November 2019, paragraph 3. 26.

定过程中应保持一致性。[1]

尽管目前遵约评估程序的争议焦点主要集中在遵约状态上，但是仍应重视 SCIC 与 CCAMLR 可能建议的进一步措施，以及遵约状态的未来可能用途。2011 年，SCIC 就指出遵约评估程序缺少针对不同评估结果的相应措施。[2] 2012 年，通过的遵约评估程序规定了 4 种针对具体遵约问题 SCIC 与 CCAMLR 可能建议的进一步措施，包括：建议 CCAMLR 成员采取的遵约救济措施、修订养护措施、优先监测与评估内容以及其他可能反应行动等。[3] 例如，2018 年，针对 2 艘韩国籍渔船（Hong Jin No. 701 号和 Southern Ocean 号）违反养护措施 CM 31-02，没有遵守渔场关闭后 24 小时内不能放网的规定，CCAMLR 一方面将此两个遵约问题评估为最严重的不遵约状态，即等级 3；另一方面要求韩国翌年汇报其对涉事渔船的调整处理结果以及增强其国内法律框架。[4] 2019 年，韩国根据要求向 SCIC 和 CCAMLR 反馈了其改进措施，包括修订了其《远洋渔业发展法》等；对此，SCIC 确认不需要额外措施。[5]

截至 2022 年，SCIC 和 CCAMLR 在此方面的实践显示，建议成员采取遵约救济措施和建议 CCAMLR 修订养护措施是两种经常采用的进一步措施。对于其他两种进一步措施，即"优先监测与评估内容"和"其他可能反应行动"，则很少受到关注或使用。需要重视的是，"其他可能反应行动"非常笼统，可被宽泛地解释，以包括那些可能针对缔约方的行动或措施。2018 年至 2019 年间，韩国修订其《远洋渔业发展法》是针对其两艘渔船的违法行为，理论上就属于"遵约救济措施"。另外，根据"法不溯及既往"原则，新修

〔1〕 CCAMLR, Report of the Fortieth Meeting of the Commission, Virtual, 18-29 October 2021, para-graph 42 of Annex 8.

〔2〕 CCAMLR, Report of the Thirtieth Meeting of the Commission, Hobart, 24 October-4 November 2011, paragraph 2. 51 of Annex 6.

〔3〕 Conservation Measure 10-10（2012）"CCAMLR Compliance Evaluation Procedure", paragraph 3（ii）.

〔4〕 CCAMLR, Report of the Thirty-Seventh Meeting of the Commission, Hobart, 22 October-2 November 2018, Appendix Ⅱ of Annex 6.

〔5〕 CCAMLR, Report of the Thirty-Eighth Meeting of the Commission, Hobart, 21 October-1 November 2019, paragraphs 3. 22-3. 23, and paragraphs 64-67 of Annex 6. 对于两艘韩国籍渔船非法捕捞的犬牙鱼渔获仍被允许进入国际贸易，SCIC 表达了失望。《联合国鱼类种群协定》自 2008 年 2 月 1 日对韩生效；该协定第 19 条（2）要求，船旗国适用于其渔船违法行为的制裁应足够严厉，"并应剥夺违法者从其非法活动所得到的利益"。显然，韩国的做法不符合此要求。

订的国内法不能适用于之前发生的违法行为，却影响未来的相关行为，增强了缔约方的履约能力；因此，它在一定程度上可以被视为针对缔约方的"其他可能反应行动"。考虑到韩国在 2018 年 SCIC 会议期间主动承诺修订国内法的意愿，不能认为韩国此次修订国内法的行为是完全由 SCIC 单方面建议和强加的。

如果宽泛和过度解释"其他可能反应行动"，则可能出现缔约方渔船的某些严重不遵约行为导致该缔约方被要求承担一定的责任。2015 年，国际海洋法法庭（ITLOS）在"分区域渔业委员会咨询案"中认为，船旗国负有确保其渔船不在沿海国管辖海域内从事 IUU 捕捞的义务，这是一种勤勉义务（obligations of due diligence）。船旗国仅可因未履行其勤勉义务而承担一定责任；其渔船屡次出现 IUU 捕捞活动和船旗国勤勉义务履行无关。[1]换言之，不能用前者证明后者。即使如此，CCAMLR 遵约评估程序实施过程中，仍存在关于不遵约后果的担心，包括法律和道德方面的影响；反过来，这种担心影响着各国参与遵约评估程序的审议，特别是那些连续出现不遵约问题的国家。

2017 年，秘书处应邀请对 2013 年至 2016 年间 CCAMLR 成员遵约表现进行了统计，列出相关成员在此 4 年期间出现的遵约问题，以突出可能存在连续不遵约问题。根据此秘书处准备的报告，养护措施 CM 10-03 关于港口检查、养护措施 CM 26-01 关于海洋环境保护等持续不遵约问题突出；前者涉及的国家为智利和南非，后者涉及韩国、新西兰、挪威、俄罗斯、南非、英国等。[2]2017 年，CCAMLR 遵约评估程序因一些遵约问题而陷入困境，秘书处此报告（CCAMLR-XXXVI/31）没有得到应有的注意和讨论，失去了一次检验不遵约状态可能后果的机会。即使如此，FAO《船旗国表现评估自愿性指南》可为此提供一个借鉴。在讨论该指南过程中，也曾有国家担心船旗国表现评估结果可能导致的法律或道德舆论影响。2014 年通过的《船旗国表现评估自愿性指南》明确，为遏制船旗国不遵约情形可采取以下措施：磋商、提供帮助与能力建设、信息分享以及争端解决机制等。[3]

---

〔1〕 *Request for an Advisory Opinion Submitted by the Sub-Regional Fisheries Commission（SRFC）*, Advisory Opinion, 2 April 2015, ITLOS Report 2015, p. 4, paragraphs 141-150.

〔2〕 CCAMLR Secretariat, CCAMLR Compliance Evaluation Procedure（CCEP）, CCAMLR-XXXVI/31, 31 August 2017.

〔3〕 FAO, Voluntary Guidelines for Flag State Performance, 2014, paragraph 47.《船旗国表现评估自愿性指南》的宗旨在于通过促进有效实施船旗国责任以预防、遏制和消除 IUU 捕捞，仅适用于国家管辖范围外海域。

事实上，早在 2002 年，CCAMLR 就通过了一个非法律约束力的决议，即第 R19/XXI 号决议"不履约旗帜"（FONC），将那些不能履行其船旗国义务的缔约方与非缔约方统称为 FONC，要求《南极海洋生物资源养护公约》缔约方与合作非缔约方采取措施禁止其国民参与悬挂 FONC 渔船作业、禁止与悬挂 FONC 渔船进行海上转载和港口卸载等。[1]尽管不具有法律约束力，但是该决议创造出的 FONC 概念及其可能后果仍应给予足够注意。

综上分析，遵约评估程序的两种结果——遵约状态以及可能的"进一步措施"——相互关联，一定程度上相互影响。CCAMLR 成员会因担心可能的"进一步措施"而影响其对某个具体遵约问题的遵约状态的确定。尽管 CCAMLR 遵约评估程序在"进一步措施"方面有明确规定，即 4 种类型措施，且截至 2021 年，CCAMLR 实践集中在两种措施上，但是不确定性或模糊性依然存在。2017 年，秘书处报告预警了那些长期连续存在严重不遵约问题的缔约方。2017 年至 2021 年间，遵约状态争议使 CCAMLR 遵约评估程序遇到困难。CCAMLR 曾为此多次修订养护措施，调整遵约状态类型；这些努力没有有效改善局面。比较而言，2013 年至 2016 年间，尽管遵约类型不完善，但是 CCAMLR 仍能成功完成其遵约评估程序。可以认为，尽管遵约评估结果很重要，但是它仅是一个手段，服务于遵约评估程序的宗旨，即促进各缔约方遵守养护措施和完善养护措施；评估结果本身不是目的。

七、秘书处和 SCIC 主席的作用

秘书处和 SCIC 主席在遵约评估程序中扮演着重要角色。根据养护措施 CM 10-10，遵约评估程序由秘书处启动，由秘书处准备 CCAMLR 遵约报告草案和 CCAMLR 遵约报告概要。遵约评估程序一方面为秘书处获取各成员遵守养护措施信息提供了一个正式的机制，即秘书处垄断了各成员遵约信息，使其和各成员之间信息不对称；另一方面秘书处编制 CCAMLR 遵约报告草案和 CCAMLR 遵约报告概逐步形成了自己的方法，拥有一定的自由裁量空间。

综观 2013 年至 2022 年间 CCAMLR 遵约评估实践可以发现，秘书处编制的 CCAMLR 遵约报告概要一定程度上能影响 SCIC 审议。2013 年和 2014 年，

---

[1] Resolution 19/XXI "Flags of Non-Compliance", 2002; See also, CCAMLR, Report of the Twenty-First Meeting of the Commission, Hobart, 21 October-1 November 2002, paragraph 11.72.

秘书处以缔约方为单位编制 CCAMLR 遵约报告概要，导致了 SCIC 以缔约方为单位进行审议，影响了 SCIC 审议氛围。2021 年 CCAMLR 遵约报告概要包含了大量技术性遵约问题，影响了 SCIC 对一些实质性遵约问题的讨论，不利于实现遵约评估程序的初衷。所以，2021 年 CCAMLR 会议上我国建议，秘书处应将技术性遵约问题和实质性遵约问题区分开，应用有限时间重点讨论实质性遵约问题，以提高遵约评估程序的有效性。[1]除此之外，2021 年 CCAMLR 遵约报告概要关于韩国籍 Sae In Champion 号渔船和俄罗斯籍 Pamyat Ilicha 号渔船的处理，更是凸显了秘书处在一些敏感问题上的自由裁量空间。

在 CCAMLR 遵约评估实践中，只要秘书处将某个可能的遵约事项列入 CCAMLR 遵约报告概要，即使经 SCIC 审议认定该遵约事项不违反任何 CCAMLR 规定，即其遵约状态为"遵约"（compliant），该遵约事项仍会被列在最后一致通过的 CCAMLR 遵约报告中。当然，一个遵约事项被秘书处挑选出来，说明该事项存在不遵约的可能性，更体现了秘书处对此事项的判断。如果有很多遵约事项最终被 SCIC 审议认定为"遵约"，可认为是好事。但是，这样会消耗 SCIC 很多时间，影响 SCIC 会议进程。因此，理论上通过计算每年 CCAMLR 遵约报告中"遵约"事项占所有遵约问题的比例，以评估秘书处编制 CCAMLR 遵约报告概要的准确性。对于那些秘书处通过成员反馈认定不需要列入 CCAMLR 遵约报告概要的事项，则完全取决于秘书处的自由裁量。[2]

对于 SCIC 主席的作用，养护措施 CM 10-10 并没有明确规定。理论上，SCIC 审议 CCAMLR 遵约报告概要过程就是 SCIC 主席发挥作用的过程。SCIC 主席应选择重点遵约问题进行审议，引导成员在一些复杂遵约问题上进行合作，平衡各遵约问题的遵约状态认定，保障 SCIC 成功通过临时 CCAMLR 遵约

---

〔1〕　CCAMLR, Report of the Fortieth Meeting of the Commission, Virtual, 18-29 October 2021, paragraph 4.18.

〔2〕　2021 年 SCIC 会议期间，对于秘书处认定那些属于遵约事项中渔船，我国曾向秘书处寻求了解这些渔船的信息，如船旗国等，秘书处拒绝披露。如果任何 CCAMLR 成员继续坚持要求秘书处披露的话，则会被理解为不信任秘书处。这是相当危险的。然而，2023 年 8 月美国海洋与大气局（NOAA）向其国会提交的《关于改进国际渔业管理的 2023 年报告》显然证明了，CCAMLR 秘书处向美国提供了瓦努阿图渔船在 2021 年和 2022 年间遵守养护措施 CM 10-09 的相关信息。此做法显然是不合适的，或不公平透明的。See NOAA, Report to Congress: Improving International Fisheries Management, August 2023, p.41.

报告。2013 年至 2016 年间和 2017 年至 2020 年间，SCIC 经历了两任主席（以下根据主席的国籍分别称其为智利籍主席和韩国籍主席），两任主席任职期间遵约评估程序开展情况，则反映了 SCIC 主席对遵约评估程序的影响。智利籍主席的任期恰逢遵约评估程序正式开始运行，且遵约评估程序施行后又经过 3 次修订。在此情况下，SCIC 仍能正常通过临时 CCAMLR 遵约报告。相反，韩国籍主席任职期间仅 2019 年 SCIC 正常通过了临时 CCAMLR 遵约报告。当然，2020 年受疫情影响，尽管 CCAMLR 线上召开了年会，但是没有正式召开线上 SCIC 会议。

　　诚然，CCAMLR 遵约评估程序很难在制度设计上达到尽善尽美，但是使遵约评估程序适应每年具体情况以达到制度设计的初衷取决于 SCIC 执行遵约评估程序的方式。其中，SCIC 主席的作用至关重要。2017 年，我国指出 SCIC 和 CCAMLR 应注意改善实施遵约评估程序的方式，不能实行"双重标准"；一些发达国家"高度赞扬"韩国籍主席的工作。在第一次不能通过 CCAMLR 遵约报告的背景下，SCIC 不能完成其任务，而 SCIC 主席则成为"赞扬对象"，是非常具有讽刺意味的。南非认为 2017 年遵约评估程序的开展方式不具客观性，违背了 CCAMLR 长期以来的宗旨。[1] 智利籍主席在目睹 2017 年，遵约评估程序陷入困境后指出，SCIC 主席应在闭会期间发挥更积极的作用，应和 CCAMLR 成员一起就复杂遵约问题准备具体的解决方案，优化利用 SCIC 会议时间，突出遵约评估程序的宗旨与真正功能。[2] 有意思的是，2022 年，智利籍主席和韩国籍主席以专家身份参加了皮尤基金会召集的一个专家评估小组；该专家评估小组报告认为，区域渔业管理组织的遵约评估机制应遵约以下原则：公正无私、合法、透明、针对性、有效性、有效率和协作性。[3]

---

　　[1] CCAMLR, Report of the Thirty-Sixth Meeting of the Commission, Hobart, 16-27 October 2017, paragraphs 3.30-3.48.

　　[2] Osvaldo Urrutia, "The Compliance Assessment Process of the Commission for the Conservation of Antarctic Marine Living Resources: Current Problems and Proposals for Improvement", V *Antarctic Affairs* 57, 69 (2018).

　　[3] *Approaches to Evaluate and Strengthen RFMO Compliance Processes and Performance: A Toolkit and Recommendations*, The Pew Charitable Trusts & ISSF, July 2022, pp. 10~11.

第四节　小结

如前所述，CCAMLR 遵约评估程序根本目的是促进 CCAMLR 各项制度得到有效遵守，以及改进养护措施。CCAMLR 成员为此不断努力，通过了养护措施 CM 10-10，并在 2014 年至 2019 年间连续修订了 6 次；2021 年第 40 届 CCAMLR 会议决定，成立会间工作组，讨论该养护措施的修订与完善，以进一步完善该评估程序。2022 年，欧盟、韩国和美国联合提交关于修订养护措施 CM 10-10 的提案，试图绕开协商一致的决策机制，因此没有取得进展。[1]

经过多年实践，遵约评估程序不断扩大评估对象与范围，将所有缔约方（不仅是 CCAMLR 成员）和所有养护措施等都纳入评估；增进了各缔约方对遵约评估的认知，增强了遵约评估程序和其他机制之间的联系与互动，进一步厘清了它和科学观察员报告之间的关系，强化了秘书处在遵约信息收集与处理过程中的核心地位。但是，遵约状态评定及其未来可能影响、遵约评估程序与 IUU 交叉、秘书处与 SCIC 主席保持公正中立、不区分技术性问题与实质性问题等因素，影响了遵约评估程序的顺利开展。

2017 年及以后的实践，似乎显示遵约评估程序日益远离其最初宗旨；SCIC 审议遵约问题过程似乎演变为批评或谴责涉嫌不遵约缔约国的过程，将遵约评估和 CCAMLR 成员捕鱼机会或其他事项联系，加剧了 SCIC 审议过程的复杂性，或者说遵约评估过度政治化。考虑到遵约评估程序是 SCIC 一项核心职责，该职责履行不到位将影响 CCAMLR 工作开展，甚至会损害 CCAMLR 在全球海洋生物资源养护与可持续利用领域中的声誉。

2013 年至 2021 年间，我国在遵约方面总体上表现很好，涉及的遵约问题大多数是一些技术性问题。例如，2013 年至 2014 年间我国有渔船出现了海上转载通报没有达到提前 72 小时的规定。这些技术性问题，既与海况有关，也与计算通报的方法有关。在加强船员培训与教育后，我国渔船较好地解决了此问题。2021 年，我国再次出现海上转载通报的问题，而且海上转载通报成为 2020 年和 2021 年遵约评估程序中出现频次很高的问题，凸显出该海上转

---

〔1〕 CCAMLR, Report of the Forty-First Meeting of the Commission, Hobart, 24 October-4 November 2022, paragraphs 7. 17-7. 19.

载通报要求之高，特别是该通报制度没有考虑到船员和陆上管理人员的休息或节假日时间。

除提高自身遵约能力与表现外，我国积极参与 SCIC 审议遵约问题以及完善遵约评估程序。我国坚持遵约评估程序的完整性，评估标准的一致性与统一性，坚决反对双重标准；建议区分技术性问题和实质性问题，优先考虑实质性问题，养护措施修订与完善应充分考虑其可执行性；敦促 CCAMLR 尽可能通过其遵约评估报告，以维持遵约评估程序的权威性以及 CCAMLR 声誉。我国的这些努力一定程度上促进了 CCAMLR 有效实施遵约评估程序，但是有时会被误解，甚至招来批评。不论如何，这些努力既体现了国家参与全球海洋治理的建设与改革，也为我国更深入参与南极海洋治理积累了经验与打下话语基础。

第三篇
南极海洋保护区

第九章

南极海洋保护区建设

　　2002 年在南非约翰内斯堡通过的《可持续发展问题世界首脑会议执行计划》（以下简称《执行计划》）要求，在 2012 年前根据国际法和科学依据在全球建立起海洋保护区网络。[1]2002 年 12 月 12 日，联合国大会通过第 57/141 号决议，重申了此呼吁。需要注意这两个全球性的政治文件提出此意见的背景：目标是实现"养护和管理海洋"，手段是制定和利用多种方法；"根据国际法和科学依据在全球建立起海洋保护区网络"仅是其中一种方法，不是全部。其他方法还包括：生态系统方法、为保护育肥场（nursery grounds）和育肥期（nursery periods）而实施禁渔区和禁渔期、妥善使用沿海区和土地及进行流域规划、将海洋与沿岸区域纳入主要部门等。[2]"在 2012 年前建立起海洋保护区网络"被选择性地解读和理解成目标而不是方法；是唯一的政治目标，并忽略了建设基础——"根据国际法和科学依据"以及其宗旨——"促进海洋养护与管理"。[3]

　　可以认为，2002 年是南极保护区事业的分水岭之年。该年 5 月 24 日，《环保议定书》附件 5 "保护区"生效；同年，意大利提出的特拉诺瓦湾（Terra Nova Bay）南极特别保护区提案涉及海洋区域，南极海洋生物资源养护委员会（CCAMLR）得以第一次参与《南极条约》框架下的南极特别保护区

---

　　〔1〕　Report of the World Summit on Sustainable Development, A/CONF. 199/20, Johannesburg, 26 August-4 September 2002, paragraph 32 (a) and (c).

　　〔2〕　UN, Resolution on Oceans and the Law of the Sea, A/RES/57/141, 12 December 2002, paragraph 53.

　　〔3〕　国外有学者认为建设海洋保护区本身就是目标，忽视了海洋保护区仅是划区管理工具（ABMTs）的一种，是一种管理工具。除此之外，海洋保护区建设更应注重其后续管理，特别是科研与监测，以增进人类对海洋生态系统的认知。See Enric Sala, Jane Lubchenco, Kirsten Groru d-Colvert, et al., "Assessing Real Progress towards Effective Ocean Protection", 91 *Marine Policy* 11 (2018).

管理计划的审议；[1]是年，CCAMLR 注意到《执行计划》的要求，同意将"保护区管理"作为其未来会议的单独议题。[2]

在海洋保护区方面，南大洋因其独特的生物和环境而具有非常重要的养护价值；因地理位置遥远，相对而言受人类活动影响较小。但随着海洋科学研究、捕鱼、旅游等活动日益增多，以及气候变化的影响，国际上要求在南极海域建立海洋保护区代表体系的呼声，使该海域生物多样性得到了长期养护。在此过程中，CCAMLR 被寄予了很大的期望。[3]对此，CCAMLR 积极响应，曾采取一系列措施，支持各国提交关于建立海洋保护区代表性网络的提案。[4]国际社会在南大洋建立代表性海洋保护区网络的努力在 2009 年迈出了实质性的一步，即 CCAMLR 宣布建立其第一个海洋保护区，即南奥克尼群岛南部陆架海洋保护区（SOISS MPA）。[5]CCAMLR 以及南极条约的成员国的这种努力为世界上其他海域的海洋生物多样性养护提供了一个先例。但 2011 年以后，CCAMLR 在海洋保护区方面的工作进展不顺，即使 2016 年通过了第一个真正意义上依据养护措施 CM 91-04（2011）建立的海洋保护区——罗斯海区域海洋保护区，[6]各方关于海洋保护区的建设与实施仍存在

〔1〕 CCAMLR, Report of the Twenty-First Meeting of the Commission, Hobart, 21 October-1 November 2002, paragraph 4. 16.

〔2〕 CCAMLR, Report of the Twenty-First Meeting of the Commission, Hobart, 21 October-1 November 2002, paragraphs 4. 19-4. 20.

〔3〕 Lucinda L. Douglass, Joel Turner, Hedley S. Grantham, et al. , "A Hierarchical Classification of Benthic Biodiversity and Assessment of Protected Areas in the Southern Ocean", 9 PLoS ONE e100551 (2014); ASOC, Climate Change, Marine Ecosystems, and Non-Native Species: The view from the Southern Ocean, CCAMLR-XXXII/BG/15, 21 September 2013.

〔4〕 UN, Report of the Secretary-General on Actions taken by States and regional fisheries management organizations and arrangements in response to paragraphs 80 and 83 to 87 of General Assembly resolution 61/105 and paragraphs 113 to 117 and 119 to 127 of General Assembly resolution 64/72 on sustainable fisheries, addressing the impacts of bottom fishing on vulnerable marine ecosystems and the long-term sustainability of deep-sea fish stocks, A/66/307, 15 August 2011, paragraph 64.

〔5〕 Lucinda L. Douglass, Joel Turner, Hedley S. Grantham, et al. , "A Hierarchical Classification of Benthic Biodiversity and Assessment of Protected Areas in the Southern Ocean", 9 PLoS ONE e100551, 13 (2014). 具体参见养护措施 CM 91-03 (2009)。

〔6〕 See Michael Slezak, "World's largest marine park created in Ross Sea in Antarctica in landmark deal", The Guardian, 28 October 2016; Anne-Marie Brady, A Pyrrhic Victory in Antarctica? The Diplomat, 4 November 2016; Hannah Waters, The World's Largest Marine Protected Area Is a Conservation Victory with Caveats, Audubon, 16 November 2016; Rob Nicoll and Jon C. Day, "Correct Application of the IUCN Protected Area Management Categories to the CCAMLR Convention Area", 77 Marine Policy 9 (2017).

诸多分歧，[1]给其他海洋保护区提案的讨论带来了很大的不确定性。

第一节　南极海洋保护区建设实践

综观历年来 CCAMLR 及其南极海洋生物资源养护科学委员会（SC-CAM-LR）在海洋保护区方面的工作以及取得的进展，可将 2000 年至 2021 年间的 20 多年划分为三个阶段。第一个阶段是 2000 年至 2008 年，为起步与科学推进阶段，科学与议程优化；第二阶段是 2009 年至 2017 年，实质推进阶段，科学与政治矛盾显现；第三阶段是 2018 年以后，我国积极参与，有效性与科学性和面积目标之争。

一、第一阶段（2000 年至 2008 年）：起步和科学推进阶段，科学与议程优化

2000 年，CCAMLR 开始讨论海洋保护区议题，由生态系统监测与管理工作组（WG-EMM）下的关于生态系统监测地址的选定与保护分组对监测地址管理计划进行评估。2002 年，CCAMLR 第一次参与涉及海洋区域的南极特别保护区管理计划的审议，注意到《执行计划》的要求，同意将"保护区管理"作为其未来会议的单独议题，将"生态系统监测地址的选定与保护分组"改名为"保护区咨询分组"。[2]2003 年，对该分组的职责进行调整，其中包括针对根据《南极海洋生物资源养护公约》第 9 条（2）（g）建议的海洋保护区提案如何实施提供咨询意见。[3]2004 年，CCAMLR 要求 SC-CAMLR 将海洋保护区作为优先工作进行处理，重申了根据《南极海洋生物资源养护公约》第 2 条和第 9 条提供关于海洋保护区的科学建议。[4]至此，海洋保护区

---

〔1〕 CCAMLR, Report of the Thirty-Sixth Meeting of the Commission, Hobart, 16-27 October 2017, paragraph 5. 70-5. 83.

〔2〕 CCAMLR, Report of the Twenty-First Meeting of the Commission, Hobart, 21 October-1 November 2002, paragraphs 4. 11-4. 20.

〔3〕 CCAMLR, Report of the Twenty-Second Meeting of the Commission, Hobart, 27 October-7 November 2003, paragraph 4. 26; SC-CAMLR, Report of the Twenty-Seventh Meeting of the Scientific Committee, 27-31 October 2008, paragraph 3. 2 of Annex 4.

〔4〕 CCAMLR, Report of the Twenty-Third Meeting of the Commission, Hobart, 25 October-5 2004, paragraph 4. 13.

议题上升到了 CCAMLR 层面。

2005 年，SC-CAMLR 在美国召开了第一次海洋保护区专题研讨会；[1]将海洋保护区议题从 WG-EMM 分离出来。同年，CCAMLR 大会同意了 SC-CAMLR 提交的海洋保护区专题研讨会的建议，确认首要目标是在"南极条约体系下建立一个协调一致的保护海洋环境制度"；[2]同意 SC-CAMLR 关于召开南大洋生物区化研讨会的建议。[3]比利时向 CCAMLR 捐赠 2 万欧元，建立了 MPA 特别基金，以支持 CCAMLR 推进海洋保护区建设工作。[4]

2006 年，生物区化研讨会指导委员会成立，由 CCAMLR 和 CEP 等组织的成员组成；CCAMLR 赞扬了生物区化研讨会的工作，认为是 CCAMLR 在南大洋建立海洋保护区代表网络的重要一步。[5]为邀请 CCAMLR 以外专家参会，SC-CAMLR 同意利用 MPA 特别基金支付外部专家的相关费用。[6]2007 年，生物区化研讨会在布鲁塞尔举行，提出了 11 个优先区域；[7] SC-CAMLR 提出，未来关于海洋保护区的工作应被纳入 WG-EMM 范围。[8]2008 年，WG-EMM 工作组下设了一个专题"推进实施空间管理措施，促进海洋生物多样性养护"，讨论了脆弱海洋生态系统（VME）确认、讨论优先建立海洋保护区的区域、制定海洋保护区建立的协调措施、工作计划等内

---

〔1〕 SC-CAMLR, Report of the Twenty-Fourth Meeting of the Scientific Committee, 24-28 October 2005, Annex 7.

〔2〕 CCAMLR, Report of the Twenty-Fourth Meeting of the Commission, Hobart, 24 October-4 November 2005, paragraph 4. 12.

〔3〕 CCAMLR, Report of the Twenty-Fourth Meeting of the Commission, Hobart, 24 October-4 November 2005, paragraph 4. 17.

〔4〕 CCAMLR, Report of the Twenty-Fourth Meeting of the Commission, Hobart, 24 October-4 November 2005, paragraph 3. 29.

〔5〕 CCAMLR, Report of the Twenty-Fifth Meeting of the Commission, Hobart, 23 October-3 November 2006, paragraphs 6. 1-6. 6.

〔6〕 SC-CAMLR, Report of the Twenty-Fifth Meeting of the Scientific Committee, 23-27 October 2006, paragraph 10. 2.

〔7〕 SC-CAMLR, Report of the Twenty-Sixth Meeting of the Scientific Committee, 22-26 October 2007, Annex 9; Report of the Twenty-Seventh Meeting of the Scientific Committee, 27-31 October 2008, Annex 4, Figure 12, p. 281.

〔8〕 CCAMLR, Report of the Twenty-Sixth Meeting of the Commission, Hobart, 22 October-2 November 2007, paragraph 7. 19.

容；[1]同年，WG-EMM 工作组确认了 11 个优先区域，分布于南极半岛至罗斯海海域；也就是说，11 个优先区域位于领土主张陆地外的海域，西经 90 度至西经 150 度之间没有领土主张陆地外海域。当时曾有一些国家对此 11 个优先区域划分有异议，认为第二次生物区化的工作还没有完成。[2]这样，海洋保护区议题将重新被纳入其讨论范围，但与脆弱海洋生态系统议题并列。

二、第二阶段（2009 年至 2017 年）：实质推进阶段，科学与政治矛盾显现

2009 年，CCAMLR 通过了英国关于建立南奥克尼群岛南部陆架海洋保护区（SOISS MPA）的提案，制订了新的养护措施 CM91-03（2009），建立起了第一个 CCAMLR 海洋保护区。该提案首先经过 WG-EMM 讨论（WG-EMM-09/22）后，向 SC-CAMLR 提出建议；[3]然后由 SC-CAMLR 支持同意 WG-EMM 建议，再提交给 CCAMLR 大会讨论；[4]最终由 CCAMLR 同意通过，形成养护措施 CM 91-03（2009）。[5] SOISS MPA 位于 11 个优先区域中第 2 个区域；CCAMLR 认为它的建立是一个里程碑，确立了 CCAMLR 在养护海洋生物资源方面的革新精神与全球领先地位。[6]对该海洋保护区是否构成一个先例的问题，各国代表观点不一；中国代表认为该海洋保护区不能构成先例，以后海洋保护区建设必须分别进行个案审查。[7]

除此之外，2009 年 4 月 3 日至 4 日，SC-CAMLR 和环境保护委员会（CEP）在美国联合召开了研讨会。双方确定了 5 个共同感兴趣的领域：气候

〔1〕 SC-CAMLR, Report of the Twenty-Seventh Meeting of the Scientific Committee, 27-31 October 2008, Annex 4, paragraphs 3.1-3.78.

〔2〕 SC-CAMLR, Report of the Twenty-Seventh Meeting of the Scientific Committee, 27-31 October 2008, paragraphs 3.51, 3.55, and figure 12 of Annex 4.

〔3〕 SC-CAMLR, Report of the Twenty-Eighth Meeting of the Scientific Committee, 26-30 October 2009, Annex 4, paragraphs 5.15-5.37.

〔4〕 SC-CAMLR, Report of the Twenty-Eighth Meeting of the Scientific Committee, 26-30 October 2009, paragraphs 3.14-3.19.

〔5〕 CCAMLR, Report of the Twenty-Eighth Meeting of the Commission, Hobart, 26 October-6 November 2009, paragraph 7.1.

〔6〕 CCAMLR, Report of the Twenty-Eighth Meeting of the Commission, Hobart, 26 October-6 November 2009, paragraph 7.2.

〔7〕 CCAMLR, Report of the Twenty-Eighth Meeting of the Commission, Hobart, 26 October-6 November 2009, paragraph 7.12.

变化与南极海洋环境；南极海洋环境中的生物多样性和外来物种；需要特别保护的南极物种；空间海洋管理（spatial marine management）和保护区；生态系统和环境监测。[1]2009年，MPA特别基金联络小组通过会间讨论，确定了MPA特别基金资助的优先工作：其一，收集数据，以促进制定海洋保护区、精细尺度生物区化和系统养护规划；其二，召集研讨会，以分享经验和制定关于确定候选保护区域方法的最佳实践指南。[2]

2010年，澳大利亚介绍了在数据不足（data-poor）区域内海洋保护区代表体系详细计划，[3]引发了海洋保护区建设过程中合理利用的担忧，使其成为SC-CAMLR和CCAMLR会议中一个非常激烈的议题。SC-CAMLR认为，SC-CAMLR和CCAMLR应为此提供一个指南。[4]2011年，SC-CAMLR召开了第二次海洋保护区专题会；SC-CAMLR认为这11个优先区没有涵盖《南极海洋生物资源养护公约》的所有区域，其作用受到了限制。在此基础上，SC-CAMLR支持对公约区域划分不同的海洋保护区代表体系的工作。[5]根据规划，整个公约区域被划成9个区块（domain）。最为重要的是，在澳大利亚的积极推进下，CCAMLR于2011年通过了一个关于建立海洋保护区的一般性框架，即养护措施CM 91-04（2011）。此框架为今后的海洋保护区建设提供了以下几点意见：①必须以国际法，特别是《联合国海洋法公约》为依据，以可获得最佳科学证据为基础，充分考虑《南极海洋生物资源养护公约》第2条规定的宗旨；②建立保护区的目标可包括，保护代表性的海洋生态系统、生物多样性和栖息地等；建立科学参考区域，以监测自然或人类活动引发的变化；③对于每个保护区，应确定具体的目标、限制内容、四至边界和设定期限；④为每个海洋保护区制定管理计划和研究监测计划；⑤CCAMLR每隔

---

〔1〕 SC-CAMLR, Report of the Twenty-Eighth Meeting of the Scientific Committee, 26-30 October 2009, Annex 4, paragraphs 5.25-5.27.

〔2〕 SC-CAMLR, Report of the Twenty-Eighth Meeting of the Scientific Committee, Hobart, 26-30 October 2009, paragraph 3.24.

〔3〕 Delegation of Australia, Elaborating a representative system of marine protected areas in data-poor regions, SC-CAMLR XXIX/11, 10 September 2010.

〔4〕 SC-CAMLR, Report of the Twenty-Ninth Meeting of the Scientific Committee, 25-29 October 2010, paragraph 5.17.

〔5〕 SC-CAMLR, Report of the Thirtieth Meeting of the Scientific Committee, 24-28 October 2011, paragraphs 5.19-5.20.

10 年或其他商定的年限对保护区进行评估。[1]

2011 年至 2012 年大会闭会期间，SC-CAMLR 召开了 3 个技术工作组会议，分别讨论第 1 区、第 5 区以及第 3、4、9 区。[2]根据工作组会议，关于第 1 区的海洋保护区提案于 2015 年完成；SC-CAMLR 同意 WG-EMM 协调未来第 1 区海洋保护区的发展。[3]从 2015 年 6 月在波兰召开的 WG-EMM 会议看，这一目标已经实现，德国提出了威德尔海海洋保护区提案，面积达到 360 万平方公里；美国也表达了参加第 1 区块的海洋保护区工作。[4]

2012 年，CCAMLR 大会共收到 4 个提案涉及 3 个海洋区域，分别是：新西兰和美国各自关于罗斯海区域海洋保护区的提案，[5]欧盟关于南极大陆的冰架海域保护区的提案，[6]澳大利亚、法国和欧盟关于东南极海洋保护区的提案。[7]关于罗斯海区域海洋保护区的两个提案，在大会主席的建议下，新西兰与美国在 2012 年 CCAMLR 会议期间进行了整合，提出了一个联合提案（CCAMLR-XXXI/16 Rev. 1）供大会进行讨论。[8]此后，新西兰和美国关于罗斯海区域海洋保护区的提案和澳大利亚、法国与欧盟关于东南极海洋保护区

---

〔1〕 关于养护措施 CM 91-04（2011）文本，主要争议的内容包括："养护"与"合理利用"的关系，管理计划与研究监测计划和保护区设立之间的时间关系，保护区是否应该有期限，定期评估的结果使用等。关于该养护措施的详细评论，参见杨雷等：《〈关于建立 CCAMLR 海洋保护区的总体框架〉有关问题分析》，载《极地研究》2014 年第 4 期，第 522~534 页。

〔2〕 SC-CAMLR, Report of the Thirty-First Meeting of the Scientific Committee, 22-26 October 2012, paragraph 5. 15.

〔3〕 SC-CAMLR, Report of the Thirty-First Meeting of the Scientific Committee, 22-26 October 2012, paragraphs 5. 18-5. 20.

〔4〕 SC-CAMLR, Report of the Working Group on Ecosystem Monitoring and Management, Warsaw, 6 to 17 July 2015.

〔5〕 Delegation of New Zealand, A proposal for the establishment of a Ross Sea region Marine Protected Area, CCAMLR-XXXI/16, 7 September 2012; Delegation of the USA, A proposal for the Ross Sea region Marine Protected Area, CCAMLR-XXXI/40, 7 September 2012.

〔6〕 Delegation of the European Union, EU proposal for spatial protection of marine habitats and communities following ice shelf retreat or collapse in Subarea 88. 3, Subarea 48. 1 and Subarea 48. 5, CCAMLR-XXXI/30, 8 September 2012.

〔7〕 Delegations of Australia, France and the European Union, Proposal for a conservation measure establishing a representative system of marine protected areas in the East Antarctica planning domain, CCAMLR-XXXI/36, 8 September 2012.

〔8〕 Cassandra M. Brooks, Competing values on the Antarctic high seas: CCAMLR and the challenge of marine-protected areas, 3 Polar Journal 277, 285 (2013).

的提案一直是 CCAMLR 会议关于海洋保护区议题的主要内容。对于欧盟关于冰架海域的提案，各方尽管对此海域未来可能存在的科学研究价值没有异议，鉴于该提案所涉及海域目前仍为冰架覆盖，不存在任何人类活动，包括渔业生产，因此在 SC-CAMLR 讨论时，相关国家代表对是否有必要对这样实际不存在的海域提前建立保护区提出疑问。[1]在我国建议下，欧盟实质性地修改了此提案，将提案标题调整为"科学研究特殊区域"，即"88.3、48.1 和 48.5 区内冰架消退或崩塌后海洋生境与群落的科学研究特殊区域"，最终于 2016 年获得通过，成为养护措施 CM 24-04。

在 2012 年 CCAMLR 会议期间，针对有磷虾生产渔船进入《环保议定书》规定的第 153 号南极特别保护区（ASPA）进行生产作业的情况，欧盟和美国联合向 CCAMLR 提出制订一个新养护措施的提议。[2]最终，CCAMLR 通过了养护措施 CM 91-02（2012），以协调实施南极条约协商会议通过的旨在保护南极环境的南极特别保护区和南极特别管理区（ASMA），要求各国应使其渔船知晓所有涉及海洋区域的 ASPA 和 ASMA 的地理位置，并遵守这种保护区的管理规定。[3]

2013 年 7 月，CCAMLR 还专门为这两个提案在德国召开了 SC-CAMLR 第一次闭会期间会议和 CCAMLR 第二次特别会议；2013 年和 2014 年 CCAMLR 大会将这两个海洋保护区提案作为新养护措施提案进行了讨论，但都没有取得实质性进展。2014 年，CCAMLR 大会收到了很多涉及海洋保护区的文件，除上述两个保护区的提案外，还涉及欧盟（代表英国）提交的关于南奥克尼群岛海洋保护区的评估报告、[4]俄罗斯提交的关于在罗斯海建立海洋保护区的俄罗斯主张、[5]日本提交的关于建立 CCAMLR 海洋保护区标准化程序的思考[6]

---

〔1〕 SC-CAMLR, Report of the Thirty-First Meeting of the Scientific Committee, 22-26 October 2012, paragraphs 5.42-5.56.

〔2〕 提案名称为："EU and USA proposal for a conservation measure on the protection of the values of Antarctic specially management and protected areas", 30 October 2012.

〔3〕 CM 91-02（2012）"Protection of the values of Antarctic Specially Managed and Protected Areas", paragraph 1.

〔4〕 Delegation of the European Union, Review of the South Orkney Islands Southern Shelf（MPA Planning Domain 1, Subarea 48.2）CCAMLR-XXXIII/24, 5 September 2014.

〔5〕 Delegation of the Russian Federation, Principal provisions of the Russian Federation regarding the proposal to establish an MPA in the Ross Sea, CCAMLR-XXXIII/26, 5 September 2014.

〔6〕 Delegation of Japan, Consideration on a standardized procedure to establish CCAMLR marine protected areas（MPAs）in accordance with the Conservation Measure 91-04, CCAMLR-XXXIII/27, 5 September 2014.

等大会正式文件，以及 ASOC、俄罗斯等提交的一些背景文件。会议没有取得任何进展，相关国家在会议最后发表了各自立场声明。

2015 年 10 月 30 日，中美两国在第 34 届 CCAMLR 的最后一天就罗斯海区域海洋保护区提案达成共识，[1]成为海洋保护区议题的一个重大突破，为罗斯海区域海洋保护区提案通过奠定了基础。所以，2015 年可以被认为是南极海洋保护区建设中具有重要意义的一年，为新阶段的起始之年。除上述突破之外，2015 年 CCAMLR 会议期间，SC-CAMLR 讨论了第 1 区块以及第 3 区块与第 4 区块的海洋保护规划。[2]CCAMLR 同意把一些用于海洋保护区规划进程的信息保存在其网站上；[3]讨论了德国提出的威德尔海海洋保护区背景文件；[4]讨论了日本提出的海洋保护区提案清单，其作为一份非法律约束力文件，不需要 CCAMLR 通过。[5]

2016 年，曾是南极海洋保护区建设中里程碑式的一年。该年 10 月 28 日，第 35 届 CCAMLR 会议通过了罗斯海区域海洋保护区提案，制定了养护措施 CM 91-05（2016）。罗斯海区域海洋保护区，区别于 SOISS MPA，不仅它的面积约是后者的 16.5 倍，[6]而且它是根据养护措施 CM 91-04（2011）建立

---

〔1〕　"南极罗斯海区域海洋保护区"，是 2012 年第 4 轮至 2015 年第 7 轮中美战略与经济对话的一项独立对话成果，与"海洋法与极地事务"并列。2015 年 9 月，该议题也是中美元首会晤成果清单之一（第 49 段）。

〔2〕　SC-CAMLR, Report of the Thirty-Fourth Meeting of the Scientific Committee, Hobart, 19-23 October 2015, paragraph 5. 5-5. 30.

〔3〕　CCAMLR, Report of the Thirty-Fourth Meeting of the Commission, Hobart, 19-30 October 2015, paragraphs 5. 81-5. 85.

〔4〕　CCAMLR, Report of the Thirty-Fourth Meeting of the Commission, Hobart, 19-30 October 2015, paragraphs 5. 73-5. 79.

〔5〕　CCAMLR, Report of the Thirty-Fourth Meeting of the Commission, Hobart, 19-30 October 2015, paragraphs 8. 53-8. 55.

〔6〕　罗斯海区域海洋保护区面积为 155 万平方公里，南奥克尼南部陆架海洋保护区面积为 9.4 万平方公里。有计算显示，这两个海洋保护区，加上 9 个涉及海洋区域的南极特殊保护区（ASPAs），将使 CCAMLR 管辖海域面积的 8% 为海洋保护区所覆盖。也就是说，未来只要通过东南极海洋保护区提案或威德尔海海洋保护区提案中的任何一个，南极海洋保护区面积就能达到南大洋的 10%。但是，后来美国学者转而认为罗斯海区域海洋保护区面积是 209 万平方公里。值得注意的是，美国学者 Cassandra M. Brooks 在罗斯海区域海洋保护区面积问题上持有矛盾的观点。See Steven L. Chown, Cassandra M. Brooks, Aleks Terauds, et al. , "Antarctic and the Strategic Plan for Biodiversity", 15 *PLoS Biology* e2001 656, 6 (2017); Cassandra M. Brooks, Evan Bloom, Andrea Kavanagh, et al. , "The Ross Sea, Antarctica: A highly protected MPA in international waters", 134 *Marine Policy* 104795 (2021).

的第一个海洋保护区。此外，CCAMLR 还通过了关于冰架崩塌科学研究特别区的提案，制定了养护措施 CM 24-04（2016）；威德尔海海洋保护区提案第一次正式提交委员会讨论（CCAMLR-XXXV/18）。[1]

2017 年 12 月 1 日，养护措施 CM 91-05（2016）生效；也就是说，罗斯海区域海洋保护区的管理计划、科研与监测计划等正式开始实施。但是，该海洋保护区的科研与监测计划未能在 2017 年第 36 届 CCAMLR 会议上通过，影响了该海洋保护区的真正实施，凸显了 CCAMLR 在南极海洋保护区建设方面还存在诸多争议。此外，2017 年 7 月，约 5800 平方公里冰架崩塌，根据养护措施 CM 24-04（2016），CCAMLR 建立了为期 10 年的"特别区"（Special Area）。[2]东南极海洋保护区提案进行调整（CCAMLR-XXXVI/17），不再强调海洋保护区代表体系；CCAMLR 同意成立关于威德尔海海洋保护区的会间工作组，初步讨论了第 1 区块的海洋保护区提案。[3]

总体上，此阶段 CCAMLR 在海洋保护区议题上取得了实质性进展，既建立了 2 个海洋保护区，还制定了一般性框架规则。罗斯海区域海洋保护区，作为根据养护措施 CM 91-04 建立的第一个保护区，也被认为是第一个大型公海海洋保护区，[4]充分凸显了南极海洋保护区建设过程中科学与政治的矛盾。在科学上，该海洋保护区出现过纠正其"可获得最佳科学证据"的现象，持续出现本底数据（baseline data）、指标物种等涉及科研与监测计划等科学问题，且没有得到有效解决。在政治上，该海洋保护区上升到双边元首外交层次，开创了南极海洋保护区元首外交的先例。[5]

---

〔1〕 CCAMLR, Report of the Thirty-Fifth Meeting of the Commission, Hobart, 17-28 October 2016, paragraphs 5.72-5.79.

〔2〕 CCAMLR, Report of the Thirty-Sixth Meeting of the Commission, Hobart, 16-27 October 2017, paragraph 5.84. 同时参见修订养护措施 CM 24-04（2017）。

〔3〕 CCAMLR, Report of the Thirty-Sixth Meeting of the Commission, Hobart, 16-27 October 2017, paragraphs 5.54-5.83.

〔4〕 Cassandra M. Brooks, Evan Bloom, Andrea Kavanagh, et al., "The Ross Sea, Antarctica: A highly protected MPA in international waters", 134 Marine Policy 104795 (2021).

〔5〕 See Jianye Tang, "China's engagement in the establishment of marine protected areas in the Southern Ocean: From reactive to active", 75 Marine Policy 68 (2017); Jianye Tang, Yunzhou Li, Xiaoming Yang, et al., "Can the presidential diplomacy of China and France promote the East Antarctic marine protected area?", 118 Marine Policy 104002 (2020).

三、第三阶段（2018 年至今）：我国积极参与，有效性和面积目标之争

2018 年，我国第一次向 CCAMLR 提交了一份工作文件（CCAMLR-XXX-VII/32），[1]阐述了我国关于南极海洋保护区的科研与监测计划的政策立场，为我国在此会议期间参与海洋保护区议题的讨论提供了重要的支撑。阿根廷和智利的南极半岛海洋保护区（Domain 1 MPA，46.6 万平方公里）（CCAMLR-XXXVII/31）第一次进入 CCAMLR 层面讨论，[2]进一步增加了 CCAMLR 关于海洋保护区议题的任务。同年，空间管理研讨会（WS-SM）于 2018 年 7 月 2 日至 6 日在英国剑桥举行；我国在会前就研讨会的职责范围（ToR）进行讨论，在各国没有达成一致意见的前提下，研讨会继续召开，因此我国在 SC-CAMLR 在此研讨会的成果作了保留，不同意 SC-CAMLR 在该研讨会提出关于建立海洋保护区代表体系的建议。[3]

2019 年是 CCAMLR 海洋保护区建设的关键一年。这一年，是南奥克尼群岛南部陆架海洋保护区建立 10 周年，既需要评估其效果，还需要讨论其科研与监测计划。欧盟及其成员和挪威联合，以零度经线为界将威德尔海海洋保护区划分成两个部分，分两个阶段推进；第一阶段由欧盟及其成员负责，在原有基础上推进。[4]除此之外，罗斯海区域海洋保护区科研与监测计划仍需要在 CCAMLR 层面讨论；西方政府、媒体和非政府组织高度期望 CCAMLR 能在东南极海洋保护区、威德尔海海洋保护区和南极半岛海洋保护区等方面取得突破。从全球角度看，2020 年是爱知目标和《2030 年可持续发展议程》目标 14 "养护全球海洋和沿海 10%" 的实现之年。因此，西方政府和非政府组织非常希望看到 CCAMLR 能在 2019 年进一步扩大海洋保护区面积。

---

〔1〕 Delegation of the People's Republic of China, The development of Research and Monitoring Plan for CCAMLR MPAs, CCAMLR-XXXVII/32, 6 September 2018.

〔2〕 Delegations of Argentina and Chile, Proposal on a conservation measure establishing a marine protected area in the Domain 1 (Western Antarctic Peninsula and South Scotia Arc), CCAMLR-XXXVII/31, 7 September 2018.

〔3〕 SC-CAMLR, Report of the Thirty-Sixth Meeting of the Scientific Committee, Hobart, 22-26 October 2018, paragraphs 6. 1-6. 8.

〔4〕 CCAMLR, Report of the Thirty-Eighth Meeting of the Commission, Hobart, 21 October -1 November 2019, paragraph 6. 47.

2019 年，CCAMLR 共收到海洋保护区相关文件 22 份。其中：俄罗斯 7 份，我国 5 份，欧盟及其成员国和智利与阿根廷等 10 份。俄罗斯文件，既有关于 CCAMLR 海洋保护区一般性的意见，如 CCAMLR-38/30 和 CCAMLR-38/BG/25；也有针对具体方面的意见，如针对海洋保护区科研与监测计划的意见（SC-CAMLR-38/11 Rev.1）、针对罗斯海区域海洋保护区的意见（SC-CAMLR-38/12）、针对东南极海洋保护区的意见（CCAMLR-38/BG/31）和针对威德尔海保护区的意见（CCAMLR-38/BG/32）等。我国文件，除 1 份关于南极特别保护区（ASPA）文件外，其他 4 份文件分别针对了海洋保护区科研与监测计划（SC-CAMLR-38/20）、罗斯海区域海洋保护区的科研与监测计划（SC-CAMLR-38/21）、威德尔海保护区（CCAMLR-38/BG/53）和未来中国东南极可能计划（SC-CAMLR-38/BG/15）等。也就是说，从文件数量看，俄罗斯和我国提交文件数量第一次超过海洋保护区提案方；从文件覆盖范围看，俄罗斯和我国提交文件基本涵盖了海洋保护区各个方面，点面结合；在文件方面，和其他国家形成均势。最终，CCAMLR 既没有通过南奥克尼群岛南部陆架海洋保护区和罗斯海区域海洋保护区的科研与监测计划，也没有通过新海洋保护区；第一次就海洋保护区建立（establishment）问题和海洋保护区有效性与科学程序性等问题形成对峙。一些国家强调加快海洋保护区建设，扩大覆盖面积，促进联合国《2030 年可持续发展议程》目标 14.5 的实现；一些国家要求就海洋保护区概念及其设计、建立、监测与评估等程序进行充分讨论，形成一个基本共识，以促进提案快速审议和保证海洋保护区的有效性。[1]

受疫情影响，2020 年和 2021 年 CCAMLR 会议改由线上召开。受线上时间以及讨论方式限制，在我国等国家建议下，2020 年 CCAMLR 会议优先讨论了渔业管理及预算等必要事项，将海洋保护区纳入"其他事项"，除一些国家发表了简单声明外没有进行具体讨论。东南极海洋保护区提案和威德尔海海洋保护区提案的内容没有变化，但是提案国发生了变化；澳大利亚和乌拉圭加入了威德尔海海洋保护区提案，挪威和乌拉圭加入了东南极海洋保护区

---

〔1〕 CCAMLR, Report of the Thirty-Eighth Meeting of the Commission, Hobart, 21 October -1 November 2019, paragraphs 6.20-6.24 and 6.56-6.59.

提案。[1]两个提案的提案国相同，仅在顺序上有所差异。

2021 年，第 40 届 CCAMLR 会议仍沿用线上会议形式，但是在瑞典籍主席（Jakob Granit）的努力下会议保留了海洋保护区事项。我国向 SC-CAMLR 和 CCAMLR 分别提交了 4 份关于海洋保护区的工作文件，分别涉及海洋保护区科研与监测计划（SC-CAMLR-40/18）、海洋保护区本底数据收集方法（SC-CAMLR-40/17）、威德海海洋保护区科研与监测计划评论（SC-CAMLR-40/16）以及重新审视南极海洋保护区（CCAMLR-40/26）。在海洋保护区提案方面，值得注意的有两个现象：其一，阿根廷和智利没有正式提出他们关于南极半岛海洋保护区的提案，仅提交了一个关于进展介绍的背景文件；其二，东南极海洋保护区和威德尔海海洋保护区提案的提案国再次增加，美国、新西兰、韩国、印度、乌克兰和英国分别加入两个海洋保护区提案。英国是因为脱离欧盟而得以作为单独的提案国加入，其他 5 个国家则是新加入的；韩国、印度和乌克兰的加入，[2]可能体现更多的是国际关系变化，凸显了南极海洋保护区的政治化。会议再次就海洋保护区建立问题和海洋保护区有效性与科学程序性等问题形成对峙。

在 2021 年 CCAMLR 会议期间，我国积极参与讨论，支持召开关于海洋保护区的特别会议，要求会议讨论包括海洋保护区设计、建立、监测与评估等有效性与程序性等内容，促进各国形成共识；会议应以线下方式召开，以促进各国间的充分讨论。在我国的积极努力下，《南极海洋生物资源养护委员会 40 周年宣言》明确要求各国"继续努力根据《南极海洋生物资源养护公约》科学地设计、建立、实施、监测与评估海洋保护区的有效性"；[3]明确了海洋保护区的有效性，以及设计、指定、实施、监测与评估等各环节的科学性，改变了之前只强调海洋保护区建立的功利性态度。此外，日本提出了一些值得深思的问题，认为 CCAMLR 成员需要改变当前这种支持或反对海洋保护区

---

〔1〕　除澳大利亚和挪威相互支持对方提案外，乌拉圭是净增加的一个提案国。在 2020 年 CCAMLR 会议期间，巴西介绍说，欧盟等国家曾邀请巴西参加两个提案；巴西尽管支持两个海洋保护区提案，但是不同意成为提案国。

〔2〕　截至 2023 年 9 月，仍不是任何南极海洋保护区提案方的 CCAMLR 成员包括：南非、纳米比亚、日本、巴西、厄瓜多尔、中国和俄罗斯。其中，厄瓜多尔仅是于 2022 年 10 月 19 日成为 CCAMLR 成员。

〔3〕　Declaration on the occasion of the fortieth Meeting of the Commission for the Conservation of Antarctic Marine Living Resources, 28 October 2021.

提案的讨论方式。如果这种讨论方式不改变，继续通过增加提案国数量以形成政治压制，是不可能获得实质有效的进展和取得协商一致的，更不可能在国际社会建立领导力。正是因为这种认识，尽管一些国家同样邀请日本加入东南极海洋保护区提案和威德尔海海洋保护区提案，日本没有答应，认为加入提案国不能有助于解决分歧。日本进一步强调，南极海洋保护区讨论应强化专业性，明确海洋保护区建设的原因、逻辑与科学性；关于海洋保护区提案的磋商应以解决分歧为前提，而不应以迫使对方同意为目的。[1]

2022年CCAMLR会议期间，CCAMLR和ATCM间的互动是一个突出关注点，具体表现在海洋保护区提案方强调其建立海洋保护区的理由或科学依据。例如，法国在介绍东南极海洋保护区提案过程中强调了其使用的科学方法，特别生态重要区域和重要海洋哺乳动物区域（IMMA）；欧盟在介绍威德尔海海洋保护区提案（CCAMLR-41/28）时强调了欧内斯特·沙克尔顿（Ernest Shackleton）南极探险所乘"坚忍号"（Endurance）的残骸等，德国强调利用其破冰船（Polarstern）在威德尔海开展的船基科学研究以及德国认为CCAMLR开展预防性方法与生态系统方法所需大多数数据来源于国家南极考察项目等。[2]除此之外，乌拉圭发表了一个关于海洋保护区的声明，海洋保护区能帮助实现《2030年可持续发展议程》目标，特别是目标2、13、14和17；海洋保护区能通过排除人类对海洋压力（如渔业活动）增强海洋对气候变化影响的韧性；海洋保护区网络能促进海洋生物对气候变化的适应，促进海洋渔业资源的可持续利用。[3]

在此阶段，我国和俄罗斯通过多年努力，提交了很多会议科学与政策文件，围绕南极海洋保护区建设提出有效性科学命题，以凸显两个已建南极海洋保护区存在的科学性问题，使CCAMLR在2019年进入了南极海洋保护区建设速度与建设效力的科学争论，[4]扭转了之前西方国家以符合"可获得最佳

---

〔1〕 2021年10月26日，日本代表团团长森下丈二（Joji Morishita）在第40届CCAMLR全会上作了上述阐述。但是，此发言没有记入CCAMLR会议报告。

〔2〕 CCAMLR, Report of the Forty-First Meeting of the Commission Hobart, 24 October-4 November 2022, paragraphs 5.28, 5.31, 5.35 and 9.17.

〔3〕 CCAMLR, Report of the Forty-First Meeting of the Commission Hobart, 24 October-4 November 2022, paragraph 5.38.

〔4〕 SC-CAMLR, Report of the Thirty-Eighth Meeting of the Scientific Committee, Hobart, 21-25 October 2019, paragraphs 6.38-6.41.

科学证据"原则为由强推南极海洋保护区建设的局势。我国和俄罗斯提出就南极海洋保护区建设相关问题寻求共识的呼声，已经得到了相关国家认可。2021 年《南极海洋生物资源养护委员会 40 周年宣言》明确要求各成员"应继续尽最大努力根据《南极海洋生物资源养护公约》科学地设计、建立、实施、监测和评估海洋保护区的有效性"；同时 CCAMLR 同意召开一次线下的特别委员会会议以促进各成员在南极海洋保护区设计、建立、实施和制定科研与监测计划等事项上形成共识，且该特别会议职权范围应先获得各成员同意。[1]

我国参与南极海洋保护区议题讨论的程度与范围是一个突出特点，实质地影响了南极海洋保护区的发展进程。我国不仅在 2018 年第一次尝试向 CCAMLR 提交关于海洋保护区的政策文件，而且广泛地参与了会间相关电子工作组的讨论。通过不断学习全球相关国家和地区关于海洋保护区的实践，准确地选择海洋保护区的科研与监测方向作为突破口，系统地提出科研与监测的框架与要素；科学与法律相结合，深入全面地阐述养护措施 CM 91-04 中关于科研与监测的条款。这些努力，既通过提案形式呈现，更提高了我国参与南极海洋保护区议题讨论的有效性，提升了讨论话语能力，[2]开辟了海洋保护区讨论的新方向，即海洋保护区建设的有效性和科学性。南奥克尼群岛南部陆架海洋保护区和罗斯海区域海洋保护区不能通过配套的科研与监测计划，以及不能科学地评估各自养护效果，势必不断削弱后续南极海洋保护区提案的合法性，反过来增强我国和俄罗斯等国家关于海洋保护区有效性与科学性的声音。

表 9-1　2000 年至 2023 年间 CCAMLR 关于海洋保护区的主要活动

年份	CCAMLR 关于海洋保护区的主要活动及结论
2000	CCAMLR 开始评估关于海洋保护区的提案，如关于扩大巴雷尼群岛（the Balleny Islands）特别保护区的提案。

〔1〕 Declaration on the Occasion of the Fortieth Meeting of the Commission for the Conservation of Antarctic Marine Living Resources, 29 October 2021, paragraph 9；CCAMLR, Report of the Fortieth Meeting of the Commission, Virtual, 18-29 October 2021, paragraphs 7. 29-7. 30.

〔2〕 See Anthony Bergin, Tony Press, *Eyes wide open*：*Managing the Australia-China Antarctic relationship*, the Australian Strategic Policy Institute（ASPI）, April 2020, p. 11.

续表

年份	CCAMLR 关于海洋保护区的主要活动及结论
2001	CCAMLR 同意《南极海洋生物资源养护公约》第 9 条(2)(g)可纳入渔业的管理选项进行讨论；重申评估 ASPA 或 ASMA 必须坚持 2000 年确定的两个标准，即设立海洋保护区对捕捞活动现有的或潜在的影响，它们的管理计划是否会阻碍或限制 CCAMLR 相关活动。(2000 年 CCAMLR 报告，第 11.20 段)
2002	CCAMLR 批准了 4 个涉及海洋区域的 ASPA 管理计划，注意到 2002 年可持续发展问题世界首脑会议（WSSD）设定的目标（包括 2012 年前根据国际法和科学信息建立海洋保护区代表网络体系等），同意将"保护区的管理"作为其未来会议的独立议题。
2003	CCAMLR 扩大了"保护区咨询分组"的职责范围，包括：评估 CEMP 管理计划、评价 ASPA 和 ASMA 提案、提供关于根据公约第 9 条(2)(g)实施海洋保护区的意见。
2004	CCAMLR 敦促 SC-CAMLR 将海洋保护区作为其优先工作内容，重申应根据公约第 2 条和第 9 条提供关于海洋保护区的科学意见。
2005	CCAMLR 支持 2005 年第一次海洋保护区研讨会的意见，包括整个公约区域是 IUCN 第 Ⅳ 类型的海洋保护区；同意 SC-CAMLR 提出的关于制定未来海洋保护区体系的工作计划；比利时捐赠 2 万欧元，设立 MPA 特别基金。
2006	CCAMLR 支持 SC-CAMLR 关于 2007 年生物区化研讨会（Bioregionalisation Workshop）和 ATCM 第 9 号决定（2005）的意见；成立生物区化研讨会的指导委员会；利用 MPA 特别基金邀请外部专家参会。
2007	CCAMLR 同意终止海豹岛（the Seal Islands）作为 CEMP 地点，批准了第 X 号 ASMA 的管理计划。生物区化研讨会在比利时召开。
2008	SC-CAMLR 修订和重组了 WG-EMM 会议议程，增设了一个"推进实施空间管理措施，促进海洋生物多样性养护"专题，讨论了脆弱海洋生态系统（VME）确认、讨论优先建立海洋保护区的区域、制定海洋保护区建立的协调措施、工作计划等内容；确认了 11 个海洋保护区建立的优先区域。CCAMLR 承认没有一个明确关于"海洋保护区"的定义，同意制定一个与科学进程同步的海洋保护区建立进程非常重要。
2009	SC-CAMLR 同意实施 5 项阶段性任务，以实现 2012 年前在南大洋建立海洋保护区代表体系的政治愿景；MPA 特别基金确定资助的两项优先工作，即数据收集、召开研讨会与制定最佳实践指南；CCAMLR 建立第一个海洋保护区，即 SOISS MPA。
2010	CCAMLR 批准了第 149 号 ASPA 管理计划的修订方案。澳大利亚在 SC-CAMLR 介绍了东南极海洋保护区代表网络体系的提案（SC-CAMLR XXIX/11），并在 CCAMLR 提出了"关于实施南极海洋保护区代表体系的总体养护措施"提案（CCAMLR-XXIX/38 Rev. 1）。

年份	CCAMLR 关于海洋保护区的主要活动及结论
2011	在法国布雷斯特（Brest）召开第二次海洋保护区研讨会。CCAMLR 支持 SC-CAMLR 关于海洋保护区提案应包括保护生态功能和允许捕捞活动之间平衡的意见；9 个海洋保护区区块（domains）取代 11 个海洋保护区建立的优先区域。CCAMLR 讨论了关于在罗斯海、东南海和冰架崩塌 3 个区域的 4 个提案（SC-CAMLR-XXX/9 和 SC-CAMLR-XXX/10、SC-CAMLR-XXX/11、SC-CAMLR-XXX/13），通过了养护措施 CM 91-04（2011）"建立 CCAMLR 海洋保护区的一般性框架"。
2012	会间召开了 3 个海洋保护区技术研讨会。CCAMLR 批准了第 114 号、第 145 号和第 146 号 ASPA 管理计划；通过了养护措施 CM 91-02（2012），以保护 ASPA 和 ASMA。CCAMLR 讨论了合并后的关于罗斯海区域海洋保护区的新西兰和美国联合提案（CCAMLR-XXXI/16 Rev.1）、东南极海洋保护区代表体系提案（CCAMLR-XXXI/36）和冰架崩塌保护区提案（CCAMLR-XXXI/30）；同意于 2013 年 7 月召开一次特别会议讨论海洋保护区议题。
2013+	CCAMLR 第二次特别会议讨论了罗斯海和东南极 2 个区域的海洋保护区提案。
2013	关于第 1 区块和第 3 区块的海洋保护区空间规划准备工作开始启动；关于第 5 区块和第 9 区块的数据收集和编辑工作在开展，其中第 9 区块由瑞典领导，韩国和美国参加。CCAMLR 建立了一个海洋保护区工作组，讨论关于罗斯海和东南极 2 个区域的海洋保护区提案修订稿。
2014	第 1 区块的海洋保护区工作取得良好进展；关于威德尔海海洋保护区的提案提交给 WG-EMM 进行讨论；日本向 CCAMLR 提交了一份关于建立 CCAMLR 海洋保护区标准化程序的提案（CCAMLR-XXXIII/27）。CCAMLR 评估了南奥克尼群岛南部陆架海洋保护区的 5 年进展报告，但没有给出具体结论；再次建立海洋保护区工作组，讨论关于罗斯海和东南极 2 个区域的海洋保护区提案修订稿。
2015	SC-CAMLR 讨论了第 1 区块以及第 3 区块与第 4 区块的海洋保护规划。CCAMLR 同意把一些用于海洋保护区规划进程的信息保存在其网站上；讨论了罗斯海和东南极 2 个区域的海洋保护区提案，罗斯海区域海洋保护区提案在得到中国支持后取得突破；讨论了德国提出的威德尔海海洋保护区背景文件（CCAMLR-XXXIV/BG/37）；讨论了日本提出的海洋保护区提案清单（CCAMLR-XXXIV/19），作为一份非法律约束力文件，不需要 CCAMLR 通过。
2016	CCAMLR 通过了罗斯海区域海洋保护区提案，制定养护措施 CM 91-05（2016）；通过了关于冰架崩塌科学研究特别区的提案，制定养护措施 CM 24-04（2016）。CCAMLR 继续讨论了东南极海洋保护区提案（CCAMLR-XXXV/15 Rev.2），第一次正式讨论了威德尔海海洋保护区提案（CCAMLR-XXXV/18）。

年份	CCAMLR 关于海洋保护区的主要活动及结论
2017	养护措施 CM 91-05（2016）于 2017 年 12 月 1 日生效，但罗斯海区域海洋保护区科研与监测计划没有通过。2017 年 7 月，约 5800 平方公里冰架崩塌，建立为期 10 年的"特别区"（Special Area），修订养护措施 CM 24-04（2017）。东南极海洋保护区提案进行调整（CCAMLR-XXXVI/17），不再强调海洋保护区代表体系；CCAMLR 同意成立关于威德尔海海洋保护区的会间工作组，初步讨论了第 1 区块的海洋保护区提案（SC-CAMLR-XXXVI/17）。
2018	罗斯海区域海洋保护区科研与监测计划没有通过。我国提交了第一份 CCAMLR 政策文件（CCAMLR-XXXVII/32）。CCAMLR 第一次讨论阿根廷和智利联合提交的南极半岛海洋保护区提案（CCAMLR-XXXVII/31）。空间管理研讨会（WS-SM）在英国剑桥举行，因为研讨会的职责范围未取得成员国一致同意，所以我国对此研讨会结果作出保留。
2019	挪威加入威德尔海海洋保护区提案，欧盟及其成员国和挪威将威德尔海海洋保护区划分成两个阶段（CCAMLR-38/23）；罗斯海区域海洋保护区科研与监测计划没有通过；南奥克尼群岛南部陆架海洋保护区科研与监测计划没有通过。我国和俄罗斯提交的关于海洋保护区文件数量，第一次超过其他国家的文件之和。我国第一次正式提出未来可能提出海洋保护区方案（SC-CAMLR-38/BG/15）。
2020	受疫情影响，CCAMLR 召开线上会议；将海洋保护区议题纳入"其他事项"，不属于优先讨论事项，各国仅发表一般性声明，不作回应和具体讨论；欧盟宣布邀请澳大利亚和乌拉圭加入威德尔海海洋保护区提案方，邀请挪威和乌拉圭加入东南极海洋保护区提案方；巴西受到欧盟邀请，但是没有加入提案方。
2021	受疫情影响，CCAMLR 召开线上会议，保留了海洋保护区议题；美国、新西兰、韩国、印度、乌克兰和英国分别加入东南极海洋保护区提案与威德尔海海洋保护区（一期）提案，两个提案国数量，除欧盟及其成员国外，增加至 9 个。
2022	罗斯海区域海洋保护区第一次评估，尽管该保护区的科研与监测计划仍没有通过；CCAMLR 同意召开第 3 次特别会议专题讨论海洋保护区。
2023+	CCAMLR 第 3 次特别会议，讨论了完善南极海洋保护区设计与实施、具体提案和未来计划等；智利加入威德尔海海洋保护区（一期）提案；威德尔海海洋保护区（二期）提案初步提交 CCAMLR 讨论。

注："2013+"和"2023+"系指 CCAMLR 召开的两次关于海洋保护区的特别会议。

第二节　南奥克尼群岛南部陆架海洋保护区

奥克尼群岛南部陆架海洋保护区（SOISS MPA），是基于 2009 年英国向 SC-CAMLR 提交的文件，[1]当年由 CCAMLR 通过养护措施 CM 91-03 而正式设立的。SOISS MPA 位于 2008 年 SC-CAMLR 和 CCAMLR 确定的 11 个优先区域中的第 2 个优先区域内。[2]

一、SOISS MPA 提案及其通过

（一）WG-EMM 层面

2008 年，英国就开始在南奥克尼群岛附近海域开展试验性研究，进而认为系统养护规划方法（SCP）可有效利用现有数据，为建立海洋保护区提供决策支撑。相关研究结果曾提交给 2008 年的 WG-EMM 和 SC-CAMLR 会议；SC-CAMLR 认可 SCP，并鼓励各国在 11 个优先区域内进一步应用 SCP 和其他方法。[3]

SCP 一般分 6 个步骤，分别是：界定规划区域范围；收集生物多样性和其他相关数据；设定养护目标；评估现有养护区域（conservation areas）；选择额外的养护区域，以实现设定的目标；执行养护行动。2009 年，英国南极调查局（BAS）科学家代表对南奥克尼群岛海域进行了 SCP 的前面 5 个步骤后，将相关结果（WG-EMM-09/22）提交给 WG-EMM。根据 WG-EMM-09/

---

〔1〕　Delegation of the United Kingdom, Preliminary Proposal for Marine Spatial Protection Around the South Orkney Islands, SC-CAMLR-XXVIII/14, 12 September 2009.

〔2〕　11 个优先区域，于 2008 年由 WG-EMM 遴选与确认，经 SC-CAMLR 认可。See CCAMLR, Report of the Twenty-Eighth Meeting of the Commission, Hobart, 27 October-7 November 2008, paragraph 7. 2 (vi).

〔3〕　SC-CAMLR, Report of the Twenty-Seventh Meeting of the Scientific Committee, Hobart, 27-31 October 2008, paragraph 3. 55. 2008 年，英国曾向 CEP 推荐 SCP 方法用于选划需要保护的南极海域，英国建议得到了澳大利亚和 IUCN 的支持，日本认为海洋保护区应在 CCAMLR 框架下讨论，最后 CEP 仅鼓励其成员国应和 CCAMLR 在此事项上进行合作。2019 年，SCAR 和 CEP 联合召开的 "保护区研讨会" 也讨论了 SCP 在整个南极条约范围内的适用问题。See ATCM, Final Report of the Thirty-first Antarctic Treaty Consultative Meeting, Kyiv, 2-13 June 2008, paragraphs 253-259 of Annex E; Australia, SCAR, the United States and the Czech Republic, Co-conveners' report of the Joint SCAR/CEP Workshop on Further Developing the Antarctic Protected Area System, ATCM XLII/IP165, 29 June 2019.

22 文件，规划海域面积约 85 万平方公里，然后再分成了约 8536 个小的规划单元，每个规划单元为 10 公里×10 公里；在此基础上，英国收集了相关的环境数据和相关生物（中上层和底栖）数据。在决定养护目标时，英国认为此目标通常应设定一个保护比例值，即保护某个特定特征的比例。英国认为，保护比例值通常一般取每个生物区（bioregion）的 20%；但是保护比例值会随保护对象的脆弱性等特征或保护需求而变化，如澳大利亚大堡礁海洋公园开始设定的比例值是 20%，后来提升到 33%。在设定保护比例值后，还需要进行模拟测验比例值对重要核心区域选择的影响。在现有养护区域方面，英国评估了 4 个南极特别保护区（分别是 109 号、110 号、111 号和 114 号）以及相关的小尺度管理单元（SSMU）；评估结果显示，纳入 SSMU 时，拟选择保护区域集中于群岛附近；考虑 SSMU 时，拟选择保护区域则相对分散，需要保护地理区域范围更大才能实现养护目标。然后，使用 Marxan 软件帮助遴选额外养护区域，即第 5 个步骤。[1]

2009 年，WG-EMM 注意到，英国文件在利用渔业数据时没有考虑到社会经济的要求，而社会经济要求是 2002 年《执行计划》确认的一个重要因素。[2]但是，鉴于渔业活动的经济因素不在 CCAMLR 考虑范围之列且当前南奥克尼群岛附近的渔业活动相对集中于少数区域，因此 WG-EMM 同意关于渔业需要的分析是充分的。基于此，WG-EMM 确认，英国文件的数据利用适当、分析结果可为南奥克群岛区域遴选海洋保护区目标区域提供一个保守和公正的评估；建议 SC-CAMLR 考虑这些结果以及利用此文件分析选划 48.2 区的海洋保护区。[3]

（二）SC-CAMLR 层面

2009 年 9 月，英国向 SC-CAMLR 提交了一份工作文件（SC-CAMLR-XXVIII/14）——"关于在南奥克尼群岛附近建立海洋空间保护的初步提案"。

---

〔1〕 S. Grant, P. N. Trathan, J. Tratalos, J. Silk, Towards a System of Marine Spatial Protection for the South Orkney Islands, WG-EMM-09/22, 19 June 2009.

〔2〕 Plan of Implementation of the World Summit on Sustainable Development, 2002, paragraph 36（b）. 第 36 段强调，应提高国际社会对沿海及海洋生态系统的科学理解与评估，以为决策提供坚实的基础。为此目的，需要：增强国家间的科技合作，建立联合国全球海洋环境的报告与评估机制（包括社会经济内容），加强海洋科学、信息与管理方面的能力建设等。

〔3〕 SC-CAMLR, Report of the Twenty-Eighth Meeting of the Scientific Committee, Hobart, 26-30 October 2009, paragraphs 5.22-5.23 of Annex 4.

该工作文件阐述了确认具有养护重要性的区域（areas of conservation importance）以及确定候选保护区域（candidate sites for protection）的过程；提出了一个需要特别保护（special protection）的海域。[1]在具体程序上，英国提案遵循了SCP。首先是确定养护目标。英国认为SCP下的养护目标应是分层次的；顶层或最终目标应逐步细化和具体化，具体的目标应聚集于特定区域、生态系统、活动或物种。也就是说，最高层的目标应是宽泛的，具体的目标应是量化的，如某个特征的数量或某个生境保护的比例等。养护包括合理利用，是CCAMLR的最终目标；养护生物多样性和保持生态系统功能，可作为海洋保护区的主要目标，服务于CCAMLR最终目标；不同海洋保护区（如代表区域、脆弱区域、科研区域、生态系统进程区域等），可进一步设置不同的具体的量化目标。南奥克尼群岛附近海域的区域养护目标，也将据此确定；给中上层生物区设定了10%的养护比例值，给顶端捕食生物的摄食（foraging areas）设定了20%的养护比例值。通过敏感性分析，确定这种养护比例值的设定是合理的和充分的。[2]在评估了现有的养护与管理区域制度（如ASPA和SSMU）后，英国分析了实现养护目标所存在差距（gaps），然后利用Marxan软件筛选具有养护重要性的区域，最后选择和确定保护与管理区域。英国最终选择了南奥克尼群岛西南部的一个区域。这个区域占48.2区的11%，包含两个中上层的生物区（威德尔涡流和南极陆地），显著特征有：企鹅的重要摄食区域、陆架上高生产力区域、海山隆脊和重要的底栖生境。英国建议，关闭区域以进行特别保护（closed areas for special protection）；在此区域内禁止所有中上层与底层捕鱼作业，允许长期监测目的的科学研究活动，不限制航运活动。除此区域外，英国认为还有一些其他区域也是具有养护重要性的，但是2009年英国仅提交了这一区域，以供SC-CAMLR考虑。[3]

最终，英国邀请SC-CAMLR支持其开展的工作以及向CCAMLR建议通过

〔1〕 Delegation of the United Kingdom, Preliminary Proposal for Marine Spatial Protection Around the South Orkney Islands, SC-CAMLR-XXVIII/14, 12 September 2009.

〔2〕 Delegation of the United Kingdom, Preliminary Proposal for Marine Spatial Protection Around the South Orkney Islands, SC-CAMLR-XXVIII/14, 12 September 2009, pp. 2~4 and Table 1.

〔3〕 Delegation of the United Kingdom, Preliminary Proposal for Marine Spatial Protection Around the South Orkney Islands, SC-CAMLR-XXVIII/14, 12 September 2009, pp. 9~10, Table 3.

一个保护区；向 CCAMLR 建议针对英国文件中确认的其他重要养护区域在会间继续开展工作，以确定南奥克尼群岛附近海域需要特别保护的其他区域；讨论将英国这种做法程序化。[1]SC-CAMLR 支持英国所开展的工作，认为数据利用合适、所采用方法能产生良好的科学结果，建议通过英国所提议在南奥克尼群岛附近选定的一个保护区；建议就英国文件中确认其他区域开展工作；建议将英国文件提交给 CCAMLR 考虑，以建立海洋保护区。[2]对于 SC-CAMLR 将英国文件提交给 CCAMLR 的建议，我国提出关切，认为英国文件并没有包含任何可实施的计划，特别是关于未来可能科学研究活动的管理计划等。英国重申，其文件意图是由 CCAMLR 来制定管理计划的具体要求及内容，管理计划可包括研究计划。SC-CAMLR 同意这种的观点，即研究计划可用以支撑管理计划。[3]

（三）CCAMLR 层面

CCAMLR 同意了 SC-CAMLR 关于在南奥克尼群岛附近海域设立一个保护区的建议，相应地通过了养护措施 CM 91-03 "南奥克尼群岛陆架保护"；认为建立 SOISS MPA 将是一个巨大的成就，确定了 CCAMLR 在养护海洋生物资源方面的创新及其全球领导地位。[4]对该海洋保护区是否构成一个先例的问题，各国代表观点不一。我国和美国明确认为，SOISS MPA 不能构成未来 CCAMLR 海洋保护区建设的先例，未来的 CCAMLR 海洋保护区建设必须分别以个案处理（case-by-case），每个海洋保护区应考虑到各个特定海域的具体特征以及养护紧迫性等。[5]

在 SOISS MPA 的具体内容方面，根据 CCAMLR 报告，有三个主要焦点：其一，管理计划；其二，海洋保护区和渔业活动关系；其三，海洋保护区和

---

〔1〕 Delegation of the United Kingdom, Preliminary Proposal for Marine Spatial Protection Around the South Orkney Islands, SC-CAMLR-XXVIII/14, 12 September 2009, p. 12.

〔2〕 SC-CAMLR, Report of the Twenty-Eighth Meeting of the Scientific Committee, Hobart, 26-30 October 2009, paragraph 3. 19.

〔3〕 SC-CAMLR, Report of the Twenty-Eighth Meeting of the Scientific Committee, Hobart, 26-30 October 2009, paragraphs 3. 20-3. 21.

〔4〕 CCAMLR, Report of the Twenty-Eighth Meeting of the Commission, Hobart, 26 October-6 November 2009, paragraphs 7. 1-7. 2.

〔5〕 CCAMLR, Report of the Twenty-Eighth Meeting of the Commission, Hobart, 26 October-6 November 2009, paragraphs 7. 8 and 7. 12.

渔业以外其他活动关系。对于管理计划，CCAMLR 承认 SOISS MPA 应有一个针对该保护区的具体管理计划，该管理计划由 CCAMLR 制定后，将交由各成员、SC-CAMLR 和 CCAMLR 进行评估。[1]对于 SOISS MPA 和渔业活动的关系，日本明确只有在把渔业活动排除出 SOISS MPA 范围后，才会支持修订后的 SOISS MPA 提案；同时，日本声明未来海洋保护区应同样地考虑渔业活动的需求。俄罗斯和韩国明确支持日本的声明；一些其他国家则反对日本声明。[2]我国认为，应保持养护与合理利用两者之间的平衡关系，公约区域内海洋保护区总面积应在一个合理的比例内，不应损害合理利用。[3]合法犬牙鱼运营者联盟（COLTO）则请求 CCAMLR 在未来考虑建立海洋保护区时，减少对商业性犬牙鱼渔业活动的影响，认为现有养护措施已经规定了很多渔业活动的环境与管理方面的要求。[4]南极和南大洋联盟（ASOC）则认为，为考虑渔业活动需求而缩减 SOISS MPA 的边界，会损害原先提案的基本原则，削弱所保护的生态价值。[5]对于海洋保护区和渔业以外其他活动的关系，我国提出需要加强研究 CCAMLR 海洋保护区对《联合国海洋法公约》法律制度的影响；澳大利亚则认为，所有可能影响南极海洋生物资源养护的活动都属于 CCAMLR 职责范围之内，因此为实现海洋保护区所设定的保护目标应规制所有活动，而不仅是渔业活动。澳大利亚还建议 CCAMLR 在管理其他活动上寻求 ATCM 的意见。比利时则认为，禁止转载行为仅适用于渔业船舶，和 SOISS MPA 保护目标不一致，应同时规制其他类型船舶。[6]

（四）养护措施 CM 91-03

2009 年，CCAMLR 通过养护措施 CM 91-03，设立了一个海洋保护区，

---

〔1〕 CCAMLR, Report of the Twenty-Eighth Meeting of the Commission, Hobart, 26 October-6 November 2009, paragraph 7.3.

〔2〕 CCAMLR, Report of the Twenty-Eighth Meeting of the Commission, Hobart, 26 October-6 November 2009, paragraphs 7.4-7.5 and 7.6.

〔3〕 CCAMLR, Report of the Twenty-Eighth Meeting of the Commission, Hobart, 26 October-6 November 2009, paragraph 7.12 (ii).

〔4〕 CCAMLR, Report of the Twenty-Eighth Meeting of the Commission, Hobart, 26 October-6 November 2009, paragraph 7.18.

〔5〕 CCAMLR, Report of the Twenty-Eighth Meeting of the Commission, Hobart, 26 October-6 November 2009, paragraph 7.17.

〔6〕 CCAMLR, Report of the Twenty-Eighth Meeting of the Commission, Hobart, 26 October -6 November 2009, paragraphs 7.13-7.16.

以保护南奥克尼群岛南部陆架。养护措施 CM 91-03 包括序言、正文（9段）和 1 个附件。附件划定了 SOISS MPA 的四至界限，面积约为 9.4 万平方公里。[1]

序言介绍了建立 SOISS MPA 的科学背景，包括所划定区域具有高养护重要性，以及被认为有利于 SOISS MPA 的两个养护目标（作为科学参照区，养护重要顶端捕食物种的摄食场和代表性的中上层与底层的生物区）。[2]

正文部分包括三个主要内容：其一，活动管理，第 2~6 段；其二，国际合作，第 7~8 段；其三，SOISS MPA 定期评估，第 9 段。在活动管理方面，养护措施 CM 91-03 规定，除 CCAMLR 专门批准的渔业科学研究外，保护区内禁止开展一切渔业活动；[3]任何渔船不得倾倒任何废弃物；禁止任何渔船在保护区内进行转载活动；鼓励渔船通过保护区时提前通知 CCAMLR 秘书处。[4]如遇到海上紧急情况，上述关于活动管理的规定则不适用。在国际合作方面，CCAMLR 希望《南极海洋生物资源养护公约》的非缔约国注意到此保护区，同时将此保护区的具体内容通报给 ATCM。在定期评估方面，养护措施 CM 91-03 规定第一次评估是 2014 年，此后每 5 年评估一次。

对照养护措施 CM 91-04 和 CM 91-05，养护措施 CM 91-03 的核心是活动管理，养护措施 CM 91-05 的第 7~11 段，符合英国最初提出的对此区域进行"特别保护"的逻辑。[5]它没有具体的管理措施与行政安排，因此不具管

〔1〕 PEW, A Network of Marine Protected Areas in the Southern Ocean: Protecting one of Earth's Last Great Wildness Areas, May 2017. 南奥克尼群岛由 4 个主要岛屿构成，陆地总面积为 620 平方公里。整个群岛被冰川所覆盖，夏季仅有约 10% 的陆地是无冰的。南奥克尼群岛的大陆架面积约为 4.24 万平方公里。See Phil Trathan and Susie Grant, Draft MPA Report for the South Orkney Islands, Subarea 48.2; Part of CCAMLR MPA Planning Domain 1, Western Peninsula-South Scotia Arc, WG-EMM-13/10, 12 June 2013, pp.6~7.

〔2〕 Conservation Measure 91-03 (2009) "Protection of the South Orkney Islands southern shelf", paragraph 3 of the Preamble.

〔3〕 对照 2009 年 CCAMLR 讨论情况，经修订的 SOISS MPA 已经将可能存在的渔业活动区域排除在外。所以，此规定仅具象征性意义。

〔4〕 值得注意的是：渔船通过 SOISS MPA 的通报，不是一项法律约束性义务，仅是"鼓励"；从这个法律角度看，通过通报义务是不同于排放、倾倒、转载等禁止性义务。

〔5〕 从这个角度看，养护措施 CM 91-04 序言最后一段关于"特别考虑"（special consideration）应参照 SOISS MPA 进行解释。同时，SOISS MPA 更能体现海洋保护区作为 CCAMLR 养护措施的一种，是对其他养护措施的补充。相反，养护措施 CM 91-05 或其他海洋保护区提案，则走得更远，将海洋保护区置于其他养护措施之上。

理计划的内容。养护措施 CM 91-03 缺失的内容包括三个方面：一是没有包含 SOISS MPA 期限的规定，因此基于 CCAMLR 协商一致的规则，SOISS MPA 可以被认为是永久的；二是没有明确要求制定科研与监测计划，这成为后来评估时争议的核心问题之一，英国和欧盟则认为养护措施 CM 91-03 没有此要求；[1]三是没有明确 SOISS MPA 的目标。

第三个方面的缺失直接导致了对 SOISS MPA 的养护目标存在不同理解。一方面，从英国文件（SC-CAMLR-XXVIII/14）看，英国对此海洋保护区养护目标的理解是设定一个养护比例值，且英国建议设定为 11%。英国的这种理解，和养护措施 CM 91-04 第 2 段罗列的 6 种 CCAMLR 海洋保护区目标不一致。事后看，这种养护比例值更像是一种养护措施，而非养护目标。有种可能情形是，英国仅注意了保护区域的选划，而没有注意养护目标问题。2009 年英国南极局科学家代表提交给 WG-EMM 的工作文件似乎可作佐证。在此文件中，英国南极局科学家代表建议 WG-EMM 考虑定义 SOISS MPA 的养护目标以及制定空间保护与管理等事宜。[2]另一方面，有观点认为养护措施 CM 91-03 序言最后一段列出了 SOISS MPA 的两个养护目标。但是，在 2014 年 CCAMLR 会议期间，欧盟作了一个关于 SOISS MPA 的声明，该声明认为 SOISS MPA 的目标是促进 48.2 区的生物多样性养护，也就是养护措施 CM 91-03 第 1 段的内容。[3]2013 年英国南极局科学家向 WG-EMM 提交的 SOISS MPA 报告初稿没能明确 SOISS MPA 的具体目标，[4]但是 2014 年由欧盟向 SC-CAMLR 提交的 SOISS MPA 科研与监测计划草案列出了 4 个具体养护目标，分别是：保护中上层代表性的海洋生态系统、生物多样性和生境；保护底层代表性的海洋生态系统、生物多样性和生境；保护阿德利企鹅和帽带企鹅的关键生命史阶段；保护南部陆架区域关键生

〔1〕 CCAMLR, Report of the Thirty-Third Meeting of the Commission, Hobart, 20-31 October 2014, paragraph 5. 81.

〔2〕 S. Grant, P. N. Trathan, J. Tratalos, J. Silk, Towards a System of Marine Spatial Protection for the South Orkney Islands, WG-EMM-09/22, 19 June 2009.

〔3〕 CCAMLR, Report of the Thirty-Third Meeting of the Commission, Hobart, 20-31 October 2014, paragraph 5. 81.

〔4〕 Phil Trathan, Susie Grant, Draft MPA Report for the South Orkney Islands, Subarea 48. 2; Part of CCAMLR MPA Planning Domain 1, Western Peninsula-South Scotia Arc, WG-EMM-13/10, 12 June 2013, p. 12.

态系统进程。[1]2014 年第一次评估期间，这种养护目标的不确定性影响对科研与监测计划草案的评估，引发了相关国家间的争议。[2]奇怪的是，2019 年欧盟及其成员国向 CCAMLR 提交的 SOISS MPA 第二次评估报告则认为，养护措施 CM 91-03 序言第 3 段是 SOISS MPA 的具体养护目标，而不是总目标。[3]

二、2014 年评估

2013 年，英国南极局的 2 位科学家代表向 WG-EMM 提交了 SOISS MPA 报告初稿（WG-EMM-13/10），制定了一个 SOISS MPA 管理计划、科研与监测计划以及危险分析，建议拥有此海洋保护区相关数据和专业能力的科学家合作一起编制 SOISS MPA 报告。[4]根据 2012 年 SC-CAMLR 及 WG-EMM 关于海洋保护区报告的讨论与决定，WG-EMM-13/10 包含了 WG-EMM-12/49 所建议的所有 6 部分内容，还增加了 2 部分内容，即管理计划和危险分析。根据 2012 年 SC-CAMLR 关于海洋保护区报告应以 MPA 规划区块为基础进行组织的决定，尽管 SOISS MPA 位于 48.2 区，WG-EMM-13/10 仍以南极半岛区块（即第 1 区块）编制 SOISS MPA 的报告。[5]科研与监测计划，仅阐述了一些原则，缺少具体的要素，强调所有成员都应参与科研与监测活动；如建议的两个科研与监测计划要素为评估海洋保护区目标的实现程度和评估活动对海洋保护区目标的影响，建议将管理与遵守纳入科研与监测计划中等。管理计划几乎照搬了养护措施 CM 91-04 的相关段落；危险分析聚焦于磷虾渔业

---

〔1〕 Delegation of the European Union, Research and monitoring plan for the South Orkney Islands southern shelf marine protected area (MPA Planning Domain 1, Subarea 48. 2), SC-CAMLR-XXXIII/11, 5 September 2014, pp. 4~6.

〔2〕 See CCAMLR, Report of the Thirty-Third Meeting of the Commission, Hobart, 20-31 October 2014, paragraphs 5. 82-5. 83; Delegation of Russia, The South Orkney Islands Southern Shelf Marine Protected Area-SOISS MPA, SC-CAMLR-XXXIII/01, 2 September 2014.

〔3〕 Delegation of the European Union and its Member States, Second review of the South Orkney Islands southern shelf Marine Protected Area, CCAMLR-38/22, 06 September 2019, p. 1.

〔4〕 Phil Trathan, Susie Grant, Draft MPA Report for the South Orkney Islands, Subarea 48. 2; Part of CCAMLR MPA Planning Domain 1, Western Peninsula-South Scotia Arc, WG-EMM-13/10, 12 June 2013.

〔5〕 Phil Trathan, Susie Grant, Draft MPA Report for the South Orkney Islands, Subarea 48. 2; Part of CCAMLR MPA Planning Domain 1, Western Peninsula-South Scotia Arc, WG-EMM-13/10, 12 June 2013, p. 3.

活动可能对企鹅、鲸、海豹等的影响。对于 SOISS MPA 报告初稿，俄罗斯科学家提出了很多意见，包括科研与监测计划、气候变化、渔业活动等。对于气候变化，俄罗斯科学家认为南奥克尼群岛区域的海洋生态系统受气候变化影响很大，不能通过 CCAMLR 管理改变这种影响；英国科学家认为，气候变化影响应作为整个南奥克尼群岛区域的目标之一，但是肯定不属于 SOISS MPA 的目标。对于渔业活动，俄罗斯科学家认为，SOISS MPA 没有渔业活动，且 48.2 区自 1990 年起就禁止渔业活动，因此 SOISS MPA 报告应评估这种关闭渔场的效果；英国科学家认为，渔业活动的评估可包括 48.2 区有鳍鱼类恢复情况，也可包括南极磷虾的丰度与分析等。对于管理计划以及科研与监测计划，英国科学认为 WG-EMM-13/10 旨在提议制定这些计划，而不是提供这些计划草案本身。2013 年，WG-EMM 建议英国将报告拆分成 3 个相互独立的文件，即管理计划、科研与监测计划、MPA 报告。[1]

2014 年，欧盟向 SC-CAMLR 提交了两份文件，[2]即 SOISS MPA 的保护区报告和 SOISS MPA 的科研与监测计划草案。科研与监测计划草案（以下简称"2014 年 RMP 草案"），严格依据了养护措施 CM 91-04 第 5 段（i）的规定，分为 3 个部分，即根据 SOISS MPA 具体目标开展的研究活动；确定具体目标实现程度的监测活动；和 SOISS MPA 具体目标相符的其他研究活动。SOISS MPA 的 4 个具体目标分别是：保护中上层代表性的海洋生态系统、生物多样性和生境；保护底层代表性的海洋生态系统、生物多样性和生境；保护阿德利企鹅和帽带企鹅的关键生命史阶段；保护南部陆架区域关键生态系统进程。4 个具体目标，再细分成 10 个海洋保护区特征，最后提出了 15 个研究活动。其中，第一个具体目标，分成 4 个海洋保护区特征，对应 4 个研究活动；第三个具体目标，只有一个海洋保护区特征（重要的企鹅摄食场），但对应了 5 个研究活动；从科研活动数量分布看，似乎更偏重第三个具

---

〔1〕 SC-CAMLR, Report of the Thirty-Second Meeting of the Scientific Committee, Hobart, 21-25 October 2013, paragraphs 3.18-3.33 of Annex 5.

〔2〕 欧盟替代英国向 SC-CAMLR 提交关于 SOISS MPA 的文件，意味着欧盟认为它可全权代表欧盟成员国。但是，2016 年以后欧盟在海洋保护区事项上出现了转变，所有涉及海洋保护区的文件都是以"欧盟及其成员国"名义报 SC-CAMLR 和 CCAMLR。这意味着，欧盟认为海洋保护区事项是由"欧盟及其成员国"共享管辖的事项。参见，杨雷、唐建业：《欧盟法院南极海洋保护区案评析——南极海洋保护区的属性之争》，载《武大国际法评论》2020 年第 5 期，第 19~42 页。

体目标。[1]一定程度上，这种 2014 年 RMP 草案的思路和我国 2018 年和 2019 年提交的政策文件相近。只要将对应的海洋保护区特征再进一步遴选出指标物种，并确定指标物种的参数，就可以确定每个研究活动的任务要求了。

SOISS MPA 报告共分 5 个部分，分别是：区域概述（物理环境、生物地理学与生态学）；拟在海洋保护区内实现的目标（区域目标和各个海洋保护区的具体目标）；活动情况（历史活动，2009 年至 2014 年间活动）；科研与监测（2009 年至 2014 年间科研与监测活动，科研与监测活动的结果，新的和持续科研与监测的需求）；海洋保护区和活动影响评估（海洋保护区目标实现程度，活动对海洋保护区的影响等）。[2]鉴于 2012 年 SC-CAMLR 决定海洋保护区报告应以规划区块为基础进行组织，所以欧盟认为 SOISS MPA 报告应以48.2 区为基础进行组织（不是以第 1 区块）。欧盟援引 2009 年英国提交的建立 SOISS MPA 的提案，认为 48.2 区的养护目标有 11 个，分别是：养护生物多样性、保持生态系统功能、代表性区域、脆弱区域、科学参照区、重要生态进程、独特或稀有区域、高生产力区域、增强气候变化的抵御力、避免人类干扰区域、多用途区域。[3]欧盟认为，这 11 个养护目标符合养护措施 CM91-04 第 2 段所列的 CCAMLR 海洋保护区目标。[4]在具体目标方面，欧盟列出 SOISS MPA 科研与监测计划草案中的 4 个具体目标。在活动情况方面，欧盟将俄罗斯、美国、阿根廷和英国等在南奥克尼群岛附近的考察、捕鱼、探险等活动纳入历史活动，同时提及南奥克尼群岛上有英国和阿根廷的两个科学考察站；将 2011 年挪威磷虾渔船在南奥克尼陆架的声学调查以及 2012 年英国南极考察等列入最近活动。对于科研与监测活动，欧盟统计 SOISS MPA 科研与监测计划草案列出的 15 个科研活动；其中 3 个已经完成，2 个在计划中，其他 10 个科研活动在进行中。对于海洋保护区目标的实现程度，欧盟认

〔1〕 Delegation of the European Union, Research and monitoring plan for the South Orkney Islands southern shelf marine protected area (MPA Planning Domain 1, Subarea 48.2), SC-CAMLR-XXXIII/11, 5 September 2014.

〔2〕 Delegation of the European Union, MPA Report for the South Orkney Islands southern shelf (MPA Planning Domain 1, Subarea 48.2), SC-CAMLR-XXXIII/BG/19, 18 September 2014.

〔3〕 Delegation of the United Kingdom, Preliminary Proposal for Marine Spatial Protection Around the South Orkney Islands, SC-CAMLR-XXVIII/14, 12 September 2009, Table 2, at p. 6.

〔4〕 Delegation of the European Union, MPA Report for the South Orkney Islands southern shelf (MPA Planning Domain 1, Subarea 48.2), SC-CAMLR-XXXIII/BG/19, 18 September 2014, pp. 7~8.

为，SOISS MPA 所保护的对象（生态系统、生物多样性、生境以及企鹅等）在 2009 年至 2014 年间没有变化，因此当初建立 SOISS MPA 的科学基础仍保持有效；同时，考虑到气候变化特点，欧盟认为 5 年太短，不足以评估区域生态特征。鉴于 48.2 区内没有捕捞有鳍鱼类和蟹的渔业活动，且磷虾渔业位于 SOISS MPA 之外，所以磷虾渔业没有造成对 SOISS MPA 的影响。[1]

2014 年，SC-CAMLR 肯定了欧盟提交的两份关于 SOISS MPA 的文件，认为这两份文件提供了介绍科研与监测活动的一种好格式；同意按欧盟提供的两份文件评估养护措施 CM 91-03。[2]俄罗斯专门准备了一份批评 SOISS MPA 的文件，提出 4 点意见：其一，科研与监测计划没有获得 SC-CAMLR 的批准；其二，SOISS MPA 目标太笼统，仅是宣言性的；其三，缺乏支撑 SOISS MPA 目标的科学依据；其四，为实现 SOISS MPA 部分目标，需要在保护区之外开展科学与监测活动，为此应提供科学证明保护区外的科研与监测活动对保护区目标的贡献。[3]对于欧盟提交的两份文件，俄罗斯认为：2009 年至 2014 年间很少有科研活动是在 SOISS MPA 的附近及其内部；没有标准评估 48.2 区的养护目标的实现程度；2015 年至 2019 年间的科研与监测计划太笼统，无法判断如何执行此计划。基于上述观点，俄罗斯认为无法判定 SOISS MPA 在 2009 年至 2014 年间是成功的。[4]我国认可俄罗斯关于科研与监测计划应先得到 CCAMLR 通过的意见，同时指出以下关切：SOISS MPA 报告中关于科研活动的数据，不是根据现场数据得出的，而是根据已有科研活动再分析出来的；声学调查和浮标数据没有包含在报告中；在数据很少的情况下，怎么能得出 SOISS MPA 没有发生明显变化的结论；科研与监测计划草案所列的 4 个具体目标和养护措施 CM 91-03 不一致。[5]英国、欧盟、挪威、德国

〔1〕　Delegation of the European Union, MPA Report for the South Orkney Islands southern shelf (MPA Planning Domain 1, Subarea 48. 2), SC-CAMLR-XXXIII/BG/19, 18 September 2014, pp. 24~28.

〔2〕　SC-CAMLR, Report of the Thirty-Third Meeting of the Scientific Committee, Hobart, 20-24 October 2014, paragraphs 5. 51-5. 56, 5. 59.

〔3〕　Delegation of Russia, The South Orkney Islands Southern Shelf Marine Protected Area-SOISS MPA, SC-CAMLR-XXXIII/01, 2 September 2014.

〔4〕　SC-CAMLR, Report of the Thirty-Third Meeting of the Scientific Committee, Hobart, 20-24 October 2014, paragraph 5. 58.

〔5〕　SC-CAMLR, Report of the Thirty-Third Meeting of the Scientific Committee, Hobart, 20-24 October 2014, paragraphs 5. 59 and 5. 70.

等则认为，养护措施 CM 91-03 并没有要求制定科研与监测计划；很多国家（包括挪威、阿根廷、英国、澳大利亚等）在开展研究活动。俄罗斯则反驳，那些科研活动不是依据 SOISS MPA 目标而开展的，或者说不是专门为了 SOISS MPA 而开展的，挪威的声学调查针对布韦岛附件海域。[1]最终，SC-CAMLR 同意，欧盟提交的 SOISS MPA 报告是合适的。[2]但是，科研与监测计划草案没有被认可。

2014 年 CCAMLR 会议期间，欧盟声称 2009 年，CCAMLR 没有给出一个评估 SOISS MPA 的详细指南；2009 年至 2014 年开展科研活动的数据将在下一个评估周期间提供；科研与监测计划草案已经由 WG-EMM 评估了；没有任何国家提出确实证据证明 SOISS MPA 内的海洋生态系统发生了改变，进而需要修改 SOISS MPA。为此，欧盟建议：加强和 CCAMLR 成员合作以便通过科研与监测计划；如没有适当的生态证明，不修改养护措施 CM 91-03；在下一个评估周期，将提供新科学证据。[3]俄罗斯则认为，因为养护措施 CM 91-03 没有规定养护目标标准，无法评估 2009 年至 2014 年开展的科研活动是否和 SOISS MPA 目标相关；在缺少明确的执行标准以及汇报机制的情况下，SOISS MPA 第一个 5 年评估是非常负面的。我国和俄罗斯共同认为，48.2 区的养护目标不是养护措施 CM 91-03 的内容；鉴于没有科研与监测计划，欧盟所列举的科研活动不能被认为是依据科研与监测计划开展的，因此这些科研活动的数据，仅能作为评估 SOISS MPA 的参考，不能作为评估的科学依据。我国认为，SOISS MPA 是 CCAMLR 建立的第一个海洋保护区，在第一次评估中出现的问题对于指导未来海洋保护区提案非常重要。[4]新西兰、澳大利亚、英国和欧盟等认为，SOISS MPA 有一个宽泛的养护目标；将对照养护措施 CM 91-04 推进养护措施 CM 91-03 的修订工作。最终，CCAMLR 没有就 SOISS MPA 报告及其科研与监测计划草案下任何结论，仅注意到（而不是同意）了 SC-

---

〔1〕 SC-CAMLR, Report of the Thirty-Third Meeting of the Scientific Committee, Hobart, 20-24 October 2014, paragraphs 5. 61-5. 66.

〔2〕 SC-CAMLR, Report of the Thirty-Third Meeting of the Scientific Committee, Hobart, 20-24 October 2014, paragraph 5. 76.

〔3〕 CCAMLR, Report of the Thirty-Third Meeting of the Commission, Hobart, 20-31 October 2014, paragraph 5. 81.

〔4〕 CCAMLR, Report of the Thirty-Third Meeting of the Commission, Hobart, 20-31 October 2014, paragraphs 5. 82-5. 84.

CAMLR 关于 SOISS MPA 报告及其科研监测计划草案的意见，以及注意到了欧盟拟以养护措施 CM 91-04 为模板修订养护措施 CM 91-03 的打算。[1]

三、2019 年评估

为了 2019 年评估，英国和挪威于 2016 年向 SC-CAMLR 提交了一份关于南奥克尼群岛附近科研活动的简况，特别强调了 2016 年 1 月至 2 月间英国与挪威联合组织的"南奥克尼生态系统航次"（SOES）以及 2016 年 2 月至 3 月间英国组织的"南奥克尼南极生态系统状况航次"（SO-AntEco）。前者聚集于 48.2 区的磷虾生态系统，研究磷虾、磷虾捕食生物和商业磷虾渔业之间的相互作用，为制定空间管理以及磷虾反馈式管理提供支撑；调查结果发现，大多数磷虾集群附近都有捕食生物，包括企鹅、海豹和鲸鱼等。后者聚集于 SOISS MPA 内外的底栖群落分布与组织，包括探查 VME 指标物种的分布等；调查结果发现，SOISS MPA 内外都存在 VME 指标物种的丰度和与底栖生物的多样性相关联的证据，一些重要的 VME 指标物种（如珊瑚、海绵和海胆等）作为其他生物生境的重要性得到了证明。[2]

2018 年，欧盟向 SC-CAMLR 提交了关于 SOISS MPA 科研与监测计划草案（以下简称"2018 年 RMP 草案"）。[3]2018 年 RMP 草案，据称仅是一个框架（framework），旨在促进 SC-CAMLR 就 SOISS MPA 的科研与监测计划修订进行讨论以及使养护措施 CM 91-03 向养护措施 CM 91-04 趋同，同时为第 1 区块和第 3 区块的海洋保护区规划作贡献。2018 年 7 月在英国召开的空间管理研讨会（WS-SM）以及 2017 年 SC-CAMLR 关于罗斯海区域海洋保护区的科研与监测计划草案的讨论等，影响了 2018 年 RMP 草案的制定。2017 年，

---

〔1〕 CCAMLR, Report of the Thirty-Third Meeting of the Commission, Hobart, 20-31 October 2014, paragraphs 5.80 and 5.85 - 5.88. 2014 年，SC-CAMLR 认为，SOISS MPA 报告是一个适当的（appropriate）报告，SOISS MPA 科研与监测计划草案提供了一个描述科研与监测活动的好格式，没有就科研与监测计划草案实质内容达成共识。See SC-CAMLR, Report of the Thirty-Third Meeting of the Scientific Committee, Hobart, 20-24 October 2014, paragraphs 5.56 and 5.76.

〔2〕 Delegations of the United Kingdom and Norway, Summary of research voyages in the South Orkney Islands region in 2015/16, SC-CAMLR-XXXV/BG/28, 16 September 2016.

〔3〕 Delegation of the European Union, Draft Research and Monitoring Plan for the South Orkney Islands southern Shelf Marine Protected Area (MPA Planning Domain 1, Subarea 48.2), SC-CAMLR-XXXVII/09, 31 August 2018.

罗斯海区域海洋保护区科研与监测计划草案以议题（topics）组织科研与监测计划以及将科研投入作为一项指标。[1]此外，2018 年 RMP 草案将 SOISS MPA 的具体养护目标调整至 3 个，删除了"保护南部陆架区域关键生态系统进程"；且将所有具体养护目标置于第 1 区块的背景下进行设计。在 2018 年 SC-CAMLR 会议期间，我国提出 2018 年 RMP 草案最重要的问题是缺少数据，认为 2018 年应关注 SOISS MPA 内的科学数据和信息的提供，以及 2019 年 SOISS MPA 评估时应提交本底数据，为制定科研与监测计划（包括遴选指标等）提供科学依据。SC-CAMLR 同意，为了 2019 年评估应及时总结科研与监测活动；建议 SOISS MPA 科研与监测计划应包括：本底数据，即那些跟 SOISS MPA 设立与评估相关的本底数据，包括在 SOISS MPA 设立后收集的本底数据；科学与监测活动范围不限于 SOISS MPA，可包括在 48.1 区和 48.5 区开展的与 SOISS MPA 相关的活动。[2]对于本底数据，SC-CAMLR 解释，在科研与监测计划的语境下应是指那些用以证明海洋保护区设立合理性的数据以及描述在海洋保护区生效时南极海洋生态系统状态的数据。[3]

2019 年，欧盟及其成员国向 CCAMLR（不是 SC-CAMLR）提交了 3 份关于 SOISS MPA 的文件，分别是：第二次评估概要、科研与监测计划草案（以下简称"2019 年 RMP 草案"）和海洋保护区报告（以下简称"第二次报告"）。第二次评估概要，简述了为 2019 年评估所准备的 5 种类型的信息，包括：2014 年至 2019 年间相关活动及其可能对 SOISS MPA 目标的影响；2014 年以来的科研与监测活动报告；新的和进行中的科研与监测的需求；保护区目标实现程度评估；管理措施的增补或修订建议。前面 4 种类型信息，汇集在第二次报告中。对于是否需要增补新管理措施或修订养护措施 CM 91-03，欧盟及其成员国认为，建立 SOISS MPA 的理由仍然成立和存在，因此直到 2024 年评估之前不需要增补新管理措施或修订养护措施 CM 91-03；鉴于气候变化对海洋生态系统的影响需要较长时间才能显现，所以南极海洋生物资源管理实践

---

〔1〕 A. Dunn, M. Vacchi, G. Watters, The Ross Sea region Marine Protected Area Research and Monitoring Plan, SC-CAMLR-XXXVI/20, 1 September 2017.

〔2〕 SC-CAMLR, Report of the Thirty-Seventh Meeting of the Scientific Committee, Hobart, 22-26 October 2018, paragraphs 6.16-6.23.

〔3〕 SC-CAMLR, Report of the Thirty-Seventh Meeting of the Scientific Committee, Hobart, 22-26 October 2018, paragraph 6.24.

应更加保守。[1]对于 SOISS MPA 目标的实现程度的评估，第二次报告几乎重复了 2014 年第一次评估报告的结论，认为 SOISS MPA 为威德尔锋面（the Weddell Front）、企鹅的关键摄食场、5 个中上层生物区和 6 个底层地形区及其生物多样性等提供了完全保护；这些被保护的特征没有发生变化，支撑保护的科学依据和 2009 年保持相同；气候变化及其引发的生态学变化是一个长期的过程。[2]

　　2019 年 RMP 草案，相较 2014 年和 2018 年 RMP 草案有两个显著的变化。其一，具体养护目标数量和内容的变化。从 2014 年的 4 个，到 2018 年的 3 个，再到 2019 年的 4 个；2018 年 RMP 草案删除了"保护南部陆架区域关键生态系统进程"的具体养护目标，2019 年 RMP 草案增加了"气候变化科学参考区"的养护目标。在内容方面，2014 年提出了 48.2 区的养护目标和 SOISS MPA 的具体养护目标；2018 年 RMP 草案的具体养护措施将 SOISS MPA 作为 48.2 区或第 1 区块的组成部分；2019 年 RMP 草案弱化了 48.2 区或第 1 区块。详见表 9-2。其二，2019 年 RMP 草案完全照搬了罗斯海区域海洋保护区科研与监测计划草案的格式。按议题组织科研与监测，一个议题可能对应多个具体养护目标。评估海洋保护区成效指标包括两类：一类是生态环境指标（企鹅、磷虾和海冰）；一类是科学活动投入指标。以科研活动投入作为未来评估海洋保护区的重要指标，不再区分那些根据 SOISS MPA 具体养护目标而设计的科研活动和那些仅符合 SOISS MPA 具体养护目标的活动。[3]相反，2014 年和 2018 年 RMP 草案都坚持区分两类不同的科研活动，而且 SC-CAMLR 曾认为 2014 年 RMP 草案是一个描述科研与监测活动的好格式。

---

　　[1]　Delegation of the European Union and its Member States, Second review of the South Orkney Islands southern shelf Marine Protected Area, CCAMLR-38/22, 06 September 2019.

　　[2]　Delegation of the European Union and its Member States, South Orkney Islands Southern Shelf Marine Protected Area -Second Report, CCAMLR-38/BG/20, 06 September 2019, p. 13.

　　[3]　Delegation of the European Union and its Member States, Draft Research and Monitoring Plan (RMP) for the South Orkney Islands Southern Shelf Marine Protected Area, CCAMLR-38/24, 6 September 2019.

表 9-2　2014 年至 2019 年间 SOISS MPA 具体养护目标的变化〔1〕

具体养护目标	2014	2018	2019	差异分析
1	保护中上层代表性的海洋生态系统、生物多样性和生境	保护第 1 区块中代表性中上层海洋生态系统、生物多样性和生境	养护中上层代表性生物区	混淆使用"保护"和"养护"；2018 年强调了更大区域范围，即第 1 区块；2019 年养护目标标题简短，内容更笼统。
2	保护底层代表性的海洋生态系统、生物多样性和生境	保护第 1 区块中代表性底层海洋生态系统、生物多样性和生境	养护底层代表性生物区	同上。
3	保护阿德利企鹅和帽带企鹅的关键生命史阶段	保护第 1 区块中企鹅关键生命史阶段	养护重要顶端捕食生物的摄食场	混淆使用"保护"和"养护"；内容上大致相同，但趋向模糊化。
4	保护南部陆架区域关键生态系统进程		提供一个气候变化科学参照区	2014 年和 2019 年名称和内容完全不一样；2014 年目标确定了三个关键生态系统，分别是：威德尔锋面、高初级生产力区、季节性海冰区。2019 年参考区旨在理解捕捞活动、环境变化与气候变化对海洋生物资源的影响。

　　2019 年，SOISS MPA 建立 10 周年。CCAMLR 成员对此非常重视，但是分歧仍然存在。在 CCAMLR 会议期间，对于欧盟及其成员国提交的 3 份关于

〔1〕 Delegation of the European Union, Research and monitoring plan for the South Orkney Islands southern shelf marine protected area (MPA Planning Domain 1, Subarea 48.2), SC-CAMLR-XXXIII/11, 5 September 2014; Delegation of the European Union, Draft Research and Monitoring Plan for the South Orkney Islands southern Shelf Marine Protected Area (MPA Planning Domain 1, Subarea 48.2), SC-CAMLR-XXX-VII/09, 31 August 2018; Delegation of the European Union and its Member States, Draft Research and Monitoring Plan (RMP) for the South Orkney Islands Southern Shelf Marine Protected Area, CCAMLR-38/24, 06 September 2019.

SOISS MPA 的文件，俄罗斯和我国分别提出一些关切。关于 2019 年 RMP 草案，两国共同认为，2019 年 RMP 草案应包含具有科学依据的监测指标物种及其参与，以及应在 SOISS MPA 内开展系统的科研活动。俄罗斯指出 SOISS MPA 已经存续 10 年，但仍没有由 SC-CACMLR 和 CCAMLR 通过的科研与监测计划，导致 SC-CAMLR 不可能对其进行科学评估并向 CCAMLR 提供科学建议；2019 年 RMP 草案所列的生态环境指标，如企鹅、磷虾和海冰，不足以监测 SOISS MPA 内海洋生态系统结构与功能的变化。我国强调 SOISS MPA 在编制科研与监测计划上存在的问题是未来其他海洋保护区应吸取的教训。对于 SOISS MPA 评估，俄罗斯指出两次评估报告都没有得到 SC－CAMLR 和 CCAMLR 的通过，也没有得到它们的任何建议，因此 SOISS MPA 存续的科学与法律基础存在疑问。我国认为，评估应旨在为海洋保护区目标实现程度提供科学建议，但是有限的生物学指标、有限的科学数据以及过去 10 年没有在 SOISS MPA 内开展科研活动，使得 SC-CAMLR 不能评估 SOISS MPA 目标实现与否；建议 CCAMLR 成员回顾 2009 年在建立 SOISS MPA 时所期望的成果。[1]

CCAMLR 成员就 SOISS MPA 是否必须编制科研与监测计划存在分歧，很多成员认为养护措施 CM 91-03 先于养护措施 CM 91-04，且养护措施 CM 91-03 没有提及此义务，因此不必须编制科研与监测计划。我国和俄罗斯则指出，2014 年欧盟自愿作出承诺要在 2019 年前使养护措施 CM 91-03 和养护措施 CM 91-04 保持一致，因此 SOISS MPA 的科学与法律内容都应符合养护措施 CM 91-04。[2]最终，CCAMLR 没有通过（endorse）欧盟及其成员国对 SOISS MPA 的评估，也没有通过 2019 年 RMP 草案。[3]

四、小结

SOISS MPA 最初由英国提议建立，2014 年由欧盟代为提交文件，2019 年则由欧盟及其成员国提交文件。这种文件提交主体的变化，体现了欧盟及其

---

〔1〕　CCAMLR, Report of the Thirty-Eighth Meeting of the Commission, Hobart, 21 October-1 November 2019, paragraphs 6. 26-6. 27 and 6. 32.

〔2〕　CCAMLR, Report of the Thirty-Eighth Meeting of the Commission, Hobart, 21 October-1 November 2019, paragraphs 6. 31-6. 32.

〔3〕　CCAMLR, Report of the Thirty-Eighth Meeting of the Commission, Hobart, 21 October-1 November 2019, paragraphs 6. 29 and 6. 33.

成员国之间关于权限属性的争夺。英国脱欧可能会使英国在未来 SOISS MPA 工作中获得更大的自主权，但是欧盟及其成员国仍会继续支持 SOISS MPA。如果英国不反对的话，相关文件提交主体可能会变为"英国和欧盟及其成员国"，以体现欧盟在海洋保护区的一贯立场。

对于科研与监测计划以及 SOISS MPA 评估，可能结果是延续之前两次评估周期的情形。也就是说，英国仍会准备科研与监测计划草案以及评估报告，它们仍不能获得 CCAMLR 的赞同和通过。英国和欧盟及其成员国仍会继续坚持认为，当初建立 SOISS MPA 的科学依据仍存在，养护措施 CM 91-03 继续有效。

未来的可能变化在于南极半岛海洋保护区。如果南极半岛海洋保护区获得通过，则势必会影响 SOISS MPA，包括它的科研与监测计划以及评估。但是，即使如此，如果我国和俄罗斯等不能使 CCAMLR 通过有关科研与监测计划一般规则，英国仍不可能实质地调整 SOISS MPA 科研与监测计划草案的内容，SOISS MPA 评估也将同样延续之前的情形。考虑到养护措施 CM 91-03 没有期限，可以预期这种僵局会长期存在。

第三节　养护措施 CM 91-04 下南极海洋保护区建设案例

一、罗斯海区域海洋保护区

罗斯海，被认为是地球上最后一块保存完好的海洋生态区域；这里有数量庞大的哺乳动物和鸟类，包括 1/3 的阿德利企鹅（Pygoscelis adeliae）和 1/4 的皇帝企鹅（Aptenodytes forsteri）；这个区域也是科学研究开展较多的区域。[1]同时，它也是南极犬牙鱼的栖息地；犬牙鱼是罗斯海食物链中重要的捕食者，也是其他动物的食物；犬牙鱼数量的下降，将会影响罗斯海整个生态系统的结构。因此，非政府环境保护组织如皮尤（The Pew Charitable Trusts）等认为，CCAMLR 应对罗斯海进行全面保护，以缓解企鹅、鲸鱼、海

---

〔1〕　Ainley, David G., Grant Ballard, John Weller, "Ross Sea Bioregionalization, Part Ⅰ.", WG EMM-10/11. Hobart: CCAMLR, 2010.

豹等面临的来自气候变化、过度捕捞、生境退化等方面的压力。[1]根据 ASOC 的统计，500 多名科学家签名要求在此区域建立海洋保护区。[2]根据南极海洋联盟（AOA）的观点，罗斯海区域海洋保护区的面积为 330 万平方公里。[3]

美国目前是 CCAMLR 非捕鱼国；新西兰则是捕鱼国，且其渔场集中在罗斯海。罗斯海每年可为新西兰提供 0.2~0.3 亿新西兰元的经济收益，[4]因此双方在涉及犬牙鱼渔场的处理方面出现很大分歧（也就是后面双方联合提案中的特别研究区），所以最初两国各自提出议案。[5]美国主张关闭此区域的理由是，这样可以为保护区以外捕捞渔场提供一个很好的参照区域，以评估罗斯海的渔业活动对海洋生态系统的影响。新西兰则主张，这个区域重要的犬牙鱼渔场，对于新西兰犬牙鱼渔业所实施的标志放流项目（tagging programme）的延续性和完整性至关重要。

就罗斯海区域海洋保护区而言，在 11 个优先区域确定后，美国和新西兰分别围绕罗斯海开展了生态、生物多样性等方面的研究；2009 年 6 月，新西兰召开了一个关于罗斯海区域生物区化和空间生态系统进程的国际专家研讨会。2010 年，美国和新西兰分别向 WG-EMM 提交了其关于罗斯海生物区化研究的文件，[6]美国的文件关注第 11 个优先区域，新西兰的文件关注第 10

---

〔1〕 The PEW Charitable Trusts, Protecting the Ross Sea: Fact Sheet, October 2014.

〔2〕 Antarctic and Southern Ocean Coalition (ASOC), Scientists' Consensus Statement on Protection of the Ross Sea, at https://www.asoc.org/storage/documents/MPAs/Ross_Sea_Scientists_Statement_October_2011.pdf, accessed 8 August 2013.

〔3〕 ASOC, Maintaining CCAMLR's ambition on Marine Protected Areas, CCAMLR-XXXIII/BG/24, 20 September 2014.

〔4〕 NIWA, Survey Reveals Plenty of Fish in the Ross Sea, 26 March 2012, at https://www.niwa.co.nz/news/survey-reveals-plenty-of-fish-in-the-ross-sea, accessed 8 August 2013.

〔5〕 Matthew Denholm, Antarctic marine park splits US, NZ, The Australian, 24 October 2012, at https://www.theaustralian.com.au/news/health-science/antarctic-marine-park-splits-us-nz/story-e6frg8y6-1226501864286, accessed 25 October 2012.

〔6〕 D. G. Ainley, G. Ballard, J. Weller (USA), Ross Sea Biodiversity, Part Ⅰ: validation of the 2007 CCAMLR Bioregionalisation Workshop results towards including the Ross Sea in a representative network of marine protected areas in the Southern Ocean, WG-EMM-10/11, 9 July 2010; G. Ballard, D. Jongsomjit and D. G. Ainley (USA), Ross Sea Bioregionalisation, Part Ⅱ: Patterns of co-occurrence of mesopredators in an intact polar ocean ecosystem, WG-EMM-10/12, 9 July 2010; B. R. Sharp, S. J. Parker, M. H. Pinkerton (New Zealand) (lead authors), Bioregionalisation and spatial ecosystem processes in the Ross Sea region, WG-EMM-10/30, 12 July 2010.

个和第 11 个优先区域。[1]

2011 年，尽管美国和新西兰科学家曾联合向 8 月 29 日至 9 月 2 日在法国召开的第二次海洋保护区研讨会提交一个关于罗斯海区域海洋保护区规划的文件，[2]但在 9 月底，两国代表团还是分别向 SC-CAMLR 提交了各自关于罗斯海区域海洋保护区的方案；[3]新西兰方案面积达 220 万平方公里，美国方案则为 180 万平方公里，两者最大的分歧在于新西兰方案覆盖了较少的南极犬牙鱼作业渔场，并避开了核心的传统渔场。[4]2012 年 10 月，第 31 届 CCAMLR 要求新西兰和美国两国必须合并其提案，否则会议无法就同一个区域讨论两个不同提案。最终，在各方面的压力下，2012 年 10 月 29 日，美国和新西兰达成共识，联合提出一个提案。[5]

保护区总面积达 227 万平方公里，有 3 个类型的区域，分别是普遍性保护区（GPZ）、[6]特别研究区（SRZ）和产卵保护区（SPZ）。GPZ 为禁止作业区，即禁止商业捕捞作业，约为 160 万平方公里；SRZ 是两国原先争议区域，允许商业捕捞作业，但设定相应捕捞限额，捕捞数量将逐渐减少，增加标志比例；SPZ 在夏季允许商业捕捞，在冬季关闭。保护区要实现多达 10 个目标，包括养护生态结构与功能、参照区（对比渔业活动与气候变化对生态的影响）、促进研究和科学活动、保护代表性底栖海洋环境、保护大规模生态进程、保护核心的中上层被捕食物种的分布、保护核心的产卵场、保护具有重要生态价值的沿岸区域、保护南极犬牙鱼生命史中的重要区域以及保护已

〔1〕 SC-CAMLR, Report of the Twenty-Ninth Meeting of the Scientific Committee, Hobart, 25-29 October 2010, paragraphs 3. 82-3. 101 of Annex 6.

〔2〕 B. R. Sharp, G. M. Watters, Marine Protected Area planning by New Zealand and the United States in the Ross Sea region, WS-MPA-11/25, 18 August 2011.

〔3〕 Delegation of the USA, An MPA scenario for the Ross Sea region, SC-CAMLR-XXX/9, 22 September 2011; Delegation of New Zealand, A Marine Protected Area scenario by New Zealand for the Ross Sea region, SC-CAMLR-XXX/10, 23 September 2011.

〔4〕 B. R. Sharp, G. M. Watters, Marine Protected Area planning by New Zealand and the United States in the Ross Sea region, WS-MPA-11/25, 18 August 2011, p. 32.

〔5〕 Delegations of New Zealand and the USA, A proposal for the establishment of a Ross Sea region Marine Protected Area, CCAMLR-XXXI/16 Rev. 1, 29 October 2012.

〔6〕 陈力教授以及国家海洋局将此保护区域名称翻译为"普遍性保护区"，本书遵循这种翻译。参见陈力：《南极海洋保护区的国际法依据辨析》，载《复旦学报（社会科学版）》2016 年第 2 期，第 161 页；国家海洋局办公室《关于印发南极特别保护区、南极特别管理区、南极海洋保护区基本信息的通知》（海办发〔2018〕9 号），附件 3。

知的稀有和脆弱底栖生境。保护区有效期为 50 年。值得注意的是，生产力最高的犬牙鱼渔场，如艾斯林滩（Iselin Bank），则被排除在保护区范围之外。

2012 年的联合提案几乎原封不动地又提交给了 2013 年 7 月召开的 CCAMLR 第二次特别会议。[1]2013 年 7 月，SC-CAMLR 第一次特别会议承认了北面的海山区域缺少足够的科学证据来支撑建立 SPZ 的目的。[2]所以，2013 年 9 月，两国提交的联合提案删除了 SPZ，并大幅度减少了北部 GPZ 的面积，引入了 SRZ 的基础捕捞限额（the base catch limit）概念，并将之确定为 88.1 和 882A-B 区总配额的 10%，面积减少至 133.7 万平方公里。[3]

2013 年 10 月，第 32 届 CCAMLR 会议上，新西兰与美国对提案进行了五处修改，分别是：在序言增加了新段落，强调该保护区与渔业活动的影响以及 CCAMLR 成员国相互合作的重要性；修改了保护区的边界范围；修改了特别研究区犬牙鱼捕捞限额的计划公式；明确了 CCAMLR 每 10 年对保护区进行评估与修改；相应调整了管理计划和研究与监测计划的优先要素。[4]具体边界的修改包括删除了产卵场保护区，以回应没有充分科学证据的意见；减少斯科特海山区域的保护区面积，以更好对应该区域的保护目标；罗斯海西北部的普遍性保护区增加一小块，为重要的深海栖息地的生物多样性（包括海山）提供代表性保护；删除东北部海山的保护区，因为这些生物区出现在增加的西北部分。[5]可以看出，提案仍保留了 10 个目标；保护区只剩下两个类型，其中特别研究区的面积没有变化，普遍性保护区有所调整、面积下降。总体上，修改后的保护区面积缩减至 134 万平方公里，其中 125 万平方公里为禁止作业区。

2014 年，新西兰与美国对提案进行了四点修改，分别是：在序言增加新

---

〔1〕　Delegations of New Zealand and the USA, A proposal for the establishment of a Ross Sea Region Marine Protected Area, CCAMLR-SM-Ⅱ/04, 31 May 2013.

〔2〕　SC-CAMLR, Report of the First International Meeting of the Scientific Committee, Bremerhaven, 11-13 July 2013, paragraph 2.32.

〔3〕　Delegations of New Zealand and the USA, A proposal for the establishment of a Ross Sea Region Marine Protected Area, CCAMLR-XXXII/27, 2 September 2013, paragraph 8.

〔4〕　Delegations of New Zealand and the USA, A proposal for the establishment of a Ross Sea Region Marine Protected Area, CCAMLR-XXXII/27, 2 September 2013.

〔5〕　CCAMLR, Report of the Thirty-Second Meeting of the Commission, Hobart, 23 October-1 November 2013, paragraph 7.4.

段落，重申公约目标中养护包含合理利用以及公约是南极条约体系的有机组成部分，整个公约区域仍应受 CCAMLR 通过的养护措施管制；进一步明确保护区与国际法之间的关系，即不影响各国在国际法下的权利与义务；明确保护区具体目标等；相应调整了管理计划、研究与监测计划等部分的内容。[1]最终 2014 年罗斯海提案包括序言（18 段）、正文（24 段）和 3 个附件。正文涉及：罗斯海区域海洋保护区由该养护措施设立，明确该养护措施与国际法之间的关系；保护区的 10 个具体目标；保护区的区域分布，即四个区域、两种类型，面积约为 125 万平方公里；限制、禁止和受管制活动；管理计划；研究和监测计划；报告；评估；设立期限；遵守与监督；与其他国家和组织的合作等。

2015 年 9 月，新西兰和美国在第 34 届 CCAMLR 会议前对提案再作调整，在保持总面积不变的情况下增加了特别研究区面积，将其占总面积的比例从原来的 10% 增加到 13%。对于这种变化，提案解释说这种调整与该区域 500米至 2500 米海底面积相一致，即海底面积由原来的 5.24 万平方公里增加到6.93 万平方公里。相应地，调整后的特别研究区的犬牙鱼的捕捞配额从原来88.1 区和 88.2 区中 SSRU A 与 B 等总捕捞配额的 10% 增加到 13%。[2]

2015 年 9 月 22 日至 25 日，中美元首在华盛顿会晤，明确提出"双方同意加强联合研究，共同就建立南极罗斯海区域海洋保护区的建议开展工作"[3]。第 34 届 CCAMLR 会议期间，我国对案文提出了合理的科学和法律关切，[4]并积极与美国进行沟通协调，落实元首会晤成果。终于，两国于 10 月 29 日就提案达成共识，形成新案文；[5]10 月 30 日（会议最后一天），美国和新西

---

〔1〕 Delegations of New Zealand and the USA, A proposal for the establishment of a Ross Sea Region Marine Protected Area, CCAMLR-XXXIII/21, 5 September 2014.

〔2〕 Delegations of New Zealand and the USA, A proposal for the establishment of a Ross Sea Region Marine Protected Area, CCAMLR-XXXIV/29, 4 September 2015, p. 4.

〔3〕 曾伟、肖红：《习近平访美中方成果清单发布》，载 http://politics. people. com. cn/n/2015/0926/c1001-27637282. html，访问日期：2023 年 8 月 1 日。北京时间 2015 年 9 月 23 日至 24 日，美国国务院时任国务卿助理帮办大卫·博尔顿（David Balton）大使率领新西兰和美国参加 CCAMLR 的代表团来到北京，就罗斯海区域海洋保护区提案进行磋商，试图在两国元首会晤前就此问题达成一致意见。

〔4〕 CCAMLR, Report of the Thirty-Fourth Meeting of the Commission, Hobart, 19-30 October 2015, paragraphs 8. 50, 8. 87-8. 88.

〔5〕 Delegations of New Zealand and the USA, A proposal for the establishment of a Ross Sea Region Marine Protected Area, CCAMLR-XXXIV/29 Rev. 1, 29 October 2015.

兰向大会进行了汇报。根据新案文以及美国和新西兰向大会的汇报，新提案增加了一个磷虾研究区（KRZ）；相应地，保护区的目标增加了一个，即促进对罗斯海西北区域磷虾的研究和科学认知，保护区的面积增加到155万平方公里。我国代表团认为，这种调整体现了《南极海洋生物资源养护公约》第2条的目标。[1]

2016年，美国加强了与俄罗斯的沟通与磋商。同年9月，新西兰和美国向第35届CCAMLR会议提交的案文重点解释了增加磷虾研究区的科学合理性、保护区在有效期结束后即终止（除非CCAMLR因协商一致作出另外安排）、保护区内研究活动的管理规则等内容。[2]在会议期间，经激烈磋商，美国和俄罗斯终于在2016年10月26日就案文达成了共识，增加了"相关规定"（related Provisions），也就是修改养护措施CM 41-09和CM 41-10，并将特别研究区的配额从13%提高到15%。[3]在大多数代表团对新西兰和美国表示祝贺、对俄罗斯表示感谢时，日本代表团对"相关规定"的合理性提出了疑问。[4]对于保护区的具体期限，CCAMLR召开代表团团长会议进行小范围闭门磋商；新西兰和美国案文提议是50年，最终妥协形成两个期限：一是特别研究区的有效期（30年）；二是设立保护区的养护措施的有效期（35年）。[5]

2017年，新西兰和美国向第36届CCAMLR会议提交了3个案文，为罗斯海区域海洋保护区建设做准备，实施养护措施CM 91-05（2016）。它们分别是：根据养护措施CM 91-05（2016）第28段修订其他3个养护措施、[6]根据养护措施CM 91-05（2016）第24段建立船舶交通监测制度、[7]保护区

〔1〕 CCAMLR, Report of the Thirty-Fourth Meeting of the Commission, Hobart, 19-30 October 2015, paragraphs 8. 107-8. 108.

〔2〕 Delegations of New Zealand and the USA, A proposal for the establishment of a Ross Sea Region Marine Protected Area, CCAMLR-XXXV/25, 2 September 2016.

〔3〕 Delegations of New Zealand and the USA, A proposal for the establishment of a Ross Sea Region Marine Protected Area, CCAMLR-XXXV/25 Rev. 1, 26 October 2016.

〔4〕 CCAMLR, Report of the Thirty-Fifth Meeting of the Commission, Hobart, 17-28 October 2016, paragraphs 8. 38-8. 44.

〔5〕 CM 91-05 (2016) "Ross Sea region marine protected area", paragraphs 20-21. 周超：《南极罗斯海将建全球最大海洋保护区》，载《中国海洋报》2016年11月2日。

〔6〕 Delegations of New Zealand and the USA, Ross Sea region marine protected area: consequential changes to other conservation measures, CCAMLR-XXXVI/16, 31 August 2017.

〔7〕 Delegation of the USA, Monitoring vessel traffic in the Ross Sea Region MPA, CCAMLR-XXXVI/ 23, 1 September 2017.

的研究和监测计划。[1]后两个提案，涉及法律和科学问题，CCAMLR 没有达成一致意见；针对第一个提案，虽然俄罗斯和新西兰与美国出现很大的分歧，但通过小范围磋商得到了解决，否则将影响后续犬牙鱼渔业活动的开展。[2]特别地，相关国家就研究与监测计划内容及实施出现的分歧，将影响罗斯海区域海洋保护区的建设以及未来其他海洋保护区提案的讨论。

表 9-3　罗斯海区域海洋保护区提案在 2012 年至 2016 年间的变化

年份	提案主要内容
2012	10 个保护目标；3 种区域，分别是普遍性保护区（GPZ）、产卵保护区（SPZ）和特别研究区（SRZ）；设定 SRZ 的莫氏犬牙鱼配额为 1450 吨；禁止转载；评估周期为 10 年一次；保护区存续期限为 50 年；总面积为 227 万平方公里。
2013+	无实质性修改。
2013	因缺少科学证据，删除了 SPZ；大幅削减了 GPZ 的面积；为 SRZ 内莫氏犬牙鱼配额引入基础捕捞限额（the base catch limit）概念，初步设定为整个罗斯海区域总捕捞额的 10%；总面积下降至 134 万平方公里。
2014	提案强调了《南极海洋生物资源养护公约》的目标以及合理利用；确认南极条约体系内的合作；澄清和国际法的关系；10 个目标进一步细化，附有各自具体目标；总面积下降至 125 万平方公里。
2015	SRZ 面积扩大 3%，基础捕捞限额相应增加到 13%；增加了磷虾研究区（KRZ），相应增加了一个关于研究磷虾的保护目标；磷虾探捕渔业允许在 SRZ 和 KRZ 内开展；总面积增加至 155 万平方公里。
2016	增加了 CM 91-05 第 28 段"相关规定"；SRZ 的基础捕捞限额上调至 15%；将 SRZ 的期限设定为 30 年，期满后 SRZ 区域的基础捕捞限额不能超过 20%，其他区域的期限为 35 年，即到 2051-2052 年度结束。

注："2013+" 系指 CCAMLR 召开的关于海洋保护区的特别会议。

二、东南极海洋保护区提案

根据 CCAMLR 统计公报（Statistical Bulletin），在提案的东南极区域曾有

〔1〕 A. Dunn, M. Vacchi, G. Watters, The Ross Sea region Marine Protected Area Research and Monitoring Plan, SC-CAMLR-XXXVI/20, 1 September 2017.

〔2〕 CAMLR, Report of the Thirty-Sixth Meeting of the Commission, Hobart, 16-27 October 2017, paragraphs 5. 70-5. 83, 8. 12, 8. 26, and paragraphs 79-81 of Annex 6.

过 3 种规模性商业渔业，即冰鱼渔业、犬牙鱼渔业和磷虾渔业。冰鱼渔业在 20 世纪 70、80 年代有较大规模的生产，现在规模很小；磷虾渔业也是在 20 世纪 70、80 年代，特别是 80 年代有过大规模的生产，现已基本没有，但 CCAMLR 仍设有商业捕捞配额；犬牙鱼渔业，以细鳞犬牙鱼（Dissostichus eleginoides）渔业为主，莫氏犬牙鱼（Dissostichus mawsoni）渔业在 2005 年以后的有一定规模的发展，但数量相对较少。

东南极海洋保护区提案，最初由澳大利亚和法国合作进行准备；[1]2012 年，该提案正式提交给 CCAMLR 时，提案方增加了"欧盟"，即澳大利亚、法国和欧盟；[2]2016 年 9 月至 10 月间，该提案经修改，提案方由原来的"澳大利亚、法国和欧盟"改为了"澳大利亚和欧盟及其成员国"。[3]这种变化，非常细微，但意义非常大。这是因为，截至 2021 年 8 月，CCAMLR 共有 25 个成员国及欧盟，即 26 个成员；其中，25 个 CCAMLR 成员国中有 9 个属于欧盟的成员国，分别是比利时、德国、波兰、英国、瑞典、法国、西班牙、意大利和荷兰，也就是欧盟成员国在 CCAMLR 成员国约占 1/3。所以，上述提案方的变化，一方面显著地增加了提案方数量，从原来的 3 个增加到了 11 个，占 CCAMLR 成员总数的 40%；另一方面突出体现了欧盟及其成员国在海洋保护区事务属性方面的分歧。同样地，可以看到，威德尔海保护区提案由德国负责科学研究和撰写案文，[4]但 2015 年和 2016 年向 CCAMLR 会议提交

---

〔1〕 Delegations of Australia and France, Proposal for a Representative System of Marine Protected Areas (RSMPA) in the East Antarctica planning domain, SC-CAMLR-XXX/11, 27 September 2011.

〔2〕 Delegations of Australia, France and the European Union, Proposal for a conservation measure establishing a representative system of marine protected areas in the East Antarctica planning domain, CCAMLR-XXXI/36, 8 September 2012.

〔3〕 Delegations of Australia, France and the European Union, Revisions to the draft East Antarctic Representative System of Marine Protected Areas (EARSMPA) Conservation Measure, CCAMLR-XXXV/15 Rev. 1, 31 August 2016; Delegations of Australia and the European Union and its Member States, Revisions to the draft East Antarctic Representative System of Marine Protected Areas (EARSMPA) Conservation Measure, CCAMLR-XXXV/15 Rev. 2, 13 October 2016.

〔4〕 Delegation of Germany, Scientific background document in support of the development of a CCAMLR MPA in the Weddell Sea (Antarctica) -Version 2015, SC-CAMLR-XXXIV/13, 4 September 2015; Scientific background document in support of the development of a CCAMLR MPA in the Weddell Sea (Antarctica) -Version 2015, Part A (SC-CAMLR-XXXIV/BG/15), Part B (SC-CAMLR-XXXIV/BG/16), Part C (SC-CAMLR-XXXIV/BG/17), 18 September 2015.

背景文件和正式文件时，提案方是"欧盟及其成员国"，[1]而不是"德国和欧盟"。2020年第39届CCAMLR会议期间，提案方再次发生变化，变为"欧盟及其成员国、澳大利亚、挪威和乌拉圭"。[2]

提案所指"东南极"，不同于一般意义上的"东南极"；[3]在此提案框架下，东南极是指东经30度至东经150度之间、南极大陆至南纬60度之间的区域；主要是位于CCAMLR的58.4.1区和58.4.2区。对于罗斯海而言，这个提案是一个基于数据缺乏的提案；2017年前，其提案目标是建立一个海洋保护区代表体系，2017年案文是建立3个区域组成1个海洋保护区，但其研究区域范围仍是整个东南极；[4]58.4.1区和58.4.2区是CCAMLR养护措施CM 51-02（2008）和51-03（2008）规定的商业磷虾作业区域，并有确定的配额，分别是44万吨和264.5万吨。

2010年，第29届CCAMLR会议上，澳大利亚就分别向SC-CAMLR和CCAMLR提交了2个文件，分别是"关于在数据不足（data-poor）区域内海洋保护区代表体系详细计划"和"关于在2012年之前在南极海洋生物资源养护委员会内实施南极海洋保护区代表系统（RSAMPA）一般养护措施的提案"。[5]鉴于澳大利亚提议的东南极海洋保护区代表体系覆盖巨大的范围，

---

〔1〕 Delegation of the European Union and its Member States, Reflection Paper on a Proposal for a CCAMLR Weddell Sea Marine Protected Area（WSMPA）, CCAMLR-XXXIV/BG/37, 22 September 2015; Proposal on a conservation measure establishing the Weddell Sea Marine Protected Area（WSMPA）, CCAMLR-XXXV/18, 1 September 2016.

〔2〕 CCAMLR, Report of the Thirty-Ninth Meeting of the Commission, Virtual, 27-30 October 2020, paragraph 8. 22. 在此会议期间，巴西代表曾指出，欧盟和澳大利亚等曾在闭会期间要求巴西加入提案方，巴西拒绝了，但是巴西重申对提案的支持。南极海洋保护区提案方阵营化的形成，一定程度上意味着南极海洋保护区的政治化越来越严重，科学将越来越边缘化。

〔3〕 一般意义上，横贯南极山脉（the Transantarctic Mountains），被认为是东南极和西南极的分界线；该山脉从维多利亚地延伸到威德尔海，总长度达3500公里，是南极大陆的三个主要山脉之一。东南极冰盖比西南极冰盖大且厚，东南极冰盖也比西南极冰盖更稳定。传统上，东南极也被称为"冈瓦纳地区"（Gondwana Province）；西南极被称为"安第斯地区"（Andean Province），因为其结构类似于安第斯山脉。See Daniela Liggett, Bryan Storey, Yvonne Cook and Veronika Meduna, *Exploring the Last Continent: An Introduction to Antarctica*, Springer, 2015, p. 4; Harm J. De Blij, "A Regional Geography of Antarctica and the Southern Ocean", 33 *University of Miami Law Review* 299, 309-310（1978）.

〔4〕 Delegations of Australia, the European Union and its Member States, Draft conservation measure for an East Antarctic Marine Protected Area, CCAMLR-XXXVI/17, 31 August 2017, Figure 1.

〔5〕 Delegation of Australia, Elaborating a representative system of marine protected areas in data-poor regions, SC-CAMLR-XXIX/11, 10 September 2010; Delegation of Australia, Proposal for a general conserva-

特别是缺少该区域的生态数据，成为一些国家的关切重点。[1]

2011年，此东南极海洋保护区提案先提交至8月底在法国召开的第二次海洋保护区专题研讨会，然后根据研讨会的讨论情况进行修改后形成正式提案再提交给SC-CAMLR，[2]法国加入，成为第二个提案方。该提案目标是支持CCAMLR的生态系统监测计划（CEMP），区分渔业活动和气候变化对生态系统造成的影响。作为代表体系，其遵循的原则是综合（Comprehensiveness）、充分（Adequacy）和代表（Representativeness）；提案包含了7个保护区；其中4个保护区代表底层和中上层生态类型，另外3个仅代表底层生态类型。鉴于关于此区域的保护区存在许多不确定性以及缺乏数据，这个提案预留了很大的空间，以确保重要的物理的和生物的进程得到保护。[3]我国和俄罗斯的SC-CAMLR代表提出了一些科学方面的意见，包括缺乏充分的科学逻辑与数据来确定威胁或风险、保护区面积过大、保护区边界不合理；两国代表要求提供进一步的数据，以证明保护的必要性、保护目标以及科研与监测计划等。很多国家代表则认为，保护区边界的确定是基于最佳科学证据，主要问题在于管理当前和未来的威胁与风险，以及保护区拟保护价值的正当性等。SC-CAMLR同意，2011年的东南极海洋保护区提案包含了可获得最佳科学证据，尽管我国和俄罗斯仍坚持该提案的科学背景数据不充分。[4]

因为2011年澳大利亚向CCAMLR提交了一个关于建立海洋保护区一般框架的提案，[5]因此希望东南极海洋保护区提案在2012年进入CCAMLR会议。2012

（接上页）tion measure to implement an Representative System of Antarctic Marine Protected Areas（RSAMPA）in CCAMLR by 2012, including management arrangements needed in conservation measures that will govern the RSAMPA in the future, CCAMLR-XXIX/38 Rev. 1, 15 October 2010.

[1] SC-CAMLR, Report of the Twenty-Ninth Meeting of the Scientific Committee, 25-29 October 2010, paragraph 5. 30; CCAMLR, Report of the Twenty-Ninth Meeting of the Commission, Hobart, 25 October-5 November, 2010, paragraphs 7. 13-7. 16.

[2] Delegations of Australia and France, Proposal for a Representative System of Marine Protected Areas（RSMPA）in the East Antarctica planning domain, SC-CAMLR-XXX/11, 27 September 2011.

[3] SC-CAMLR, Report of the Thirtieth Meeting of the Scientific Committee, 24-28 October 2011, paragraphs3. 14-3. 19 of Annex 6; CCAMLR, Report of the Thirty-First Meeting of the Commission, Hobart, 23 October-1 November 2012, paragraph 7. 63.

[4] SC-CAMLR, Report of the Thirtieth Meeting of the Scientific Committee, 24-28 October 2011, paragraphs 5. 49-5. 66.

[5] Delegation of Australia, Proposal for a general conservation measure to implement Marine Protected Areas in the CCAMLR Area by 2012, including management arrangements needed in conservation measures that will govern the MPAs in CCAMLR in the future, CCAMLR-XXX/30, 9 September 2011.

年，该提案正式提交给 CCAMLR，欧盟成为第三提案方。[1]鉴于 2011 年第 30 届 CCAMLR 会议通过了澳大利亚提交的"建立海洋保护区的一般性框架"提案，即养护措施 CM 91-04（2011），所以此东南极海洋保护区提案增加了对养护措施 CM 91-04（2011）的援引；在序言中，东南极海洋保护区提案指出其总体目标是养护生物多样性、保护生态进程、评估渔业活动对生态系统变化等；在正文中具体规定了每个保护区的具体目标，从而在整体上满足 CEMP 的要求。[2]

2013 年，该提案经修改后先提交于 7 月召开的 CCAMLR 第二次特别会议；修改后的提案，在正文第 1 段列出 5 个总体目标，包含确保所有的生物地理区系的代表性、养护生物多样性、保护生态进程、评估渔业活动对生态系统变化、保证保护区的多目的利用（multiple use）；强调了多目的利用与"合理利用"之间的联系。保护区代表体系的面积大致保持与原来相近，只是缩小了 2 个保护区（MacRobertson 和 D'Urville Sea-Mertz）和扩大了 3 个保护区（Gunnerus、Enderby 和 Wilkes）。保护区代表体系的有效期得到明确，即根据《南极海洋生物资源养护公约》第 2 条（3）（c）确定了 30 年的期限；此后如果有代表要求终止、调整或替代某个保护区，则 CCAMLR 需要在期满后的 5 年内决定该保护区是否终止、调整或由新的保护区替代。[3]提案国认为此提案是为了建立一个包含养护、科学和多目的利用的综合体系，以实现单个保护区不能达到的目标；[4]符合《南极海洋生物资源养护公约》第 2 条宗旨，为南极海洋生态系统管理提供了一个机制，符合 2011 年通过的养护措施 CM 91-04（2011）。[5]

2013 年，该提案基本没有做出实质修改就提交给了第 32 届 CCAMLR 会

---

〔1〕 Delegations of Australia, France and the European Union, Proposal for a conservation measure establishing a representative system of marine protected areas in the East Antarctica planning domain, CCAMLR-XXXI/36, 8 September 2012.

〔2〕 CCAMLR, Report of the Thirty-First Meeting of the Commission, Hobart, 23 October-1 November 2012, paragraphs 7. 78-7. 81.

〔3〕 Delegations of Australia, France and the European Union, Proposal for a conservation measure establishing the East Antarctic Representative System of Marine Protected Areas, CCAMLR-SM-Ⅱ/03, 29 May 2013.

〔4〕 SC-CAMLR, Report of the First Intersessional Meeting of the Scientific Committee, 11-13 July 2013, paragraph 2. 62.

〔5〕 CCAMLR, Report of the Second Special Meeting of the Commission, Bremerhaven, 15-16 July 2013, paragraph 3. 41.

议；只是做了一些解释性的调整，涉及提案和 C-CAMLR 与养护措施 CM 91-04（2011）之间的援引关系、限制活动的批准、研究与监测的责任关系、与相关组织之间的沟通、有效期限等内容。[1]在会议期间，有国家认为提案所覆盖面积太大、总体目标太笼统；提案国对此提案再进行调整，将具体保护区建立分两步走，第一步建立 4 个保护区，第二步是在 10 年之后再考虑建立另外 3 个保护区。[2]但总体目标没有改变。对此，日本科学家代表概括了很多国家在 2013 年 7 月不莱梅特别会议上提出的关切，包括未来科研与监测计划能否完成这么大范围的海域以及能否在缺乏科学数据的海域建立大型海洋保护区。同时，日本科学家代表质疑将保护区数量从 7 个减少到 4 个的科学依据以及分两步走的科学依据。[3]

2014 年，向第 33 届 CCAMLR 会议提交的该提案做出以下调整：降低保护区面积、删除第二阶段建立另外 3 个保护区的内容、把允许在保护区进行研究和监测活动增加进总体目标等。在 4 个保留的保护区中，3 个作为科研参照区，1 个是生物多样性和生物地理区的代表区。[4]提案方认为，所有调整都是为了解决相关成员国表达的关注；东南极海洋保护区代表体系的建立将为保护区域生物多样性提供有效机制，同时也允许了南极生物资源的可持续利用。[5]

2015 年，向第 34 届 CCAMLR 会议提交的该提案作了 4 点修改，即加强了适应性管理的规定；简化、澄清和强化了科研与监测的目标，即促进海洋保护区的适应性方法；澄清管理程序及 CCAMLR 与 SC-CAMLR 的职责；删除了一个保护区（Gunnerus Ridge），只剩下 3 个保护区。提案方认为，提议建

〔1〕 Delegations of Australia, France and the European Union, Proposal for a conservation measure establishing an East Antarctic Representative System of Marine Protected Areas, CCAMLR-XXXII/34 Rev. 1, 23 October 2013.

〔2〕 CCAMLR, Report of the Thirty-Second Meeting of the Commission, Hobart, 23 October-1 November 2013, paragraphs 7. 22-7. 26; SC-CAMLR, Report of the Thirty-Second Meeting of the Scientific Committee, Hobart, 21-25 October 2013, paragraph 5. 50.

〔3〕 SC-CAMLR, Report of the Thirty-Second Meeting of the Scientific Committee, Hobart, 21-25 October 2013, paragraph 5. 54.

〔4〕 Delegations of Australia, France and the European Union, Proposal for a conservation measure establishing the East Antarctic Representative System of Marine Protected Areas, CCAMLR-XXXIII/23, 5 September 2014.

〔5〕 CCAMLR, Report of the Thirty-Third Meeting of the Commission, Hobart, 20-31 October 2014, paragraph 7. 48.

立的东南极海洋保护区代表体系将提供一个养护南大洋独特和多样海洋生态系统的创新性方法；该体系下的每个海洋保护区都经精心设计，以实现不同的养护目标；为监测气候变化影响提供有价值的信息和提供参照区，以更好养护东南极，符合《南极海洋生物资源养护公约》第2条。[1] 日本特别指出，提案所建议的适应性方法（adaptive approach）很重要，它是构成科研与监测计划的基础，但需要进一步精练和强化。[2] 在会议最后，提案方就保护区代表体系的目标、科研与监测计划、保护区代表体系的有效期三点内容做了声明。[3]

2016年，如前所述，提案方发生了变化，变成了"澳大利亚和欧盟及其成员国"。除此之外，向第35届CCAMLR会议提交的案文没有进行实质性调整，仅强调了以下几个方面：目标方面，保持和养护措施CM91-04（2011）的一致；突出保护区允许多种用途，只要这种人类活动不对保护区目标构成影响（impact）；评估规定，保持和养护措施CM 91-04（2011）的一致；强化管理计划与活动管理之间的联系；增加了科研与监测计划的优先要素等。[4] 在会议期间，澳大利亚和欧盟及其成员国总结了东南极海洋保护区提案的发展变化，特别是三个方面的变化：将提案从一个封闭系统（活动必须预先获得同意才可开展）调整成一个开放系统（许可活动开展，除非CCAMLR作出相反的决定）；删除了具体的管理规定，允许CCAMLR采用现有养护措施管理相关活动；将保护区数据从7个减少至3个。[5] 俄罗斯认为，提案应进一步澄清每个保护区的具体目标、科研与监测计划、评估保护区是否实现其目标的具体标准等；指出所提议建立的3个保护区应分别由不同的养护措施来管理，而不

〔1〕 CCAMLR, Report of the Thirty-Fourth Meeting of the Commission, Hobart, 19-30 October 2015, paragraphs 8. 42-8. 43.

〔2〕 CCAMLR, Report of the Thirty-Fourth Meeting of the Commission, Hobart, 19-30 October 2015, paragraph 8. 72.

〔3〕 CCAMLR, Report of the Thirty-Fourth Meeting of the Commission, Hobart, 19-30 October 2015, paragraph 8. 95.

〔4〕 Delegations of Australia and the European Union and its Member States, Revisions to the draft East Antarctic Representative System of Marine Protected Areas (EARSMPA) Conservation Measure, CCAMLR-XXXV/15 Rev. 2, 13 October 2016.

〔5〕 CCAMLR, Report of the Thirty-Fifth Meeting of the Commission, Hobart, 17-28 October 2016, paragraph 8. 74.

是归在一个养护措施框架下。[1]日本对其有效期限提出疑问；我国就其科研与管理计划、有效期限、目标描述以及保护区内禁止的活动类型等表达了关切。[2]澳大利亚希望罗斯海区域海洋保护区提案的通过来年为其提案提供更好的基础。[3]

　　2017 年，向第 36 届 CCAMLR 会议提交的案文做了很大实质性的改变，包括：将提案名称由"东南极海洋保护区代表体系"改为"东南极海洋保护区"，不再提"代表体系"，以保持和养护措施 CM 91-04（2011）的一致；目标进一步简化；扩大适用养护措施 CM 22-08（2009），全面禁止在 550 米等深线向陆一侧区域进行任何作业，即使有些区域深于 550 米；在 the D'Urville Sea-Mertz 保护区禁止磷虾作业。[4]总体上，提案名称的改变和"磷虾禁捕区"的增加，是其中最突出的两个改变。对于磷虾禁捕区的增加，案文解释，是为了监测 2010 年以来重要的环境变化，以及作为一个参照区域，区分因渔业活动造成的变化和环境变化。[5]对于名称的改变，提案方认为，保护区代表体系应覆盖整个南大洋，而不仅限于东南极；东南极海洋保护区是南大洋保护区代表体系的组成部分。[6]所提议设立的"磷虾禁捕区"是在 58.4.1 区内，而根据养护措施 CM 51-02（2008）的规定，整个 58.4.1 区都是商业性磷虾作业区，可捕配额是 44 万吨。巧合的是，2016 年，我国第一次向第 35 届 CCAMLR 会议通报到 58.4.1 区内进行磷虾生产；[7]2016-2017 年度我国渔船第

---

〔1〕　CCAMLR, Report of the Thirty-Fifth Meeting of the Commission, Hobart, 17-28 October 2016, paragraph 8.77.

〔2〕　CCAMLR, Report of the Thirty-Fifth Meeting of the Commission, Hobart, 17-28 October 2016, paragraphs 8.79-8.80.

〔3〕　CCAMLR, Report of the Thirty-Fifth Meeting of the Commission, Hobart, 17-28 October 2016, paragraph 8.84.

〔4〕　Delegations of Australia, the European Union and its Member States, Draft conservation measure for an East Antarctic Marine Protected Area, CCAMLR-XXXVI/17, 31 August 2017.

〔5〕　Delegations of Australia, the European Union and its Member States, Draft conservation measure for an East Antarctic Marine Protected Area, CCAMLR-XXXVI/17, 31 August 2017; CCAMLR, Report of the Thirty-Sixth Meeting of the Commission, Hobart, 16-27 October 2017, paragraph 8.40（v）.

〔6〕　CCAMLR, Report of the Thirty-Sixth Meeting of the Commission, Hobart, 16-27 October 2017, paragraph 8.29.

〔7〕　2016 年，我国通报了 3 艘渔船于 2016-2017 年度到 58.4.1 区和 58.4.2 区进行磷虾捕捞，它们分别是：中国水产总公司的"龙腾"、辽宁省大连海洋渔业集团公司的"福荣海"和青岛远洋渔业公司的"明开"。只有"龙腾"实际到那两个区域进行了作业。2017-2018 年度，"龙腾"和"福荣海"实际到那两个区域开展了磷虾捕捞；2018-2019 年度，"龙腾"和"福荣海"仍继续到那两个区域作业。2018 年 6 月 4 日，中国水产科学院黄海水产研究所朱建成老师确认了这些信息，在此表示感谢！

一次到58.4.1区开展了捕捞活动，产量为9吨，是1996年以后再次有渔船进入此区域作业。[1]此提案仍没有满足我国和俄罗斯的关切；俄罗斯强调，3个保护区域应分别单独作为一个海洋保护区提案，并分别赋予各自的有效期限。[2]

此后，东南极海洋保护区提案不再有本质性修改，每年提交至 CCAMLR 进行讨论；但是其提案方在近两年变化很大。2021年，其提案方是澳大利亚、欧盟及其成员国、印度、新西兰、挪威、韩国、乌克兰、英国、美国和乌拉圭。[3]根据南极海洋联盟计算，东南极海洋保护区提案覆盖面积从2010年的172万平方公里，增加到2011年的180万平方公里，此后逐步下降，2014年提案面积为104万平方公里；2017年提案覆盖面积约为95万平方公里。据南极海洋联盟的观点，该提案覆盖面积应为243万平方公里。[4]

三、威德尔海海洋保护区提案

2012年的 SC-CAMLR 会议上，德国科学家提出，德国愿牵头做第3区块的海洋保护区规划，得到了 SC-CAMLR 的热烈欢迎。[5]2013年6月，德国向 WG-EMM 提交了"关于在威德尔海建立一个 CCAMLR 海洋保护区"的提案，期望于2014年提交 CCAMLR 进行审议。此文件是第一个关于威德尔海海洋保护区的概念性框架（conceptual outline）。德国就此提出了三点内容：一是评估主要目标区域；二是通过各种途径获得初步数据及其评估；三是大致时间安排，从2013年4月至2014年10月，特别是在2014年召开一个国际专家研讨会。[6]

---

〔1〕 CCAMLR, Report of the Thirty-Sixth Meeting of the Commission, Hobart, 16-27 October 2017, paragraph 5.4.

〔2〕 CCAMLR, Report of the Thirty-Sixth Meeting of the Commission, Hobart, 16-27 October 2017, paragraphs 8.36-8.37.

〔3〕 Delegations of Australia, the European Union and its Member States, India, New Zealand, Norway, Republic of Korea, Ukraine, the United Kingdom, the USA and Uruguay, Proposal to establish an East Antarctic Marine Protected Area, CCAMLR-40/18 Rev. 1, 30 September 2021.

〔4〕 ASOC, Maintaining CCAMLR's ambition on Marine Protected Areas, CCAMLR-XXXIII/BG/24, 20 September 2014.

〔5〕 SC-CAMLR, Report of the Thirty-First Meeting of the Scientific Committee, Hobart, 22-26 October 2012, paragraphs 5.26-5.28.

〔6〕 K. Teschke, B. Dorschel, J. Gutt, et al., Proposal for the establishment of a marine CCAMLR MPA in the Weddell Sea (Antarctica) -First conceptual outline, WG-EMM-13/22, 14 June 2013.

就威德尔海海洋保护区（WSMPA）的规划区域（planning area）而言，其拓展至第 4 区块，一直到东经 20 度；规划区域面积达 420 万平方公里，相当于欧盟的面积；其中 66.5 万平方公里为冰架所覆盖。[1]没有说明对于规划区域与 WSMPA 之间的关系。对于 WSMPA 规划区域进入第 4 区块，德国对此作出解释，认为规划区域不是未来建议海洋保护区的任何边界，[2]仅是为了将威德尔涡流（the Weddell Gyre）的海洋化学与生态条件以及生物群落等作为一个整体来考虑，进行数据汇编与分析。[3]另外，德国认为第 3 区块和第 4 区块的界限正好从一个生物区化同质区域的中间穿过，那部分进入第 4 区块的区域正是 2008 年确认的 11 个优先区域中的第 6 区域。[4]后来，德国进一步强调，9 个区域的划分不应限制任何为建立南极海洋保护区而开展的科学研究或其他工作。[5]WG-EMM 认为，2011 年划定 9 个区块时，确定将威德尔涡流分隔在两个区块中，造成了一些意外的困惑，承认生态群落可以跨区块。[6]对于德国报告的科学数据收集工作，WG-EMM 指出还存在许多数据缺口，包括浮游植物、浮游动物、企鹅、飞鸟、鱼类等。[7]

2013 年 9 月，德国向第 32 届 SC-CAMLR 提交了关于威德尔海海洋保护

〔1〕 Delegation of Germany, Scientific background document in support of the development of a CCAMLR MPA in the Weddell Sea (Antarctica) －Version 2016-Part A: General context of the establishment of MPAs and background information on the Weddell Sea MPA planning area, SC－CAMLR－XXXV/BG/11, 16 September 2016, p. 11.

〔2〕 Delegation of Germany, Progress report on the scientific data compilation and analyses in support of the development of a CCAMLR MPA in the Weddell Sea (Antarctica), SC-CAMLR-XXXII/BG/07, 20 September 2013, Figure 2, p. 25. 原文为："Please note that the boundaries of the proposed planning area do not resemble the boundaries of any proposed Weddell Sea MPA"。

〔3〕 SC-CAMLR, Report of the Thirty-Second Meeting of the Scientific Committee, Hobart, 21-25 October 2013, paragraph 5.23.

〔4〕 Delegation of Germany, Scientific background document in support of the development of a CCAMLR MPA in the Weddell Sea (Antarctica) －Version 2014, SC－CAMLR－XXXIII/BG/02, 19 September 2014, pp. 9~10.

〔5〕 Delegation of Germany, Scientific background document in support of the development of a CCAMLR MPA in the Weddell Sea (Antarctica) －Version 2014, SC-CAMLR-XXXIII/BG/02, 19 September 2014, p. 7.

〔6〕 SC-CAMLR, Report of the Working Group on Ecosystem Monitoring and Management, Bremerhaven, 1-10 July 2013, paragraphs 3.4-3.6.

〔7〕 SC-CAMLR, Report of the Working Group on Ecosystem Monitoring and Management, Bremerhaven, 1-10 July 2013, paragraph 3.7.

区制定的进展报告。[1]日本和俄罗斯对此文件提出一些关切，日本希望WSMPA 的科学与空间分析应基于可获得最佳科学数据，应包括来自日本及其他 CCAMLR 成员国的渔业研究数据等；俄罗斯如果愿意可向德国提供重要的历史及近期研究数据。[2]

2014 年 4 月，德国在不来梅港召开了 WSMPA 的国际专家研讨会。德国科学家汇报认为，该研讨会同意了该区域的一些主要的高层次养护目标，包括：确保威德尔海生态系统的保护达到合适的程度；保护安全区（refuge area）；保护受威胁区域等。[3]2014 年 6 月，德国科学家向 WG-EMM 提交了关于科学数据汇编与分析的进展报告，再次强调了 WSMPA 规划区域不代表任何 MPA 的边界，吸收了日本、俄罗斯、阿根廷、美国、英国以及 IWC 等方面的数据，[4]但俄罗斯认为它的延绳钓渔业数据没有被采纳。WG-EMM 支持WSMPA 的规划进程。[5]

2014 年 9 月，德国向第 33 届 SC－CAMLR 提交了一份关于支持建立WSMPA 的科学背景文件；德国认为，这是一份比较完全但不全面的版本，其内容包括：建立 WSMPA 的背景；WSMPA 规划区域的边界；数据检索进程；全面简洁地描述了威德尔海生态系统；未来的工作等。[6]SC-CAMLR 认为，该文件是 WSMPA 规划的奠基性参考资料，补充了很多数据。[7]德国科学家感谢很多国家科学家参与此项目，并为此作出贡献；建议在 CCAMLR 网站上开设一个关于 WSMPA 的 e-group 平台，以保证 WSMPA 相关过程的公开

---

〔1〕 Delegation of Germany, Progress report on the scientific data compilation and analyses in support of the development of a CCAMLR MPA in the Weddell Sea（Antarctica）, SC-CAMLR-XXXII/BG/07, 20 September 2013.

〔2〕 SC-CAMLR, Report of the Thirty-Second Meeting of the Scientific Committee, Hobart, 21-25 October 2013, paragraphs 5. 24-5. 25.

〔3〕 SC-CAMLR, Report of the Working Group on Ecosystem Monitoring and Management, Punta Arenas, 7-18 July 2014, paragraph 3. 9.

〔4〕 K. Teschke, K. Jerosch, H. Pehlke, T. Brey, Progress report on the scientific data compilation and analyses in support of the development of a CCAMLR MPA in the Weddell Sea（Antarctica）, WG-EMM-14/19, 20 June 2014.

〔5〕 SC-CAMLR, Report of the Working Group on Ecosystem Monitoring and Management, Punta Arenas, 7-18 July 2014, paragraphs 3. 1-3. 3 and 3. 10-3. 12.

〔6〕 Delegation of Germany, Scientific background document in support of the development of a CCAMLR MPA in the Weddell Sea（Antarctica）-Version 2014, SC-CAMLR-XXXIII/BG/02, 19 September 2014.

〔7〕 SC-CAMLR, Report of the Thirty-Third Meeting of the Scientific Committee, Hobart, 20-24 October 2014, paragraphs 5. 21-5. 22.

与透明。[1]

2015 年，德国向第 34 届 SC-CAMLR 会议正式提交关于建立 WSMPA 的科学背景文件以及 3 个支撑文件。[2]SC-CAMLR 认为，4 个文件构成了 WSMPA 规划的重要科学数据来源，支持德国进一步开发数据及其分析方法的计划，承认 4 个文件中包含的科学为未来建立 MPA 提案提供了必要的基础。SC-CAMLR 在认可德国已经汇编了大量的数据后，进一步鼓励德国科学家团队根据养护措施 CM 91-04 制定一个全面的 MPA 提案，重点关于 MPA 的目的、管理计划、科研与监测计划。我国代表杨雷感谢了德国科学家团队的努力，认可他们提供了一个全面的分析，但希望德国科学家能根据《南极海洋生物资源养护公约》第 15 条（2）（a）制定一个可用来评估养护目的的标准。[3]

2015 年 CCAMLR 会议上，欧盟代表团向委员会提交了一份关于 WSMPA 提案的设想文件，正式阐明对 WSMPA 建设的设想，包括规划区域和海洋保护区之间的关系。该文件认为，通过一系列的科学研讨，最终在 WSMPA 规划区域内确定 6 个优先保护区域，总面积为 130 万平方公里；对于其他区域，欧盟认为，尽管在研讨过程中曾有意见要求把所有规划区域都管理起来，即纳入保护区，因为这些剩下的区域几乎没有被人类触及，非常适合研究海洋生态系统和气候变化，但是欧盟认为这种想法超过了其设想的 WSMPA，同时欧盟进一步强调，不仅 WSMPA 是 CCAMLR 的海洋保护区，对整个 WSMPA 规划区域的管理仍是 CCAMLR 的职责，WSMPA 仅是构建整个规划区域的其中一

---

[1]　SC-CAMLR, Report of the Thirty-Third Meeting of the Scientific Committee, Hobart, 20-24 October 2014, paragraphs 5.27-5.28.

[2]　Delegation of Germany, Scientific background document in support of the development of a CCAMLR MPA in the Weddell Sea (Antarctica) -Version 2015, SC-CAMLR-XXXIV/13, 4 September 2015; Scientific background document in support of the development of a CCAMLR MPA in the Weddell Sea (Antarctica) -Version 2015-Part A: General context of the establishment of MPAs and background information on the Weddell Sea MPA planning area, SC-CAMLR-XXXIV/BG/15, 18 September 2015; Scientific background document in support of the development of a CCAMLR MPA in the Weddell Sea (Antarctica) -Version 2015-Part B: Description of available spatial data, SC-CAMLR-XXXIV/BG/16, 18 September 2015; Scientific background document in support of the development of a CCAMLR MPA in the Weddell Sea (Antarctica) -Version 2015-Part C: Data analysis and MPA scenario development, SC-CAMLR-XXXIV/BG/17, 18 September 2015.

[3]　SC-CAMLR, Report of the Thirty-Fourth Meeting of the Scientific Committee, Hobart, 19-23 October 2015, paragraphs 5.10-5.15.

块砖，未来需要 CCAMLR 采取进一步措施，以尽量减少此规划区域内的捕捞活动。[1]当然，该设想文件引发了欧盟委员会与欧盟理事会之间的争议。

2016 年，欧盟正式向 CCAMLR 提交了建立 WSMPA 养护措施的提案，从科学层面进入法律与政治层面。[2]为支持 WSMPA 养护措施，德国向 2016 年 SC-CCAMLR 提交了关于在威德尔海建立 MPA 的科学背景文件（2016 年版）和 3 份背景文件，介绍了 WSMPA 的科学框架及背景信息、已获得空间数据、数据分析以及保护区的方案等。[3]俄罗斯则认为，德国提交的文件存在以下几个方面的问题：没有根据《南极海洋生物资源养护公约》第 15 条（2）（a）提供评估其养护目的的标准；建立 MPA 的理由太宽泛，没有针对威德尔海区域的具体情况；130 万平方公里的保护区面积没有考虑海冰的年际变化情况；没有说明未来保护区内的研究与合理利用问题；德国建议的优先保护区域已经为现有 CCAMLR 养护措施有效地进行管理；通过建立保护区来保护磷虾是伪命题；特别研究区应由单独的养护措施来规制犬牙鱼探捕渔业等。[4]SC-CAMLR 指出，德国为支持 WSMPA 建设已经连续努力了 4 年，同意 2016 年德国提交的 4 份科学文件是"可获得最佳科学证据"。[5]

〔1〕 Delegation of the European Union and its Member States, Reflection Paper on a Proposal for a CCAMLR Weddell Sea Marine Protected Area（WSMPA）, CCAMLR-XXXIV/BG/37, 22 September 2015, pp. 4 and 11.

〔2〕 Delegation of the European Union, Proposal on a conservation measure establishing the Weddell Sea Marine Protected Area（WSMPA）, CCAMLR-XXXV/18, 1 September 2016. 此文件单独以"欧盟"名义提交给 CCAMLR，引发了欧盟委员会和欧盟理事会之间的争端。See Joined Cases C-626/15 and C 659/16, European Commission v the Council of the European Union（Antarctic MPA）, Judgment of the Court of Justice of the European Union, 20 November 2018.

〔3〕 Delegation of Germany, Scientific background document in support of the development of a CCAMLR MPA in the Weddell Sea（Antarctica）-Version 2016, SC-CAMLR-XXXV/01 Rev. 1, 1 September 2016; Part A: General context of the establishment of MPAs and background information on the Weddell Sea MPA planning area, SC-CAMLR-XXXV/BG/11, 16 September 2016; Part B: Description of available spatial data, SC-CAMLR-XXXV/BG/12, 16 September 2016; Part C: Data analysis and MPA scenario development, SC-CAMLR-XXXV/BG/13, 16 September 2016.

〔4〕 Delegation of the Russian Federation, The Weddell Sea MPA（comments and questions regarding documents CCAMLR-XXXIV/BG/37, WG-EMM-16/01, WG-EMM-16/02, WG-EMM-16/03）, SC-CAMLR-XXXV/10, 29 August 2016.

〔5〕 SC-CAMLR, Report of the Thirty-Fifth Meeting of the Scientific Committee, Hobart, 17-21 October 2016, paragraphs5. 16-5. 17.

2017 年，欧盟没有向 CCAMLR 和 SC-CAMLR 提交任何正式的关于威德尔 MPA 的材料，仅提交了 1 份背景文件，即关于在威德尔海建立 MPA 的科学背景文件（2017 年版）。[1]这似乎是在配合美国和新西兰，以使 CCAMLR 通过罗斯海区域海洋保护区的科研与监测计划（RMP）。[2]相反，挪威和俄罗斯向 2017 年 SC-CAMLR 提交了 3 份关于 WSMPA 的意见。俄罗斯的 2 个背景文件，是原封不动地把 2016 年它向 SC-CAMLR 和 CCAMLR 提交的关于 WSMPA 和 SOISS MPA 的意见重新提交了一次。[3]挪威强烈地表达了它对 WSMPA 的不满，包括：整个划定 WSMPA 边界的过程不透明；不应将第 4 区块纳入 WSMPA 规划区域，因为第 4 区块的数据非常有限；WSMPA 和 RSrMPA 规划过程不透明，没有公开和利益相关国家进行充分沟通说明，如数据可获得性、保护的需要与紧迫性、保护的时间范围、不同保护方案利弊分析等；没有充分讨论 WSMPA 可能对渔业的影响及解决方案。[4]但是，SC-CAMLR 认为德国在过去一年中取得了非常大的进步。[5]

2018 年，欧盟及其成员国再次向 CCAMLR 提交了"欧盟关于 WSMPA 养护措施提案"（以下简称"养护措施 CM 91-XX"），包含一个养护措施正文、附件 A "区域范围"、附件 B "管理计划" 和附件 C "科研与监测计划"。[6]挪威以威德尔海海洋保护区规划范围内东西两部分数据充分程度不一致为由反对欧盟及其成员国提案；挪威建议将威德尔海海洋保护区一分为二，分两个阶

---

〔1〕 Delegation of Germany, Scientific background document in support of the development of a CCAMLR MPA in the Weddell Sea (Antarctica) -Version 2017-Reflection of the recommendations by WG-EMM-16 and SC-CAMLR-XXXV, SC-CAMLR-XXXVI/BG/28, 18 September 2017.

〔2〕 2017 年，SCIC 因遵约评估程序议题而没有完成既定任务（详细请参见第八章），应该是打破他们的节奏和部署了，所以会议最后这些国家有意见了。2018 年，我国提交了第一份关于南极海洋保护区的提案文件，增强了我国参与谈判的能力。所以回头看，2017 年对于这些国家来说是非常关键的一年。

〔3〕 Delegation of the Russian Federation, Designation of the Weddell Sea MPA (comments and questions), SC-CAMLR-XXXVI/BG/25, 18 September 2017; Comments regarding a Marine Protected Area on the Southern Shelf, SC-CAMLR-XXXVI/BG/26, 18 September 2017.

〔4〕 Delegation of Norway, The Weddell Sea MPA revisited and wider implications for CCAMLR MPA planning, SC-CAMLR-XXXVI/10, 31 August 2017.

〔5〕 SC-CAMLR, Report of the Thirty-Sixth Meeting of the Scientific Committee, Hobart, 16-20 October 2017, pargraph 5.6.

〔6〕 Delegation of the European Union and its Member States, EU proposal to establish the Weddell Sea MPA (WSMPA), CCAMLR-XXXVII/29, 7 September 2018.

段推进；先西边区域后东边区域；东边区域以挪威为主，覆盖第 4 区块。[1]

2019 年，欧盟及其成员国和挪威联合提交了威德尔海海洋保护区第一阶段提案；同时指出即使第一阶段完成，也不会自动进入第二阶段，第二阶段仍需按正常程序从科学再到法律等环节的讨论。挪威表示，非常愿意成为提案的共同提案方。[2]俄罗斯反对使用"两个阶段"（two-phases）的概念；认为如果将此保护区提案一分为二，则就应属于两个海洋保护区提案，应各自独立，每个部分都应分别基于各自的科学依据。我国则质疑他们按零度经线将原来提案一分为二的科学依据。[3]

2020 年，第 39 届 CCAMLR 会议受疫情影响，海洋保护区议题史无前例地被列入其他事项。尽管欧盟及其成员国和挪威再次向 CCAMLR 提交了威德尔海海洋保护区第一阶段提案，并邀请了乌拉圭和澳大利亚加入提案方，[4]但是 CCAMLR 不具体讨论任何海洋保护区提案。另外，挪威向 SC-CAMLR 通报了其第二阶段进展情况以及工作计划。挪威将第二阶段规划区定义为毛德地（the MAUD area），挪威极地研究所和挪威海洋研究所负责第二阶段数据收集与分析工作，挪威极地研究所成立了专门工作组——毛德项目组；计划于 2022 年第 1 季度开始海洋保护区提案工作，拟于 2022 年第 4 季度提交 CCAMLR。[5]

2021 年，威德尔海海洋保护区第一阶段提案未经修改继续提交给 CCAMLR，但是提案方进一步扩大，增加至欧盟及其成员国和另外 9 个国家。[6]2023 年

---

〔1〕 CCAMLR, Report of the Thirty-Seventh Meeting of the Commission, Hobart, 22 October-2 November 2018, paragraphs 6. 31-6. 33.

〔2〕 CCAMLR, Report of the Thirty-Eighth Meeting of the Commission, Hobart, 21 October-1 November 2019, paragraphs 6. 47-6. 50.

〔3〕 SC-CAMLR, Report of the Thirty-Eighth Meeting of the Scientific Committee, Hobart, 21-25 October 2019, paragraphs 6. 67-6. 70.

〔4〕 Delegations of the European Union and its member states, Norway, Uruguay and Australia, Proposal to establish a Marine Protected Area across the Weddell Sea region (Phase 1), CCAMLR-39/06 Rev. 1, 29 October 2020.

〔5〕 G. Griffith, B. Njåstad, C. von Quillfeldt, et al., Progress report on the scientific data compilation and analyses in support of the planning of Phase 2 of the Weddell Sea Marine Protected Area (WSMPA), SC-CAMLR-39/BG/20, 24 September 2020.

〔6〕 Delegations of the European Union and its Member States, Norway, Uruguay, Australia, the United Kingdom, New Zealand, the USA, Republic of Korea, India and Ukraine, Draft Conservation Measure establishing a Marine Protected Area across the Weddell Sea region, CCAMLR-40/20 Rev. 1, 30 September 2021.

5月，智利加入威德尔海海洋保护区第一阶段提案方，[1]使其提案方数量增加至 19 个 CCAMLR 成员，超过东南极海洋保护区提案方数量。另外，挪威继续向 SC-CAMLR 更新其第二阶段工作进展，分别于 2019 年和 2021 年召开了两次国际科学研讨会，并在 2022 年第 1 季度召开第 3 次国际科学研讨会；在数据方面，整理了第一阶段准备期间的数据，通过 2019 年南极考察补充了新的数据，开展了同行数据分析；2021 年将相关科学证据分析结果提交给 WG-EMM 审议；2022 年向 SC-CAMLR 提交威德尔海海洋保护区第二阶段提案方。[2]2023 年 5 月，挪威向 CCAMLR 提交文件，介绍威德尔海海洋保护区第二阶段设计方法。[3]2023 年 9 月，正式以威德尔海海洋保护区第二阶段提案形式提交给 CCAMLR 讨论，提案方仅有挪威，而没有欧盟及其成员国。[4]

第四节　政治、法律和科学争论

在南极海洋保护区建设过程中，既有一般性辩论，也有针对具体提案的讨论；既有 SC-CAMLR 层面的科学问题的讨论，也有 CCAMLR 层面的政策与法律的争论；是一种多层次相互作用的过程。相关科学问题包括：保护区的科学性（目标与面积）、有效期限、评估周期、管理计划、科研与监测计划等。相关法律问题有：CCAMLR 建立保护区的依据及目标或宗旨、保护区的定义、保护区作为一种养护措施与 CCAMLR 其他措施之间的关系、CCAMLR 与南极条约体系之间的法律关系等。政治问题，则涉及保护区建设与地缘政治控制、排斥其他国家渔业活动等。

一、法律问题的讨论

对于 CCAMLR 在南极海域建立海洋保护区的法律依据及海洋保护区法律

〔1〕 Delegations of the EU and its Member States, Norway, Uruguay, Australia, the United Kingdom, New Zealand, the USA, Republic of Korea, India, Ukraine and Chile, Draft conservation measure for a Weddell Sea Marine Protected Area-Phase 1, CCAMLR-SM-Ⅲ/01, 4 May 2023.

〔2〕 G. P. Griffith, The developing scientific basis to support the planning of the Weddell Sea Marine Protected Area (WSMPA) Phase 2, SC-CAMLR-40/BG/19, 10 September 2021.

〔3〕 Delegation of Norway, The methodology used for WSMPA Phase 2 and some recommendations to assist in future CCAMLR MPA planning, CCAMLR-SM-Ⅲ/13, 7 May 2023.

〔4〕 Delegation of Norway, A proposal for the establishment of a Weddell Sea Marine Protected Area-Phase 2, CCAMLR-42/01 Rev. 1, 10 September 2023.

定义问题，在 2013 年 7 月的 CCAMLR 第 2 次特别会议期间，俄罗斯和乌克兰提出 CCAMLR 是否有权建立公海海洋保护区的疑问，同时强调 CCAMLR 从来没有就海洋保护区形成统一的认识或定义。俄罗斯认为如果这两个问题不解决，则拒绝继续进行任何谈判。[1]欧盟质疑俄罗斯的观点，认为养护措施 CM 91-04（2011）已经提供了一个 CCAMLR 框架内海洋保护区的定义。美国认为在《南极海洋生物资源养护公约》区域内建立海洋保护区是符合国际法的，相关条款包括《南极海洋生物资源养护公约》第 9 条 1（f）、2（f）、2（g）和 2（i）；养护措施 CM 91-04（2011）也强调"海洋保护区的设立与实施必须依据国际法，包括《联合国海洋法公约》"。因此，美国认为建立南极海洋保护区属于 CCAMLR 的职责；而且东南极海洋保护区提案的一个重要特点就是限制捕鱼活动，这完全是 CCAMLR 管辖事项。澳大利亚与美国持类似的观点。[2]

对于现有养护措施，如渔场关闭、脆弱海洋生态系统保护等与海洋保护区之间的关系，日本在 2008 年第 27 届 CCAMLR 会议上就指出在南极条约体系框架下有其他空间管理措施可利用，如 CEMP 地址、南极特别管理区（ASMA）、南极特别保护区（ASPA）和 VME 风险区域，认为 CCAMLR 应根据《南极海洋生物资源养护公约》第 2 条宗旨对海洋保护区进行谨慎和明确的定义。在此会议上，CCAMLR 确认没有单一的海洋保护区定义，一些空间管理工具可用来养护海洋生物多样性；同意海洋保护区有不同的存在形式。[3] 2014 年，法国承认目前没有一个国际认可的海洋保护区定义，即使《生物多样性公约》第 6 条也只是一个参考。新西兰认为关闭研究区域或渔场等措施是一种渔业管理决定，不能用来实现如生物多样性、生境和生态系统等目标。也就是说，它们不能满足养护措施 CM 91-04（2011）的要求，不能替代海洋保护区。同样，美国认为这种关闭研究区域或渔场的措施不是为了实现养护措施 CM 91-04（2011）所列的任何一个目标，所以它们不是海洋保护区；罗

---

〔1〕 CCAMLR, Report of the Second Special Meeting of the Commission, Bremerhaven, 15-16 July 2013, paragraphs 3. 18, 3. 26, 3. 34.

〔2〕 CCAMLR, Report of the Thirty-Third Meeting of the Commission, Hobart, 20-31 October 2014, paragraphs 7. 53-7. 66.

〔3〕 CCAMLR, Report of the Twenty-Seventh Meeting of the Commission, Hobart, 27 October-7 November 2008, paragraphs 7. 12-7. 16.

斯海区域海洋保护区提案旨在实现养护措施 CM 91-04（2011）的全部 6 个目标。我国提出《南极海洋生物资源养护公约》仍是 CCAMLR 工作的法律依据，任何 CCAMLR 通过的养护措施，包括养护措施 CM 91-04（2011），仍应遵循第 2 条规定的宗旨和养护原则。[1]

对于南极海洋保护区和《南极海洋生物资源养护公约》第 2 条规定的"合理利用"之间的关系，2011 年，SC-CAMLR 建议海洋保护区提案应清楚说明其在生态功能保护与合理利用之间的平衡。[2]2014 年第 33 届 CCAMLR会议上，我国指出东南极和罗斯海两个海洋保护区提案都试图限制渔业活动，但没有充分证据证明渔业活动是否会影响或在多大程度上影响《南极海洋生物资源养护公约》宗旨和养护原则，因此两个提案实际上是要引入新的义务，这将破坏《南极海洋生物资源养护公约》第 2 条所建立的平衡。俄罗斯也持有类似观点。对此，新西兰认为其罗斯海区域海洋保护区提案已经考虑了这个问题，并对边界进行了调整，最大化减少对渔业生产的影响，同时满足目标保护的要求；而且提案中的特别研究区域就是为了兼顾合理利用。东南极海洋保护区提案也尽量减少对渔业生产活动的影响；2014 年提案面积更小。同时，新西兰强调《南极海洋生物资源养护公约》第 2 条规定的养护包括（includes）合理利用，而不是说"养护就是（is）合理利用"。[3]

上述法律争论，关键在于 CCAMLR 职责范围以及生物多样性保护与生物资源利用之间的关系。《南极海洋生物资源养护公约》作为南极条约体系的一个组成部分，关于相关法律分析应在这个体系框架下进行，特别是 1991 年《环保议定书》及其附件 5"保护区"。

首先，在南极生物资源的养护与合理利用之间关系方面，1959 年《南极条约》第 6 条规定，各国依国际法所享有的公海权利在南纬 60 度以南海域不受影响。根据 1982 年《联合国海洋法公约》第 87 条的规定，所有国家都享有公海捕鱼自由，但需受公海生物资源养护的限制，也就是第 116 条至第 119

[1] CCAMLR, Report of the Thirty-Third Meeting of the Commission, Hobart, 20-31 October 2014, paragraphs 7.53-7.69.

[2] CCAMLR, Report of the Thirtieth Meeting of the Scientific Committee, Hobart, 24-28 October 2011, paragraphs 5.15-5.17.

[3] CCAMLR, Report of the Thirty-Third Meeting of the Commission, Hobart, 20-31 October 2014, paragraphs 7.65-7.69.

条等条款的限制。这种对公海捕鱼自由的限制，也曾出现在 1958 年《捕鱼及养护公海生物资源公约》中。具体到南极海洋生物资源养护，《南极海洋生物资源养护公约》第 2 条明确规定，"养护包括合理利用"，其目的是在养护与利用之间达成一种平衡，避免对"养护"这一用词产生误解。如果再对照《南极海洋生物资源养护公约》第 9 条进行解读，可以发现《南极海洋生物资源养护公约》本质上仍是传统上的生物资源利用为中心的条约，体现了国际海洋法关于平衡公海生物资源养护与可持续利用的精神，只是在养护原则上更加强调了生态系统方法与预防性做法。

其次，在生物多样性养护与生物资源利用之间关系方面，则需要注意讨论上下文。一般而言，海洋生物多样性丧失，可能是由多种原因造成的，如渔业活动、海底采矿活动、航运、海洋科学研究、海底铺设管道与电缆、海洋倾废与污染、海洋酸化和水温上升等；[1]渔业活动可能会因过度捕捞、破坏深海海底生境等原因在一定程度上造成生物多样性丧失，因而需要对其进行管制。但渔业活动仅是其中一个因素，不能期望仅通过限制渔业活动实现海洋生物多样性养护的目标。在《南极海洋生物资源养护公约》框架下讨论生物多样性养护，则必须与"养护南极生物资源"的目标相关联，并且注意到"养护包括合理利用"。根据《南极海洋生物资源养护公约》第 9 条，CCAMLR 可采取多种养护措施，但为科学研究或养护目标而关闭特定区域仅是其中一种选择，以实现南极生物资源养护的目标。因此，养护措施 CM 91-04（2011）第 2 段所列 6 个目标应置于《南极海洋生物资源养护公约》框架下进行解读，是通过管制"捕捞及相关活动"来实现的。就具体实践而言，CCAMLR 为响应联合国大会第 61/105 号决议，已经通过了一系列保护脆弱海洋生态系统的养护措施，如养护措施 CM 22-05（2008）至养护措施 CM 22-09（2012），防止"捕捞及相关活动"对生物多样性造成的不利影响。

最后，在 CCAMLR 与 ATCM 关于海洋保护区建设的职责分工方面，两者

---

〔1〕 Intersessional workshops aimed at improving understanding of the issues and clarifying key questions as an input to the work of the Working Group in accordance with the terms of reference annexed to General Assembly resolution 67/78: Summary of proceedings prepared by the Co-Chairs of the Working Group, A/AC.276/6, 10 June 2013, paragraphs 20-22; Douglas J. McCauley, Malin L. Pinsky, Stephen R. Palumbi, et al., Marine defaunation: Animal loss in the global ocean, 347 *Science* 1255641 (2015).

存在着密切合作与分工。《生物多样性公约》既强调了生物多样性的内在价值，也强调了生物多样性及其组成部分的外在价值，如社会、经济、科学、教学、文化和美学等价值；要求就地保护生态系统和自然生境。在南极条约体系下，1991 年《环保议定书》和《南极海洋生物资源养护公约》都有建立保护区来养护南极生物多样性的规定，但两者侧重点不同。《环保议定书》附件 5 第 3 条规定，为保护南极任何区域（包括海洋）的环境、科学、历史、美学或荒野价值，可建立 ASPA，避免人类干扰，保护代表性的生态系统（包括海洋生态系统）等。为此，《环保议定书》附件 5 第 6 条进一步规定，这种 ASPA 如果涉及海洋，则其管理计划应得到 CCAMLR 的同意；否则 ATCM 不应予以通过。为了明确 CCAMLR 在此方面的职责，2005 年，第 28 届 ATCM 通过了第 9 号决定，规定只有那些影响现有的或未来可能有的南极生物资源捕捞活动的 ASPA 以及那些可能限制 CCAMLR 相关活动的 ASPA 才需要获得 CCAMLR。此决定明确了 CCAMLR 与 ATCM 关于海洋保护区建设的职责分工。2012 年，CCAMLR 通过的养护措施 CM 91-02（2012）也进一步承认和落实了该决定。养护措施 CM 91-02（2012）确认了有些 ASPA 包含了海洋区域，但可以不需要获得 CCAMLR 同意。

　　从上述三个层面的分析可以得出，《南极海洋生物资源养护公约》体现了国际海洋法关于平衡公海生物资源利用与养护的精神，CCAMLR 职责是采取各种措施，包括关于特定区域，以实现这种平衡目标；在《南极海洋生物资源养护公约》框架下讨论生物多样性养护，应限于南极生物资源的"捕捞及其相关活动"可能造成的不利影响，因此养护措施 CM 91-04（2011）也应在此上下文中进行解读；CCAMLR 在海洋保护区建设方面的责任也仅限于与"捕捞及相关活动"相关，应与 ATCM 或环境保护委员会（CEP）相互补充。

　　关于海洋保护区的法律概念，曾是一种备受争论的主题，需要通过实践进一步澄清。就东南极和罗斯海两个海洋保护区提案的名称而言，一个是海洋保护区提案，一个是海洋保护区代表体系提案，就突显了概念上的差异；养护措施 CM 91-04（2011）虽规定了 CCAMLR 海洋保护区建设的总体框架，但并没有定义"海洋保护区"。2014 年，第 33 届 CCAMLR 会议对此问题进行了深入的讨论；新西兰和澳大利亚都认为，那种为了养护渔业资源而采取的区域管理措施不是他们想要的保护区，不是实现海洋生物多样性养护的保护区。[1]这种关于海洋保护区的观点和2014年国家管辖范围以外区域海洋生物多样性养护与可持续利用（BBNJ）工作组第8次会议关于海洋保护区的讨论相似。在第8次BBNJ会议上，世界自然保护联盟（IUCN）提出，海洋保护区是一种以长期养护自然为目标的区域管理工具；它和那种针对具体活动的、为保护特定区域的区域管理工具不同，后者不能有效养护国家管辖外的海洋生物多样性。根据IUCN的观点，区域渔业管理组织实施的关闭渔场的措施不能认为是海洋保护区，因为它们仅针对一种活动，没有考虑多种活动的累积影响。同时，澳大利亚认为，由区域渔业管理组织建立的为养护生物多样性的海洋保护区才是新协定管理对象，而那些为恢复鱼类种群的保护区，则不应纳入全球海洋保护区网络。[2]

综合以上分析可以发现，相关国家在海洋保护区的定义及其作用发挥等方面仍存在分歧：有些国家强调南极海洋保护区应纯粹保护海洋生物多样性，不论是否受到渔业活动的影响；有些国家认为，南极海洋保护区应是CCAMLR"养护南极海洋生物资源"的工具之一，在《南极海洋生物资源养护公约》第2条（3）规定的养护原则下通过规制"捕捞及其相关活动"实现养护海洋生物多样性的目标，对那些不属于CCAMLR职责范围或CCAMLR不能管制的人类活动则不应给予过多的关注。关于南极海洋保护区的不同认知或对现有条约的解释，也体现了各国南极政策侧重点的差异，以及对南极条约体系下权利与义务解读的差异。有澳大利亚学者认为，整体南极海洋保护区进程是在发达国家主导下开展的，其目标就是环境和资源保护（protection），所以CCAMLR必须确保实现这种"保护"；其他任何与此目标相悖的利益或价值构成了海洋保护区建设的威胁，如"合理利用""科学研究自由"等。为解释这种逻辑推理，这些学者假借国际捕鲸委员会（IWC）禁止商业捕鲸实践，认为可以类比当前南极海洋保护区建设，一个用于管理某种类型活动的条约应允许全面禁止其所管制的活动，以实现条约目标；条约应允许

---

〔1〕　CCAMLR, Report of the Thirty-Third Meeting of the Commission, Hobart, 20-31 October 2014, paragraphs 7. 65-7. 66.

〔2〕　IISD, Briefing Note on the WG on Marine Biodiversity, 23 June 2014, pp. 3~4.

革新，以满足新形势发展的需要。[1]

因此，《南极海洋生物资源养护公约》和 1991 年《环保议定书》、CCAMLR 和 ATCM 之间的关系最需厘清。有意思的是，2016 年，第 35 届 CCAMLR 通过罗斯海区域海洋保护区提案没有使上述法律问题消失或促进 CCAMLR 成员解决这些法律问题。相反，IUCN 认为罗斯海区域海洋保护区设定了有效期限，所以不能认为是 IUCN 所定义的海洋保护区；SOISS MPA 则属于 IUCN 定义的第 Ia 型海洋保护区。[2]IUCN 的观点加剧了关于海洋保护区定义的法律争论。

二、政治问题的讨论

（一）海洋保护区与地缘政治

南极海洋保护区和地缘政治控制之间的可能联系，体现在海洋保护区提案方是否曾主张或可能主张南极洲陆地以及所提议建立南极海洋保护区对应的陆地范围。截至 2023 年 6 月 CCAMLR 第 3 次特别会议，CCAMLR 共审议了 6 个南极海洋保护区提案，如表 9-4；其中，南奥克尼群岛南部陆架保护区和罗斯海区域海洋保护区已获 CCAMLR 通过，分别制定了养护措施 CM 91-03（2009）和 CM 91-05（2016）。

表 9-4 南极海洋保护区及其提案方

海洋保护区提案	主张南极洲陆地提案方	保护区对应陆地主张
南奥克尼群岛南部陆架海洋保护区	英国	阿根廷、智利、英国
罗斯海区域海洋保护区	新西兰	新西兰
东南极海洋保护区	澳大利亚、法国	澳大利亚、法国
威德尔海海洋保护区（一期）	英国、智利	阿根廷、智利、英国

---

〔1〕 Laurence Cordonnery, Alan D. Hemmings, Lorne Kriwoken, Nexus and Imbroglio: CCAMLR, the Madrid Protocol and Designating Antarctic Marine Protected Areas in the Southern Ocean, 30 *International Journal of Marine & Coastal Law* 727, 759-760 (2015).

〔2〕 Rob Nicoll and Jon C. Day, "Correct Application of the IUCN Protected Area Management Categories to the CCAMLR Convention Area", 77 *Marine Policy* 9 (2017).

续表

海洋保护区提案	主张南极洲陆地提案方	保护区对应陆地主张
威德尔海海洋保护区（二期）	挪威	挪威
南极半岛海洋保护区	阿根廷、智利	阿根廷、智利、英国

从上表可以看出，目前 7 个南极洲陆地主张国是南极海洋保护区建设的积极提案方。南奥克尼群岛南部陆架海洋保护区、东南极海洋保护区、南极半岛海洋保护区和威德尔海海洋保护区（二期）等提案完全是由相关南极洲陆地主张国提出。罗斯海区域海洋保护区提案，则是由新西兰和美国分别提出，再于 2012 年两国联合提出。威德尔海海洋保护区（一期）对应着阿根廷、智利和英国 3 个国家重叠主张区域，但是该海洋保护区提案却是德国推动，这似乎是个例外。如果考虑到德国曾在第二次世界大战之前主张过此区域（参见本书第一章），以及英国和智利分别加入该海洋保护区提案方，则进一步弱化了这种例外。如本章关于"威德尔海海洋保护区提案"部分所示，挪威在威德尔海海洋保护区提案划分成一期和二期前后的立场变化，以及威德尔海海洋保护区（一期）和威德尔海海洋保护区（二期）提案方差异，则凸显了南极海洋保护区背后强大的政治逻辑。

有学者认为，是东南极海洋保护区提案和罗斯海区域海洋保护区提案将此政治逻辑凸显出来了，引发了 CCAMLR 其他成员的警惕。东南极海洋保护区提案和罗斯海区域海洋保护区提案涉及新西兰主张"罗斯属地"、澳大利亚主张"澳大利亚南极领地"和法国主张"阿德利地"。因此，在 CCAMLR 准备大规模建设海洋保护区的共识下，首先提出这两个海洋保护区提案是一种策略失误，为后续南极海洋保护区建设的政治争议奠定了基调。[1]

就新西兰而言，南极对它有很重要的战略利益，既包括地缘战略的需要，也包括历史的需要和为保持早期获得的利益的政治需要。2006 年，新西兰向大陆架界限委员会（CLCS）提交申请，没有包括南极区域；但新西兰政府重

---

〔1〕 Laurence Cordonnery, Alan D. Hemmings, Lorne Kriwoken, "Nexus and Imbroglio: CCAMLR, the Madrid Protocol and Designating Antarctic Marine Protected Areas in the Southern Ocean", 30 *International Journal of Marine & Coastal Law* 727, 758-759 (2015); Global Insider, "Marine Reserve Failure Undermines Antarctic Treaty States' Credibility", *World Politics Review*, 7 November 2012.

申其将保留未来申请的权利。[1]根据《南极条约》第 4 条，新西兰积极采取一系列活动以支持其领土主张，包括斯科特科学考察站（Scott Base）、将新西兰科学考察的重点放在"罗斯属地"、承担此区域的国际搜救任务、罗斯海的气象观察和水文监测、试图在"罗斯属地"建立 19 个环境方面的保护区等。[2]

　　就澳大利亚而言，它是 7 个南极洲陆地主张国中主张面积最大的国家，约占南极洲大陆面积的 42%。[3]在其外交政策中，南极外交占有重要的位置。[4]其 2004 年向大陆架界限委员会提交的 200 海里外大陆架申请就包括了澳大利亚南极领土（东经 45 度至 136 度、东经 142 度至 160 度）的外大陆架，其主张的 200 海里外大陆架面积达 68.68 万平方公里。澳大利亚承认，这些主张面积可能会受挪威和法国相应主张的影响。鉴于其特殊法律与政治地位，它请求大陆架界限委员会不审理其南极外大陆架的申请。[5]

　　威德尔海海洋保护区提案，于 2016 年第一次正式进入 CCAMLR 层面进行审议，其提案方为"欧盟及其成员国"，实际工作由德国开展。尽管表面上德国不是南极洲陆地主张国家，似乎不存在其他保护区提案存在的可能地缘政治控制的嫌疑，但考察德国关于南极实践的历史可以发现，1939 年 1 月，德国就宣称拥有挪威主张的"毛德皇后地"，将其命名为"新斯瓦比亚"（Neus-schwabenland），而且德国的诺伊迈尔科考站就位于该区域。[6]

　　2014 年，俄罗斯公开指出南极海洋保护区建设与地缘政治之间的可能关

〔1〕　Signe Veierud Busch, *Establishing Continental Shelf Limits Beyond* 200 *Nautical Miles by the Coastal State*: *A Right of Involvement for Other States*?, Brill Nijhoff, 2016, pp. 227~245.

〔2〕　Anne-Marie Brady, "New Zealand's strategic interests in Antarctica", 47 *Polar Record* 126, 127-128 (2011).

〔3〕　Julia Jabour, Marcu Haward and Tony Press, "Introduction", in Julia Jabour, Marcu Haward and Tony Press (eds.), *Australia's Antarctica Proceedings of the Symposium to Mark* 75 *Years of the Australian Antarctic Territory*, Institute for Marine and Antarctic Studies, 2012, p. 1.

〔4〕　郭培清、石伟华编著:《南极政治问题的多角度探讨》，海洋出版社 2012 年版，第 139~143 页。

〔5〕　Australia, *United Nations Convention on the Law of the Sea*: *Submission to the Commission on the Limits of the Continental Shelf on the Outer Limits of Australia's Continental Shelf Extending Beyond* 200 *Nautical Miles for the Territorial Sea Baseline*, Executive Summary, Commonwealth of Australia, 2004, pp. 11 and 48~49.

〔6〕　郭培清、石伟华编著:《南极政治问题的多角度探讨》，海洋出版社 2012 年版，第 127~129 页；潘敏:《国际政治中的南极: 大国南极政策研究》，上海交通大学出版社 2015 年版，第 28~29 页。

联；在其向第 37 届 ATCM 提交的一份关于"南极条约体系下的海洋保护区"工作文件中，俄罗斯指出"鉴于《南极条约》和《养护南极海洋生物资源公约》的 7 个缔约国在南极洲陆地的主张，俄罗斯不得不考虑南极海洋保护区可被用对其原主张区域建立地缘政治控制的可能性。"[1]然后，俄罗斯将此文件提交给 CCAMLR。[2]2014 年第 33 届 CCAMLR 会议期间，澳大利亚对俄罗斯的观点进行辩解，认为在《南极海洋生物资源养护公约》框架下建立的海洋保护区是 CCAMLR 的海洋保护区，而不是提案国的保护区。法国强调，作为《南极条约》的一个负责任成员国，完全遵守《南极条约》第 4 条关于领土冻结的规定，因此没有理由认为东南极海洋保护区代表体系提案有任何地缘政治控制的意图。新西兰也进行了解释，指出没有在其南极属地附近海域主张领海或专属经济区，新西兰完全遵守《南极条约》第 4 条的规定；强调罗斯海区域海洋保护区的建立是集体决策与管理的事项，需要得到所有 CCAMLR 成员同意；建立后，将接受 CCAMLR 监督。[3]

南奥克尼群岛南部陆架保护区也是如此。2009 年 11 月 6 日，第 29 届 CCAMLR 会议通过此海洋保护区提案，制定了养护措施 CM 91-03（2009）。2009 年 11 月 10 日，英国外交部（FCO）就对外宣布其南极领土——南奥克尼群岛的南部建立了"世界上第一个公海海洋保护区"，面积为 9.4 万平方公里，自 2010 年 5 月生效。[4]2016 年 12 月，英国负责极地事务的高级官员指出，南奥克尼群岛南部陆架保护区是英国在其海外领地建立的海洋保护区网络（包括南乔治亚岛和印度洋查戈斯群岛）的组成部分。[5]在此背景下，对

〔1〕 Russian Federation, Marine Protected Areas in the Antarctic Treaty System, ATCM XXXVII, WP 20, 14 March 2014.

〔2〕 Delegation of Russia, Marine Protected Areas in the Antarctic Treaty System, CCAMLR-XXXIII/BG/09, 8 September 2014.

〔3〕 CCAMLR, Report of the Thirty-Third Meeting of the Commission, Hobart, 20-31 October 2014, paragraphs 7.54 and 7.65-7.66.

〔4〕 Peter H Sand, "'Marine protected areas' off UK overseas territories: comparing the South Orkneys Shelf and the Chagos Archipelago", 178 *Geographic Journal* 201（2011）. 鉴于南奥克尼群岛位于南纬 60 度以南区域，英国宣布南奥克尼群岛南部陆架保护区为世界上第一个"公海"海洋保护区，隐含认为不主张专属经济区。Peter H Sand 认为，该保护区的建设不存在任何陆地主权关联，但英国外交与联邦事务部仅在 CCAMLR 会议结束后第二个工作日就急于对外宣布，值得考量。

〔5〕 Sir Alan Duncan, The UK's leading role in protecting the Antarctic, Foreign & Commonwealth Office, 7 December 2016, at https://www.gov.uk/government/speeches/the-uks-leading-role-in-protecting-the-antarctic, accessed 19 June 2018.

于其他国家来说，很难排除这些国家在南极海洋保护区建设过程中不存在政治的考量。

事实上，在南极条约体系下，根据 1991 年《环保议定书》及其附件 5 "保护区"而建立的南极特别保护区（ASPA）和南极特别管理区（ASMA），也存在类似的争议。有关南极大国或南极洲陆地主张国申请建立以本国为主导的 ASPA 和 ASMA，显示其在南极的"软存在"。[1]截至 2023 年 9 月，ATCM 共建设了 75 个 ASPA 和 6 个 ASMA。[2]相对而言，ASMA 的面积大得多，仅美国作为单独提案方的第 5 号 ASMA 面积就达 26 286.03 平方公里，6 个 ASMA 总面积为 47 938.54 平方公里。理论上，这些设立的 ASPA 和 ASMA 应由所有南极条约协商国负责管理，确保实现其保护目标。实际上，这些保护区都是提案方负责环境管理活动及管理计划的修订。[3]现有的 75 个 ASPA 中，美国是 16 个 ASPA 的单独提案方，英国是 13 个 ASPA 的单独提案方，澳大利亚和新西兰分别是 10 个 ASPA 的单独提案方，智利是 7 个 ASPA 的单独提案方。这些南极洲陆地主张国所提议设立的 ASPA 和 ASMA 都位于其主张陆地范围内；与此一致的是，这些主张国在南极建立的科学考察站。2016 年 12 月，英国负责极地事务的高级官员认为，只有美国管理的南极保护区多于英国。[4]与之形成鲜明对比的是，没有国家主张的那个扇区（即西经 90 度至西经 150 度）到目前还没有一个 ASPA。英国南极局学者直言，ASMA 因为覆盖面积更大、管制对象广泛、可包含 ASPA、涉及设施建设等原因，所以更具

〔1〕 吴依林：《环境保护与南极的"软存在"》，载《海洋开发与管理》2009 年第 4 期，第 43~45 页。

〔2〕 ATCM 的第一个南极特别保护区设立于 1966 年，以第Ⅳ-1 号建议的形式，是由澳大利亚提议的"麦克罗伯特森地"，约为 0.26 平方公里。2002 年《环保议定书》及其附件 5 "保护区"生效后改名为"ASPA No.1"。截至 2023 年 9 月，ATCM 共设立过 79 个 ASPA；其中有 4 个被撤销了（De-designated），它们分别是 114 号、第 118 号、第 130 号和第 144 号，故现有 75 个 ASPA。第一个南极特别管理区于 1996 年由第 20 届 ATCM 在自愿基础上通过，2006 年正式设立为 ASMA No.1；该南极特别管理区面积为 409.54 平方公里，包含了第 128 号 ASPA。截至 2023 年 9 月，ATCM 共设立了 7 个 ASMPA，其中第 3 号"东南极特别管理区"被撤销了，故现有 6 个 ASMA。详细参见 https://www.ats.aq/devph/en/apa-database，访问日期：2023 年 9 月 29 日。

〔3〕 Kevin A. Hughes, Susie M. Grant, "The spatial distribution of Antarctica's protected areas: A product of pragmatism, geopolitics or conservation need?", 72 *Environmental Science & Policy* 41, 43 (2017).

〔4〕 Sir Alan Duncan, The UK's leading role in protecting the Antarctic, *Foreign & Commonwealth Office*, 7 December 2016, at http://www.gov.uk/government/speeches/the-uks-leading-role-in-protecting-the-antarctic, accessed 19 June 2018.

政治价值。[1]。

明显相反的是，2013 年，中国开始根据《环保议定书》向环境保护委员会（CEP）提出在我国昆仑考察站冰穹 A 建立南极特别管理区（ASMA）的提议，但一直没有获得通过。尽管环境保护委员会认可冰穹 A 具有独特的科学和环境价值及其未来会有越来越多的科学研究活动，但一些南极条约协商国坚持其关切，包括：保护的价值、国际合作项目、重叠科学研究活动、设立 ASMA 的适当性、可选用的其他管理措施以及对《环保议定书》附件 5 第 4 条的解读等。特别是《环保议定书》附件 5 第 4 条（1）规定，任何一个区域如果目前有或未来可能有活动出现，就可以设立 ASMA。对此的解读是，中国认为冰穹 A 的 ASMA 不仅着眼于现在，更考虑未来此区域科学与环境价值的压力。[2]这显然符合预防性做法。

有研究认为，南极环境问题是南极政治中的"高级政治"（High Politics）。在南极条约体系框架下，南极洲陆地主张国借助环境保护维护其既得利益，非主张国则试图通过环境保护获得新的南极利益。[3]从上述南极海洋保护区提案情形看，这种观点更适用于南极洲陆地主张国，维护或巩固其原有主张和既得利益，同时限制其他竞争国家。

（二）南极海洋保护区与渔业活动

除地缘政治因素外，在《南极海洋生物资源养护公约》框架下，南极海洋保护区还涉及南极生物资源养护与利用之间的平衡。就罗斯海区域而言，更是涉及南极犬牙鱼资源利用权问题。

据统计，2013 年 7 月 CCAMLR 第 2 次特别会议上，有 12 个国家表达了它们对东南极和罗斯海两个保护区提案的关切，其中 11 个是在 CCAMLR 范围内有渔业活动的国家。在这 11 个有渔业活动的国家中，有 9 个国家的渔业活动会受到东南极海洋保护区和罗斯海区域南极海洋保护区提案的影响。另外 11 个支持前述两个海洋保护区提案的国家，或是提案国家，或是欧盟的

---

[1] Kevin A. Hughes, Susie M. Grant, "The spatial distribution of Antarctica's protected areas: A product of pragmatism, geopolitics or conservation need?", 72 *Environmental Science & Policy* 41, 47 – 48 (2017).

[2] ATCM, Report of the Thirty-Ninth Antarctic Treaty Consultative Meeting (vol. I), Santiago, 23 May-1 June 2016, paragraphs 138-145, pp. 134~136.

[3] 郭培清、石伟华编著：《南极政治问题的多角度探讨》，海洋出版社 2012 年版，第 66~67 页。

成员国。〔1〕澳大利亚、法国和英国在亚南极岛屿周边主张的管辖海域，是细鳞犬牙鱼渔场；〔2〕罗斯海是莫氏犬牙鱼的重要渔场，也是俄罗斯、韩国、乌克兰和日本等非南极洲陆地主张国的犬牙鱼作业渔场。从此角度看，南极海洋保护区建设问题似乎使 CCAMLR 成员国形成了两个不同政治阵营，即捕鱼国与非捕鱼国；这与当初《南极海洋生物资源养护公约》谈判时的情况相似。〔3〕同样情况在南奥克尼岛南部陆架保护区提案的讨论中也出现过。当把可能涉及蟹渔业的北部区域排除出海洋保护区范围后，CCAMLR 就很快达成了一致意见。〔4〕

事实上，从罗斯海区域海洋保护区提案发展过程看，2012 年前新西兰与美国两国无法就罗斯海区域海洋保护区达成共识的根本原因仍在于犬牙鱼渔业。新西兰的犬牙鱼作业渔场集中在罗斯海，该海域每年可为其提供 0.2～0.3 亿新西兰元的经济收益。〔5〕2012 年第 31 届 CCAMLR 会议期间，两国在高层政治协调后方才形成联合提案，以"特别研究区"（SRZ）的名义保留了犬牙鱼渔业。这显然是政治妥协的结果，而不是科学需要。

2014 年，作为重要的莫氏犬牙鱼捕鱼国，俄罗斯提出了关于南极海洋保护区和生物资源利用权利的疑问。俄罗斯认为，澳大利亚、英国、新西兰、法国等这些提案国都是犬牙鱼主要捕捞国；澳大利亚、法国和英国的产量主要来自它们在亚南极主张的管辖海域，新西兰的产量来自罗斯海。因此俄罗斯怀疑，这些国家可能利用南极海洋保护区，关闭犬牙鱼的作业渔场，把其

〔1〕 Cassandra M. Brooks, "Competing values on the Antarctic high seas: CCAMLR and the challenge of marine-protected areas", 3 *The Polar Journal* 277, 288-289 (2013). 需说明的是，上述对东南极和罗斯海区域海洋保护区提案表达关切和支持立场国家的统计，不包括欧盟；欧盟作为 CCAMLR 成员之一，它支持两个保护区提案。印度尽管参加了第 2 次 CCAMLR 特别会议，但它没有表达其明确立场，既没有表达支持，也没有表达关切。

〔2〕 澳大利亚的细鳞犬牙鱼作业渔场是在 58.5.2 区，法国的细鳞犬牙鱼作业渔场是在 58.5.1 区，英国的细鳞犬牙鱼作业渔场是在 48.3 区。

〔3〕 Olav Schram Stokke, "The Effectiveness of CCAMLR", in Olav Schram Stokke and Davor Vidas (eds.), *Governing the Antarctic: The Effectiveness and Legitimacy of the Antarctic Treaty System*, Cambridge University Press, 1996, p. 122.

〔4〕 CCAMLR, Report of the Twenty-Third Meeting of the Commission, Hobart, 26 October-6 November 2009, paragraphs 7.1-7.19.

〔5〕 NIWA, Survey Reveals Plenty of Fish in the Ross Sea, 26 March 2012, at https://www.niwa.co.nz/news/survey-reveals-plenty-of-fish-in-the-ross-sea, accessed 8 August 2013.

他国家排除出犬牙鱼渔业，从而垄断犬牙鱼资源及其市场供给。据此俄罗斯认为，南极海洋生物资源的养护不应是政治目标。[1]美国则认为，罗斯海区域海洋保护区提案不会降低该海域现有犬牙鱼配额，也不会降低各成员国利用这些配额的可能性。法国不接受俄罗斯此种观点。新西兰认为，该国专属经济区内没有大量犬牙鱼渔业活动，其莫氏犬牙鱼渔业活动完全是和俄罗斯渔船在同样的渔场进行。[2]2016 年，第 35 届 CCAMLR 通过的罗斯海区域海洋保护区养护措施——CM 91-05（2016）明显对俄罗斯关于犬牙鱼资源利用关切作了妥协，包括：将"特别研究区"的配额从 13% 提高到 15%，以及开放 88.1 区与 882A-B 小尺度研究单元（SSRU）等原先的关闭区域。[3]奇怪的是，如第五章所示，俄罗斯自 2020-2021 年度后因内外部因素退出了罗斯海犬牙鱼渔业。

南极海洋生物资源利用，被认为是目前南大洋最大的商业性活动，不可避免地会牵涉政治考量。20 世纪 70、80 年代《南极海洋生物资源养护公约》的磋商本身就是一个具有高度政治敏感性的问题；它曾经使南极合作濒临失败。第三世界对南极生物资源的高度关注，促使了发达国家尽快就此达成协议。[4]海洋保护区议题，将以一种新的形式影响既有的南极海洋生物资源养护制度，包括实施生态系统方法和预防性做法（参见第三章），以及《南极海洋生物资源养护公约》宗旨解释。2008 年，CCAMLR 绩效评估的专家建议似乎为此提供了注解。[5]

---

〔1〕 Delegation of the Russian Federation, Principal provisions of the Russian Federation regarding the proposal to establish an MPA in the Ross Sea, CCAMLR-XXXIII/26, 5 September 2014.

〔2〕 CCAMLR, Report of the Thirty-Third Meeting of the Commission, Hobart, 20-31 October 2014, paragraphs 7.53 and 7.65-7.67. 不可否认的是，新西兰距离罗斯海犬牙鱼渔场最近，这是俄罗斯无法拥有的先天优势。

〔3〕 CM 91-05（2016）"Ross Sea regional marine protected area", paragraph 28.

〔4〕 Judith G. Gardam, "Management Regimes for Antarctic Marine Living Resources: An Australian Perspective", 15 *Melbourne University Law Review* 279 (1985).

〔5〕 CCAMLR, Performance Review Panel Report, Hobart, 1 September 2008, pp. 7~8. 在 CCAMLR "独特性"部分，专家组建议，鉴于 CCAMLR 和区域渔业管理组织的差异越来越小，为保持其"独特性"，CCAMLR 应采取更加积极主动的措施，以展现其在海洋管理方面的国际领导力；海洋保护区是其中一种措施。

三、科学问题的讨论

2002 年《执行计划》，要求海洋保护区应建立在可获得科学依据基础上；[1] 我国在 CCAMLR 框架下也持相同的立场。[2] 海洋保护区，是 CCAMLR 根据《南极海洋生物资源养护公约》第 9 条用以实现"养护南极海洋生物资源"宗旨的养护措施之一，因此它的采取与修订应基于可获得最佳科学证据。2009年，CCAMLR 通过 31/XXVII 号决议，承认可靠的科学建议是实施生态系统方法的核心，认识到获得充分科学信息是实现《南极海洋生物资源养护公约》宗旨的根本，因此敦促 CCAMLR 成员在制定、通过和修订养护措施时充分考虑 SC-CAMLR 的可获得科学信息，相互合作以确保科学信息充分收集、评估以及以透明的方式与根据可靠科学的原则进行应用等。综合 CCAMLR 海洋保护区事项的讨论，关于科学问题争议有三个方面：一是提案的科学依据；二是海洋保护区的建设，特别是制定科研与监测计划；三是 IUCN 保护区类型的认定。

（一）提案的科学依据

为保障《南极海洋生物资源养护公约》第 9 条关于可获得科学证据规定的实现，根据 CCAMLR 的组织流程，一个涉及科学问题的养护措施需要先经 SC-CAMLR 下属的工作组讨论，形成工作组建议，提交给 SC-CAMLR；再经由 SC-CAMLR 讨论后，形成 SC-CAMLR 的科学建议给 CCAMLR。就海洋保护区而言，一个海洋保护区提案应先提交给 WG-EMM 讨论，再经 SC-CAMLR 审议；SC-CAMLR 需要为该海洋保护区提案出具"可获得科学证据"的背书，提交给 CCAMLR。然后，该海洋保护区提案才进入 CCAMLR 层面审议法

---

〔1〕 Report of the World Summit on Sustainable Development, A/CONF. 199/20, Johannesburg, 26 August-4 September 2002, paragraph 32（a）and（c）.

〔2〕 CCAMLR, Report of the Thirty-Fourth Meeting of the Commission, Hobart, 19-30 October 2015, paragraph 8. 108. 2015 年，我国详细阐述了关于南极海洋保护区的立场，包括一般原则与具体意见。一般原则是，支持根据国际法和在科学证据的基础上建立海洋保护区，以促进南极海洋生物资源养护。具体意见包括：海洋保护区目标应与《南极海洋生物资源养护公约》宗旨一致；海洋保护区建设不能损害南极洲科学研究自由；海洋保护区建立应体现海洋资源的合理利用，在合理利用和资源保护两者之间保持平衡；科研与监测计划及其优先要素应具可操作性，以确定未来海洋保护区的有效评估；海洋保护区的期限应合理，展期决定应通过协商一致方式作出。

律与政治问题。[1]

2010 年，澳大利亚分别向 WG-EMM 和 SC-CAMLR 提出在数据不足（data-poor）的区域建立海洋保护区代表体系计划引起了提案的科学性的争论。[2] 2011 年，在 SC-CAMLR 再次审议东南极海洋保护区代表体系提案时，俄罗斯和我国代表指出该提案在确认风险或威胁方面缺少充分的科学逻辑与数据、保护区面积太大且边界确定缺少依据、保护区设立的科学必要性、保护目标选择的依据、科研与监测计划等科学问题，认为必须有充分的科学数据支撑该提案。英国代表认为，该提案已经提供了可获得的最佳科学证据；如果一个国家认为该提案科学证据不足，则希望这个国家提供相应科学数据，以便澳大利亚和法国进行改进。美国代表附和英国代表的意见，同时认为如果一个国家不能提供具体的科学意见，则 SC-CAMLR 应推定该提案是基于可获得最佳科学证据的。最终，SC-CAMLR 同意东南极海洋保护区代表体系提案包含了"可获得的最佳科学证据"，但是仍有国家代表认为科学背景数据不充分。[3] 到 2013 年 7 月 SC-CAMLR 第 1 次特别会议，仍有 4 个国家代表关切东南极海洋保护区代表体系提案缺乏时间序列数据的问题，认为这会影响提案的定量评估。[4] 2013 年 SC-CAMLR，这种关于提案科学依据的关切（包括保护区数量以及保护区大小与边界等）仍继续存在。日本代表则担心科研与监测计划能否覆盖这么大海域，以及这个海洋保护区可能为未来数据不足海域建立大型海洋保护区提供先例。[5] 鉴于该提案自 2011 年获得 SC-CAMLR 关于"可获得最佳科学证据"背书后就进入 CCAMLR 层面审议，所以这种关于科学问题的争论一直存在，且没有得到解决。2019 年，我国认为正是科学数据的缺乏阻碍了 CCAMLR 无法就东南极海洋保护区提案取得进展，且相关提

---

[1] Jianye Tang, "China's engagement in the establishment of marine protected areas in the Southern Ocean：From reactive to active", 75 *Marine Policy* 68, 69 (2017).

[2] Delegation of Australia, Elaborating a representative system of marine protected areas in data-poor regions, SC-CAMLR XXIX/11, 10 September 2010; SC-CAMLR, Report of the Twenty-Ninth Meeting of the Scientific Committee, Hobart, 25-29 October 2010, paragraph 5.32.

[3] SC-CAMLR, Report of the Thirtieth Meeting of the Scientific Committee, Hobart, 24-28 October 2011, paragraphs 5.48-5.62.

[4] SC-CAMLR, Report of the First Intersessional Meeting of the Scientific Committee, Bremerhaven, 11-13 July 2013, paragraph 2.61.4 个提出关切的国家分别是：中国、日本、挪威和俄罗斯。

[5] SC-CAMLR, Report of the Thirty-Second Meeting of the Scientific Committee, Hobart, 21-25 October 2013, paragraphs 5.51 and 5.54.

案方不更新和补充数据，因此我国提出利用雪龙 2 号破冰船加强东南极海洋生物资源的科学考察，通过我国科学研究以及其他国家自 2013 年以来获得的新数据，增进国际合作以及提供实现《南极海洋生物资源养护公约》宗旨所需的科学。SC-CAMLR 欢迎我国的提议，但是认为已经有很多国家（包括澳大利亚、日本、法国等）在东南极开始了企鹅、海豹、海燕、银灰暴风鹱、磷虾等动物与植物的研究，而且南大洋观察系统（SOOS）也在协调各国在东南极的国际科学研究。此外，澳大利亚等国家还担心，我国此提议会影响它们提案的进展。[1]

　　科学问题同样存在于罗斯海区域海洋保护区提案。2011 年，美国和新西兰分别向 SC-CAMLR 提出各自关于罗斯海区域海洋保护区的提案。SC-CAMLR 认可了两个提案的科学基础，认为两个提案都包含了此区域的可获得最佳科学意见，支持两个提案关于各自养护目标的基本理论。SC-CAMLR 承认两个提案之间的差异，但是认为两个提案的养护目标不同，给予捕捞活动的考量不同；这是 CCAMLR 需要决策的事项。SC-CAMLR 进一步认为，这两个提案没有必要进一步进行科学分析和讨论。[2]即使 2012 年美国和新西兰合并两国的提案，这种"可获得最佳科学证据"依然存在。但是，2013 年 7 月 SC-CAMLR 第 1 次特别会议竟然发现产卵保护区（SPZ）和斯科特海山区域（Scott Seamount）没有充足的科学证据。[3]结果，2013 年 9 月，美国和新西兰修改其联合提案，删除了产卵保护区，面积从原先的 227 万平方公里降低至 134 万平方公里，降低了约 40%。[4]2015 年 10 月第 34 届 CCAMLR 会议期间，我国和美国就罗斯海区域海洋保护区提案达成共识，增加了磷虾研究区（KRZ）。2016 年 6 月，美国科学家就此专门向 WG-EMM 提交了一份科学文件，通过回顾之前在磷虾研究区内开展磷虾及捕食磷虾动物的研究，分析建

〔1〕 SC-CAMLR, Report of the Thirty-Eighth Meeting of the Scientific Committee, Hobart, 21-25 October 2019, paragraphs 6.60-6.63; CCAMLR, Report of the Thirty-Eighth Meeting of the Commission, Hobart, 21 October -1 November 2019, paragraphs 6.43-6.44.

〔2〕 SC-CAMLR, Report of the Thirtieth Meeting of the Scientific Committee, Hobart, 24-28 October 2011, paragraphs 5.45-5.47.

〔3〕 SC-CAMLR, Report of the First Intersessional Meeting of the Scientific Committee, Bremerhaven, 11-13 July 2013, paragraphs 2.31-2.32.

〔4〕 Delegations of New Zealand and the USA, A proposal for the establishment of a Ross Sea Region Marine Protected Area, CCAMLR-XXXII/27, 2 September 2013.

立磷虾研究区潜在的生态重要意义，最后认为建立磷虾研究区可为未来提供重大科研机会。[1]2016年，SC-CAMLR认可了该文件的论证结论。[2]这种政治决定在前，科学论证在后，更是反衬了罗斯海区域海洋保护区建立过程中的科学问题。但是，2016年，俄罗斯和美国就罗斯海区域海洋保护区提案达成妥协时，增加了养护措施CM 91-05第28段的"相关规定"，要求开放88.1和882A-B区域，并预先确定未来3年犬牙鱼的总可捕量，强行修订养护措施CM 41-09和CM 41-10，失去了利用WG-EMM和SC-CAMLR的机会，导致日本代表质疑这种妥协的科学性。[3]

（二）海洋保护区建设

在海洋保护区建立后，其实施也涉及科学问题，特别是科研与监测计划以及海洋保护区的评估等。2011年，在CCAMLR讨论通过养护措施CM 91-04之前，SC-CAMLR曾讨论科研与监测计划制定与实施的问题。有国家认为，科研与监测计划应包含在海洋保护区提案中，同时提案应明确海洋保护区评估的期限；有国家认为科研与监测计划应在建立海洋保护区之前开展，也有国家认为应在海洋保护区建立之后开展。除此之外，有国家提醒南奥克尼群岛南部陆架海洋保护区既没有管理计划，更没有科研与监测计划，这不应构成未来CCAMLR海洋保护区建设的先例。[4]为有效设计和建设海洋保护区，SC-CAMLR还要求每个海洋保护区目标定位要清晰，能够具体化。[5]对于监测，SC-CAMLR认为可能存在多种形式，但是应明确采取的监测类型，如监测海洋保护区目标是否实现、监测海洋保护区的价值是否发生改变，或者监测海洋保护区和其他参照区之间的变化等。[6]

---

〔1〕 Emily S. Klein, George M. Watters, A brief review of information relevant to the establishment of a Krill Research Zone within the proposed Ross Sea Region Marine Protected Area, WG-EMM-16/49, 18 June 2016.

〔2〕 SC-CAMLR, Report of the Thirty-Fifth Meeting of the Scientific Committee, Hobart, 17-21 October 2016, paragraph 5.33.

〔3〕 CCAMLR, Report of the Thirty-Fifth Meeting of the Commission, Hobart, 17-28 October 2016, paragraph 8.44.

〔4〕 SC-CAMLR, Report of the Thirtieth Meeting of the Scientific Committee, Hobart, 24-28 October 2011, paragraphs 5.22-5.24.

〔5〕 SC-CAMLR, Report of the Thirtieth Meeting of the Scientific Committee, Hobart, 24-28 October 2011, paragraphs 5.17-5.18.

〔6〕 SC-CAMLR, Report of the Thirtieth Meeting of the Scientific Committee, Hobart, 24-28 October 2011, paragraph 5.27.

2011 年的 CCAMLR 会议通过了养护措施 CM 91-04，详细规定了海洋保护区建设（包括科研与监测计划）。首先，养护措施 CM 91-04 序言确认了海洋保护区在促进南极海洋生物资源科研与监测方面的重要性；其次，养护措施 CM 91-04 第 3 段要求，科研与监测计划应在规定期限内提出，且在提出前应在海洋保护区提案中包含一个临时的科研与监测安排；最后，养护措施 CM 91-04 第 5 段规定了科研与监测计划的通过、内容以及实施等内容。CCAMLR 应在 SC-CAMLR 建议的基础上通过科研与监测计划。为了能使 CCAMLR 通过，科研与监测计划应包括：根据海洋保护区具体目标开展的科学研究活动、和海洋保护区具体目标相符合的其他科学研究活动、关于海洋保护区具体目标达成度的监测活动。

尽管 SC-CAMLR 和养护措施 CM 91-04 重视科研与监测计划，且明确了科研与监测计划对于海洋保护区的科学作用，但是在具体实践中仍有不同观点与争论。罗斯海区域海洋保护区，作为根据养护措施 CM 91-04 建立的第一个海洋保护区，在 2016 年 CCAMLR 同意建立后，关于其的争论就集中于科研与监测计划上。而且关于罗斯海区域海洋保护区的科研与监测计划的争论，再次反映了各国对于科学的分歧。根据养护措施 CM 91-05 第 14 段的要求，罗斯海区域海洋保护区的科研与监测计划应于 2017 年向 SC-CAMLR 和 CCAMLR 提出。2017 年 4 月，美国、新西兰和意大利联合在罗马召开了一个关于罗斯海区域海洋保护区科研与监测计划的研讨会。该研讨会的 3 个共同召集人撰写了 1 份会议报告，以及 1 份科研与监测计划草案。[1]科研与监测计划草案，分别提交给了 WG-EMM 及其他相关工作组讨论，最后提交给了 SC-CAMLR。根据研讨会报告，研讨的主要内容是收集各国在罗斯海区域开展科学研究活动的信息；然后，科研与监测计划草案则是整合这些科学研究信息的结果，将养护措施 91-05 附件 C 表 2 所列科研与监测优先要素转化为科学研究议题（topics）。无论是研讨会报告还是科研与监测计划草案，都将

〔1〕　A. Dunn, M. Vacchi, G. Watters, Report of the Co-conveners of the CCAMLR Workshop on the Ross Sea region Marine Protected Area Research and Monitoring Plan, SC-CAMLR-XXXVI/07, 1 September 2017; A. Dunn, M. Vacchi, G. Watters, The Ross Sea region Marine Protected Area Research and Monitoring Plan, SC-CAMLR-XXXVI/20, 1 September 2017.

科学研究的投入与产出作为评估罗斯海区域海洋保护区的指标（indicators），[1]没有讨论如何将罗斯海区域海洋保护区 11 个目标转化为具体目标，然后确认相关的生物或生态学指标。两个文件更没有提供任何本底数据，只是说明有很多数据，包括美国和新西兰在撰写罗斯海区域海洋保护区提案中使用了大量的数据，且大量文献包括相关数据，但是没有将数量进行标准化收集和向SC-CAMLR 提交。[2]事实上，养护措施 91-05 附件 C 第 4 段描述了科研与监测计划的三个方面数据：本底数据；衡量罗斯海区域海洋保护区绩效的标准及其指标；实现罗斯海区域海洋保护区目标所面临的当下与未来风险的数据。2017 年，SC-CAMLR 和 CCAMLR 讨论了科研与监测计划草案。美国和新西兰强调，科研与监测计划是一个"活文件"（a living document）。相关国家认为，科研与监测计划草案需要修改，特别是对应保护区目标的生态系统的指标、关于主要物种研究应覆盖它们生命史的全部范围、明确现有收集的本底数据、数据收集标准、确定生态系统服务与结果指标的标准等。南极和南大洋联盟（ASOC）专门提交了一份文件，强调科研与监测计划对于评估罗斯海区域海洋保护区的成效至关重要，建议：科研与监测计划应突出指标制定以及本底数据的精练；建立科研、监测和保护区目标之间的关联；地理区域应标准化等。[3]尽管如此，SC-CAMLR 还是达成了妥协，即 SC-CAMLR 支持科研与监测计划草案，同时同意根据上述意见进行更新。[4]在 CCAMLR 会议上，我国和俄罗斯提出异议，未能形成协商一致，因此罗斯海区域海洋保护区的科研

---

〔1〕 A. Dunn, M. Vacchi, G. Watters, The Ross Sea region Marine Protected Area Research and Monitoring Plan, SC-CAMLR-XXXVI/20, 1 September 2017, paragraphs 23-25.

〔2〕 A. Dunn, M. Vacchi and G. Watters, The Ross Sea region Marine Protected Area Research and Monitoring Plan, SC-CAMLR-XXXVI/20, 1 September 2017, paragraphs 21-22bis.

〔3〕 SC-CAMLR, Report of the Thirty-Sixth Meeting of the Scientific Committee, Hobart, 16-20 October 2017, paragraphs 5.39-5.51. 养护措施 CM 91-05 第 5 段，将罗斯海区域海洋保护区划分成三种区域，即普遍性保护区（GPZ）、特别研究区（SRZ）和磷虾研究区（KRZ）；附件 B 表 1 将三种区域转化对应了 7 种不同地理区域；附件 C 第 5 段则要求科研与监测计划按 5 种地理区域开展。另外，附件 B 第 1 段列出 11 个具体目标，一些目标对应的地理区域却是 2014 年文件（SC-CAMLR-XXXIII/BG/23/Rev.1）所划定的区域。事实上，最终通过的罗斯海区域海洋保护区和该文件在地理区域上存在很大的差异，特别是普遍性保护区（ii）面积减少了，特别研究区的面积增加了，还增加了磷虾研究区。

〔4〕 SC-CAMLR, Report of the Thirty-Sixth Meeting of the Scientific Committee, Hobart, 16-20 October 2017, paragraph 5.45.

与监测计划没有通过。我国认为，提交 CCAMLR 讨论的科研与监测计划没有根据 SC-CAMLR 进行相应修改；俄罗斯认为缺少必要的科学支撑，建议 SC-CAMLR 及其工作组为南奥克尼群岛南部陆架海洋保护区和罗斯海区域海洋保护区制定研究计划，以及建议 CCAMLR 制定一个关于建立海洋保护区的统一标准。美国则认为它已经履行了养护措施 CM 91-05 第 14 段关于提交科研与监测计划的义务，且该科研与监测计划不需要 CCAMLR 通过。[1]2018 年，美国向 SC-CAMLR 提交了 2 份文件，提供了 4 组指标物种及对应的本底数据，分别是阿德利企鹅与帝企鹅；威德尔海豹与虎鲸；南极磷虾、晶磷虾（crystal krill）、多线南极鱼（Antarctic silver fish）和莫氏犬牙鱼（Antarctic toothfish）；脆弱海洋生态系统。[2]同时，美国承认重要的指标物种及其本底数据既有利于评估罗斯海区域海洋保护区实现其目标，也有助于回答养护措施 CM 91-05 附件 C 第 3 段所列的 4 个问题。[3]

　　鉴于各国对科研与监测计划存在诸多分歧，包括科学方面的分歧，我国从 2018 年开始积极参与此议题的讨论，于 2018 年向 CCAMLR 提交了我国参加 CCAMLR 以来的第 1 份政策文件，阐述了我国关于科研与监测计划的科学与法律立场；[4]2019 年再次提交了 3 份文件，覆盖关于南极海洋保护区科研与监测计划制定的一般性科学意见以及关于罗斯海区域海洋保护区与威德尔

　　〔1〕　CCAMLR, Report of the Thirty-Sixth Meeting of the Commission, Hobart, 16-27 October 2017, paragraphs 5.70-5.82. 2017 年 CCAMLR 会议是比较特殊的一次。这一年，海洋保护区议程下只有罗斯海区域海洋保护区科研与监测计划，威德尔海海洋保护区提案尽管在 2016 年就已经提交 CCAMLR 审议，但在 2017 年没有提交；南极半岛海洋保护区提案也是到 2018 年才提交 CCAMLR 审议。事后看，这种安排似乎反映了相关国家之间协调的结果，集中时间讨论罗斯海区域海洋保护区科研与监测计划；如果通过的话，就可以构成先例，为后续其他海洋保护区提案提供范例。但是，非常意外的是，第一周的 SCIC 会议因遵约报告而导致历史性的失败，所以第二周原来应讨论海洋保护区的时间被占用，重新讨论 SCIC 未完成内容，耗尽了会议时间。See CCAMLR, Report of the Thirty-Sixth Meeting of the Commission, Hobart, 16-27 October 2017, paragraphs 3.22-3.48.

　　〔2〕　Delegation of the USA, Candidate baseline data for ecosystem indicators in the Ross Sea region. Part A: Brief presentation of data, SC-CAMLR-XXXVII/11, 6 September 2018; Candidate baseline data for ecosystem indicators in the Ross Sea region. Part B: Discussion of the data, SC-CAMLR-XXXVII/BG/13, 20 September 2018.

　　〔3〕　Delegation of the USA, Candidate baseline data for ecosystem indicators in the Ross Sea region. Part B: Discussion of the data, SC-CAMLR-XXXVII/BG/13, 20 September 2018, p.2.

　　〔4〕　Delegation of the People's Republic of China, The development of Research and Monitoring Plan for CCAMLR MPAs, CCAMLR-XXXVII/32, 6 September 2018.

海海洋保护区具体意见，[1]分别提交给 SC-CAMLR 和 CCAMLR 进行讨论。与此同时，俄罗斯也提交了相关意见文件；2019 年，俄罗斯提交了 6 份相关文件。[2]即使如此，各方仍未能解决存在的分歧。2019 年 SC-CAMLR 和 CCAMLR 会议期间，相关国家在推进海洋保护区建立和加强海洋保护区建设（特别是科研与监测计划制定）之间产生分歧。一些国家认为，应通过更多的海洋保护区以实现 2010 年爱知目标，科研与监测计划不应成为建立海洋保护区的前置条件；一些国家认为，需要注重海洋保护区的建设质量，不应仅关注数据。[3]2021 年《南极海洋生物资源养护委员会 40 周年宣言》明确要求各成员"应继续尽最大努力根据《南极海洋生物资源养护公约》科学地设计、建立、实施、监测和评估海洋保护区的有效性"，充分体现了我国关于科研与监测计划的主张。[4]在此基础上，2023 年 6 月，CCAMLR 第 3 次特别会议在智利召开，但是没有取得实质性进展，包括预期的路线图。[5]

（三）IUCN 保护区类型认定

2011 年 CCAMLR 通过养护措施 91-04 时，援引了 2005 年 SC-CAMLR 科

---

〔1〕 Delegation of the People's Republic of China, The development of Research and Monitoring Plan for CCAMLR MPAs, SC-CAMLR-38/20, 6 September 2019; Proposal to improve the Draft Research and Monitoring Plan for the Ross Sea region Marine Protected Area, SC-CAMLR-38/21, 6 September 2019; Observation and comments on the scientific basis and draft RMP of the WSMPA Proposal, SC-CAMLR-38/BG/15, 18 September 2019.

〔2〕 Delegation of the Russian Federation, Proposals by the Russian Federation on regulating unified criteria for establishing MPAs in the Convention Area, CCAMLR-38/30, 6 September 2019; Proposals on the requirements for developing Research and monitoring plans for Marine Protected Areas, SC-CAMLR-38/11 Rev. 1, 6 September 2019; Comments and proposals regarding the development of MPAs for spatial management in the CCAMLR Convention Area, CCAMLR-38/BG/25, 6 September 2019; Comments on the draft of the conservation measure for an East Antarctic Marine Protected Area (2018), CCAMLR-38/BG/31, 6 September 2019; On seasonal and interannual dynamics of ice conditions in the Weddell Sea and its relation to the WS MPA proposal, CCAMLR-38/BG/32, 6 September 2019; Materials on biodiversity in Subareas 48. 6 and 48. 5 in relation to the Weddell Sea MPA proposal, CCAMLR-38/BG/33, 6 September 2019.

〔3〕 SC-CAMLR, Report of the Thirty-Eighth Meeting of the Scientific Committee, Hobart, 21-25 October 2019, paragraphs 6. 27-6. 42; CCAMLR, Report of the Thirty-Eighth Meeting of the Commission, Hobart, 21 October -1 November 2019, paragraphs 6. 20-6. 24, 6. 56-6. 59.

〔4〕 Declaration on the Occasion of the Fortieth Meeting of the Commission for the Conservation of Antarctic Marine Living Resources, 29 October 2021, paragraph 9.

〔5〕 See CCAMLR, Report of the Forty-First Meeting of the Commission Hobart, 24 October-4 November 2022, Annex 6.

学建议，即整个公约区域等于 IUCN 第四类保护区。[1]但是，SC-CAMLR 此科学建议不为 IUCN 及有关学者所认可。IUCN 认为，因为 CCAMLR 并没有将整体公约区域按第四类保护区进行管理，因此不能被认为是 IUCN 第四类保护区或其他类型的保护区。[2]除此理由外，美国和澳大利亚学者还认为，CCAMLR 养护措施主要关注渔业活动及其对南极海洋生物资源影响的管理，不符合 IUCN 关于保护区定义的目标，即"为实现自然的长期养护"。同样基于这种目标标准，这些学者认为因为罗斯海区域海洋保护区将其期限设定为35 年，所以也不是 IUCN 定义的保护区。[3]

巧合的是，南极条约区域也曾出现类似的争议，即南极条约区域整体上是不是一种 IUCN 定义的保护区。根据 1964 年《南极动植物养护议定措施》，ATCM 可以将那些具有显著科学兴趣的区域指定为"特别保护区"（special protected areas）。1972 年，第 7 届 ATCM 通过第Ⅶ-2 号建议，扩大了可指定为"特别保护区"的范围，1991 年《环保议定书》附件 5 第 3 条继承了第Ⅶ-2 号建议。同时《环保议定书》序言及第 2 条将整个南极条约区域指定为"自然保护区"（a natural reserve），并根据南极条约体系采取措施。据此，有学者认为整个南极条约区域是一种 IUCN 定义的保护区。[4]相反观点认为，整个南极条约区域不能被认为是一种保护区，理由有三个方面：其一，仅南极特别保护区被收入世界保护区数据库；其二，每个保护区都应有其管理计划，但是整个南极条约区域不存在这样一个整体的管理计划；其三，根据环境保护委员会承认需要额外的南极特别保护区的事实，可以推断整个南极条约区域并不是一种保护区，且没有按照保护区进行管理。1998 年，IUCN 代表

---

〔1〕　SC-CAMLR, Report of the Twenty-Fourth Meeting of the Scientific Committee, Hobart, 24-28 October 2005, paragraph 3. 54. 1994 年，IUCN 将保护区分成 6 种类型，它们分别是：第一类（严格自然保护区/荒野地保护区）、第二类（国家公园）、第三类（自然纪念物保护区）、第四类（生境和物种管理保护区）、第五类（陆地和海洋景观保护区）、第六类（资源管理保护区）。

〔2〕　CCAMLR, Report of the Thirty-Fifth Meeting of the Commission, Hobart, 17-28 October 2016, paragraph 5. 80.

〔3〕　Rob Nicolla, Jon C. Day, "Correct application of the IUCN protected area management categories to the CCAMLR Convention Area", 77 *Marine Policy* 9 (2017).

〔4〕　Kees Bastmeijer, Steven van Hengel, "The Role of the Protected Area Concept in Protecting the World's Largest Natural Reserve: Antarctica", 5 *Utrecht Law Review* 61 (2009).

明确不承认整个南极条约区域是一个合法的保护区，尽管应该如此。[1]

第五节　小结

2002 年《执行计划》提出通过利用海洋保护区和其他管理工具促进海洋的养护与管理，[2]海洋保护区被选择性地解读和理解成是目标而不是方法。2010 年《生物多样性公约》第 10 次缔约方大会通过的爱知目标，首次量化了全球海洋保护区建立的面积比例，即 2020 年前建立覆盖全球海洋面积 10%的海洋保护区。该 10%目标后成为《2030 年可持续发展议程》目标 14.5。2014 年，IUCN 的世界公园大会（WPC）在悉尼通过了《悉尼承诺》，呼吁保护至少 30%的海洋。2016 年，爱德华·威尔逊提出了"保护一半地球"的解决方案；[3]有研究认为，要实现海洋保护区宗旨需要保护 37%的面积；[4]还有学者提出 2030 年海洋保护区面积达到 30%和 2050 年达到 50%的目标设想。[5]2022 年"昆明—蒙特利尔目标"确立了 2020 年后生物多样性目标，即 2030 年建立 30%的海洋保护区。2023 年 6 月正式通过的《国家管辖范围以外区域海洋生物多样性养护与可持续利用协定》被认为是为全球公海保护区建立提供了法律依据，特别是为应对气候变化而建立的海洋保护区。

南大洋因其巨大的海洋面积、独特的海洋生态系统以及复杂的政治法律背景等因素，使南极海洋保护区建设备受国际社会的关注。2012 年后，南极海洋保护区逐渐成为集政治、法律和科学于一体的复杂议题，并被纳入元首外交和七国集团领导人宣言。[6]尽管 1991 年《环保议定书》附件 5 对保护

---

〔1〕 Bernard W. T. Coetzee, Peter Convey, Steven L. Chown, "Expanding the Protected Area Network in Antarctica is Urgent and Readily Achievable", 10 *Conservation Letters* 670 (2017).

〔2〕 Report of the World Summit on Sustainable Development, A/CONF. 199/20, Johannesburg, 26 August-4 September 2002, paragraph 32.

〔3〕 Edward O. Wilson, *Half-Earth*: *Our Planet's Fight for Life*, Liveright, 2016. 同时参见"保护一半地球"项目的网站 https://www. half-earthproject. org。

〔4〕 Bethan C. O'Leary, Marit Winther-Janson, John M. Bainbridge, et al. , "Effective Coverage Targets for Ocean Protection", 9 *Conservation Letters* 398 (2016).

〔5〕 Callum Roberts, Dr. Bethan O'Leary, Dr. Julie Hawkins, Effective coverage targets for ocean protection, *Program of the Fifth International Marine Conservation Congress*, Kuching, 24-28 June 2018, p. 59.

〔6〕 See G7 Hiroshima Leaders' Communiqué, 20 May 2023, paragraphs 23-24.

区（包括陆地和海洋）已经进行了规定，但 CCAMLR 却成为南极海洋保护区建设的主体，而不是 ATCM。这可能存在两个方面的考虑：一是 CCAMLR 管理着目前人类在南极最大规模的资源开发利用活动（海洋生物资源，如磷虾、犬牙鱼等），这些人类"捕捞及其相关活动"被认为是对南大洋生物多样性及其生态系统的威胁；二是 CCAMLR 或者一些国家或国际组织希望，通过建设南极海洋保护区进一步树立 CCAMLR 在全球海洋养护方面的领导地位。

在南极海洋保护区建设初期，各国似乎对海洋保护区保持着乐观的态度，2009 年通过了第一个海洋保护区建设框架，即养护措施 CM 91-03（2009）；2011 年通过的海洋保护区建设的总体框架，即养护措施 CM 91-04（2011）。除此之外，为实现在 2012 年前在南大洋建立海洋保护区代表体系的政治愿景，SC-CAMLR 于 2009 年提出了 5 个阶段的工作任务，获得了 CCAMLR 的同意和支持。[1]这些积极的成就，激励了一些国家大胆地提出具体的海洋保护区建设方案。

正是这些具体海洋保护区建设方案，如以澳大利亚为主提出的东南极海洋保护区代表体系方案、美国和新西兰各自提出的罗斯海区域海洋保护区提案，使各国逐渐意识到海洋保护区建设可能对现有南极海洋生物资源养护体系以及全球海洋治理等造成了深远影响。由此，各国在科学、政治、法律等方面展开了拉锯式的争论，导致了海洋保护区建设进入了一种僵持状态。在此过程中，一些非政府组织，如 ASOC 和 IUCN 等，[2]积极发挥着引导舆论的作用，立场鲜明地对不同 CCAMLR 成员进行赞扬或批评，一定程度上加剧了 CCAMLR 成员之间的分裂。

CCAMLR 关于海洋保护区议题的争论，除凸显了各国之间的分歧之外，还体现了海洋保护区存在诸多需进一步统一认识的问题。这种现象也同样存在于其他管理方法中，如生态系统方法和预防性方法；也就是说，各国能够在原则上就这些管理方法达成一致共识，但在具体实施这些管理方法时，会

---

〔1〕 CCAMLR, Report of the Twenty-Eighth Meeting of the Commission, Hobart, 26 October-November 2009, paragraph 7. 19.

〔2〕 Laurence Cordonnery, Lorne Kriwoken, "Advocating a Larger Role for Environmental Nongovernment Organizations in Developing a Network for Marine Protected Areas in the Southern Ocean", 46 *Ocean Development & International Law* 188 (2015).

出现不同的解读和认识。这些管理方法需要大量的科学信息或数据，但受限于人类对海洋的有限认知，对特定管理问题上科学存在很大的不确定性，特别是气候变化对海洋生态系统的影响。这种科学上的不确定性，加剧了各国对特定条款解读能力和话语权的差距，加大了各国间的分歧。

第四篇
总结与展望

第十章

总结与展望

当我国提出将极地（包括南极）"打造成各方合作的新疆域"而不是相互博弈的竞技场时，一些南极洲领土主张国（如澳大利亚等）则关注其他国家活动可能对其主张的影响，即所谓的"疆域警惕"（frontier vigilantism）。[1] "疆域警惕"和"合作的新疆域"似乎正好能反映不同国家对于极地的不同立场和主张。南极商业性渔业活动，被认为是当前南极条约体系下最重要的经济活动（海洋捕捞活动）和资源利用活动；一个国家渔船在南大洋的活动或存在，甚至被认为是一个国家地缘政治的需要。[2]一些国家越来越多地从安全的角度看待南极资源及环境问题（包括气候变化），他们认为更多关注南大洋的海洋生物资源利用扩大了南极安全问题，引发了气候变化背景下渔业活动对海洋生态系统影响的担忧。[3]2021年10月，有环境保护非政府组织公开要求禁止南极磷虾捕捞。[4]在此背景下，正本清源地回顾并

---

〔1〕 Klaus J. Dodds, Alan D. Hemmings, "Frontier vigilantism? Australia and contemporary representations of Australian Antarctic Territory", 55*Australian Journal of Politics and History* 513（2009）. 同样地，环北极被视为前沿或新疆域，北极土著人民则认为那是他们物质与精神的家园。See Mark Nuttall, *Protecting the Arctic: Indigenous Peoples and Cultural Survival*, Routledge, 1998, p. 12.

〔2〕 Alan D. Hemmings, "Southern Horizons: South Asia in the South Indian Ocean", 24 *Research Journal Social Sciences* 129, 142-143（2016）.

〔3〕 Marcus Haward, "Marine Resources Management, Security and the Antarctic Treaty System: An Ongoing Agenda", in Alan D. Hemmings, Donald R. Rothwell and Karen N. Scott（eds.）, *Antarctic Security in the Twenty-First Century: Legal and Policy Perspective*, Routledge, 2012, p. 215.

〔4〕 Bob Brown Foundation, Ban Krill Fishing in Antarctica, *Tasmanian Times*, 27 October 2021, at https://tasmaniantimes.com/2021/10/call-for-krill-ban/, accessed 30 October 2021. 这种呼声一定程度上响应了那些要求关闭全球公海渔业和国际海底采矿的主张。See Rakhyun E. Kim, "Should Deep Seabed Mining be Allowed?", 82 *Marine Policy* 134（2017）; Laurenne Schiller Megan Bailey, Jennifer Jacquet, Enric

厘清《南极海洋生物资源养护公约》及其 CCAMLR 和南极条约体系之间以及《南极海洋生物资源养护公约》宗旨及其与南极海洋保护区之间关系等法律关系，对于当前正在发生的南极海洋治理变革至关重要。

第一节 历史回顾与总结

《南极海洋生物资源养护公约》第 2 条开创性地在海洋生物资源养护领域引入了生态系统方法和预防性做法；南极海洋生物资源养护委员会（CCAMLR）为实施《南极海洋生物资源养护公约》第 2 条规定的宗旨及其生态系统方法与预防性做法养护原则，形成了一套成熟的机制，从宗旨到实施方法再到养护措施三个层次。在宗旨与养护原则方面，CCAMLR 从工作层面定义了"合理利用"和养护原则要素；在实施方法方面，生态系统方法依赖于充分科学数据，在科学数据不充足情形下应用预防性方法，但是应以收集数据为优先重点；在养护措施方面，CCAMLR 就南极磷虾和有鳍鱼类建立了较完善的管理体系。CCAMLR 的杰出和务实养护海洋生物资源实践及其取得的成绩，被联合国粮农组织推荐为区域渔业管理组织的典范。[1]

一、南极渔业养护与利用

南极磷虾渔业经近 50 年的开发利用，总产量为 1000 多万吨；其主导利用国从苏联过渡到日本，2010 年后挪威成为南极磷虾开发利用的主导国家。即使如此，南极磷虾年开发利用量仍未达到历史最高水平的 62 万吨。尽管自 20 世纪 70 年代就有关于南极磷虾开发利用的担心，但是目前仍没有确切观察到南极磷虾渔业对其依赖物种或相关物种产生消极影响。这归功于 CCAMLR 采取了有效的预防性管理措施以及南极磷虾实际利用量远低于该资源总可捕量。[2]

（接上页）Sala, "High Seas Fisheries Play a Negligible Role in Addressing Global Food Security", 4 *Science Advances* eaat8351 (2018); Jessica F. Green, Bryce Rudyk, "Closing the High Seas to Fishing: A Club Approach", 115 *Marine Policy* 103855 (2020).

〔1〕 FAO, The State of World Fisheries and Aquaculture, FAO, 2018, p. 121.

〔2〕 Stephen Nicol, Jacqueline Foster, "The Fishery for Antarctic Krill: Its Current Status and Management Regime", in Volker Siegel (ed.), *Biology and Ecology of Antarctic krill*, Springer, 2016, p. 415.

细鳞犬牙鱼渔业，尽管其开发利用最早也可追溯至 20 世纪 70 年代，但是其快速发展则开始于 20 世纪 90 年代；罗斯海区域莫氏犬牙鱼渔业则开始于 1996 年。英国、法国和澳大利亚凭借其在亚南极主张了管辖海域而成为细鳞犬牙鱼渔业的主要开发利用国；新西兰、韩国和乌克兰等则是罗斯海莫氏犬牙鱼渔业的主要开发利用国。与南极磷虾渔业管理采取生态系统方法的养护原则不同，南极犬牙鱼渔业管理则以缺少捕食者为由而没有采取生态系统方法，其资源评估仍采取传统单鱼种评估模式。[1]需要注意的是，莫氏犬牙鱼渔业是探捕性渔业，不同于南极磷虾渔业和亚南极海域的细鳞犬牙鱼渔业。莫氏犬牙鱼渔业和南极磷虾渔业在管理类型上的差别，体现了 CCAMLR 预防性养护原则以及两种渔业在科学数据充足程度上的不同。更为重要的是，南极犬牙鱼渔业，无论是细鳞犬牙鱼渔业还是莫氏犬牙鱼渔业，都是南极 IUU 捕捞的唯一目标。为打击 IUU 捕捞，CCAMLR 针对南极犬牙鱼渔业定制了以犬牙鱼渔获登记制度（CDS）为核心的一系列养护措施。

就南极渔业开发利用国家而言，传统南极渔业强国，俄罗斯自 2010-2011 年度以后停止了其南极磷虾渔业活动，自 2020-2021 年度以后停止了其南极犬牙鱼渔业活动。截至 2022-2023 年度，俄罗斯仍没有恢复其南极渔业活动。也就是说，俄罗斯作为苏联的继承者成为了一个非捕鱼国。[2]相对应的是，乌克兰作为曾经的苏联加盟共和国于 1994 年加入《南极海洋生物资源养护公约》并同时成为 CCAMLR 成员，[3]则成为莫氏犬牙鱼渔业的最重捕捞国；2022-2023 年度通报从事莫氏犬牙鱼渔业的渔船达 5 艘，仅次于韩国（6 艘）。另一个南极渔业强国日本，曾经在苏联之后主导南极磷虾渔业，在 2011-2012 年度之后停止了其南极磷虾渔业活动，仅保留 1 艘渔船从事南极犬牙鱼渔业

---

〔1〕 正因为如此，南极磷虾资源评估由 WG-EMM 负责，南极犬牙鱼等有鳍鱼类的资源评估由 FSA 工作组负责。See Karl-Hermann Kock, Understanding CCAMLR's Approach to Management, CCAMLR, May 2000, p. 11.

〔2〕 2023-2024 年度，俄罗斯向 CCAMLR 通报了 1 艘南极磷虾渔船，拟在 48.1 区至 48.4 区开展南极磷虾渔业。该渔船于 2023 年 5 月从挪威阿克海洋生物公司（Aker BioMarine Antarctic II AS）处购买，之前的船名为 Antarctic Navigator。如果第 42 届 CCAMLR 会议同意俄罗斯南极磷虾渔业通报，则俄罗斯恢复其南极磷虾渔业，会增添南极磷虾渔业养护的不确定性。

〔3〕 1994 年 2 月 4 日，乌克兰最高拉达（Verkhova Rada）通过决议，同意乌克兰作为曾经苏联加盟共和国以继承方式参加《南极海洋生物资源养护公约》。英国、美国、挪威和瑞典给澳大利亚发出照会，强调乌克兰以加入方式参加《南极海洋生物资源养护公约》。

活动。

我国作为南极渔业的后来参加者，是目前 CCAMLR 捕鱼成员中参加南极渔业最晚的国家，仅于 2009-2010 年度才开始尝试利用南极磷虾资源。如果说我国成为 CCAMLR 成员之前曾有开发利用南极犬牙鱼资源的情况的话，我国参加南极渔业的历史也仅开始于 2005 年左右。2012 年，我国从日本购买了其最后一艘专业南极磷虾渔船，开发利用南极磷虾能力才有明显提升。即使如此，我国仍远落后于挪威等传统的捕鱼国家。我国之所以能成为南极磷虾捕捞第二大国，很大程度上是通过增加投入生产渔船数量实现的，单船生产效率远不如挪威。例如 2020-2021 年度南极磷虾总产量为 371 526 吨，挪威南极磷虾产量约占总产量的 65%，中国产量不及挪威产量的 20%。[1] 该年度我国通报了 6 艘渔船，挪威则是 3 艘。2022-2023 年度，我国通报从事南极磷虾渔业的渔船达 5 艘，是所有通报从事南极磷虾渔业国家中最多的，超过挪威（4 艘）和韩国（3 艘）。

二、CCAMLR 发展的三个阶段

根据 1982 年以来 CCAMLR 在养护南极海洋生物资源方面实践以及其成员变化情况，可将 CCAMLR 近 40 多年发展历史划分为三个阶段。第一阶段为 1982 年至 1990 年，该阶段为 CCAMLR 初建阶段，主要特点是解决南极有鳍渔业被过度利用的历史遗留问题，被称为被动性渔业管理阶段。[2] 关闭渔场和保持合理利用是 CCAMLR 成员中捕鱼国和非捕鱼国的争议焦点。截至 1990 年，CCAMLR 成员数量为 21 个，即 20 个国家和欧共体。

第二阶段为 1991 年至 2016 年，该阶段是 CCAMLR 稳定运行和发展阶段，被称为主动积极性渔业管理阶段。标志性内容包括制定了南极磷虾养护措施、成功遏制了南极 IUU 捕捞活动、制定了具体实施预防性方法与生态系统方法的养护措施、推动了南极海洋保护区建设等。2016 年第 35 届 CCAMLR 会议通过南极罗斯海区域海洋保护区（RSrMPA）是此阶段发展的高潮。截至 2016 年，CCAMLR 成员数量为 25 个，即在此阶段新增了 4 个成员，分别是乌

---

〔1〕 CCAMLR Secretariat, Catches of target species in the Convention Area, SC-CAMLR-41/BG/01, 23 September 2022, Table 1.

〔2〕 Karl-Hermann Kock, "Fishing and Conservation in Southern Waters", 30 *Polar Record* 3, 11-15 (1994).

克兰、乌拉圭、纳米比亚和中国。

　　第三阶段是 2017 年至今，该阶段特点是 CCAMLR 频遇困难，CCAMLR 成员关于南极海洋保护区建设和犬牙鱼渔业养护问题的分歧严重，成员阵营化明显，影响了 CCAMLR 或南极条约体系的稳定。标志性内容包括南极罗斯海区域海洋保护区（RSrMPA）科研与监测计划自 2017 年开始一直未能获得 CCAMLR 通过、2017 年 CCAMLR 遵约评估程序出现第一次危机、2017 年澳大利亚等发达国家以南极条约体系与联合国体系的相互关系为由拒绝了全球环境基金（GEF）为 CCAMLR 成员国发展中国家资助的能力建设项目、[1]2018 年 CCAMLR 关闭了 58.4.1 区犬牙鱼探捕渔业（养护措施 CM 41-11）、2021 年 CCAMLR 未能更新 48.3 区犬牙鱼渔业养护措施 CM 41-02、2021 年东南极海洋保护区提案与威德尔海海洋保护区（一期）提案方数量激增等。2017 年，南非就 CCAMLR 成员间出现分化提出了警告，[2]但没有引起重视。在此阶段，发达的 CCAMLR 成员不断利用政治影响力建立起其阵营成员数量优势，[3]以此压制处于绝对少数的 CCAMLR 成员。当然，仍有个别成员处于中间阵营。[4]在此背景下，协商一致决策机制失去了其传统上要求谈判各方相互妥协的作用，进而演变为标签功能，即将 CCAMLR 成员标签为支持某个提案的一方或者反对某个提案的一方。截至 2023 年，CCAMLR 成员数量为 27 个，即在此阶段新增了 2 个成员，分别是荷兰和厄瓜多尔。

　　如果将 CCAMLR 发展历史置于全球国际关系大背景下考察，可以发现两者有一定程度上的同步或吻合。20 世纪 80 年代至 1990 年，全球进入冷战末期，对应着 CCAMLR 发展的第一阶段。在 CCAMLR 框架下，苏联和西方成员

---

〔1〕　Delegations of Chile, India, Namibia, South Africa, Ukraine and the CCAMLR Secretariat, Proposal for GEF (Global Environment Facility) funding to support capacity building in the GEF-eligible CCAMLR Members, CCAMLR-XXXVI/02, 29 August 2017; CCAMLR, 2017, paragraphs 12.1-12.13.

〔2〕　CCAMLR, Report of the Thirty-Sixth Meeting of the Commission, Hobart, 16-27 October 2017, paragraph 3.43.

〔3〕　2021 年 4 月 28 日，欧盟线上召集了澳大利亚、法国、德国、瑞典、西班牙、比利时、波兰、意大利、美国、英国、挪威、乌拉圭、新西兰、智利和阿根廷 15 个国家，举行了一个关于南大洋海洋保护区设立的高级别会议，通过了《部长联合宣言》，强调需要采取紧急决定行动设立海洋保护区，以保护气候变化和其他人类活动对《南极海洋生物资源养护公约》的影响。此次会议一定程度上促进了南极海洋保护区提案方阵营化。See Ministerial Joint Declaration of High-level meeting on the designation of Marine Protected Areas in the Southern Ocean, 28 April 2021.

〔4〕　例如，南非、纳米比亚、巴西、日本等。

之间的关系影响着 CCAMLR 运转，特别是 20 世纪 80 年代初期。[1]1991 年，苏联解体，全球进入新自由主义阶段，对应着 CCAMLR 发展的第二个阶段。在 CCAMLR 框架下，生态系统方法与预防性方法养护原则转化为具体养护措施，在英国和澳大利亚等国家的推动下，CCAMLR 在全球率先使用了 IUU 捕捞概念，英国推动了南奥克尼群岛南部陆架海洋保护区（养护措施 CM 91-03），澳大利亚推动了关于建立海洋保护区的一般性框架（养护措施 CM 91-04）。2017 年，特朗普入主白宫，新自由主义式微，全球多极化趋势显现，[2]对应着 CCAMLR 发展的第三阶段。在 CCAMLR 框架下，成员间分化和阵营化明显，我国在 CCAMLR 的影响力日益增加，我国和俄罗斯被视为美国及其盟友的战略竞争者。[3]

除此之外，俄罗斯和乌克兰之间的冲突，即 2014 年克里米亚危机和 2022 年特别军事行动，根本性地改变了乌克兰在 CCAMLR 框架下的立场。2014 年之前，乌克兰和俄罗斯就海洋保护区议题保持着相同的立场。例如，2013 年 6 月，乌克兰向第 2 次 CCAMLR 特别会议提交了 1 份关于海洋保护区的立场文件，认为在包括南极海域的全球公海建立海洋保护区缺少法律依据。[4]2021 年，乌克兰则加入了东南极海洋保护区提案与威德尔海海洋保护区（一期）提案方。2022 年第 41 届 CCAMLR 会议开幕式，没有因为 CCAMLR 属于南极条约体系而独善其身，美国再次主导谴责俄罗斯的特别军事行动。[5]乌克兰从俄罗斯的支持者，转变为坚定的俄罗斯反对者。

---

〔1〕 Karl-Hermann Kock, "Fishing and Conservation in Southern Waters", 30 *Polar Record* 3, 11-12 (1994).

〔2〕 2012 年 5 月 3 日，在北京召开的中美战略与经济对话期间，双方将构建中美"新型大国关系"作为主题。

〔3〕 Evan T. Bloom, Meeting Antarctica's diplomatic challenges: Joint approaches for Australia and the United States, ASPI, February 2022, pp. 15~17.

〔4〕 Delegation of Ukraine, On absence of legal ability to organise marine protected areas in the high seas of the World Ocean, including the Antarctic waters, CCAMLR-SM-II/BG/10, 15 June 2013.

〔5〕 CCAMLR, Report of the Forty-First Meeting of the Commission Hobart, 24 October-4 November 2022, paragraphs 1.10-1.20.

第二节 两个未来发展影响因素

一、气候变化与生物多样性对南极海洋治理的塑造力

2019 年 9 月 20 日至 23 日，IPCC 第 51 次全体会议在摩纳哥召开，正式通过了《海洋与冰冻圈特别报告》（SROCC）。[1] SROCC 主要目标是，评估气候变化对海洋和冰冻圈及其依赖生态系统与人类群体的未来风险与机会。SROCC 对于风险和适应有特别的理解。气候变化对海洋影响的风险（risk）是指以下三个方面相互作用的结果：一是由气候变化造成的环境危害；二是人类、基础设施和生态系统暴露于危害；三是系统的脆弱性。风险是指可能的不利后果，而影响（impacts）是指气候变化产生的实际效果（materialized effects）。SROCC 关注的是减少气候变化风险的选择，而不是影响或风险本身。[2]

SROCC 将南纬 30 度以南海域作为南大洋，认为这些海域占全球海洋面积的 25%。以此为基础，SROCC 认为，1970 年至 2017 年，这些海域吸收的热量约占全球海洋 2000 米所吸收热点的 35% 至 43%。1998 年至 2014 年间，南极海洋生物碳化率（生物骨骼和壳的生长）下降了约 3.9 ± 1.3%。过去 30 年至 50 年间，南极的温度变化并不一致，部分西南极变暖，东南极温度则无显著变化；南极海域的大西洋扇区出现了南极磷虾向南迁移的现象。[3]

2019 年，生物多样性和生态系统服务政府间科学政策平台（IPBES）[4]发

---

〔1〕 Decision IPCC-LI-3, "Acceptance of the actions taken at the Second Joint Session of Working Groups Ⅰ and Ⅱ", 2019.

〔2〕 Nerilie Abram, Jean-Pierre Gattuso, Anjal Prakash, et al., "Framing and Context of the Report", in Hans-Otto Pörtner, Debra C. Roberts, Valérie Masson-Delmotte, et al. (eds.), *Special Report on the Ocean and Cryosphere in a Changing Climate*, IPCC, 2019, pp. 87~88.

〔3〕 Michael Meredith, Martin Sommerkorn, Sandra Cassotta, et al., "Polar Regions", in Hans-Otto Pörtner, Debra C. Roberts, Valérie Masson-Delmotte, et al. (eds.), *Special Report on the Ocean and Cryosphere in a Changing Climate*, IPCC, 2019, pp. 204~205, 212.

〔4〕 2010 年联合国大会第 65/162 号决议要求 UNEP 全面启动的"生物多样性和生态系统服务政府间科学政策平台"（IPBES）。2011 年 10 月，IPBES 在内罗毕召开第一次临时全体大会，讨论了机构框架与安排；2012 年 4 月，IPBES 在巴拿马城召开第二次临时全体大会，根据联合国环境规划署、联合国教科文组织、联合国粮农组织和联合国开发署的联合提案，通过了巴拿马城决议，正式建立 IPBES，秘书处设于德国波恩；同时规定 IPBES 决定不具有法律约束力。2013 年 1 月，IPBES 在波恩召开第一届正式全体会议。参见 https://www.ipbes.net/。

布了《全球生物多样性和生态系统服务评估报告》（以下简称"IPBES 报告"），是继 2005 年《千年生态系统评估》后的一次全新评估，评估范围覆盖了 20 世纪 70 年代至 2050 年的全球各个方面。IPBES 报告从全球的角度认为，在过去 50 年内渔业活动对生物多样性造成了最大的影响；气候变化正在并将持续对海洋生物多样性带来影响，气候变化和其他人类活动将会一起加剧其所带来的风险。为此，IPBES 报告建议，为保护生物多样性，特别是在气候变化的背景下，扩大和有效管理保护区网络非常重要。海洋保护区，如果有效管理的话，能够实现生物多样性养护与当地生活的双重目标；通过建立更大的海洋保护区或相互联通的海洋保护区网络，保护一些在生物多样性上具有重要性的海域。[1]

上述两个全球性报告，影响了南极渔业治理的议程，气候变化和海洋保护区成为两个备受关注和政治正确的议题。2021 年第 40 届 CCAMLR 会议期间，英国、阿根廷、澳大利亚等 8 个国家联合提议将气候变化研究纳入 SC-CAMLR 及其工作组的工作中，要求建立一个关于"气候变化与 CCAMLR"的电子工作组，并起草了其职责范围（ToR）。[2]SCAR 也提交了 1 份"全球背景下南极和南大洋气候变化"的提案，强调 SROCC 以及其目前正在开展的相关科学研究工作，建议 CCAMLR 在决策过程中考虑其项目成果。[3]另外，欧盟及其成员国和其他 7 个国家联合提出了一个"气候变化和南极海洋生物资源管理"的提案，要求修订第 R30/XXVIII 号关于"气候变化"的决议。[4]CCAMLR 和 SC-CAMLR 同意设立"气候变化与 CCAMLR"的电子工作组，但是其职责范围需要进一步修改；该电子工作组是一个非正式机构，不能直接开展对外交流工作。[5]关于修订第 R30/XXVIII 号关于"气候变化"的决议，CCAMLR

---

〔1〕 IPBES, Summary for policymakers of the global assessment report on biodiversity and ecosystem services, IPBES Secretariat, 2019, pp. 29, 41~43.

〔2〕 Delegations of the United Kingdom, Argentina, Australia, Belgium, France, Norway, Sweden and USA, Integrating climate change research into the work of the Scientific Committee and its working groups: Terms of Reference for the e-Group "Climate change impacts & CCAMLR", SC-CAMLR-40/08, 26 August 2021.

〔3〕 SCAR, Antarctic and Southern Ocean Climate Change in a Global Context, SC-CAMLR-40/BG/12, 10 September 2021.

〔4〕 Delegations of the European Union and its Member States, the United Kingdom, Australia, Chile, New Zealand, Norway, the USA and Uruguay, Climate change and management of Antarctic Marine Living Resources, CCAMLR-40/23 Rev. 2, 23 October 2021.

〔5〕 CCAMLR, Report of the Fortieth Meeting of the Commission, Virtual, 21-29 October 2021, paragraph 8. 2.

没能达成共识，但是 CCAMLR 承认全球气候变化是《南极海洋生物资源养护公约》面临的最大挑战之一；2022 年，第 41 届 CCAMLR 会议修订第 R30/XXVIII 号决议，通过了第 R36/41 号关于气候变化的新决议。欧盟及其成员国和其他 7 个国家联合发表声明称，存在紧急需要采取措施应对气候变化。[1]

　　气候变化对南极磷虾资源及其分布的影响成为一个热点话题。它不仅涉及南极磷虾资源及其养护与利用，更涉及气候变化与南大洋之间复杂的政治与法律问题。有研究认为南极磷虾在过去的 2000 多万年中经历了比当前更暖和更冷的气候变化；大幅度的气候变化曾导致南极磷虾栖息地的收缩与扩张。[2]根据对南极磷虾的 DNA 的研究发现，南极磷虾种群在 1000 万年前发生了急剧减少，在 10 万年前发生了反弹扩张。该研究确认了南极磷虾能够随着气候变化而在长时间周期内进行适应与自我进化，承认这种长时间周期的变化是一个复杂过程，不能用于预测短期气候变化对南极磷虾的影响。[3]尽管如此，西方科学家从气候变化对南极磷虾资源洄游分布影响入手，关注这种洄游分布和人类捕捞活动与鸟类、海洋哺乳动物的相互关系，同时关注南极磷虾对于减缓气候变化的作用。

　　2019 年 IPCC 发布 SROCC 后，南极在 2020 年出现了创纪录的最高气温，气候变化对南极磷虾及海洋生态系统影响日益被高度关注。与此同时，2020 年南极磷虾产量突破了历史纪录，达到 45.1 万吨。在此背景下，ASOC 根据 2019 年 CCAMLR 统计公报，认为南极磷虾渔业活动聚集于 48 区，特别是其中一个小尺度管理单元（SSMU），即布兰斯菲尔德海峡以西。布兰斯菲尔德海峡以西 SSMU，在面积上仅占 48.1 区的 3.3%，但是在 2010 年至 2018 年，该 SSMU 内磷虾产量占 48.1 区总产量的 47%。因此，ASOC 认为，在气候变化框架下，南极磷虾渔业管理是南极渔业管理中最紧迫的问题。[4] SCAR 下

---

　　〔1〕　CCAMLR, Report of the Fortieth Meeting of the Commission, Virtual, 21−29 October 2021, paragraphs 8.14−8.15.

　　〔2〕　Volker Siege, " Introducing Antarctic Krill *Euphausia superba* Dana, 1850", in Volker Siege (ed.), *Biology and Ecology of Antarctic Krill*, Springer, 2016, p.7.

　　〔3〕　Changwei Shao, Shuai Sun, Kaiqian Liu, et al., "The Enormous Repetitive Antarctic Krill Genome Reveals Environmental Adaptations and Population Insights", 186 *Cell* 1279, 1287 (2023).

　　〔4〕　ASOC, Progress toward ecosystem−based management of the Antarctic krill fishery, SC−CAMLR−39/BG/47, 26 September 2020.

的鸟类与海洋哺乳动物专家组收集和整理了 1991 年至 2016 年间 17 种南极海洋捕食物种 4000 多条迁徙轨迹（约 300 万点位）。为此，鸟类与海洋哺乳动物专家组成立了南极追踪数据回溯分析小组（RAATD），建立了一个公开的数据库，[1]并进行分析。根据 17 种南极海洋捕食物种（12 种海鸟和 5 种哺乳动物）的轨迹数据，RAATD 画出了南大洋"生态重要性区域"（AES）。研究认为，AES 不同于《生物多样性公约》下的具有生态和生物重要性的海洋区域（EBSAs），也不同于 IUCN 的生物多样性关键区域（KBA）。[2]AES 遵循了 EBSAs 和 KBA 的一个标准，特别是生物生产力和多样性的标准，同时对生物多样性模式进行了定性的综合评估。[3]SCAR 认为，这些生态系统性区域和 CCAMLR 已经建立的与在讨论的海洋保护区覆盖海域重合，突出体现了这些 AES 在建立南极海洋保护区代表体系中的价值，以及需要环南极制定有效的养护与管理措施。SCAR 进一步认为，根据 AES 建立海洋保护区网络可为南极海洋生态系统日益增加的生态压力提供长期的缓解机制。[4]还有研究认为，南极磷虾捕捞活动超过某个时空范围会影响这个区域的海洋生态，特别是依赖于磷虾的捕食生物，包括企鹅；根据 30 多年的监测数据，他们认为如果磷虾利用率超 0.1%，则会导致企鹅数量下降；持续气候变暖以及南极磷虾捕捞活动聚集，预计未来企鹅数量会低于长期的平均水平。因此，尽管磷虾实际产量仍远低于可允许捕捞配额，他们认为当前磷虾管理也不是预防性的，需要改变。[5]本书否定此前一直被认可的观点：南极磷虾实际捕捞量远低于预

---

〔1〕 Yan Ropert-Coudert, Anton P. Van de Putte, Ryan R. Reisinger, et al. , The retrospective analysis of Antarctic tracking data project, 7 *Scientific Data* 94 (2020).

〔2〕 生物多样性关键区域，是指那些对于物种及其生境至关重要的区域。IUCN 的生物多样性关键区域计划，旨在帮助识别、普查、监测和养护生物多样性关键区域，以保卫地球上对自然而言最关键的区域。参见 https://www.keybiodiversityareas.org。

〔3〕 Mark A. Hindell, Ryan R. Reisinger, Yan Ropert-Coudert, et al. , "Tracking of marine predators to protect Southern Ocean ecosystems", 580 *Nature* 87 (2020).

〔4〕 SCAR, The Retrospective Analysis of Antarctic Tracking Data identifies Areas of Ecological Significance in the Southern Ocean, SC-CAMLR-39/BG/23, 24 September 2020, pp. 1~2.

〔5〕 George M Watters, Jefferson T Hinke, Christian S Reiss, "Long-term observations from Antarctica demonstrate that mismatched scales of fisheries management and predator-prey interaction lead to erroneous conclusions about precaution", 10 *Scientific Reports* 2314, (2020). 该论文第一作者是美国参加 SC-CAMLR 的首席科学家。

防性捕捞配额，[1]南极磷虾渔业管理遵循了预防性做法养护原则，该渔业是可持续的。在南极磷虾减缓气候变化方面，英国认为南极磷虾是南极海洋蓝碳的重要物种。[2]美国相关研究认为，南极磷虾体长大小及其生活史，而不是南极磷虾生物量或区域环境因素，主导控制着南极颗粒有机碳（POC）通量；气候变化减少南极海冰，可能会影响通量输出模式，进而影响南极海洋碳汇。[3]

2022年，包括我国科学家在内的多国科学家提出的关于48.1区66.8万吨预防性捕捞限额建议，获得了SC-CAMLR认可，认为此建议是基于可获得最佳科学证据。但是，SC-CAMLR担心增加48.1区捕捞限额所带来的管理风险及其对CCAMLR正在协调和统一养护海洋生物资源方法的影响。[4]也就是说，担心根据科学评估意见增加南极磷虾捕捞限额会削弱南极海洋保护区的建设进程。实际上，南极磷虾管理已经和南极半岛海洋保护区联系起来，例如根据养护措施CM 51-07开展的风险评估正在或已经为"空间重叠分析"或"空间重叠估计"所取代。[5]这种概念或工具设计和使用的过程，充分体现了科学、法律和政治等多种因素相互作用；概念或工具的采取和遗弃的结果，则反映了国家在科学、法律和政治等因素间力量对比的变化。SC-CAMLR关于临时分配方案的科学性或者预防性的意见及各国对此不同的意见，以及1994年和2022年SC-CAMLR关于预防性捕捞限额的意见，则衬托出政治因素对科学建议的影响。气候变化和海洋生物多样性保护，将会加剧这些因素间的相互作用，打破既有平衡。2022年，美国助理国务卿出席第41

---

〔1〕根据养护措施51-01（2010），48区磷虾预防性可捕配额为561万吨。实际捕捞产量45万吨，也就占总可捕配额的8%。

〔2〕CCAMLR, Report of the Forty-First Meeting of the Commission Hobart, 24 October-4 November 2022, paragraph 6.2; Delegation of the United Kingdom, Antarctic Blue Carbon, CCAMLR-41/29, 08 September 2022.

〔3〕Rebecca Trinh, Hugh W. Ducklow, Deborah K. Steinberg, et al., Krill body size drives particulate organic carbon export in West Antarctica, 618 *Nature* 526 (2023).

〔4〕SC-CAMLR, Report of the Forty-First Meeting of the Scientific Committee, Hobart, 24-28 October 2022, paragraphs 3.43-4.61; CCAMLR, Report of the Forty-First Meeting of the Commission Hobart, 24 October-4 November 2022, paragraphs 4.12-4.13.

〔5〕2022年CCAMLR报告在不同段落分别使用了"空间重叠分析"或"空间重叠估计"。See CCAMLR, Report of the Forty-First Meeting of the Commission Hobart, 24 October-4 November 2022, paragraphs 4.10-4.11.

届 CCAMLR 会议的开幕式并发表关于南极磷虾渔业管理的声明，折射出政治因素在明显增强。

可以预见，气候变化和生物多样性两个主题将会持续影响和主导未来南极渔业治理进程。两个全球性科学报告，似乎为这种治理进程提供了科学背书；这种全球性"科学共识"以及国家与非国家行为体塑造的政治氛围，使任何没有强有力科学支撑的质疑的声音都会受到压倒性的政治与道德批评。

二、《BBNJ 协定》对南极海洋保护区可能影响

2023 年 6 月，《BBNJ 协定》正式通过。在海洋保护区方面，《BBNJ 协定》规定海洋保护区的目的不仅包括通常意义上的养护海洋生物多样性，更包含减缓气候变化影响、保障沿海国粮食安全和其他社会经济目标与文化价值等（第 17 条）。这些宽泛的目标，一方面为建立大型公海保护区提供了法律依据，另一方面为建立这些大型公海保护区降低了科学要求；增加了任何反对建立此类大型公海保护区的难度，包括法律的、科学的和道义的难度。在适用区域范围方面，《BBNJ 协定》明确排除那些根据《联合国海洋法公约》确定且为国际社会接受的属于国家管辖范围内的区域，同时规定根据《BBNJ 协定》建立海洋保护区不能据此主张或否认关于主权、主权权利和管辖权（第 18 条）。此表述，在措辞上非常类似《南极条约》第 4 条和《南极海洋生物资源养护公约》第 4 条。以"和"（and）为界，可把《BBNJ 协定》第 18 条的第 1 句话分成两个部分。"和"之前，是明确"不在国家管辖范围内区域"建海洋保护区；对照"和"之后的内容看，前半部分中"国家管辖范围内区域"是指已经根据《联合国海洋法公约》确定的且国际社会认可的那些属于国家管辖范围的区域。"和"之后，则是指那些仍没有根据《联合国海洋法公约》确定的区域，在此协定下建立海洋保护区不影响沿海国未来根据《联合国海洋法公约》确定国家管辖范围内的区域。"不据此承认或否认"条款，则可为在南纬 60 度以南的南大洋建立《BBNJ 协定》意义下的海洋保护区提供了可能性。在海洋保护区实施方面，《BBNJ 协定》不仅强调了其缔约方的义务，还规定了《BBNJ 协定》缔约方实施的所有相关法律文书和框架以及相关全球、区域、次区域和部门机构（以下简称"IFB"）建立海洋保

护区的义务;〔1〕以及间接要求《BBNJ协定》非缔约方实施依《BBNJ协定》建立海洋保护区的义务。这种执行义务不仅基于船旗国责任,还拓展到任何利益关联,如受益的自然人或法人等(第25条)。〔2〕

南极条约体系经60多年的发展,具有很强的独立性,特别是相对于联合国体系。南极条约体系属于《BBNJ协定》第5条所指的IFB,《BBNJ协定》第6条和第18条"不据此承认或否认"条款类似于《南极海洋生物资源养护公约》第4条。理论上,根据《BBNJ协定》在南极建立海洋保护区不影响南极条约体系下南极领土主张冻结的状态。但是,《BBNJ协定》其他部分,例如第二部分"海洋遗传资源包括公正和公平与惠益分享"、第五部分"能力建设和海洋技术转让"、第七部分"财政资源和财务机制"、第九部分"争端解决机制"等,可能会给南极条约体系带来制度层面的冲击。参考1995年《联合国鱼类种群协定》谈判完成后,澳大利亚向CCAMLR提交的关于《联合国鱼类种群协定》和CCAMLR的相关性文件以及CCAMLR对此文件的讨论情况,〔3〕可断定《BBNJ协定》整体上不太可能直接适用于南纬60度以南的南大洋,但是CCAMLR及相关国家会借《BBNJ协定》补充或增强CCAMLR。就海洋保护区而言,一些CCAMLR成员可根据《BBNJ协定》第22条(4)将《BBNJ协定》第三部分移植到CCAMLR。换言之,在保持南极条约体系独立性和稳定性的前提下,〔4〕在气候变化和生物多样性养护两个主流议题的推动下,一些CCAMLR成员可能会将减缓气候变化影响目标引入南极海洋保护区建设,以增强南极海洋保护区建设的推动力、促进CCAMLR向纯生态环境保护类组织转型。

---

〔1〕　结合《BBNJ协定》第二部分适用"活动"对象广泛,可发现《BBNJ协定》缔约方义务是无限的,通过加入或参加《BBNJ协定》,不仅接受了《BBNJ协定》下义务,还依《BBNJ协定》接受了所有有关法律文书或机构下义务。这种义务,是全面的、无限的,且随着有关法律文书或机构的增加而增加。

〔2〕　打击IUU捕捞的实践,就出现这种扩大化的义务。

〔3〕　Delegation of Australia, The Relevance to CCAMLR of the UN Agreement Relating to the Conservation and Management of Straddling Fish Stocks and Highly Migratory Fish Stock, CCAMLR-XV/12 Rev. 1, 21 October 1996; CCAMLR, Report of the Fifteenth Meeting of the Commission, Hobart, 21 October -1 November 1996, paragraphs 7. 32-7. 34.

〔4〕　近几年的二十国集团领导人宣言都会同时提及《BBNJ协定》和南极海洋保护区建设。关于南极海洋保护区建设,宣言都会明确"在南极条约体系框架下",支持CCAMLR建立一个海洋保护区代表性体系。See G20 New Delhi Leaders' Declaration, New Delhi, 9-10 September 2023, paragraph 43.

《BBNJ 协定》正式将保护与保持生物多样性与生态系统、减缓气候变化等确立为海洋保护区的目标，为相关国家以减缓气候变化为目标在南极推进海洋保护区提供了更权威的法律依据。特别是 2019 年 IPCC 发布的 SROCC 和 2023 年发布的第 6 次评估报告，[1] 成为一些国家主张加速在南极建立大型海洋保护区的科学依据。南极海洋保护区，将和《BBNJ 协定》一起进入元首外交的议程，共同推动建设目标。[2] 当然，CCAMLR 在南极海洋保护区建设方面的工作，如在法律与科学的实践，将会为《BBNJ 协定》下的科学与技术机构制定相关标准或最佳实践提供借鉴作用。

对于南纬 60 度以北至南极辐合带之间的亚南极海域，显然无关于《南极条约》，[3] 原则上仍属于《南极海洋生物资源养护公约》的适用范围，除国家（如法国和南非等）作出另外声明外，仍属于广泛意义上南极条约体系事务。表面上，《BBNJ 协定》适用于这些亚南极海域中国家管辖范围外区域是没有法律障碍的。在此区域内建立海洋保护区，既可选择 CCAMLR，也可选择《BBNJ 协定》。考虑到《BBNJ 协定》第三部分关于建立海洋保护区的决策机制和 CCAMLR 协商一致决策机制之间的差异，而且 CCAMLR 本已关闭这些区域内的渔业，现有商业性渔业活动全部集中于亚南极海域中那些岛屿附近的海域，可推测选择在 CCAMLR 框架下提议建立海洋保护区的可能性不大。如果《BBNJ 协定》缔约方大会根据《BBNJ 协定》第 28 条（2）免除海洋科学研究、航运等活动开展的环境影响评估，那么在这些亚南极海域中国家管辖范围外区域建立海洋保护区的紧迫性也不大。[4] 如果未来《BBNJ 协定》缔约方大会通过决定在这些亚南极海域中国家管辖范围外区域建立海洋保护区及其相关措施，那么根据《BBNJ 协定》第 25 条（1），《BBNJ 协定》缔约

---

〔1〕 See Hoesung Lee, Katherine Calvin, Dipak Dasgupta, et al., Synthesis Report of the IPCC Sixth Assessment Report (AR6): Summary for Policymakers, 2023, paragraphs A. 3. 5, B. 4. 2 and B. 7. 2; Qian Li, Matthew H. England, Andrew McC. Hogg, et al., "Abyssal Ocean Overturning Slowdown and Warming Driven by Antarctic Meltwater", 615 *Nature* 841 (2023).

〔2〕 中华人民共和国和法兰西共和国联合声明，2023 年 4 月 7 日，第 46 段。

〔3〕 See Bernard H. Oxman, "Antarctica and the New Law of the Sea", 19 *Cornell International Law Journal* 211, 227-233 (1986).

〔4〕 《南极海洋生物资源养护公约》，被联合国环境规划署看作南极的区域海洋计划（RSP）。根据 CCAMLR 养护措施 CM 24-01 以及养护措施 CM 91-04，海洋科学研究活动及其船舶不在其管辖对象之列；或者说，海洋科学研究在南极辐合带以南的海域仍是自由的。

方有义务确保其管辖或管辖下活动遵守这些海洋保护区及其相关措施，除非根据《BBNJ 协定》第23 条（4）提出反对。鉴于这些区域没有捕捞及其相关活动，以及 2022 年 CCAMLR 修订的养护措施 CM 26-01 已经将《国际防止船舶造成污染公约》（MARPOL）附件Ⅰ、Ⅳ和Ⅴ相关规则扩大适用于南极辐合带以南所有海域，[1]如果相关措施不影响航行自由的话，理论上应该不会影响 CCAMLR 或者南极条约体系。如果相关措施要求船舶（包括渔船）进出海洋保护区时实时通报船位信息包括船位信息通报对象和通报频次等，则可能会有冲突。[2]

第三节　对策建议

尽管我国最初参与南极海洋生物资源治理主要是出于对南极磷虾资源的关注，但是当一些国家更多从地缘政治和非传统安全的角度对待南极海洋生物资源养护及其合理利用，并充分利用其地理及科学积累优势设计南极海洋生物资源治理规则时，我国则应作出及时调整。2022 年 10 月，习近平总书记在二十大报告中提出"中国式现代化"，要求积极"参与全球治理体系改革和建设，践行共商共建共享的全球治理观"。[3]因此，应顺应国内外形势发展，积极将党和国家政策落实和体现于我国参与南极海洋生物资源治理的具体方案与政策措施中。

一、南极磷虾渔业

如前所述，当前南极磷虾资源和气候变化、生物多样性养护等议题密切关联。在具体路径上，以气候变暖影响南极海冰覆盖范围为抓手，以保护鲸鱼、海豹、企鹅和海鸟等物种为由限制南极磷虾渔业。在具体管理措施上，

---

〔1〕　Conservation Measure 26-01（2022）"General environmental protection to be taken by fishing vessels".

〔2〕　实时通报船位信息，应是一种极端的情形；否则，《BBNJ 协定》秘书处任务将是不可承受的。最可能的情形是，缔约方自行监测悬挂其旗帜船舶的航行活动，根据《BBNJ 协定》第 26 条向缔约方进行定期汇报。

〔3〕　《习近平：高举中国特色社会主义伟大旗帜　为全面建设社会主义现代化国家而团结奋斗——在中国共产党第二十次全国代表大会上的报告》，载 https://www.12371.cn/2022/10/25/ARTI1666705047474465.shtml，访问日期：2023 年 8 月 1 日。

以海洋保护区为主，加强南极磷虾渔业监控与管制为辅，包括降低可能利用资源配额。[1]考虑到南极磷虾渔业集中于48区，鉴于该区域存在阿根廷和英国关于岛屿主权争议等复杂政治因素，我国参与南极磷虾渔业养护可采取以下策略。

第一，根据二十大报告提出的"高质量发展"指导思想引导我国南极磷虾开发利用。中国式现代化的本质要求之一是实现高质量发展。高质量发展是全面建设社会主义现代化国家的首要任务。为此，需要提升企业核心竞争力和加快建设世界一流企业。目前我国企业开发利用南极磷虾的能力和挪威企业差距很大，一定程度上依赖要素投入规模的增加。据CCAMLR统计，在2011年至2021年期间，挪威的南极磷虾产量占61.7%，其次为我国（16.2%），再次为韩国（12.9%）。[2]更为重要的是，挪威企业主导了负责任的南极磷虾捕捞企业协会（ARK）。我国进一步增加渔船要素投入数量，不仅会引发国内企业间竞争，更会引发国外企业、非政府组织和政府对我国参与南极磷虾资源养护与利用的担忧。值得注意的是，据相关研究，我国申请了很多南极磷虾相关的专利。仅2012年至2014年间，我国就申请了129项，为同期南极磷虾相关专利数量的70%。[3]如果能够将这些关于南极磷虾的专利有效地转化为生产力和竞争力，不仅能减少对南极磷虾实体资源的依赖，更会提升我国对南极磷虾资源养护与利用的维度，摆脱当前国际社会对南极磷虾资源养护的困境。

第二，根据"认识南极、保护南极、利用南极"的指导思想引导我国南极磷虾资源科学研究。科学，是南极治理的基础。尽管我国已经在南极磷虾资源调查及其遗传研究等方面取得了进展，但是支撑国家参与南极治理需要针对性、长期持续系统性研究。针对当前南极磷虾养护的关注点，即气候变化与生物多样性养护，我国科学研究需要回答气候变化对南极磷虾资源影响机制、程度与范围，这种气候变化所产生的影响对特定物种导致的可能变化，

〔1〕 See Philip N. Trathan, "The future of the South Georgia and South Sandwich Islands marine protected area in a changing environment: The choice between industrial fisheries, or ecosystem protection", 155 *Marine Policy* 105773 (2023).

〔2〕 CCAMLR Secretariat, Fishery Report 2021: Euphausia superba in Area 48, 27 May 2022, p. 4.

〔3〕 See Netherlands, Biological Prospecting in the Antarctic Treaty Area: An Update on Status and Trends, Including an Overview of activities of ATS bodies on biological prospecting and Recent Policy Developments at the International Level, ATCM XLI-IP 029, 10 April 2018, pp. 4~5.

特定物种面临生存压力主要有哪些（南极磷虾渔业活动在这些压力的位置）等，在研究特定物种时，研究目标范围不应仅限于南极磷虾，可更多去考察气候变化所导致这些物种食物来源的变化，如增加与减少。诚然，要想回答这些问题非常困难。CCAMLR 在 20 世纪 80 年代开始实施生态系统监测计划（CEMP），就是为了区分商业捕捞引发的南极海洋生物资源变化和因自然环境变化引发的南极海洋生物资源变化，但一直没有给出满意的回答。我国科学研究可在 CEMP 实践与经验的基础上，充分利用人工智能等先进技术手段和生态模型的辅助决策工具，有针对性地开展相关研究。应考虑我国参与南极海洋生物资源治理的长期和短期需求，同步开展不同目标任务的研究。为满足短期需求的研究，以证伪或补缺为目标；为满足长期需求的研究，以证实或揭示规律为目标。所有科学研究，均应加强国际合作，包括利用金砖国家等合作机制。

第三，提升我国参与南极磷虾资源治理的综合能力。南极磷虾渔业集中于 48 区，为"南极磷虾渔业危害论"提供了客观条件；为限制这种"渔业危害"所采取的养护措施，不论是否真能解决实际问题，都具有很强的吸引力，易于在国际社会上建立起"领导力"。为此，我国既要客观面对气候变化、生物多样性养护等全球性议题在南极特定区域的作用，科学研究南极海冰覆盖面积变化及其造成海洋生物资源洄游与分布的可能影响，以解决实际问题为导向，促进人类共同发展。就 48 区南极磷虾养护而言，如果前述科学研究不能正面回答渔业活动和自然环境变化对相关物种的影响，可反过来回答 CCAMLR 能够接受渔业活动对相关物种的影响程度，然后再通过具体管理措施将渔业活动影响控制在事先设定的范围之内。在此情形下，有必要明确一个国际公认道理，即"零影响政策"不适用于渔业管理。过度使用"有害""不可接受的"等主观性形容词来描述渔业活动的影响，以强调需要谨慎，不利于形成共识。

除此之外，还要关注 48 区南极磷虾渔业一定程度上会影响英国与阿根廷之间关于岛屿主权争议。48.3 区和 48.4 区内的岛屿，位于南纬 60 度以北，不属于《南极条约》第 4 条适用范围。根据 CCAMLR 养护措施 CM 21-03，48 区南极磷虾渔业通报费涵盖了 48.1 区至 48.4 区。英国实际控制了 48.3 区和 48.4 区内的岛屿，通过"地方当局"建立海洋保护区，以更好实施 CCAMLR

养护措施为由禁止和限制渔业活动。[1]在48区作为一个整体进行管理的情形下，如果为应对气候变化和保护特定物种而削减48.1区和48.2区南极磷虾捕捞水平，则被排除出来的捕捞水平必然会转移到48.3区或48.4区，不可避免地会激化英国单方面管理措施和CCAMLR养护措施之间的矛盾，相应地激发英国和阿根廷之间主权争议。

二、南极犬牙鱼渔业

如前所述，南极犬牙鱼渔业从管理角度分两种类型：商业性渔业和探捕性渔业。商业性渔业位于一些国家在亚南极主张管辖海域内，以捕捞细鳞犬牙鱼；探捕性渔业则位于南极洲附近海域为主，以捕捞莫氏犬牙鱼为主。58.4.1区犬牙鱼探捕渔业和48.3区犬牙鱼渔业，因俄罗斯和相关国家出现科学分歧分别于2018年和2021年陷入僵局。48.3区犬牙鱼渔业，还因英国在养护措施CM 41-02失效情形下擅自许可其渔船进行捕捞而引发法律争议，阿根廷、智利、俄罗斯等国家指责英国渔船进行了IUU捕捞。尽管我国没有从事南极犬牙鱼渔业活动，相关科学研究相对缺乏，但是目前南极犬牙鱼渔业养护中出现问题一定程度上可为我国参与此渔业治理提供契机。当然，南极犬牙鱼渔业养护问题是因科学而起，涉及深层次的政治和法律等因素，是我国参与治理必须克服的障碍。

第一，积极和阿根廷、智利、南非、俄罗斯等国家进行关于南极犬牙鱼资源的科学合作，派遣我国熟悉渔业资源评估与管理等领域的科学家参与细鳞犬牙鱼资源调查与评估工作。必须认识到，我国没有从事过此类渔业活动，缺少长期积累的样品及收集的科学数据。与此相比，英国、澳大利亚、法国、新西兰等国家，长期开展此渔业活动，拥有较好的科学数据和资源评估的科学人员。这些国家的先天性优势，一定程度上保障了它们在此领域的垄断地位；若俄罗斯想挑战它们的科学评估结果，则会被指责为"不尊重科学"。[2]然而，我们只有克服这种科学障碍方可提出客观公正的立场和治理方略。为

---

〔1〕 See Philip N. Trathan, "The future of the South Georgia and South Sandwich Islands marine protected area in a changing environment: The choice between industrial fisheries, or ecosystem protection", 155 *Marine Policy* 105773（2023）.

〔2〕 CCAMLR, Report of the Forty-First Meeting of the Commission Hobart, 24 October-4 November 2022, paragraphs 1.22 and 1.26-1.27.

此，可在不发展南极犬牙鱼渔业的前提条件下，先根据 CCAMLR《国际科学观察制度》（SISO）培训我国的国际科学观察员，通过双边合作协定，派到南非、智利等从事南极犬牙鱼渔业国家的渔船上。通过这些科学观察员进一步了解和掌握南极犬牙鱼渔业基本规律，收集第一手科学数据。在此基础上，利用我国南极科学考察机会，和相关国家科学家共享南极考察航次，联合开展渔业之外的海洋科学考察活动，进一步拓宽收集第一手科学数据的途径。拥有自己收集的第一手科学数据，以及与合作国家科学家共同努力，至少可一定程度上打破西方国家在此方面的垄断。

第二，充分利用我国是南极犬牙鱼产品的重要市场，根据可适用国际法积极介入南极犬牙鱼渔业争议。根据 CCAMLR 秘书处的统计，2020 年，犬牙鱼产品出口国依次是法国、智利、阿根廷、英国、乌拉圭、韩国、澳大利亚等；2020 年，犬牙鱼产品进口国主要是美国和我国，分别是 38% 和 31%，韩国排名第三，但是其份额仅为 11%。[1] 2021-2022 年度在养护措施 CM 41-02 失效的情况下，英国依然允许其 4 艘渔船继续在 48.3 区开展犬牙鱼渔业捕捞生产，[2] 引发了阿根廷的强烈不满。2022 年，关于此 4 艘英国渔船的争议，从 SCIC 会议一直延续到 CCAMLR 会议；最终因英国坚决反对，4 艘英国渔船未能被列入缔约方 IUU 渔船名单。[3] 2022-2023 年度，这种情况仍在继续上演。据此可判断，只要相关国家不能就 48.3 区细鳞犬牙鱼资源科学评估达成共识，养护措施 CM 41-02 就不可能恢复；英国渔船 IUU 捕捞的法律争议将持续存在。在此情形下，我国一方面应在 CCAMLR 积极参与此法律争议讨论，维持 CCAMLR 及其养护措施的权威；另一方面可凭借重要市场国的身份，制定相应国内法律，高举打击 IUU 捕捞旗帜，禁止相关非法捕捞产品进入我国市场。

三、南极海洋保护区

随着《BBNJ 协定》通过，公海海洋保护区议题已经不再限于南极，已经

---

〔1〕 CCAMLR Secretariat, CDS Implementation and Data Analysis, CCAMLR-40/BG/06, 10 September 2021, Tables 4-5.

〔2〕 4 艘英国渔船分别是：Argos Georgia 号渔船、Argos Helena 号渔船、Nordic Prince 号渔船和 Polar Bay 号渔船。

〔3〕 CCAMLR, Report of the Forty-First Meeting of the Commission Hobart, 24 October-4 November 2022, paragraphs 7.42-7.47.

是全球公海或国家管辖范围以外区域都需要重视与关注的议题。南极海洋保护区和《BBNJ 协定》的相互作用，同样也不能忽视。在全球讨论 2020 年后生物多样性框架目标以及其他一些相关问题时，我国曾明确了相关政策的主张，包括"兼具雄心和实际""聚焦行动""要切实践行承诺，抓好目标落实"。在 CCAMLR 框架下，我国自 2018 年开始持续不断提交了一系列关于海洋保护区的法律与科学政策文件，提升我国参与规则制定的能力。2021 年《南极海洋生物资源养护委员会 40 周年宣言》明确要求，各成员"应继续尽最大努力根据《南极海洋生物资源养护公约》科学地设计、建立、实施、监测和评估海洋保护区的有效性"。[1]一定程度上，我国和俄罗斯等 CCAMLR 成员的努力，扭转了之前西方国家以"符合可获得最佳科学证据"为由强推南极海洋保护区建设的局势，形成了海洋保护区覆盖面积和有效性之争的格局。在此全球未有之大变局的背景，南极海洋治理乃至全球海洋治理在气候变化和生物多样性养护两个议题的推动下，同样也面临变革选择。在此背景下，南极海洋保护区，不再是一个孤立的、简单的管理工具选择或利用问题，[2]更可能是一个全球海洋治理大变革的抓手，需要谨慎思考与抉择。

第一，从长远角度准确把握南极海洋保护区建设的历史意义，特别是该工具在南极海洋治理乃至在全球海洋治理中的历史价值。二十大报告要求，"要善于通过历史看现实、透过现象看本质，把握好全局和局部、当前和长远、宏观和微观、主要矛盾和次要矛盾、特殊和一般的关系"[3]。要从我国在南极治理和全球海洋治理的相对地位，以及公海海洋保护区向未来全球发展中国家分享全球海洋治理成效的角度，思考南极海洋保护区建设的基本理念及其实施路径。

第二，尽管我们持续在 CCAMLR 框架下提出了一系列政策文件，且已经成为《南极海洋生物资源养护委员会 40 周年宣言》内容之一，但是后续如何

---

〔1〕 Declaration on the Occasion of the Fortieth Meeting of the Commission for the Conservation of Antarctic Marine Living Resources, 29 October 2021, paragraph 9.

〔2〕 根据 2002 年《执行计划》，海洋保护区仅是养护与管理海洋诸多工具中的一种，其他工具包括保护育苗场的禁渔区与禁渔期等。See Plan of Implementation of the World Summit on Sustainable Development（A/CONF.199/20），2002, paragraph 32.

〔3〕《习近平：高举中国特色社会主义伟大旗帜　为全面建设社会主义现代化国家而团结奋斗——在中国共产党第二十次全国代表大会上的报告》，载 https://www.12371.cn/2022/10/25/ARTI16667050 47474465.shtml，访问日期：2023 年 8 月 1 日。

在现实中执行这些主张以及如何面对其他国家科学优势，仍需提出具体解决问题路径或方案。政策的吸引力或生命力，在于它能否切实解决问题。这也是我国提出"聚焦行动""要切实践行承诺，抓好目标落实"的应有之义。南极海洋保护区，已经成为 CCAMLR 的核心问题，和其他议题存在密切联系；将我国提出的原则性政策主张，结合具体实际转化为具体方案，包容各方关切（特别是主要方的关切），才能有生命力和吸引力。具体方案，应和 CCAMLR 其他养护措施相互配合，应更加重视数据收集，共同落实《南极海洋生物资源养护公约》的宗旨和原则。

第三，积极回应智利与阿根廷的关切。智利和阿根廷这两个南美国家，是南极治理中两个非常重要的国家，不仅因为他们地理位置，更是因为他们一直和美西方保持着一定距离，形成美西方和中俄之间的中间力量，并影响着其他一些国家。2022 年，智利因南极半岛海洋保护区没有取得进展而改变立场，美西方已经成功地将南极半岛海洋保护区和磷虾渔业进行关联，一定程度上满足了智利和阿根廷的心理。2023 年，智利加入了威德尔海海洋保护区（一期）提案方。[1]在此情形下，继续坚持海洋保护区和磷虾渔业管理分别处理，已经不符合当下局势，更不能解决问题。为此，应采用"前瞻性思考、全局性谋划、整体性推进"的科学思想方法，加强和相关各方的沟通与协商，更加主动与切实地回应智利与阿根廷关切，同时维持我国磷虾渔业利益。解决方案设计应采取结果导向，在内容上可体现不同利益诉求。

四、治理能力建设

"提高我国参与全球治理的能力，着力增强规则制定能力、议程设置能力、舆论宣传能力、统筹协调能力。加强全球治理人才队伍建设，培养熟悉党和国家方针政策、了解我国国情、具有全球视野、熟练运用外语、通晓国际规则、精通国际谈判的专业人才，为我国参与全球治理提供有力人才支撑。"[2]

---

〔1〕 Delegations of the EU and its Member States, Norway, Uruguay, Australia, the United Kingdom, New Zealand, the USA, Republic of Korea, India, Ukraine and Chile, Draft conservation measure for a Weddell Sea Marine Protected Area-Phase 1, CCAMLR-SM-Ⅲ/01, 4 May 2023.
〔2〕 中共中央宣传部编：《习近平新时代中国特色社会主义思想三十讲》，学习出版社 2018 年版，第 295~297 页。

　　不同国家对于南极海洋治理规则的塑造能力各有差异；澳大利亚、美国、欧盟等国家和地区是传统南极海洋治理规则制定者，它们目前也是南极海洋保护区建设的积极推动者。当前，气候变化和生物多样性养护成为南极海洋治理体系变化的表面原因，国家利益以及试图为全球海洋治理创建范例应是当前南极海洋治理规则改革深层次的驱动因素。南极海洋治理体系变革的竞争，归根结底是人才与制度的竞争；制度为人才成长提供保障。

　　第一，完善国内南极科研管理制度，强调长期化和业务化的数据积累。为使科学研究服务国家南极战略需求，需要有长时间序列的数据支撑；而目前我国南极科研数据存在分散、碎片化和不成体系等问题。当然，为更有效支撑国家战略，这些数据还应尽可能包含法律、政策或管理方面的内容。

　　第二，构建一种机制，组建一支固定的专家团队，涵盖自然科学、法律、国际关系以及有关管理人员，参与南极科学及政府间会议，提升科学家服务国家战略利益的意识。组织科学家撰写反映我国政策主张的文件，有针对性地提交给相应组织，提出中国方案。2018 年，我国代表团第一次向 CCAMLR 提交了关于海洋保护区科研与监测计划的文件，一方面正面地反映了我国政策主张，另一方面为我国的参与海洋保护区议题讨论提供了基础。

　　第三，有计划地派科学家加入南极相关国际科学组织，增强科学对政策的支撑。无论是气候变化和南极海洋保护区，还是南极磷虾管理，国际科学组织都积极提供引导性政策主张，而不是提供基础性科学知识。[1]可以清晰地观察到，一些国际科学组织的政策性研究越来越强，对 SC‐CAMLR 和 CCAMLR 影响将越来越大。

---

　　[1]　See Jiayu Bai and Xiaoyu Li, "How SCAR informs decision‐making for Antarctic governance: Perspectives from SCAR submissions", 155 *Marine Policy* 105757 (2023).

中国提交有关海洋保护区文件的部分清单

序号	年份	国际组织	标题	文件编号
1	2018	CCAMLR	The development of Research and Monitoring Plan for CC-AMLR MPAs	CCAMLR-XXXVII/32
2	2019	SC-CAMLR 和 CCAMLR	The development of Research and Monitoring Plan for CC-AMLR MPAs	SC-CAMLR-38/20〔1〕
3	2019	SC-CAMLR 和 CCAMLR	Proposal to Improve the Draft Research and Monitoring Plan for the Ross Sea Region Marine Protected Area	SC-CAMLR-38/21
4	2021	CCAMLR	Implementation of Article Ⅱ of the Convention on the Conservation of Antarctic Marine Living Resources: Continuity and Adaption	CCAMLR-40/25
5	2021	CCAMLR	Revisiting the establishment of MPAs in the Southern Ocean	CCAMLR-40/26

---

〔1〕 尽管该文件的标题和2018年我国提交的第一份文件的标题相同，但是该文件在内容上作了很大的调整，以回应2018年CCAMLR会议过程中相关国家对我国第一份文件的关切或意见。2021年，我国提交的SC-CAMLR-40/18，则是重复提交了2019年的SC-CAMLR-38/20。这是因为一些国家不愿意深入讨论我国提交的文件，担心我国文件会影响相关议程发展和规则制定。See SC-CAMLR, Report of the Thirty-Eighth Meeting of the Scientific Committee, Hobart, 21-25 October 2019, paragraphs 6.28-6.29.

续表

序号	年份	国际组织	标题	文件编号
6	2021	SC-CAMLR 和 CCAMLR	The development of Research and Monitoring Plan for CCAMLR MPAs	SC-CAMLR-40/18
7	2021	CEP 和 ATCM	Promoting Scientific Research to Inform the Antarctic Decision-Making	ATCM XLIII/WP058
8	2022	CEP 和 ATCM	An Overview on the Legal Framework on Antarctic Specially Protected Species and Its Application	ATCM XLIV/IP044
9	2022	CEP 和 ATCM	An Overview on the Legal Framework on Antarctic Specially Protected Species and Its Application	ATCM XLIV/WP024 〔1〕

　　在相关部门的指导下，笔者自 2018 年开始为我国代表团撰写提案文件。本附录仅列了笔者参与撰写的那些文件。2020 年，受疫情影响，在相关国家坚持下，海洋保护区被列入 CCAMLR 其他事项之下，不作为独立议题，因此没有提交文件。将文件提交给哪个组织，取决于所提交文件内容所涉事项归属哪些组织审议。笔者个人最直接的体会是，撰写和提交文件的水平和针对性，不仅体现了一个国家对相关议题的认知程度，更反映了一个国家对相关议题治理规则制定的影响程度。近年来，我国向 CCAMLR 和 ATCM 提交了越来越多的国家提案，反映出我国参与南极海洋治理能力日益增强。

――――――――

　　〔1〕　该文件和前一个文件重名，但是文件性质不同，这是因为每个组织对所提交正式文件或工作文件（WP）有字数限制，而对于信息文件（IP）或背景文件（BG）则没有如此限制。在撰写此文件时，原稿字数超过了 ATCM 关于工作文件字数的限制。为更好地阐述我国观点，相关部门决定将核心观点和结论作为工作文件提交，将文件原稿作为信息文件提交。